Unterrichtungspflicht und Widerspruchsrecht bei Betriebsübergang gemäß § 613a Abs. 5 und 6 BGB – Grenzen, weitere aktuelle Rechtsprobleme und Strategien zur Risikominimierung

Schriften zum Arbeitsrecht und Wirtschaftsrecht

Herausgegeben von Abbo Junker

Band 86

PL ACADEMIC RESEARCH

Stefan Hoffmann

Unterrichtungspflicht und Widerspruchsrecht bei Betriebsübergang gemäß § 613a Abs. 5 und 6 BGB – Grenzen, weitere aktuelle Rechtsprobleme und Strategien zur Risikominimierung

PL ACADEMIC RESEARCH

Bibliografische Information der Deutschen Nationalbibliothek
Die Deutsche Nationalbibliothek verzeichnet diese Publikation in der Deutschen Nationalbibliografie; detaillierte bibliografische Daten sind im Internet über http://dnb.d-nb.de abrufbar.

Zugl.: Bayreuth, Univ., Diss., 2014

Gedruckt auf alterungsbeständigem,
säurefreiem Papier.

D 703
ISSN 1433-4666
ISBN 978-3-631-65780-5 (Print)
E-ISBN 978-3-653-05140-7 (E-Book)
DOI 10.3726/978-3-653-05140-7

PL Academic Research ist ein Imprint der Peter Lang GmbH.

Peter Lang – Frankfurt am Main · Bern · Bruxelles · New York · Oxford · Warszawa · Wien

Diese Publikation wurde begutachtet.

www.peterlang.com

Vorwort

Seit ihrer Einfügung in § 613a BGB zum 1. April 2002 beschäftigen die Absätze 5 und 6 zur Unterrichtungspflicht der Arbeitnehmer und zum Widerspruchsrecht der Arbeitgeber bei Betriebsübergängen Rechtsprechung und Literatur gleichermaßen intensiv. Sie bilden ein anschauliches Beispiel für das Zusammenspiel des deutschen und des unionsrechtlichen Arbeitsrechts.

Die vorliegende Arbeit wurde im Mai 2014 von der Rechts- und Wirtschaftswissenschaftlichen Fakultät der Universität Bayreuth als Dissertation angenommen. Die mündliche Promotionsprüfung fand im Juli 2014 statt. Rechtsprechung und Literatur konnten bis Oktober 2013 berücksichtigt werden.

Meinem Doktorvater Herrn Prof. Dr. Karl-Georg Loritz danke ich für seine Hilfsbereitschaft und unkomplizierte Betreuung meiner Arbeit. Das von mir gewählte Dissertationsthema hat er von Beginn an mit Interesse begleitet. Meinem Zweitgutachter, Herrn Prof. Dr. Bernd Kannowski, danke ich für sein zügiges Erstellen des Zweitgutachtens. Herrn Prof. Dr. Abbo Junker schulde ich Dank für die Aufnahme meiner Arbeit in diese Schriftenreihe.

Meine Arbeit wurde durch ein Promotionsstipendium aus dem Programm „Arbeitskreis Wirtschaft und Recht" des Stifterverbandes für die Deutsche Wissenschaft gefördert.

Zu einer angenehmen Promotionszeit haben auch meine Freunde Philipp, Maximilian, Robert und Daniel beigetragen.

Mein persönlicher Dank gilt meinen Eltern Sabine und Andreas, meiner Ehefrau Claudia sowie meiner Schwester Katrin. Ohne ihre wohlwollende Unterstützung wäre diese Arbeit nicht möglich gewesen. Besonderer Dank gilt meinem Vater und meiner Ehefrau für die gewissenhafte und sehr gründliche Erstlektüre des Manuskripts.

Widmen möchte ich diese Schrift meiner Ehefrau und meinen Eltern.

Bayreuth, im September 2014 Stefan Hoffmann

Inhaltsverzeichnis

§ 1 Einleitung

A. Problemaufriss und Gang der Untersuchung

Erfolgreiche Marktteilnahme unter der Bedingung des globalen Wettbewerbs fordert von deutschen Unternehmen ein immer höheres Maß an Flexibilität und Wandlungsfähigkeit. Unternehmenstransaktionen, Restrukturierungen, Outsourcing-Maßnahmen oder die Neuvergabe von Aufträgen sind im Wirtschaftsleben an der Tagesordnung. Damit einhergehende Rechtsfragen haben höchste praktische Relevanz. Umso bemerkenswerter ist es, dass trotz der Fülle an Veröffentlichungen und (höchstrichterlichen) Gerichtsentscheidungen zu diesen Problemfeldern in der Praxis noch immer ein erheblicher Klärungsbedarf besteht. Im Arbeitsrecht bildet der Betriebsübergang nach § 613a BGB hierfür ein prominentes Beispiel.

Für einen „Unternehmenskauf" stehen unterschiedliche Gestaltungsformen zur Verfügung. Dabei können sowohl Asset Deal (Verkauf und Übertragung sämtlicher Vermögensgegenstände des Unternehmens im Wege der Einzelrechtsnachfolge) als auch Umwandlungen nach dem UmwG (Verschmelzung, Spaltung, Vermögensübertragung) zu einem Betriebs(teil)übergang nach § 613a Abs. 1 BGB führen und einen gesetzlichen Arbeitgeberwechsel zur Folge haben. Sofern eine Gesamtrechtsnachfolge mittels Umwandlung nach dem UmwG mit einem Betriebs(teil) übergang einhergeht, ergibt sich die Anwendbarkeit des § 613a BGB aus der Rechtsgrundverweisung des § 324 UmwG[1]. Einzig der Share Deal (Verkauf und Übertragung von Gesellschaftsanteilen) führt nur zu einem Gesellschafter- nicht aber zu einem Arbeitgeberwechsel[2].

In der transaktionsbegleitenden arbeitsrechtlichen Beratung stellen sich seit der zum 1. April 2002 eingefügten Abs. 5 und 6 in § 613a BGB und der Änderung des § 324 UmwG[3] zahlreiche, zum Teil ungelöste, Rechtsfragen zur Unterrichtung und zum Widerspruch bei Betriebsübergängen. § 613a Abs. 5 BGB findet seinen Ursprung in der Richtlinie 2001/23/EG des Rates vom 12. März 2001 zur Angleichung der Rechtsvorschriften der Mitgliedstaaten über die Wahrung von Ansprüchen der Arbeitnehmer beim Übergang von Unternehmen, Betrieben oder

---

1 BAG, 25.5.2000 – 8 AZR 416/99, AP Nr. 209 zu § 613a BGB (II 1 c bb).

2 BAG, 20.4.2010 – 3 AZR 225/08, AP Nr. 63 zu § 1 BetrAVG (B II 2).

3 Durch Art. 4 und 5 des „Gesetzes zur Änderung des Seemannsgesetzes und anderer Gesetze" vom 23.3.2002 (BGBl. I 2002, 1167 f.), ohne Übergangsregelung in Kraft seit dem 1.4.2002. Ab diesem Stichtag gelten die neuen Regelungen für alle Übergänge eines Betriebs(teils). Wank, in: Handbuch zum Arbeitsrecht, § 102 Rn. 89, zweifelt allerdings an der ordnungsgemäßen Verkündung.

Unternehmens- oder Betriebsteilen (sog. Betriebsübergangsrichtlinie)[4]. Neben europarechtlichen ergeben sich infolge der Aufnahme der genannten Vorschriften in das Arbeitsvertragsrecht vor allem zivilrechtliche Fragestellungen. Die arbeitsrechtliche Diskussion hat sich seitdem weg von den Tatbestandsvoraussetzungen des Betriebsübergangs hin zur Unterrichtung und dem Widerspruch der Arbeitnehmer bei Betriebsübergängen verlagert.

Bei der Überführung der europarechtlich geforderten Unterrichtung in das deutsche Recht ging der Gesetzgeber einen nationalen Sonderweg: Anstelle des in der Richtlinie vorgesehenen Grundsatzes der alleinigen Unterrichtung der Arbeitnehmervertretungen, sieht das deutsche Recht stets die Unterrichtung der vom Übergang betroffenen Arbeitnehmer vor. Hinzu kommt, dass sich der deutsche Gesetzgeber dazu entschieden hat, dass bereits zuvor richterrechtlich anerkannte Widerspruchsrecht zu normieren und den Beginn der einmonatigen Widerspruchsfrist mit „der Unterrichtung nach Abs. 5" zu verknüpfen, vgl. § 613a Abs. 6 BGB. Hinter dieser gesetzgeberischen Entscheidung verbirgt sich eine hohe Brisanz. Die Regelungskomplexe Unterrichtung und Widerspruch können daher sinnvollerweise nur zusammen behandelt werden.

Die inhaltliche Weite der Unterrichtung nach § 613a Abs. 5 BGB ist seit jeher umstritten. Der mit unbestimmten Begriffen gespickte Wortlaut des Informationskatalogs in Abs. 5 wurde fast wortgleich aus der Betriebsübergangsrichtlinie übernommen. Eine Spruchpraxis des EuGH, an der man sich zur Konkretisierung des Unterrichtungsinhalts orientieren könnte, besteht nicht. In Folge der äußerst extensiven Auslegung des Informationskatalogs durch die deutschen Gerichte kam es in der Bundesrepublik Deutschland zu in der Welt einmalig hohen Anforderungen an eine ordnungsgemäße Unterrichtung bei Betriebsübergängen. Die Anforderungen an eine ordnungsgemäße Unterrichtung sind teilweise undefinierbar geworden. Selbst ein den aktuellen Anforderungen der Rechtsprechung genügendes Unterrichtungsschreiben kann sich im Zeitpunkt seiner gerichtlichen Überprüfung aufgrund zwischenzeitlicher Verschärfungen als nicht mehr „gerichtsfest" erweisen. Ein unbefristetes Widerspruchsrecht steht im Raum.

Für besonderes Aufsehen sorgten in der jüngeren Vergangenheit der sog. BenQ- und der Agfa-Fall. Der BenQ-Fall betraf den Verkauf der Mobilfunksparte von der Siemens AG auf die BenQ Mobile GmbH & Co. OHG und der Agfa-Fall die Übertragung eines Geschäftsbereiches der Agfa-Gevaert AG auf die Agfa Photo GmbH. In beiden Fällen wurden die Betriebserwerber nach dem Übergang insolvent und in beiden Fällen wurde die Widerspruchsfrist wegen einer nicht ordnungsgemäßen Unterrichtung nicht in Gang gesetzt. Eine Vielzahl der übergehenden Arbeitnehmer

4 Die RL 77/187/EWG des Rates vom 14.2.1977 (ABl. Nr. L 61 vom 5.3.1977, 26), in der Fassung der RL 98/50/EG des Rates vom 29.6.1998 (ABl. Nr. L 201 vom 17.7.1998, 88), wurde durch die RL 2001/23/EG des Rates vom 12.3.2001 (ABl. Nr. L 82 vom 22.3.2001, 16) aufgehoben (Art. 12) und ohne inhaltliche Änderungen neu kodifiziert.

versuchte deshalb auch noch lange Zeit nach dem bereits vollzogenen Betriebsübergang ihr Arbeitsverhältnis zu retten, indem sie dem gesetzlich angeordneten Übergang ihres Arbeitsverhältnisses in der Hoffnung widersprachen, auf diesem Wege auf einen solventen Arbeitgeber zurückzukehren.

Aus Arbeitgebersicht birgt eine unrichtige oder unvollständige Unterrichtung der Arbeitnehmer im Falle eines Betriebs(teil)übergangs erhebliche rechtliche und vor allem wirtschaftliche Risiken in sich. Der Beginn der Widerspruchsfrist ist für die Planungs- und Rechtssicherheit der Arbeitgeber von herausragender Bedeutung. Der Betriebserwerber hat ein Interesse an der ausreichenden Besetzung seiner Schlüsselpositionen. Die Besten wandern jedoch häufig zuerst ab. Besteht das Widerspruchsrecht auch noch lange nach dem Übergang fort, könnte er die auf ihn übergegangenen Arbeitnehmer doch noch verlieren. Hieraus können wiederum nicht unerhebliche Funktionsstörungen im Erwerberbetrieb resultieren. Für den Betriebsveräußerer bedeuten nachträgliche Widersprüche, dass den widersprechenden Arbeitnehmern mangels Beschäftigungsmöglichkeit regelmäßig betriebsbedingt gekündigt werden muss, wodurch erhebliche Personalabbaukosten anfallen können. Zahlreiche Widersprüche können im Einzelfall sogar geeignet sein, das Interesse am Unternehmenskauf komplett entfallen zu lassen. Das Widerspruchsrecht wird zum „Dealbreaker". Für Deutschland könnten hiermit nicht unerhebliche Standortnachteile verbunden sein. Internationale Investoren aus wichtigen Märkten für „Mergers & Acquisitions" wie z.B. China oder Indien könnten sich durch einen derart risikobehafteten Betriebs(teil)übergang abschrecken lassen.

Aus diesen Überlegungen leiten sich die Untersuchungsobjekte für die vorliegende Arbeit ab. Gegenstand der Untersuchung sind Grenzen und weitere aktuelle Rechtsprobleme der Unterrichtungspflicht und des Widerspruchsrechts sowie die Strategien zur Risikominimierung. Ziel dieser Arbeit ist es, praxisgerechte Lösungen zu liefern. Entsprechend der Untersuchungsobjekte unterteilt sich die Arbeit im Wesentlichen in drei Hauptteile: Unterrichtung, Widerspruch und Strategien zur Risikominimierung. Im ersten Teil wird die Unterrichtungspflicht nach § 613a Abs. 5 BGB ausgehend von ihren europarechtlichen Wurzeln dargestellt. Der Schwerpunkt dieses Abschnitts liegt darin, dem Rechtsanwender möglichst klare Vorgaben für die Erstellung eines ordnungsgemäßen Unterrichtungsschreibens an die Hand zu geben. Um den konkreten Umfang der Unterrichtungspflicht abzustecken, geht der Verfasser in zwei Schritten vor: Im ersten Schritt werden die Grenzen der Unterrichtungspflicht abstrakt herausgearbeitet. Die hierbei gewonnenen Erkenntnisse fließen in einem zweiten Schritt in die Subsumtion der einzelnen Unterrichtungstatbestände ein. Der zweite Teil widmet sich dem nunmehr in § 613a Abs. 6 BGB verankerten Widerspruchsrecht. Zunächst werden die Tatbestandsvoraussetzungen eines wirksamen Widerspruchs und dessen Rechtsfolgen in Abhängigkeit des konkreten Erklärungszeitpunkts dargestellt. Im Anschluss werden die Grenzen des Widerspruchsrechts untersucht. Hierbei geht es um die Frage, ob trotz Vorliegens sämtlicher Tatbestandsvoraussetzungen kein wirksamer Widerspruch vorliegt, weil das Widerspruchsrecht wegen Zeitablauf oder sonstiger Umstände untergegangen ist. Im dritten Abschnitt der Arbeit werden schließlich einige praktische Strategien zur Risikominimierung aus Arbeitgebersicht entwickelt.

B. Relevanz der Forschung

Die hohe praktische Bedeutung hat neben zahlreichen Kommentierungen[5] zu einer breiten Behandlung der hier interessierenden Untersuchungsobjekte in den einschlägigen Handbüchern zur Umstrukturierung und Übertragung von Unternehmen[6] geführt. In ersten umfangreicheren Abhandlungen aus dem Jahre 2002 greifen *Gaul*[7] in seiner Habilitationsschrift und *Franzen*[8] in einem Zeitschriftenbeitrag die ersten Diskussionen zur Thematik auf und behandeln diese vergleichsweise ausführlich. Die bis heute einzige und sehr verdienstvolle Dissertation zur gesamten hier betrachteten Thematik stammt von *Grau*[9] und wurde im Jahre 2005 veröffentlicht. Vornehmlich Gestaltungsfragen im Hinblick auf Unterrichtung und Widerspruchsrecht behandelt *Mayer*[10] in seinem Praxisleitfaden aus dem Jahre 2007. Die exemplarisch aufgezählten ausführlichen Abhandlungen haben gemeinsam, dass sie vor wichtigen Grundsatzentscheidungen des BAG erschienen sind. In grundlegenden Urteilen vom 13.7.2006[11] und vom 31.1.2008[12] hat sich das BAG erstmals im Kern mit Inhalt und Umfang der Unterrichtung auseinandergesetzt. Insbesondere mit seinen Urteilen vom 27.11.2008[13] und vom 23.7.2009[14] hat das BAG

5 Vgl. u.a. ErfK/Preis, § 613a BGB Rn. 84-110a; HWK/Willemsen/Müller-Bonanni, Rn. 315-362; MK/Müller-Glöge, § 613a BGB Rn. 104-128; Staudinger/Annuß, § 613a BGB, Rn. 256-332.

6 Vgl. u.a. WHSS/Willemsen, Rn. G 147-169 und Rn. G 210-235; Düwell/Wichert, in: Arens/Düwell/Wichert, Umstrukturierung, § 7 Rn. 256-359; Bauer/Göpfert/Haußmann/Krieger, Umstrukturierung, Teil 3 B; Cohnen, in: Moll, Arbeitsrecht, § 55 Rn. 1 ff.; Trittin, in: Bachner/Köstler/Matthießen/Trittin, § 6 Rn. 87-138.

7 Gaul, Betriebs- und Unternehmensspaltung, 303-344.

8 Franzen, RdA 2002, 258 ff.

9 Rechtsprechung und Literatur bis Oktober 2004 berücksichtigt, vgl. Grau, Unterrichtung, Vorwort.

10 Rechtsprechung und Literatur bis April 2007 berücksichtigt, vgl. Meyer, Unterrichtung, Vorwort.

11 Diese Entscheidungstrias wurde im Vorfeld mit großer Spannung erwartet: BAG, 13.7.2006 – 8 AZR 303/05, AP Nr. 311 zu § 613a BGB; BAG, 13.7.2006 – 8 AZR 305/05, AP Nr. 312 zu § 613a BGB; BAG, 13.7.2006 – 8 AZR 382/05, AP Nr. 1 zu § 613a BGB Widerspruch.

12 BAG, 31.1.2008 – 8 AZR 1116/06, AP Nr. 2 zu § 613a BGB Unterrichtung.

13 BAG, 27.11.2008 – 8 AZR 225/07, AP Nr. 364 zu § 613a BGB; BAG, 27.11.2008 – 8 AZR 1021/06, AP Nr. 361 zu § 613a BGB.

14 BAG, 23.7.2009 – 8 AZR 357/08, AP Nr. 10 zu § 613a BGB Widerspruch; BAG, 23.7.2009 – 8 AZR 538/08, AP Nr. 10 zu § 613a BGB Unterrichtung; BAG, 23.7. 2009 – 8 AZR 539/08, AP Nr. 11 zu § 613a BGB Unterrichtung; BAG, 23.7.2009 – 8 AZR

mittlerweile auch zur Frage Stellung genommen, welche Umstände zu einer Verwirkung des Widerspruchsrechts führen können. Zudem enthalten diese und viele weitere aktuelle Entscheidungen, beispielhaft seien die Urteile vom 10.11.2011[15] und vom 15.3.2012[16] genannt, wichtige grundsätzliche Aussagen zur Konkretisierung der inhaltlichen Anforderungen an ein korrektes Unterrichtungsschreiben. Die vorliegende Arbeit untersucht die sich aus diesen Urteilen ergebenden aktuellen Rechtsfragen, durchleuchtet die hierzu vertretenen Ansichten und führt die wissenschaftliche Diskussion fort.

Keinen Schwerpunkt dieser Arbeit bildet die Folgefrage, ob bei einer betriebsbedingten Kündigung ein Widerspruch des Arbeitnehmers gegen einen Teilbetriebsübergang im Rahmen der vorzunehmenden Sozialauswahl nach § 1 Abs. 3 KSchG eine Rolle spielt. Ein Urteil des BAG vom 31.5.2007[17] hat in der Praxis weitgehend für Klarheit gesorgt. Zudem war dieses Problem bereits ein Schwerpunkt der Dissertation von *Stiefel*[18] aus dem Jahre 2009. Ebenfalls keinen Schwerpunkt wird der Betriebsübergang bei Umwandlungsmaßnahmen darstellen. Hier war insbesondere umstritten, ob bei Umwandlungsmaßnahmen, bei denen der übertragende Rechtsträger infolge der Umwandlung erlischt (bei der Verschmelzung nach § 2 UmwG und bei der Aufspaltung nach § 123 Abs. 1 UmwG), ein Widerspruchsrecht besteht. Diese Frage hat das BAG in jüngerer Zeit entschieden[19].

541/08, AP Nr. 12 zu § 613a BGB Unterrichtung; BAG, 23.7.2009 – 8 AZR 558/08, AP Nr. 13 zu § 613a BGB Unterrichtung.

15 BAG, 10.11.2011 – 8 AZR 430/10, AP Nr. 15 zu § 613a BGB Unterrichtung.

16 BAG, 15.3.2012 – 8 AZR 700/10, AP Nr. 29 zu § 613a BGB Widerspruch.

17 BAG, 31.5.2007 – 2 AZR 276/06, AP Nr. 94 zu § 1 KSchG 1969 Soziale Auswahl.

18 Stiefel, Betriebsbedingte Kündigung. Neue Probleme des § 613a Abs. 6 BGB.

19 BAG, 21.2.2008 – 8 AZR 157/07, BAGE 126, 105.

§ 2 Unterrichtung nach § 613a Abs. 5 BGB

A. Europarechtliche Vorgaben und deutsche Umsetzung

Der europäische Gesetzgeber greift seit längerem mit dem Ziel eines in allen Mitgliedstaaten gleich hohen Arbeitnehmerschutzes tief und nachhaltig in die nationalen Arbeitsrechtsordnungen ein. Die Richtlinie 2001/23/EG des Rates vom 12. März 2001 zur Angleichung der Rechtsvorschriften der Mitgliedstaaten über die Wahrung von Ansprüchen der Arbeitnehmer beim Übergang von Unternehmen, Betrieben oder Unternehmens- oder Betriebsteilen stellt eine wichtige Maßnahme zur Harmonisierung der Rechtsvorschriften der Mitgliedstaaten betreffend der Umstrukturierung von Unternehmen im Binnenmarkt der Europäischen Union dar. Die Betriebsübergangsrichtlinie bildet die wohl bedeutendste unionsrechtliche Regelung für das klassische Arbeitsrecht.

Die Befriedigung des individuellen Informationsbedürfnisses der von einem Betriebs(teil)übergang betroffenen Arbeitnehmer kann entweder unmittelbar durch eine individualrechtliche Unterrichtung der einzelnen Arbeitnehmer oder mittelbar durch eine Unterrichtung der Arbeitnehmervertretung, die die Informationen dann an die Arbeitnehmer weiterleiten[20], erfolgen. Der europäische Richtliniengeber entschied sich im Grundsatz für die mittelbare Information der Arbeitnehmer[21]. Die zentrale europarechtliche Vorschrift zur Reglung der Informationspflichten bei Betriebsübergängen stellt Art. 7 RL 2001/23/EG dar. Entsprechend der Vorstellung des europäischen Richtliniengebers enthält diese Vorschrift sowohl einen kollektivrechtlichen als auch einen individualrechtlichen Regelungsteil.

I. Kollektivrechtlicher Regelungsgehalt des Art. 7 RL 2001/23/EG und seine Umsetzung in das deutsche Recht

Art. 7 Abs. 1 bis 5 RL 2001/23/EG regeln die Pflichten des Veräußerers und des Erwerbers gegenüber ihren jeweiligen Arbeitnehmervertretungen und sind somit systematisch dem kollektiven Recht zuzuordnen („kollektivrechtliche Informationspflichten“[22]).

Zwar bilden die Pflichten auf kollektivrechtlicher Ebene nicht den Gegenstand der vorliegenden Arbeit, in der das individuelle Recht im Mittelpunkt stehen soll. Die Reichweite des individualrechtlichen Regelungsgehalts des Art. 7

---

20 Willemsen/Annuß, NJW 1999, 2080.

21 Vgl. die Erwägungsgründe Nr. 2 zur RL 98/50/EG und Nr. 6 zur RL 2001/23/EG.

22 Riesenhuber, Europäisches Arbeitsrecht, § 24 Rn. 88 ff.

RL 2001/23/EG erschließt sich jedoch erst durch einen Blick auf die verschiedenen Umsetzungsmöglichkeiten der Mitgliedstaaten auf kollektivrechtlicher Ebene der Vorschrift. Der europäische Richtliniengeber eröffnet den Mitgliedstaaten die Möglichkeit, das von ihm bevorzugte Grundmodell entweder deckungsgleich oder mit gewissen Modifizierungen umzusetzen.

1. Grundmodell

Nach Art. 7 Abs. 1 RL 2001/23/EG sind der Veräußerer und der Erwerber verpflichtet, die Vertreter ihrer jeweiligen von einem Übergang betroffenen Arbeitnehmer zu informieren. Für den Fall, dass der Veräußerer bzw. der Erwerber Maßnahmen hinsichtlich seiner Arbeitnehmer in Betracht zieht, sind sie zudem verpflichtet, die Vertreter ihrer Arbeitnehmer rechtzeitig zu diesen Maßnahmen zu konsultieren, um eine Übereinkunft anzustreben, Art. 7 Abs. 2 RL 2001/23/EG. Die vorgenannten Informations- und Konsultationspflichten gelten nicht nur für den Fall, dass die zum Übergang führende Entscheidung vom Arbeitgeber selbst getroffen wird, sondern auch dann, wenn sie von einem den Arbeitgeber beherrschenden Unternehmen herrührt, Art. 7 Abs. 4 RL 2001/23/EG („Konzernklausel“[23]). Damit wird sichergestellt, dass von Art. 7 RL 2001/23/EG auch Umstrukturierungsmaßnahmen innerhalb eines Konzerns oder eines Gemeinschaftsunternehmens (sog. Joint Venture) erfasst werden[24].

2. Umsetzungsoptionen

Zur Umsetzung der in Art. 7 Abs. 1 RL 2001/23/EG als Grundregel vorgesehenen Information der Vertretung der Arbeitnehmer aus Anlass des Betriebsübergangs und dessen Konsultation in den Fällen des Abs. 2 hätte es Änderungen am bestehenden deutschen Betriebsverfassungsrecht bedurft. Dieses kennt zwar eine Informationspflicht aus Anlass von Betriebsübergängen gegenüber dem Wirtschaftsausschuss, vgl. § 106 Abs. 2 i.V.m. Abs. 3 Nr. 10 BetrVG[25]. Eine Information des Betriebsrats in Fällen eines „bloßen“ Betriebsübergangs, bei dem es ausschließlich zu einem Inhaberwechsel kommt und keine Betriebsänderung vorliegt[26], sieht

23 Riesenhuber, RdA 2004, 341.

24 Vgl. Nr. 38 ff. der Begründung der Kommission, BR-Drucks.896/94, 17; Oetker, NZA 1998, 1194; Rademacher, Der Europäische Betriebsrat, 59.

25 ErfK/Preis, § 613a BGB Rn. 132; Franzen, in: Festschrift für Rolf Birk, 103; Oetker, NZA 1998, 1200; Staudinger/Annuß, § 613a BGB, Rn. 358. Der deutsche Wirtschaftsausschuss erfüllt nicht die Anforderungen an eine Vertretung der Arbeitnehmer im Sinne des Art. 2 Abs. 1 lit. c RL 2001/23/EG, vgl. Franzen, RdA 1999, 372 und Oetker, NZA 1998, 1200, mit Nachweisen auch zur Gegenansicht.

26 Ein Betriebsübergang stellt für sich genommen noch keine Betriebsänderung im Sinne des § 111 BetrVG dar, vgl. Staudinger/Annuß, § 613a BGB, Rn. 357 m.w.N. Auch Art. 7 Abs. 3 RL 2001/23/EG selbst geht ausweislich seines klaren Wortlauts davon aus, dass nicht jeder Betriebsübergang gleichzeitig auch als eine

das BetrVG allerdings nicht vor[27]. Die Informations- und Konsultationspflicht gegenüber dem Betriebsrat beschränkt sich auf geplante Betriebsänderungen, vgl. § 111 S. 1 BetrVG.

Seinerzeit weigerte sich die Bundesrepublik Deutschland, die bestehende gesetzliche Konzeption der Betriebsmitbestimmung zu verändern, und drängte auf die Schaffung entsprechender Ausnahmetatbestände[28]. In der Folge wurden den Mitgliedstaaten in Art. 7 Abs. 3 und 5 RL 2001/23/EG Umsetzungsoptionen eingeräumt, mit denen sie die sich aus dem Grundmodell ergebenden Pflichten weitgehend beschränken konnten. Es ist daher keineswegs zufällig, dass Art. 7 Abs. 3 RL 2001/23/EG inhaltlich stark an § 111 BetrVG erinnert. Mitgliedstaaten, deren Rechts- und Verwaltungsvorschriften vorsehen, dass die Vertreter der Arbeitnehmer eine Schiedsstelle anrufen können, um eine Entscheidung über hinsichtlich der Arbeitnehmer zu treffende Maßnahmen zu erhalten, können die Informations- und Konsultationspflicht auf den Fall beschränken, dass der vollzogene Übergang eine Betriebsänderung hervorruft, die wesentliche Nachteile für einen erheblichen Teil der Arbeitnehmer zur Folge haben kann.

Durch Art. 7 Abs. 5 RL 2001/23/EG können die Pflichten aus den Abs. 1, 2 und 3 zudem auf Betriebe beschränkt werden, in denen die Zahl der beschäftigten Arbeitnehmer die Voraussetzungen für die Wahl oder Bestellung eines Kollegiums als Arbeitnehmervertretung erfüllen[29]. Hierdurch sollen kleine Unternehmen von

---

Betriebsänderung angesehen werden kann, vgl. BAG, 31.1.2008 – 8 AZR 1116/06, AP Nr. 2 zu § 613a BGB Unterrichtung (B II 3). Obgleich Betriebsübergang und Betriebsänderung wirtschaftlich in aller Regel eng miteinander verknüpft sein werden, sind beide Ereignisse – rechtlich gesehen – strikt voneinander zu trennen. Werden allerdings gleichzeitig mit dem Betriebsübergang Maßnahmen ergriffen, die ein oder mehrere Tatbestandsmerkmale des § 111 BetrVG (z.B. eine Betriebsstillegung oder eine Betriebsteilausgliederung) erfüllen, kann zusätzlich eine Betriebsänderung vorliegen, vgl. BAG, 31.1.2008 – 8 AZR 1116/06, AP Nr. 2 zu § 613a BGB Unterrichtung (B II 1).

27 Ritter, Wirtschaftsausschuss, 213; Staudinger/Annuß, § 613a BGB, Rn. 358. **A.A.** Gaul, Betriebs- und Unternehmensspaltung, § 28 Rn. 103 ff., der allerdings eine richtlinienkonforme Auslegung des Begriffs Betriebsänderung vorschlägt, wonach auch Betriebsübergänge von § 111 BetrVG erfasst sein sollen; hierzu zu Recht **kritisch**: Annuß, in: Richardi, § 111 BetrVG Rn. 124. **A.A.** auch ErfK/Preis, § 613a BGB Rn. 132, der aus dem betriebsverfassungsrechtlichen Grundsatz der vertrauensvollen Zusammenarbeit nach §§ 2 Abs. 1, 74 Abs. 1 BetrVG bzw. aus § 92 BetrVG eine kollektivrechtliche Informationspflicht herleitet.

28 Franzen, NZA-Beil. 2008, 144. Noch zu Art. 6 Abs. 3 RL 77/187/EWG (teilweise in der Fassung der RL 98/50/EG): Franzen, RdA 1999, 371; Löw, Betriebsveräußerung, 177; Oetker, NZA 1998, 1195; Riesenhuber, RdA 2004, 344, 345; von Alvensleben, Betriebsübergang, 122.

29 Die Kommission hatte in Art. 6 Abs. 5 des Vorschlags für eine Richtlinie des Rates zur Angleichung der Rechtsvorschriften der Mitgliedstaaten über die Wahrung von Ansprüchen der Arbeitnehmer beim Übergang von Unternehmen, Betrieben

gesetzlichen Zwängen erleichtert und so in ihrer wirtschaftlichen Entwicklung gefördert und geschützt werden[30]. Durch die Bezugnahme auf Abs. 3 in Art. 7 Abs. 5 RL 2001/23/EG ergibt sich die Möglichkeit für die Mitgliedstaaten, die Beschränkungsmöglichkeiten aus den Abs. 3 und 5 miteinander zu kombinieren[31]. Auch dies entspricht dem deutschen betriebsverfassungsrechtlichen Verständnis, wonach Beteiligungsrechte des Betriebsrats gemäß §§ 111 ff. BetrVG stets das Vorliegen der Voraussetzungen einer Betriebsänderung gemäß § 111 BetrVG erfordern[32]. Hiernach greifen die Beteiligungsrechte erst in Unternehmen mit in der Regel mehr als 20 wahlberechtigten Arbeitnehmern ein. Diese Anzahl von Arbeitnehmern entspricht den Vorgaben des § 9 S. 1 BetrVG, wonach der Betriebsrat ab 21 wahlberechtigten Arbeitnehmern aus mindestens drei Mitgliedern und somit aus einem Kollegium besteht. Unterhalb dieser Grenze setzt sich der Betriebsrat lediglich aus einer Person zusammen.

Der deutsche Gesetzgeber sah die sich aus der Gesamtschau von Art. 7 Abs. 3 und 5 RL 2001/23/EG ergebenden Mindestanforderungen durch die Regelungen der §§ 111 ff. BetrVG als vollständig erfüllt an[33]. Dabei sollte der Einigungsstelle nach § 112 Abs. 2 BetrVG die Funktion der „Schiedsstelle" im Sinne des Art. 7 Abs. 3 RL 2001/23/EG zuteilwerden[34]. Auf die Umsetzung des kollektivrechtlichen Grundmodells aus Art. 7 Abs. 1 und 2 RL 2001/23/EG in deutsches Recht hat die Bundesrepublik Deutschland – aus ihrer Sicht folgerichtig – komplett verzichtet.

Es stellt sich die Frage, ob die zeitlich später geschaffene RL 2002/14/EG[35] dazu führt, dass eine Unterrichtung des Betriebsrats nicht auf die Fälle einer Betriebsänderung beschränkt werden darf. Dies könnte zu einem Umsetzungsbedarf im deutschen Recht führen. Die RL 2002/14/EG selbst sieht kein dem Art. 7 Abs. 3

---

oder Betriebsteilen vom 8. September 1994 (ABl. Nr. C 274 vom 1.10.1994, 10; BR-Drucks.896/94, 30) noch einen Schwellenwert von 50 Arbeitnehmern vorgesehen.

30 Vgl. Nr. 41 der Begründung der Kommission, BR-Drucks.896/94, 18; Oetker, NZA 1998, 1195.

31 Riesenhuber, RdA 2004, 348.

32 Zöllner/Loritz/Hergenröder, Arbeitsrecht, 552.

33 Debong, EG-Richtlinie, 94; Oetker, NZA 1998, 1196 m.w.N.

34 Vgl. zur strittigen Frage der Richtlinienkonformität der deutschen Umsetzung des kollektiven Regelungsteils der Richtlinie, insbesondere nach Einfügung des § 112a BetrVG: Dahms, Widerspruchsrecht, 80 ff.; Franzen, RdA 1999, 372 f.; Grau, Unterrichtung, 57 ff.; Löw, Betriebsveräußerung, 178 ff.; Oetker, NZA 1998, 1196 ff.; Riesenhuber, RdA 2004, 342 ff.; von Alvensleben, Betriebsübergang, 329 ff.; Wank, in: Handbuch des europäischen Arbeits- und Sozialrechts, § 18 Rn. 151.

35 Richtlinie 2002/14/EG des Europäischen Parlaments und des Rates vom 11. März 2002 zur Festlegung eines allgemeinen Rahmens für die Unterrichtung und Anhörung der Arbeitnehmer in der Europäischen Gemeinschaft (ABI. Nr. L 80 vom 23.3.2002, 29). Diese Rahmenrichtlinie steckt den unionsrechtlichen Rahmen für die Einbeziehung der Arbeitnehmer in die Unternehmensabläufe und sie betreffende Entscheidungen im Wege von Unterrichtungs- und Anhörungsrechten ab.

und 5 RL 2001/23/EG entsprechendes Ausnahmemodell vor. Zudem umfasst die Unterrichtung und Anhörung nach Art. 4 Abs. 2 lit. c RL 2002/14/EG auch „Entscheidungen, die wesentliche Veränderungen der Arbeitsorganisation oder der Arbeitsverträge mit sich bringen können, einschließlich solcher, die Gegenstand der in Artikel 9 Absatz 1 genannten Gemeinschaftsbestimmungen sind". In Art. 9 Abs. 1 RL 2002/14/EG wird u.a. Art. 7 RL 2001/23/EG ausdrücklich genannt. Zum Teil wird hieraus geschlussfolgert, dass die Unterrichtungs- und Anhörungsrechte der Arbeitnehmer in Betriebsübergangsfällen stets auch den Anforderungen der RL 2002/14/EG zu genügen haben, unabhängig davon, ob sich ein Mitgliedstaat bei der Umsetzung der RL 2001/23/EG für das Ausnahmemodell des Art. 7 Abs. 3 RL 2001/23/EG entschieden hat oder nicht[36].

Dieser Ansicht kann hier nicht zugestimmt werden[37]. In Nr. 29 der Erwägungsgründe und Art. 9 Abs. 1 RL 2002/14/EG hat der europäische Richtliniengeber ausdrücklich klargestellt, dass von „diese[r] Richtlinie" das in Art. 7 RL 2001/23/EG vorgesehene spezifische Informations- und Konsultationsverfahren „unberührt"[38] bleiben soll. „Diese Richtlinie" schließt auch Art. 4 Abs. 2 lit. c RL 2002/14/EG mit ein. Damit hat der europäische Richtliniengeber hinreichend deutlich zum Ausdruck gebracht, dass ihm eine abweichende Behandlung der von Art. 7 RL 2001/23/EG erfassten Sachverhalte nicht vorschwebte. Er hat lediglich zur Konkretisierung des Umfangs der Unterrichtung und der Anhörung in Art. 4 Abs. 2 lit. c RL 2002/14/EG auf die Gegenstände der Entscheidungen, die in Art. 7 RL 2001/23/EG enthalten sind, verwiesen. Dieser Verweis umfasst den gesamten Art. 7 RL 2001/23/EG und somit auch das kollektivrechtliche Ausnahmemodell nach dessen Abs. 3 und 5. In Mitgliedstaaten, die das Ausnahmemodell umgesetzt haben, umfasst die Unterrichtung und Anhörung nach Art. 4 Abs. 2 lit. c RL 2002/14/EG demnach nur solche Entscheidungen, die Gegenstand einer mit einem Betriebsübergang zusammenfallenden Betriebsänderung sind. Ein „bloßer" Betriebsübergang, bei dem es ausschließlich zu einem Inhaberwechsel kommt, wird nicht erfasst. Nach diesem Verständnis genügt § 111 S. 1 BetrVG den von Art. 4 Abs. 2 lit. c RL 2002/14/EG gesetzten Anforderungen[39]. Ausweislich des § 111 S. 1 BetrVG hat der Arbeitgeber den Betriebsrat über die geplante Betriebsänderung zu informieren und diese mit ihm zu beraten.

---

36 Gerdom, Unterrichtungs- und Anhörungspflichten, 144 ff.

37 Im Ergebnis wie hier: Ritter, Wirtschaftsausschuss, 214, die – nach hier vertretener Auffassung unnötigerweise – auf die „Einheit der europäischen Rechtsordnung" abstellt. Vgl. auch Spreer, Richtlinie 2002/14/EG, 63, nach der die RL 2001/23/EG „Vorrang" besitzt.

38 Vgl. auch die englische („without prejudice") und die französische („ne porte pas atteinte") Sprachfassung.

39 **A.A.** Gerdom, Unterrichtungs- und Anhörungspflichten, 205 ff., der allerdings im Wege einer richtlinienkonformen Auslegung des § 111 S. 1 BetrVG einen Betriebsübergang unter den Begriff der Betriebsänderung fassen will.

II. Individualrechtlicher Regelungsgehalt des Art. 7 RL 2001/23/EG und seine Umsetzung in das deutsche Recht

Der individualrechtliche Regelungsgehalt wird durch Art. 7 Abs. 6 RL 2001/23/EG abgebildet. Dem europäischen Richtliniengeber war bewusst, dass eine Regelung zur Unterrichtung der Arbeitnehmervertretung nicht zur Befriedigung des Informationsbedürfnisses der Arbeitnehmer taugt, wenn im Unternehmen oder im Betrieb nach mitgliedstaatlichem Recht unabhängig vom Willen der Arbeitnehmer keine Arbeitnehmervertretung einzurichten ist. Für diese Fälle weicht er von seinem kollektivrechtlichen Modell des Art. 7 Abs. 1 bis 5 RL 2001/23/EG ab und sieht in Abs. 6 alternative „individualrechtliche Informationspflichten“[40] der einzelnen Arbeitnehmer vor[41]. Die individuelle Unterrichtung tritt an die Stelle einer kollektiven Unterrichtung. Die einzelnen Arbeitnehmer werden zu einer Art „Ersatz-Betriebsrat“[42].

Im Ausgangspunkt gewährt das Alternativverhältnis zwischen kollektivrechtlicher und individualrechtlicher Unterrichtung nach europäischem Recht eine lückenlose Befriedigung des Informationsinteresses der Arbeitnehmer. Kann eine Arbeitnehmervertretung unabhängig vom Willen der Arbeitnehmer nach mitgliedstaatlichem Recht nicht eingerichtet werden, sind stets die einzelnen Arbeitnehmer nach Art. 7 Abs. 6 RL 2001/23/EG individualrechtlich zu informieren. Besitzt das Unternehmen oder der Betrieb eine Arbeitnehmervertretung, greift Art. 7 Abs. 6 RL 2001/23/EG nicht ein, eine individualrechtliche Information ist europarechtlich nicht gefordert. Dies wäre unproblematisch, wenn in diesen Fällen stets die alternativ vorgesehene kollektivrechtliche Unterrichtung der Arbeitnehmervertretung vorzunehmen wäre. Greift jedoch auch diese Pflicht nicht ein, entstehen Lücken in der Befriedigung des Informationsinteresses der Arbeitnehmer. Wie bereits ausgeführt, gewährt die Richtlinie weitreichende Beschränkungsmöglichkeiten auf kollektivrechtlicher Ebene. Jede Beschränkung der kollektivrechtlichen Informationspflicht kann aber zu Lücken bei der Information der Arbeitnehmer führen. Mit Art. 7 Abs. 6 RL 2001/23/EG sollte eigentlich das durch Abs. 5 hinterlassene Defizit ausgeglichen werden[43]. Hat allerdings ein Mitgliedstaat von der Beschränkungsmöglichkeit des Abs. 5 Gebrauch gemacht und besitzt das Unternehmen oder der Betrieb eine Arbeitnehmervertretung, die nicht aus einem Kollegium besteht, greift weder eine

40 Riesenhuber, Europäisches Arbeitsrecht, § 24 Rn. 92.

41 In der ursprünglichen Fassung der Betriebsübergangsrichtlinie bestand noch keine individuelle Unterrichtungspflicht. Es lag nur eine Kann-Vorschrift vor, vgl. Art. 6 Abs. 5 RL 77/187/EWG. Eine Unterrichtungspflicht und die genauen Umstände, die hierfür vorliegen müssen, wurden erst später eingefügt, vgl. Art. 6 Abs. 5 RL 98/50/EG und den Erwägungsgrund Nr. 12.

42 Sagan, ZIP 2011, 1642.

43 Noch zu Art. 6 Abs. 4 und 5 RL 77/187/EWG: EuGH, 8.6.1994 – C-382/92, Slg. 1994, I-2435 (Rn. 23). Noch zu Art. 6 Abs. 5 und 6 RL 98/50/EG: Oetker, NZA 1998, 1196.

kollektivrechtliche noch die alternativ vorgesehene individualrechtliche Unterrichtungspflicht ein.

Die Bundesrepublik Deutschland hat sich bei ihrer Umsetzung der Richtlinie sowohl auf Abs. 3 als auch auf Abs. 5 des Art. 7 RL 2001/23/EG berufen[44]. In Betrieben, in denen eine Arbeitnehmervertretung gebildet werden kann, muss daher nach den europäischen Vorgaben nur dann eine kollektivrechtliche Information erfolgen, wenn im Zusammenhang mit dem Betriebsübergang auch die Voraussetzungen des § 111 BetrVG erfüllt sind. Liegt keine Betriebsänderung vor oder arbeiten in dem Betrieb in der Regel nicht mehr als zwanzig wahlberechtigte Arbeitnehmer müssten nach den europarechtlichen Vorgaben weder der Betriebsrat noch die einzelnen Arbeitnehmer im Falle eines Betriebsübergangs unterrichtet werden. Nur in Betrieben ohne Betriebsrat entsteht diese Lücke aufgrund der insoweit europarechtlich geforderten individualrechtlichen Information der einzelnen Arbeitnehmer nicht. In Deutschland wären hiervon lediglich Betriebe mit weniger als fünf ständig wahlberechtigten Arbeitnehmern erfasst, §§ 1 Abs. 1 S. 1, 9 S. 1 BetrVG[45]. Die Besserstellung der Arbeitnehmer hinsichtlich ihrer Informationsrechte in Betrieben, in denen keine Arbeitnehmervertretung gebildet werden kann, im Vergleich zu den durch einen Betriebsrat vertretenen Arbeitnehmern ist offensichtlich unsinnig[46]. Treffend werden die Beschränkungsmöglichkeiten des Art. 7 Abs. 3 und 5 RL 2001/23/EG auch als systematischer „Fremdkörper"[47] bezeichnet.

Das Beharren auf die durch Art. 7 Abs. 3 und 5 RL 2001/23/EG selbst erkämpften Umsetzungsoptionen auf der einen Seite und die hieraus resultierenden Lücken bei der Information auf der anderen Seite, zwangen den deutschen Gesetzgeber regelrecht, von einer wortlautgetreuen Umsetzung der Richtlinie abzusehen.

Berief sich der deutsche Gesetzgeber auf kollektivrechtlicher Ebene des Art. 7 RL 2001/23/EG noch auf die Umsetzung der Mindestanforderungen, so geht er auf individualrechtlicher Ebene in personeller Hinsicht deutlich über die europarechtlichen Mindestvorgaben hinaus[48]. § 613a Abs. 5 BGB dient zwar der Umsetzung von

44 Franzen, RdA 1999, 371. Diese Entscheidung hat vielfach Kritik erfahren. Stattdessen wird das europarechtliche Grundmodell der Richtlinie favorisiert, dass eine individuelle Unterrichtungspflicht gegenüber den einzelnen Arbeitnehmern nur für die Fälle nicht betriebsratsfähiger Betriebe fordert, vgl. WHSS/Willemsen, Rn. G 213. Vom Grundmodell geht auch § 140 Abs. 4 des Diskussionsentwurfs eines Arbeitsvertragsgesetzes (Stand November 2007) aus, abgedruckt in: NZA-Beil. 2007, 1.

45 Willemsen, Festschrift für Wolfdieter Küttner, 417.

46 Willemsen/Annuß, NJW 1999, 2080.

47 Grau, Unterrichtung, 33; Riesenhuber, RdA 2004, 344.

48 Bauer/v. Steinau-Steinrück, ZIP 2002, 458; ErfK/Preis, § 613a BGB Rn. 84; Franzen, RdA 2002, 259; Gaul, Betriebs- und Unternehmensspaltung, § 11 Rn. 11; Gaul/Otto, DB 2002, 634; Grobys, BB 2002, 726; Huke, FA 2002, 264; Krügermeyer-Kalthoff/Reutershan, MDR 2003, 542; Maschmann, BB-Special 6 2006, 30; Meyer, NZA-Beil. 2008, 173; MK/Müller-Glöge, § 613a BGB Rn. 104; Nehls, NZA 2003, 823; Sayatz/Wolff, DStR 2002, 2039; Wank, in: Handbuch zum Arbeitsrecht, § 102 Rn. 89; WHSS/

Art. 7 Abs. 6 RL 2001/23/EG[49], danach sind aber unabhängig von der Betriebsgröße und vom Bestehen eines Betriebsrats „die von einem Übergang betroffenen Arbeitnehmer“ selbst zu unterrichten, weil es sonst zu unlogischen Lücken in der Information der Arbeitnehmer gekommen wäre[50]. Durch die Ausweitung der Information auf alle vom Übergang betroffenen Arbeitnehmer hat der deutsche Gesetzgeber der europarechtlich geforderten Unterrichtung ihr systematisches Umfeld entzogen[51]. Statt eines betriebsverfassungsrechtlichen Umfeldes, in das Art. 7 Abs. 6 RL 2001/23/EG seinem europarechtlichen Anwendungsbereich nach systematisch einzuordnen wäre, findet die in ihrem personellen Anwendungsbereich ausgedehnte deutsche Umsetzungsvorschrift im Arbeitsvertragsrecht ihren systematisch korrekten Platz.

Die Übererfüllung der Richtlinienvorgaben kann sich als für die Arbeitnehmer „günstigere“ Rechtsvorschrift auf Art. 8 RL 2001/23/EG stützen und ist somit als europarechtskonform anzusehen[52]. Wie sich anhand des Art. 7 Abs. 6 RL 2001/23/EG zeigt, hält auch der Richtliniengeber die individuelle Information unter gewissen Umständen für möglich und praktikabel[53].

Für die Unterrichtungspflicht spielt es auch keine Rolle, ob der Übergang des Betriebs(teils) konzernintern oder -extern stattfindet[54]. Liegen bei einer Verschmelzung, Spaltung oder Vermögensübertragung auch die tatbestandlichen Voraussetzungen eines Betriebsübergangs im Sinne des § 613a BGB vor, müssen die beteiligten Arbeitgeber nicht nur die jeweiligen Betriebsräte nach §§ 5 Abs. 3, 126 Abs. 3, 176 f. UmwG und den Wirtschaftsausschuss nach § 106 Abs. 3 Nr. 10 BetrVG informieren, sondern auch und unabhängig hiervon, die einzelnen von einem Übergang betroffenen Arbeitnehmer nach § 613a Abs. 5 BGB. Gemäß § 324 UmwG bleiben § 613a Abs. 1, Abs. 4 bis 6 BGB „unberührt“. Dabei handelt es sich nach richtiger Ansicht um eine Rechtsgrundverweisung[55].

Die Pflicht zur Information nach § 613a Abs. 5 BGB besteht unabhängig von der Unterrichtung gegenüber dem Betriebsrat bei Betriebsänderungen gemäß

Willemsen, Rn. G 212; Willemsen/Lembke, NJW 2002, 1161; unentschieden: Hauck, in: Festschrift für Hellmut Wissmann, 549.

49 BT-Drucks. 14/7760, 19 (linke Spalte).

50 Als abgeschwächte „überschießende“ Lösung hätte die Möglichkeit bestanden, die Mindestvorgaben auf kollektivrechtlicher Ebene umzusetzen und nur für den Fall, dass § 111 BetrVG nicht eingreift, eine unmittelbare Information der Arbeitnehmer zu verlangen.

51 Franzen, RdA 2002, 261.

52 Dahms, Widerspruchsrecht, 80; Riesenhuber, RdA 2004, 349; Thüsing, Europäisches Arbeitsrecht, § 5 Rn. 56. Im Ergebnis auch: BAG, 23.7.2009 – 8 AZR 538/08, AP Nr. 10 zu § 613a BGB Unterrichtung (B VI), dem sich eine Europarechtswidrigkeit der vom deutschen Gesetzgeber in § 613a Abs. 5 BGB geregelten Unterrichtungsverpflichtung gegenüber den einzelnen Arbeitnehmern nicht erschließt.

53 Riesenhuber, RdA 2004, 349.

54 Maschmann, BB-Special 6 2006, 30.

55 Vgl. Altenburg/Leister, NZA 2005, 16.

§§ 80 Abs. 2 S. 1, 111 S. 1 BetrVG[56]. Im deutschen Recht stehen individualrechtliche und kollektivrechtliche Unterrichtung parallel nebeneinander.

Sollte den Arbeitnehmer auch ein individueller Informationsanspruch nach dem Wertpapiererwerbs- und Übernahmegesetz zustehen, tritt dieser ebenfalls neben den Anspruch auf Unterrichtung nach § 613a Abs. 5 BGB[57].

III. Folgen der (überschießenden) deutschen Umsetzung

1. *Auslegung des § 613a Abs. 5 BGB*

Aus dem Vorrang des Unionsrechts entstammt der Grundsatz der richtlinienkonformen Auslegung[58]. Zwar finden Richtlinien im nationalen Recht grundsätzlich keine unmittelbare Anwendung[59], der Inhalt der Richtlinien entfaltet jedoch mittels richtlinienkonformer Auslegung mittelbare Wirkung für das umsetzende nationale Recht. Das innerstaatliche Gericht ist verpflichtet „so weit wie möglich" das nationale Recht anhand des Wortlauts und des Zwecks der betreffenden Richtlinie auszulegen, um das in der Richtlinie verbindlich vorgegebene Ziel zu erreichen, Art. 288 Abs. 3 AEUV[60]. Die Umsetzungsvorschrift muss daher – eventuell auch unter Zuhilfenahme anderer sprachlicher Fassungen der Richtlinie – insoweit richtlinienkonform ausgelegt werden, wie die europarechtlichen Vorgaben reichen[61]. Dies betrifft aber nur die Unterrichtung der Arbeitnehmer aus Betrieben, in denen unabhängig vom Willen der Arbeitnehmer

56 BT-Drucks. 14/7760, 19 (linke Spalte); APS/Steffan, § 613a BGB Rn. 202; HWK/Willemsen/Müller-Bonanni, § 613a BGB Rn. 317; Trittin, in: Bachner/Köstler/Matthießen/Trittin, § 6 Rn. 87; WHSS/Willemsen, Rn. G 212.

57 Trittin, in: Bachner/Köstler/Matthießen/Trittin, § 6 Rn. 89. Interessanterweise kam es im WpÜG auch im deutschen Recht zu einer Regelung, wonach primär der Betriebsrat zu informieren ist und nur wenn ein solcher nicht besteht, unmittelbar der einzelne Arbeitnehmer, vgl. §§ 14 Abs. 4, 27 Abs. 3 WpÜG.

58 Vgl. allgemein zur Entwicklung der richtlinienkonformen Auslegung u.a.: Franzen, Privatrechtsangleichung, 292 ff.

59 Richtlinien gelten nur im Verhältnis des Staats zum Bürger unmittelbar („vertikale unmittelbare Wirkung"). Im Verhältnis zweier Privatrechtssubjekte zueinander wirken Richtlinien nicht unmittelbar („keine unmittelbare horizontale Wirkung"), vgl. EuGH, 14.7.1994 – C-91/92 (Faccini Dori), Slg. 1994, I-3325 (Rn. 19 ff.).

60 EuGH, 10.4.1984 – 14/83 (von Colson und Kamann), Slg. 1984, 1891 (Rn. 26); EuGH, 13.11.1990 – C-106/89 (Marleasing), Slg. 1990, I-4135(Rn. 8); EuGH, 16.12.1993 – C-334/92 (Wagner Miret), Slg. 1993, I-6911 (Rn. 20 f.); EuGH, 5.10.2004 – C-397/01 bis C-403/01 (Pfeiffer u.a.), Slg. 2004, I-8835 (Rn. 113 ff.).

61 Franzen, RdA 2002, 264 f.; Sagan, ZIP 2011, 1643. Vgl. zu Art. 3 Abs. 1 RL 77/187/EWG und § 613a Abs. 1 S. 1 BGB: BAG, 15.2.2007 – 8 AZR 397/06, NZA 2007, 739 (II 1 b cc (4) (a)): „Da die Vorschrift in der jetzigen Fassung auf der Richtlinie beruht, ist sie im Zweifel insgesamt unter Berücksichtigung der Rechtsprechung des Europäischen Gerichtshofs europarechtskonform auszulegen [...]".

keine Arbeitnehmervertretung besteht (Umsetzung innerhalb des personellen Anwendungsbereichs der Richtlinie). Dagegen ist die Unterrichtung gegenüber Arbeitnehmern aus Betrieben mit einem (jedenfalls möglichen) Betriebsrat eine deutsche Besonderheit, die sich nicht auf die Richtlinie zurückführen lässt („überschießende Umsetzung“[62] außerhalb des personellen Anwendungsbereichs der Richtlinie).

Teilweise wird behauptet, dass die überschießende Umsetzung außerhalb des personellen Anwendungsbereichs der Richtlinie eine gespaltene Auslegung des § 613a Abs. 5 BGB erfordere. Danach soll die deutsche Umsetzungsvorschrift nur insoweit an den Vorgaben des Art. 7 Abs. 6 RL 2001/23/EG zu messen sein, wie deren personeller Anwendungsbereich reicht, also nur für die Unterrichtung von Arbeitnehmern in Betrieben, in denen keine Arbeitnehmervertretung gebildet werden kann[63]. Handelt es sich im konkret zu entscheidenden Fall um Arbeitnehmer aus Betrieben, in denen eine Arbeitnehmervertretung gebildet werden kann, soll § 613a Abs. 5 BGB hingegen nicht an den Richtlinienvorgaben zu messen sein. Als Folge dieser Ansicht unterscheiden sich Inhalt und Umfang der Unterrichtung nach § 613a Abs. 5 BGB je nachdem, ob der zu unterrichtende Arbeitnehmer in einem Betrieb mit oder ohne Arbeitnehmervertretung beschäftigt ist.

Eine derart gespaltene Auslegung des § 613a Abs. 5 BGB ist abzulehnen. Zugegebenermaßen besteht für den überschießend umgesetzten Bereich keine unionsrechtliche Verpflichtung der innerstaatlichen Gerichte zu einer richtlinienkonformen Auslegung im dogmatischen Sinne[64]. Das Unionsrecht steht einer Orientierung von der Richtlinie nicht erfasster Sachverhalte am Unionsrecht aber

---

62 Begriff nach Habersack/Mayer, JZ 1999, 913. Das Phänomen der überschießenden Umsetzung ist auch als sog. „gold plating“ bekannt.

63 LAG Düsseldorf, 1.4.2005 – 18 Sa 1950/04, AP Nr. 295 zu § 613a BGB (II 2 c aa (1)); Riesenhuber, RdA 2004, 349 und Fn. 64, der allerdings die Problematik der überschießenden Umsetzung nicht weiter betrachtet. Für den Fall der Gesamtrechtsnachfolge vertreten auch Simon/Weninger, BB 2010, 118 f., die Ansicht, dass eine direkte Information der Arbeitnehmer auf den Fall der Verschmelzung bzw. Anwachsung eines Rechtsträgers mit weniger als fünf wahlberechtigten Arbeitnehmern beschränkt sei; andererseits soll in allen Fällen der Gesamtrechtsnachfolge eine Pflicht zur Unterrichtung der Arbeitnehmervertreter bestehen.

64 Canaris, in: Festschrift für Franz Bydlinski, 74; Hommelhoff, in: 50 Jahre Bundesgerichtshof, 915. Vgl. auch EuGH, 16.7.1998 – Rs C 264/96 (ICI), Slg. 1998, I-4695 (Rn. 34). Einschränkend sei allerdings darauf hingewiesen, dass diese Entscheidung zum Gegenstand hatte, ob auch außerhalb des Anwendungsbereichs einer Grundfreiheit eine am Maßstab dieser Freiheit entwickelte gemeinschaftsrechtskonforme Auslegung einer nationalen Vorschrift geboten ist, vgl. Roth, in: 50 Jahre Bundesgerichtshof, 884 Fn. 216; Brandner, Die überschießende Umsetzung von Richtlinien, 101. Allerdings hat der EuGH eine allgemein gestellte Frage auch allgemein beantwortet und sich dabei gerade nicht auf eine „grundfreiheitskonforme“ Auslegung reduziert, vgl. Mayer/Schürnbrand, JZ 2004, 548 f.; Schmid, Grenzen der Auslegungskompetenz des EuGH, 176.

auch nicht entgegen[65]. Aus dem nationalen Recht kann sich das Gebot einer einheitlichen Auslegung ergeben[66]. Das bedeutet, dass, nur weil eine richtlinienkonforme Auslegung im herkömmlichen Sinne nicht in Frage kommt, nicht doch für die Auslegung einer originär nationalen Vorschrift nach den allgemeinen nationalen Auslegungsmethoden die Vorgaben der Richtlinie als maßgeblich anzusehen sind. Entscheidend ist, ob der nationale Gesetzgeber im Zuge seiner überschießenden Umsetzung der Richtlinie seinen Willen für eine einheitliche Auslegung der nationalen Vorschrift zum Ausdruck gebracht hat (sog. „quasi-richtlinienkonformen Auslegung“[67]). Ergibt sich der Wille nicht bereits aus einem in den Gesetzestext aufgenommenen Verweis, handelt es sich hierbei um eine besondere Form der historischen Auslegung. Mangels Unionsrechtscharakter gilt hier zwar nicht die aus dem Vorrang des Unionsrechts entstammende Pflicht, der Norminterpretation den Vorrang einzuräumen, die das Regelungsziel der Richtlinie am besten erreichen kann[68]. Die nationalen Auslegungsmethoden können aber im Ergebnis dazu führen, dass auch im Bereich der überschießenden Umsetzung eine mit den europarechtlichen Vorgaben konforme Auslegung geboten ist, weil der Gesetzgeber die innerstaatlichen Sachverhalte willentlich dem Unionsrecht unterworfen hat.

Zu prüfen ist daher, ob der deutsche Gesetzgeber im Zuge der Normierung des § 613a Abs. 5 BGB eine einheitliche Auslegung des nationalen Rechts wollte. Dies ist zu bejahen[69]. Der deutsche Gesetzgeber hat sich bewusst für den erweiterten

---

65 Hommelhoff, in: 50 Jahre Bundesgerichtshof, 915.

66 Vgl. Bärenz, DB 2003, 375 f.; Bron, Rechtsangleichung des Privatrechts auf Ebene der Europäischen Union, 174 ff.; Hommelhoff, in: 50 Jahre Bundesgerichtshof, 916; Lutter, in: Gedächtnisschrift Heinze, 574 f.; Roth, in: 50 Jahre Bundesgerichtshof, 883; Schmid, Grenzen der Auslegungskompetenz des EuGH, 102 ff.; Schulze, in: Schulze, Auslegung europäischen Privatrechts, 18. Für den vorliegenden Themenkomplex: Grau, Unterrichtung, 50; Sagan, ZIP 2011, 1643; **a.A.** Doublet, Verschmelzung von Unternehmen, 77.

67 Hommelhoff, in: 50 Jahre Bundesgerichtshof, 915 f., 923 f.; Lutter, in: Gedächtnisschrift Heinze, 575. In einem obiter dictum verweist auch BGH, 9.4.2002 – XI ZR 91/99, BGHZ 150, 248 (II 2 a bb), bezogen auf § 1 HWiG a.F., auf die Maßgeblichkeit des gesetzgeberischen Willens bei der Orientierung an der Richtlinie. Die Terminologie ist uneinheitlich. Für „richtlinienorientierte Auslegung“ u.a.: Bron, Rechtsangleichung des Privatrechts auf Ebene der Europäischen Union, 166; Mayer/Schürnbrand, JZ 2004, 550. Von einer *„Ausstrahlungswirkung auf das richtlinienfreie Recht“* sprechend: Canaris, in: Festschrift für Franz Bydlinski, 74. Vgl. auch zum vorliegenden Themenkomplex: Grau, Unterrichtung, 50; Sagan, ZIP 2011, 1643 mit Fn. 21.

68 Hommelhoff, in: 50 Jahre Bundesgerichtshof, 916; Mayer/Schürnbrand, JZ 2004, 551. Es gilt stattdessen der allgemeine Vorrang der verfassungskonformen Auslegung.

69 Vgl. Franzen, RdA 2002, 264 f.; Giesen, JbArbR 46 (2008), 66 f.; Grau, Unterrichtung, 50 f.; Sagan, ZIP 2011, 1643; von Roetteken, jurisPR-ArbR 37/2005 Anm. 6. Vgl. auch Doublet, Verschmelzung von Unternehmen, 77, der allerdings von einer einheitlichen europarechtskonformen Auslegung ausgeht.

personellen Anwendungsbereich entschieden und trotzdem den Informationskatalog der Richtlinie (fast) wortgleich übernommen (tatbestandliche Identität)[70]. Unabhängig davon, ob in einem identischen Wortlaut eine Vermutung oder ein Indiz für einen entsprechenden gesetzgeberischen Willen erblickt wird[71], hätte der Wille für eine gespaltene Auslegung wenigstens andeutungsweisen Ausdruck in einer abgeänderten Terminologie finden müssen. Bei gleichlautendem Wortlaut wäre eine je nach Adressat unterschiedliche Rechtsfolge auch vor dem Hintergrund des verfassungsrechtlich verankerten Transparenzgebots problematisch[72]. Es kann daher nicht davon ausgegangen werden, dass der deutsche Gesetzgeber einer divergierenden Auslegung des nationalen Rechts den Vorzug über eine widerspruchsfreie und gleichmäßige Auslegung einräumen wollte[73]. Er wollte eine „deckungsgleiche" Regelung[74].

2. *Vorabentscheidungsverfahren nach Art. 267 AEUV*

Allein das nationale Gericht beurteilt die Erforderlichkeit einer Vorabentscheidung zum Erlass seines Urteils als auch die Erheblichkeit der dem EuGH von ihm vorgelegten Fragen[75].

Der EuGH entscheidet nach Art. 267 Abs. 1 AEUV im Wege der Vorabentscheidung u.a. „über die Auslegung der Verträge" und über „die Auslegung der Handlungen der Organe [...] der Union". Der EuGH hat für die letztverbindliche Auslegung des Unionsrechts eine Monopolstellung inne.

Fällt der zu entscheidende Sachverhalt in den personellen Anwendungsbereich des Art. 7 Abs. 6 RL 2001/23/EG, sind die Gerichte befugt, ein Vorabentscheidungsverfahren beim EuGH einzuleiten, Art. 267 Abs. 2 AEUV, das BAG ist hierzu sogar verpflichtet, Art. 267 Abs. 3 AEUV[76]. Innerhalb des Umsetzungsbereichs ist die Rechtsprechung des EuGH für die nationalen Gerichte unzweifelhaft verbindlich.

Auch bei Vorabentscheidungsersuchen in Fällen, die einen rein innerstaatlichen Sachverhalt betreffen, also nicht in den Geltungsbereich des Unionsrechts

---

70 BT-Drucks. 14/7760, 19 (rechte Spalte): „Der Inhalt der Unterrichtungspflicht wird übereinstimmend mit Artikel 7 Abs. 6 der Richtlinie 2001/23/EG geregelt."

71 Für ein Indiz: Schulze, in: Schulze, Auslegung europäischen Privatrechts, 18. Für eine Vermutung: Brandner, Die überschießende Umsetzung von Richtlinien, 105 f.; Lutter, in: Gedächtnisschrift Heinze, 577; Mayer/Schürnbrand, JZ 2004, 550 f.; Roth, in: 50 Jahre Bundesgerichtshof, 883.Vgl. auch Giesen, JbArbR 46 (2008), 66 f.

72 Bärenz, DB 2003, 376.

73 Auf das Problem der Rechtszersplitterung verweist zu Recht auch Grau, Unterrichtung, 51.

74 Hauck, in: Festschrift für Hellmut Wissmann, 552.

75 EuGH, 18.10.1990 – C-297/88 (Dzodzi), Slg. 1990, I-3763 (Rn. 34); EuGH, 17.7.1997 – C 28/95 (Leur-Bloem), Slg. 1997, I-4161 (Rn. 24); EuGH, 7.7.2011 – C-310/10 (Agafiţei), BeckRS 2011, 81068 (Rn. 25).

76 Franzen, RdA 2002, 264 f.; Sagan, ZIP 2011, 1642.

fallen, ist der EuGH zuständig, wenn die von den nationalen Gerichten vorgelegten Fragen die Auslegung einer Bestimmung des Unionsrechts betreffen[77]. Der EuGH führt hier lediglich eine Art Rechtsmissbrauchskontrolle durch[78]. Sollen sich nationale Rechtsvorschriften zur Regelung rein innerstaatlicher Sachverhalte nach den im Unionsrecht getroffenen Regelungen richten, um die Gleichbehandlung von innerstaatlichen und durch das Unionsrecht geregelten Sachverhalten gewährleisten zu können, nimmt der EuGH ein klares „Interesse" der Union daran an, dass die aus dem Unionsrecht übernommenen Bestimmungen oder Begriffe unabhängig davon, unter welchen Voraussetzungen sie angewandt werden sollen, einheitlich ausgelegt werden, „um künftige Auslegungsunterschiede zu verhindern"[79]. In diesen Fällen stehe der Auslegung durch den EuGH weder der Wortlaut des Art. 267 AEUV noch der Zweck des dort vorgesehenen Verfahrens entgegen[80]. Der Wortlaut verlangt lediglich, dass das mitgliedstaatliche Gericht die Auslegung von Gemeinschaftsrecht für erforderlich hält. Der Zweck des Vorlageverfahrens, der Herstellung einer einheitlichen Wirkung des Gemeinschaftsrechts in allen Mitgliedstaaten[81], kann auch dadurch erreicht werden, dass EuGH-Urteile, die anlässlich rein innerstaatlicher Sachverhalte ergehen, Bindungswirkung für Sachverhalte aus dem Anwendungsbereich des Unionsrechts entfalten[82]. Die Annahme, dass der EuGH für Vorlagen eines nationalen Gerichts für Fälle außerhalb des Anwendungsbereichs der Richtlinie unzuständig ist, widerspricht dem genannten Zweck, weil die Gefahr bestünde, dass Fälle innerhalb und außerhalb des Anwendungsbereichs der Richtlinie unterschiedlich behandelt würden[83].

---

77 EuGH, 18.10.1990 – C-297/88 (Dzodzi), Slg. 1990, I-3763 (Rn. 29 ff.); EuGH, 17.7.1997 – C 28/95 (Leur-Bloem), Slg. 1997, I-4161 (Rn. 33).

78 Neben der hier betrachteten „Dzodzi-Rechtsprechung" des EuGH existiert noch ein weiterer Rechtsprechungszweig, der annimmt, das nationale Recht müsse die Vorschrift des Unionsrechts unmittelbar und unbedingt für anwendbar erklärt haben, vgl. EuGH, 28.3.1995 - C-346/93 (Kleinwort Benson), Slg. 1995, I-615 (Rn. 16); EuGH, 21.12.2011 – C-482/10 (Cicala), BeckRS 2012, 80089 (Rn. 19, 25 ff.). Diese zusätzlichen Voraussetzungen können zu unterschiedlichen Ergebnissen bei der Frage nach der Zuständigkeit des EuGH führen, vgl. Habersack/Mayer, in: Europäische Methodenlehre, § 15 Rn. 52 ff.; Bron, Rechtsangleichung des Privatrechts auf Ebene der Europäischen Union, 183. Eine Klärung seitens des EuGH steht bisher aus.

79 EuGH, 18.10.1990 – C-297/88 (Dzodzi), Slg. 1990, I-3763 (Rn. 37); EuGH, 17.7.1997 – C 28/95 (Leur-Bloem), Slg. 1997, I-4161 (Rn. 32); EuGH, 11.12.2007 – C-280/06 (ETI), Slg. 2007, I-10893 (Rn. 21); EuGH, 7.7.2011, C-310/10 (Agafiţei), BeckRS 2011, 81068 (Rn. 39).

80 EuGH, 18.10.1990 – C-297/88 (Dzodzi), Slg. 1990, I-3763 (Rn. 36); EuGH, 17.7.1997 – C 28/95 (Leur-Bloem), Slg. 1997, I-4161 (Rn. 25); EuGH, 11.12.2007 – C-280/06 (ETI), Slg. 2007, I-10893 (Rn. 22).

81 EuGH, 16.1.1974 – C-166/73 (Rheinmühlen-Düsseldorf), Slg. 1974, 33 (Rn. 2).

82 Brandner, Die überschießende Umsetzung von Richtlinien, 129.

83 Vgl. Schulze, in: Schulze, Auslegung europäischen Privatrechts, 18 f.

Für die Beurteilung des genauen Umfangs und der Grenzen der Verweisung auf das Unionsrecht sei allein das nationale Gericht zuständig, insoweit gelte nur das nationale Recht; der EuGH sei dagegen für die Prüfung unionsrechtlicher Bestimmungen zuständig[84]. Demnach stehe auch der Umstand, dass sich die Auslegung nicht ausschließlich aus dem vom EuGH zu erlassenden Urteil ergibt, der Zuständigkeit des EuGH nicht entgegen[85]. Der Zuständigkeit des EuGH könne aber entgegengehalten werden, dass die erbetene Auslegung des Unionsrechts nur einen von den bei der Auslegung des nationalen Rechts zu berücksichtigenden Gesichtspunkten darstelle und das vorlegende Gericht nicht an das Urteil des EuGH gebunden sei[86]. Allerdings sieht der EuGH ein nationales Gericht, das sich mit einer Frage zur Vorabentscheidung an den EuGH richtet und dabei ein Verhältnis zwischen der nationalen Regelung und dem Unionsrecht herstellt, als ein an dieses Urteil gebundenes Gericht an[87]. Dies soll jedenfalls solange gelten, bis keine entgegenstehenden objektiven Angaben vorgetragen werden.

Unter den vorgenannten Voraussetzungen bejaht der EuGH eine Vorlageberechtigung der nationalen Gerichte auch im Bereich der überschießenden Umsetzung von Unionsrecht[88]. Auch deutsche Gerichte sind somit unter den genannten Voraussetzungen zur Vorlage an den EuGH befugt, Art. 267 Abs. 2 AEUV. Eine Pflicht des BAG zur Vorlage an den EuGH vor Erlass einer letztinstanzlichen Entscheidung nach Art. 267 Abs. 3 AEUV besteht in den Fällen der überschießenden Umsetzung von Unionsrecht allerdings nicht[89]. Im Bereich der überschießenden

84 EuGH, 18.10.1990 – C-297/88 (Dzodzi), Slg. 1990, I-3763 (Rn. 41 f.); EuGH, 4.6.2009 – C-439/07 (KBC-bank), BeckEuRS 2009, 500460 (Rn. 59 f.); EuGH, 20.05.2010 – C-352/08 (Zwijnenburg), IStR 2010, 455 (Rn. 34); EuGH, 10.11.2011 – C-126/10 (FOGGIA-Sociedade Gestora de Participações Sociais), NZG 2011, 1357 (Rn. 21).

85 EuGH, 11.12.2007 – C-280/06 (ETI), Slg. 2007, I-10893 (Rn. 28); EuGH, 22.12.2008 – C-48/07 (Les Vergers du Vieux Tauves), IStR 2009, 99 (Rn. 26).

86 Vgl. zu diesem Argument im hier behandelten Themenkomplex: Grau, Unterrichtung, 55.

87 EuGH, 11.12.2007 – C-280/06 (ETI), Slg. 2007, I-10893 (Rn. 28); EuGH, 22.12.2008 – C-48/07 (Les Vergers du Vieux Tauves), IStR 2009, 99 (Rn. 25). Etwas anderes soll aber gelten, wenn die nationale Regelung das Unionsrecht nur als Muster heranzieht, den Wortlaut nur teilweise wiedergibt und den Behörden erlaubt, vom Unionsrecht abzuweichen, vgl. EuGH, 28.3.1995 - C-346/93 (Kleinwort Benson), Slg. 1995, I-615 (Rn. 20 ff.).

88 Brandner, Die überschießende Umsetzung von Richtlinien, 125 ff.; Sagan, ZIP 2011, 1645; Schulze, in: Schulze, Auslegung europäischen Privatrechts, 18 f.; vgl. auch Giesen, JbArbR 46 (2008), 67. **A.A.**, d.h. gegen die Zuständigkeit des EuGH: Bron, Rechtsangleichung des Privatrechts auf Ebene der Europäischen Union, 184 ff., 189; Habersack/Mayer, JZ 1999, 919 ff.; Hommelhoff, in: 50 Jahre Bundesgerichtshof, 919 ff.; vgl. auch zum vorliegenden Themenkomplex: Grau, Unterrichtung, 53 ff.

89 Brandner, Die überschießende Umsetzung von Richtlinien, 134 f.; Sagan, ZIP 2011, 1645; **a.A.** wohl Roth, in: 50 Jahre Bundesgerichtshof, 885; Maschmann, BB-Special 6 2006, 30.

Umsetzung gilt nicht der Vorrang des Gemeinschaftsrechts, weil es sich bei den in Rede stehenden Vorschriften in dogmatischer Hinsicht um originär nationales Recht handelt, dass über den Anwendungsbereich der Richtlinie hinausgeht. Folglich können aus dem Europarecht auch keine Pflichten hergeleitet werden. In Betracht kommt aber – wie schon bei der quasi-richtlinienkonformen Auslegung – eine nach nationalem Recht anzunehmende Vorlagepflicht[90].

Durch die Ausweitung des Informationsanspruchs auf alle vom Übergang betroffenen Arbeitnehmer, unabhängig vom Bestehen einer Arbeitnehmervertretung, wurden die Richtlinienvorgaben im deutschen Recht übererfüllt (vgl. § 2 A II). Zu prüfen ist, ob den deutschen Gerichten auch im Bereich der überschießenden Umsetzung der RL 2001/23/EG eine Berechtigung zur Vorlage rein innerstaatlicher Sachverhalte beim EuGH zusteht. Die deutsche Umsetzungsvorschrift hat den Wortlaut der Richtlinie fast wortwörtlich übernommen und es wurde in den Gesetzesmaterialien darauf hingewiesen, dass § 613a Abs. 5 BGB der Umsetzung von Art. 7 Abs. 6 RL 2001/23/EG dient, ohne dabei die Anwendung des Unionsrechts in irgendeiner Form einzuschränken. Der deutsche Gesetzgeber hat sogar ausdrücklich klargestellt, dass der Inhalt der Unterrichtungspflicht „übereinstimmend mit Artikel 7 Abs. 6 der Richtlinie 2001/23/EG“ geregelt wird, obwohl er sich der Überschreitung des personellen Anwendungsbereichs durchaus bewusst war[91]. Er hat damit seinen Willen zu einer einheitlichen am Europarecht orientierten Auslegung innerhalb und außerhalb des personellen Anwendungsbereichs der Richtlinie hinreichend deutlich zum Ausdruck gebracht[92]. Nach den soeben dargestellten Grundsätzen sind die deutschen Gerichte zur Vorlage rein innerstaatlicher Sachverhalte an den EuGH berechtigt. Zur Verhinderung einer außerhalb des personellen Anwendungsbereichs der Richtlinie mit der EuGH-Rechtsprechung unvereinbaren deutschen Rechtsprechungspraxis ist den deutschen Gerichten für den Regelfall sogar dringend zu empfehlen, von ihrer Vorlagebefugnis Gebrauch zu machen[93]. Eine in den Mitgliedstaaten unterschiedlich extensive Auslegung der Unterrichtungsgegenstände durch die Gerichte bewirkt genau das Gegenteil der mit der Richtlinie bezweckten Rechtsharmonisierung. Der achte Senat des BAG ist vorliegend scheinbar anderer Ansicht. In einem Fall, dessen Sachverhalt außerhalb des personellen Anwendungsbereichs der Richtlinie spielte, sah das BAG keine

---

90 Schmid, Grenzen der Auslegungskompetenz des EuGH, 180; vgl. auch Lutter, in: Gedächtnisschrift Heinze, 583 f.: „wenn der nationale Gesetzgeber diese angeordnet hat“; ansonsten müsse auch hier auf seinen Willen abgestellt werden.

91 BT-Drucks. 14/7760, 19 (rechte Spalte).

92 Wie hier: Maschmann, BB-Special 6 2006, 30.

93 Wie hier: Sagan, ZIP 2011, 1645; von Roetteken, jurisPR-ArbR 37/2005 Anm. 6; vgl. auch Giesen, JbArbR 46 (2008), 67, der es für „nicht recht verständlich“ hält, warum das BAG bisher noch keine Vorlage an den EuGH beschlossen hat. **A.A.** Grau, Unterrichtung, 54, der dieses „Dilemma“ dadurch abmildern will, dass die nationalen Gerichte im Nachhinein ihre „Spruchpraxis im Interesse einer einheitlichen Interpretation der überschießend umgesetzten Norm revidieren“.

Veranlassung, dem EuGH Fragen zur Vorabentscheidung vorzulegen, weil „keine Anhaltspunkte“ dafür ersichtlich gewesen seien, dass über die Auslegung von Gemeinschaftsrecht zu entscheiden sei[94]. Der dritte Senat des BAG dachte wenigstens laut über eine Vorlage beim EuGH nach, konnte hiervon aber aufgrund der insoweit klaren Rechtslage absehen[95].

Voraussetzung zur Vorlage durch ein deutsches Gericht ist zunächst die Nennung einer Vorschrift des Unionsrechts in der Vorlagefrage, hier insbesondere Art. 7 Abs. 6 RL 2001/23/EG. Betrifft das Ausgangsstreitverfahren einen rein innerstaatlichen Sachverhalt, muss die Vorlageentscheidung zudem einen hinreichend genauen Hinweis darauf enthalten, dass sich der deutsche Gesetzgeber bei der Umsetzung des Art. 7 Abs. 6 RL 2001/23/EG entschieden hat, rein innerstaatliche Sachverhalte und unter die Richtlinie fallende Sachverhalte einheitlich zu behandeln[96].

Entscheidet sich ein deutsches Gericht zur Vorlage, ist es zwar nicht aufgrund des Vorrangs des Unionsrechts, wohl aber nach der nationalen Methodologie an die Entscheidung des EuGH gebunden[97]. Der EuGH beschäftigt sich ausschließlich mit der Auslegung einer Bestimmung des Unionsrechts, hier insbesondere Art. 7 Abs. 6 RL 2001/23/EG. Für den Bereich der überschießenden Umsetzung bedeutet dies, dass die aus dem Unionsrecht übernommene Bestimmung oder Begrifflichkeit grundsätzlich einheitlich ausgelegt werden muss. Hierbei handelt es sich nicht um zwingendes Unionsrecht, sondern um nationales Recht, das quasirichtlinienkonform auszulegen ist.

Schließlich ist zu berücksichtigen, dass der mit dem Vorabentscheidungsverfahren verfolgte Zweck der Rechtsharmonisierung nicht weiter gehen kann, als dies durch die Richtlinie gefordert wird. Art. 8 RL 2001/23/EG lässt günstigere Rechts- oder Verwaltungsvorschriften der Mitgliedstaaten ausdrücklich zu. Folglich ist das nationale Gericht bei der nationalrechtlichen Auslegung einer auf dem Unionsrecht beruhenden, günstigeren Rechtsvorschrift nur hinsichtlich des vom EuGH festgelegten Mindestmaßes gebunden[98].

---

94 BAG, 23.7.2009 – 8 AZR 538/08, AP Nr. 10 zu § 613a BGB Unterrichtung (B VI). Allerdings geht das Gericht auf das Problem der überschießenden Umsetzung gar nicht ein.

95 BAG, 22.5.2007 – 3 AZR 357/06, NZA 2007, 1285 (3).

96 Vgl. hierzu EuGH, 15.01.2002 – C-43/00 (Andersen og Jensen), NZG 2002, 149, Rn. 14 ff.

97 Vgl. Bärenz, DB 2003, 376, der wegen des Gebots zur einheitlichen Auslegung von einer „Übernahmepflicht“ bezüglich der EuGH-Auslegung spricht; Lutter, in: Gedächtnisschrift Heinze, 583, der darauf verweist, dass der Gesetzgeber das Prüfungs- und Auslegungsmonopol der Gerichte reduzieren kann; Schmid, Grenzen der Auslegungskompetenz des EuGH, 105, die eine grundsätzliche Pflicht der nationalen Gerichte zu einer quasirichtlinienkonformen Auslegung annimmt. **A.A.** Grau, Unterrichtung, 55.

98 Zur Frage, ob Besonderheiten des nationalen Rechts zu einem „Mehr“ im Vergleich zu der nach der Richtlinie geforderten Reichweite der Unterrichtung führen können, vgl. § 2 B III.

IV. Zwischenergebnis

Erst aus der Zusammenschau der europarechtlichen Vorgaben in Art. 7 RL 2001/23/EG für die Unterrichtung der Arbeitnehmer in kollektiv- und individualrechtlicher Hinsicht wird die überschießende deutsche Umsetzung in § 613a Abs. 5 BGB auf individualrechtlicher Ebene verständlich. Sie ist dem Umstand geschuldet, dass sich der deutsche Gesetzgeber seinerzeit entschieden gegen eine Unterrichtung des Betriebsrats in den Fällen des Betriebsübergangs aussprach. Diese Abwehrhaltung machte es erforderlich, dass „die von einem Übergang betroffenen Arbeitnehmer" unabhängig von der Betriebsgröße stets selbst zu unterrichten sind. Der deutsche Gesetzgeber hat damit das „Kunststück" vollbracht, das europarechtlich eigentlich vorgesehene kollektivrechtliche Grundmodell zur Ausnahme zu degradieren und die individualrechtliche Ausnahme zum Regelfall erstarken zu lassen.

Innerhalb des personellen Anwendungsbereichs der Richtlinie ist § 613a Abs. 5 BGB richtlinienkonform auszulegen und die deutschen Gerichte sind verpflichtet entsprechend den Vorgaben des Art. 267 AEUV ein Vorabentscheidungsverfahren einzuleiten. Außerhalb des personellen Anwendungsbereichs der Richtlinie ist § 613a Abs. 5 BGB nach dem maßgeblichen Willen des deutschen Gesetzgebers quasi-richtlinienkonform auszulegen. Die deutschen Gerichte sind auch für rein innerstaatliche Sachverhalte zur Vorlage an den EuGH berechtigt. Zur Verwirklichung einer einheitlichen Spruchpraxis sind sie gehalten, von ihrer durch den EuGH eingeräumten Vorlagebefugnis nach Art. 267 Abs. 2 AEUV umfassenden Gebrauch zu machen.

B. Sinn und Zweck der Unterrichtung

I. Europarechtliche Sicht

Der Sinn und Zweck der europarechtlichen Unterrichtungspflicht ist bisher kaum untersucht worden. Dies ist verwunderlich, ist doch die Unterrichtung in ihrer heutigen Form (§ 613a Abs. 5 BGB) keine deutsche „Erfindung", sondern europarechtlichen Ursprungs. Der europäische Richtliniengeber verfolgte mit der Betriebsübergangsrichtlinie das Ziel, die Arbeitnehmer beim Übergang von Unternehmen, Betrieben und Betriebsteilen effektiv zu schützen und die erworbenen Rechte und deren Wahrnehmung zu sichern[99]. Die verfahrensrechtlichen Bestimmungen zur Unterrichtung und Konsultation ergänzen die materiellen Schutzmaßnahmen der Richtlinie[100]. Art. 7 RL 2001/23/EG dient dazu, das Informationsinteresse

99 Vgl. Erwägungsgrund Nr. 3 zur RL 2001/23/EG; vgl. auch Henssler, in: Arbeitsrecht in Europa, Arbeitsrecht der Europäischen Union, Rn. 76; Schiek, Europäisches Arbeitsrecht, Teil 2 C Rn. 18; Wank, in: Handbuch des europäischen Arbeits- und Sozialrechts, § 18 Rn. 38; Oetker, NZA 1998, 1194; von Alvensleben, Betriebsübergang, 121.

100 Debong, EG-Richtlinie, 6.

der Arbeitnehmer, deren Beschäftigung durch eine Umstrukturierung oder eine Verschmelzung von Unternehmen berührt werden, zu befriedigen. Dabei soll die Unterrichtung der allgemeinen Verbesserung der Lebens- und Arbeitsbedingungen dieser Arbeitnehmer dienen[101]. Speziell die individuelle Unterrichtung nach Art. 7 Abs. 6 RL 2001/23/EG soll sicherstellen, dass die einzelnen Arbeitnehmer auch in Betrieben, in denen keine Arbeitnehmervertretung gebildet werden kann, „nicht ohne jeden Schutz sind“[102]. Wie die Unterrichtung zu einer Verbesserung der Lebens- und Arbeitsbedingungen bzw. zum Schutz der Arbeitnehmer beitragen soll und kann, wird in den Erwägungsgründen im Einzelnen nicht mitgeteilt.

Man könnte daran denken, dass sich der europarechtliche Zweck der Unterrichtung allein in der Kenntnis von den Unterrichtungsgegenständen erschöpft und somit reiner Selbstzweck wäre[103]. Dies würde aber voraussetzen, dass der europarechtlichen Unterrichtungspflicht keinerlei weitere Bedeutung zukommen sollte. Klar ist, dass die Unterrichtung aus europarechtlicher Sicht nicht dazu dient, eine fundierte Widerspruchsentscheidung der übergehenden Arbeitnehmer zu ermöglichen[104]. Die europarechtliche Unterrichtung wurde nicht als Grundlage für das deutsche Widerspruchsrecht entwickelt. Ein Widerspruchsrecht der übergehenden Arbeitnehmer ist der RL 2001/23/EG vollkommen fremd. Der Sinn und Zweck einer europarechtlichen Norm lässt sich auch nicht anhand einer nationalen Umsetzungsvorschrift ableiten. Davon abgesehen dient aber die Unterrichtung nach Art. 7 Abs. 6 RL 2001/23/EG auch aus europarechtlicher Sicht dazu, die Arbeitnehmer über die Umstände zu informieren, die für ihre weitere berufliche Planung von Bedeutung sind[105]. Die Informationen sollen es den vom Übergang betroffenen Arbeitnehmern ermöglichen, eine Entscheidung zwischen den Alternativen „bleibe ich“ oder „gehe ich“ zu treffen[106].

Zumindest für diejenigen Arbeitnehmer, deren Arbeitsverhältnis übergeht und die folglich einen neuen Arbeitgeber erhalten, kommt noch eine weitere Überlegung hinzu. Der EuGH räumt den Arbeitnehmern ein Grundrecht auf freie Wahl ihres Arbeitgebers ein[107]. Um dieses Grundrecht adäquat gewährleisten zu können, bedarf es einer hinreichenden Information der übergehenden Arbeitnehmer. Eines

101 Vgl. Erwägungsgrund Nr. 5 zur RL 2001/23/EG.

102 Vgl. noch zur Kann-Vorschrift des Art. 6 Abs. 5 RL 77/187/EWG: EuGH, 8.6.1994 – C-382/92, Slg. 1994, I-2435 (Rn 23).

103 So Grau, Unterrichtung, 18.

104 Sagan, ZIP 2011, 1642; **a.A.** von Roetteken, jurisPR-ArbR 37/2005 Anm. 6.

105 Willemsen/Annuß, NJW 1999, 2080.

106 Thüsing, Europäisches Arbeitsrecht, § 5 Rn. 57: „Ziel der Unterrichtungspflicht ist es, dem Arbeitnehmer eine Entscheidungsgrundlage für ein frühzeitiges Erwägen anderer Optionen, im deutschen Recht vor allem für die Ausübung des Widerspruchsrechts zu bieten [...]“.

107 EuGH, 16.12.1992 – C-132/91, C-138/91, C-139/91 (Katsikas), AP Nr. 97 zu § 613a BGB (Rn. 32): „Eine [...] Verpflichtung [zur Fortsetzung des Arbeitsverhältnis mit dem Erwerber] verstieße gegen Grundrechte des Arbeitnehmers, der bei der Wahl

ausdrücklichen Hinweises in den Erwägungsgründen der Betriebsübergangsrichtlinien bedarf es hierfür nicht[108]. Zwar kann dem genannten Grundrecht auch durch die Einräumung eines Sonderkündigungsrechts entsprochen werden[109], für eine sinnvolle Entscheidung über eine Kündigung oder einen Widerspruch bedarf der Arbeitnehmer aber in jedem Fall einer gewissen Informationsgrundlage. Zwischen einer überlegten und eigenverantwortlichen Wahrnehmung der rechtsgeschäftlichen Entscheidungsfreiheit und dem Informationsstand der Vertragsparteien besteht ein untrennbarer Zusammenhang[110]. Die Unterrichtung dient insoweit auch dem Abbau von Informationsasymmetrien.

Bei der Suche nach dem Zweck der individuellen Unterrichtung ist ferner zu berücksichtigen, dass die Unterrichtung nach Art. 7 Abs. 6 RL 2001/23/EG in einem Alternativverhältnis zur Unterrichtung nach Abs. 1 steht (vgl. § 2 A II). Die Unterrichtung der Arbeitnehmer tritt insoweit an die Stelle der Unterrichtung der Arbeitnehmervertreter.

Den Vertretern der jeweiligen Arbeitnehmer räumt Art. 7 Abs. 2 RL 2001/23/EG einen Anspruch auf vorherige Konsultation zur Erzielung einer Übereinkunft für den Fall ein, dass der Veräußerer bzw. der Erwerber Maßnahmen hinsichtlich seiner Arbeitnehmer in Betracht zieht. Die Konsultation muss es den Vertretern zumindest ermöglichen, die geplante Maßnahme zu vermeiden, einzuschränken oder ihre Folgen abzumildern[111]. Die Unterrichtung über die hinsichtlich der Arbeitnehmer in Aussicht genommenen Maßnahmen nach Art. 7 Abs. 1 UAbs. 1 Spiegelstrich 4 RL 2001/23/EG ist eine notwendige Voraussetzung, um mit den Vertretern der Arbeitnehmer in Verhandlungen nach Abs. 2 einzutreten und eine Übereinkunft erzielen zu können. Die übrigen Spiegelstriche des UAbs. 1 (Zeitpunkt, Grund und Folgen) können wichtige Rahmeninformationen für diese Verhandlungen bilden. Insoweit kann davon ausgegangen werden, dass diese Informationen jedenfalls auch der Vorbereitung und der ordnungsgemäßen Durchführung des Konsultationsverfahrens nach Abs. 2 dienen sollen. Es kann demnach von einem europarechtlichen Konsultationszweck der Unterrichtung der Arbeitnehmervertreter gesprochen werden[112]. Aufgrund des begrenzten Konsultationsanspruchs

---

seines Arbeitgebers frei sein muß und nicht verpflichtet werden kann, für einen Arbeitgeber zu arbeiten, den er nicht frei gewählt hat."

108 **A.A.** Meier, Informationspflichten, 34, 64, der die Behauptung aufstellt, dass die Informationen einem „Lösungsrecht" der Arbeitnehmer nicht dienen würden und zur Begründung auf das Fehlen entsprechender Anhaltspunkte in den Betriebsübergangsrichtlinien verweist.

109 Fuchs/Marhold, Europäisches Arbeitsrecht, 258 f.; Thüsing, Europäisches Arbeitsrecht, § 5 Rn. 54.

110 Am Beispiel von Verbraucherschutzinformationen: Fleischer, Informationsasymmetrie, 571.

111 Vgl. Art. 2 Abs. 2 RL 98/59/EG, der ebenfalls Konsultationsrechte vorsieht.

112 Vgl. Meier, Informationspflichten, 33 f.; Sagan, ZIP 2011, 1643 f., nach dem sich die Unterrichtung der Arbeitnehmervertreter nach den für eine ordnungsgemäße

kann die Unterrichtung nach Abs. 1 allerdings nicht darauf gerichtet sein, dass die Vertreter auch einen Anspruch darauf hätten, alternative Vorschläge für den Zeitpunkt des Übergangs oder die Verwirklichung der unternehmerischen Ziele zu unterbreiten. Insoweit kann die Unterrichtung über den Zeitpunkt und den Grund des Übergangs aber auch den Zweck erfüllen, die Arbeitnehmervertreter in die Lage zu versetzen, faktischen Einfluss auf die Arbeitgeber auszuüben.

Ein Anspruch auf Konsultation räumt Art. 7 RL 2001/23/EG den von einem Übergang betroffenen Arbeitnehmern nicht ein. Folglich kann der Unterrichtung nach Abs. 6 auch nicht der europarechtliche Zweck zukommen, der Vorbereitung und ordnungsgemäßen Durchführung eines Konsultationsanspruchs zu dienen. Da die Arbeitnehmerunterrichtung aber an die Stelle der Unterrichtung der Arbeitnehmervertreter treten soll, liegt es nahe, dass der europarechtlichen Unterrichtung nach Art. 7 Abs. 6 RL 2001/23/EG die Bedeutung zukommen soll, den Arbeitnehmern zu ermöglichen, zumindest in faktischer Hinsicht rechtzeitig Einfluss auf die in Aussicht genommenen Maßnahmen zu nehmen. Sie sollen die Möglichkeit haben, hierzu Stellung zu beziehen, die eigenen Vorstellungen und Bedenken zu äußern und Anregungen zu unterbreiten, um hierdurch das Unterbleiben (das „ob") oder wenigstens die Ausgestaltung (das „wie") mit der Unternehmensleitung, also den Entscheidungsträgern, zu diskutieren[113]. Ähnliche Überlegungen gelten für die übrigen Informationstatbestände. Auch hier gelangen die Arbeitnehmer erst mittels der Information in eine Position, faktischen Einfluss auf den Arbeitgeber ausüben zu können.

Für die vorgenannten Überlegungen lässt sich auch der Erwägungsgrund Nr. 5 zur RL 2001/23/EG anführen. Hier macht sich der Richtliniengeber die Formulierung aus den Nr. 7, 17 und 18 der Gemeinschaftscharta der sozialen Grundrechte der Arbeitnehmer (Sozialcharta) zu eigen und benennt die rechtzeitige Unterrichtung, Anhörung und Mitwirkung der Arbeitnehmer im Falle der Berührung ihrer Interessen durch eine Umstrukturierung oder Verschmelzung von Unternehmen im Zusammenhang mit dem übergeordneten Ziel, dass der Binnenmarkt zu einer Verbesserung der Lebens- und Arbeitsbedingungen der Arbeitnehmer beitragen soll. Die übermittelten Informationen bilden die Grundlage für die Anhörung und die Mitwirkung der Arbeitnehmer bei einem Inhaberwechsel. Die Möglichkeit der faktischen Einflussnahme der Arbeitnehmer auf die Entscheidungen der Arbeitgeber dient der Wahrung ihrer Ansprüche im Falle

---

Durchführung des obligatorischen Konsultationsverfahrens nach Art. 7 Abs. 2 RL 2001/23/EG erforderlichen Informationen richten soll; von Roetteken, jurisPR -ArbR 37/2005 Anm. 6, nach dem der Anspruch auf Konsultation aus Abs. 2 zu berücksichtigen sei und die Unterrichtung der Arbeitnehmervertreter über Basisinformationen (Zeitpunkt, Grund, Folgen) in erster Linie darauf abziele, mögliche Maßnahmen einschätzen zu können.

113 In diese Richtung auch: Sagan, ZIP 2011, 1642 f., der den Zweck des Art. 7 Abs. 6 RL 2001/23/EG aber letztlich dahinstehen lässt. **A.A.** Grau, Unterrichtung, 46, 86, 124.

eines Inhaberwechsels und kann so zur Verbesserung der Lebens- und Arbeitsbedingungen beitragen.

II. Deutsche Sicht

Schon vor dessen Normierung entwickelte das BAG in ständiger Rechtsprechung ein Widerspruchsrecht der gemäß § 613a Abs. 1 S. 1 BGB übergehenden Arbeitnehmer[114]. Damit das Widerspruchsrecht ausgeübt werden konnte, bedurfte es der Kenntnis des Arbeitnehmers vom geplanten Betriebsübergang. Die Unterrichtung des Arbeitgebers diente dabei als wichtigstes Mittel zur Herstellung dieser Kenntnis und zum in Gang setzen der Erklärungsfrist für den Widerspruch. Obwohl der RL 2001/23/EG ein solches Widerspruchsrecht vollkommen fremd ist, nahm der deutsche Gesetzgeber die Umsetzung der Unterrichtung nach Art. 7 Abs. 6 RL 2001/23/EG zum Anlass, das richterrechtlich entwickelte Widerspruchsrecht zu kodifizieren. Dabei sollte die im neuen § 613a Abs. 5 BGB nach dem Vorbild der europäischen Richtlinie erstmals normierte Unterrichtung die Funktion der Unterrichtung nach der bisherigen Rechtsprechung übernehmen. Zu diesem Zweck verknüpfte der deutsche Gesetzgeber Unterrichtung und Widerspruch miteinander. Aus der einen deutschen Besonderheit, dem Widerspruchsrecht der übergehenden Arbeitnehmer, folgt eine weitere, nämlich die Verknüpfung dieses Widerspruchsrechts mit der aus dem Europarecht stammenden Unterrichtung. Aus dieser Verknüpfung folgt wiederum, dass die Unterrichtung aus deutscher Sicht der besondere Sinn und Zweck zukommt, den widerspruchsberechtigten Arbeitnehmern eine ausreichende Wissensgrundlage für ihre sachgerechte Ausübung oder Nichtausübung des Widerspruchsrechts zu verschaffen[115]. Die zum Widerspruch gegen den Übergang ihrer Arbeitsverhältnisse berechtigten Arbeitnehmer sollen in die Lage versetzt werden, sich über die Person des Übernehmers und über die in § 613a Abs. 5 Nr. 1 bis 4 BGB genannten Umstände selbständig ein klares Bild machen zu können[116].

Zu beachten ist, dass der Unterrichtung nicht der Zweck zukommt, jeden einzelnen Arbeitnehmer über alle ihn möglicherweise treffenden Folgen des Betriebsübergangs in Kenntnis zu setzen[117]. Die Unterrichtungspflicht ist keine Rechtsberatungspflicht (vgl § 2 I IV). Ein solcher Zweck lässt sich weder dem

---

114 Grundlegend: BAG, 2.10.1974 – 5 AZR 504/73, AP Nr. 1 zu § 613a BGB.

115 BAG, 13.7.2006 – 8 AZR 303/05, AP Nr. 311 zu § 613a BGB (II 2 b bb (1)); BAG, 13.7.2006 – 8 AZR 305/05, AP Nr. 312 zu § 613a BGB (II 1 a, II 1 b ee, II 2 b); ErfK/Preis, § 613a BGB Rn. 84; Gaul/Otto, DB 2005, 2465; Grobys, BB 2002, 726; Hauck, in: Festschrift für Hellmut Wissmann, 549 f.; Huke, FA 2002, 264; Krügermeyer-Kalthoff/Reutershan, MDR 2003, 541; Sayatz/Wolff, DStR 2002, 2039; Willemsen/Lembke, NJW 2002, 1161.

116 BAG, 13.7.2006 – 8 AZR 305/05, AP Nr. 312 zu § 613a BGB (II 1 a).

117 BAG, 10.11.2011 – 8 AZR 430/10, AP Nr. 15 zu § 613a BGB Unterrichtung (B II 3 c dd); Dreher, in: Bernsau/Dreher/Hauck, § 613a BGB Rn. 160.

Gesetzeswortlaut noch den Gesetzesmaterialien entnehmen[118]. Im Gegenteil, wie sich aus den Gesetzesmaterialien ergibt, ging der Gesetzgeber sogar davon aus, dass die Unterrichtung in Textform dazu dient, den Arbeitnehmern die Möglichkeit zu verschaffen, sich weitergehend zu erkundigen und beraten zu lassen[119]. Eine weitergehende Erkundigung oder Beratung wäre aber unnötig, enthielte bereits das Unterrichtungsschreiben sämtliche möglicherweise eintretenden Folgen für jeden einzelnen vom Übergang betroffenen Arbeitnehmer.

Aus Sicht der Arbeitgeber verfolgt die deutsche Regelung schließlich das Ziel, dem Betriebsveräußerer die Möglichkeit einzuräumen, frühzeitig Klarheit über die Frage zu erlangen, welche Arbeitnehmer nach dem Übergang bei ihm verbleiben und den Betriebserwerber darüber in Kenntnis zu setzen, welche Arbeitnehmer mit dem Betrieb auf ihn übergehen werden[120].

III. Folgen für die teleologische Auslegung des § 613a Abs. 5 BGB

Ausweislich der Gesetzesmaterialien dient § 613a Abs. 5 BGB der Umsetzung von Art. 7 Abs. 6 RL 2001/23/EG[121]. Gleichwohl wurde der europarechtliche Sinn und Zweck der Unterrichtung in der Diskussion über die teleologische Auslegung des § 613a Abs. 5 BGB bisher oft schlicht ignoriert. Aus den bereits erörterten Folgen der (überschießenden) Umsetzung für die Auslegung des § 613a Abs. 5 BGB (vgl. § 2 A III 1), ergeben sich Konsequenzen für die teleologische Auslegung des § 613a Abs. 5 BGB.

Betreffend der Umsetzung innerhalb des personellen Anwendungsbereichs der Richtlinie, also in Betrieben, in denen keine Arbeitnehmervertretung gebildet werden kann, kommt der Unterrichtung nach einer richtlinienkonformen Auslegung auch im deutschen Recht der Sinn und Zweck zu, den von einem Übergang betroffenen Arbeitnehmern eine Grundlage für ihre weitere berufliche Planung an die Hand zu gegeben und zumindest faktischen Einfluss auf die Entscheidungen der Arbeitgeber auszuüben. Hinsichtlich der „überschießenden

118 Für die Konsequenzen im Falle eines Verbleibs beim Betriebsveräußerer: BAG, 10.11.2011 – 8 AZR 430/10, AP Nr. 15 zu § 613a BGB Unterrichtung (B II 3 c ff).

119 BT-Drucks. 14/7760, 19 (rechte Spalte).

120 BT-Drucks. 14/7760, 19 (rechte Spalte); Gaul, Betriebs- und Unternehmensspaltung, § 11 Rn. 12; Gaul/Otto, DB 2002, 634; Gaul/Otto, DB 2005, 2465; Grobys, BB 2002, 727; Hauck, Beil. NZA 18/2004, 22; Hauck, in: Festschrift für Hellmut Wissmann, 550; Krügermeyer-Kalthoff/Reutershan, MDR 2003, 541 f. Vor Normierung des Widerspruchsrechts konnte der Arbeitgeber in der Regel keine vorzeitige Klärung herbeiführen, weil die Ausübung des Widerspruchsrechts bis zum Betriebsübergang zeitlich unbefristet möglich war, BAG, 19.3.1998 – 8 AZR 139/97, AP Nr. 177 zu § 613a BGB (I 3 c bb).

121 BT-Drucks. 14/7760, 19 (linke Spalte). Vgl. auch Staudinger/Annuß, § 613a BGB Rn. 256; Arens/Düwell, in: Arens/Düwell/Wichert, Umstrukturierung, § 7 Rn. 257, APS/Steffan, § 613a BGB Rn. 202, Fuchs, in: BeckOK Bamberger/Roth, § 613a BGB Rn. 76; HWK/Willemsen/Müller-Bonanni, § 613a BGB Rn. 315.

Umsetzung“ außerhalb des personellen Anwendungsbereichs der Richtlinie, also in Betrieben, in denen eine Arbeitnehmervertretung gebildet werden kann, ist der genannte europarechtliche Zweck mittels einer quasi-richtlinienkonformen Auslegung des § 613a Abs. 5 BGB zu berücksichtigen. Damit kommt der Unterrichtung nach § 613a Abs. 5 BGB ein selbständiger, europarechtlich motivierter Zweck zu.

Als deutsche Besonderheit kommt der Unterrichtung im nationalen Recht daneben auch der Zweck zu, den übergehenden Arbeitnehmern eine fundierte Widerspruchsentscheidung zu ermöglichen. Nach überwiegender Ansicht ist dieser Zweck bei der Auskleidung der einzelnen Unterrichtungsgegenstände zu berücksichtigen und dient in diesem Zusammenhang als eine wichtige Argumentationsfigur[122]. Folglich ist es theoretisch denkbar, dass der Inhalt der Unterrichtung aus Sicht der übergehenden Arbeitnehmer nach nationalem Recht weiter ist, als durch die Richtlinie gefordert[123].

An dieser Stelle ist der Frage nachzugehen, ob das nationale Recht so weit gehen darf, dass es zu einer im Vergleich zu der nach dem Richtlinienvorbild geforderten Reichweite der Unterrichtung ein „Mehr“[124] bedeuten kann. Diese Frage ist zu bejahen, und zwar aus Sicht aller übergehenden Arbeitnehmer, unabhängig von der Betriebsgröße, also sowohl für innerhalb als auch für außerhalb der RL 2001/23/EG stehende Sachverhalte. Eine Richtlinie ist hinsichtlich des mit ihr zu erreichenden Ziels verbindlich, Art. 288 Abs. 3 AEUV, so dass der deutsche Gesetzgeber innerhalb des personellen Anwendungsbereichs der Richtlinie, also in Betrieben, in denen keine Arbeitnehmervertretung gebildet werden kann, grundsätzlich an die Richtlinie gebunden ist. Allerdings schränkt die Richtlinie vorliegend die Möglichkeit der Mitgliedstaaten, für die Arbeitnehmer günstigere Rechts- oder Verwaltungsvorschriften zu erlassen, nicht ein, Art. 8 RL 2001/23/EG. Die Gerichte der Mitgliedstaaten sind befugt, die Bedeutung der Rechts- oder Verwaltungsvorschriften durch Auslegung zu ermitteln[125]. Nationale Auslegungsregeln bleiben auch auf angeglichenes Recht anwendbar[126]. Der EuGH verbietet den nationalen Gerichten auch nicht, zu einer vom Unionsrecht abweichenden Auslegung im nationalen Recht zu gelangen[127]. Nach Art. 288 Abs. 3 AEUV darf diese Auslegung allerdings nicht zu einem Widerspruch zum europarechtlichen Ziel der Richtlinie, das hier in der Verbesserung der Lebens- und Arbeitsbedingungen der

122 Vgl. u.a. BAG, 13.7.2006 – 8 AZR 305/05, AP Nr. 312 zu § 613a BGB (II 1 a); Grau, Unterrichtung, 101 ff.; ErfK/Preis, § 613a BGB Rn. 84; Staudinger/Annuß, § 613a BGB Rn. 266; **a.A.** Sagan, ZIP 2011, 1642 ff.

123 Staudinger/Annuß, § 613a BGB, Rn. 266.

124 Ein „Weniger“ kommt aufgrund des vorrangigen Unionsrechts ohnehin von vornherein nicht in Betracht, vgl. Grau, Unterrichtung, 104.

125 EuGH, 16.12.1992 – C-132/91, C-138/91, C-139/91 (Katsikas), AP Nr. 97 zu § 613a BGB (Rn. 39 f.).

126 Roth, in: 50 Jahre Bundesgerichtshof, 876 m.w.N.

127 Brandner, Die überschießende Umsetzung von Richtlinien, 130.

Arbeitnehmer und deren Schutz zu erblicken ist, führen. Einer richtlinienkonformen Auslegung ist im Zweifel stets der Vorrang einzuräumen.

Durch die zusammenhängende Regelung der § 613a Abs. 5 und 6 BGB hat der deutsche Gesetzgeber eine aus Sicht der übergehenden Arbeitnehmer günstigere Rechtsvorschrift erlassen, die einer Auslegung durch die deutschen Gerichte zugänglich ist[128]. Die Regierung selbst betont die besondere Bedeutung der Unterrichtung für den Widerspruch und spricht von einem „wechselseitigen Bezug" zwischen Informationspflicht und Widerspruchsrecht, der eine zusammenhängende Regelung erforderlich mache[129]. Den Fristbeginn für die Ausübung des Widerspruchsrecht hat der Gesetzgeber in § 613a Abs. 6 BGB an den Zugang der Unterrichtung nach Abs. 5 geknüpft. Wechselseitig heißt aber, dass nicht nur der Widerspruch von der Unterrichtung, sondern auch die Unterrichtung vom Widerspruch beeinflusst wird. Für das „ob" einer Unterrichtung spielt das Widerspruchsrecht keine Rolle. Selbst wenn das Widerspruchsrecht verwirkt sein sollte, wären die Arbeitnehmer gleichwohl zu unterrichten. Das folgt bereits aus dem Vorrang des Unionsrechts, das ein Widerspruchsrecht der übergehenden Arbeitnehmer gar nicht vorsieht. Folglich kann es auf europäischer Ebene auch keinen Zusammenhang zwischen Unterrichtung und Widerspruch geben[130]. Das Widerspruchsrecht kann daher nur auf das „wie", d.h. auf den Inhalt der Informationspflicht gegenüber den übergehenden Arbeitnehmern Einfluss haben[131]. Dies entspricht auch der klassischen Funktion der Unterrichtung vor deren Kodifikation und erklärt, warum der Gesetzgeber in den Gesetzesmaterialien auf die Rechtsprechung des BAG ausdrücklich Bezug genommen hat[132].

Zwar wurde nach den Gesetzesmaterialien der „Inhalt der Unterrichtungspflicht [...] übereinstimmend mit Artikel 7 Abs. 6 der Richtlinie 2001/23/EG geregelt"[133], dies kann aber auch als Hinweis auf die fast identische Übernahme des Wortlauts der Richtlinie und auf den Willen des Gesetzgebers, die europarechtlichen Mindestvorgaben an eine ordnungsgemäße Unterrichtung in das deutsche Recht zu überführen, verstanden werden. Wer aus dieser Aussage eine „Deckelung" des Unterrichtungsinhalts auf das europarechtlich vorgesehene Maß herleiten will[134], muss erklären, worin stattdessen die vom Gesetzgeber gesehene Beeinflussung

---

128 **A.A.** Sagan, ZIP 2011, 1643 f., nach dem sich aus der Verknüpfung von Unterrichtung und Widerspruch für § 613a Abs. 5 BGB keine Änderungen des Unterrichtungsinhalts ergeben sollen.

129 BT-Drucks. 14/7760, 19 (linke Spalte), 20 (linke Spalte).

130 Insoweit auch Sagan, ZIP 2011, 1642.

131 **A.A.** Sagan, ZIP 2011, 1647, der den notwendigen Inhalt der Unterrichtung als eine dem Widerspruchsrecht notwendig vorgelagerte Frage ansieht.

132 BT-Drucks. 14/7760, 19 (linke Spalte): „Nach der Rechtsprechung des Bundesarbeitsgerichts obliegt es dem Arbeitgeber bereits nach geltendem Recht, die Arbeitnehmer über einen bevorstehenden Betriebsübergang zu unterrichten."

133 BT-Drucks. 14/7760, 19 (rechte Spalte).

134 So Sagan, ZIP 2011, 1643.

der Informationspflicht durch das Widerspruchsrecht liegen soll. Auch die Tatsache, dass der Gesetzgeber davon ausging, dass der übergehende Arbeitnehmer nicht allein aufgrund der in Textform zu erteilenden Unterrichtung, sondern auf der Grundlage weitergehender Erkundigungen und Beratungen über sein Widerspruchsrecht entscheiden soll[135], steht einer teilweisen Orientierung des Unterrichtungsinhalts aus Sicht der übergehenden Arbeitnehmer am Widerspruchsrecht nicht entgegen. Hieraus kann nur abgeleitet werden, dass der Gesetzgeber bei der Kodifizierung der Informationspflicht keine uferlose Unterrichtung im Sinn hatte.

Schließlich steht einer Orientierung am Widerspruchsrecht auch der europarechtliche Zweck der Unterrichtung nicht entgegen. Der europäische Gesetzgeber ging davon aus, dass die vom Übergang betroffenen Arbeitnehmer mithilfe der erteilten Informationen das „Handwerkszeug“ für ihre eigene berufliche Planung erhalten sollen (vgl. § 2 B I). Insoweit überschneiden sich aus Sicht der übergehenden Arbeitnehmer, die nach deutschem Recht dem Übergang ihres Arbeitsverhältnisses auf den Erwerber widersprechen können, der europarechtliche und der deutsche Zweck der Unterrichtung teilweise.

IV. Zwischenergebnis

Die individuelle Unterrichtung nach Art. 7 Abs. 6 RL 2001/23/EG ist kein Selbstzweck. Sie verfolgt aus europarechtlicher Sicht zum einen das Ziel, den Arbeitnehmern eine Entscheidungsgrundlage für ihre weitere berufliche Planung zu liefern. Zum anderen sollen die Arbeitnehmer durch die Unterrichtung rechtzeitig in die im Zusammenhang mit dem Übergang stehenden Entscheidungsprozesse der Arbeitgeber einbezogen werden, um zumindest in faktischer Hinsicht Einfluss auf ihre Entscheidungen nehmen zu können. Der europarechtliche Zweck der Unterrichtung ist im Rahmen einer (quasi-)richtlinienkonformen Auslegung des § 613a Abs. 5 BGB zu berücksichtigen. Im deutschen Recht soll die Unterrichtung den übergehenden Arbeitnehmern zudem eine ausreichende Wissensgrundlage für ihre sachgerechte Widerspruchsentscheidung verschaffen. Dieser zusätzliche Zweck der Unterrichtung im deutschen Recht kann dazu führen, dass der geschuldete Unterrichtungsinhalt aus Sicht der übergehenden Arbeitnehmer weiter ist, als unionsrechtlich gefordert.

C. Rechtsnatur der Unterrichtung

I. Deutsche Rechtslage vor der Richtlinie

Vor ihrer Normierung diente die Unterrichtung als das praktisch wichtigste Mittel, um die Kenntnis des Arbeitnehmers vom Betriebsübergang herzustellen. Ohne Kenntnis der Arbeitnehmer vom Betriebs(teil)übergang, lief die Erklärungsfrist für das Widerspruchsrecht nicht und der Arbeitnehmer konnte auch noch nach dem Betriebsübergang widersprechen (vgl. § 3 F I). Die Durchführung einer

135 BT-Drucks. 14/7760, 19 (rechte Spalte).

Unterrichtung entsprach dem Eigeninteresse des Arbeitgebers, weil er auf diese Weise das Risiko späterer Widersprüche eingrenzen konnte[136]. In der Unterrichtung wurde daher überwiegend keine Rechtspflicht, sondern eine Obliegenheit, also ein rechtliches Gebot im eigenen Interesse, gesehen[137].

II. Europarechtliche Vorgaben

Aus europarechtlicher Sicht ist die Unterrichtung als eine Rechtspflicht auszugestalten. Nach dem Wortlaut des Art. 7 Abs. 1 RL 2001/23/EG sind Veräußerer oder Erwerber zur Information verpflichtet und auch Abs. 6 verlangt von den Mitgliedstaaten, eine Regelung zu schaffen, wonach die Arbeitnehmer „zu informieren sind". Zudem sieht die Richtlinie in Art. 9 RL 2001/23/EG vor, dass die Mitgliedstaaten die erforderlichen Bestimmungen aufnehmen, „um allen Arbeitnehmern und Vertretern der Arbeitnehmer, die ihrer Ansicht nach durch die Nichtbeachtung der sich aus dieser Richtlinie ergebenden Verpflichtungen benachteiligt sind, die Möglichkeit zu geben, ihre Forderungen durch Gerichtsverfahren einzuklagen [...]". Es ist aber gerade ein Charakteristikum der Obliegenheit, dass dem Gegner weder einklagbare Erfüllungs- noch Schadensersatzansprüche zustehen sollen[138]. Es bestehen somit keinerlei Anhaltspunkte dafür, dass die Richtlinie die Information nach Art. 7 RL 2001/23/EG als bloße Obliegenheit ausgestalten wollte.

III. Ausformung im deutschen Recht

1. *Vor dem Übergang*

Einige Stimmen in der Literatur wollen auch nach Normierung der Unterrichtung in § 613a Abs. 5 BGB an der Charakterisierung als Obliegenheit festhalten[139]. Nach dieser Ansicht können die Arbeitnehmer weder einen primären Rechtsanspruch auf Unterrichtung zwangsweise durchsetzen noch bei einer Verletzung sekundäre Schadensersatzansprüche geltend machen. Die von § 613a Abs. 6 BGB vorgesehene Verknüpfung des Beginns der Widerspruchsfrist mit der Unterrichtung wird als ausreichende Sanktionierung empfunden[140].

---

136 BAG, 22.4.1993 – 2 AZR 313/92, AP Nr. 102 zu § 613a BGB (B V 1).

137 BT-Drucks. 14/7760, 19 (linke Spalte): „obliegt"; BAG, 22.4.1993 – 2 AZR 50/92, AP Nr. 103 zu § 613a BGB (II 6 b): „Obliegenheit [...] rechtzeitig zu unterrichten"; Seiter, Betriebsinhaberwechsel, 71; vgl. auch Bauer, Unternehmensveräußerung und Arbeitsrecht, 56; **a.A.** Debong, EG-Richtlinie, 94 und Fn. 3; Löw, Betriebsveräußerung, 177 f.; Menze, Widerspruchsrecht, 202 f., 204 f.; Oetker, NZA 1998, 1201; Pietzko, Tatbestand des § 613a BGB, 291 f. Wank, in: Handbuch des europäischen Arbeits- und Sozialrechts, § 18 Rn. 151 Fn. 256.

138 Palandt/Grüneberg, vor § 241 BGB Rn. 13.

139 Bauer/v. Steinau-Steinrück, ZIP 2002, 458 [„gesamtschuldnerische Obliegenheit"]; Berkowsky, NZI 2002, 416; Grobys, BB 2002, 727; Riesenhuber, RdA 2004, 350.

140 Riesenhuber, RdA 2004, 350 f.

Dem kann hier nicht gefolgt werden. Das Europarecht (Art. 9 RL 2001/23/EG) fordert vom deutschen Gesetzgeber die Ausgestaltung der Unterrichtung als eine einklagbare Anspruchsnorm[141]. Dies gilt jedenfalls für den Zeitraum vor dem Betriebsübergang. Dieser Umsetzungspflicht war sich der deutsche Gesetzgeber auch bewusst. In den Gesetzesmaterialien wird klar und deutlich zwischen Obliegenheit[142] und Pflicht[143] unterschieden. Aus den bereits erörterten Folgen der (überschießenden) Umsetzung für die Auslegung des § 613a Abs. 5 BGB (vgl. § 2 A III 1) ergibt sich, dass innerhalb des personellen Anwendungsbereichs der Richtlinie, also in Betrieben, in denen keine Arbeitnehmervertretung gebildet werden kann, eine richtlinienkonforme Auslegung des § 613a Abs. 5 BGB zur Annahme einer Leistungspflicht führt[144]. Außerhalb des personellen Anwendungsbereichs der Richtlinie, also in Betrieben, in denen eine Arbeitnehmervertretung gebildet werden kann, ist dasselbe Ergebnis durch eine quasi-richtlinienkonforme Auslegung zu gewinnen. Eine entsprechende Auslegung wird schließlich auch vom Wortlaut des § 613a Abs. 5 BGB („hat [...] zu unterrichten") gestützt[145]. Zu Recht sieht daher die weit überwiegende Ansicht in der Unterrichtung nach § 613a Abs. 5 BGB eine Rechtspflicht[146]. Der Anspruch aus § 613a Abs. 5 BGB kann nötigenfalls klageweise in Form einer arbeitsgerichtlichen Leistungsklage verfolgt werden[147] und als unvertretbare Handlung ggf. nach § 888 Abs. 1 S. 1 ZPO vollstreckt werden[148].

---

141 Franzen, RdA 2002, 262; Fuchs, in: BeckOK Bamberger/Roth, § 613a BGB Rn. 77; Gaul/Otto, DB 2005, 2469; Grau, RdA 2005, 372; Hauck, in: Festschrift für Hellmut Wissmann, 551; Krügermeyer-Kalthoff/Reutershan, MDR 2003, 545; Meyer, BB 2003, 1013 f.; Mückl, JuS 2006, 396; Nehls, NZA 2003, 824; WHSS/Willemsen, Rn. G 211; Willemsen/Lembke, NJW 2002, 1161.

142 BT-Drucks. 14/7760, 19 (linke Spalte): „obliegt es dem Arbeitgeber [...] zu unterrichten."

143 BT-Drucks. 14/7760, 19 (rechte Spalte): „Zur Unterrichtung sind der bisherige Arbeitgeber oder der neue Inhaber verpflichtet."

144 Maschmann, BB-Special 6 2006, 35.

145 Gaul/Otto, DB 2005, 2469.

146 Vgl. u.a. BAG, 24.5.2005 – 8 AZR 398/04, AP Nr. 284 zu § 613a BGB (II 2 c cc); BAG, 13.7.2006 – 8 AZR 382/05, AP Nr. 1 zu § 613a BGB Widerspruch (II 2 b); APS/Steffan, § 613a BGB Rn. 203; Dahms, Widerspruchsrecht, 79 Fn. 263; Düwell, FA 2002, 109; Dreher, in: Bernsau/Dreher/Hauck, § 613a BGB Rn. 150 f., 169; ErfK/Preis, § 613a BGB Rn. 94; Franzen, RdA 2002, 262; Gaul/Otto, DB 2005, 2469; Gussen, in: BeckOK R/G/K/U, § 613a BGB Rn. 142; Grau, RdA 2005, 371 f.; Hauck, Beil., NZA 18/2004, 23; Krügermeyer-Kalthoff/Reutershan, MDR 2003, 545; MK/Müller-Glöge, § 613a BGB Rn. 114; Nehls, NZA 2003, 822; Sayatz/Wolff, DStR 2002, 2045; Staudinger/Annuß, § 613a BGB Rn. 286; Willemsen/Lembke, NJW 2002, 1161.

147 Staudinger/Annuß, § 613a BGB Rn. 288; HWK/Willemsen/Müller-Bonanni, § 613a BGB Rn. 337.

148 Rieble, Festschrift für Arbeitsgemeinschaft Arbeitsrecht, 696, der sich auch gegen ein Zurückbehaltungsrecht nach § 273 BGB ausspricht.

Dogmatisch exakt handelt es sich bei der Pflicht nach § 613a Abs. 5 BGB um eine Auskunftspflicht[149], die eine einklagbare Leistungspflicht nach § 241 Abs. 1 BGB darstellt[150]. Das BAG spricht lediglich von einer Rechtspflicht und überträgt für die Prüfung eines Schadensersatzanspruchs nach § 280 Abs. 1 BGB die Rechtsprechung zur Verletzung von Aufklärungs- bzw. Beratungspflichten[151] auf die Informationspflicht nach § 613a Abs. 5 BGB[152]. Hieraus die Schlussfolgerung zu ziehen, dass das BAG in § 613a Abs. 5 BGB eine Rücksichtspflicht im Sinne von § 242 Abs. 2 BGB erblickt, wäre jedoch verfehlt. Die Terminologie der Informationspflichten ist in höchstem Maße uneinheitlich[153], so dass aus ihr keine sicheren Rückschlüsse gezogen werden können. Mitunter wird die Einklagbarkeit als Abgrenzungskriterium genannt[154]. Als überzeugender erweist sich indes ein vergleichender Blick auf die Rechtsfolgen[155]. Bei einer Pflicht nach § 242 Abs. 2 BGB bedarf es keiner Fristsetzung zur Geltendmachung eines Schadensersatzes statt der Leistung. Diese Rechtsfolge passt aber nicht für die Informationspflicht nach § 613a Abs. 5 BGB. Vielmehr ist es gerechtfertigt, dass der Arbeitnehmer erst nach erfolglosem Ablauf einer Frist zur Leistung oder Nacherfüllung Schadensersatz statt der Leistung verlangen kann.

Von der Leistungspflicht aus § 613a Abs. 5 BGB ist die neben und unabhängig von § 613a Abs. 5 BGB bestehende arbeitsvertragliche Nebenpflicht des Arbeitgebers nach § 241 Abs. 2 BGB auf die Rechte, Rechtsgüter und Interessen des Arbeitnehmers Rücksicht zu nehmen, zu unterscheiden[156]. Rücksichtnahmepflichten

---

149 Staudinger/Olzen, § 241 BGB Rn. 169, 429; vgl. insoweit auch Willemsen, Festschrift für Wolfdieter Küttner, 427. Zwar ist eine Auskunftspflicht grundsätzlich u.a. dadurch gekennzeichnet, dass sie als Reaktion auf eine Anfrage des Berechtigten erfolgt, vgl. Haeffs, Auskunftsanspruch, 60; Palandt/Sprau, § 675 BGB Rn. 32. Hiervon sind aber Ausnahmen denkbar, vgl. Winkler von Mohrenfels, Abgeleitete Informationsleistungspflichten, 22, wozu auch der hier betrachtete § 613a Abs. 5 BGB zu zählen ist.

150 Gaul/Otto, DB 2005, 2469; Staudinger/Olzen, § 241 BGB Rn. 169. In der Terminologie von Winkler von Mohrenfels, Abgeleitete Informationsleistungspflichten, 19, 61 ff., handelt es sich bei § 613a Abs. 5 BGB um eine abgeleitete, relatorische Informationsleistungspflicht.

151 Nach dieser Rechtsprechung wird vermutet, dass sich der Geschädigte bei pflichtgemäßen Verhalten „aufklärungsgerecht“ verhalten hätte, vgl. BGH, 5.7.1973 – VII ZR 12/73, BGHZ 61, 118 (I 2); weitere Nachweise bei: Palandt/Grüneberg, § 280 Rn. 39.

152 BAG, 13.7.2006 – 8 AZR 382/05, AP Nr. 1 zu § 613a BGB Widerspruch (II 2 b).

153 Staudinger/Olzen, § 241 BGB Rn. 427.

154 Die Klagbarkeit der Rücksichtspflichten ist jedoch umstritten, so dass dieses Kriterium nicht ohne Zweifel ist, vgl. die **Kritik** bei: Staudinger/Olzen, § 241 BGB Rn. 158 f.

155 Vgl. MK/Bachmann/Roth, § 241 BGB Rn. 53.

156 Vgl. aber Mitsch, Gesetzliche Informationspflichten, 279 ff., der § 613a Abs. 5 BGB als Konkretisierung der allgemeinen Fürsorgepflicht des Arbeitgebers ansieht.

können u.a. auf die Aufklärung des Vertragspartners gerichtet sein[157]. Vor Einfügung des § 241 Abs. 2 BGB wurde diese Verpflichtung noch unter dem Begriff Fürsorgepflicht im Grundsatz von Treu und Glauben nach § 242 BGB verankert. Die sich aus der Stellung als Arbeitgeber ergebenden Aufklärungs- und Hinweispflichten sind von der hier betrachteten Leistungspflicht nach § 613a Abs. 5 BGB inhaltlich und von ihrem Umfang her strikt zu unterscheiden.

Fraglich ist, aus welcher Art (vertraglich oder gesetzlich begründetes) Schuldverhältnis sich die Unterrichtungspflicht nach § 613a Abs. 5 BGB ergibt.

Teilweise wird in § 613a Abs. 5 BGB, unabhängig vom Vorhandensein eines Arbeitsvertrags, ein gesetzliches Schuldverhältnis gesehen, das für Veräußerer und Erwerber sowohl vor als auch nach dem Betriebsübergang die Unterrichtungspflicht begründen soll[158]. Dies sei „insgesamt [...] richtiger“[159]. Eine nähere Begründung erfolgt nicht. Gegen diese Ansicht spricht, dass nicht einzusehen ist, warum in Fällen eines bestehenden Arbeitsverhältnisses eine Pflicht aus einem daneben bestehenden gesetzlichen Schuldverhältnis zwischen Arbeitgeber und Arbeitnehmer resultieren sollte.

Stattdessen ist nach den Adressaten der Unterrichtung zu unterscheiden[160]. Stehen die Adressaten der Unterrichtung in einem Arbeitsverhältnis zum Unterrichtungsverpflichteten, folgt die Pflicht zur Unterrichtung aus einem vertraglichen Schuldverhältnis, dem Arbeitsvertrag. Eines Rückgriffs auf gesetzliche Schuldverhältnisse bedarf es nicht. Gegenüber Nicht-Arbeitnehmern scheidet ein vertragliches Schuldverhältnis als Anknüpfungspunkt für die Unterrichtungspflicht aus. Insoweit kommen allein gesetzliche Schuldverhältnisse als Anknüpungspunkt für die bestehende Unterrichtungspflicht in Betracht[161].

Teilweise wird für den Erwerber im Verhältnis zu den auf ihn übergehenden Arbeitnehmern ein vorvertragliches Schuldverhältnis nach § 311 Abs. 2 Nr. 3 BGB angeführt[162]. Bei der Entstehung schuldrechtlicher Beziehungen aus der

157 Vgl. hierzu BAG, 4.10.2005 – 9 AZR 598/04, NZA 2006, 545 (4 b), wonach der Arbeitgeber „unaufgefordert über alle Umstände zu informieren [hat], die dem Arbeitnehmer unbekannt, aber für Entscheidungen im Zusammenhang mit der Durchführung des Arbeitsvertrags erheblich sind“; vgl. auch BAG, 14.7.2005 – 8 AZR 300/04, NZA 2005, 1298 (II 2 b aa).

158 Rupp, NZA 2007, 304; vgl. auch Mückl, JuS 2006, 396.

159 Rupp, NZA 2007, 304.

160 Vgl. Grau, Unterrichtung, 82, 314 f. und Grau, RdA 2005, 372, der allerdings nur die übergehenden Arbeitnehmer als Berechtigte der Unterrichtung ansieht.

161 **A.A.** Rieble, Festschrift für Arbeitsgemeinschaft Arbeitsrecht, 693, nach dem gegen die Annahme einer gesetzlichen Informationspflicht „systematische Aspekte“ sprechen sollen.

162 ErfK/Preis, § 613a BGB Rn. 94; Franzen, RdA 2002, 267; Gaul/Otto, DB 2002, 640; Meyer, Unterrichtung, § 3 Rn. 415 f.; HWK/Willemsen/Müller-Bonanni, § 613a BGB Rn. 338; WHSS/Willemsen, Rn. G 229. Ein Schadensersatzanspruch gegenüber dem neuen Betriebsinhaber soll sich dann aus culpa in contrahendo

Anbahnung eines Vertrags nach § 311 Abs. 2 BGB handelt es sich um gesetzliche Schuldverhältnisse[163]. Gegen die Anknüpfung an das vorvertragliche Schuldverhältnis nach § 311 Abs. 2 Nr. 3 BGB spricht zum einen, dass es nicht als Grundlage der Informationspflicht für sämtliche in Betracht zu ziehende Rechtsbeziehungen der Arbeitgeber zu Nicht-Arbeitnehmern taugt. Es erklärt weder die Pflicht des Veräußerers, die eventuell in einem aufnehmenden Betrieb des Erwerbers beschäftigten Arbeitnehmer zu unterrichten, noch die Pflicht des Erwerbers, die eventuell beim Veräußerer in einem „Restbetrieb" verbleibenden Arbeitnehmer zu unterrichten. Zum anderen überzeugt die Lösung über ein vorvertragliches Schuldverhältnis auch im Verhältnis der beteiligten Arbeitgeber zu den übergehenden Arbeitnehmern nicht. Ein derartiges Schuldverhältnis kommt in den hier betrachteten Konstellationen regelmäßig nicht in Betracht. Es fehlt an der von Abs. 2 vorausgesetzten Rechtsgeschäftsähnlichkeit. Sowohl für § 311 Abs. 2 Nr. 2 BGB als auch für Nr. 3 bedarf es einer Kontaktaufnahme, selbst die nur einseitige Kontaktaufnahme genügt nicht[164]. Allerdings bestehen vor dem Betriebsübergang z.B. zwischen den übergehenden Arbeitnehmern und dem Erwerber überhaupt keine geschäftlichen Kontakte im Sinne der genannten Vorschrift[165]. In der Regel wissen die übergehenden Arbeitnehmer nicht einmal etwas vom bevorstehenden Betriebsübergang. Jene Kenntnis soll ja gerade durch die Unterrichtung nach § 613a Abs. 5 BGB erst noch hergestellt werden. Entscheidend gegen die Heranziehung des § 311 Abs. 2 BGB spricht schließlich, dass ausweislich des Wortlauts lediglich Nebenpflichten nach § 241 Abs. 2 BGB von dieser Vorschrift erfasst werden. Bei der hier betrachteten Auskunftspflicht nach § 613a Abs. 5 BGB handelt es sich jedoch – wie gesehen – um eine Leistungspflicht nach § 241 Abs. 1 BGB.

Im Verhältnis der Arbeitgeber zu den Nicht-Arbeitnehmern begründet vielmehr § 613a Abs. 5 BGB unmittelbar ein gesetzliches Schuldverhältnis. Wenngleich es sich hierbei nicht um ein vorvertragliches Schuldverhältnis im Sinne des § 311 Abs. 2 BGB handelt, kann eine gewisse Ähnlichkeit bezüglich der Situation des Erwerbers vor dem Übergang gegenüber den übergehenden Arbeitnehmern und den vorgenannten schuldrechtlichen Beziehungen nicht geleugnet werden. Im Verhältnis des Erwerbers zu den übergehenden Arbeitnehmern stellt sich das aus § 613a Abs. 5 BGB resultierende gesetzliche Schuldverhältnis daher als ein spezielles vorvertragliches Schuldverhältnis dar. Dieses vorvertragliche Schuldverhältnis weist die Besonderheit auf, dass es hierzu keinerlei

(§ 311 Abs. 2 Nr. 3 BGB i.V.m. § 280 Abs. 1 BGB) ergeben. Aus Sicht des bisherigen Arbeitgebers, der im Zeitpunkt der Unterrichtung nicht mehr Arbeitgeber der übergehenden Arbeitnehmer ist, wäre ein nachvertragliches Schuldverhältnis denkbar.

163 Palandt/Grüneberg, vor § 311 Rn. 5.

164 Staudinger/Löwisch/Feldmann, § 311 BGB Rn. 104, 106; MK/Emmerich, § 311 BGB Rn. 48.

165 Vgl. insoweit Rieble, Festschrift für Arbeitsgemeinschaft Arbeitsrecht, 692.

Vertrauensbeziehung zwischen dem Berechtigten und dem Verpflichteten bedarf und trotzdem bereits Leistungspflichten bestehen. Für die restlichen relevanten Beziehungen zwischen den Arbeitgebern und den Nicht-Arbeitnehmern, also zwischen dem Veräußerer und den eventuell beim Erwerber in einem aufnehmenden Betrieb Beschäftigten einerseits und dem Erwerber und den eventuell beim Veräußerer in einem „Restbetrieb“ Beschäftigten andererseits, ergibt sich aus § 613a Abs. 5 BGB ebenfalls ein besonderes gesetzliches Schuldverhältnis. Der Gesetzgeber hat in § 613a Abs. 5 BGB eine Unterrichtungspflicht des bisherigen Arbeitgebers oder des neuen Inhabers unabhängig vom Bestehen eines vertraglichen Schuldverhältnisses angeordnet. In rechtlicher Hinsicht kann dies nur so gedeutet werden, dass für den Fall, dass kein vertragliches Schuldverhältnis zwischen dem zur Unterrichtung Verpflichteten und dem zur Unterrichtung Berechtigten besteht, die Unterrichtungspflicht unmittelbar aus § 613a Abs. 5 BGB, also kraft Gesetzes, bestehen soll.

Von der genauen dogmatischen Einordnung der Unterrichtung ist die rechtliche Beurteilung der eigentlichen Unterrichtungserklärung gegenüber den Arbeitnehmern zu trennen. Hierbei handelt es sich nach allgemeiner Meinung um keine Willens-, sondern um eine empfangsbedürftige Wissenserklärung[166]. Als Rechtsfolge kommt der Unterrichtung somit grundsätzlich keine rechtsgeschäftliche Bindungswirkung im Sinne eines verbindlichen Angebots an die Arbeitnehmer zu, so dass fehlerhafte Angaben zu Folgen und Maßnahmen auch keine Erfüllungsansprüche der Arbeitnehmer begründen können[167]. Abgesehen davon kann sich nach der Rechtsprechung des BAG aus dem Übergangsvertrag, der dem Betriebsübergang zugrunde liegt, durch Auslegung nach §§ 133, 157 BGB im Einzelfall ein Vertrag zugunsten Dritter, d.h. hier zugunsten der Arbeitnehmer, ergeben[168]. Auf diesen Umstand müssen die Arbeitnehmer im Unterrichtungsschreiben allerdings nicht gesondert hingewiesen werden[169].

2. Nach dem Übergang

Fraglich ist, ob die Unterrichtung ihre Rechtsnatur als Schuldpflicht im Sinne von § 280 Abs. 1 BGB nach dem Betriebsübergang beibehält oder ob sie ihren Charakter

166 BAG, 10.11.2011 – 8 AZR 430/10, AP Nr. 15 zu § 613a BGB Unterrichtung (B II 3 c gg); MK/Müller-Glöge, § 613a BGB Rn. 112; Schiefer/Worzalla, NJW 2009, 560; Staudinger/Annuß, § 613a BGB, Rn. 263. Vgl. allgemein für eine Auskunft: Soergel/Wolf, § 260 BGB Rn. 51.

167 BAG, 10.11.2011 – 8 AZR 430/10, AP Nr. 15 zu § 613a BGB Unterrichtung (B II 3 c gg); Franzen, RdA 2002, 266; Gaul, Betriebs- und Unternehmensspaltung, § 11 Rn. 82; Gaul, FA 2002, 302; Gaul/Otto, DB 2005, 2470; Grau, Unterrichtung, 244 f.; Grau, RdA 2005, 372; Grobys, BB 2002, 727; WHSS/Willemsen, Rn. G 228.

168 BAG, 20.4.2005 – 4 AZR 292/04, AP Nr. 35 zu § 1 TVG Bezugnahme auf Tarifvertrag (I). Vgl. zu den Anforderungen an die Auslegung: Bepler, RdA 2009, 68 f.

169 BAG, 10.11.2011 – 8 AZR 430/10, AP Nr. 15 zu § 613a BGB Unterrichtung (B II 3 c gg).

verändert. Überwiegend wird angenommen, dass die Unterrichtungspflicht nicht im Zeitpunkt des Betriebsübergangs nach § 275 Abs. 1 BGB objektiv unmöglich wird, sondern fortbesteht[170].

Eine Stimme in der Literatur sieht in der Unterrichtung hingegen eine absolute Fixschuld[171]. Die Unterrichtung sei nach dem Übergang gemäß § 275 Abs. 1 BGB unmöglich[172]. Der bisherige Arbeitgeber und der neue Inhaber würden von ihrer gesamtschuldnerischen Pflicht zur Information befreit. Die Pflicht wandle sich in eine Obliegenheit der Arbeitgeber um. Mit der Unterrichtung könne der Arbeitgeber die Widerspruchsfrist in Gang setzen. Folgt man dieser Ansicht, verlieren die Arbeitnehmer nach dem Betriebsübergang ihren Informationsanspruch. Mangels Unterrichtungspflicht könnten sie dann weder auf Erfüllung bestehen noch einen Schadensersatzanspruch wegen Nichterfüllung geltend machen.

Die weit überwiegende Ansicht überzeugt. Die Informationspflicht besteht auch nach dem Übergang als Schuldpflicht im Sinne von § 280 Abs. 1 BGB fort und wandelt sich nicht in eine bloße Obliegenheit um. Die Charakterisierung der Unterrichtung als Schuldpflicht oder Obliegenheit hängt davon ab, ob sich das Leistungsinteresse der Arbeitnehmer nach dem Übergang an der Unterrichtung erledigt oder ob es anhält. Die Unterrichtung muss auch nach dem Übergang noch zweckmäßig sein. Der europarechtliche Zweck der Unterrichtung, der u.a. in der Gewährung einer faktischen Einflussnahmemöglichkeit der vom Übergang betroffenen Arbeitnehmer in die Entscheidungen der Arbeitgeber liegt (vgl. § 2 B I), kann nach dem Übergang nicht mehr erreicht werden. Für eine faktische Einflussnahme im Sinne der Richtlinie kommt eine nach dem Übergang erfolgte Unterrichtung zu spät. Daneben kommt der Information aus europarechtlicher Sicht aber auch der Zweck zu, dass sich der vom Übergang betroffene Arbeitnehmer darüber im Klaren wird, ob er auch in Zukunft bei seinem Arbeitgeber verbleiben will oder nicht. Diesen Zweck kann auch die nach dem Übergang erfolgte Unterrichtung noch erreichen. Das Interesse der Arbeitnehmer, eine Entscheidungsgrundlage für die eigene berufliche Zukunft zu erhalten, besteht fort. Im deutschen Recht wurde den übergehenden Arbeitnehmern sogar ein Recht zum Widerspruch gegen den Übergang ihrer Arbeitsverhältnisse eingeräumt, § 613a Abs. 6 BGB. Die Unterrichtung dient danach auch dazu, den übergehenden Arbeitnehmern eine fundierte Grundlage für ihre Widerspruchsentscheidung zu verschaffen. Auch diesen Zweck kann die Unterrichtung nach

170 Bayreuther, in: Dornbusch/Fischermeier/Löwisch, § 613a BGB Rn. 124, 137; Cohnen, in: Moll, Arbeitsrecht, § 55 Rn. 18; ErfK/Preis, § 613a BGB Rn. 92; Gussen, in: BeckOK R/G/K/U, § 613a BGB Rn. 156; MK/Müller-Glöge, § 613a BGB Rn. 114; Schiefer/Worzalla, NJW 2009, 560; Staudinger/Annuß, § 613a BGB Rn. 264; WHSS/Willemsen, Rn. G 225 f.; Willemsen/Lembke, NJW 2002, 1163 f.

171 HK-ArbR/Karthaus/Richter, § 613a BGB Rn. 173.

172 Den Arbeitnehmern soll dann ein Anspruch auf Schadensersatz wegen Nichterfüllung der Leistungspflicht nach §§ 280 Abs. 1, 3, 283 BGB zustehen.

dem Übergang noch erfüllen[173]. Das Recht zum Widerspruch ist mit dem Übergang nicht erloschen[174].

3. *Schadensersatzansprüche*

Aus dem Umstand, dass es sich bei der Unterrichtung nach § 613a Abs. 5 BGB um eine echte Rechtspflicht handelt, folgt, dass Leistungsstörungen auch Schadensersatzansprüche des informationsberechtigten Arbeitnehmers nach §§ 280 ff. BGB auslösen können[175]. Die einschlägige Anspruchsgrundlage richtet sich entsprechend der allgemeinen Grundsätze in erster Linie nach der im Einzelfall vorzuwerfenden Art der Pflichtverletzung[176]. Die Rechtsfolge ist auf das positive Interesse gerichtet. Danach ist der Arbeitnehmer so zu stellen, wie er gestanden hätte, wenn er richtig und vollständig informiert worden wäre, vgl. § 249 Abs. 1 BGB.

Das Verschulden des Arbeitgebers wird gemäß § 280 Abs. 1 S. 2 BGB widerlegbar vermutet. Der Arbeitgeber kann und muss sich exkulpieren[177].

Zudem erfordert ein Schadensersatzanspruch des Arbeitnehmers, dass die Informationspflichtverletzung (Nicht- oder Schlechtleistung bzw. Unmöglichkeit) kausal für den Eintritt des geltend gemachten Schadens geworden ist (haftungsausfüllende Kausalität). An der haftungsausfüllenden Kausalität fehlt es, wenn der Schaden auch im Falle einer ordnungsgemäßen Unterrichtung eingetreten wäre[178]. Hierfür trägt der Arbeitnehmer die Darlegungs- und Beweislast. Nach allgemeinen Grundsätzen kann aber zu seinen Gunsten die Vermutung eingreifen, dass der Empfänger bei ordnungsgemäßer Information seine Eigeninteressen i.d.R. in vernünftiger Weise gewahrt und sich informationsgerecht verhalten

173 Jaeger, ZIP 2004, 437; Nebeling/Brauch, BB 2010, 1476; Rieble, Festschrift für Arbeitsgemeinschaft Arbeitsrecht, 688, 700.

174 BAG, 13.7.2006 – 8 AZR 382/05, AP Nr. 1 zu § 613a BGB Widerspruch (II 1 b ee (1)).

175 BAG, 13.7.2006 – 8 AZR 382/05, AP Nr. 1 zu § 613a BGB Widerspruch (II 2 b). Vgl. auch die Abhandlungen bei: Gaul/Otto, DB 2002, 639 f.; Gaul/Otto, DB 2005, 2468 ff.; Giesen, JbArbR 46 (2008), 58; Grau, Unterrichtung, 312 ff.; Grau, RdA 2005, 372 ff.; Lunk, RdA 2009, 51 f.; Meyer, Unterrichtung, § 3 Rn. 415 ff.; Mückl, JuS 2006, 396; Rieble, Festschrift für Arbeitsgemeinschaft Arbeitsrecht, 711 ff.

176 Bei einer Schlechtleistung (unrichtige oder unvollständige Unterrichtung) kann der Arbeitnehmer Schadensersatz neben der Leistung nach § 280 Abs. 1 BGB bzw. statt der Leistung nach §§ 280 Abs. 1, 3, 281 BGB verlangen. Bei einer Nichtleistung (verspätete oder nicht erfolgte Unterrichtung) richtet sich der Anspruch auf Schadensersatz neben der Leistung nach § 280 Abs. 1, 2, 286 BGB und statt der Leistung nach §§ 280 Abs. 1, 3, 281 BGB. Ist die Unterrichtung nach § 275 Abs. 1-3 BGB unmöglich, kommt schließlich ein Anspruch auf Schadensersatz statt der Leistung nach §§ 280 Abs. 1, 3, 283 BGB in Betracht.

177 Zur Frage, ob dem in eigener Person schuldlosen Arbeitgeber eventuell das fremde Verschulden des gesamtschuldnerisch mitverpflichteten Arbeitgebers zugerechnet werden kann, vgl. § 2 D IV.

178 BAG, 31.1.2008 – 8 AZR 1116/06, AP Nr. 2 zu § 613a BGB Unterrichtung (B I 3).

hätte[179]. Voraussetzung ist allerdings, dass für den Informationsempfänger lediglich eine Handlungsoption bestand[180]. Erscheinen nach einer fiktiv ordnungsgemäßen Information mehrere Verhaltensvarianten sinnvoll, hilft ihm diese Vermutungsregel nicht weiter.

Schäden, die aus der (Nicht-)Ausübung des Widerspruchsrechts nach § 613a Abs. 6 BGB resultieren, beruhen kausal auf der Informationspflichtverletzung, wenn sich der übergehende, zum Widerspruch berechtigte Arbeitnehmer im Falle einer ordnungsgemäßen Unterrichtung bei seiner Widerspruchsentscheidung anders entschieden hätte, als er es aufgrund der fehlenden oder nicht ordnungsgemäßen Unterrichtung tatsächlich getan hat. Der übergehende Arbeitnehmer muss darlegen und ggf. beweisen, dass er bei ordnungsgemäßer Information (nicht) widersprochen hätte.

Aus Sicht der zum Widerspruch berechtigten Arbeitnehmer fehlt es auch dann an der haftungsausfüllenden Kausalität, wenn der geltend gemachte Schaden durch Ausübung des fortbestehenden Widerspruchsrechts in dem vom Arbeitnehmer gewünschten Sinne vermieden werden kann[181]. Hätte der Arbeitnehmer noch widersprechen können, verspricht der Vortrag, dass er im Falle eines Widerspruchs und einer sich anschließenden Arbeitgeberkündigung in einen beim Veräußerer bestehenden Sozialplan mit Abfindungsleistungen einbezogen worden wäre, keinen Erfolg. Es liegt in seiner Hand, das Arbeitsverhältnis zum Veräußerer fortzusetzen und sich der „begehrten" betriebsbedingten Kündigung auszusetzen. Der Arbeitnehmer verhält sich widersprüchlich, wenn er etwas im Wege des Schadensersatzanspruchs verlangt, dass er ebenso gut in dem von ihm gewünschten Sinne durch Ausübung seines Widerspruchsrechts erlangen kann[182]. Hieraus folgt auch, dass dem widerspruchsberechtigten Arbeitnehmer in diesen Fällen kein Schadensersatzanspruch gerichtet auf die Begründung bzw. die Wiederherstellung des Arbeitsverhältnisses mit dem Veräußerer zugesprochen werden kann[183]. Dessen Zulassung durch die schadensrechtliche „Hintertür" würde letztlich die Regelung des § 613a Abs. 6 BGB umgehen[184]. In rechtlicher Hinsicht kann dieses Ergebnis dadurch erreicht werden, dass den Arbeitnehmer aus § 254 Abs. 2 S. 1 Alt. 2 BGB die Obliegenheit trifft, sein fortbestehendes[185]

179 BGH, 5.7.1973 – VII ZR 12/73, BGHZ 61, 118 (I 2 b); vgl. auch Grau, RdA 2005, 374; **a.A.** Gaul/Otto, DB 2005, 2470.

180 BGH, 10.5.1994 – XI ZR 115/93, NJW 1994, 2541 (II 2); BAG, 13.7.2006 – 8 AZR 382/05, AP Nr. 1 zu § 613a BGB Widerspruch (II 2 b).

181 BAG, 20.3.2008 – 8 AZR 1022/06, NZA 2008, 1297 (D II); BAG, 24.7.2008 – 8 AZR 109/07, AP Nr. 346 zu § 613a BGB (B V 5); BAG, 27.11.2008 – 8 AZR 1023/06, AP Nr. 8 zu § 613a BGB Unterrichtung (B III).

182 Lunk, RdA 2009, 51; Sagan, ZIP 2011, 1646.

183 BAG, 2.4.2009 – 8 AZR 220/07, AP Nr. 6 zu § 613a BGB Widerspruch (B II 5 b).

184 BAG, 11.11.2010, 8 AZR 169/09, BeckRS 2011, 69270 (B I 3).

185 Ist das Widerspruchsrecht durch ein Verhalten des Arbeitnehmers untergegangen, scheidet ein Schadensersatzanspruch gerichtet auf die Herstellung der Widerspruchsfolgen aus, vgl. für die Verwirkung: BAG, 2.4.2009 – 8 AZR 220/07, AP Nr.

Widerspruchsrecht auszuüben[186]. Seine grundrechtlich geschützte Arbeitgeberwahlfreiheit wird hierdurch nicht tangiert. Von ihm wird nur das verlangt, was er ohnehin will.

Danach liegt ein ersatzfähiger Schaden beispielsweise darin, dass der Arbeitnehmer im Glauben an die Ordnungsgemäßheit der Unterrichtung für ihn nachteilige Dispositionen getroffen hat (z.B. für keine eigene Altersvorsorge gesorgt, im fälschlichen Glauben, diese sei gesichert)[187]. Auch der Verbleib bei einem Arbeitgeber, bei dem der Arbeitsplatz vermeintlich sicher ist, kann einen ersatzfähigen Schaden begründen, wenn der Arbeitnehmer z.B. nachweisen kann, dass er im Falle einer ordnungsgemäßen Unterrichtung sein Arbeitsverhältnis gekündigt und ein anderweitiges Arbeitsplatzangebot angenommen hätte, welches heute nicht mehr besteht. Aus Sicht des übergehenden und erst nachträglich widersprechenden Arbeitnehmers kommt schließlich auch dann ein ersatzfähiger Schaden in Betracht, wenn er beim Erwerber bis zum Widerspruch weniger verdient hat (Vergütung, Sozialleistungen, Gratifikationen, Bonusprogramme etc.), als er im gleichen Zeitraum beim Veräußerer verdient hätte. Trotz Rückwirkung auf den Zeitpunkt des Übergangs (vgl. § 3 H II 1 b) kann der Schaden des Arbeitnehmers dann nicht vollständig durch den Widerspruch abgewendet werden. Die entstandene Differenz kann der geschädigte Arbeitnehmer als entgangenen Gewinn im Wege des Schadensersatzes geltend machen. Hat der Arbeitnehmer hingegen beim Erwerber zwischenzeitlich sogar mehr verdient, als er beim Veräußerer verdient hätte, ist ihm insoweit kein ersatzfähiger Schaden entstanden.

IV. Zwischenergebnis

Wurde die Unterrichtung früher weitgehend noch als Obliegenheit angesehen, kann hieran nach dessen Normierung nicht mehr festgehalten werden. Sie ist nunmehr im Einklang mit dem Europarecht als echte Rechtspflicht ausgestaltet worden. Genaugenommen handelt es sich um eine Leistungspflicht nach § 241 Abs. 1 BGB, die streng von einer eventuell zusätzlich bestehenden arbeitsvertraglichen Nebenpflicht des Arbeitgebers auf Aufklärung der Arbeitnehmer nach § 241 Abs. 2 BGB zu trennen ist. Stehen die Adressaten der Unterrichtung in einem Arbeitsverhältnis zum Unterrichtungsverpflichteten, folgt die Pflicht zur Unterrichtung aus dem Arbeitsvertrag. Gegenüber den Nicht-Arbeitnehmern resultiert die Informationspflicht aus einem besonderen gesetzlichen Schuldverhältnis nach § 613a Abs. 5 BGB. Die Unterrichtungspflicht besteht auch noch nach

---

6 zu § 613a BGB Widerspruch (B II 5); BAG, 12.11.2009 – 8 AZR 751/07, AP Nr. 12 zu § 613a BGB Widerspruch (B II 2). Dies folgt unmittelbar aus dem Schutzzweck des § 613a Abs. 5 und 6 BGB, vgl. Lunk, RdA 2009, 51 f.

186 Grau, Unterrichtung, 320; Meyer, Unterrichtung, § 3 Rn. 421; **a.A.** ErfK/Preis, § 613a BGB Rn. 94.

187 Giesen, JbArbR 46 (2008), 59; Mestwerdt, in: Kündigungsschutzrecht, § 613a BGB Rn. 153.

dem Betriebsübergang fort. Sie wandelt sich nicht in eine Obliegenheit um. Die Informationspflicht ist selbständig durchsetzbar, insbesondere auch einklagbar. Leistungsstörungen können nach den allgemeinen Grundsätzen Schadensersatzansprüche der informationsberechtigten Arbeitnehmer nach §§ 280 ff. BGB auslösen, wobei es häufig an der haftungsausfüllenden Kausalität fehlen wird.

D. Berechtigte und Verpflichtete der Unterrichtungspflicht

Die Frage, welchen Personen ein Anspruch auf Unterrichtung zusteht und welche Personen eine Unterrichtungspflicht trifft, wird – wenn überhaupt – oft nur sehr oberflächlich behandelt. Dies ist überraschend, handelt es sich hierbei doch gleich um zwei Aspekte der klassischen Anspruchsprüfung („Wer kann was von wem woraus verlangen?"). Die bisherige Literatur konzentriert sich vor allem auf das „was". Im Folgenden soll dem „wer" und dem „von wem" vertieft nachgegangen werden.

I. Berechtigte der Unterrichtungspflicht

1. Europarechtliche Vorgaben

Nach dem für die individuelle Informationspflicht maßgeblichen Art. 7 Abs. 6 RL 2001/23/EG sind die „betreffenden Arbeitnehmer" zu informieren. Es stellt sich die Frage, ob nur die Arbeitnehmer des übergehenden Betriebs oder auch die eventuell beim Veräußerer in einem „Restbetrieb" zurückgebliebenen bzw. die eventuell von vornherein beim Erwerber in einem aufnehmenden Betrieb beschäftigten Arbeitnehmer unter die „betreffenden Arbeitnehmer" fallen.

Der Wortlaut des Art. 7 Abs. 6 RL 2001/23/EG führt, für sich genommen, nicht weiter[188]. Die fremdsprachigen Textfassungen des Art. 7 Abs. 6 RL 2001/23/EG bezeichnen die Berechtigten der individuellen Informationspflicht ebenso mehrdeutig wie die deutsche Textfassung[189]. Hieraus darf aber nicht geschlossen werden, dass der Berechtigtenkreis in das Belieben des nationalen Gesetzgebers gestellt werden sollte. In der offenen Formulierung kann vielmehr die Aufforderung des Richtliniengebers an den Rechtsanwender gesehen werden, die betreffenden Personen mittels Auslegung zu bestimmen.

Der Blick auf Art. 7 Abs. 1 RL 2001/23/EG verrät, dass sowohl die Arbeitnehmer des Veräußerers als auch die des Erwerbers geschützt werden sollen, sofern sie vom Übergang betroffen sind. Art. 7 RL 2001/23/EG unterscheidet in keiner sprachlichen Fassung zwischen den vom Übergang betroffenen Arbeitnehmern und den übergehenden Arbeitnehmern, obwohl sich aus den fremdsprachigen

188 Zum Teil wird der Wortlaut als „offen" bezeichnet: Grau, Unterrichtung, 36 und Meyer, BB 2003, 1012.

189 Vgl. die englische („the employees concerned") und die französische („les travailleurs concernés") Sprachfassung.

Textfassungen des Art. 6 Abs. 1 UAbs. 1, 3 und 4 RL 2001/23/EG ergibt, dass dem Richtliniengeber die Unterscheidung sehr wohl bekannt gewesen ist[190]. Daraus folgt, dass nach Abs. 1 alle vom Übergang betroffenen Arbeitnehmer zu unterrichten sind. Nach der Systematik des Art. 7 RL 2001/23/EG stehen die kollektive und die individuelle Information in einem Alternativverhältnis zueinander. Die individuelle Unterrichtung der einzelnen Arbeitnehmer nach Abs. 6 greift subsidiär ein, sofern eine kollektivrechtliche Unterrichtung nach Abs. 1 mangels Arbeitnehmervertretung ausscheidet (vgl. § 2 A II). Aus dieser Lückenschließungsfunktion folgt, dass die „betreffenden Arbeitnehmer" nach Abs. 6 dieselben Arbeitnehmer sein sollen, die auch schon nach Abs. 1 geschützt werden.

Demnach fallen unter die „betreffenden Arbeitnehmer" nicht nur die Arbeitnehmer des übergehenden Betriebs, sondern auch die eventuell beim Veräußerer in einem „Restbetrieb" zurückgebliebenen bzw. die eventuell von vornherein beim Erwerber in einem aufnehmenden Betrieb beschäftigten Arbeitnehmer[191]. Bereits der Kommissionsentwurf für eine Richtlinie über die Wahrung von Ansprüchen und Vergünstigungen der Arbeitnehmer bei Gesellschaftsfusionen, Betriebsübergängen sowie Unternehmenszusammenschlüssen vom Mai 1974 ging von der Annahme aus, dass die Arbeitnehmer des Erwerbers das gleiche Informationsbedürfnis und die gleiche Schutzbedürftigkeit aufweisen wie die Arbeitnehmer des Veräußerers[192]. Einschränkend ist darauf hinzuweisen, dass die in einem aufnehmenden Betrieb des Erwerbers beschäftigten Arbeitnehmer nur dann zu informieren sind, wenn die Eingliederung des übergehenden Betriebs(teils) auch tatsächlich eine betriebliche Reorganisation bzw. Umstrukturierung nach sich zieht[193]. Dies ist beispielsweise bei reinen Finanzinvestitionen des Erwerbers nicht der Fall.

2. *Ausformung im deutschen Recht*

a) (Quasi-)Richtlinienkonforme Auslegung

Nach dem Wortlaut des § 613a Abs. 5 BGB sind die Mitteilungsadressaten „die von einem Übergang betroffenen Arbeitnehmer". Aufgrund des europarechtlichen Ursprungs der Unterrichtungspflicht in Art. 7 Abs. 6 RL 2001/23/EG ist innerhalb des personellen Anwendungsbereichs der Richtlinie, also in Betrieben, in denen

---

190 Vgl. die englische („employees affected by the transfer" bzw. „transferred employees"/"employees transferred") und die französische („travailleurs concernés par le transfer" bzw. „travailleurs tranferés") Sprachfassung.

191 Dies entspricht der allgemeinen Meinung: Franzen, RdA 2002, 261; Grau, Unterrichtung, 36; Hauck, in: Festschrift für Hellmut Wissmann, 548; Meier, Informationspflichten, 26 f.; Riesenhuber, Gedächtnisschrift für Wolfgang Blomeyer, 203 f.; Riesenhuber, RdA 2004, 349 f.; Rieble, Festschrift für Arbeitsgemeinschaft Arbeitsrecht, 690, 694; Staudinger/Annuß, § 613a BGB Rn. 259; Sagan, ZIP 2011, 1642; noch zur RL 98/50/EG im Ergebnis auch: Willemsen/Annuß, NJW 1999, 2079 f.

192 von Alvensleben, Betriebsübergang, 102.

193 Vgl. zu den Vorgängerrichtlinien: Oetker, NZA 1998, 1194; von Alvensleben, Betriebsübergang, 102.

keine Arbeitnehmervertretung gebildet werden kann, nach dem Vorrang des Unionsrechts, Art. 288 Abs. 3 AEUV, eine richtlinienkonforme Auslegung geboten. Im Bereich der „überschießenden Umsetzung" außerhalb des personellen Anwendungsbereichs der Richtlinie, also in Betrieben, in denen eine Arbeitnehmervertretung gebildet werden kann, erlangen die europarechtlichen Vorgaben durch quasi-richtlinienkonforme Auslegung Bedeutung, um eine vom Gesetzgeber gewollte einheitliche Auslegung innerhalb und außerhalb des Anwendungsbereichs der Richtlinie im deutschen Recht gewährleisten zu können (vgl. § 2 A III 1).

Nach den europarechtlichen Vorgaben müssten nicht nur die Arbeitnehmer des übergehenden Betriebs, deren Arbeitsverhältnisse gemäß § 613a Abs. 1 S. 1 BGB auf den neuen Inhaber übergehen, sondern auch die eventuell beim Veräußerer in einem „Restbetrieb" zurückgebliebenen bzw. die eventuell beim Erwerber in einem aufnehmenden Betrieb beschäftigten Arbeitnehmer unterrichtet werden.

Dies lehnt die herrschende Meinung ab. Mit unterschiedlicher Begründung sollen allein diejenigen Arbeitnehmer nach § 613a Abs. 5 BGB unterrichtungsberechtigt sein, deren Arbeitsverhältnisse dem übergehenden Betrieb(steil) zuzuordnen sind[194]. Das sind die Arbeitnehmer, die nach dem Betriebs(teil)übergang einen neuen Arbeitgeber haben, bei denen es also zu einem gemäß § 613a Abs. 1 S. 1 BGB gesetzlich angeordneten Vertragspartnerwechsel auf Arbeitgeberseite gekommen ist[195]. Die Gruppe dieser Arbeitnehmer wird häufig auch einfach als „übergehende Arbeitnehmer" bezeichnet[196].

Ohne jegliche Begründung und in anderem Zusammenhang vertritt offenbar auch das BAG diese Ansicht. Die „von dem Übergang betroffenen Arbeitnehmer" seien

> *„alle zum Zeitpunkt des geplanten Betriebsübergangs noch in einem Arbeitsverhältnis mit dem bisherigen Betriebsinhaber stehenden Arbeitnehmer, die dem übergehenden Betrieb oder Betriebsteil zuzuordnen sind"*[197].

---

194 Vgl. u.a. Annuß, Festschrift für Arbeitsgemeinschaft Arbeitsrecht, 563; APS/Steffan, § 613a BGB Rn. 204; Bauer/Göpfert/Haußmann/Krieger, Umstrukturierung, Teil 3 B Rn. 17; Doublet, Verschmelzung von Unternehmen, 64; ErfK/Preis, § 613a BGB Rn. 90; Fuchs, in: BeckOK Bamberger/Roth, § 613a BGB Rn. 79; Franzen, RdA 2002, 261; Gussen, in: BeckOK R/G/K/U, § 613a BGB Rn. 144; HWK/Willemsen/Müller-Bonanni, § 613a BGB Rn. 319; Kreitner, in: Küttner Personalbuch, Stichwort: Betriebsübergang Rn. 31; Krügermeyer-Kalthoff/Reutershan, MDR 2003, 542; MK/Müller-Glöge, § 613a BGB Rn. 111; Nehls, NZA 2003, 823; Trittin, in: Bachner/Köstler/Matthießen/Trittin, § 6 Rn. 106; Wank, in: Handbuch zum Arbeitsrecht, § 102 Rn. 90; Willemsen/Lembke, NJW 2002, 1161; Worzalla, NZA 2002, 353. Unentschieden: Dahms, Widerspruchsrecht, 86 Fn. 280.

195 Grau, Unterrichtung, 40 f.

196 Vgl. u.a. Giesen, JbArbR 46 (2008), 44; Rieble, Festschrift für Arbeitsgemeinschaft Arbeitsrecht, 690.

197 BAG, 20.3.2008 – 8 AZR 1016/06, NZA 2008, 1354 (B II 7); BAG, 24.7.2008 – 8 AZR 755/07, AP Nr. 349 zu § 613a BGB (B I 5).

Dies entspricht der früheren Rechtsprechung des BAG, bevor das Widerspruchsrecht und die Unterrichtung in § 613a BGB eingefügt wurden. Dort wurde dem „vom Betriebsübergang betroffenen Arbeitnehmer" ein Widerspruchsrecht zugestanden[198] und es war von der Information „alle[r] betroffenen Arbeitnehmer über den geplanten Betriebsübergang" die Rede[199].

Dieser Umstand legt den Verdacht nahe, dass das BAG einfach seine bisherige Rechtsprechung fortgeschrieben hat, ohne sich vertieft mit dem hinzugetretenen europarechtlichen Hintergrund des § 613a Abs. 5 BGB beschäftigt zu haben.

Auch viele Literaturstimmen gehen auf den europarechtlichen Ursprung der heutigen Unterrichtungspflicht nicht ein und wenn darauf eingegangen wird, sollen die nationalen Auslegungskriterien eine Erweiterung des Berechtigtenkreises im Wege einer richtlinienkonformen Auslegung oder Fortbildung nicht zulassen[200]. Die genannten Literaturstimmen berufen sich dabei auf die Rechtsprechung des EuGH, wonach die Pflicht zur europarechtskonformen Auslegung ihre Schranken in den allgemeinen Rechtsgrundsätzen, insbesondere dem Grundsatz der Rechtssicherheit findet, und zwar in dem Sinne, dass sie nicht als Grundlage für eine Auslegung contra legem des nationalen Rechts dienen dürfe[201].

Die Behauptung, dass der deutsche Gesetzgeber die individuelle Unterrichtungspflicht entgegen den europarechtlichen Vorgaben nur auf die übergehenden Arbeitnehmer beschränken wollte, führt dazu, dass die deutsche Umsetzungsvorschrift den Anforderungen des Art. 7 Abs. 6 RL 2001/23/EG nicht vollständig gerecht wird. § 613a Abs. 5 BGB bliebe mit dieser Lesart hinsichtlich der Berechtigten der individuellen Information hinter den Richtlinienvorgaben zurück[202]. Allerdings ist daran zu erinnern, dass die Richtlinie die individuelle Information nur für Betriebe vorsieht, in denen keine Arbeitnehmervertretung gebildet werden kann. In Deutschland sind hiervon lediglich Betriebe mit weniger als fünf Arbeitnehmern erfasst. Die Regelungslücke läge folglich darin, dass in Kleinstbetrieben mit weniger als fünf Arbeitnehmern die beim Veräußerer verbleibenden und die beim Erwerber bereits vorhandenen Arbeitnehmer nicht unterrichtet werden müssten. Dies könnte z.B. eine Rolle bei der Zusammenlegung von Kleinstbetrieben

---

198 BAG, 30.10.1986 – 2 AZR 101/85, AP Nr. 55 zu § 613a BGB (II 2 b).

199 BAG, 17.11.1977 – 5 AZR 618/76, AP Nr. 10 zu § 613a BGB (I 2 a).

200 Grau, Unterrichtung, 41 f.; vgl. auch Rieble, Festschrift für Arbeitsgemeinschaft Arbeitsrecht, 690.

201 EuGH, 16.7.2009 – C-12/08 (Mono Car Styling), Slg. 2009, I-6653 (Rn. 61); vgl. auch EuGH, 8.10.1987 – C-80/86 (Kolpinghuis Nijmegen), Slg. 1987, 3969 (Rn. 13). Umfassend zum Verbot richtlinienkonformer Auslegung contra legem: Canaris, in: Festschrift für Franz Bydlinski, 91 ff.

202 Annuß, Festschrift für Arbeitsgemeinschaft Arbeitsrecht, 564; Franzen, RdA 2002, 261; Meier, Informationspflichten, 57; Staudinger/Annuß, § 613a BGB Rn. 259; vgl. auch Riesenhuber, RdA 2004, 349 f.; Riesenhuber, Gedächtnisschrift für Wolfgang Blomeyer, 203; unentschieden: Giesen, JbArbR 46 (2008), 44 Fn. 16; Hauck, in: Festschrift für Hellmut Wissmann, 549.

spielen[203]. Hiergegen kann auch nicht eingewendet werden, dass den Mitgliedstaaten nach der Betriebsübergangsrichtlinie die Möglichkeit eröffnet wurde, die Information auf die Fälle der Betriebsänderung zu beschränken[204]. Von den sich aus den Abs. 3 und 5 des Art. 7 RL 2001/23/EG ergebenden Beschränkungsmöglichkeiten hat Deutschland vollumfänglichen Gebrauch gemacht (vgl. § 2 A I 2). Die vorgenannten Beschränkungsmöglichkeiten greifen jedoch ausdrücklich des Wortlauts des Abs. 3 („Verpflichtungen gemäß den Absätzen 1 und 2") bzw. des Abs. 5 („die in den Absätzen 1, 2 und 3 vorgesehenen Verpflichtungen") des Art. 7 RL 2001/23/EG nicht für die sich aus Abs. 6 ergebende Pflicht ein. Hat der betreffende Betrieb weniger als fünf Arbeitnehmer und somit keine Arbeitnehmervertretung, greift auch für die Fälle der Betriebsänderung die individuelle Informationspflicht nach Art. 7 Abs. 6 RL 2001/23/EG ein. Auch wenn das Ausmaß der Regelungslücke im Ergebnis verhältnismäßig klein wäre[205], erscheint es dennoch einigermaßen absurd, wenn mit aller Kraft versucht wird, eine Vorschrift möglichst richtlinienwidrig auszulegen, anstatt deren Richtlinienkonformität herstellen zu wollen. Im Folgenden werden die hierfür bestehenden Auslegungsspielräume im nationalen Recht aufgezeigt.

b) Auslegung nach dem Wortlaut

Der Wortlaut steht einer Einbeziehung der eventuell beim Veräußerer in einem „Restbetrieb" verbleibenden und der beim Erwerber eventuell in einem aufnehmenden Betrieb beschäftigten Arbeitnehmer nicht entgegen.

Teilweise wird bereits aus der Formulierung der von einem Übergang „betroffenen" Arbeitnehmer geschlussfolgert, dass nach § 613a Abs. 5 BGB keine Unterrichtung der beim Veräußerer verbleibenden bzw. beim Erwerber bereits vor Übergang vorhandenen Arbeitnehmern vorzunehmen sei[206]. Eine isolierte Betrachtung der Wortgruppe „die von einem Übergang betroffenen Arbeitnehmer" steht einer Miteinbeziehung der Arbeitnehmer, die nicht dem übergehenden Betrieb oder Betriebsteil zuzuordnen sind, als Berechtigte der Unterrichtung aber nicht entgegen[207]. Es heißt gerade nicht „alle vom Betriebs(teil)übergang erfassten Arbeitnehmer", sondern „alle vom Übergang betroffenen Arbeitnehmer"[208].

Mit „Übergang" in § 613a Abs. 5 BGB ist nicht der Übergang der Arbeitsverhältnisse, sondern der Übergang des Betriebs oder Betriebsteils gemeint. Nach den

---

203 Franzen, RdA 2002, 261; vgl. auch Riesenhuber, RdA 2004, 350.

204 So aber offenbar Rieble, Festschrift für Arbeitsgemeinschaft Arbeitsrecht, 690.

205 Vgl. Franzen, RdA 2002, 261, der von einem „vielleicht eher nebensächlichen Punkt" spricht.

206 Hauck, NZA 2004, Sonderbeil. 1, 23; Hauck, NZA-Beil. 2009, 19; Hauck, in: Festschrift für Hellmut Wissmann, 551.

207 Vgl. insoweit auch Cohnen, in: Moll, Arbeitsrecht, § 55 Rn. 13; HWK/Willemsen/Müller-Bonanni, § 613a BGB Rn. 319.

208 Vgl. aber auch Arens/Düwell, in: Arens/Düwell/Wichert, Umstrukturierung, § 7 Rn. 267.

Gesetzesmaterialien sind die Mitgliedstaaten nach der Richtlinie verpflichtet, eine Regelung zur Unterrichtung der „von einem Betriebsübergang betroffenen Arbeitnehmer“ zu schaffen[209]. Auch eine systematische Auslegung des § 613a BGB führt zu diesem Ergebnis. § 613a Abs. 1 S. 1 BGB spricht wie Abs. 5 von „Übergang“ und meint hiermit den Übergang des Betriebs oder Betriebsteils. Der Übergang des Arbeitsverhältnisses ist hiervon zu unterscheiden. Er ist als gesetzliche Folge des Betriebs(teil)übergangs ausgestaltet worden. Die Unterscheidung wird auch anhand des Wortlauts des § 613a Abs. 6 BGB deutlich. Danach richtet sich der Widerspruch nicht gegen den Übergang des Betriebs oder Betriebsteils, sondern gegen den Übergang des Arbeitsverhältnisses[210].

Je nach Arbeitnehmergruppe kann das Betroffensein vom Übergang unterschiedliche Ursachen haben. Arbeitnehmer, die dem übergehenden Betrieb oder Betriebsteil zuzuordnen sind, aber dem Übergang ihrer Arbeitsverhältnisse widersprochen haben, sind schon aufgrund des Übergangs ihrer zuvor bekleideten Arbeitsplätze vom Übergang des Betriebs oder Betriebsteils betroffen[211]. Mit dem Betrieb oder Betriebsteil gehen die dazugehörigen Arbeitsplätze auf den neuen Inhaber über. Durch Widerspruch nach § 613a Abs. 6 BGB können die Arbeitnehmer zwar das automatische Mitgehen ihrer Arbeitsverhältnisse verhindern, das Übergehen ihrer zuvor bekleideten Arbeitsplätze zusammen mit dem Betrieb oder Betriebsteil auf den neuen Inhaber, bleibt hiervon jedoch unberührt[212]. Das Auseinanderfallen von Arbeitsplatz und Arbeitsverhältnis kann empfindliche Folgen für das Arbeitsverhältnis des Arbeitnehmers beim Veräußerer haben. Fehlt es an einer Weiterbeschäftigungsmöglichkeit sehen sich die widersprechenden Arbeitnehmer bei ihrer Rückkehr nicht selten mit einer ordentlichen betriebsbedingten Kündigung des Veräußerers konfrontiert. Zumindest droht den widersprechenden Arbeitnehmern wegen des Wegfalls ihres bisherigen Arbeitsplatzes die Versetzung auf einen anderen Arbeitsplatz.

Arbeitnehmer, die dem übergehenden Betrieb oder Betriebsteil zuzuordnen sind und keinen Widerspruch erklärt oder sogar auf ihr Widerspruchsrecht verzichtet haben, sind aus unterschiedlichen Blickwinkeln vom Übergang betroffen. Zunächst sind auch ihre Arbeitsplätze auf den Erwerber übergegangen. Mangels Widerspruchs ergibt sich deren Betroffenheit zudem aus der gesetzlichen Überleitung ihrer Arbeitsverhältnisse gemäß § 613a Abs. 1 S. 1 BGB, mit der die Änderung des Vertragspartners aus dem Arbeitsverhältnis einhergeht. Diese Arbeitnehmer erhalten ipso iure einen neuen Arbeitgeber.

---

209 BT-Drucks. 14/7760, 19 (linke Spalte).

210 Gussen, in: BeckOK R/G/K/U, § 613a BGB Rn. 159.

211 Widersprechende Arbeitnehmer gehören daher zum Kreise der Unterrichtungsberechtigten, vgl. Staudinger/Annuß, § 613a BGB Rn. 279; im Ergebnis auch: Grau, Unterrichtung, 42 ff.

212 APS/Steffan, § 613a BGB Rn. 225; Bauer/Göpfert/Haußmann/Krieger, Umstrukturierung, Teil 3 B Rn. 35; ErfK/Preis, § 613a BGB Rn. 106; MK/Müller-Glöge, § 613a BGB Rn. 124; Worzalla, NZA 2002, 357; Wulff, AiB 2002, 595.

Aus Sicht eines Arbeitnehmers, der nicht dem übergehenden Betrieb oder Betriebsteil zuzuordnen ist, geht weder sein Arbeitsplatz noch sein Arbeitsverhältnis über. Allerdings kann sich die Betroffenheit vom Betriebsübergang auch durch im Zusammenhang mit dem Übergang stehende Änderungen der Beschäftigungs- und Arbeitsbedingungen sowie der beruflichen Entwicklungsmöglichkeiten (vgl. Art. 7 Abs. 1 UAbs. 3 RL 2001/23/EG) ergeben[213]. Beispielsweise kann sich die Basis für eine Sozialauswahl im „Restbetrieb" des Veräußerers anlässlich des Betriebsteilübergangs verändern[214]. Nach einem Grundsatzurteil des BAG können sich auch die widersprechenden Arbeitnehmer bei einer vom Betriebsveräußerer erklärten Kündigung uneingeschränkt auf eine mangelhafte Sozialauswahl nach § 1 Abs. 3 S. 1 KSchG berufen[215]. Der Teilbetriebsübergang führt auch zu einer Änderung der an die Arbeitnehmeranzahl anknüpfenden gesetzlichen Schwellenwerte im „Restbetrieb"[216]. Wenn eine große Einheit übergeht und nur eine kleine Einheit beim Veräußerer verbleibt, können die erforderlichen Umstrukturierungen erhebliche Änderungen z.B. der Arbeitsabläufe für die beim Veräußerer im „Restbetrieb" verbleibenden Arbeitnehmer mit sich bringen[217]. Dies ist beispielsweise der Fall, wenn der Geschäftsbereich „Fertigung und Vertrieb" unter Wegfall des Vertriebs neu zugeschnitten werden soll. Auf der anderen Seite lässt die Aufnahme eines Betriebs(teils) einen erheblichen Restrukturierungsaufwand beim Betriebserwerber erwarten. Die eventuell beim Erwerber von vornherein in einem aufnehmenden Betrieb beschäftigten Arbeitnehmer werden von einem Betriebs(teil) übergang in ihren Beschäftigungs- und Arbeitsbedingungen betroffen, wenn sie in einer Betriebseinheit beschäftigt sind, die durch den Übergang eines Betriebs oder eines Betriebsteils erweitert werden soll[218]. Dies ist insbesondere in Fällen des Zusammenschlusses bzw. der Verschmelzung des erworbenen Betriebs mit einem bereits vorhandenen Betrieb anzunehmen. Hiermit können z.B. Auswirkungen auf bestehende Betriebsvereinbarungen verbunden sein[219]. Ferner kann sich für die Arbeitnehmer in einem aufnehmenden Betrieb die Situation ergeben, dass die bisher von ihnen durchgeführte Arbeit von den übergehenden Arbeitnehmern effizienter oder kostengünstiger erledigt werden kann. Schließlich können sich die Anforderungen an eine Sozialauswahl im Erwerberbetrieb infolge der Eingliederung des Betriebs(teils) verändern[220].

Die vorgenannten Überlegungen sind nicht als abschließend zu verstehen. Sie sollten lediglich aufzeigen, dass auch die nicht übergehenden Arbeitnehmer in

213 Grau, Unterrichtung, 39.
214 HWK/Willemsen/Müller-Bonanni, § 613a BGB Rn. 319.
215 BAG, 31.5.2007 – 2 AZR 276/06, AP Nr. 94 zu § 1 KSchG 1969 Soziale Auswahl.
216 Meier, Informationspflichten, 26, 54; Meyer, NZA-Beil. 2008, 173; Schiefer/Worzalla, NJW 2009, 560.
217 Schiefer/Worzalla, NJW 2009, 560.
218 Vgl. Riesenhuber, Gedächtnisschrift für Wolfgang Blomeyer, 204.
219 Meier, Informationspflichten, 54.
220 Meyer, NZA-Beil. 2008, 173.

einer Vielzahl von Fällen von einem Betriebs(teil)übergang betroffen sein können. Folglich haben auch die nicht übergehenden Arbeitnehmer ein berechtigtes Informationsinteresse hinsichtlich der zu erwartenden Veränderungen. Nach alledem spricht das Wort „betroffen" für sich genommen sogar eher dafür, dass alle Arbeitnehmer unterrichtet werden müssen[221].

Andere wollen der Formulierung „bisherige Arbeitgeber" im Satzeingang des § 613a Abs. 5 BGB die Beschränkung des Berechtigtenkreises auf übergehende Arbeitnehmer entnehmen[222]. Nach einer grammatikalischen Auslegung bestehe ein Beziehungsdreieck zwischen bisherigem Arbeitgeber, dem Betriebserwerber sowie den Arbeitnehmern, bei denen es zu einem gesetzlichen Vertragspartnerwechsel auf Arbeitgeberseite gekommen ist[223]. Das Wort „bisherig" ist eine in die Vergangenheit gerichtete Formulierung und beschreibt einen Zustand bis zu einem bestimmten Zeitpunkt[224]. Das Wort „bisherig" enthält selbst keine Aussage über die Gegenwart oder die Zukunft. Ändert sich der Zustand ab dem betrachteten Zeitpunkt wird dies in der Regel mit dem Adjektiv „neu" gekennzeichnet. Eine Änderung des Zustands ist jedoch keineswegs zwingend. Es ist durchaus möglich, dass vor und nach dem betrachteten Zeitpunkt derselbe Zustand fortbesteht. Zwar enthält der Satzeingang des § 613a Abs. 5 BGB das Wortpaar „bisherig[...]" und „neu[...]", diese Adjektive beziehen sich jedoch auf unterschiedliche Subjekte. Bisherig bezieht sich auf den Arbeitgeber und neu auf den Inhaber des Betriebs oder Betriebsteils. In § 613a Abs. 5 BGB wird damit nicht der neue Arbeitgeber, sondern der neue Inhaber neben dem bisherigen Arbeitgeber als Verpflichteter der Unterrichtung genannt[225]. Der bisherige Arbeitgeber kann zugleich auch der neue Arbeitgeber sein. Nicht der Arbeitgeber ist notwendig neu, sondern der Inhaber des Betriebs oder Betriebsteils. Dem Wortlaut des § 613a Abs. 5 BGB lässt sich daher gerade kein zwingender Vertragspartnerwechsel entnehmen. Der Satzeingang von § 613a Abs. 5 BGB könnte aber zumindest auf ein Arbeitsverhältnis hinweisen, das zwischen dem (bisherigen) Arbeitgeber und den (von einem Übergang betroffenen) Arbeitnehmern vor dem Übergang bestand. Dann wären aber nach dem Wortlaut des § 613a Abs. 5 BGB nicht nur die übergehenden Arbeitnehmer, sondern im Falle eines Betriebsteilübergangs auch die Arbeitnehmer im „Restbetrieb" des

221 Vgl. insoweit auch Schiefer/Worzalla, NJW 2009, 560.

222 Grau, Unterrichtung, 40 f.; Annuß, Festschrift für Arbeitsgemeinschaft Arbeitsrecht, 563; Staudinger/Annuß, § 613a BGB Rn. 260 [„angesichts der Gegenüberstellung von bisherigem Arbeitgeber und neuem Inhaber"]; vgl. auch Franzen, RdA 2002, 261, nach dem die Norm „offenkundig" Bezug auf die Situation bei dem Betriebsveräußerer vor dem Betriebsübergang nehme.

223 Grau, Unterrichtung, 40 f.; vgl. auch Rieble, Festschrift für Arbeitsgemeinschaft Arbeitsrecht, 690, nach dem nur die übergehenden Arbeitnehmer einen „bisherigen" Arbeitgeber haben können.

224 Duden, Stichwort: bisherig: „bisher gewesen, bisher vorhanden".

225 Vgl. insoweit auch Grau, Unterrichtung, 43.

Veräußerers erfasst[226]. Nur die Arbeitnehmer des aufnehmenden Erwerberbetriebs unterfielen dann nicht dem Kreise der Unterrichtungsberechtigten.

Gegen die Annahme, dass durch die Formulierung „bisherige Arbeitgeber" eine Einschränkung des informationsberechtigten Personenkreises beabsichtigt war, spricht, dass ein klarer Bezug zu den auf den neuen Inhaber übergehenden Arbeitsverhältnissen fehlt. Wäre in Abs. 5 – wie es der Gesetzgeber beim zeitgleich eingefügten Abs. 6 getan hat – von den vom Übergang des Arbeitsverhältnisses betroffenen Arbeitnehmern die Rede gewesen, wäre in der Tat nur die Auslegung sinnvoll gewesen, dass zwischen dem „bisherigen Arbeitgeber" und den in Abs. 5 genannten Arbeitnehmern ein Arbeitsverhältnis vor dem Übergang bestanden haben muss. Tatsächlich ist in Abs. 5 aber weder schlicht von „Arbeitnehmer" noch von irgendeinem Arbeitsverhältnis die Rede. Stattdessen spricht Abs. 5 von „die vom Übergang betroffenen Arbeitnehmer" und lehnt sich damit erkennbar an die Formulierung in Art. 7 Abs. 1 UAbs. 1 RL 2001/23/EG („von einem Übergang betroffenen Arbeitnehmer") an. Nach dem Wortlaut des § 613a Abs. 5 BGB ist es daher keineswegs zwingend, dass die von einem Übergang betroffenen Arbeitnehmer vor dem Betriebs(teil)übergang in einem Vertragsverhältnis zum „bisherige[n] Arbeitgeber" gestanden haben müssen.

Zudem ist auch in § 613a Abs. 4 BGB von einem „bisherigen Arbeitgeber" und einem „neuen Inhaber" die Rede. Diese Regelung geht auf Art. 4 Abs. 1 S. 1 RL 2001/23/EG zurück. Danach stellt der Betriebs(teil)übergang als solcher für den Veräußerer oder den Erwerber keinen Grund zur Kündigung dar. Eine personale Beschränkung auf die übergehenden Arbeitnehmer enthält die Richtlinie nicht, so dass auch im deutschen Recht nach einer richtlinienkonformen Auslegung davon auszugehen ist, dass das Kündigungsverbot für sämtliche vom Übergang betroffene Arbeitnehmer einschlägig ist und nicht lediglich für die übergehenden Arbeitnehmer.

Stünde in § 613a Abs. 5 BGB anstelle von „bisherige[r] Arbeitgeber" wie im Richtlinienvorbild „Veräußerer", wäre für die Frage, wer als Berechtigter anzusehen ist, zweifellos allein die Betroffenheit der Arbeitnehmer vom Betriebsübergang ausschlaggebend. Der deutsche Gesetzgeber entschloss sich jedoch hinsichtlich der Verpflichteten der Unterrichtung an seiner schon vor Einführung der Abs. 5 und 6 eingeführten schuldrechtlichen Terminologie festzuhalten, anstelle sich der Terminologie der RL 2001/23/EG, die von „Veräußerer" und „Erwerber" spricht, anzuschließen. Dafür, dass mit der Übernahme der schuldrechtlichen Terminologie eine gegenüber Art. 7 Abs. 6 RL 2001/23/EG resultierende Einengung des Berechtigtenkreises beabsichtigt war, bestehen keine Anhaltspunkte.

c) Systematische Auslegung

Neben dem Wortlaut wird angeführt, dass § 613a Abs. 5 BGB „systematisch" auf ein Unterrichtungsrecht der übergehenden Arbeitnehmer zugeschnitten sei, weil

226 So auch Cohnen, in: Moll, Arbeitsrecht, § 55 Rn. 13.

der gesamte Normkontext von § 613a BGB auf die Überleitung der Arbeitsverhältnisse ausgerichtet sei[227]. Ein Informationsrecht gegenüber den übrigen Arbeitnehmern hätte dagegen außerhalb des § 613a BGB, etwa im Betriebsverfassungsrecht, geregelt werden müssen[228].

Auch die systematischen Erwägungen vermögen letztlich nicht zu überzeugen. Schon die Annahme, dass eine Auslegung der Abs. 1 bis 4 und des Abs. 6 ergibt, dass mit „Arbeitnehmer" ausschließlich die – vorbehaltlich eines Widerspruchs – nach § 613a Abs. 1 S. 1 BGB übergehenden Arbeitnehmer gemeint sein können, wäre verfehlt. Das Kündigungsverbot wegen des Betriebsübergangs nach § 613a Abs. 4 S. 1 BGB gilt nicht nur für die übergehenden Arbeitnehmer, sondern für sämtliche vom Übergang betroffenen Arbeitnehmer. Dies ergibt sich aus einer richtlinienkonformen Auslegung der Vorschrift. Aber selbst wenn man davon ausginge, dass die Abs. 1 bis 4 und 6 sich nur auf die übergehenden Arbeitnehmer beziehen, unterstellt die Behauptung, dass der gesamte Normkontext auf die Überleitung der Arbeitsverhältnisse ausgerichtet sei, inzidenter, dass dies auch auf § 613a Abs. 5 BGB zutrifft. Genau dies gilt es aber, erst noch zu untersuchen. Gegen eine Vergleichbarkeit des Abs. 5 mit den übrigen Absätzen des § 613a BGB spricht schon der unterschiedliche Wortlaut. Abs. 5 bezeichnet die Berechtigten der Unterrichtung als „die von einem Übergang betroffenen Arbeitnehmer". Die übergehenden Arbeitnehmer sind aber nicht die einzigen Arbeitnehmer, die von einem Übergang des Betriebs oder Betriebsteils betroffen sind. Hätte der deutsche Gesetzgeber gewollt, dass trotzdem nur die übergehenden Arbeitnehmer zur Unterrichtung berechtigt sein sollen, hätte es nahe gelegen, in Abs. 5 auf die gemäß Abs. 1 übergehenden Arbeitnehmer zu verweisen. Dagegen hat der Gesetzgeber in dem gleichzeitig mit Abs. 5 eingefügten Abs. 6 durch den eindeutigen Bezug auf den Übergang des Arbeitsverhältnisses die Adressaten des Widerspruchsrechts klar eingegrenzt. Auch die Überschrift des § 613a BGB („Rechte und Pflichten beim Betriebsübergang") lässt es ohne weiteres zu, dass einzelne Absätze unterschiedliche Arbeitnehmergruppen erfassen können.

Darüber hinaus ist es zwar richtig, dass Art. 7 Abs. 6 RL 2001/23/EG seinem europarechtlichen Anwendungsbereich nach, systematisch gesehen, dem deutschen Betriebsverfassungsrecht zuzuordnen wäre. Der deutsche Gesetzgeber hat jedoch das systematische Umfeld bei der Umsetzung der Informationspflicht bewusst ausgetauscht. Statt des betriebsverfassungsrechtlichen Umfeldes wurde die Information in das Arbeitsvertragsrecht eingebettet[229]. Dies ist aus seiner Sicht auch konsequent; schließlich hat er den europarechtlichen Anwendungsbereich bei der Umsetzung deutlich überschritten und ein allgemeines vom Betriebsverfassungsrecht losgelöstes individuelles Recht der vom Übergang betroffenen Arbeitnehmer

227 Grau, Unterrichtung, 41; Schiefer/Worzalla, NJW 2009, 560; vgl. auch Giesen, JbArbR 46 (2008), 44.
228 Grau, Unterrichtung, 41.
229 Franzen, RdA 2002, 261.

auf Information geschaffen (vgl. § 2 A II). In dieser modifizierten Form ist jedoch allein § 613a BGB der systematisch richtige Ort für das individuelle Arbeitnehmerrecht und nicht etwa das Betriebsverfassungsrecht[230].

d) Historische Auslegung

Nach der Vorstellung des deutschen Gesetzgebers stehen Widerspruchsrecht des Arbeitnehmers und die Informationspflicht des Arbeitgebers in wechselseitigem Bezug zueinander[231]. In der Tat kann der widerspruchsberechtigte Arbeitnehmer nur auf der Grundlage von Informationen zum Übergang des Betriebs oder Betriebsteils sinnvoll über sein Widerspruchsrecht entscheiden. Der wechselseitige Bezug von Information und Widerspruch betrifft aber nur die Arbeitnehmer, deren Arbeitsverhältnisse gemäß § 613a Abs. 1 S. 1 BGB auf den neuen Inhaber übergehen. Nur diesen Arbeitnehmern steht überhaupt ein Widerspruchsrecht zu.

Der so entstehende wechselseitige Bezug (funktionaler Zusammenhang) zwischen Unterrichtung und Widerspruch wird an mehreren Stellen in den Gesetzesmaterialien deutlich. Als (ungewollter) Nebeneffekt vermitteln die Gesetzesmaterialien an diesen Stellen den Eindruck, dass die Unterrichtung nach § 613a Abs. 5 BGB nur für die übergehenden Arbeitnehmer, denen ein Widerspruchsrecht zusteht, von Bedeutung sei. So könne ein Betriebsinhaberwechsel „für den einzelnen Arbeitnehmer“ mit wesentlichen Änderungen der Arbeitsbedingungen und der beruflichen Entwicklungsmöglichkeiten verbunden sein, die „ihn“ gegebenenfalls zum Widerspruch veranlassen[232]. Zudem beginne die Frist zur Erklärung des Widerspruchs erst nach vollständiger Unterrichtung der Arbeitnehmer[233]. Schließlich wird die Textform der Unterrichtung damit begründet, dass der Arbeitnehmer eine dauerhaft verfügbare Entscheidungsgrundlage für die Ausübung seines Widerspruchsrechts erhalten soll[234].

Auf der anderen Seite ist in den Gesetzesmaterialien an mehreren Stellen von den „vom Übergang betroffenen Arbeitnehmern“ die Rede, ohne dass ein Bezug zum Widerspruchsrecht hergestellt wird. Dies kann als Hinweis darauf verstanden werden, dass der Gesetzgeber die individuelle Unterrichtungspflicht keineswegs entgegen der Richtlinie nur auf die übergehenden Arbeitnehmer beschränken wollte. Zudem spricht auch die Abkehr von einer noch im Referentenentwurf enthaltenen Formulierung gegen eine derartige Begrenzung. Dort hieß es, dass der bisherige Arbeitgeber oder der neue Inhaber schlicht „den Arbeitnehmer“ zu

230 So auch Art. 1 des Entwurfs eines Gesetzes zur Erhöhung der Rechtssicherheit beim Betriebsübergang, BT-Drucks. 14/8496, 3, der die Informationspflicht aber zugunsten von Arbeitnehmern in Kleinbetrieben beschränken wollte. Vgl. auch Riesenhuber, RdA 2004, 351.

231 Darauf verweisen auch die Gesetzesmaterialien, vgl. BT-Drucks. 14/7760, 12 (linke Spalte), 20 (linke Spalte).

232 BT-Drucks. 14/7760, 19 (linke Spalte).

233 BT-Drucks. 14/7760, 19 (linke Spalte).

234 BT-Drucks. 14/7760, 19 (rechte Spalte).

unterrichten habe. Diese Formulierung hätte für eine Begrenzung des Adressatenkreises auf die übergehenden Arbeitnehmer gesprochen, weil dann in Abs. 5 dieselbe Terminologie wie in den übrigen Absätzen des § 613a BGB verwendet worden wäre. Die Anpassung an den Richtlinienwortlaut kann daher als deutliche Abkehr von diesem Gedanken verstanden werden.

e) Teleologische Auslegung

Andere Literaturstimmen behaupten, dass aus dem Sinn und Zweck der gesetzgeberischen Verknüpfung zwischen Unterrichtung und Widerspruchsrecht in § 613a BGB folge, dass nur die übergehenden Arbeitnehmer zur Unterrichtung berechtigt seien[235]. Die Unterrichtung nach § 613a Abs. 5 BGB sei allein auf die informierte Ausübung des Widerspruchsrechts zugeschnitten[236].

Gegen die Annahme, dass aus der Verknüpfung von Unterrichtungspflicht und Widerspruchsrecht eine Exklusivität der Unterrichtungsverpflichtung allein gegenüber den übergehenden Arbeitnehmern resultiert, spricht jedoch vor allem die gesetzgeberische Intention beim Erlass des § 613a Abs. 5 BGB. Nach den Gesetzesmaterialien dient die Regelung im § 613a Abs. 5 BGB der Umsetzung von Art. 7 Abs. 6 RL 2001/23/EG[237]. Der deutsche Gesetzgeber ging davon aus, dass die Mitgliedstaaten verpflichtet sind, eine Regelung zur Information der von einem Betriebsübergang betroffenen Arbeitnehmer zu treffen, wenn unabhängig vom Willen der Arbeitnehmer im Betrieb keine Arbeitnehmervertretung besteht.

Von der RL 2001/23/EG werden aber nach allgemeiner Meinung alle vom Übergang betroffenen Arbeitnehmer erfasst (vgl. § 2 D I 1). An keiner Stelle ist der Zweck der Informationspflicht auf die Schaffung einer Informationsgrundlage für ein etwaiges Widerspruchsrecht beschränkt. Ein Widerspruchsrecht im Sinne des § 613a Abs. 6 BGB ist der RL 2001/23/EG sogar vollkommen fremd. Es handelt sich hierbei um eine deutsche Besonderheit.

Der deutsche Gesetzgeber hat neben der Umsetzung der europäischen Richtlinie auch das Ziel verfolgt, die bisherige Rechtsprechung[238] zu kodifizieren und das Widerspruchsrecht auf eine möglichst informierte Grundlage zu stellen. Nach dieser Lesart hat die Informationspflicht „nur" den zusätzlichen Zweck, das Widerspruchsrecht der übergehenden Arbeitnehmer auf eine informierte Grundlage zu stellen. Davon abgesehen ist die Unterrichtung aber auch für Arbeitnehmer, denen

235 Cohnen, in: Moll, Arbeitsrecht, § 55 Rn. 13; Grau, Unterrichtung, 41; Franzen, RdA 2002, 261; Meyer, BB 2003, 1012; Meyer, Unterrichtung, § 2 Rn. 33; HWK/Willemsen/Müller-Bonanni, § 613a BGB Rn. 319. Vgl. auch Schiefer/Worzalla, NJW 2009, 560, nach deren Ansicht die Gesetzesgeschichte nichts anderes hergebe.

236 Rieble, Festschrift für Arbeitsgemeinschaft Arbeitsrecht, 690 [eindeutiger funktionaler Zusammenhang].

237 BT-Drucks. 14/7760, 19 (linke Spalte).

238 BAG, 17.11.1977 – 5 AZR 618/76, AP Nr. 10 zu § 613a BGB; BAG, 22.4.1993 – 2 AZR 313/92, AP Nr. 102 zu § 613a BGB; BAG, 22.4.1993 – 2 AZR 50/92, AP Nr. 103 zu § 613a BGB; BAG, 19.3.1998 – 8 AZR 139/97, AP Nr. 177 zu § 613a BGB.

kein Widerspruchsrecht zusteht, von Bedeutung. Auch diesen Arbeitnehmern steht nach der europarechtlichen Vorlage ein Recht zur Information anlässlich eines Betriebs(teil)übergangs zu, sofern sie durch diesen betroffen sind.

f) Zwischenergebnis

Die Auslegung des § 613a Abs. 5 BGB nach den allgemeinen Auslegungsmethoden hat gezeigt, dass das deutsche Recht einen ausreichenden Auslegungsspielraum bietet, um einer mit der Richtlinie konformen Auslegung den Vorzug einzuräumen. Eine Auslegung contra legem besteht hierin nicht. Folglich sind auch im deutschen Recht nicht nur die Arbeitnehmer des übergehenden Betriebs, deren Arbeitsverhältnisse gemäß § 613a Abs. 1 S. 1 BGB auf den neuen Inhaber übergehen, sondern auch die eventuell beim Veräußerer in einem „Restbetrieb" zurückgebliebenen bzw. die eventuell von vornherein beim Erwerber in einem aufnehmenden Betrieb beschäftigten Arbeitnehmer zu unterrichten, soweit auch diese Arbeitnehmer vom Übergang betroffen sind[239]. Die Unterrichtung des Wirtschaftsausschusses und die (freiwillige) Information der Arbeitnehmer über Gespräche anlässlich eines im Zuge der Betriebsänderung vorzunehmenden Interessenausgleichs und Sozialplans genügen diesen Anforderungen nicht. Einzig diese Auslegung ist in der Lage, der gesetzgeberischen Intention, Art. 7 Abs. 6 RL 2001/23/EG mithilfe des § 613a Abs. 5 BGB in deutsches Recht vollständig zu transformieren, gerecht zu werden.

3. Arbeitnehmereigenschaft

Als „Arbeitnehmer" bezeichnet Art. 2 Abs. 1 lit. d RL 2001/23/EG jede Person, die aufgrund des einzelstaatlichen Arbeitsrechts geschützt wird. Auch ein nur eingeschränkter Schutz ist hierfür ausreichend[240]. Nach deutschem Recht sind auch die in Teilzeit beschäftigten Arbeitnehmer[241] und die derzeit nicht im Betrieb beschäftigten Arbeitnehmer (z.B. wegen Elternzeit)[242] und leitende Angestellte[243] zu unterrichten. Arbeitnehmer ist auch, wer sich in einem Berufsausbildungs-, Volontariats- oder Praktikantenverhältnis steht[244].

---

239 Im Ergebnis wie hier: Meier, Informationspflichten, 50 ff.; Riesenhuber, RdA 2004, 350. Für Arbeitnehmer in einem aufnehmenden Betrieb so auch: KR/Treber, § 613a BGB, Rn. 108h; Dreher, in: Bernsau/Dreher/Hauck, § 613a BGB Rn. 169. Meyer, Unterrichtung, § 2 Rn. 33 ff., erachtet eine gewisse Unterrichtung der nicht übergehenden Arbeitnehmer wenigstens als „personalpolitisch sinnvoll".

240 EuGH, 19.5.1992 – C-29/91 (Redmond Stichting), Slg. 1992, I-3189 (Rn. 18) m.w.N.

241 Maschmann, BB-Special 6 2006, 31 Fn. 29.

242 Bauer/Göpfert/Haußmann/Krieger, Umstrukturierung, Teil 3 B Rn. 17; Krügermeyer-Kalthoff/Reutershan, MDR 2003, 542.

243 Arens/Düwell, in: Arens/Düwell/Wichert, Umstrukturierung, § 7 Rn. 267; Maschmann, BB-Special 6 2006, 31 Fn. 29.

244 Krügermeyer-Kalthoff/Schlegel/Feucker, WPg 2007, 923.

Aufgrund fehlender Arbeitnehmereigenschaft scheidet aber sowohl eine unmittelbare als auch eine analoge Anwendung des § 613a Abs. 5 BGB auf vertretungsberechtigte Organmitglieder (Geschäftsführer oder Vorstandsmitglieder), Heimarbeiter[245], Werkvertragsunternehmer, Ruheständler und freie oder ausgeschiedene Mitarbeiter aus[246].

Nach bisher allgemeiner Ansicht wurden auch beim Veräußerer tätige Leiharbeitnehmer mangels Arbeitsvertrags zwischen Entleiher (= Veräußerer) und Leiharbeitnehmer nicht erfasst[247]. Dies kann – zumindest in dieser Allgemeinheit – nach einer jüngeren EuGH-Entscheidung nicht mehr aufrechterhalten werden[248]. Danach ist jedenfalls der konzerninterne Entleiher als „nichtvertraglicher Arbeitgeber" einzustufen und § 613a Abs. 1 S. 1 BGB in richtlinienkonformer Weise so auszulegen, dass hierunter auch das zwischen ihm und den Leiharbeitnehmern bestehende Verhältnis als Arbeitsverhältnis anzusehen ist[249]. Bis zu einer endgültigen Klärung der Frage, ob der EuGH seine Rechtsprechung auch auf sonstige Leiharbeitnehmer erstreckt, kann den beteiligten Arbeitgebern nur dringend dazu geraten werden, auch die vor dem Betriebs(teil)übergang beim Veräußerer tätigen Leiharbeitnehmer nach § 613a Abs. 5 BGB zu unterrichten[250].

Gekündigte Arbeitnehmer müssen nur unterrichtet werden, sofern die Kündigungsfrist erst nach dem Übergangszeitpunkt ausläuft[251]. Das Gleiche gilt für Arbeitnehmer, die zwar bereits einen Aufhebungsvertrag mit dem Veräußerer abgeschlossen haben, die vereinbarte Auslauffrist jedoch noch nicht verstrichen ist. Arbeitnehmer, deren Beschäftigungsverhältnis nicht kraft Gesetzes, sondern durch

---

245 Vgl. aber Meier, Informationspflichten, 50, der dies als „bedenklich" bezeichnet.

246 Arens/Düwell, in: Arens/Düwell/Wichert, Umstrukturierung, § 7 Rn. 267; Hauck, in: Festschrift für Hellmut Wissmann, 551; Jaeger, ZIP 2004, 435; Krügermeyer-Kalthoff/Reutershan, MDR 2003, 542; Maschmann, BB-Special 6 2006, 31.

247 Vgl. u.a. Krügermeyer-Kalthoff/Reutershan, MDR 2003, 542.

248 EuGH, 21.10.2010 – C-242/09 (Albron Catering), AP Nr. 7 zu Richtlinie 2001/23/EG (Rn. 31 f.)

249 Dies hat zur Folge, dass zumindest für den Fall, dass Verleiher und Entleiher einem Konzern angehören und der Entleiher einen Betriebsteil, dessen Personal sich ausschließlich aus Leiharbeitnehmern eines anderen konzernangehörigen Unternehmens zusammensetzt, an ein konzernfremdes Unternehmen überträgt, die beim Entleiher (= Veräußerer) ständig abgestellten Leiharbeitnehmer als vom Übergang betroffene Arbeitnehmer anzusehen und dementsprechend zu unterrichten sind.

250 Tendenziell für die Erfassung sämtlicher Leiharbeitnehmer: Forst, RdA 2011, 229 ff. Gegen deren Erfassung: Gaul/Ludwig, DB 2011, 299 f. Bauer/von Medem, NZA 2011, 20 ff., sehen die Leiharbeitnehmer schließlich nur in dem speziellen und vom EuGH entschiedenen Fall einer konzerninternen Arbeitnehmerüberlassung als erfasst an.

251 Bauer/Göpfert/Haußmann/Krieger, Umstrukturierung, Teil 3 B Rn. 17; Maschmann, BB-Special 6 2006, 31.

eine vertragliche Überleitungsvereinbarung auf den Erwerber übergehen, werden nicht von § 613a Abs. 5 BGB erfasst[252].

Obwohl der Betriebsrat selbst nicht Berechtigter der Unterrichtung nach § 613a Abs. 5 BGB ist, ist es in der Praxis üblich und auch sinnvoll, ihn ebenfalls zu informieren[253].

II. Verpflichtete der Unterrichtungspflicht

1. Europarechtliche Vorgaben

Zu den Verpflichteten schweigen die unterschiedlichen Sprachfassungen des Art. 7 Abs. 6 RL 2001/23/EG völlig. Auch die Änderungsrichtlinie 98/50/EG brachte diesbezüglich keine Klärung mit sich.

Teilweise wird der Verzicht auf eine genaue Bezeichnung der Verpflichteten in Abs. 6 damit begründet, dass die kollektivrechtliche Informationspflicht nach Art. 7 Abs. 1 RL 2001/23/EG gegenüber zwei Informationsberechtigten (Betriebsräte in Veräußerer- und Erwerberbetrieb) bestehe, wohingegen die individualrechtliche Informationspflicht nach Abs. 6 nur an einen Berechtigten gerichtet sei (die vom Übergang betroffenen Arbeitnehmer)[254]. Eine systematische Auslegung des Art. 7 Abs. 6 RL 2001/23/EG widerspricht jedoch dieser Annahme. Danach sind die „betreffenden Arbeitnehmer" nach Abs. 6 entsprechend der Regelung in Abs. 1 ebenfalls in zwei Adressatengruppen zu unterteilen (die beim Veräußerer beschäftigten und vom Übergang betroffenen Arbeitnehmer und die beim Erwerber beschäftigten und vom Übergang betroffenen Arbeitnehmer).

Eine Regelung des zur individuellen Information Verpflichteten wäre zudem entbehrlich, sofern neben den Berechtigten auch die Verpflichteten nach Art. 7 Abs. 6 RL 2001/23/EG mittels einer systematischen Auslegung festgestellt werden könnten. Wiederum bietet sich an dieser Stelle ein vergleichender Blick auf die Regelung zur kollektivrechtlichen Informationspflicht gemäß Art. 7 Abs. 1 RL 2001/23/EG an. Bereits Art. 7 Abs. 1 UAbs. 1 RL 2001/23/EG enthält die Beschränkung der kollektivrechtlichen Informationspflicht des Veräußerers und des Erwerbers auf ihre jeweilige Arbeitnehmervertretung[255]. Die Informationspflicht trifft Veräußerer und Erwerber des übergehenden Unternehmens, Betriebs oder Betriebsteils nur hinsichtlich der „Vertreter ihrer jeweiligen [...] Arbeitnehmer". Nach Art. 2 Abs. 1 lit. a und b RL 2001/23/EG knüpfen „Veräußerer" und „Erwerber" maßgeblich an das tatsächliche Ausscheiden aus der bzw. den tatsächlichen Eintritt in die Betriebsinhaberschaft im Zuge des Übergangs an[256]. Die Definition

252 Schnitker/Grau, BB 2005, 2238.

253 Arens/Düwell, in: Arens/Düwell/Wichert, Umstrukturierung, § 7 Rn. 268.

254 Gaul/Otto, DB 2002, 639 f.

255 **A.A.** Franzen, RdA 2002, 261, wonach Art. 7 Abs. 1 UAbs. 1 RL 2001/23/EG die Anforderungen an den Verpflichteten nicht näher spezifiziert.

256 Noch zur RL 98/50/EG: Oetker, NZA 1998, 1194.

der „Vertreter der Arbeitnehmer“ in lit. c verweist auf die mitgliedstaatlichen arbeitsrechtlichen Vorschriften. Nach den Vorstellungen des Richtliniengebers ist der Veräußerer also verpflichtet, die Vertreter seiner Arbeitnehmer zu informieren, nicht aber die Vertreter der Arbeitnehmer des Erwerbers. Der Erwerber ist demgegenüber verpflichtet, die Vertreter seiner Arbeitnehmer zu informieren, nicht aber die Vertreter der Arbeitnehmer des Veräußerers. Jede Arbeitnehmervertretung erhält die Informationen also nur einmal. Veräußerer und Erwerber treten jeweils nur mit den Arbeitnehmervertretungen ihrer eigenen Betriebe in Kontakt. Diese Auslegung wird auch durch Art. 7 Abs. 1 UAbs. 2 und 3 RL 2001/23/EG bestätigt. Etwas verwirrend verwendet der Richtliniengeber an dieser Stelle nicht die Worte „sind verpflichtet [...] zu informieren“[257], sondern „ist verpflichtet [...] Informationen [...] zu übermitteln“[258]. Das Übermitteln von Informationen an einen Adressaten ist aber gleichbedeutend mit dem Informieren desselben, so dass sich hieraus inhaltlich keine Unterschiede ergeben.

Übertragen auf die individualrechtliche Informationspflicht nach Abs. 6 bedeutet dies, dass der Veräußerer die bei ihm beschäftigten und betroffenen Arbeitnehmer (verbleibende und übergehende) und der Erwerber die schon vor dem Übergang bei ihm beschäftigten und betroffenen Arbeitnehmer zu informieren hat[259]. Neben dem systematischen Argument können auch noch der Schutzzweck der Regelung und dessen Intention, wonach die Information nach Abs. 6 ausnahmsweise an die Stelle der Information nach Abs. 1 treten soll, als Begründungen für diese Interpretation angeführt werden[260].

2. Ausformung im deutschen Recht

a) „Bisherige Arbeitgeber“ und „neue Inhaber“

Die Begrifflichkeiten „bisherige Arbeitgeber“ und auch „neue Inhaber“ sind der RL 2001/23/EG fremd. Es handelt sich hierbei um Formulierungen des deutschen Gesetzgebers. Diese Bezeichnungen tauchen nicht nur im Einleitungssatz des

---

257 Vgl. auch die englische („shall be required to inform“) und die französische („sont tenus d'informer“) Sprachfassung.

258 Vgl. auch die englische („must give such Information“) und die französische („est tenu de communiquer ces informations“) Sprachfassung.

259 Franzen, RdA 2002, 261; Maschmann, BB-Special 6 2006, 31; Riesenhuber, Gedächtnisschrift für Wolfgang Blomeyer, 203; Riesenhuber, RdA 2004, 349 f.; Annuß, Festschrift für Arbeitsgemeinschaft Arbeitsrecht, 564; Rieble, Festschrift für Arbeitsgemeinschaft Arbeitsrecht, 690; **a.A.** Giesen, JbArbR 46 (2008), 43 f., der Art. 7 Abs. 1 RL 2001/23/EG offenbar so liest, dass auch der Erwerber die übergehenden Arbeitnehmer zu unterrichten hat. Vgl. auch Meier, Informationspflichten, 39, der aus dem europarechtlichen Grundsatz des „effet utile“ ausnahmsweise eine Informationspflicht des Erwerbers gegenüber den Veräußererarbeitnehmern herleiten will.

260 Riesenhuber, RdA 2004, 349; Riesenhuber, Gedächtnisschrift für Wolfgang Blomeyer, 203.

§ 613a Abs. 5 BGB auf, sondern durchziehen den gesamten § 613a BGB. Aus systematischen Gründen sind die Begriffe einheitlich auszulegen.

Der „neue Inhaber“ ist derjenige, auf den der Betrieb bzw. Betriebsteil übergeht, vgl. § 613a Abs. 1 S. 1 BGB. Die RL 2001/23/EG bezeichnet dieselbe natürliche oder juristische Person als „Erwerber“. Für das BAG sind daher zu Recht „neue Inhaber“ und „Betriebserwerber“ Synonyme[261].

Mit „bisherige[r] Arbeitgeber“ ist die natürliche oder juristische Person, deren Betrieb oder Betriebsteil auf eine andere Person übergeht, gemeint. Er ist also der Arbeitgeber von denjenigen Arbeitnehmern, deren Arbeitsverhältnis gemäß § 613a Abs. 1 S. 1 BGB übergeht bzw. übergehen würde, wenn der Arbeitnehmer nicht widersprochen hätte. Im Falle eines Betriebsteilübergangs ist er auch der Arbeitgeber von den Arbeitnehmern des zurückbleibenden Betriebsteils („Restbetrieb“). Nach Art. 2 Abs. 1 lit. a RL 2001/23/EG ist der Veräußerer „jede natürliche oder juristische Person, die aufgrund eines Übergangs im Sinne von Artikel 1 Absatz 1 als Inhaber aus dem Unternehmen, dem Betrieb oder dem Unternehmens- bzw. Betriebsteil ausscheidet“. Der „bisherige Arbeitgeber“ entspricht somit dem „Veräußerer“ im Sinne des Art. 2 Abs. 1 lit. a RL 2001/23/EG. Für das BAG sind daher zu Recht „bisherige Arbeitgeber“ und „Betriebsveräußerer“ Synonyme für ein und dieselbe Person[262]. Beide Bezeichnungen dienen zur Charakterisierung des Verpflichteten der Unterrichtung. Die Bezeichnung als (Betriebs-)Veräußerer ist dennoch vorzugswürdig. Sie hinterlässt, anders als die Bezeichnung „bisheriger Arbeitgeber“, keinerlei Zweifel bei der Beurteilung der Frage nach den Berechtigten der Unterrichtung (vgl. § 2 D I 2 b).

b) Gesamtschuldner

aa) (Quasi-)Richtlinienkonforme Auslegung

Geht man – entgegen der hier vertretenen Ansicht (vgl. § 2 D I 2) – davon aus, dass nur die Arbeitnehmer, die dem übergehenden Betrieb oder Betriebsteil zugeordnet werden können, von § 613a Abs. 5 BGB erfasst werden, kommt eine personenbedingte Abgrenzung entsprechend der Richtlinie von vornherein nicht in Frage. Wohl mit dem Ziel, wenigstens den in der Richtlinie gewähnten Gedanken einer zwischen Veräußerer und Erwerber klar abgegrenzten Unterrichtungspflicht für die deutsche Umsetzungsvorschrift fruchtbar zu machen, schlägt *Rieble*[263] eine zeitliche Abgrenzung des Pflichtenprogramms vor. „Nach der Richtlinie“ seien nur die jeweils aktuellen Arbeitgeber zur Information verpflichtet. Für die übergehenden Arbeitnehmer bedeute dies, dass sie vor dem Übergang bzw. nach Widerspruchserklärung vom Veräußerer und danach vom Erwerber zu informieren seien. Der

---

261 BAG, 27.11.2008 – 8 AZR 174/07, AP Nr. 363 zu § 613a BGB (B II 3 a).

262 BAG, 27.11.2008 – 8 AZR 174/07, AP Nr. 363 zu § 613a BGB (B II 3 a).

263 Rieble, Festschrift für Arbeitsgemeinschaft Arbeitsrecht, 691; vgl. auch die Überlegung bei Franzen, RdA 2002, 264, wonach vor dem Betriebsübergang der Betriebsveräußerer und danach der Betriebserwerber verpflichtet sein könne.

Informationsanspruch sei ein Anspruch aus dem Arbeitsverhältnis gegen den jeweiligen Arbeitgeber. Im Ergebnis bedeutet diese Auslegung, dass sich die Informationspflicht als eine in zeitlicher Hinsicht abgegrenzte Pflicht darstellt. Nur den jeweils aktuellen Arbeitgeber träfe die Pflicht, die übergehenden Arbeitnehmer zu informieren.

Die Behauptung von *Rieble*, der übergehende Arbeitnehmer müsse „nach der Richtlinie" einen Informationsanspruch gegenüber seinem aktuellen Arbeitgeber haben, findet in Art. 7 RL 2001/23/EG keine Stütze. Den Arbeitnehmern müsste nach der Richtlinie ein aus dem Arbeitsverhältnis resultierender Informationsanspruch zustehen. Die Richtlinie regelt die mittelbare (durch die Vertretung der Arbeitnehmer) bzw. unmittelbare (durch Veräußerer und Erwerber selbst) Information der Arbeitnehmer im Falle eines Betriebsübergangs. Hinsichtlich der mittelbaren Information ist ohne weiteres ersichtlich, dass kein Informationsanspruch aus dem Arbeitsverhältnis besteht. Die mittelbare Information erfolgt auf kollektivrechtlicher Ebene. Nicht die Arbeitnehmer, sondern die Arbeitnehmervertretungen haben unter gewissen Umständen einen Anspruch auf die entsprechenden Informationen. Rechte und Pflichten im Verhältnis zwischen Arbeitnehmer und Arbeitgeber werden nicht geregelt. Aber auch hinsichtlich der individualrechtlichen, unmittelbaren Information ist in Art. 7 Abs. 6 RL 2001/23/EG die Ausgestaltung der Informationspflicht als Anspruch aus dem Arbeitsverhältnis nicht vorgesehen. Die Richtlinie schreibt lediglich vor, dass die Mitgliedstaaten die Information der Arbeitnehmer in Betrieben, in denen keine Arbeitnehmervertretung gebildet werden kann, allgemein vorzusehen haben. Dem kann aber ebenso gut durch eine aus einem gesetzlichen Schuldverhältnis resultierende Informationspflicht entsprochen werden. Zudem widerspricht die von *Rieble* vorgeschlagene richtlinienkonforme Auslegung dem eindeutigen Wortlaut des § 613a Abs. 5 BGB und stellt somit eine unzulässige Auslegung contra legem dar. Nach seiner Ansicht beginnt die Informationspflicht des Erwerbers gegenüber den übergehenden Arbeitnehmern erst, wenn er selbst deren Arbeitgeber geworden ist. Dies ist gemäß § 613a Abs. 1 S. 1 BGB im Zeitpunkt des Übergangs der Fall. Nach dem eindeutigen Wortlaut des § 613a Abs. 5 BGB beginnt die Pflicht jedoch sowohl für den bisherigen Arbeitgeber als auch für den neuen Inhaber bereits „vor dem Übergang"[264].

Folgt man der hier vertretenen Ansicht und sieht nicht nur die übergehenden Arbeitnehmer, sondern auch die eventuell beim Veräußerer im „Restbetrieb" verbleibenden und die eventuell von Anfang an beim Erwerber im aufnehmenden Betrieb beschäftigten Arbeitnehmer als Berechtigte der Unterrichtung an (vgl. § 2 D I 2), führt eine an der Richtlinie orientierte Auslegung zu einem anderen Ergebnis. Innerhalb des personellen Anwendungsbereichs der Richtlinie, also in Betrieben, in denen keine Arbeitnehmervertretung gebildet werden kann, wäre die deutsche Umsetzungsvorschrift in § 613a Abs. 5 BGB richtlinienkonform in der Weise auszulegen, dass Veräußerer und Erwerber die Pflicht zur Information

264 Franzen, RdA 2002, 264; vgl. auch Diehn, Rückkehrzusagen, 244.

jeweils gegenüber ihren eigenen Arbeitnehmern trifft. Danach hätte der Veräußerer die übergehenden Arbeitnehmer und der Erwerber eventuell die Arbeitnehmer in seinem aufnehmenden Betrieb zu unterrichten[265]. Jeder ist somit zur Unterrichtung seiner Arbeitnehmer berufen, keiner zur Unterrichtung der Arbeitnehmer des jeweils anderen. Nach dieser Ansicht läge in § 613a Abs. 5 BGB eine Einzelschuld gegenüber einer abgegrenzten Personengruppe vor. Dasselbe Ergebnis wäre durch quasi-richtlinienkonforme Auslegung für die „überschießende Umsetzung" außerhalb des personellen Anwendungsbereichs der Richtlinie, also in Betrieben, in denen eine Arbeitnehmervertretung gebildet werden kann, zu ermitteln.

Diese Auslegung entspräche jedoch nur den durch die Richtlinie vorgeschriebenen Mindestvorgaben. In Art. 8 RL 2001/23/EG werden für die Arbeitnehmer günstigere Regelungen ausdrücklich zugelassen. Es ist folglich danach zu fragen, ob der deutsche Gesetzgeber in § 613a Abs. 5 BGB eine günstigere Schuldnerregelung erlassen hat.

In der Rechtsprechung des BAG[266] und auch weit überwiegend in der Literatur[267] werden der bisherige Arbeitgeber und der neue Inhaber als Gesamtschuldner nach § 421 BGB der sich aus § 613a Abs. 5 BGB ergebenden Pflichten betrachtet. Dies hätte zur Folge, dass die Erfüllung der Schuld durch den Einen auch zugunsten des Anderen befreiende Wirkung entfaltet, §§ 422 Abs. 1 S. 1, 362 Abs. 1 BGB. Der Informationsanspruch kann auch durch das Zusammenspiel der vom Veräußerer und vom Erwerber mitgeteilten Informationen im Wege der Erfüllung erlöschen[268]. Dem Arbeitnehmer steht es frei zu wählen, von wem er die Information einfordert[269].

265 So auch Riesenhuber, RdA 2004, 349 f., der allerdings die Problematik der überschießenden Umsetzung nicht näher betrachtet.

266 BAG, 27.11.2008 – 8 AZR 174/07, AP Nr. 363 zu § 613a BGB (B II 3 a); BAG, 23.7.2009 – 8 AZR 357/08, AP Nr. 10 zu § 613a BGB Widerspruch (B I 2 c bb (5)).

267 Vgl. u.a. APS/Steffan, § 613a BGB Rn. 203; Dreher, in: Bernsau/Dreher/Hauck, § 613a BGB Rn. 170; Franzen, RdA 2002, 264; Fuchs, in: BeckOK Bamberger/Roth, § 613a BGB Rn. 79; Gaul, FA 2002, 299; Grau, Unterrichtung, 89 ff.; Gussen, in: BeckOK R/G/K/U, § 613a BGB Rn. 143; Hauck, Beil. NZA 18/2004, 22; Hergenröder, RdA 2007, 225; HWK/Willemsen/Müller-Bonanni, § 613a BGB Rn. 318; Jaeger, ZIP 2004, 434; KR/Treber, § 613a BGB, Rn. 108h; Kreitner, in: Küttner Personalbuch, Stichwort: Betriebsübergang Rn. 31; Meyer, BB 2003, 1011; MK/Müller-Glöge, § 613a BGB Rn. 111; Sayatz/Wolff, DStR 2002, 2039 f.; Schielke, MDR 2007, 1053; Staudinger/Annuß, § 613a BGB Rn. 261; Wank, in: Handbuch zum Arbeitsrecht, § 102 Rn. 91; Willemsen/Lembke, NJW 2002, 1162. **A.A.** Giesen, JbArbR 46 (2008), 44, 57 f.; Rieble, Festschrift für Arbeitsgemeinschaft Arbeitsrecht, 691 ff.; Schiefer/Worzalla, NJW 2009, 559; Worzalla NZA 2002, 354.

268 Dreher, in: Bernsau/Dreher/Hauck, § 613a BGB Rn. 171; vgl. auch Bauer/v. Steinau-Steinrück, ZIP 2002, 463, die allerdings – nach hier vertretener Ansicht unzutreffend – nur von einer „gesamtschuldnerische[n] Obliegenheit" zur Unterrichtung ausgehen.

269 Rupp, NZA 2007, 301.

Dabei schuldet sowohl der bisherige Arbeitgeber als auch der neue Inhaber die vollständige Unterrichtung[270].

Fraglich ist, ob sich die Auslegung als Gesamtschuld aus Sicht der informationsberechtigten Arbeitnehmer als „günstiger" im Sinne des Art. 8 RL 2001/23/EG darstellt. Nur wenn dies der Fall wäre, könnte eine solche Regelung auch als europarechtskonform angesehen werden.

Zum Teil wird angenommen, dass es für den Arbeitnehmer keineswegs „günstiger" sei, wenn die Informationspflicht nicht auf das jeweilige vor dem Übergang bestehende Vertragsverhältnis beschränkt sei[271]. Gerade dies wäre aber bei einer Gesamtschuld der Fall. So wäre bei einer Gesamtschuld z.B. auch der neue Inhaber schon vor dem Übergang gegenüber den übergehenden Arbeitnehmern unterrichtungsverpflichtet, obwohl er noch in keinem Arbeitsverhältnis zu diesen Arbeitnehmern stünde. Zum einen erfordere die Unterrichtung von Arbeitnehmern, die nicht Vertragspartner des Unterrichtenden sind, die Weitergabe persönlicher Daten und tangiere somit diese Arbeitnehmer in ihrem europarechtlich gewährleisteten Datenschutzinteresse[272]. Zum anderen sei die Vertragsfreiheit berührt, wenn der Arbeitnehmer nicht von seinem Arbeitgeber, sondern von einem nicht selbst ausgewählten „Unbekannten" unterrichtet werden würde[273].

Die Vertragsfreiheit wird durch eine als Gesamtschuld geregelte Unterrichtungspflicht nicht verletzt. Dem Arbeitnehmer wird kein Vertragspartner aufgezwungen, sondern nur ein zusätzlicher Schuldner in Aussicht gestellt. Zudem handelt es sich nicht um irgendeinen Nicht-Vertragspartner. Aus Sicht der übergehenden Arbeitnehmer ist der Erwerber – vorbehaltlich eines Widerspruchs – der zukünftige Arbeitgeber. Auch die berufliche Zukunft der übrigen vom Übergang betroffenen Arbeitnehmer knüpft an die unternehmerischen Entscheidungen von Veräußerer und Erwerber an. Schließlich wird dem Arbeitnehmer durch die Gesamtschuldnerschaft das Recht, von seinem Vertragspartner die Unterrichtung zu verlangen, nicht genommen.

Auch der Einwand des Arbeitnehmerdatenschutzes kann im Ergebnis nicht überzeugen. Ein ausdrückliches Verbot, dass der Veräußerer und der Erwerber die Arbeitnehmer des jeweils anderen nicht unterrichten dürfen, enthält die RL 2001/23/EG nicht. Es verbleibt der allgemein im Unionsrecht verankerte Rechtsgedanke des Datenschutzes. Vorliegend tritt der Arbeitnehmerschutz durch Datenschutz jedoch teilweise hinter den Arbeitnehmerschutz durch Information zurück. Ein begrenzter Datenaustausch sichert das Informationsinteresse auf eine vollständige

270 ErfK/Preis, § 613a BGB Rn. 90; Staudinger/Annuß, § 613a BGB Rn. 261.

271 Riesenhuber, RdA 2004, 350; offen lassend: Maschmann, BB-Special 6 2006, 31 Fn. 43.

272 Riesenhuber, RdA 2004, 350; Riesenhuber, Gedächtnisschrift für Wolfgang Blomeyer, 203, mit Verweis auf RL 95/46/EG des Europäischen Parlaments und des Rates vom 24.10.1995 zum Schutz natürlicher Personen bei der Verarbeitung personenbezogener Daten und zum freien Datenverkehr (ABl. Nr. L 281 vom 23.11.1995, 31).

273 Riesenhuber, RdA 2004, 350; Riesenhuber, Gedächtnisschrift für Wolfgang Blomeyer, 203.

und fehlerfreie Unterrichtung der Arbeitnehmer ab. Nach der Vorstellung des Richtliniengebers arbeitet „der Erwerber [...] mit dem Veräusserer bei der Bereitstellung der zur Einhaltung dieser Verpflichtungen erforderlichen Informationen zusammen“[274]. Nach den Gesetzesmaterialien zur Umsetzung der Richtlinienvorgaben sollen sich bisheriger Arbeitgeber und neuer Inhaber untereinander verständigen, in welcher Weise sie ihre Informationspflicht erfüllen[275]. Der Richtliniengeber und auch der deutsche Gesetzgeber gingen folglich davon aus, dass eine ordnungsgemäße Unterrichtung eine Absprache zwischen den Verpflichteten erfordert. Im Rahmen dieser Absprache ist ein begrenzter Austausch von Informationen über die vom Übergang betroffenen Arbeitnehmer zwingend erforderlich[276]. Damit z.B. der Erwerber den beim Veräußerer beschäftigten und der Veräußerer den beim Erwerber beschäftigten Arbeitnehmern das Unterrichtungsschreiben übermitteln kann, benötigen sie die Namen und Adressen der jeweils anderen Mitarbeiter. Dem berechtigten Datenschutzinteresse der betroffenen Arbeitnehmer kann und muss durch geeignete Schutzmaßnahmen Rechnung getragen werden. In rechtlicher Hinsicht bietet es sich an, Vertraulichkeitsvereinbarungen abzuschließen, die eine diskrete Behandlung der Arbeitnehmerdaten sowie die Überwachung, der mit den Daten betrauten Personen sicherstellen; auf tatsächlicher Ebene stellt die Einrichtung eines physischen oder virtuellen Datenraums sicher, dass nur ein begrenzter Personenkreis Zugriff auf die vertraulichen Daten erhält[277].

Weder das Datenschutzinteresse noch die Vertragsfreiheit spricht somit durchgreifend gegen die Annahme einer Gesamtschuld. Auf der anderen Seite ist ein zusätzlicher Schuldner „günstiger“[278]. Die Gesamtschuldnerschaft verschafft den Arbeitnehmern einen zusätzlichen Informationsschuldner: Den eventuell von vornherein beim Erwerber in einem aufnehmenden Betrieb beschäftigten Arbeitnehmern stünde neben dem neuen Inhaber auch der Veräußerer als Informationsschuldner zur Verfügung. Für die auf den neuen Inhaber übergehenden Arbeitnehmer und den beim bisherigen Arbeitgeber im „Restbetrieb“ verbleibenden Arbeitnehmern käme zum bisherigen Arbeitgeber noch der Erwerber als weiterer Schuldner der Informationspflicht hinzu. Als der Gesetzgeber dem informationsberechtigten Arbeitnehmer einen zusätzlichen Schuldner zur Seite stellte, hatte er nicht nur die Primärebene, also die Verpflichtung zur Information, im

274 Änderung 11 der Legislativen Entschließung mit der Stellungnahme des Europäischen Parlaments zu dem Vorschlag für eine Richtlinie des Rates zur Angleichung der Rechtsvorschriften der Mitgliedstaaten über die Wahrung von Ansprüchen der Arbeitnehmer beim Übergang von Unternehmen, Betrieben oder Betriebsteilen, ABl. Nr. C 033 vom 3.2.1997, 81.

275 BT-Drucks. 14/7760, 19 (rechte Spalte).

276 Vgl. Göpfert/Meyer, NZA 2011, 491, nach denen i.d.R. auch ein berechtigtes Interesse im Sinne von § 28 Abs. 1 S. 1 Nr. 2 BDSG am Datenaustausch zum Zwecke der Durchführung eines Betriebsübergangs besteht.

277 Vgl. Göpfert/Meyer, NZA 2011, 491.

278 Rieble, Festschrift für Arbeitsgemeinschaft Arbeitsrecht, 694.

Blick. Für den Arbeitnehmer ist auch die Sekundärebene, insbesondere die Frage nach Schadensersatz bei einer nicht ordnungsgemäßen Information, von Bedeutung. Durch einen zusätzlichen Schuldner ist die Gesamtschuldnerschaft dazu geeignet, das bestehende Liquiditätsrisiko für die Arbeitnehmer deutlich zu verringern. Danach stellt sich die Gesamtschuld als eine für die Arbeitnehmer günstigere Rechtsvorschrift dar. Zu prüfen bleibt, ob zwischen dem bisherigen Arbeitgeber und dem neuen Inhaber nach den nationalen Auslegungskriterien tatsächlich eine Gesamtschuld angenommen werden kann.

bb) Auslegung nach dem Wortlaut

Nach dem Wortlaut des § 613a Abs. 5 BGB „hat" der bisherige Arbeitgeber „oder" der neue Betriebsinhaber die von einem Übergang betroffenen Arbeitnehmer zu unterrichten.

Teilweise wird aus dem Wort „oder" geschlossen, dass die Informationspflicht alternativ entweder den bisherigen Arbeitgeber oder den neuen Inhaber treffe, also nur einen von beiden[279]. Dieses Verständnis als ein ausschließendes „oder", welches ausdrückt, dass von mehreren Möglichkeiten nur eine als Tatsache zutrifft („entweder – oder"), ist aber nur eine von mehreren möglichen Bedeutungen der Konjunktion „oder" im allgemeinen Sprachgebrauch. Der Konjunktion „oder" kann auch die Bedeutung zukommen, zwei oder mehrere Möglichkeiten, die zur Wahl stehen, miteinander zu verbinden[280]. In der vorgenannten Bedeutung unterscheidet sich ein „oder" von einem „und" nur dadurch, dass die mit der Konjunktion verbundenen Möglichkeiten bei einem „oder" zur Wahl stehen. Nach dieser Bedeutung der Konjunktion „oder" sind der bisherige Arbeitgeber und der neue Inhaber beide als Adressaten der Informationspflicht benannt.

Wird das „oder" in der Weise verwendet, dass es zwei oder mehrere Möglichkeiten, die zur Wahl stehen, miteinander verbindet, muss weiter zwischen einem einschließenden und einem ausschließenden „oder" unterschieden werden[281]. Kann man von mehreren Möglichkeiten mehrere wählen, liegt ein einschließendes „oder" vor. Muss man sich für eine der Möglichkeiten entscheiden, liegt ein ausschließendes „oder" vor. Der Gesetzgeber hat im Einleitungssatz des § 613a Abs. 5 BGB ein ausschließendes „oder" verwendet. Hierfür spricht zunächst die finite Verbform „hat" im Einleitungssatz des § 613a Abs. 5 BGB. Im Allgemeinen steht das Verb bei einem ausschließenden „oder" im Singular und bei einem einschließenden „oder" im Plural[282]. Für ein einschließendes „oder"

279 Vgl. Gaul/Otto, DB 2002, 639, Franzen, RdA 2002, 264 und Dreher, in: Bernsau/Dreher/Hauck, § 613a BGB Rn. 170, die allerdings trotz des für sie entgegenstehenden Wortlauts im Ergebnis eine Gesamtschuld bejahen. Vgl. auch Rieble, Festschrift für Arbeitsgemeinschaft Arbeitsrecht, 691 f.

280 Duden, Stichwort: oder, Bedeutung 1 c).

281 Duden, Richtiges und gutes Deutsch, Eintrag: Kongruenz, Unterpunkt 1.3.12.

282 Duden, Richtiges und gutes Deutsch, Eintrag: Kongruenz, Unterpunkt 1.3.12.

wäre das Verb demnach im Plural („haben“) und nicht im Singular („hat“) gesetzt worden. Neben dieser grammatikalischen Feinheit spricht gegen ein einschließendes „oder“ auch, dass dann von mehreren Möglichkeiten mehrere zugleich in Betracht kämen. Die Möglichkeiten bilden vorliegend die Unterrichtungsleistung durch den bisherigen Arbeitgeber oder den neuen Inhaber. Demnach könnte der Berechtigte bei einem einschließenden „oder“ die Unterrichtungsleistung von beiden verlangen. Eine doppelte Unterrichtung wäre jedoch nicht sinnvoll[283]. Es bestünde die Gefahr, dass die Verpflichteten die Arbeitnehmer unterschiedlich informieren würden. Unterschiedliche Informationen könnten zu Verwirrungen bei den Berechtigten der Unterrichtung führen und aus Sicht der übergehenden Arbeitnehmer Zweifel am Beginn der Widerspruchsfrist aufwerfen. Die Behauptung, dass der Gesetzgeber statt der Konjunktion „oder“ die Konjunktion „und“ verwendet hätte, wenn er eine Gesamtschuld hätte regeln wollen[284], kann ebenfalls nicht überzeugen[285]. Auch durch die alleinige Verwendung der Konjunktion „und“ würde nicht deutlich, nach welchen Regeln eine Schuldnermehrheit zu behandeln ist. In anderen Regelungszusammenhängen, in denen der Gesetzgeber die Konjunktion „und“ oder die Präposition „neben“ in den Gesetzestext aufgenommen hat, wird die Gesamtschuld erst durch das Anfügen der Wortgruppe „als Gesamtschuldner“ festgelegt[286]. Fehlt diese Wortgruppe wird für den Rechtsanwender nicht deutlich, dass der Gläubiger die Unterrichtungsleistung trotz einer Schuldnermehrheit nur einmal fordern kann. Bei einem ausschließenden „oder“ muss sich der Berechtigte demgegenüber für eine der Möglichkeiten, d.h. für die Unterrichtungsleistung durch den bisherigen Arbeitgeber oder durch den neuen Inhaber entscheiden. Von wem er die Unterrichtungsleistung verlangt, steht in seinem Belieben. Er kann die Unterrichtungsleistung aber nur einmal fordern. Ihm ist es daher verwehrt, die Unterrichtungsleistung vom bisherigen Arbeitgeber und gleichzeitig vom neuen Inhaber einzufordern. Durch die Teilbarkeit der Unterrichtungsleistung in bestimmte Unterrichtungsgegenstände ist es theoretisch denkbar, dass sich der Berechtigte hinsichtlich des einen Teils der Leistung an den einen und hinsichtlich des anderen Teils der Leistung an den anderen Verpflichteten richtet. Auch in diesem Fall müsste sich der Gläubiger – beschränkt auf den jeweiligen Teil der Leistung – für eine der Möglichkeiten, d.h. für einen der Verpflichteten entscheiden. Durch die Formulierung „oder“ wird nur verdeutlicht, dass die Unterrichtung durch einen der Verpflichteten ausreichend ist[287]. Die Auslegung als ausschließendes „oder“ im vorgenannten Sinne entspricht somit

283 Gaul/Otto, DB 2002, 640.

284 Franzen, RdA 2002, 264; ihm folgend: Rieble, Festschrift für Arbeitsgemeinschaft Arbeitsrecht, 691.

285 So auch Rupp, NZA 2007, 302, nach dem die Arbeitgeber trotz der Formulierung „oder“ gleichzeitig nebeneinander haften.

286 Beispiele für diese Gesetzestechnik finden sich in §§ 651b Abs. 2, 1390 Abs. 1 BGB und für „neben“ in §§ 563b Abs. 1, 613a Abs. 2 BGB.

287 Rupp, NZA 2007, 202.

der Situation einer Gesamtschuld nach § 421 BGB. Mehrere sind verpflichtet, die ganze Leistung zu bewirken. Der Gläubiger kann die Leistung nur einmal fordern, von welchem Gesamtschuldner er die Leistung ganz oder teilweise verlangt, steht in seinem Belieben.

Der Wortlaut des Einleitungssatzes des § 613a Abs. 5 BGB steht der Auslegung einer Gesamtschuld somit nicht nur nicht entgegen, sondern unterstützt diese sogar[288]. Zutreffend formuliert das BAG, dass

> *„[...] das Gesetz in der Frage der Informationspflicht zum Betriebsübergang den alten und neuen Arbeitgeber als Einheit sieht"*[289].

cc) Schuldrechtsdogmatische Überlegungen

Schließlich werden schuldrechtsdogmatische Erwägungen gegen eine Gesamtschuld ins Feld geführt. Der „eindeutige"[290] Wortlaut des § 613a Abs. 5 BGB verlangt, dass die Unterrichtungsverpflichteten „vor dem Übergang" zu informieren sind. Demnach muss nach den bisherigen Ausführungen z.B. auch der neue Inhaber die übergehenden Arbeitnehmer vor dem Übergang informieren. Für die Verpflichtung zur Information auch des Betriebserwerbers gegenüber den übergehenden Arbeitnehmern vor dem Übergang sei aber keine dogmatische Grundlage ersichtlich, woraus geschlussfolgert wird, dass eine Gesamtschuld abzulehnen sei[291]. Weder ein vorvertragliches Schuldverhältnis noch die Konstruktion einer drittbegünstigenden Informationspflicht noch ein Rückgriff auf Treu und Glauben noch eine gesetzliche Informationspflicht komme in Frage.

Dieser Ansicht kann hier nicht gefolgt werden. Wie bereits erörtert (vgl. § 2 C III 1), entspringt die Unterrichtungspflicht in Fällen, in denen der Verpflichtete in keinem Vertragsverhältnis zum Berechtigten steht, aus einem speziellen durch § 613a Abs. 5 BGB unmittelbar begründeten gesetzlichen Schuldverhältnis.

dd) Historische Auslegung

In den Gesetzesmaterialien heißt es: „Beide sollen sich untereinander verständigen, in welcher Weise sie ihre Informationspflicht erfüllen"[292]. Hieraus wird teilweise geschlussfolgert, dass sich die Verpflichteten entscheiden müssten, wer die Informationen

---

288 Im Ergebnis wie hier: Mückl, RdA 2008, 343; Rupp, NZA 2007, 202; **a.A.** Rieble, Festschrift für Arbeitsgemeinschaft Arbeitsrecht, 692, der im „oder" nicht den Hinweis auf eine Gesamtschuld sieht, sondern auf eine zeitliche Zäsur des Arbeitsverhältnisübergangs.

289 BAG, 27.11.2008 – 8 AZR 174/07, NZA 2009, 552 (B II 3 a).

290 Franzen, RdA 2002, 264.

291 Rieble, Festschrift für Arbeitsgemeinschaft Arbeitsrecht, 692 f., der allerdings nur die übergehenden Arbeitnehmer als Berechtigte der Unterrichtung ansieht. Vgl. auch schon Rieble, NZA 2004, 8, der für den Erwerber vor dem Übergang noch von einer Obliegenheit ausgeht.

292 BT-Drucks. 14/7760, 19 (rechte Spalte).

erteilen soll[293]. Wenn aber Betriebsveräußerer und Betriebserwerber entscheiden, wer die Unterrichtung zu leisten hat, könne keine Gesamtschuldnerschaft vorliegen, weil diese voraussetze, dass der Gläubiger die Leistung von beiden verlangen kann[294].

Eine Verständigung steht einer Gesamtschuld nicht entgegen. Die Gesetzesmaterialien sprechen nur von einer Verständigung und nicht von einer Pflicht zur Entscheidung. Zwar kann das Resultat dieser Verständigung sein, dass die Unterrichtung nur von einem der Schuldner ausgeführt werden soll. Veräußerer und Erwerber müssen sich aber keineswegs entscheiden, dass nur einer die Unterrichtung zu leisten hat. Sie könnten sich z.B. auch darauf verständigen, die Arbeitnehmer gemeinsam zu unterrichten. Auf der anderen Seite hat die Verständigung zwischen Veräußerer und Erwerber keinerlei Bedeutung für das Recht des Arbeitnehmers, sich seinen Informationsschuldner frei auszusuchen[295]. Die Verständigung regelt allein das Innenverhältnis zwischen Veräußerer und Erwerber. Ihr kommt keine Außenwirkung zu. Informiert, entsprechend der internen Verständigung, nur ein Schuldner, handelt es sich hierbei um einen rein tatsächlichen Vorgang, der keinerlei Rückschlüsse auf die bestehende Rechtslage im Außenverhältnis zulässt[296]. Man könnte noch einwenden, dass das Wahlrecht nur in der Theorie bestehe, weil der Arbeitnehmer erst durch die Unterrichtung überhaupt Kenntnis vom Übergang erlangt. Wenn durch die Unterrichtung bereits Erfüllung der Gesamtschuld eingetreten ist, kann er auch nicht mehr von seinem Wahlrecht Gebrauch machen, §§ 422 Abs. 1 S. 1, 362 Abs. 1 BGB. Dagegen spricht aber, dass diese Situation bei jeder anderen Gesamtschuld auch auftreten kann. Die Erfüllung durch einen Gesamtschuldner ist nicht daran geknüpft, dass der Gläubiger einen der Schuldner vorab bereits ausgewählt haben muss.

Schließlich handelt es sich nach den Gesetzesmaterialien um „ihre Informationspflicht“. Diese Formulierung spricht dafür, dass sowohl der bisherige Arbeitgeber als auch der neue Inhaber verpflichtet sein sollen, die Informationspflicht zu bewirken[297].

III. Wissenszurechnung im Außenverhältnis und Auskunftsanspruch im Innenverhältnis

1. Europarechtliche Vorgaben

In der Regel verfügen Veräußerer und Erwerber selbst nicht über sämtliche Kenntnisse, die für eine ordnungsgemäße Unterrichtung nach Art. 7 Abs. 6 Spiegelstrich 3

293 Worzalla, NZA 2002, 354; Franzen, RdA 2002, 264.

294 Worzalla, NZA 2002, 354; **a.A.** Franzen, RdA 2002, 264, der die Gesetzesmaterialien als nicht weiterführend betrachtet.

295 **A.A.** wohl Worzalla, NZA 2002, 354 und Schiefer/Worzalla, NJW 2009, 559, nach denen die Arbeitgeber „entscheiden, wer die Unterrichtung zu leisten hat“ und deshalb eine Gesamtschuldnerschaft ausscheiden soll.

296 Mückl, RdA 2008, 343; Rupp, NZA 2007, 302.

297 Franzen, RdA 2002, 264.

und 4 RL 2001/23/EG erforderlich wären. Dem Veräußerer sind die Maßnahmen, die der Erwerber für die übergehenden Arbeitnehmer in Aussicht genommen hat (z.B. Restrukturierungsmaßnahmen), unbekannt. Auch die rechtlichen, wirtschaftlichen und sozialen Folgen des Übergangs für die übergehenden Arbeitnehmer hängen von den im Betrieb des Erwerbers herrschenden Rahmenbedingungen (z.B. Betriebsvereinbarungen, Tarifbindung und Tarifverträge) ab. Auf der anderen Seite sind sowohl die in Aussicht genommenen Maßnahmen hinsichtlich der eventuell von vornherein im aufnehmenden Erwerberbetrieb beschäftigten Arbeitnehmer als auch die rechtlichen, wirtschaftlichen und sozialen Folgen des Übergangs für diese Arbeitnehmer davon abhängig, in welchem Zustand sich der übergehende Betrieb des Veräußerers derzeitig befindet.

Gleichwohl verpflichtet Art. 7 Abs. 6 RL 2001/23/EG Veräußerer und Erwerber dazu, ihre jeweils eigenen Arbeitnehmer über den gesamten Informationskatalog vollständig und richtig zu unterrichten. Der europäische Richtliniengeber hat die individuelle Informationspflicht von Veräußerer und Erwerber nur bezüglich der Adressatenschaft beschränkt, inhaltlich sind keine Einschränkungen vorgesehen. Subjektive Wissensdefizite befreien die informierende Partei daher nicht von ihrer Informationspflicht. Stattdessen findet im Außenverhältnis eine Wissenszurechnung zwischen den informationsverpflichteten Arbeitgebern statt. Eine Auslegung, wonach sich die informationsverpflichtete Partei mit befreiender Wirkung auf ihr Nichtwissen berufen könnte, würde Art. 7 Abs. 6 RL 2001/23/EG in der Praxis jeglichen Anwendungsbereich entziehen. Für den Fall, dass Veräußerer oder Erwerber einem Konzern angehören, setzt der europäische Richtliniengeber eine Wissenszurechnung sogar stillschweigend voraus. Nach Art. 7 Abs. 4 UAbs. 2 RL 2001/23/EG ist es dem Arbeitgeber verwehrt, sich auf die Nichtübermittlung von Informationen durch ein ihn beherrschendes Unternehmen zu berufen. Der Arbeitgeber kann „nicht deshalb entschuldigt werden, weil das Unternehmen, das die zum Übergang führende Entscheidung getroffen hat, den Arbeitgeber nicht rechtzeitig unterrichtet hat“[298]. Die Annahme, dass der Arbeitgeber trotz Unkenntnis nicht von seinen Verpflichtungen zur Information und Konsultation befreit wird, setzt die Zurechnung der Kenntnisse des beherrschenden Unternehmens auf den Arbeitgeber voraus. Art. 7 Abs. 4 UAbs. 2 RL 2001/23/EG fingiert insoweit einen gleichen Informationsstand zwischen dem informationspflichtigen Arbeitgeber und dem beherrschenden Unternehmen.

Zur Abfederung der Wissenszurechnung im Außenverhältnis, können nach dem Willen des europäischen Richtliniengebers Regelungen im Innenverhältnis zwischen Veräußerer und Erwerber vorgesehen werden[299]. Nach Art. 3 Abs. 2

298 Nr. 39 der Begründung der Kommission, BR-Drucks.896/94, 17.

299 Vgl. auch die Legislative Entschließung mit der Stellungnahme des Europäischen Parlaments zu dem Vorschlag für eine Richtlinie des Rates zur Angleichung der Rechtsvorschriften der Mitgliedstaaten über die Wahrung von Ansprüchen der Arbeitnehmer beim Übergang von Unternehmen, Betrieben oder Betriebsteilen,

RL 2001/23/EG können die Mitgliedstaaten Maßnahmen ergreifen, die sicherstellen, dass dem Erwerber die auf ihn übergegangenen Rechte und Pflichten zur Kenntnis gelangen[300]. Zu denken ist hierbei insbesondere an einen wechselseitigen Auskunftsanspruch der beteiligten Arbeitgeber untereinander.

2. *Ausformung im deutschen Recht*

Im deutschen Recht treten die im europäischen Recht angesprochenen Probleme bei der Informationsverschaffung in verschärfter Form auf. Ebenso wie nach den europarechtlichen Vorgaben schulden die beteiligten Arbeitgeber eine vollständige und richtige Information[301]. In Abkehr zum europäischen Vorbild besteht im deutschen Recht aber keine auf die jeweiligen Arbeitnehmer beschränkte Einzelschuld zur Information, sondern eine Gesamtschuld beider Arbeitgeber gegenüber allen vom Übergang betroffenen Arbeitnehmern (vgl. § 2 D II 2 b). Folglich muss der bisherige Arbeitgeber auch die eventuell von vornherein beim neuen Inhaber in einem aufnehmenden Betrieb beschäftigten Arbeitnehmer und der neue Inhaber die übergehenden Arbeitnehmer und die eventuell in seinem „Restbetrieb" verbleibenden Arbeitnehmer über sämtliche in § 613a Abs. 5 BGB aufgezählten Informationsgegenstände unterrichten. Regelmäßig kann weder der bisherige Arbeitgeber noch der neue Inhaber von sich heraus eine vollständige und zutreffende Information über die nach § 613a Abs. 5 Nr. 3 und 4 BGB zu erteilenden Informationen bewirken[302].

Im personellen Anwendungsbereich der Richtlinie, also in Betrieben, in denen keine Arbeitnehmervertretung gebildet werden kann, führt eine richtlinienkonforme Auslegung dazu, dass zwischen den beteiligten Arbeitgebern eine Wissenszurechnung im Außenverhältnis stattfindet[303]. Außerhalb des personellen Anwendungsbereichs folgt dieses Ergebnis aus einer quasi-richtlinienkonformen Auslegung. Übersetzt in die national-schuldrechtliche Dogmatik bedeutet dies, dass eine (teilweise) subjektive Unmöglichkeit nach § 275 Abs. 1 BGB für die hier

---

ABl. Nr. C 033 vom 3.2.1997, 81, Änderung 11: „Der Erwerber arbeitet mit dem Veräusserer bei der Bereitstellung der zur Einhaltung dieser Verpflichtungen erforderlichen Informationen zusammen."

300 Nach Ansicht des BAG, 27.11.2008 – 8 AZR 174/07, AP Nr. 363 zu § 613a BGB (B II 3 a), fingiert Art. 3 Abs. 2 RL 2001/23/EG sogar einen identischen Informationsstand von Veräußerer und Erwerber über die Rechte und Pflichten der übergegangenen Arbeitsverhältnisse.

301 Rieble, Festschrift für Arbeitsgemeinschaft Arbeitsrecht, 697.

302 Bezüglich der übergehenden Arbeitnehmer so auch: Grau, Unterrichtung, 107; Mückl, RdA 2008, 345.

303 Bezogen auf den konzerninternen Betriebsinhaberwechsel so auch: Gaul, Betriebs- und Unternehmensspaltung, § 11 Rn. 20; Staudinger/Annuß, § 613a BGB Rn. 261. Für eine Wissenszurechnung im Außenverhältnis im Ergebnis auch: Grau, Unterrichtung, 106 f.; Meyer, Unterrichtung, § 2 Rn. 317; Schiefer/Worzalla, NJW 2009, 561.

relevanten Fälle nach einer (quasi-)richtlinienkonformen Auslegung ausscheidet[304]. Die Verpflichtung zur Information bleibt auch für diejenigen Informationsgegenstände bestehen, die den Wissenshorizont des Unterrichtungsverpflichteten übersteigen. Eine (teilweise) Befreiung von Primäransprüchen scheidet aus. Die Gesamtschuld und somit die im Vergleich zu den europarechtlichen Vorgaben „günstigere" Regelung im deutschen Recht führt zu keinem anderen Ergebnis. Für das Gesamtschuldverhältnis von bisherigem Arbeitgeber und neuem Inhaber ist in § 613a BGB im Bereich der Wissenszurechnung „ein anderes" normiert worden, so dass dem einen Gesamtschuldner ausnahmsweise die Kenntnisse eines anderen Gesamtschuldners zuzurechnen sind, vgl. § 425 Abs. 1 BGB[305]. Verfügt allerdings auch der andere Arbeitgeber nicht über die positive Kenntnis von den unterrichtungsrelevanten Umständen, kann auch keine Wissenszurechnung stattfinden.

Theoretisch ist die Erfüllung der Informationspflicht durch isolierte Informationsschreiben des Veräußerers und des Erwerbers denkbar, wenn diese in der Summe eine vollständige, richtige und verständliche, insbesondere nicht widersprüchliche, Information der Arbeitnehmer ergeben. In der Praxis wird dies aber ohne vorherige Absprachen praktisch kaum jemals der Fall sein. Beide Arbeitgeber sind regelmäßig bei der Erfüllung ihrer Informationspflicht nach § 613a Abs. 5 BGB auf die Mithilfe des jeweils anderen Teils angewiesen[306]. Möglich ist, dass sich die beteiligten Arbeitgeber auf eine gemeinsame Unterrichtung der Arbeitnehmer einigen. Unterrichtet nur einer der beteiligten Arbeitgeber, muss

304 Im Ergebnis auch: Mückl, RdA 2008, 345, der insoweit allerdings von einer teleologischen Reduktion des § 275 Abs. 1 BGB ausgeht. Vgl. auch Grau, Unterrichtung, 106 ff., 278, 281, der jedoch bei Feststehen der Nichtbeschaffbarkeit von Informationen eine (teilweise) Befreiung von der Primärschuld wegen Unmöglichkeit annimmt, wobei die eigenen Informationen allein nicht ausreichen sollen, um die Widerspruchsfrist in Gang zu setzen. **A.A.** Staudinger/Annuß, § 613a BGB Rn. 261, der von einer uneingeschränkten Anwendbarkeit des § 275 Abs. 1 BGB ausgeht.

305 Im Ergebnis so auch: APS/Steffan, § 613a BGB Rn. 203 und Hauck, NZA-Beilage 1/2009, 19, die wegen der Gesamtschuldnerschaft („daher") die Möglichkeit ablehnen, dass „sich der eine [...] mit ausschließlicher Kenntnis des anderen entschuldigen" kann. Vgl. auch Cohnen, in: Moll, Arbeitsrecht, § 55 Rn. 23, der „entsprechend der gesamtschuldnerischen Haftung [...] auf den kumulierten Kenntnisstand von Veräußerer und Erwerber" abstellt; ähnlich: Lindemann/Wolter-Roßteutscher, BB 2007, 940, der mit dem Zweck der Unterrichtungspflicht argumentiert. Für die Wissenszurechnung bei der für die Verwirkung des Widerspruchsrechts notwendigen Kenntnis von den vertrauensbildenden Umständen: BAG, 27.11.2008 – 8 AZR 174/07, AP Nr. 363 zu § 613a BGB (B II 3 a). Es läge nahe, dass Gesamtschuldner einer Informationspflicht „hinsichtlich des Informationsstands zum Arbeitnehmerverhalten einheitlich aufzufassen" seien.

306 Jedenfalls in Bezug auf die übergehenden Arbeitnehmer so auch: Huke, FA 2002, 264; Jaeger, ZIP 2004, 434; Kuckuk, ArbRB 2008, 62; Nehls, NZA 2003, 822; Schnitker/Grau, BB 2005, 2241; Rieble, Festschrift für Arbeitsgemeinschaft Arbeitsrecht, 697, 712.

er sich die ihm unbekannten Informationen im Vorfeld der Unterrichtung aus der Sphäre des jeweils anderen Arbeitgebers besorgen und sich somit auch tatsächlich auf denselben Wissensstand bringen, um seine Informationspflicht zu erfüllen[307]. Der Hinweis, dass gewisse Informationen aus der Sphäre des jeweils anderen unbekannt sind, genügt für eine ordnungsgemäße Unterrichtung nicht[308]. Sind die vom anderen Arbeitgeber erhaltenen Informationen unrichtig oder unvollständig und werden diese fehlerhaften Informationen an die Arbeitnehmer weitergeleitet, liegt darin ebenfalls keine Erfüllung der Unterrichtungspflicht.

In der Praxis kann es vorkommen, dass sich eine Partei weigert, unterrichtungsrelevante Informationen herauszugeben und auch nicht selbst die Arbeitnehmer unmittelbar hierüber informiert. Dies kann beispielsweise in den Fällen einer „feindlichen" Übernahme oder bei einem einseitigen Bestreiten des Vorliegens eines Betriebsübergangs der Fall sein. Der deutsche Gesetzgeber hat diese, letztlich aus der Wissenszurechnung im Außenverhältnis entstehende, Problematik erkannt und für das Innenverhältnis ausgeführt, dass sich der bisherige Arbeitgeber und der neue Inhaber untereinander verständigen sollen, in welcher Weise sie ihre Informationspflicht erfüllen[309]. Eine Verständigung der Gesamtschuldner ist auch sinnvoll, um parallele und möglicherweise sogar sich widersprechende Informationen ausschließen zu können[310].

Von der dogmatischen Einordnung dieser „Verständigung" hängen die Rechtsfolgen einer fehlenden bzw. ungenügenden Kooperationsbereitschaft im Innenverhältnis der beteiligten Arbeitgeber ab. Wurde eine Regelung in den Übernahmevertrag aufgenommen, handelt es sich um eine vertragliche Auskunftspflicht, die im Falle unvollständiger oder falscher Auskunft mit Schadensersatzansprüchen (§§ 280 ff. BGB) bewährt ist und notfalls mittels Auskunftsklage, gerichtet auf die unterrichtungsrelevanten Tatsachen, durchgesetzt werden kann. Den Arbeitnehmern entstehen daraus keine Ansprüche[311]. Fehlt eine konkrete Vereinbarung zum Austausch unterrichtungsrelevanter Daten, ist in der Literatur weitgehend anerkannt, dass im Innenverhältnis zwischen den Arbeitgebern eine wechselseitige Auskunftspflicht hinsichtlich der für eine ordnungsgemäße Unterrichtung notwendigen, aus der jeweils anderen Sphäre stammenden, Hintergrundinformationen besteht[312]. Über die dogmatische Einordnung dieser

307 Lindemann/Wolter-Roßteutscher, BB 2007, 940; vgl. auch Rieble, Festschrift für Arbeitsgemeinschaft Arbeitsrecht, 697, der insoweit von einer „Informationsbeschaffungspflicht" spricht.

308 **A.A.** Maschmann, BB-Special 6 2006, 32, der davon ausgeht, dass grundsätzlich keine „Nachforschungspflicht" bezüglich Informationen aus der Sphäre des anderen Arbeitgebers bestehe.

309 BT-Drucks. 14/7760, 19 (rechte Spalte).

310 Mückl, RdA 2008, 343; Rupp, NZA 2007, 302.

311 Dreher, in: Bernsau/Dreher/Hauck, § 613a BGB Rn. 172.

312 **A.A.** soweit ersichtlich nur Maschmann, BB-Special 6 2006, 32, der für die Annahme eines Auskunftsanspruchs eine ausdrückliche gesetzliche Regelung verlangt.

Auskunftspflicht herrscht allerdings Uneinigkeit. Sie soll als Nebenpflicht aus dem Betriebsübergangsvertrag[313], aus dem durch § 613a Abs. 5 Hs. 1 BGB i.V.m. § 421 BGB gesetzlich begründeten Gesamtschuldverhältnis zwischen bisherigem Arbeitgeber und neuem Inhaber[314], aus beidem[315] oder aus Treu und Glauben nach § 242 BGB[316] folgen.

Nach richtiger Ansicht handelt es sich um eine Pflicht aus dem Gesamtschuldverhältnis. Der Gesetzgeber hat zwischen den Unterrichtungsverpflichteten eine Gesamtschuld angeordnet und somit eine Schicksalsgemeinschaft zwischen den zur Unterrichtung verpflichteten Arbeitgebern hergestellt. Das gesetzliche Gesamtschuldverhältnis verpflichtet die Gesamtschuldner zur wechselseitigen Mitwirkung bei der Befriedigung des Gläubigers[317]. Sie sind untereinander zur Interessenwahrung verpflichtet[318]. Die Regelung einer Gesamtschuld kann daher als geeignete Maßnahme verstanden werden, um sicher zu stellen, dass beide Arbeitgeber – entsprechend dem in Art. 3 Abs. 2 RL 2001/23/EG enthaltenen Gedanken – Kenntnis über die unterrichtungsrelevanten Informationen erlangen. Der Gesetzgeber hat, unabhängig vom Bestehen unmittelbarer Vertragsbeziehungen zwischen bisherigem Arbeitgeber und neuem Inhaber, die Auskunftspflicht als eine Gesamtschuld ausgestaltet. Die beschriebenen Informationsdefizite stehen folglich der Annahme einer Gesamtschuld nach allgemeinen Grundsätzen nicht nur nicht entgegen[319]. Im Gegenteil, sie können sogar als Hauptgrund für die Ausgestaltung als Gesamtschuldverhältnis angesehen werden. Der Auskunftsanspruch gegenüber dem Dritten dient als Kompensation für die Verpflichtung, über Umstände aus der Sphäre des anderen zu informieren.

Der Auskunftsanspruch ist mittels Auskunftsklage einklagbar[320]. Es handelt sich um eine aus dem Gesamtschuldverhältnis resultierende Pflicht der Gesamtschuldner untereinander und nicht um eine gemeinsam im Außenverhältnis geschuldete Pflicht. Dies hat zur Folge, dass für die aus der Verletzung des Auskunftsanspruchs

---

313 Fuhlrott/Ritz, BB 2012, 2690; Meyer, AuA 2002, 162; Nehls, NZA 2003, 823.

314 Sayatz/Wolff, DStR 2002, 2040; Grau, RdA 2007, 368; Kuckuk, ArbRB 2008, 62; Meyer, Unterrichtung, § 2 Rn. 17.

315 Dreher, in: Bernsau/Dreher/Hauck, § 613a BGB Rn. 172; Gussen, in: BeckOK R/G/K/U, § 613a BGB Rn. 143; Willemsen/Lembke, NJW 2002, 1162; vgl. auch Grau, Unterrichtung, 215 ff., der im Falle des Bestehens eines Betriebsübertragungsvertrags von einer selbständigen Nebenpflicht in Gestalt einer Mitwirkungspflicht aus diesem ausgeht und ansonsten eine Mitwirkungspflicht aus dem Gesamtschuldverhältnis herleitet.

316 Bayreuther, in: Dornbusch/Fischermeier/Löwisch, § 613a BGB Rn. 125; HWK/Willemsen/Müller-Bonanni, § 613a BGB Rn. 318; Mückl, RdA 2008, 344.

317 Palandt/Grüneberg, § 426 Rn. 5; Staudinger/Looschelders, § 426 Rn. 92 ff.

318 Erman/Erman, § 426 BGB Rn. 16.

319 KR/Treber, § 613a BGB, Rn. 108h; Dreher, in: Bernsau/Dreher/Hauck, § 613a BGB Rn. 171; Gussen, in: BeckOK R/G/K/U, § 613a BGB Rn. 143; Mückl, RdA 2008, 343.

320 Hierzu im Einzelnen: Kuckuk, ArbRB 2008, 62 ff.; Mückl, RdA 2008, 345.

resultierenden Schäden im Innenverhältnis nicht § 426 Abs. 1 S. 1 BGB eingreift[321]. Der Ausgleich im Innenverhältnis der Arbeitgeber erfolgt stattdessen nach §§ 280 ff. BGB[322]. Danach ist derjenige Arbeitgeber, der seine Auskunftspflicht verletzt hat, dem jeweils anderen Arbeitgeber im Innenverhältnis zum Ersatz des hieraus entstandenen Schadens bzw. zur Freistellung von Schadensersatzansprüchen der Arbeitnehmer (§§ 249 Abs. 1, 257 BGB) verpflichtet.

IV. Zurechnung fremden Verschuldens

Das Verschulden des Arbeitgebers wird gemäß § 280 Abs. 1 S. 2 BGB widerlegbar vermutet. Ihn trifft die Obliegenheit, fehlendes Verschulden nachzuweisen. Im Falle der Beauftragung eines sachverständigen Dritten muss er nachweisen, dass kein Anlass bestand, an den erhaltenen Informationen Zweifel zu hegen[323]. Bedient sich ein Arbeitgeber zur Erfüllung der Unterrichtungspflicht eines Dritten oder handelt ein gesetzlicher Vertreter für ihn, greift § 278 BGB mit der Folge ein, dass ihm auch das Verschulden des Dritten zugerechnet wird[324]. Insoweit bestehen keine Besonderheiten zum allgemeinen Schuldrecht.

Den (nicht) unterrichtenden Arbeitgeber trifft eigenes Verschulden, wenn ihm unter Beachtung der im Verkehr gebotenen Sorgfalt hätte auffallen müssen, dass die Informationen des anderen Arbeitgebers fehlerhaft sind[325]. Handelt es sich hierbei um Informationen aus einem fremden Herrschaftsbereich, sind an den Sorgfaltsmaßstab keine übermäßigen Anforderungen zu stellen. Die Fehlerhaftigkeit der Fremdinformation muss sich dem anderen Arbeitgeber geradezu aufdrängen. Dies ist der Fall, wenn im Unterrichtungszeitpunkt offenkundige Anhaltspunkte für die Fehlerhaftigkeit der Informationen bestanden[326]. Den allein informierenden Arbeitgeber trifft zudem eigenes Verschulden, wenn er es versäumt hat, sich die mitteilungspflichtigen Informationen aus der Sphäre des jeweils anderen Arbeitgebers zu besorgen oder wenn er im Unterrichtungsschreiben nicht offengelegt hat, dass ihm mitteilungsrelevante Informationen aus der Sphäre des anderen Arbeitgebers fehlen[327].

Die in § 613a Abs. 5 BGB angeordnete Gesamtschuldnerschaft zwischen den am Übergang beteiligten Arbeitgebern wirft weiter die Frage auf, ob sich ein Arbeitgeber der den Informationsfehler selbst nicht zu vertreten hat, das fremde Verschulden des jeweils anderen gesamtschuldnerisch mitverpflichteten Arbeitgebers zurechnen

321 Im Ergebnis wie hier: Gussen, in: BeckOK R/G/K/U, § 613a BGB Rn. 143; Mückl, RdA 2008, 346.

322 Vgl. Lindemann/Wolter-Roßteutscher, BB 2007, 940. Hierzu im Einzelnen: Mückl, RdA 2008, 346.

323 Fleischer, Informationsasymmetrie, 455.

324 Die gesamtschuldnerisch verpflichteten Arbeitgeber sind untereinander keine Erfüllungsgehilfen, vgl. Rieble, Festschrift für Arbeitsgemeinschaft Arbeitsrecht, 712 f.

325 Vgl. Bayreuther, in: Dornbusch/Fischermeier/Löwisch, § 613a BGB Rn. 137.

326 Vgl. Grau, RdA 2005, 373.

327 Vgl. Grau, RdA 2005, 373 und Fn. 74.

lassen muss. In der Praxis kommt es nicht selten vor, dass die am Betriebsübergang beteiligten Arbeitgeber hinsichtlich des Übergangs der Arbeitsverhältnisse diametrale Interessen verfolgen. Es kann zu absichtlichen Falschauskünften kommen. Eine generelle Zurechnung fremden Verschuldens hätte zur Folge, dass auch der schuldlos handelnde Arbeitgeber für die hieraus entstehenden Schäden der Arbeitnehmer mithaften müsste[328]. Dabei bildet die Zurechnung fremden Verschuldens (gesamtwirkendes Verschulden) im Außenverhältnis den Ausnahmefall[329]. Das Verschulden wirkt, soweit sich aus dem Schuldverhältnis nicht etwas anderes ergibt, nur für und gegen den Gesamtschuldner, den ein eigenes Verschulden trifft, § 425 Abs. 1, Abs. 2 Var. 3 BGB. Die Gesamtwirkung kann sich z.B. aus einer vom Grundsatz des § 425 BGB abweichenden Vereinbarung der Parteien ergeben[330]. Sie wird zudem angenommen, wenn die Pflichten der Gesamtschuldner derart eng miteinander verknüpft sind, dass sie eine wirtschaftliche oder lebensmäßige Einheit bilden[331]. Für die Gesamtwirkung im Falle des § 613a Abs. 5 BGB spricht, dass die gesamtschuldnerisch verpflichteten Arbeitgeber zur Erfüllung der Unterrichtungspflicht auf die Mithilfe des jeweils anderen Arbeitgebers angewiesen sind. Teile der Literatur gehen daher davon aus, dass sich aus dem gesetzlichen Schuldverhältnis nach § 613a Abs. 5 BGB etwas anderes ergeben soll[332]. Es entspreche zudem dem Arbeitnehmerschutzgedanken des § 613a Abs. 5 BGB, wenn es dem Arbeitnehmer erspart bleibe, selbst Nachforschungen zu betreiben, welcher Arbeitgeber für die fehlerhafte Information verantwortlich ist[333]. Andere halten eine Zurechnung fremden Verschuldens nur für gerechtfertigt, wenn die Unterrichtung gemeinschaftlich, d.h. beide Arbeitgeber treten nach außen als Absender in Erscheinung, durchgeführt wird[334].

Einer generellen Abweichung von dem durch § 425 Abs. 2 Var. 3 BGB aufgestellten Grundsatz kann hier nicht zugestimmt werden. Für die Frage der Gesamtwirkung des Verschuldens sind auch die berechtigten Interessen und Erwartungen der Gesamtschuldgläubiger zu berücksichtigen[335]. Die Arbeitnehmer trifft keine

328 Vgl. Grau, RdA 2005, 373; Meyer, Unterrichtung, § 3 Rn. 419.

329 Staudinger/Looschelders, § 425 Rn. 36; Palandt/Grüneberg, § 425 Rn. 4, 15.

330 BGH, 28.4.2010 – VIII ZR 263/09, NJW 2010, 1965 (II 1).

331 Bayreuther, in: Dornbusch/Fischermeier/Löwisch, § 613a BGB Rn. 137; Staudinger/Looschelders, § 425 Rn. 37; Rupp, NZA 2007, 304; **kritisch**: MK/Bydlinski, § 425 Rn. 19.

332 Cohnen, in: Moll, Arbeitsrecht, § 55 Rn. 6, 60; Rupp, NZA 2007, 304; Trittin, in: Bachner/Köstler/ Matthießen/Trittin, § 6 Rn. 110; wohl auch Gaul/Otto, DB 2002, 639 f.; Gaul/Otto, DB 2005, 2469.

333 Rupp, NZA 2007, 304.

334 Grau, RdA 2005, 373; ähnlich: Meyer, Unterrichtung, § 3 Rn. 417 f., allerdings mit der zusätzlichen Ausnahme für Fälle, in denen die Arbeitgeber den allein Unterrichtenden kollusiv zum Nachteil der Arbeitnehmer gewählt haben (§ 162 BGB).

335 Vgl. für den Zusammenschluss von Ärzten in einer Gemeinschaftspraxis: BGH, 25.3.1986 – VI ZR 90/85, NJW 1986, 2364 (II 1 c). Vgl. auch Grau, RdA 2005, 373; Staudinger/Looschelders, § 425 Rn. 42.

Nachforschungspflicht hinsichtlich der Herkunft der mitgeteilten Informationen. Wird aus dem Unterrichtungsschreiben für die Informationsempfänger nicht klar erkennbar, aus wessen Sphäre, welche Informationen stammen, kommt im Außenverhältnis ausnahmsweise eine Zurechnung fremden Verschuldens zulasten des/der informierenden Arbeitgeber(s) in Betracht. Dem allein informierenden Arbeitgeber, d.h. dem nach außen allein als Absender auftretenden Arbeitgeber, ist dann das Verschulden für den Informationsfehler aus der Sphäre des nicht informierenden Arbeitgebers zuzurechnen. Treten bei der Unterrichtung beide Arbeitgeber nach außen gemeinschaftlich, d.h. als gemeinsame Absender, in Erscheinung und wird aus dem Informationsschreiben nicht deutlich, aus wessen Sphäre, welche Informationen stammen, ist ebenfalls eine Zurechnung des fremden Verschuldens des jeweils anderen Arbeitgebers für die Informationsfehler gerechtfertigt. Der allein informierende oder die gemeinsam informierenden Arbeitgeber haben sich in diesen Fällen aus Sicht der Informationsempfänger die Informationen aus der Sphäre des jeweils anderen Arbeitgebers zu Eigen gemacht. Bei den Arbeitnehmern entsteht dann die berechtigte Erwartung, dass der/die Arbeitgeber auch für die mitgeteilten Informationen aus der jeweils anderen Sphäre einstehen will/wollen. Der oder die Informierende(n) können sich dann nicht mehr mit Erfolg darauf berufen, dass er/sie den Informationsfehler selbst nicht zu vertreten hat/haben.

Kommt hingegen die Herkunft der einzelnen Angaben im Unterrichtungsschreiben deutlich zum Ausdruck, findet keine Zurechnung fremden Verschuldens zulasten des/der informierenden Arbeitgeber(s) statt. Die Gläubiger des Informationsanspruchs können in diesen Fällen nur erwarten, dass der/die informierende(n) Arbeitgeber für die erkennbar aus seiner/ihrer jeweiligen Sphäre stammenden Informationen einstehen will/wollen. Um eine Zurechnung fremden Verschuldens zu verhindern, empfiehlt es sich daher aus Arbeitgebersicht, die Herkunft der einzelnen Angaben im Unterrichtungsschreiben deutlich zu kennzeichnen[336].

Aus Sicht des nicht informierenden Arbeitgebers kommt keine Zurechnung des Verschuldens des Absenders der Informationen für etwaige Fehler in Betracht. Seine Informationspflichtverletzung liegt nicht in der Schlechterfüllung, sondern in der Nichterfüllung der Informationspflicht aus § 613a Abs. 5 BGB. Insoweit haftet er nur für eigenes Verschulden.

V. Zwischenergebnis

Die Pflicht zur Unterrichtung besteht sowohl nach europäischem als auch nach deutschem Recht nicht nur gegenüber den übergehenden Arbeitnehmern, sondern auch gegenüber den eventuell beim Veräußerer in einem „Restbetrieb" zurückgebliebenen bzw. den eventuell von vornherein beim Erwerber in einem aufnehmenden Betrieb beschäftigten Arbeitnehmern. Im Europarecht folgt dies aus einem

336 Die Kenntlichmachung der Herkunft der Informationen empfehlen auch: Meyer, Unterrichtung, § 2 Rn. 24; Schnitker/Grau, BB 2005, 2238; WHSS/Willemsen, Rn. G 228.

vergleichenden Blick des Abs. 6 mit Abs. 1 UAbs. 1 des Art. 7 RL 2001/23/EG. Aus Sicht des nationalen Rechts ergibt sich dieses Ergebnis aus einer (quasi-)richtlinienkonformen Auslegung des § 613a Abs. 5 BGB. Entgegen der ganz überwiegenden Meinung führt eine richtlinienkonforme Auslegung hier nicht zu einer Auslegung contra legem des nationalen Rechts. Das nationale Recht bietet für diese Auslegung genügend Spielraum. Weder der Wortlaut des § 613a BGB noch dessen Systematik noch die Verknüpfung der Informationspflicht mit dem Widerspruchsrecht stehen einer richtlinienkonformen Auslegung durchgreifend entgegen. Es erscheint absurd, eine Vorschrift möglichst richtlinienwidrig auszulegen, anstatt deren Richtlinienkonformität herstellen zu wollen.

Sowohl nach deutschem als auch nach europäischem Recht sind der Betriebsveräußerer und der Betriebserwerber zur Unterrichtung verpflichtet. Im Europarecht besteht eine Einzelschuld des Arbeitgebers gegenüber seinen jeweiligen Arbeitnehmern. Nach einer für die Arbeitnehmer günstigeren Schuldnerregelung im deutschen Recht sind der bisherige Arbeitgeber und der neue Inhaber Gesamtschuldner der Informationspflicht. Im Außenverhältnis zu den informationsberechtigen Arbeitnehmern kann sich ein Arbeitgeber nicht darauf berufen, dass ihm Kenntnisse aus der Sphäre des jeweils anderen Arbeitgebers fehlen. Eine vorzunehmende (quasi-)richtlinienkonforme Auslegung führt zu einer Wissenszurechnung: Das Wissen des einen wird dem anderen zugerechnet. Haben die beteiligten Arbeitgeber nicht ohnehin vertraglich vorgesorgt, können sie sich im Innenverhältnis auf einen wechselseitigen Auskunftsanspruch aus dem durch § 613a Abs. 5 Hs. 1 BGB i.V.m. § 421 BGB gesetzlich begründeten Gesamtschuldverhältnis berufen, um an die unterrichtungsrelevanten Informationen außerhalb ihrer eigenen Kenntnissphäre zu gelangen. Im Gegensatz zur Wissenszurechnung kommt eine Zurechnung fremden Verschuldens zulasten des/der informierenden Arbeitgeber(s) nur in Betracht, wenn sie den berechtigten Interessen und Erwartungen der Arbeitnehmer entspricht. Dies ist der Fall, wenn aus dem Unterrichtungsschreiben für die Informationsempfänger nicht klar erkennbar wird, aus wessen Sphäre, welche Informationen stammen.

E. Form, Zugang und Sprache der Unterrichtung

I. Europarechtliche Vorgaben

Die maßgebliche europarechtliche Vorschrift, Art. 7 RL 2001/23/EG, enthält keinerlei Formvorschriften, so dass auch eine mündliche Unterrichtung genügen würde[337]. Aus europarechtlicher Sicht wäre z.B. die Unterrichtung auf einer Betriebsversammlung, auf Mitarbeiterveranstaltungen, auf einer Informationsveranstaltung, per Voicemail oder CEO-Schreiben vollkommen ausreichend. In welcher Sprache die Unterrichtung erfolgen soll, wird ebenfalls nicht europarechtlich vorgegeben[338].

337 Franzen, RdA 2002, 261; Sagan, ZIP 2011, 1644; Einfeldt, in: EG-Arbeitsrecht, 192.
338 Langner, DB 2008, 2082.

II. Ausformung im deutschen Recht

1. Form der Unterrichtung

In der Rechtsprechung des BAG vor Normierung der Unterrichtung war keine besondere Form für die Unterrichtung vorgesehen. Beispielsweise genügte auch eine Unterrichtung der Arbeitnehmer auf einer Betriebsversammlung, um deren Kenntnis vom Betriebsübergang herzustellen[339].

Der deutsche Gesetzgeber hat sich bei der Umsetzung der Richtlinie für das gesetzliche Formerfordernis der Textform entschieden. Damit geht das deutsche Recht auch hinsichtlich der Form deutlich über die unionsrechtlichen Vorgaben hinaus. Zu beachten ist, dass es sich bei der Unterrichtungserklärung um eine Wissens-, nicht um eine Willenserklärung handelt (vgl. § 2 C III 1). Der Verweis auf die Textform führt dazu, dass der für Willenserklärungen vorgesehene § 126b BGB für die Unterrichtungserklärung nach dem Willen des Gesetzgebers entsprechend Anwendung finden soll. Der Grund für die Wahl dieses gesetzlichen Formerfordernisses liegt darin, dass bei der Unterrichtung nicht die Warn-, sondern die Informations- und Dokumentationsfunktion im Vordergrund steht[340]. Die Unterrichtungserklärung muss lesbar sein, also in einer zur dauerhaften Wiedergabe in Schriftzeichen geeigneten Weise abgegeben werden. Weiterhin muss die erklärende (juristische oder natürliche) Person an einer Stelle innerhalb des Textes genannt werden, damit der Empfänger zuordnen kann, von wem er die Unterrichtung erhalten hat[341]. Schließlich muss der Abschluss der Erklärung, durch Namensnennung, eine eingescannte, kopierte oder maschinenschriftliche Namensunterschrift, eine Grußformel, ein Datum oder einem ähnlichen Vermerk (z.B. „die Geschäftsleitung“) erkennbar gemacht werden[342]. Die Unterrichtung in Schriftform gemäß § 126 BGB oder jede andere strengere Form erfüllt als ein „Mehr“ auch die Anforderungen der Textform. Mündliche Unterrichtungserklärungen genügen nicht[343]. Sie sind gemäß § 125 S. 1 BGB nichtig. Für die Unterrichtungserklärung kommen somit Urkunde, Fax, E-Mail, Mitteilung auf der Homepage, im Intranet des Unternehmens, durch Aushang am „Schwarzen Brett“ oder via Publikation in der Werkszeitung in Betracht.

---

339 BAG, 22.4.1993 – 2 AZR 313/92, AP Nr. 102 zu § 613a BGB (B V 2 b); vgl. auch den Tatbestand von BAG, 22.4.1993 – 2 AZR 50/92, AP Nr. 103 zu § 613a BGB (B II 6 b).

340 BT-Drucks. 14/7797, 19 (rechte Spalte).

341 Palandt/Ellenberger, § 126b BGB Rn. 5.

342 Palandt/Ellenberger, § 126b BGB Rn. 5.

343 LAG Hamm (Westfalen), 25.8.2011 – 17 Sa 498/11, BeckRS 2012, 65168 (A II 3 b aa); Bayreuther, in: Dornbusch/Fischermeier/Löwisch, § 613a BGB Rn. 124; Hauck, Beil. NZA 18/2004, 22; Huke, FA 2002, 265; Jaeger, ZIP 2004, 436; Kossens, AuA 2002, 158; Meyer, AuA 2002, 162; Wulff, AiB 2002, 594. Vgl. zur Voicemail: Staudinger/Annuß, § 613a BGB Rn. 263.

2. *Zugang der Unterrichtung*

Die Unterrichtungserklärung muss den vom Übergang betroffenen Arbeitnehmern auch zugehen. Denn erst mit Zugang einer ordnungsgemäßen Unterrichtung ist die Unterrichtungspflicht beim Arbeitnehmer bewirkt[344]. Der Zugang einer Wissenserklärung ist entsprechend der für den Zugang von Willenserklärungen anwendbaren allgemeinen Regeln (§§ 130 ff. BGB) zu bestimmen. Das bedeutet, dass die Wissenserklärung in den Machtbereich des Arbeitnehmers zur Kenntnisnahme gelangen muss.

Bei der Textform ist anerkannt, dass der Empfänger zudem die Möglichkeit der dauerhaften Verfügbarkeit erhalten soll[345]. Die empfangsbedürftige Willenserklärung muss dem Empfänger daher auch in Textform zugehen. Dies gilt entsprechend für die Unterrichtungserklärung als eine empfangsbedürftige Wissenserklärung[346]. Das Bedürfnis der dauerhaften Verfügbarkeit besteht auch hier. Nach den Gesetzesmaterialien soll der Arbeitnehmer durch die in Textform erteilten Informationen die Möglichkeit haben, die Informationen nachzulesen und sich gegebenenfalls weitergehend zu erkundigen bzw. beraten zu lassen und auf dieser Grundlage über die Ausübung des Widerspruchsrechts zu entscheiden[347]. Eine Unterrichtung durch einen Aushang am „schwarzen Brett" im Betrieb ist nicht ständig verfügbar und stellt daher auch keinen formgerechten Zugang dar[348].

Etwas anders kann für die Mitteilung auf der Homepage des Unternehmens oder in seinem Intranet gelten[349]. Dies setzt aber voraus, dass der Arbeitnehmer die Möglichkeit hat, das entsprechende Dokument zu speichern oder sich auszudrucken[350].

---

344 Hauck, Beil. NZA 18/2004, 22; Hauck, in: Festschrift für Hellmut Wissmann, 550.

345 BT-Drucks. 14/4987, 19 (rechte Spalte).

346 Franzen, RdA 2002, 266; Staudinger/Annuß, § 613a BGB Rn. 263.

347 BT-Drucks. 14/7760, 19 (rechte Spalte).

348 Grau, RdA 2005, 368 Fn. 7; Hohner, Unternehmensumwandlung, 77 f. [auch für Publikation in der Werkszeitung]; HWK/Willemsen/Müller-Bonanni, § 613a BGB Rn. 321; Meyer, Unterrichtung, § 3 Rn. 328; Staudinger/Annuß, § 613a BGB Rn. 263; Wank, in: Handbuch zum Arbeitsrecht, § 102 Rn. 90; WHSS/Willemsen, Rn. G 227; **a.A.** Arens/Düwell, in: Arens/Düwell/Wichert, Umstrukturierung, § 7 Rn. 295; Dahms, Widerspruchsrecht, 108 f.; Huke, FA 2002, 265; Schiefer/Worzalla, NJW 2009, 560; Wulff, AiB 2002, 594; zweifelnd: Dreher, in: Bernsau/Dreher/Hauck, § 613a BGB Rn. 175.

349 Berkowsky, NZI 2002, 416; Grobys, BB 2002, 727; Jaeger, ZIP 2004, 436; Kreitner, in: Küttner Personalbuch, Stichwort: Betriebsübergang Rn. 31; Sayatz/Wolff, DStR 2002, 2042; Worzalla, NZA 2002, 356; **a.A.** Krügermeyer-Kalthoff/Reutershan, MDR 2003, 542.

350 MK/Einsele, § 126b BGB Rn. 9. **A.A.** u.a. Dreher, in: Bernsau/Dreher/Hauck, § 613a BGB Rn. 176 und Palandt/Ellenberger, § 126b BGB Rn. 3, die einen tatsächlichen Download verlangen.

Für den formgerechten Zugang einer Willenserklärung mittels elektronischer Übermittlung (vor allem Computerfax oder E-Mail) ist weitgehend anerkannt, dass hierbei zusätzliche Anforderungen einzuhalten sind. Die Willenserklärung muss nicht ausgedruckt sein, aber die für den Empfang bestimmte Einrichtung (z.B. Mailbox) muss das Dokument aufgezeichnet haben und der Empfänger muss es später auf einem Bildschirm ablesen können[351]. Zudem muss der Empfänger durch Mitteilung seiner Faxnummer oder seiner E-Mail-Adresse o.ä. zu erkennen gegeben haben, dass er mit der Übermittlung rechtserheblicher Erklärungen auf elektronischem Weg einverstanden ist[352]. Auch diese für Willenserklärungen herausgearbeiteten Grundsätze sind auf die hier betrachtete Wissenserklärung zu übertragen.

Die Arbeitgeber tragen für den Zugang des Unterrichtungsschreibens die Darlegungs- und Beweislast (Zugangsrisiko)[353]. Zu Nachweiszwecken ist ihnen daher dringend zu empfehlen, die Kenntnisnahme durch den einzelnen Arbeitnehmer nachvollziehbar zu dokumentieren. Dies kann z.B. durch ein schriftliches Empfangsbekenntnis mit Unterschrift und Datum, durch die Übergabe in Anwesenheit eines Zeugen oder durch einen Boten im Anschluss an eine entsprechende Informationsveranstaltung, den Versand per Einwurfeinschreiben, per Bestätigungs-E-Mail oder mittels elektronischer Dokumentation beim Öffnen der Informationsdatei geschehen[354].

3. *Sprache der Unterrichtung*

In Unternehmen mit ausländischen bzw. inländischen Mitarbeitern mit Migrationshintergrund, die der deutschen Sprache nicht oder nur sehr eingeschränkt mächtig sind, stellt sich die Frage, ob eine deutschsprachige Unterrichtung genügt oder für Arbeitnehmer, die nicht über ausreichende Deutschkenntnisse verfügen, eine Übersetzung in die jeweilige Landessprache erforderlich ist.

Die Rechtsprechung hat sich hierzu bislang nicht geäußert. Die Literaturmeinungen sind gespalten. Von einer vollständigen Ablehnung einer Übersetzungspflicht[355]

---

351 MK/Einsele, § 126b BGB Rn. 4; Palandt/Ellenberger, § 126b BGB Rn. 3.

352 Palandt/Ellenberger, § 126b Rn. 3.

353 Bauer/v. Steinau-Steinrück, ZIP 2002, 465; Berkowsky, NZI 2002, 416; ErfK/Preis, § 613a BGB Rn. 91; Gaul, FA 2002, 300 f.; Grobys, BB 2002, 727; Gussen, in: BeckOK R/G/K/U, § 613a BGB Rn. 154; Hauck, Beil. NZA 18/2004, 22; Huke, FA 2002, 265; Jaeger, ZIP 2004, 437; Krügermeyer-Kalthoff/Reutershan, MDR 2003, 542; Meyer, AuA 2002, 163; Nehls, NZA 2003, 822; Sayatz/Wolff, DStR 2002, 2042.

354 Vgl. APS/Steffan, § 613a BGB Rn. 205; Bachner/Gerhardt, Betriebsübergang, Rn. 125 A; Bauer/v. Steinau-Steinrück, ZIP 2002, 465; Bauer/Göpfert/Haußmann/Krieger, Umstrukturierung, Teil 3 B Rn. 19; Dreher, in: Bernsau/Dreher/Hauck, § 613a BGB Rn. 176; Fuhlrott/Ritz, BB 2012, 2690; Huke, FA 2002, 265 und Fn. 19; Jaeger, ZIP 2004, 437; Mestwerdt, in: Kündigungsschutzrecht, § 613a BGB Rn. 178; Meyer, DB 2007, 860; Nehls, NZA 2003, 822; Schielke, MDR 2007, 1053; Wulff, AiB 2002, 594.

355 So wohl Bauer, NZA-Beil. 2009, 11 f.

bis hin zur Auffassung, dass das Unterrichtungsschreiben stets übersetzt werden müsse[356], wird alles vertreten. Zum Teil wird eine Unterrichtung in Deutsch grundsätzlich für ausreichend erachtet. Erfolgte die bisherige Kommunikation zwischen den Arbeitsvertragsparteien jedoch in einer Fremdsprache, soll ausnahmsweise eine Pflicht zur Übersetzung in Betracht kommen[357]. Zum Teil wird eine Übersetzung aus Sicht des Arbeitgebers, wenn auch nicht für verpflichtend, so doch wenigstens für empfehlenswert[358] bzw. sinnvoll[359] erachtet.

Der Ansicht, die eine Unterrichtung in Deutsch grundsätzlich für ausreichend erachtet, ist zuzustimmen. Insbesondere in größeren Unternehmen mit multilingualen Belegschaften würde eine generelle Übersetzungspflicht die Arbeitgeber vor kaum lösbare Aufgaben stellen. Die Komplexität des deutschen Arbeitsrechts führt bereits in der deutschen Sprache nicht selten zu erheblichen Darstellungs- und Verständnisproblemen. Jene Schwierigkeiten steigen bei einer Übersetzung in andere Sprachen überproportional an. Zudem entspricht es der allgemeinen Gesetzessystematik, dass Erklärungen in Rechtsverhältnissen, die der deutschen Sprache unterliegen, auch in Deutsch abgegeben werden dürfen, sofern keine Ausnahmevorschrift eingreift[360]. Danach dürfen beispielsweise auch Kündigungserklärungen des Arbeitgebers auf Deutsch abgegeben werden[361]. Die für die Unterrichtungspflicht maßgebliche Vorschrift des § 613a Abs. 5 BGB trifft keine Aussage, in welcher Sprache die zu erteilenden Informationen erklärt werden müssen. Sie stellt lediglich ein Textformerfordernis auf. Nach den Gesetzesmaterialien erfüllt es den Zweck, dass der Arbeitnehmer „die Möglichkeit [erhält], die für ihn neuen

356 So ohne nähere Begründung: Bachner, in: Kittner/Zwanziger/Deinert, Arbeitsrecht, § 96 Rn. 30h und Schaub/Koch, Arbeitsrechts-Handbuch, § 118 Rn. 40.

357 Bauer/Göpfert/Haußmann/Krieger, Umstrukturierung, Teil 3 B Rn. 18, sprechen von der „Verhandlungs- und Vertragssprache" und stellen insbesondere auf die Sprache des Anstellungsvertrags ab. Fuhlrott/Ritz, BB 2012, 2690, sprechen nur von der „Vertragssprache". Günther/Falter, ArbRAktuell 2011, 164, stellen ebenfalls auf die „Vertrags- und Verhandlungssprache" ab, halten aber auch die Sprache wichtiger Informationen und Arbeitsanweisungen des Arbeitgebers für maßgeblich. Auch Langner, DB 2008, 2084, stellt auf die Sprache der arbeitgeberseitigen Informationen bzw. der Weisungen oder Vereinbarungen ab. Zwanziger, in: Kittner/Däubler/Zwanziger, KSchR, § 613a BGB Rn. 58, spricht von der „Verkehrssprache". Vgl. auch Schnitker/Grau, BB 2005, 2242; Staudinger/Annuß, § 613a BGB Rn. 263.

358 Gussen, in: BeckOK R/G/K/U, § 613a BGB Rn. 155, der in diesem Zusammenhang auf die Verhinderung einer Anfechtungserklärung wegen Irrtums über nicht vorhandene Erklärungen verweist.

359 Kreitner, in: Küttner Personalbuch, Stichwort: Betriebsübergang Rn. 31.

360 Vgl. die Beispiele bei: HWK/Willemsen/Müller-Bonanni, § 613a BGB Rn. 321; WHSS/Willemsen, Rn. G 227. Dies entspricht im Übrigen auch der Rechtslage im deutschen AGB-Recht (insbesondere §§ 305 Abs. 2 Nr. 2, 305c, 307 BGB), worauf Bayreuther, in: Dornbusch/Fischermeier/Löwisch, § 613a BGB Rn. 126, zu Recht hinweist.

361 Vgl. Fuhlrott/Ritz, BB 2012, 2690.

und nicht sofort überschaubaren Informationen nachzulesen, sich weitergehend zu erkundigen und gegebenenfalls beraten zu lassen“[362]. Die Textform dient somit auch den betroffenen Arbeitnehmern dazu, sich ihr Unterrichtungsschreiben durch Dritte übersetzen lassen zu können. Bei der Übersetzung handelt es sich dann um eine Ausprägung der Obliegenheit des Arbeitnehmers zu eigenen Nachforschungen, um das Unterrichtungsschreiben im Einzelnen verstehen zu können. Die Übersetzung des Unterrichtungsschreibens in eine Fremdsprache kommt somit allenfalls in Einzelfällen nach Maßgabe der Grundsätze von Treu und Glauben (§ 242 BGB) in Betracht[363]. Zu berücksichtigende Kriterien sind hierbei die bisher stets im Arbeitsverhältnis verwendete Sprache (im Arbeitsvertrag, bei Arbeitsanweisungen und bei sonstigen informatorischen Erklärungen des Arbeitgebers gegenüber dem Arbeitnehmer) sowie die (deutsche) Staatsangehörigkeit und die Kenntnis bzw. fahrlässige Unkenntnis des Arbeitgebers von den nicht ausreichenden Sprachkenntnissen des jeweiligen Arbeitnehmers[364].

III. Zwischenergebnis

Das Europarecht enthält keine Anforderungen hinsichtlich Form, Zugang und Sprache der Unterrichtung. Nach deutschem Recht muss die Unterrichtungserklärung den Arbeitnehmern als empfangsbedürftige Wissenserklärung in Textform entsprechend § 126b BGB zugehen, um wirksam zu sein. Die Arbeitgeber tragen das Zugangsrisiko. Grundsätzlich genügt eine Unterrichtung in Deutsch. Ist der Arbeitnehmer außerstande, die Unterrichtung zu verstehen, trifft ihn die Obliegenheit das Unterrichtungsschreiben in eine andere Sprache übersetzen zu lassen. Eine arbeitgeberseitig geschuldete Übersetzung kommt allenfalls in Ausnahmefällen nach Treu und Glauben in Betracht.

F. Zeitpunkt der Unterrichtung

I. Spätestmöglicher Unterrichtungszeitpunkt

1. Europarechtliche Vorgaben

Nach Art. 7 Abs. 6 RL 2001/23/EG sehen die Mitgliedstaaten vor, dass die Arbeitnehmer „vorher“ zu informieren sind. Genauere Anforderungen enthält der Wortlaut hinsichtlich der individuellen Informationspflicht nicht. Diese ergeben sich jedoch aus einem systematischen Blick auf die kollektivrechtliche Informationspflicht. Die individuelle und die kollektivrechtliche Informationspflicht stehen in einem Alternativverhältnis zueinander (vgl. § 2 A II). Was unter „vorher“ nach Abs. 6 zu verstehen ist, muss daher entsprechend der in Art. 7 Abs. 1 UAbs. 2 und 3

362 BT-Drucks. 14/7760, 19 (rechte Spalte).

363 So auch WHSS/Willemsen, Rn. G 227.

364 Vgl. Gaul, Betriebs- und Unternehmensspaltung, § 11 Rn. 26; Schiefer/Worzalla, NJW 2009, 560.

RL 2001/23/EG getroffenen Konkretisierungen ausgelegt werden[365]. Danach muss der Veräußerer seine Arbeitnehmer „rechtzeitig vor dem Vollzug des Übergangs“ und der Erwerber „rechtzeitig [...], auf jeden Fall aber bevor [seine] Arbeitnehmer von dem Übergang hinsichtlich ihrer Beschäftigungs- und Arbeitsbedingungen unmittelbar betroffen werden“, informieren[366].

„Vollzug“ meint den Zeitpunkt, ab dem die tatsächliche arbeitstechnische Organisations- und Leitungsmacht über die wirtschaftliche Einheit vom Betriebsveräußerer auf den Betriebserwerber übergeht[367]. Spätestens zu diesem Zeitpunkt ist mit einer faktischen Beeinträchtigung der beim Veräußerer beschäftigten Arbeitnehmer zu rechnen. Die Information der beim Erwerber beschäftigten Arbeitnehmer kann regelmäßig etwas später erfolgen[368]. Die „unmittelbare Betroffenheit“ ist ebenfalls in einem tatsächlichen Sinne zu verstehen. Es dürfen noch keine rechtlichen oder tatsächlichen Folgen im Sinne des Art. 7 Abs. 6 Spiegelstrich 3 RL 2001/23/EG eingetreten sein. Zudem dürfen in Aussicht genommene Maßnahmen nach Spiegelstrich 4, z.B. Reorganisationsmaßnahmen, das Planungsstadium noch nicht verlassen haben, also noch nicht verwirklicht worden sein und somit aktuell noch keine Wirkungen entfalten. Für die Arbeitnehmer muss eine faktische Beeinträchtigung absehbar sein[369]. Die Darstellung zeigt, dass der europäische Richtliniengeber versucht hat, ein ausgewogenes Verhältnis zwischen Arbeitnehmerschutz einerseits und unternehmerischer Freiheit und Flexibilität beim Erwerbsvorgang andererseits herzustellen[370].

„Rechtzeitig“ bedeutet, dass den Arbeitnehmern eine angemessene Vorlaufzeit zugestanden werden muss. Sie muss der Komplexität der Materie entsprechen. Wie der zeitliche Vorlauf zu bemessen ist, wird in der Richtlinie nicht näher konkretisiert[371]. Eine pauschale Zeitangabe kann hier nicht gegeben werden[372]. Eine feste zeitliche Grenze kommt hierfür nicht in Betracht. Durch das Einfügen des Wortes

---

365 Riesenhuber, RdA 2004, 350; Grau, Unterrichtung, 45; Maschmann, BB-Special 6 2006, 33; Meier, Informationspflichten, 41.

366 Vgl. auch Erwägungsgrund Nr. 6 der RL 2001/23/EG.

367 EuGH, 26.5.2005 – C-478/03 (Celtec), Slg. 2005, I-4389 (Rn. 44); Oetker, NZA 1998, 1194; von Alvensleben, Betriebsübergang, 120.

368 Zu den Vorgängerrichtlinien: Oetker, NZA 1998, 1194; von Alvensleben, Betriebsübergang, 119.

369 Zu den Vorgängerrichtlinien: Oetker, NZA 1998, 1194; von Alvensleben, Betriebsübergang, 120.

370 Zu Art. 6 Abs. 1 UAbs. 1 und 2 RL 98/50/EG: Oetker, NZA 1998, 1194.

371 von Alvensleben, Betriebsübergang, 120.

372 Nach dem Vorschlag der Kommission (KOM 74/0351 Endg.) konnte die Information des Veräußerers noch zu einem beliebigen Zeitpunkt vor dem Übergang stattfinden. In der Stellungnahme des Europäischen Parlaments (ABl. Nr. C 95 vom 28.4.1975, 17) wurde eine starre Frist vorgeschlagen. Das nunmehrige Erfordernis der Rechtzeitigkeit geht auf die Stellungnahme des Wirtschafts- und Sozialausschusses (ABl. Nr. C 255 vom 7.11.1975, 25) zurück und bildet einen Kompromiss zwischen den genannten Auffassungen.

„rechtzeitig“ statt z.B. „mindestens 40 Tage vor der Entscheidung“ hat der Richtliniengeber klargestellt, dass er keine feste zeitliche Grenze will[373]. Stattdessen ist auf den jeweiligen Einzelfall abzustellen. Wann eine Unterrichtung „rechtzeitig“ ist, bestimmt sich nach dem Zweck der Unterrichtung nach Art. 7 Abs. 6 RL 2001/23/EG. Danach sollen die Arbeitnehmer u.a. die faktische Möglichkeit haben, auf die Entscheidungen ihrer jeweiligen Arbeitgeber Einfluss zu nehmen, insbesondere hinsichtlich des ob und des wie der für sie in Aussicht genommenen Maßnahmen (vgl. § 2 B I). Die zu unterrichtenden Arbeitnehmer dürfen daher nicht vor vollendete Tatsachen gestellt werden. Ihnen soll die Gelegenheit gegeben werden, ihre Vorstellungen, Anregungen und Bedenken der Unternehmensleitung mitzuteilen und mit den Entscheidungsträgern darüber zu diskutieren[374].

2. *Ausformung im deutschen Recht*

Der Unterrichtungsanspruch der vom Übergang betroffenen Arbeitnehmer wird in dem Zeitpunkt fällig, in dem die Unterrichtung spätestens vorzunehmen ist. Innerhalb des personellen Anwendungsbereichs der Richtlinie, also in Betrieben, in denen keine Arbeitnehmervertretung gebildet werden kann, ist die deutsche Umsetzungsvorschrift richtlinienkonform auszulegen und der maßgebliche Zeitpunkt der Unterrichtung entsprechend den Richtlinienvorgaben zu bestimmen[375]. Für die „überschießende Umsetzung“, also in Betrieben, in denen eine Arbeitnehmervertretung gebildet werden kann, ist dasselbe Ergebnis mittels quasirichtlinienkonformer Auslegung herzustellen (vgl. § 2 A III 1).

Eigentlich müsste nach den Richtlinienvorgaben zwischen den beim bisherigen Arbeitgeber beschäftigten Arbeitnehmern und den Arbeitnehmern des neuen Inhabers unterschieden werden. Aufgrund des eindeutigen Wortlauts des § 613a Abs. 5 BGB sind nach deutschem Recht aber auch die Arbeitnehmer des Erwerbers „vor dem Übergang“ zu unterrichten[376]. Diese vom deutschen Gesetzgeber

373 Vgl. die Entstehungsgeschichte zur sog. Vredeling-Richtlinie: Die Formulierung „mindestens 40 Tage vor der Entscheidung“ in Art. 6 Abs. 1 des Vorschlags für eine Richtlinie über die Unterrichtung und Anhörung der Arbeitnehmer (ABl. Nr. C 297 vom 15.11.1980, 3) wurde in Art. 4 Abs. 1 des geänderten Vorschlags für eine Richtlinie über die Unterrichtung und Anhörung der Arbeitnehmer (ABl. Nr. C 217 vom 12.8.1983, 3) durch die Formulierung „rechtzeitig vor der endgültigen Entscheidung“ ausgetauscht.

374 Jedenfalls für Art. 7 Abs. 1 RL 2001/23/EG so auch: von Alvensleben, Betriebsübergang, 120. **A.A.** für Art. 7 Abs. 6 RL 2001/23/EG: Meier, Informationspflichten, 41 f., der allerdings die faktische Einflussnahmemöglichkeit auch nicht als Zweck der Unterrichtung nach Abs. 6 diskutiert.

375 Riesenhuber, RdA 2004, 350; Maschmann, BB-Special 6 2006, 33; vgl. auch Burgmer/Richter, Betriebsübergang, 57.

376 **A.A.** Grau, Unterrichtung, 45 Fn. 63, der jedoch entgegen der hier vertretenen Ansicht, eine Informationspflicht der beim Erwerber beschäftigten Arbeitnehmer ablehnt.

vorgenommene Klarstellung des Unterrichtungszeitpunkts ist europarechtskonform. Der nach Art. 7 Abs. 1 UAbs. 3 RL 2001/23/EG „auf jeden Fall“ einzuhaltende Zeitpunkt, also bevor die Arbeitnehmer des Erwerbers von dem Übergang hinsichtlich ihrer Beschäftigungs- und Arbeitsbedingungen unmittelbar betroffen werden, wird durch die deutsche Regelung gerade sichergestellt.

Bei der Auslegung des Merkmals „rechtzeitig“ in § 111 S. 1 BetrVG, der kollektivrechtlichen „Schwestervorschrift“ des § 613a Abs. 5 BGB, muss Art. 7 Abs. 1 RL 2001/23/EG bei der zumindest einzuhaltenden Vorlauffrist berücksichtigt werden[377]. Der besondere Zweck der Unterrichtung im deutschen Betriebsverfassungsrecht kann dazu führen, dass sogar ein noch früherer Zeitpunkt einzuhalten ist[378]. Obwohl der deutsche Gesetzgeber das Merkmal der Rechtzeitigkeit bei § 613a Abs. 5 BGB nicht in den Gesetzestext aufgenommen hat, führt auch hier eine (quasi-)richtlinienkonforme Auslegung dazu, dass nach deutschem Recht alle vom Übergang betroffenen Arbeitnehmer rechtzeitig im Sinne der Richtlinie zu informieren sind[379]. Hiermit korrespondiert, dass den vom Übergang betroffenen Arbeitnehmern auch im deutschen Recht eine für den Einzelfall zu bestimmende Vorlauffrist gewährt werden muss[380]. Nach dem Sinn und Zweck der Unterrichtung kann diese jedoch verhältnismäßig kurz bemessen sein. Den Arbeitnehmern steht – im Unterschied zu den Arbeitnehmervertretern – gerade kein Anspruch auf ein (umfangreiches) Konsultationsverfahren zu, sondern „nur“ eine faktische Einflussnahmemöglichkeit. Dementsprechend muss die Vorlauffrist auch nur angemessen sein, um dieser Zielrichtung Genüge zu tun. Im Gleichlauf mit der Widerspruchsfrist nach § 613a Abs. 6 S. 1 BGB wird regelmäßig eine einmonatige Vorlauffrist vor dem geplanten Übergang angemessen sein[381].

Eine Unterrichtung nach dem Übergang des Betriebs oder Betriebsteils ist jedenfalls zu spät[382]. Es kommen Schadensersatzansprüche der vom Übergang betroffenen Arbeitnehmer wegen Nichterfüllung der Informationsleistungspflicht in Betracht.

---

377 Bachner, in: Bachner/Köstler/Matthießen/Trittin, § 4 Rn. 236; vgl. auch Gaul, Betriebs- und Unternehmensspaltung, § 28 Rn. 32, zu Art. 7 Abs. 4 RL 2001/23/EG.

378 Vgl. zur Rechtslage bei § 111 S. 1 BetrVG hinsichtlich des Merkmals „rechtzeitig“ u.a.: Bachner, in: Bachner/Köstler/Matthießen/Trittin, § 4 Rn. 235 ff.; HWK/Hohenstatt/Willemsen, § 111 BetrVG Rn. 61; Oetker, in: GK-BetrVG, § 111 BetrVG Rn. 182 ff.; Rieble, in: Dornbusch/Fischermeier/Löwisch, § 111 BetrVG Rn. 18; WHSS/Schweibert, Rn. C 140.

379 Vgl. Riesenhuber, RdA 2004, 350; Burgmer/Richter, Betriebsübergang, 57.

380 **A.A.**, aber ohne die faktische Einflussnahmemöglichkeit als Zweck der Unterrichtung zu diskutieren: Grau, Unterrichtung, 375; vgl. auch Lembke, BB 2004, 778 und Leister/Fischer, ZInsO 2009, 989, für die die Unterrichtungspflicht eine juristische Sekunde vor dem Betriebsübergang fällig wird.

381 Vgl. auch Meier, Informationspflichten, 62, der aus §§ 241 Abs. 2, 242 BGB eine grundsätzliche Pflicht zur Unterrichtung der widerspruchsberechtigten Arbeitnehmer einen Monat vor dem geplanten Übergang entnimmt.

382 Vgl. Grau, Unterrichtung, 46; KR/Treber, § 613a BGB, Rn. 108i.

Handelt es sich, wie im Regelfall, um einen Schadensersatz neben der Leistung, richtet sich der Anspruch nach §§ 280 Abs. 1, 2, 286 BGB[383]. Mit verstreichen lassen des spätestmöglichen Unterrichtungszeitpunkts geraten die zur Unterrichtung verpflichteten Arbeitgeber regelmäßig nach § 286 Abs. 2 Nr. 4 BGB in Verzug[384].

Davon abgesehen besteht die Informationspflicht auch nach dem Übergang als Schuldpflicht fort und wandelt sich nicht in eine reine Obliegenheit um (vgl. § 2 C III 2). Auch eine verspätete Unterrichtung erfüllt noch den Zweck, den vom Übergang betroffenen Arbeitnehmern eine Informationsgrundlage für ihre Entscheidung über den Verbleib bei ihrem Arbeitgeber nach dem Betriebsübergang zu verschaffen. Die nachträgliche Unterrichtung ist geeignet, die Unterrichtungsschuld im Wege der Erfüllung zum Erlöschen zu bringen.

II. Frühestmöglicher Unterrichtungszeitpunkt

1. Europarechtliche Vorgaben

Dem Wortlaut der Richtlinie können keine konkreten Hinweise zum frühestmöglichen Unterrichtungszeitpunkt entnommen werden. Für den Zeitpunkt, ab wann eine Unterrichtung frühestens vorgenommen werden kann, ist entscheidend auf den europarechtlichen Zweck der Unterrichtung abzustellen. Danach soll der Arbeitnehmer u.a. die faktische Möglichkeit erhalten, auf die Entscheidungen seines jeweiligen Arbeitgebers Einfluss zu nehmen, insbesondere hinsichtlich des ob und des wie der für ihn in Aussicht genommenen Maßnahmen. Je früher der Arbeitnehmer einbezogen wird, desto besser sind die Erfolgsaussichten seiner Einflussnahme. Allerdings kann der Arbeitnehmer nur dann sinnvoll Stellung beziehen, wenn die Unterrichtung den Arbeitnehmern ein hinreichend klares Bild über den bevorstehenden Betriebsübergang ermöglicht. Auch der weitere europarechtliche Zweck der Unterrichtung, den vom Übergang betroffenen Arbeitnehmern eine Entscheidungsgrundlage für ihre weitere berufliche Zukunft zu verschaffen, erfordert, mit der Unterrichtung zu warten, bis die hierfür erforderlichen Informationen erstmals sinnvoll erteilt werden können.

2. Ausformung im deutschen Recht

Im deutschen Recht enthalten weder der Wortlaut der deutschen Umsetzungsvorschrift noch die Gesetzesmaterialien konkrete Angaben zum frühestmöglichen Unterrichtungszeitpunkt.

---

383 Bayreuther, in: Dornbusch/Fischermeier/Löwisch, § 613a BGB Rn. 124; Dreher, in: Bernsau/Dreher/Hauck, § 613a BGB Rn. 178; Gussen, in: BeckOK R/G/K/U, § 613a BGB Rn. 156; Mestwerdt, in: Kündigungsschutzrecht, § 613a BGB Rn. 179;

384 KR/Treber, § 613a BGB, Rn. 108i; Staudinger/Annuß, § 613a BGB Rn. 287. **A.A.** Grau, Unterrichtung, 330 und Grau, RdA 2007, 375, der stets eine Mahnung verlangt.

Unter Berücksichtigung des europarechtlichen Zwecks der Unterrichtung und dem besonderen Zweck der Unterrichtung im deutschen Recht (vgl. § 2 B I und II), ist der frühestmögliche Unterrichtungszeitpunkt, sobald die Informationen hinsichtlich der einzelnen Katalogtatbestände erstmals sinnvoll übermittelt werden können[385]. Eine unvollständige oder unrichtige Information ist nicht sinnvoll. Der frühestmögliche Zeitpunkt liegt somit vor, wenn es den Unterrichtungsverpflichteten erstmals möglich ist, vollständig und richtig zu unterrichten[386]. Der frühestmögliche Unterrichtungszeitpunkt bezeichnet somit den Zeitpunkt, in dem die Arbeitgeber erstmals eine erfüllungstaugliche Informationsleistung erbringen können bzw. die Arbeitnehmer nicht mehr das Recht haben (vgl. § 266 BGB), die Informationen als nicht erfüllungstauglich zurückzuweisen. Es ist nicht möglich, eine feste zeitliche Grenze, ab der erstmals informiert werden kann, zu bestimmen[387].

Die Unterrichtung nach § 613a Abs. 5 BGB betrifft die Unterrichtung der Arbeitnehmer von einem Betriebs(teil)übergang. Sämtliche Informationsgegenstände beziehen sich auf einen konkreten Übergang. Eine Unterrichtung ist daher verfrüht, wenn die Unterrichtung zu einem Zeitpunkt stattfindet, in dem der geplante Übergang in seiner konkreten Gestalt noch gar nicht feststand. Erforderlich und ausreichend ist, dass der konkret geplante Betriebsübergang selbst, also die Tatsache, dass ein Betriebsübergang stattfinden soll und die Grunddaten, die den konkreten Betriebsübergang als solchen charakterisieren, im Unterrichtungszeitpunkt bereits feststehen[388]. Die Grunddaten charakterisieren den Betriebsübergang in seiner konkreten Planung. Gemeint sind die Eckdaten, die den Übergang des Betriebs selbst betreffen. Hierzu gehören die Identität des Betriebsveräußerers und des Betriebserwerbers sowie der Gegenstand, der Zeitpunkt bzw. der geplante Zeitpunkt und der Grund des

385 Grau, Unterrichtung, 87; Grau, RdA 2005, 375 Fn. 100; Franzen, RdA 2002, 265; Fuchs, in: BeckOK Bamberger/Roth, § 613a BGB Rn. 79.

386 Nebeling/Brauch, BB 2010, 1475; Staudinger/Annuß, § 613a BGB Rn. 264; Willemsen, Festschrift für Wolfdieter Küttner, 426; Schielke, MDR 2007, 1053 f.

387 Vgl. aber Rieble, Festschrift für Arbeitsgemeinschaft Arbeitsrecht, 701, der für eine richterrechtliche Begrenzung des Rechts zur frühen Information plädiert (nicht früher als drei Monate vor dem geplanten Übergang).

388 Vgl. Franzen, RdA 2002, 265; Grau, Unterrichtung, 86 f. **A.A.** Dahms, Widerspruchsrecht, 110 f., nach dem die Unterrichtung erst dann erfolgen darf, wenn vom Arbeitgeber „konkrete Konzeptionen und definitive Entschlüsse“ zum Betriebsübergang vorliegen. Willemsen, Festschrift für Wolfdieter Küttner, 426, verlangt in Anlehnung an die zu § 613a Abs. 4 BGB ergangene BAG-Rechtsprechung, dass der Betriebsübergang hinreichend konkret geplant sein muss und „greifbare“ Formen angenommen hat. Dies sei insbesondere der Fall, wenn sich die beteiligten Arbeitgeber bereits z.B. durch einen Vorvertrag gebunden haben. Zum Teil wird auch die Kenntnis aller nach § 613a Abs. 5 BGB mitzuteilenden Informationen verlangt: Bauer/Göpfert/Haußmann/Krieger, Umstrukturierung, Teil 3 B Rn. 20; Nebeling/Brauch, BB 2010, 1475.

Übergangs[389]. Dagegen zählen die Folgen des Übergangs, § 613a Abs. 5 Nr. 3 BGB, und die nach Nr. 4 in Aussicht genommenen Maßnahmen, nicht zu den Grunddaten des Betriebsübergangs. Sie charakterisieren nicht den Betriebsübergang als solchen, sondern gehen mit diesem einher oder leiten sich aus diesem ab. Ändern sie sich, handelt es sich noch immer um denselben Betriebsübergang[390].

Eine vollständige und richtige Unterrichtung führt zum Erlöschen des Informationsanspruchs im Wege der Erfüllung, § 362 Abs. 1 BGB. Eine verfrühte Unterrichtung kann definitionsgemäß nicht vollständig bzw. richtig sein. Sie ist nicht die „geschuldete Leistung"[391]. Erfüllung tritt erst ein, wenn der Schuldner den Leistungserfolg durch seine Leistungshandlung bewirkt hat[392]. Die Unterrichtungsverpflichtung besteht mangels Erfüllungswirkung bis zur Berichtigung bzw. Vervollständigung (Nachunterrichtung) fort. Eine verfrühte Erstunterrichtung ist folglich auch nicht in der Lage, die einmonatige Widerspruchsfrist in Gang zu setzen[393].

Auf der anderen Seite kann die Widerspruchsfrist durchaus auch schon vor dem Übergang abgelaufen sein[394]. Diese Möglichkeit sollte den Arbeitgebern nach der Einfügung der Abs. 5 und 6 in § 613a BGB sogar geschaffen werden (vgl. § 2 B II). Vorausgesetzt ist, dass die übergehenden Arbeitnehmer bereits mehr als einen Monat vor dem Betriebs(teil)übergang vollständig und richtig unterrichtet wurden.

III. Praktische Erwägungen zum Unterrichtungszeitpunkt

Die Frage nach dem richtigen Zeitpunkt der Unterrichtung der Arbeitnehmer im laufenden Transaktionsprozess ist oft mehr tatsächlicher als rechtlicher Natur. Dabei gleicht keine Transaktion der anderen. Ein genauer Zeitpunkt für die Unterrichtung nach § 613a Abs. 5 BGB kann daher nicht gegeben werden. Allerdings lassen sich einige allgemeingültige Richtlinien für einen aus Sicht der Arbeitgeber günstigen Unterrichtungszeitpunkt aufstellen. Voraussetzung für taktische Überlegungen ist stets, dass sich die beteiligten Arbeitgeber dem Betriebsübergang bewusst sind[395].

---

389 Vgl. Franzen, RdA 2002, 265, der allerdings nur die Kenntnis vom Betriebsübergang als solchen und der Person des Betriebserwerbers verlangt. Grau, Unterrichtung, 86 f., sieht das „ob" des Übergangs, die Person des Erwerbers und den geplanten Übergangszeitpunkt als Grunddaten an.

390 Zurückhaltender: Kliemt/Teusch, Festschrift für Jobst-Hubertus Bauer, 548, nach denen wirtschaftliche und soziale Folgen nur „in der Regel nicht die Identität des Betriebsüberganges berühren".

391 MK/Fetzer, § 362 BGB Rn. 3; Palandt/Grüneberg, § 362 BGB Rn. 3.

392 MK/Fetzer, § 362 BGB Rn. 2; Palandt/Grüneberg, § 362 BGB Rn. 2.

393 In Bezug auf eine unvollständige Unterrichtung: Arens/Düwell, in: Arens/Düwell/Wichert, Umstrukturierung, § 7 Rn. 297; Nebeling/Brauch, BB 2010, 1475.

394 Koller-van Delden, DStR 2008, 780 f.

395 Hieran wird es z.B. bei einer „Auftragsnachfolge" betriebsmittelarmer Betriebe (z.B. Kantine) regelmäßig fehlen. Hier kann es bereits dann zu einem Betriebsübergang kommen, wenn die Aufgabe von einem Dritten fortgeführt wird, der

Einerseits gilt grundsätzlich, je früher nach § 613a Abs. 5 BGB unterrichtet wird, desto weniger kann und muss den Arbeitnehmern mitgeteilt werden. Es muss dann nur über den (frühen) Kenntnis- und Planungsstand informiert werden. Bis zur Grenze des frühestmöglichen ordnungsgemäßen Unterrichtungszeitpunkts bestehen für den Arbeitgeber somit gewisse Gestaltungsmöglichkeiten. Sinnvoll ist, die ordnungsgemäße Unterrichtung den Arbeitnehmern wenigstens einen Monat vor dem Vollzug des Betriebsübergangs zukommen zu lassen, weil dann im Zeitpunkt des Übergangs bereits Klarheit bezüglich Anzahl und Identität der (nicht) übergehenden Arbeitnehmer hergestellt werden kann[396]. Dies verschafft Planungssicherheit für die beteiligten Unternehmen. Eine drei Monate vor dem Betriebsübergang vorgenommene Unterrichtung bietet den zusätzlichen Vorteil, dass der bisherige Arbeitgeber den widersprechenden Arbeitnehmern, deren Kündigungsfrist zwei Monate beträgt, im Falle fehlender Weiterbeschäftigungsmöglichkeiten nach dem Betriebsübergang fristgemäß zum Übergangszeitpunkt ordentlich betriebsbedingt kündigen kann[397]. In Fällen, in denen die Verschmelzung von Betrieben zugleich zu einem Betriebsübergang führt, sollte die Unterrichtung der übergehenden Arbeitnehmer nach § 613a Abs. 5 BGB parallel zu dem nach § 5 Abs. 3 UmwG vorgesehenen Verfahren vorgenommen werden, um bereits im Zeitpunkt des Umwandlungsbeschlusses gemäß § 13 Abs. 1 UmwG Gewissheit über die übergehenden Arbeitnehmer herzustellen. Spätestens parallel zur Anmeldung der Verschmelzung beim Registergericht nach § 17 Abs. 1 UmwG sollte die Unterrichtung vorgenommen werden[398].

Andererseits darf die Öffentlichkeit nicht zu früh etwas von der geplanten Transaktion mitbekommen, um bestehende Geheimhaltungsinteressen nicht zu gefährden. In der arbeitsrechtlichen Praxis ist die Unsicherheit über den frühestmöglichen Unterrichtungszeitpunkt deutlich zu spüren. Die Arbeitgeber gehen äußerst vorsichtig vor. Vor der Unterrichtung wird die Absichtserklärung („letter of intent") ausgehandelt. Zudem wird sichergestellt, dass einer Unterrichtung keine Vertraulichkeitsvereinbarung entgegensteht und sämtliche Vollzugs-Bedingungen („closing conditions"), z.B. die Genehmigung des Bundeskartellamts, vorliegen. Vorsichtshalber werden zumeist auch die Verhandlungen über einen eventuellen Interessenausgleich und Sozialplan mit dem Betriebsrat abgewartet und eventuell getroffene Vereinbarungen der Unterrichtung als Anlage beigefügt. Eine dahingehende „Wartepflicht" lässt sich jedoch weder aus § 613a Abs. 5 BGB noch aus § 242 BGB herleiten. Sollten Verhandlungen dazu führen, dass es zu keinem oder

---

zur Fortsetzung dieser Aufgabe die Hauptbelegschaft des bisherigen Arbeitgebers einstellt, vgl. EuGH, 20.11.2003 – C-340/01 (Abler), Slg. 2003, I-14023 (Rn. 27 ff.).

396 APS/Steffan, § 613a BGB Rn. 206; Nebeling/Brauch, BB 2010, 1476; Schnitker/Grau, BB 2005, 2241; Cohnen, in: Moll, Arbeitsrecht, § 55 Rn. 16; Reinhard, jurisPR-ArbR 50/2007 Anm. 1; Willemsen, Festschrift für Wolfdieter Küttner, 426; WHSS/Willemsen, Rn. G 225.

397 Nebeling/Brauch, BB 2010, 1476.

398 Doublet, Verschmelzung von Unternehmen, 260 f.

zu einem anderen Betriebsübergang kommt, ginge die vorherige Unterrichtung ins Leere. Veränderungen der Folgen des Übergangs oder der in Aussicht genommenen Maßnahmen berühren den konkreten Betriebsübergang nicht (vgl. § 2 F II 2). Auch aus § 242 BGB resultiert keine Pflicht der Arbeitgeber, den Abschluss laufender Interessenausgleichs- und Sozialplanverhandlungen mit dem Betriebsrat erst noch abzuwarten[399]. Die Unterrichtung wird nicht deshalb treuwidrig, nur weil nicht von vornherein ausgeschlossen werden kann, dass sich die Wirkungen des Übergangs für die Arbeitnehmer vor dem Übergang noch ändern können[400]. Zudem verfolgt die Unterrichtung auch das Ziel, den frühzeitig unterrichtenden Arbeitgebern Planungssicherheit zu verschaffen (vgl. § 2 B II).

Bei kleineren oder konzerninternen Transaktionen mit verhältnismäßig geringem Zeitdruck im Transaktionsverfahren kann es im Einzelfall zu einer Unterrichtung bereits vor der Unterzeichnung des Übernahmevertrags („signing“) kommen, z.B. nach der Unterzeichnung eines Vorvertrags. In der Regel warten die beteiligten Unternehmen jedoch sicherheitshalber die Unterzeichnung des Übernahmevertrags ab[401]. Bei größeren Transaktionen, in denen die beteiligten Parteien unter besonderem Zeitdruck stehen, wird die Unterrichtung unverzüglich nach Unterzeichnung des Vertrags, i.d.R. innerhalb eines Monats, erteilt.

Vor der eigentlichen Unterrichtung nach § 613a Abs. 5 BGB erfolgt zunächst die Kommunikation des bevorstehenden Betriebsübergangs mit der verantwortlichen Führungsebene und, soweit vorhanden, mit dem Betriebsrat. Kurz nachdem der Betriebsrat „mit ins Boot“ geholt wurde, sollten dann auch die Arbeitnehmer auf einer eng mit dem Betriebsrat abgestimmten Betriebsversammlung über die bevorstehende Umstrukturierung aus erster Hand erstmals informiert werden[402]. Hierdurch kann vermieden werden, dass Informationen „durchsickern“ oder die Arbeitnehmer erst aus der Presse von der geplanten Transaktion erfahren[403]. Die Öffentlichkeit wird im Anschluss, aber noch vor der Unterrichtung nach § 613a Abs. 5 BGB, per Pressemitteilung informiert.

IV. Zwischenergebnis

Der spätestmögliche Unterrichtungszeitpunkt ist nach den europarechtlichen Vorgaben „rechtzeitig“ vor dem Betriebsübergang. Eine genaue Zeitangabe kann nicht gegeben werden. Stattdessen ist nach dem europarechtlichen Zweck der Unterrichtung, den Arbeitnehmern die faktische Einflussnahme auf die Entscheidungen der Arbeitgeber zu ermöglichen, eine angemessene Vorlauffrist zu

399 Im Ergebnis so auch: Göpfert/Winzer, ZIP 2008, 763 f. Zweifelnd, ob ausnahmsweise aus § 242 BGB eine Wartepflicht herrührt: Willemsen/Lembke, NJW 2002, 1162; WHSS/Willemsen, Rn. G 212 f.; vgl. auch Jaeger, ZIP 2004, 438 und Fn. 23.

400 Staudinger/Annuß, § 613a BGB Rn. 264.

401 Nebeling/Brauch, BB 2010, 1477.

402 Bauer, NZA-Beil. 2009, 6.

403 Bauer, NZA-Beil. 2009, 6.

bestimmen. Obwohl der deutsche Gesetzgeber das Merkmal der Rechtzeitigkeit bei § 613a Abs. 5 BGB nicht in den Gesetzestext aufgenommen hat, führt auch hier eine (quasi-)richtlinienkonforme Auslegung dazu, dass alle vom Übergang betroffenen Arbeitnehmer rechtzeitig im Sinne der Richtlinie vor dem Betriebsübergang zu informieren sind. Entsprechend der hinter § 613a Abs. 6 S. 1 BGB stehenden Wertungen wird eine einmonatige Vorlauffrist i.d.R. angemessen sein. Nach dem europarechtlichen Zweck der Unterrichtung ist der frühestmögliche Zeitpunkt der Unterrichtung erreicht, wenn die Arbeitnehmer erstmals sinnvoll über den konkreten Betriebsübergang informiert werden können. Sinnvoll ist die Unterrichtung, wenn über den geforderten Informationskatalog vollständig und richtig informiert werden kann. Ein konkreter Betriebsübergang liegt vor, wenn die Grunddaten des Übergangs (Identität des Betriebsveräußerers und des Betriebserwerbers sowie Gegenstand, Zeitpunkt bzw. geplanter Zeitpunkt und Grund) bereits feststehen.

G. Materielle Anforderungen an die Unterrichtung im Rechtsprechungswandel

I. Rechtsprechung des BAG vor Normierung

Bevor die Unterrichtung in den Gesetzestext aufgenommen wurde, sah das BAG hierin lediglich eine Obliegenheit der Arbeitgeber und keine Rechtspflicht (vgl. § 2 C I). Die Unterrichtung diente aus Sicht der Arbeitgeber als das praktisch wichtigste Vehikel, um die Kenntnis des Arbeitnehmers vom Betriebsübergang herzustellen und eine Erklärungsfrist für den Widerspruch in Gang zu setzen (vgl. § 3 F I).

Eine umfassende Kasuistik zu der Frage, wann eine Unterrichtung das Prädikat ausreichend verdient, konnte sich in der früheren Rechtsprechung nicht entwickeln[404]. Das BAG führte lediglich aus, dass der Arbeitnehmer in der Lage sein muss, Erkundigungen und Rat einzuholen[405]. In einem konkreten Fall sah das BAG eine Unterrichtung bereits dann als ausreichend an, wenn über die Person des Erwerbers und die Tatsache, dass der Erwerber einem bestimmten Tarifwerk unterfällt, unterrichtet wurde, weil der Arbeitnehmer damit über die für weitere Erkundigungen erforderlichen Grundlagen verfüge[406]. Über die Rechtsfolgen des Betriebsübergangs nach § 613a BGB musste der Arbeitgeber nicht explizit unterrichten. Es genügte, wenn der Arbeitnehmer diese selbst unschwer feststellen konnte[407].

---

404 Vgl. aber einige Vorschläge in der Literatur: Eichler, Widerspruchsrecht, 133; Menze, Widerspruchsrecht, 58 ff.; Pietzko, Tatbestand des § 613a BGB, 289 f.; Seiter, Betriebsinhaberwechsel, 71; Tschöpe, Rechtsfolgen, 36.

405 BAG, 17.11.1977 – 5 AZR 618/76, AP Nr. 10 zu § 613a BGB (I 2 a).

406 BAG, 22.4.1993 – 2 AZR 313/92, AP Nr. 102 zu § 613a BGB (B V 2 b).

407 BAG, 22.4.1993 – 2 AZR 313/92, AP Nr. 102 zu § 613a BGB (B V 2 b).

Diesen Ausführungen lässt sich entnehmen, dass vor ihrer Normierung eine inhaltlich umfassende Belehrungs- oder Informationspflicht des Arbeitgebers nicht bestand. Dies sollte sich nach Einfügung der Unterrichtung in den Gesetzestext entscheidend verändern.

II. Rechtsprechung des BAG nach Normierung

Nach Normierung der Unterrichtung als schuldrechtliche Pflicht in § 613a Abs. 5 BGB stellt das BAG an die Beschaffenheit einer ordnungsgemäßen Unterrichtung nunmehr dreierlei Anforderungen. Die mitgeteilten Informationen müssen zutreffend, vollständig und aus sich heraus verständlich sein.

Die rechtlichen Folgen des Betriebsübergangs müssen „präzise" dargestellt werden und dürfen „keine juristischen Fehler beinhalten"[408]. In ausdrücklicher Abkehr von der früheren Rechtsprechung reiche eine im Kern richtige Belehrung über die rechtlichen Folgen nicht mehr aus.

Die Pflicht zur Wahrhaftigkeit besteht unabhängig davon, ob überhaupt eine Pflicht zur Information besteht[409]. Wollen die zur Unterrichtung Verpflichteten zusätzlich freiwillige Angaben in das Unterrichtungsschreiben aufnehmen, müssen folglich auch diese sowohl in tatsächlicher als auch in rechtlicher Hinsicht zutreffend und vollständig sein[410]. Beispielsweise kann der Betriebserwerber ein Interesse daran haben, die übergehenden Arbeitnehmer davon zu überzeugen, dem Übergang nicht zu widersprechen. Werden daraufhin aus psychologischen Gründen freiwillige Angaben zur wirtschaftlichen und finanziellen Lage des Erwerbers getätigt, dürfen diese nicht im klaren Widerspruch zu den im Unterrichtungszeitpunkt bestehenden objektiven Fakten stehen[411]. Zur Wahrheitspflicht gehört auch,

---

408 BAG, 13.7.2006 – 8 AZR 305/05, AP Nr. 312 zu § 613a BGB (II 1 b ff (1)); BAG, 23.7.2009 – 8 AZR 538/08, AP Nr. 10 zu § 613a BGB Unterrichtung (B III 1).

409 MK/Grundmann, § 276 BGB Rn. 117; PWW/Schmidt-Kessel, § 242 BGB Rn. 68; Grundmann, in: Ebenroth/Boujong/Joost/Strohn, Bank- und Börsenrecht, Rn. I 116. Für die Angebotsunterlage nach § 11 WpÜG: KK-WpÜG/Möllers, § 12 WpÜG Rn. 36.

410 BAG, 20.3.2008 – 8 AZR 1016/06, NZA 2008, 1354 (II 5 b) [unzutreffende Aussagen über die Folgen des Widerspruchs für das Arbeitsentgelt der widersprechenden Arbeitnehmer]; BAG, 10.11.2011 – 8 AZR 430/10, AP Nr. 15 zu § 613a BGB Unterrichtung (B II 3 c ff) [Ausführungen zu den rechtlichen Voraussetzungen einer Kündigung]; LAG Köln, 4.6.2007 – 14 Sa 1225/06, BeckRS 2007, 47107 (II 1 b); Kania/Joppich, Festschrift für Wolfdieter Küttner, 394 f.; Reinhard, NZA 2009, 69.

411 LAG Köln, 4.6.2007 – 14 Sa 1225/06, BeckRS 2007, 47107 (II 1 b). In diesem Fall wurde unzutreffend informiert über die Höhe der Barmittel, die Höhe der realisierbaren Forderungen (Vorfinanzierungsmöglichkeiten), und darüber, dass nur Nutzungsrechte anstatt Eigentums- und Verwertungsrechte an Namens- und Markenrechten bestanden. Vgl. auch Arens/Düwell, in: Arens/Düwell/Wichert, Umstrukturierung, § 7 Rn. 291; ErfK/Preis, § 613a BGB Rn. 88b; Reinhard, NZA 2009, 69; WHSS/Willemsen, Rn. G 224.

dass keine „Halbwahrheiten“ mitgeteilt werden, d.h. es muss so vollständig unterrichtet werden, dass die mitgeteilten Informationen nicht irreführend wirken[412].

Zu beachten ist auch, dass eine korrekte Information über die konkreten Rechtsfolgen unter Umständen nicht ausreichend ist. Vielmehr können auch falsche bzw. irreführende einkleidende oder begleitende Rechtsinformationen über z.B. Freistellung, Weiterbeschäftigungspflicht oder Annahmeverzug[413], „die den Arbeitnehmer in der Wahrnehmung seiner Rechte beeinflussen können“[414] zu einer nicht ordnungsgemäßen Unterrichtung führen[415]. In einem konkreten Fall rügte das BAG Ausführungen im Unterrichtungsschreiben, die suggerierten, dass allein aufgrund der Ausübung des Widerspruchsrechts und einer nachfolgenden Freistellung eine Kürzung des Arbeitsentgelts erfolgen und damit auch ein Risiko für die Höhe eines möglichen späteren Anspruchs auf Arbeitslosengeld eintreten könne[416].

Mit der Pflicht zur Wahrhaftigkeit korrespondiert auf der anderen Seite die Anforderung, dass die Darstellung der Informationen „in einer auch für juristische Laien möglichst verständlichen Sprache“ erfolgen müsse[417]. Aus dem Maßstab der Verständlichkeit leitet das BAG verschiedene äußerliche und innerliche Anforderungen an ein ordnungsgemäßes Unterrichtungsschreiben ab. Zunächst muss die Unterrichtung von sich heraus ohne juristische Grundkenntnisse für einen Laien verständlich sein. Juristische Umkehrschlüsse oder Fachbegriffe, für die juristische Grundkenntnisse erforderlich wären, müssen erklärt werden[418]. Die reine Wiederholung des Gesetzeswortlauts genügt hierfür nicht[419]. In Bezug auf das Äußere dürfte eine übersichtliche Gestaltung des Informationsschreibens

412 MK/Grundmann, § 276 BGB Rn. 117 m.w.N.

413 Beispiele nach: ErfK/Preis, § 613a BGB Rn. 88a.

414 Allgemein für falsche Rechtsinformationen: BAG, 10.11.2011 – 8 AZR 430/10, AP Nr. 15 zu § 613a BGB Unterrichtung (B II 3 c ff).

415 Nach **a.A.** soll im Einzelfall darauf abgestellt werden, ob der Aussagerand geeignet gewesen ist, den Aussagekern so zu verfälschen oder unverständlich zu machen, dass die Wissensgrundlage für die Ausübung des Widerspruchs erschüttert ist: Grau, Unterrichtung, 220 f., Hohenstatt/Grau, NZA 2007, 14; Wank, in: Handbuch zum Arbeitsrecht, § 102 Rn. 94.

416 BAG, 20.3.2008 – 8 AZR 1016/06, NZA 2008, 1354 (B II 5 b).

417 BAG, 13.7.2006 – 8 AZR 305/05, AP Nr. 312 zu § 613a BGB (II 1 b aa).

418 Vgl. BAG, 23.7.2009 – 8 AZR 538/08, AP Nr. 10 zu § 613a BGB Unterrichtung (B I 2 b).

419 BAG, 13.7.2006 – 8 AZR 305/05, AP Nr. 312 zu § 613a BGB (II 1 b aa); Gaul, FA 2002, 300; Hauck, Beil. NZA 18/2004, 23; Huke, FA 2002, 266; Jaeger, ZIP 2004, 438; Krügermeyer-Kalthoff/Reutershan, MDR 2003, 543; Sayatz/Wolff, DStR 2002, 2041; Worzalla, NZA 2002, 355. Bei der Information über die rechtlichen Folgen des Übergangs ist den Unterrichtungsverpflichteten gleichwohl zu empfehlen, den teilweise komplizierten Gesetzeswortlaut des § 613a Abs. 1 bis 4 BGB buchstabengetreu zu wiederholen: Melot de Beauregard, BB 2006, 2587; Hohenstatt/Grau, NZA 2007, 15; vgl. auch Grau, RdA 2007, 368, der zudem begleitende Erläuterungen oder einen Hinweis auf Rückfragemöglichkeiten für zweckmäßig erachtet; Lembke, NJW 2007, 2138, der der Wiederholung des Gesetzeswortlauts dem

unter das Verständlichkeitsgebot fallen[420]. Danach ist insbesondere erforderlich, dass über zusammenhängende Angaben auch im Zusammenhang informiert werden muss. Des Weiteren darf die Unterrichtung keine in sich widersprüchlichen Angaben enthalten.

Letztlich handelt es sich bei den Anforderungen an ein ordnungsgemäßes Unterrichtungsschreiben (richtig, vollständig und verständlich) um allgemein anerkannte Anforderungen an die Beschaffenheit einer rechtlich geforderten Information. Sie finden sich auch in Entscheidungen des BAG zu anderen Informationspflichten wieder[421]. Vergleichbare Anforderungen finden sich zudem bei der Aufklärung des Patienten als Voraussetzung für eine wirksame Einwilligung in medizinische Eingriffe.

III. Zwischenergebnis

Die materiellen Anforderungen an eine ordnungsgemäße Unterrichtung haben einen drastischen Rechtsprechungswandel erfahren. Wurden früher noch verhältnismäßig geringe Anforderungen an die Unterrichtung gestellt, verlangt das BAG seit der Kodifizierung eine zutreffende, vollständige und aus sich heraus verständliche Unterrichtung und greift insoweit auf allgemein anerkannte Anforderungen an eine ordnungsgemäße Information zurück.

H. Probleme bei mehr als einem Unterrichtungsschreiben

In der Praxis kommt es nicht selten vor, dass die Arbeitnehmer mehr als nur ein Unterrichtungsschreiben erreicht. Aus § 613a Abs. 5 BGB folgt nicht die Pflicht, dass sämtliche Informationen mit einer einzigen Unterrichtung erfolgen müssen. Auch mehrere Unterrichtungsschreiben des Veräußerers und/oder des Erwerbers können in ihrer Gesamtheit ein vollständiges und richtiges Unterrichtungsbild ergeben und so zur Erfüllung der Unterrichtungspflicht nach § 362 Abs. 1 BGB führen[422]. Liegen mehr als ein Unterrichtungsschreiben vor, stellen sich eine Reihe interessanter rechtlicher Fragestellungen. Hierbei ist danach zu unterscheiden, ob die erste Unterrichtung für sich genommen ordnungsgemäß war oder nicht. Eine

---

Bemühen nach einer verständlichen Unterrichtung in der Praxis im Zweifel den Vorrang einräumt.

420 Vgl. für die Angebotsunterlage nach § 11 WpÜG: KK-WpÜG/Möllers, § 12 WpÜG Rn. 36.

421 BAG, 24.5.1974 – 3 AZR 422/73 AP Nr. 6 zu § 242 BGB Ruhegehalt-VBL (II 1); BAG, 17.10.2000 – 3 AZR 605/99, AP Nr. 116 zu § 611 BGB Fürsorgepflicht (II 1).

422 Grau, Unterrichtung, 219 f.; Rieble, Festschrift für Arbeitsgemeinschaft Arbeitsrecht, 698; ErfK/Preis, § 613a BGB Rn. 90; Meyer, Unterrichtung, § 2 Rn. 20; MK/Müller-Glöge, § 613a BGB Rn. 111; vgl. auch Bauer/v. Steinau-Steinrück, ZIP 2002, 463, die allerdings entgegen der hier vertretenen Auffassung nur von einer Informationsobliegenheit ausgehen.

Unterrichtung ist ordnungsgemäß, wenn sie sämtliche formellen (Verpflichteter, Form, Zugang und Zeitpunkt) und materiellen Anforderungen (Vollständigkeit, Richtigkeit und Verständlichkeit) erfüllt.

I. Berichtigen bzw. vervollständigen einer nicht ordnungsgemäßen Erstunterrichtung (Nachunterrichtung)

Eine verfrühte Unterrichtung kann im Unterrichtungszeitpunkt definitionsgemäß nicht vollständig sein (vgl. § 2 F II 2). Aber selbst wenn den Unterrichtenden im Zeitpunkt der Unterrichtung eigentlich alle nötigen Informationen vorlagen, kann es zu einer nicht ordnungsgemäßen Erstunterrichtung kommen. Die unvollständige oder unrichtige Darstellung eines oder mehrerer Unterrichtungsgegenstände verhindert das Erlöschen des Unterrichtungsanspruchs im Wege der Erfüllung nach § 362 BGB. Der Anspruch besteht bis zu seiner Erfüllung fort. Die Widerspruchsfrist ist gehemmt[423] und beginnt erst zu dem Zeitpunkt, in dem die Arbeitgeber ihren Fehler korrigieren und das Unterrichtungsschreiben vervollständigt haben[424], ihre Unterrichtungspflicht also erfüllt haben.

Die gesamtschuldnerische Informationspflicht des bisherigen Arbeitgebers und des neuen Inhabers besteht als gesamtschuldnerische Pflicht des bisherigen Arbeitgebers und des neuen Inhabers zur Berichtigung bzw. Vervollständigung der Informationen fort[425]. Adressaten der Nachunterrichtung sind die vom Übergang betroffenen Arbeitnehmer, unabhängig davon, ob sie ihr Widerspruchsrecht zwischenzeitlich ausgeübt haben[426]. Bereits erklärte Widerspruchs- oder Verzichtserklärungen behalten auch nach der Nachunterrichtung ihre Wirksamkeit[427]. Der Arbeitnehmer kann seine Erklärung einseitig nur noch unter den Voraussetzungen der §§ 119 ff. BGB beseitigen. Hierfür muss die Widerspruchserklärung kausal auf der zunächst nicht ordnungsgemäßen Unterrichtung beruhen. Nachdem die Arbeitgeber die Fehlerhaftigkeit des Unterrichtungsschreibens erkannt haben, können sie jederzeit, auch nach dem Übergang[428], die unvollständige Information

---

423 WHSS/Willemsen, Rn. G 226.

424 BAG, 23.7.2009 – 8 AZR 538/08, AP Nr. 10 zu § 613a BGB Unterrichtung (B I 2); Gaul/Niklas, DB 2009, 457; Leßmann, DB 2011, 2380.

425 Leßmann, DB 2011, 2378.

426 Leßmann, DB 2011, 2378 f.

427 Der Arbeitnehmer kann auch dann wirksam widersprechen oder verzichten, wenn er vorher überhaupt nicht informiert wurde. Die Wirksamkeit der Erklärungen hängt nicht von der Erfüllung der Unterrichtungspflicht ab. **A.A.** Leßmann, DB 2011, 2381, nach dem eine Nachunterrichtung diese Erklärungen „beseitigt"; den Arbeitgebern sei es nach § 242 BGB verwehrt, sich auf die Erklärungen zu berufen.

428 WHSS/Willemsen, Rn. G 226. Auch BAG, 23.7.2009 – 8 AZR 538/08, AP Nr. 10 zu § 613a BGB Unterrichtung (B I 2), geht von der Möglichkeit einer späteren Fehlerkorrektur aus.

vervollständigen und die unrichtigen Aussagen berichtigen[429]. Dabei haben sie sämtliche nach § 613a Abs. 5 BGB vorgesehenen Anforderungen, insbesondere die Textform nach § 126b BGB, zu wahren[430].

Eine anderweitige Kenntniserlangung führt nicht zur Erfüllung der Unterrichtungspflicht. Das BAG führt hierzu[431] zutreffend aus:

> *„Der gesetzlichen Unterrichtungspflicht nach § 613a V BGB wird nicht dadurch genügt, dass der Arbeitnehmer ‚irgendwann und irgendwie', sei es durch den bisherigen Arbeitgeber, sei es durch den neuen Inhaber oder sei es von dritter Seite Kenntnis von Tatsachen erhält, über die nach den Vorgaben des Gesetzgebers gem. § 613a V BGB zu informieren ist."*[432]

Beispielsweise wird die Unterrichtungspflicht über die Identität des Betriebserwerbers nicht dadurch erfüllt, dass der Arbeitnehmer ab einem bestimmten Zeitraum seine Arbeitsvergütung von einem neuen Rechtsträger erhält[433] oder auf Gehaltsabrechnungen[434] bzw. auf einem Schreiben über die Mitteilung einer Einkommenserhöhung[435] die Adresse des Betriebserwerbers angegeben wird.

Inhaltlich ist, wie sich bereits an den Begrifflichkeiten „Berichtigung" und „Vervollständigung" ablesen lässt, eine komplette Neuvornahme der Unterrichtung nicht gefordert[436]. Das Nachunterrichtungsschreiben muss den zutreffenden Inhalt der Erstunterrichtung nicht wiederholen, sondern kann darauf verweisen[437]. Allerdings bedarf es im Falle einer Mehrzahl von Auskünften nach allgemeinen Grundsätzen noch einer Klarstellung des Verhältnisses der einzelnen Auskünfte zueinander. Selbst wenn die zweite Auskunft für sich genommen keinerlei Fehler enthält, kann es gleichwohl insgesamt an einer unmissverständlichen Information fehlen, wenn das Verhältnis beider Auskünfte zueinander nicht hinreichend klar wird[438]. Es lag dann zu keinem Zeitpunkt eine insgesamt ordnungsgemäße

429 Grau, Unterrichtung, 221.

430 BAG, 23.7.2009 – 8 AZR 538/08, AP Nr. 10 zu § 613a BGB Unterrichtung (B I 2); vgl. auch Trittin, in: Bachner/Köstler/Matthießen/Trittin, § 6 Rn. 102. Nach HWK/Willemsen/Müller-Bonanni, § 613a BGB Rn. 336, muss die Berichtigung als solche bezeichnet werden und nach Leßmann, DB 2011, 2379, muss jedes Nachunterrichtungsschreiben (Berichtigung und Vervollständigung) als solches bezeichnet werden.

431 Zur Frage, ob in diesen Fällen eine sog. Zweckerreichung denkbar ist, hat sich das BAG bisher nicht geäußert (vgl. § 2 I VII).

432 BAG, 23.7.2009 – 8 AZR 538/08, AP Nr. 10 zu § 613a BGB Unterrichtung (B I 2).

433 BAG, 21.8.2008 – 8 AZR 407/07, AP Nr. 348 zu § 613a BGB (B II 3 b).

434 LAG München, 29.4.2008 – 7 Sa 986/07, BeckRS 2009, 61875 (II).

435 BAG, 23.7.2009 – 8 AZR 538/08, AP Nr. 10 zu § 613a BGB Unterrichtung (B I 2).

436 Grau, Unterrichtung, 221; vgl. aber auch Grau, AE 2010, 135, der hierin nunmehr eine „Zweckmäßigkeitsfrage" erblickt.

437 Leßmann, DB 2011, 2380, der auch auf mögliche Fehler in diesem Zusammenhang hinweist.

438 Zu zwei widersprüchlichen Belehrungen nach § 2 HaustürWG: BGH, 18.10.2004 – II ZR 352/02, NJW-RR 2005, 180 (II 4).

Auskunft vor. Der Auskunftsanspruch besteht fort. Weicht beispielsweise die zweite Rechnungslegung von der ersten ab und erklärt die zweite weder von sich heraus noch in Verbindung mit zusätzlichen Angaben die Gründe für die Abweichung, ist der Adressat über das Verhältnis der beiden Rechnungslegungen zueinander aufzuklären[439].

Vorliegend widersprechen sich Erst- und Nachunterrichtung, solange die Arbeitnehmer nicht im Nachunterrichtungsschreiben darüber aufgeklärt werden, welche Informationen ergänzt werden sollen bzw. welche Informationen aufgehoben oder mit anderen Informationen ausgetauscht werden sollen. Der Inhalt des Nachunterrichtungsschreibens kann sich sogar darin erschöpfen, das Verhältnis sich widersprechender Auskünfte aufzuklären. Geht den Arbeitnehmern z.B. eine ordnungsgemäße Unterrichtung gleichzeitig oder nach der nicht ordnungsgemäßen Unterrichtung zu, liegt nur dann eine insgesamt ordnungsgemäße Unterrichtung vor, wenn das Verhältnis der beiden Unterrichtungsschreiben zueinander klargestellt und die nicht ordnungsgemäße Unterrichtung ausdrücklich aufgehoben wird[440].

Handelt es sich bei Erst- und Nachunterrichtung um mehrere Teilauskünfte, erlischt der Auskunftsanspruch nach allgemeinen Grundsätzen erst, wenn die Teilauskünfte nach dem erklärten Willen des Auskunftsschuldners in der Summe die Auskunft im geschuldeten Gesamtumfang darstellen[441]. Eine Vervollständigung ist dementsprechend auch als solche im Nachunterrichtungsschreiben zu bezeichnen[442]. Aus der Vollständigkeitserklärung wird für die zur Information Berechtigten ersichtlich, dass der Verpflichtete seine Informationspflicht nunmehr als erfüllt ansieht. Vorliegend können die übergehenden Arbeitnehmer aus der Erklärung zudem allein oder mithilfe eines Rechtsbeistands ableiten, dass erst mit Zugang der Nachunterrichtung die einmonatige Widerspruchsfrist nach § 613a Abs. 6 BGB in Gang gesetzt wurde. Eine weitergehende Rechtsberatung der Arbeitnehmer schuldet der Arbeitgeber nicht[443]. Wurde allerdings

---

439 BGH, 16.9.1982 – X ZR 54/81, DB 1982, 2393 (II 2 d).

440 Staudinger/Annuß, § 613a BGB Rn. 262.

441 BGH, 6.6.1962 – V ZR 45/61, BB 1962, 816; vgl. auch Winkler von Mohrenfels, Abgeleitete Informationsleistungspflichten, 151.

442 BAG, 23.7.2009 – 8 AZR 538/08, AP Nr. 10 zu § 613a BGB Unterrichtung (B I 2); vgl. auch Trittin, in: Bachner/Köstler/Matthießen/Trittin, § 6 Rn. 102; Bachner/Gerhardt, Betriebsübergang, Rn. A 125; Bachner, in: Kittner/Zwanziger/Deinert, Arbeitsrecht, § 96 Rn. 30; Leßmann, DB 2011, 2379; **a.A.** Staudinger/Annuß, § 613a BGB Rn. 267.

443 Wie hier wohl: Nebeling/Kille, NZA-RR 2013, 5. **A.A.** Chwalisz, ArbRAktuell 2009, 57 und Gaul/Niklas, DB 2009, 453, 457, die einen Hinweis verlangen, dass die Widerspruchsfrist erst mit Zugang des Nachunterrichtungsschreibens beginnt; ErfK/Preis, § 613a BGB Rn. 92, der einen (erneuten) Hinweis auf die Möglichkeit zum Widerspruch verlangt; Leßmann, DB 2011, 2380, der es für geboten hält, dass im Rahmen der Nachunterrichtung (erneut) über Widerspruchsrecht und -frist

in der fehlerhaften Erstunterrichtung mitgeteilt, dass nunmehr die einmonatige Widerspruchsfrist beginne, ist auch dieser Fehler in der Zweitunterrichtung aufzuklären[444].

In der Zeit zwischen Erst- und Nachunterrichtung können den zur Unterrichtung Verpflichteten weitere unterrichtungsrelevante Tatsachen oder Änderungen bei den mitteilungspflichtigen Tatsachen erstmalig bekannt geworden sein. Beispielsweise können die Arbeitgeber zwischenzeitlich zusätzliche, bisher nicht mitgeteilte, Maßnahmen in Aussicht genommen haben. Es stellt sich die Frage, ob die Arbeitnehmer aus § 613a Abs. 5 BGB auch einen Informationsanspruch hinsichtlich der zwischenzeitlich eingetretenen Änderungen unterrichtungsrelevanter Umstände haben. Für die Erfüllung der Unterrichtungspflicht kommt es entscheidend auf den Kenntnisstand beider Arbeitgeber im Zeitpunkt der Nachunterrichtung an. Die Unterrichtung über zwischenzeitlich eingetretene Änderungen scheidet nur dann aus, wenn es durch die Erstunterrichtung bereits zu einer Teilerfüllung der Unterrichtungspflicht, bezogen auf einzelne Gegenstände der Unterrichtung, nach § 362 BGB gekommen ist. Der Schuldner ist zu Teilleistungen nicht berechtigt, § 266 BGB. Nimmt der Gläubiger die Teilleistung unter Vorbehalt der Nachforderung des Rests an, hat dies nur eine Teilerfüllung bezogen auf den geleisteten Teil zur Folge[445]. Hinsichtlich des Rests bleibt ein Teilerfüllungsanspruch bestehen. Im Regelfall kommt, abgesehen von einer ausdrücklichen Annahme der Teilleistung durch die Arbeitnehmer, für den hier betrachteten Unterrichtungsanspruch aus § 613a Abs. 5 BGB keine Teilerfüllung in Betracht. Schweigen kann hier nicht einfach als Annahme gewertet werden. Anderenfalls würde der Zweck[446] der Unterrichtung, wonach die Unterrichtung dem Schutze des Arbeitnehmers dient und ein klares Bild des bevorstehenden Betriebsübergangs abzeichnen soll, verfehlt. Aufgrund der bestehenden Informationsasymmetrie weiß der Arbeitnehmer gar nicht, ob die ihm erteilten Informationen vollständig und zutreffend gewesen sind. Auf der Rechtsfolgenseite bedeutet dies, dass allein die Berichtigung einer unrichtigen oder die Vervollständigung einer verfrühten bzw. sonst nicht vollständigen Erstunterrichtung keine ordnungsgemäße Unterrichtung herstellt. Vielmehr müssen die Arbeitnehmer auch über zwischenzeitlich eingetretene Änderungen unterrichtet werden, damit die

---

unterrichtet wird; vgl. auch Grau, AE 2010, 135, der zumindest erwägt, dass darüber informiert werden muss, dass die Widerspruchsfrist erst mit Zugang der Ergänzung anläuft.

444 Vgl. insoweit Gaul/Niklas, DB 2009, 453.

445 OLG Saarbrücken, 24.6.2008 – 4 U 324/07 – 108, ZIP 2008, 2430 (II 1 a); Palandt/Grünenberg, § 266 Rn. 10; Winkler von Mohrenfels, Abgeleitete Informationsleistungspflichten, 152. Die Bewirkung einer Teilleistung hat zudem Bedeutung für die Rechte des Gläubigers auf der Sekundärebene, vgl. z.B. § 281 Abs. 1 S. 2 BGB.

446 Der Zweck der Unterrichtung ist bei der Frage der Erfüllung zu berücksichtigen, vgl. insoweit LAG Baden-Württemberg, 4.4.2011 – 9 Sa 96/10, BeckRS 2011, 74248 (II 5 d bb (2.2)).

Widerspruchsfrist nach § 613a Abs. 6 BGB beginnt und der Unterrichtungsanspruch aus Abs. 5 erlischt[447].

Etwas anderes kann nur in Fällen angenommen werden, in denen der Arbeitgeber für den Arbeitnehmer von vornherein erkennbar nur Teilauskünfte erteilen wollte. Denkbar ist beispielsweise, dass bereits in der Erstunterrichtung ein bestimmter Informationsgegenstand ausdrücklich offengelassen wurde und die Informationsadressaten diesbezüglich auf eine spätere Unterrichtung verwiesen wurden. In solch einem Fall ist dem Arbeitnehmer die Unvollständigkeit der Unterrichtung bekannt. Hier kommt nach den Umständen des Einzelfalls eine Teilerfüllung auch ohne ausdrückliche Zurückweisung der Teilleistung des Arbeitgebers in Betracht.

Schließlich können im Rahmen einer Berichtigung oder Vervollständigung auch noch daraus Probleme entstehen, dass sich das erste Schreiben nicht mehr im Machtbereich einzelner Arbeitnehmer befindet. Es wird bezweifelt, ob von einem Arbeitnehmer verlangt werden könne, das erste Unterrichtungsschreiben noch vorrätig zu haben, vor allem wenn die erste Unterrichtung bereits längere Zeit (mehr als einen Monat) zurückliege[448]. Nach den Gesetzesmaterialien hat der Arbeitnehmer bei der Unterrichtung in Textform die Möglichkeit, sich weitergehend zu erkundigen und gegebenenfalls beraten zu lassen[449]. Dies lässt erkennen, dass der Gesetzgeber von einer Obliegenheit der Arbeitnehmer zu eigenen Nachforschungen ausging. Teil dieser Obliegenheit ist es, dass sich der Arbeitnehmer aus eigener Initiative um einen Ersatz für das verlorene Erst-Unterrichtungsschreiben kümmert. Auch wenn die erste Unterrichtung bereits längere Zeit zurückliegt, wird man dies dem Arbeitnehmer zumuten können.

II. Verfälschen bzw. Verunklaren einer ordnungsgemäßen Erstunterrichtung

Erreicht die Arbeitnehmer vor einer fehlerhaften Unterrichtung zunächst eine ordnungsgemäße Unterrichtung, stellt sich die Frage, welchen Einfluss eine zweite, mit Fehlern behaftete Unterrichtung hat. In Parallelität zu den Fällen des berichtigen bzw. vervollständigen einer nicht ordnungsgemäßen Unterrichtung wird hier zur besseren Veranschaulichung von verfälschen bzw. verunklaren einer zunächst ordnungsgemäßen Erstunterrichtung gesprochen.

---

447 Vgl. LAG Köln, 16.12.2011 – 4 Sa 1129/11, BeckRS 2012, 66132 (B I 6 a): „Wenn zwischenzeitlich aber bereits der Sozialplan abgeschlossen war, so konnte sich die Firma A nicht mehr mit dem bloßen Hinweis begnügen, dass man ‚möglicherweise ohne Abfindungsanspruch kündigen' müsste. Sie hätte dem Arbeitnehmer präzise mitteilen müssen, ob und unter welchen Umständen wegen des Widerspruchs ein Abfindungsanspruch aus dem Sozialplan entfiel." Vgl. auch Grau, AE 2010, 135 f.

448 Leßmann, DB 2011, 2380.

449 BT-Drucks. 14/7760, 19 (rechte Spalte).

Nach Ansicht des LAG Baden-Württemberg müsse dem widerspruchsberechtigten Arbeitnehmer „nach der gesetzgeberischen Wertung" für seine Widerspruchsentscheidung ein Zeitraum von einem Monat zur Verfügung stehen[450]. Durch eine weitere widersprüchliche Information werde dem Arbeitnehmer der Monatszeitraum zur Entscheidung genommen. Dies habe zur Folge, dass die Widerspruchsfrist unterbrochen werde und erst mit Zugang einer in Textform erteilten Klarstellung erneut zu laufen beginne. Dem könne auch nicht der Erfüllungseinwand entgegen gehalten werden, weil der für die Erfüllung vorausgesetzte Leistungserfolg noch nicht eingetreten sei. Der Leistungserfolg bestehe nach dem Zweck der Informationspflicht darin, dem Arbeitnehmer für die Dauer einer Überlegungsfrist von einem Monat eine zuverlässige und zutreffende Wissensgrundlage für seine Widerspruchsentscheidung zu schaffen.

Die Argumentation des LAG Baden-Württemberg überzeugt nicht. Weder der Wortlaut des § 613a Abs. 5 BGB noch der des Abs. 6 verlangen von den beteiligten Arbeitgebern, dass den widerspruchsberechtigten Arbeitnehmern für einen Zeitraum von einen Monat eine vollständige, richtige und widerspruchsfreie Unterrichtung, auf deren Grundlage sie ihre Widerspruchentscheidung treffen können, vorliegen muss. § 613a Abs. 5 BGB fordert eine Unterrichtung der vom Übergang betroffenen Arbeitnehmer und Abs. 6 benennt die Widerspruchsfrist, also den Zeitraum, innerhalb dessen der Widerspruch erklärt werden kann. Für eine einmonatige Überlegungsfrist enthält der Wortlaut keinerlei Anhaltspunkte[451].

Die Gewährung einer Überlegungsfrist wäre eine zusätzliche Pflicht, die über den Wortlaut des Abs. 5 hinausginge und mittels teleologischer Auslegung zu gewinnen wäre. Dazu müsste der Zweck der Unterrichtungspflicht (auch) darin bestehen, den widerspruchsberechtigten Arbeitnehmern eine einmonatige Überlegungsfrist einzuräumen. Dem ist nicht so. Informationspflichten bezwecken nicht die Einräumung von Entscheidungsfristen. Sie bezwecken die Aufklärung über unbekannte Tatsachen und dienen als Grundlage für (rechtsgeschäftliche) Entscheidungen. Welcher Zeitraum für die Entscheidung zur Verfügung stehen soll, wird nicht durch sie bestimmt. Demgemäß kommt der Unterrichtungspflicht im deutschen Recht auch nur der Zweck zu, den widerspruchsberechtigten Arbeitnehmern eine taugliche Grundlage für ihre Widerspruchsentscheidung zu liefern

450 Vgl. LAG Baden-Württemberg, 4.4.2011 – 9 Sa 96/10, BeckRS 2011, 74248 (II 5 d bb (2)) mit (unzutreffendem) Verweis auf BGH, 18.10.2004 – II ZR 352/02, NJW-RR 2005, 180 (II 4). In dieser Entscheidung formuliert der BGH zwar allgemein, dass es bei widersprüchlichen Belehrungen insgesamt an einer unmissverständlichen Belehrung fehle. Der zugrunde liegende Sachverhalt betraf allerdings die Konstellation einer falschen Belehrung nach § 2 HaustürWG vor einer richtigen. Das Verfahren des LAG Baden-Württemberg betraf dagegen eine falsche Unterrichtung nach einer richtigen. Leider hatte das BAG nicht die Gelegenheit, sich zu dieser Entscheidung zu äußern, vgl. BAG, 19.2.2013 – 8 AZR 447/11, sonstige Erledigung: Rücknahme.

451 Vgl. Rupp, NZA 2007, 303.

(vgl. § 2 B II), nicht aber der Zweck, eine einmonatige Überlegungsfrist zu gewähren. Davon abgesehen geht auch der Hinweis, dass der vorgeschlagenen Lösung der Erfüllungseinwand nicht entgegenstehe, am Ziel vorbei. Der Primäranspruch auf Erfüllung ist mit Zugang der ersten ordnungsgemäßen Unterrichtung mit Wirkung für beide gesamtschuldnerisch zur Unterrichtung Verpflichteten erloschen, §§ 362 Abs. 1, 422 Abs. 1 S. 1 BGB[452]. Der für die Erfüllung vorausgesetzte Leistungserfolg ist hierdurch eingetreten. Durch eine weitere, falsche Information lebt die ursprüngliche Informationspflicht nicht wieder auf[453].

Nach einer in der Literatur vertretenen Auffassung soll es sowohl dem falsch unterrichtenden als auch dem anderen Arbeitgeber nach dem aus § 242 BGB abgeleiteten Grundsatz des „venire contra factum proprium" verwehrt sein, sich auf das Fristversäumnis zu berufen, sofern die Unstimmigkeit in der Unterrichtung für das Unterlassen des Widerspruchs kausal werden konnte[454]. Die Tatsache einer Fehlinformation sei ausnahmsweise nach § 425 BGB zuzurechnen, weil dies auch für Pflichtverletzung und Verschulden im Rahmen eines Schadensersatzanspruchs gelte. Als Folge dieser Ansicht sollen die übergehenden Arbeitnehmer bis zum Zeitpunkt der Verwirkung widersprechen können.

Vorliegend können weder im Rahmen eines Schadensersatzanspruchs noch im Rahmen von § 242 BGB fremde Pflichtverletzungen bzw. fremdes Verschulden zugerechnet werden. Der verfälschend bzw. verunklarend Unterrichtende verstößt nicht gegen die aus § 613a Abs. 5 BGB resultierende gesamtschuldnerische Unterrichtungspflicht. Er verstößt gegen die aus § 613a Abs. 5 BGB abgeleitete Pflicht, eine zunächst ordnungsgemäße Unterrichtung nicht durch nachträgliche Fehlinformation in Frage zu stellen[455]. Dogmatisch handelt es sich hierbei um die sog. Leistungstreuepflicht, eine Nebenpflicht, die ihren Ursprung im Grundsatz von Treu und Glauben (§ 242 BGB) hat. Danach haben die am Schuldverhältnis beteiligten Parteien auch nach Erlöschen des Schuldverhältnisses alles zu unterlassen, was den Leistungserfolg gefährden oder beeinträchtigen könnte[456]. Eine ausnahmsweise Zurechnung einer Pflichtverletzung bzw. fremden Verschuldens gemäß § 425 BGB kommt bei der Leistungstreuepflicht nicht in Betracht. Anders als bei der Unterrichtungspflicht fehlt es bei der Leistungstreuepflicht an dem von einer Gesamtschuld vorausgesetzten Merkmal, dass der Gläubiger die Leistung nur

---

452 Rupp, NZA 2007, 302 f.; Staudinger/Annuß, § 613a BGB Rn. 262; Franzen, RdA 2002, 264; Grau, Unterrichtung, 220; wohl auch MK/Müller-Glöge, § 613a BGB Rn. 111.

453 Denkbar ist allenfalls, dass die Arbeitgeber nach Treu und Glauben, so KR, 9. Aufl./Pfeiffer, § 613a BGB, Rn. 108h, bzw. als Nebenpflicht aus § 613a Abs. 5 BGB, so Rupp, NZA 2007, 303, dazu verpflichtet sind, die richtige Information klarzustellen.

454 Rupp, NZA 2007, 304 f.

455 Rieble, Festschrift für Arbeitsgemeinschaft Arbeitsrecht, 699; vgl. auch Rupp, NZA 2007, 304.

456 Vgl. BGH, 15.10.2004 – V ZR 100/04, NJW-RR 2005, 241 (B II 2 c); Palandt/Grüneberg, § 242 BGB Rn. 27, 29 und § 280 BGB Rn. 7.

einmal fordern kann[457]. Hier können die Arbeitnehmer von den beteiligten Arbeitgebern kumulativ fordern, alles zu unterlassen, was den Leistungserfolg gefährden oder beeinträchtigen könnte.

Eine Verletzung der Leistungstreuepflicht kann aber zu einem Schadensersatzanspruch nach § 280 Abs. 1 S. 1 BGB führen[458]. Besteht noch die rechtliche Möglichkeit zu widersprechen, fehlt es an der für den Schadensersatzanspruch erforderlichen Kausalität, sofern der Gläubiger den geltend gemachten Schaden durch Widerspruch vermeiden kann[459]. Gleiches gilt, wenn die Widerspruchsfrist im Zeitpunkt der Fehlinformation bereits abgelaufen war. Etwas anderes gilt jedoch, wenn der Widerspruch durch Fristablauf rechtlich unmöglich geworden ist und die Widerspruchsfrist im Zeitpunkt der Fehlinformation noch nicht abgelaufen war. In solch einem Fall könnten die widerspruchsberechtigten Arbeitnehmer geltend machen, dass sie noch rechtzeitig widersprochen hätten, wenn sie vor Ablauf der Widerspruchsfrist nicht ein weiteres verfälschendes bzw. verunklarendes Unterrichtungsschreiben erhalten hätten[460]. Ein Schadensersatzanspruch besteht dann nur gegenüber demjenigen, der seine Leistungstreuepflicht verletzt hat. Daraus folgt, dass ein Anspruch auf Naturalrestitution gemäß § 249 Abs. 1 BGB, gerichtet auf Abschluss eines Arbeitsvertrags mit dem Veräußerer, nur selten in Betracht kommen wird. Der Erwerber hat grundsätzlich keine Handhabe, dass der Veräußerer den übergegangenen Arbeitnehmer „zurücknimmt". Im Regelfall ist der Arbeitnehmer daher wegen Unmöglichkeit der Naturalrestitution in Geld zu entschädigen, § 251 Abs. 1 BGB.

III. Ergänzung bzw. Erneuerung einer ordnungsgemäßen Unterrichtung bei Änderung mitteilungspflichtiger Umstände nach Unterrichtungszugang

In den soeben behandelten Fällen der Berichtigung bzw. Vervollständigung der Unterrichtung wurde entweder zu früh unterrichtet oder die Erstunterrichtung war unrichtig oder unvollständig. Hiervon sind diejenigen Fälle strikt zu trennen, in denen von Anfang an ordnungsgemäß unterrichtet wurde, aber im Anschluss daran neue unterrichtungsrelevante Umstände hinzugetreten sind oder bei den mitgeteilten Informationen Änderungen eingetreten sind.

1. Meinungsspektrum

Für diese Fälle stellt sich die Frage, ob den Arbeitnehmern ein Anspruch auf ergänzende bzw. erneute Unterrichtung aus § 613a Abs. 5 BGB zukommt. Hinsichtlich dieser Frage hat sich ein breites Meinungsspektrum entwickelt.

---

457 Palandt/Grüneberg, § 421 BGB Rn. 5.

458 Im Ergebnis wie hier: Staudinger/Annuß, § 613a BGB Rn. 262; Rieble, Festschrift für Arbeitsgemeinschaft Arbeitsrecht 699; Rupp, NZA 2007, 303.

459 Vgl. BAG, 20.3.2008 – 8 AZR 1022/06, NZA 2008, 1297 (D II 3).

460 Rieble, Festschrift für Arbeitsgemeinschaft Arbeitsrecht, 699.

Teilweise wird ein Anspruch auf ergänzende Unterrichtung aus § 613a Abs. 5 BGB absolut abgelehnt[461]. Die Möglichkeit nachträglicher (unerwarteter) Änderungen liege in der Natur des Wirtschaftssystems und sei hinzunehmen. Dessen soll sich der Gesetzgeber auch bewusst gewesen sein, wie man an dem zukunftsorientierten Wortlaut des § 613a Abs. 5 BGB („geplante“ bzw. „in Aussicht genommene“) ablesen könne[462]. Nach anderer Ansicht besteht grundsätzlich eine Pflicht zur ergänzenden Unterrichtung über jede wesentliche Änderung von Umständen, über die nach § 613a Abs. 5 Nr. 1 bis 4 BGB unterrichtet werden müsse und die für die Ausübung des Widerspruchsrechts von „erheblicher Bedeutung“ sei[463]. Jene Änderungen führten dazu, dass ein „anders gelagerter Betriebsübergang“ vorliege. Die Möglichkeit einer frühzeitigen Unterrichtung beinhalte die Gefahr, dass erhebliche Änderungen der Arbeitgeberentscheidungen unberücksichtigt bleiben könnten. Dieser Gefahr könne nur durch die Pflicht zur ergänzenden Unterrichtung oder durch die Pflicht, den Abschluss laufender Entwicklungen wie Interessenausgleichs-, Sozialplan- und Tarifverhandlungen abzuwarten, wirksam begegnet werden. Nach anderer Ansicht soll bei einer „lange vor dem tatsächlichen Betriebsübergang auf ggf. ‚unsicherer‘ Faktenbasis“ erfolgten Unterrichtung jedenfalls dann eine Pflicht zur „Nachunterrichtung“ bestehen, wenn diese noch so erfolgen könne, dass bis zum Betriebsübergang die Widerspruchsfrist ablaufen kann[464]. Überwiegend wird angenommen, dass sich der Unterrichtungsanspruch bezüglich des konkreten Betriebsübergangs nach § 362 Abs. 1 BGB erfüllt, wenn der Unterrichtungspflichtige den Arbeitnehmer entsprechend seinem Kenntnisstand im Zeitpunkt der Unterrichtung ordnungsgemäß unterrichtet hat[465]. Ändern sich nach der Unterrichtung die Planungen, werde die Unterrichtung weder unvollständig noch unrichtig[466]. Eine Planungsänderung führe daher grundsätzlich zu keinem Anspruch auf ergänzende Unterrichtung

---

461 LAG Düsseldorf, 1.4.2005 – 18 Sa 1950/04, AP Nr. 295 zu § 613a BGB (II 2 c aa (2) (b)); Bauer/v. Steinau-Steinrück, ZIP 2002, 463; Burgmer/Richter, Betriebsübergang, 62; Gaul, FA 2002, 300; Gaul/Otto, DB 2005, 2467; Gussen, in: BeckOK R/G/K/U, § 613a BGB Rn. 153; Mestwerdt, in: Kündigungsschutzrecht, § 613a BGB Rn. 156.

462 LAG Düsseldorf, 1.4.2005 – 18 Sa 1950/04, AP Nr. 295 zu § 613a BGB (II 2 c aa (2) (b)); Einfeldt, in: EG-Arbeitsrecht, 197; Gaul, FA 2002, 300; Gussen, in: BeckOK R/G/K/U, § 613a BGB Rn. 153, der zudem von „Folgen des geplanten Übergangs“ spricht, obwohl diese Formulierung dem Gesetz fremd ist.

463 Jaeger, ZIP 2004, 437 f. und Fn. 21; ähnlich: Bachner/Gerhardt, Betriebsübergang, Rn. A 128 und Bachner, in: Kittner/Zwanziger/Deinert, Arbeitsrecht, § 96 Rn. 30c, der bei einer Abweichung, die die Entscheidung des Arbeitnehmers über die Ausübung des Widerspruchsrechts („wesentlich[...]“) beeinflusst eine Pflicht zur Aktualisierung annimmt.

464 Leßmann, DB 2011, 2378.

465 BAG, 13.7.2006 – 8 AZR 303/05, AP Nr. 311 zu § 613a BGB (II 2 d); Bayreuther, in: Dornbusch/Fischermeier/Löwisch, § 613a BGB Rn. 125; Grobys, NJW-Spezial 2007, 321.

466 Franzen, RdA 2002, 265 f.; HWK/Willemsen/Müller-Bonanni, § 613a BGB Rn. 339.

aus § 613a Abs. 5 BGB[467]. Ausnahmsweise könne aus § 613a Abs. 5 BGB ein Anspruch auf ergänzende Aufklärung über neu aufgetretene Umstände resultieren, wenn nicht mehr derselbe Übergang vorliegt, sondern ein neuer Übergang[468]. Dies sieht das BAG in Fällen als gegeben an, in denen der Betrieb auf einen anderen Erwerber übergeht[469]. Gleiches soll für die Änderung des Grundes des Betriebsübergangs gelten. So hat das BAG entschieden, dass die Ausgliederung der Abteilung „Kundenservice" in M und ihre Angliederung an die „Produktion" in B eine andere „Maßnahme" darstelle, als die Übernahme dieser Abteilung[470].

Wie zu verfahren ist, wenn sich der Übergang zeitlich verschiebt und zu einem anderen Zeitpunkt stattfindet, als in der Unterrichtung angegeben, ist ebenfalls strittig. Einige Stimmen nehmen einen Anspruch auf erneute Unterrichtung aus § 613a Abs. 5 BGB bei einer zeitlichen Verschiebung an[471]. Andere ziehen nur für eine „erhebliche" Zeitverzögerung[472] bzw. bei einem „ganz anderen Zeitpunkt"[473] eine erneute Unterrichtungspflicht in Betracht. Wieder andere lassen auch eine „erhebliche" Abweichung vom angegebenen Zeitpunkt nur dann genügen, wenn diese im Einzelfall geeignet war, die Widerspruchsentscheidung des Arbeitnehmers zu beeinflussen[474] bzw. wenn die geplante Maßnahme durch die zeitliche Verschiebung inhaltlich

467 BAG, 25.10.2007 – 8 AZR 989/06, AP Nr. 2 zu § 613a BGB Wiedereinstellung (B II 4 b); vgl. auch APS/Steffan, § 613a BGB Rn. 202a; HWK/Willemsen/Müller-Bonanni, § 613a BGB Rn. 339; WHSS/Willemsen, Rn. G 225.

468 BAG, 13.7.2006 – 8 AZR 303/05, AP Nr. 311 zu § 613a BGB (II 2 d); Bayreuther, in: Dornbusch/Fischermeier/Löwisch, § 613a BGB Rn. 125 [„Aufklärung über neu eingetretene Umstände bzw. erneute Unterrichtung"]; Grobys, NJW-Spezial 2007, 321; Hauck, Beil. NZA 18/2004, 24; Hohenstatt/Grau, NZA 2007, 17 f.; HWK/Willemsen/Müller-Bonanni, § 613a BGB Rn. 339; vgl. auch Arens/Düwell, in: Arens/Düwell/Wichert, Umstrukturierung, § 7 Rn. 293, die im Falle „extreme[r] Änderungen" einen Anspruch auf ergänzende Informationen annehmen.

469 BAG, 13.7.2006 – 8 AZR 303/05, AP Nr. 311 zu § 613a BGB (II 2 d).

470 BAG, 25.10.2007 – 8 AZR 989/06, AP Nr. 2 zu § 613a BGB Wiedereinstellung (B II 4). In dieser Entscheidung war zudem zweifelhaft, ob die Unterrichtung über die erste Maßnahme korrekt war, weil ursprünglich nur eine Übertragung der Funktion „Kundenservice" geplant war, die für sich genommen keinen Betriebsübergang nach § 613a Abs. 1 BGB darstellen würde.

471 Trittin, in: Bachner/Köstler/Matthießen/Trittin, § 6 Rn. 91; Wulff, AiB 2002, 594; Zwanziger, in: Kittner/Däubler/Zwanziger, KSchR, § 613a BGB Rn. 59.

472 APS/Steffan, § 613a BGB Rn. 207; Hohner, Unternehmensumwandlung, 79.

473 Hauck, Beil. NZA 18/2004, 24; Hauck, in: Festschrift für Hellmut Wissmann, 554; vgl. auch Grau, Unterrichtung, 252, der bei „ganz erheblichem" Auseinanderfallen von mitgeteiltem und tatsächlichem Übergangsstichtag die Verwirkung des Rechts der beteiligten Arbeitgeber, sich auf die bereits erfolgte Unterrichtung zu berufen, in Betracht zieht.

474 Berkowsky, NZI 2002, 416; Cohnen, in: Moll, Arbeitsrecht, § 55 Rn. 25, der dies aus einer „objektive[n], generalisierende[n] Betrachtung" feststellen will; Worzalla, NZA 2002, 354.

zu einer anderen werde[475]. Jedenfalls sei erneut zu unterrichten, wenn die zeitliche Verschiebung zwischen dem mitgeteilten und dem tatsächlichen Zeitpunkt Auswirkungen auf die anderen mitteilungspflichtigen Angaben des § 613a Abs. 5 BGB hat[476]. Auch diese Änderungen seien dann anzugeben[477]. Ein großer Teil der Literatur lehnt einen Anspruch auf erneute Unterrichtung über den tatsächlichen Zeitpunkt des Übergangs in Fällen zeitlicher Verschiebung ab[478]. Schließlich gehen einige Stimmen zwar nicht von einem Anspruch auf erneute Unterrichtung aus, empfehlen diese aber[479]. Hierfür könnten Gründe der Klarstellung sprechen[480] bzw. damit könnte dem soeben beschriebenen Streit aus dem Wege gegangen werden[481].

Schließlich wird darüber gestritten, welche Auswirkungen eine ergänzende oder erneute Unterrichtung auf die Widerspruchsfrist hat. Teilweise wird der Wortlaut des § 613a Abs. 6 S. 1 BGB bemüht und argumentiert, dass die Frist nicht mit jeder Erklärung zu den in § 613a Abs. 5 Nr. 1 bis 4 BGB genannten Umständen, sondern nur mit einer Unterrichtung nach Absatz 5 beginne[482]. Zudem würde der zusätzliche Zweck der Unterrichtung, Planungssicherheit für den Arbeitgeber über die (nicht) übergehenden Arbeitnehmer herzustellen, vereitelt, wenn die Frist mit jeder nachträglichen Unterrichtung über im Zeitpunkt der Unterrichtung noch nicht absehbare Sachverhalte neu beginnen würde[483]. Andere bejahen den erneuten Beginn einer Frist, halten aber eine einmonatige Frist für unangemessen und gewähren stattdessen nur noch eine einwöchige Frist[484]. Wieder andere wollen, dass zumindest die durch zeitliche Verschiebung des Übergangs erforderlich gewordene neue Unterrichtung dazu führe, dass die Monatsfrist erneut in Gang gesetzt wird[485]. Schließlich sehen einige Stimmen den Beginn der Frist in der Mitteilung des geplanten Zeitpunkts, die spätere Mitteilung des tatsächlichen Zeitpunkts des Übergangs sei dagegen bedeutungslos[486].

---

475 Schiefer/Worzalla, NJW 2009, 561.

476 APS/Steffan, § 613a BGB Rn. 207; Worzalla, NZA 2002, 354.

477 Zwanziger, in: Kittner/Däubler/Zwanziger, KSchR, § 613a BGB Rn. 59.

478 Göpfert/Winzer, ZIP 2008, 763; Meyer, Unterrichtung, § 2 Rn. 318; Sayatz/Wolff, DStR 2002, 2040; wohl auch Burgmer/Richter, Betriebsübergang, 58.

479 Dreher, in: Bernsau/Dreher/Hauck, § 613a BGB Rn. 155; Krügermeyer-Kalthoff/Reutershan, MDR 2003, 542; WHSS/Willemsen, Rn. G 215a.

480 Dreher, in: Bernsau/Dreher/Hauck, § 613a BGB Rn. 155.

481 Krügermeyer-Kalthoff/Reutershan, MDR 2003, 542.

482 Vgl. Gaul, FA 2002, 300 und Gaul, Betriebs- und Unternehmensspaltung, § 11 Rn. 22, der als Rechtsgrundlage für eine erneute Unterrichtung allein § 241 Abs. 2 BGB ansieht.

483 LAG Düsseldorf, 1.4.2005 – 18 Sa 1950/04, AP Nr. 295 zu § 613a BGB (II 2 c aa (2) (b)).

484 Jaeger, ZIP 2004, 438 [ohne Angabe einer Rechtsgrundlage].

485 Cohnen, in: Moll, Arbeitsrecht, § 55 Rn. 25; Trittin, in: Bachner/Köstler/Matthießen/Trittin, § 6 Rn. 91; Wulff, AiB 2002, 594.

486 Burgmer/Richter, Betriebsübergang, 58; Dreher, in: Bernsau/Dreher/Hauck, § 613a BGB Rn. 155, der zudem klarstellt, dass hierdurch die zuvor erfolgte Unterrichtung nicht rückwirkend unrichtig wird; Göpfert/Winzer, ZIP 2008, 763, die hierin

2. *Stellungnahme*

Der dargestellte Streit lässt die Unsicherheiten beim praktischen Umgang mit den aufgeworfenen Fragen erahnen. Richtigerweise muss für die Frage, ob, und wenn ja, unter welchen Voraussetzungen eine Pflicht aus § 613a Abs. 5 BGB zu einer ergänzenden oder erneuten Unterrichtung besteht, unterschieden werden.

Die Grunddaten charakterisieren den Betriebsübergang in seiner konkreten Planung im Zeitpunkt der Unterrichtung. Hierzu gehören die Identität des Betriebsveräußerers und des Betriebserwerbers sowie der Gegenstand, der Zeitpunkt bzw. der geplante Zeitpunkt und der Grund des Übergangs (vgl. § 2 F II 2). Nachdem die Arbeitnehmer über den bevorstehenden Betriebsübergang ordnungsgemäß unterrichtet und ihr diesbezügliches Aufklärungsinteresse befriedigt wurde, überwiegt wieder das Interesse am Schutz der Unternehmerfreiheit der Arbeitgeber nach Art. 12 Abs. 1 GG[487]. Planungsänderungen nach der Unterrichtung, die diese Grunddaten betreffen, führen zu einem anderen, zu einem neuen Betriebsübergang. Auch hinsichtlich des Zeitpunkts des Übergangs kommt es darauf an, ob sich nach der Unterrichtung eine Planungsänderung vollzieht. Das bloße Auseinanderfallen des tatsächlichen und des mitgeteilten (geplanten) Zeitpunkts führt nicht zu einem anderen, neuen Betriebsübergang[488]. Folglich besteht aus § 613a Abs. 5 BGB keine Pflicht, in Fällen einer rein zeitlichen Verschiebung des Übergangs nochmals über den tatsächlichen Zeitpunkt des Übergangs zu informieren[489]. Ein neuer Übergang liegt dagegen nur vor, wenn die zur Unterrichtung Verpflichteten nach Unterrichtung ihre Planungen hinsichtlich des Übergangszeitpunkts noch verändern[490]. Planungsänderungen bei den Grunddaten des Betriebsübergangs führen dazu, dass sich die ursprüngliche Unterrichtung nicht mehr auf den im Zeitpunkt der Unterrichtung konkret geplanten Übergang bezieht. Die Arbeitnehmer werden von einem neuen Übergang betroffen. Folglich haben sie erneut einen Anspruch auf Unterrichtung aus § 613a Abs. 5 BGB, jetzt im Hinblick auf den neuen, tatsächlich stattfindenden Betriebsübergang[491]. Über diesen Übergang wurde bisher nicht

---

lediglich eine allgemeine und von der Unterrichtungspflicht unabhängige Information sehen.

487 Grobys, BB 2002, 728; Meyer, Unterrichtung, § 2 Rn. 316.

488 So auch Göpfert/Winzer, ZIP 2008, 763.

489 Zumindest wird der Erwerber aber regelmäßig ein Interesse daran haben, die übergegangenen Arbeitnehmer darüber in Kenntnis zu setzen, dass Sie nunmehr einen neuen Arbeitgeber haben, dessen Anordnungen sie befolgen müssen, vgl. Worzalla, NZA 2002, 354. Ähnlich: Göpfert/Winzer, ZIP 2008, 763, der auf personalpolitische Gründe verweist.

490 So auch Staudinger/Annuß, § 613a BGB Rn. 271.

491 In der Rechtsprechung bezogen auf die Änderung des Grundes des Betriebsübergangs so auch: BAG, 25.10.2007 – 8 AZR 989/06, AP Nr. 2 zu § 613a BGB Wiedereinstellung (B II 4). Bezogen auf die Identität des Betriebserwerbers von einer „ergänzenden Aufklärung“ sprechend: BAG, 13.7.2006 – 8 AZR 303/05, AP Nr. 311 zu § 613a BGB (II 2 d). In der Literatur bezogen auf die Identität des

informiert. In diesem Zusammenhang ist auch über sämtliche Entwicklungen bei den Folgen des Übergangs für die Arbeitnehmer und die hinsichtlich der Arbeitnehmer in Aussicht genommenen Maßnahmen (§ 613a Abs. 5 Nr. 3 und 4 BGB) zu informieren, die seit der letzten Unterrichtung hinzugekommen sind oder sich verändert haben. Entscheidend ist der Kenntnisstand zum Zeitpunkt der (neuen) Unterrichtung. Eines Rückgriffs auf die allgemeine arbeitgeberseitige Fürsorgepflicht (§ 241 Abs. 2 BGB) bedarf es hierfür nicht[492].

Die erste ordnungsgemäße Unterrichtung über den nicht stattfindenden Betriebsübergang wird dann nicht fehlerhaft[493], sondern geht ins Leere[494]. Dies hat auch zur Folge, dass Widersprüche aufgrund der ersten Unterrichtung oder ein Verzicht auf das Widerspruchsrecht oder auf die erste Unterrichtung unbeachtlich sind, weil sie ebenso wie die erste Unterrichtung ins Leere gehen[495]. Die Widerspruchs- und Verzichtserklärungen beziehen sich jeweils auf einen ganz bestimmten Betriebsübergang, der dann aber nicht mehr durchgeführt wird.

Bei der erneuten Unterrichtung sind sämtliche von § 613a Abs. 5 BGB vorgegebenen formellen und materiellen Anforderungen erneut einzuhalten. Es handelt sich hierbei um eine völlig eigenständige und unabhängig zur ersten Unterrichtung stehende Informationspflicht bezüglich eines anderen, neuen Betriebsübergangs, über den erstmals vollständig und richtig zu unterrichten ist.

In dogmatischer Hinsicht sollte für diese Fälle nicht von einer Nachunterrichtung oder Ergänzung gesprochen werden[496]. Es handelt sich um eine Pflicht zur Erneuerung der Unterrichtung. Wird dagegen über Grunddaten des bevorstehenden Betriebsübergangs in der Erstunterrichtung unvollständig oder unrichtig informiert, lag zu keinem Zeitpunkt eine ordnungsgemäße Unterrichtung über irgendeinen Betriebsübergang vor. Erst mit Berichtigung oder Vervollständigung

---

Betriebserwerbers sowie den Gegenstand des Übergangs so auch: WHSS/Willemsen, Rn. G 225. Bezogen auf die Identität des Betriebserwerbers und die Planung des Übergangszeitpunkts so auch: Staudinger/Annuß, § 613a BGB Rn. 269, 271.

492 **A.A.** Gussen, in: BeckOK R/G/K/U, § 613a BGB Rn. 153, der zumindest bei „wesentlichen Veränderungen“ eine Pflicht zur erneuten Unterrichtung aus der Fürsorgepflicht des Arbeitgebers herleiten will.

493 So offenbar Kreitner, in: Küttner Personalbuch, Stichwort: Betriebsübergang Rn. 33 und APS/Steffan, § 613a BGB Rn. 206, die infolge „grundlegender“ bzw. „gravierender“ Veränderungen der „Verkaufsmodalitäten“ von der Gefahr einer „fehlerhaften Unterrichtung“ sprechen.

494 Trittin, in: Bachner/Köstler/Matthießen/Trittin, § 6 Rn. 104; Reinhard, NZA 2009, 69. Für den Übergang auf einen anderen Erwerber so auch: Grau, Unterrichtung, 251.

495 Für den bereits erklärten Widerspruch so auch: BAG, 25.10.2007 – 8 AZR 989/06, AP Nr. 2 zu § 613a BGB Wiedereinstellung (B II 4); WHSS/Willemsen, Rn. G 152; vgl. auch Grau, Unterrichtung, 262 f., für den Fall, dass der Betrieb auf einen anderen Erwerber übergeht.

496 Wie hier: Reinhard, NZA 2009, 69.

der Erstunterrichtung wird erstmals über den Übergang ordnungsgemäß unterrichtet (vgl. § 2 H I).

Ergeben sich allein auf Ebene der mit dem Übergang verbundenen Folgen für die Arbeitnehmer (Nr. 3) oder die hinsichtlich der Arbeitnehmer in Aussicht genommenen Maßnahmen (Nr. 4) Veränderungen, während die Grunddaten des Übergangs unverändert fortbestehen, gilt etwas anderes[497]. Diese Informationstatbestände charakterisieren nicht den Übergang selbst. Bis zum Übergang eintretende Änderungen führen hier zu keinem „anderen" Betriebsübergang. Es handelt sich um denselben Übergang. Die vollständige und zutreffende Mitteilung des im Zeitpunkt der Unterrichtung aktuellen Wissensstands des Veräußerers und Erwerbers führt zur Erfüllung der Unterrichtungsschuld aus § 613a Abs. 5 BGB anlässlich des konkreten Betriebsübergangs nach § 362 Abs. 1 BGB und setzt somit die Widerspruchsfrist in Gang. Aus § 613a Abs. 5 BGB[498] lässt sich keine Pflicht zu einer ergänzenden oder erneuten Unterrichtung für nach der Unterrichtung geänderte Folgen und Maßnahmen ableiten. Insoweit ist die Unterrichtungspflicht nach § 613a Abs. 5 BGB punktuell ausgestaltet und stellt kein „Dauerinformationsrecht" dar[499]. Es liegt in der Natur der Sache, dass Informationen über Folgen und Maßnahmen nur über eine eingeschränkte Aussagekraft verfügen. Sie stehen zwangsläufig unter dem Vorbehalt der weiteren Geschäfts- und Marktentwicklung. Beispielsweise können nach der Unterrichtung weitere Maßnahmen in Aussicht genommen werden oder bisher in Aussicht genommene Maßnahmen können sich nach den veränderten Planungen der Arbeitgeber später als überholt erweisen.

IV. Freiwillige nachträgliche Informationen

Von der soeben erörterten Pflicht zu einer Ergänzung bzw. Erneuerung einer ordnungsgemäßen Unterrichtung ist die freiwillige nachträgliche Information zu trennen. Dem Arbeitgeber steht es frei, über den tatsächlichen Übergangszeitpunkt oder spätere Änderungen bei den Folgen des Übergangs für die Arbeitnehmer und den hinsichtlich der Arbeitnehmer in Aussicht genommenen Maßnahmen

---

497 Wie hier: Rieble, Festschrift für Arbeitsgemeinschaft Arbeitsrecht, 701. Für Maßnahmen so auch: Arens/Düwell, in: Arens/Düwell/Wichert, Umstrukturierung, § 7 Rn. 293; Göpfert/Winzer, ZIP 2008, 765.

498 Denkbar ist, dass sich aus der allgemeinen arbeitgeberseitigen Fürsorgepflicht als Nebenpflicht aus dem Arbeitsvertrag (§ 241 Abs. 2 BGB) ausnahmsweise eine Pflicht zur ergänzenden Unterrichtung ergeben kann, vgl. aber auch Nebeling/Brauch, BB 2010, 1477 und Debong, EG-Richtlinie, 94 f. Eine hierauf gegründete Informationspflicht führte aber zu keiner Verlängerung oder Erneuerung der Widerspruchsfrist, weil nur eine „Unterrichtung nach Abs. 5" die Widerspruchsfrist in Gang setzt, § 613a Abs. 6 BGB. Ihre Verletzung könnte jedoch einen Schadensersatzanspruch nach § 280 Abs. 1 S. 1 BGB nach sich ziehen, vgl. Rieble, Festschrift für Arbeitsgemeinschaft Arbeitsrecht, 702.

499 Vgl. Rieble, Festschrift für Arbeitsgemeinschaft Arbeitsrecht, 700.

freiwillig zu informieren. Durch eine aus Gründen der freiwilligen Klarstellung erfolgte allgemeine Information wird die Widerspruchsfrist nicht erneut in Gang gesetzt[500]. Zudem hat eine solche Information keinen Einfluss auf bereits erklärte Verzichts- oder Widerspruchserklärungen[501].

Hieran schließt sich die Frage an, wie eine derart „allgemeine" Information von der Information nach § 613a Abs. 5 BGB unterschieden werden kann. Will der Arbeitgeber seine Unterrichtung aus § 613a Abs. 5 BGB ergänzen, muss diese Nachunterrichtung aus Gründen der Rechtsklarheit auch als solche bezeichnet werden und sämtlichen Anforderungen des § 613a Abs. 5 BGB genügen[502]. Anderenfalls liegt nur eine allgemeine Information vor, die in keinem Zusammenhang mit der Unterrichtung nach § 613a Abs. 5 BGB steht und folglich auch nicht geeignet ist, die Widerspruchsfrist auszulösen[503]. Solche Informationen müssen auch nicht den Anforderungen des § 613a Abs. 5 BGB genügen und können z.B. auch durch mündliche Informationen auf Betriebsratsversammlungen o.ä. erteilt werden. Eine derart formale Abgrenzung ist auch interessengerecht. Gehen die Unterrichtungsverpflichteten von der ordnungsgemäßen Unterrichtung aus, können sie mit der allgemeinen Information den erneuten Beginn der Widerspruchsfrist vermeiden und gleichzeitig die Arbeitnehmer über eingetretene Änderungen informieren. Zur Klarstellung sollte darauf hingewiesen werden, dass es sich um eine von der Unterrichtung nach § 613a Abs. 5 BGB unabhängige Unterrichtung handelt, die keine neue Widerspruchsfrist auslöst. Irren sich die Arbeitgeber über das Bestehen einer Pflicht zur Nachunterrichtung, tragen sie das Risiko, dass die allgemeine Information nicht den Beginn der Widerspruchsfrist herbeiführen konnte. Sind die Arbeitgeber unsicher, ob ihre erste Unterrichtung ordnungsgemäß war oder wollen sie sich für den Fall absichern, dass ein Gericht eine Pflicht zur Nachunterrichtung im konkreten Fall bejaht, können sie eine den Anforderungen des § 613a Abs. 5 BGB genügende nachträgliche Unterrichtung ausdrücklich als Nachunterrichtung bezeichnen. In beiden Fällen wird das Interesse der übergehenden Arbeitnehmer, Kenntnis vom Beginn der Widerspruchsfrist zu erlangen, hinreichend gewahrt.

V. Zwischenergebnis

War die Erstunterrichtung nicht ordnungsgemäß, besteht die Unterrichtungspflicht nach § 613a Abs. 5 BGB als gesamtschuldnerische Pflicht des bisherigen

500 WHSS/Willemsen, Rn. G 225; vgl. auch Göpfert/Winzer, ZIP 2008, 763 ff.

501 Für den Widerspruch so auch: Göpfert/Winzer, ZIP 2008, 764.

502 Für eine Vervollständigung so auch: BAG, 23.7.2009 – 8 AZR 538/08, AP Nr. 10 zu § 613a BGB Unterrichtung (B I 2).

503 Vgl. aber auch Göpfert/Winzer, ZIP 2008, 764, 766, die vorschlagen, eine allgemeine Information rein vorsorglich immer so zu gestalten, dass sie den Anforderungen des § 613a Abs. 5 BGB genügt, um für den Fall, dass ein Gericht eine Pflicht zur Nachunterrichtung annimmt, die einmonatige Widerspruchsfrist in Gang zu setzen.

Arbeitgebers und des neuen Inhabers zur Berichtigung bzw. Vervollständigung der unrichtigen oder unvollständigen Informationen fort. Informationen von dritter Seite führen zu keiner Erfüllung. Um die Erfüllung herbeizuführen, ist das Verhältnis der einzelnen Unterrichtungen zueinander klarzustellen, im Falle der Vervollständigung ist diese als solche im Nachunterrichtungsschreiben zu bezeichnen und über zwischenzeitlich eingetretene neue oder geänderte unterrichtungsrelevante Tatsachen sind die Arbeitnehmer i.d.R. ebenfalls aufzuklären. Das verfälschen bzw. verunklaren einer zunächst ordnungsgemäßen Erstunterrichtung führt nicht dazu, dass die im Wege der Erfüllung erloschene Unterrichtungspflicht erneut auflebt. Der Primäranspruch auf Erfüllung ist mit Zugang der ordnungsgemäßen Erstunterrichtung erloschen. Stattdessen kann dem Arbeitnehmer gegenüber dem Arbeitgeber, der für das verfälschen bzw. verunklaren der Erstunterrichtung verantwortlich ist, ein Schadensersatzanspruch wegen der Verletzung der Leistungstreuepflicht aus § 242 BGB zustehen. Treten nach einer ordnungsgemäßen Unterrichtung über einen konkreten Betriebsübergang neue unterrichtungsrelevante Umstände hinzu oder bei den mitgeteilten Informationen Änderungen auf, enthält § 613a Abs. 5 BGB keinen Anspruch auf ergänzende Unterrichtung. Soll nicht der ursprünglich geplante Betriebsübergang, sondern ein anderer Betriebsübergang durchgeführt werden, sind die Arbeitnehmer von einem neuen Übergang betroffen, über den sie erstmals ordnungsgemäß nach § 613a Abs. 5 BGB zu unterrichten sind. Ein neuer Betriebsübergang liegt vor, wenn sich Planungsänderungen hinsichtlich der Grunddaten des Betriebsübergangs (Identität des Betriebsveräußerers und des Betriebserwerbers sowie Gegenstand, Zeitpunkt bzw. geplanter Zeitpunkt und Grund) ergeben. Verändern sich lediglich die Auswirkungen des Übergangs für die Arbeitnehmer (§ 613a Abs. 5 Nr. 3 und 4 BGB), liegt dagegen kein neuer Betriebsübergang vor.

I. Grenzen der Unterrichtungspflicht

Aus der Verknüpfung des Widerspruchrechts mit der Unterrichtungspflicht resultiert aus Sicht der beteiligten Arbeitgeber eine erhebliche und in der Praxis vielfach beklagte Rechtsunsicherheit. In Rechtsprechung und Literatur besteht Einigkeit darüber, dass die Unterrichtungspflicht nach § 613a Abs. 5 BGB nicht grenzenlos sein kann. Welche Grenzen im Einzelnen bestehen, wurde bislang kaum untersucht.

I. Grenze aus dem europarechtlichen Effektivitätsgebot

Die Auslegung nationalen Rechts nach dem völkerrechtlichen Grundsatz des „effet utile“[504] dient nach ständiger Rechtsprechung des EuGH der „nützliche[n]

504 Vgl. umfassend zuletzt: Potacs, EuR 2009, 645 ff. m.w.N.

Wirkung"[505] bzw. der „praktische[n] Wirksamkeit"[506] des Unionsrechts. Eine Überforderung der Informationsadressaten (sog. „information overload"[507]) verstößt gegen das europarechtliche Gebot der Effektivität[508].

Aus den Erkenntnissen der Informationsökonomik und angrenzender Teildisziplinen, insbesondere der empirischen Entscheidungsforschung, ist bekannt, dass mit wachsender Quantität an Informationen die Qualität der Entscheidungen nicht im selben Maße ansteigt:

> *„Information weist [...] einen abnehmenden Grenznutzen auf: Wenn zu viele oder zu detaillierte Informationen angeboten werden, sind die Adressaten häufig nicht mehr in der Lage, das Datenmaterial vollständig aufzunehmen, zu verstehen und zu verarbeiten [...]"*[509].

Dabei ist von „information overload" die Rede, wenn der Informationsumfang den Grenzwert der Informationsaufnahme- und Informationsverarbeitungskapazität des Adressaten überschreitet[510]. Dann werden insgesamt weniger Informationen aufgenommen, wovon auch wichtige, entscheidungsrelevante Informationen betroffen sind[511]. Wesentliche Informationen drohen damit durch die Flut von Nebensächlichkeiten unterzugehen. Es kommt zu schlechteren statt besseren Entscheidungen. Das mit der Information anvisierte Ziel, eine taugliche Entscheidungsgrundlage für rechtsgeschäftlich erhebliches Handeln zu liefern, wird in sein Gegenteil verkehrt[512].

Der deutsche Gesetzgeber hat mit § 613a Abs. 5 BGB nicht gegen das europarechtliche Effektivitätsgebot verstoßen[513]. Die deutsche Umsetzung entspricht fast wortwörtlich den Informationsgegenständen aus Art. 7 Abs. 6 RL 2001/23/EG. Allerdings kann die gesetzgeberische Entscheidung, die Informationspflicht mit dem Widerspruchsrecht zu verknüpfen, nach einer teleologischen Auslegung des § 613a Abs. 5 BGB zu einem „Mehr" an Informationen im Vergleich zu den europarechtlichen Vorgaben führen (vgl. § 2 B III). Hierbei gilt es zu beachten, dass weder das Auslegungsergebnis noch die herangezogenen Auslegungsgrundsätze

505 EuGH, 6.10.1970 – C-9/70 (Grad), Slg. 1970, 825 (Rn. 5); EuGH, 4.12.1974 – C-41/74 (Van Duyn), Slg. 1974, 1337 (Rn. 12).

506 EuGH, 8.4.1976 – C-48/75 (Royer), Slg. 1976, 497 (Rn. 69/73).

507 Grundlegend: Jacoby/Speller/Kohn, JMR Vol. 11, 1974, 63 ff.

508 Riesenhuber, RdA 2004, 349.

509 Fleischer, Informationsasymmetrie, 115.

510 Martinek, in: Grundmann, Systembildung und Systemlücken, 524; vgl. auch Fleischer, Informationsasymmetrie, 116.

511 Am Beispiel der Time-Sharing-Richtlinie: Martinek, in: Grundmann, Systembildung und Systemlücken 524 ff.

512 Vgl. OLG Hamm, 18.1.1999 – 6 U 1/98, BeckRS 2007, 14459 (1.1.): „Ebenso schädlich wie eine unterlassene Aufklärung kann nämlich ein Zuviel an Informationen sein [...]." Vgl. auch Dzida, NZA 2009, 343; Reinhard, NZA 2009, 66; WHSS/Willemsen, Rn. G 224.

513 Riesenhuber, RdA 2004, 349.

gegen das europarechtliche Gebot der Effektivität verstoßen dürfen, also zu keinem „information overload" beim Informationsadressaten führen dürfen. Bisherige praktische Erfahrungen haben gezeigt, dass die Unterrichtung nach § 613a Abs. 5 BGB bei den Arbeitnehmern in erster Linie Verunsicherung hervorruft und von Laien kaum noch verstanden wird[514]. Informationsüberflutung kann dazu führen, dass die übergehenden Arbeitnehmer in ihrer Widerspruchsentscheidung „fehlgesteuert" werden[515]. Nach dem europarechtlichen Effektivitätsgebot muss sich der Umfang der Informationspflicht an den Informationsverarbeitungskapazitäten der Informationsadressaten orientieren. Die Pflichtinformationen müssen auf einige wenige Schlüsselinformationen (sog. „chunks") beschränkt werden. Die Konzentration auf Kerninformationen führt dann zu einer kognitiven Entlastung. Mit anderen Worten kommt es „nicht auf ein *Maximum*, sondern auf ein *Optimum*" an Informationen an[516]. Weniger ist in diesen Fällen oftmals Mehr.

In Zweifelsfällen ist den Gerichten – wie bereits an anderer Stelle ausgeführt (vgl. § 2 A III 2) – zu empfehlen, von ihrem Recht zur Vorlage an den EuGH Gebrauch zu machen. Der EuGH bestimmt sodann die unionsrechtlich noch zulässige Reichweite der jeweiligen Informationsgegenstände[517].

II. Objektive Wesentlichkeitsschwelle

Eng mit der soeben dargestellten Problematik ist die Frage verknüpft, ob die Unterrichtungspflicht nach § 613a Abs. 5 BGB einer inhaltlichen Wesentlichkeitsschwelle unterliegt. Sie könnte einen erheblichen Beitrag zu der soeben als förderlich herausgestellten Beschränkung der Information auf wesentliche Kerninformationen leisten.

1. Ansätze des BAG und der Literatur

Auf dem Wege einer teleologischen Auslegung erkennt das BAG eine gewisse Erheblichkeits- bzw. Relevanzschwelle zur inhaltlichen Begrenzung der Unterrichtungspflicht an, ohne sie als solche zu bezeichnen. Dementsprechend sei „ausgehend vom Sinn und Zweck" im Rahmen der Unterrichtung nach § 613a Abs. 5 Nr. 2 BGB nicht nur die Angabe des dem Betriebsübergang zu Grunde liegenden Rechtsgeschäfts ausreichend, sondern es bedarf auch der zumindest schlagwortartigen Mitteilung

514 APS/Steffan, § 613a BGB Rn. 212a; Gaul/Krause, RdA 2013, 41; HWK/Willemsen/Müller-Bonanni, § 613a BGB Rn. 316; Willemsen, Festschrift für Wolfdieter Küttner, 422 f. Ein ähnliches Phänomen ist z.B. bei der (Über-)Aufklärung eines Arztes gegenüber seinem Patienten im Vorfeld eines medizinischen Eingriffs zu beobachten.

515 Grau, AE 2010, 135. Bezogen auf Informationen über die Solvenz des Erwerbers: Bayreuther, in: Dornbusch/Fischermeier/Löwisch, § 613a BGB Rn. 133.

516 Fleischer, Informationsasymmetrie, 116.

517 Vgl. Giesen, JbArbR 46 (2008), 67.

jener unternehmerischen Gründe für den Betriebsübergang, die sich im Falle des Widerspruchs auf den Arbeitsplatz auswirken können[518]. Im Rahmen der Unterrichtung nach § 613a Abs. 5 Nr. 3 BGB komme „ausgehend vom Sinn und Zweck" eine Unterrichtungspflicht über Sekundärfolgen des Übergangs (mittelbare Folgen) in Betracht, wenn diese für die „Willensbildung von erheblicher Bedeutung" seien[519]. Später hielt das BAG wieder „ausgehend vom Sinn und Zweck" Informationen über mittelbare Folgen dann für erforderlich, „wenn [...] die ökonomischen Rahmenbedingungen des Betriebsüberganges [...] zu einer so gravierenden Gefährdung der wirtschaftlichen Absicherung der Arbeitnehmer beim neuen Betriebsinhaber führen, dass diese Gefährdung als ein wesentliches Kriterium für einen möglichen Widerspruch der Arbeitnehmer gegen den Übergang der Arbeitsverhältnisse anzusehen ist."[520] Informationen über die wirtschaftliche Lage des Betriebserwerbers seien erforderlich, sofern diese für die Widerspruchsentscheidung „von Bedeutung sein" kann. Dies sei der Fall, wenn die wirtschaftliche Notlage des Betriebserwerbers „offensichtlich" ist. Jüngst hat das BAG schließlich eine Pflicht zur Unterrichtung über die Anwendbarkeit von Konzernbetriebsvereinbarungen, die nicht die „wesentlichen Arbeitsbedingungen der Klägerin" betrafen, u.a. mit der Begründung abgelehnt, dass diese Information für die Widerspruchsentscheidung „damit keine Bedeutung" habe[521].

Begrenzt auf die wirtschaftlichen und sozialen Folgen des Übergangs verlangen auch *Kliemt/Teusch*[522] die Begrenzung der Unterrichtungspflicht durch ein „Kriterium der objektiven Erheblichkeit", wobei danach zu fragen sei, ob ein Umstand geeignet ist, einen verständigen Arbeitnehmer zu einer Widerspruchsentscheidung zu bewegen.

Nach Ansicht von *Willemsen*[523] gehören kleinere rechtliche oder tatsächliche Informationsfehler oder Unvollständigkeiten, die „offensichtlich" keine Rolle für die sachgerechte (wirtschaftliche) Ausübung des Widerspruchsrechts spielen bzw. diese nicht ernsthaft beeinflussen können, schon nicht zur „Mindestinformation". Hierin liege kein Verstoß gegen die RL 2001/23/EG, weil in dieser ein Widerspruchsrecht ohnehin nicht vorgesehen sei.

Nach Auffassung von *Grau*[524] gehöre ein Umstand, der objektiv[525] als für die Widerspruchsentscheidung relevant angesehen werden kann, zwar zum Mindeststandard für die Reichweite der Information, die Unterrichtungspflicht könne allerdings nicht auf derartige Umstände begrenzt werden. Die Irrelevanz könne nur als Indiz gegen eine Unterrichtungspflicht dienen. Eine Obergrenze würde zu einer

518 BAG, 13.7.2006 – 8 AZR 305/05, AP Nr. 312 zu § 613a BGB (II 1 b ee).
519 BAG, 13.7.2006 – 8 AZR 303/05, AP Nr. 311 zu § 613a BGB (II 2 b bb (1)).
520 BAG, 31.1.2008 – 8 AZR 1116/06, AP Nr. 2 zu § 613a BGB Unterrichtung (B I 2).
521 BAG, 10.11.2011 – 8 AZR 430/10, AP Nr. 15 zu § 613a BGB Unterrichtung (B II 3 c ee).
522 Kliemt/Teusch, Festschrift für Jobst-Hubertus Bauer, 545. Zuvor schon in diese Richtung: Grobys, BB 2002, 728.
523 Willemsen, NJW 2007, 2071; WHSS/Willemsen, Rn. G 229.
524 Grau, Unterrichtung, 101 ff.
525 Der Autor will hier auf den Horizont eines verständigen Arbeitgebers abstellen.

„unzulässigen Verkürzung" der Vorgaben des Art. 7 Abs. 6 RL 2001/23/EG führen, weil die Richtlinie keinen Zweckzusammenhang zwischen Unterrichtung und Widerspruchsrecht kenne.

2. *Eigener Ansatz*

Wie ein vergleichender Blick auf andere Informationspflichten zeigt, bildet die Beschränkung auf wesentliche Informationen ein durchgängiges Strukturelement[526].

Bei vorvertraglichen Aufklärungspflichten ist der Verhandlungspartner verpflichtet,

> *„alle Tatsachen zu offenbaren, die für den Willensentschluß des anderen Teiles von wesentlicher Bedeutung sind und deren Mitteilung von ihm nach Treu und Glauben erwartet werden kann."*[527]

Auch bei anderen Informationspflichten ist entweder gesetzlich kodifiziert[528] oder zumindest richterrechtlich anerkannt[529], dass nur wesentliche Angaben von Bedeutung sind. Nach einer an Sinn und Zweck orientierten Auslegung werden beispielsweise im Kapitalanlagerecht nur solche Angaben als wesentlich angesehen, die Umstände betreffen,

> *„die objektiv zu den wertbildenden Faktoren einer Anlage gehören und die ein durchschnittlicher, verständiger Anleger ‚eher als nicht' bei seiner Anlageentscheidung berücksichtigen würde"*[530].

Selbst für den Fall eines Beratungsvertrags, bei dem die Beratung eine selbständige Hauptpflicht des Verkäufers darstellt, erstreckt sich die Pflicht zur Beratung nur auf die tatsächlichen Umstände, die für den Käufer von wesentlicher Bedeutung sind oder sein können[531].

---

526 Fleischer, Informationsasymmetrie, 576 f., mit weiteren Beispielen aus dem Zivilrecht.

527 BGH, 12.11.1969 – I ZR 93/67, NJW 1970, 653 (II 1). Eine finanzierende Bank ist nach ständiger Rechtsprechung des BGH nur ausnahmsweise verpflichtet, einen Darlehensnehmer über die Gefahren und Risiken der Verwendung eines Darlehens aufzuklären und vor dem Vertragsschluss zu warnen, vgl. z.B. BGH, 27.6.2000 – XI ZR 174/99, WM 2000, 1685 (II 1 a): „wenn die Bank in Bezug auf spezielle Risiken des Vorhabens eine konkrete Kenntnis hat, die ihrem Kunden nicht ohne weiteres zugänglich ist, und sie diesen ‚Wissensvorsprung' auch erkennen kann".

528 Vgl. § 21 Abs. 1 WpPG, § 20 Abs. 1 VermAnlG, § 127 Abs. 1 InvG und § 12 Abs. 1 WpÜG.

529 Vgl. für das Prospekthaftungsrecht: BGH, 6.10.1980 – II ZR 60/80, BGHZ 79, 337 (I 3 b aa): ein Anleger „darf [...] erwarten, daß [...] der Prospekt ihn über alle Umstände, die für seine Entschließung von wesentlicher Bedeutung sind oder sein können, sachlich richtig und vollständig unterrichtet".

530 Hdb. KapitalanlageR/Assmann, § 6 Rn. 87, 92.

531 BGH, 15.10.2004 – V ZR 223/03, NJW 2005, 983 (II 2).

Diese „allgemeine Grenze" aller Informationspflichten gilt auch für § 613a Abs. 5 BGB. Jedenfalls bedürfe eine Ausnahme von diesem Grundsatz einer besonderen Begründung, die hier aber nicht ersichtlich ist. Im Gegenteil, in den Gesetzesmaterialien findet sich sogar ein Hinweis darauf, dass für § 613a Abs. 5 BGB gerade keine Ausnahme von diesem Grundsatz gelten soll. Dort ist von „wesentlichen Änderungen der Arbeitsbedingungen und der beruflichen Entwicklungsmöglichkeiten [...], die ihn gegebenenfalls veranlassen, dem Übergang des Arbeitsverhältnisses auf einen anderen Arbeitgeber zu widersprechen" die Rede[532].

Unwesentliche Informationen gehören von vornherein nicht zum geschuldeten Umfang der Unterrichtungspflicht. Ein Weglassen dieser Art von Informationen hat somit keinerlei Auswirkungen auf die Erfüllung der Unterrichtungspflicht und hindert somit auch nicht den Beginn der Widerspruchsfrist. Die Unterrichtungspflicht ist auf die wesentlichen Informationen begrenzt. Über wesentliche Informationen, z.B. die Identität des Betriebserwerbers, haben die Arbeitgeber vollständig und zutreffend zu informieren, so dass auch kleinere (Schreib-)Fehler oder Falschbezeichnungen zu einer Verletzung der Unterrichtungspflicht führen können[533]. Es gibt keine unwesentlichen Unterrichtungsmängel, sondern nur unwesentliche Informationen.

Für die Beurteilung, welche Informationen als wesentlich anzusehen sind, sollte in erster Linie auf den Sinn und Zweck der Unterrichtungspflicht zurückgegriffen werden. Der unbestimmte Wortlaut und die knappen Gesetzesmaterialien führen an vielen Stellen bei der Auslegung der Informationstatbestände nicht weiter, so dass eine sinnvolle Begrenzung der Unterrichtungspflicht nur mittels teleologischer Auslegung gelingen kann. Allerdings gehen die bisherigen Ansätze durchweg davon aus, dass der Sinn und Zweck der Unterrichtung allein darin liegt, den übergehenden Arbeitnehmern eine taugliche Grundlage für ihre Widerspruchsentscheidung zu liefern. Dies basiert oftmals auf der Annahme, dass die Unterrichtung im deutschen Recht nur gegenüber den Arbeitnehmern, die dem übergehenden Betrieb oder Betriebsteil zuzuordnen sind, zu erfolgen habe. Wie bereits dargestellt wurde (vgl. § 2 D I 2), ist die Unterrichtung aber innerhalb des Anwendungsbereichs der Richtlinie aufgrund richtlinienkonformer und außerhalb ihres Anwendungsbereichs aufgrund quasi-richtlinienkonformer Auslegung des § 613a Abs. 5 BGB nicht auf die übergehenden Arbeitnehmer beschränkt, sondern hat auch gegenüber den übrigen vom Übergang betroffenen Arbeitnehmern zu erfolgen. Der Zweck der Unterrichtung kann nicht (allein) in der Verschaffung einer tauglichen Grundlage für die Ausübung des Widerspruchsrechts durch die übergehenden Arbeitnehmer erblickt werden, wenn die RL 2001/23/EG ein derartiges Widerspruchsrecht gar nicht regelt. Vielmehr muss der europarechtliche Hintergrund

532 BT-Drucks. 14/7760, 19.

533 Vgl. die nicht entscheidungserhebliche Erwägung des BAG, wonach die Nennung eines falschen Vornamens (Jochen/Joachim) einen Unterrichtungsmangel darstellen könnte: BAG, 13.7.2006 – 8 AZR 305/05, AP Nr. 312 zu § 613a BGB (II 1 b bb).

der Vorschrift Beachtung finden, so dass sich die teleologische Auslegung in erster Linie am europarechtlichen Zweck der Unterrichtung zu orientieren hat (vgl. § 2 B III). Danach soll den vom Übergang betroffenen Arbeitnehmern ermöglicht werden, auf die Entscheidungen ihrer Arbeitgeber faktischen Einfluss zu nehmen und es soll ihnen eine Entscheidungsgrundlage für ihre weitere berufliche Zukunft an die Hand gegeben werden (vgl. § 2 B I).

Danach ist ein Umstand wesentlich, wenn ein durchschnittlicher, verständiger Arbeitnehmer den fraglichen Umstand „eher als nicht" bei seiner Entscheidung über den Verbleib bei seinem Arbeitgeber berücksichtigen würde. Hierunter fallen auch all jene Informationen, die die Arbeitnehmer für ihre faktische Einflussnahme benötigen.

Als Besonderheit kommt der Unterrichtung im deutschen Recht der zusätzliche Sinn und Zweck zu, die übergehenden Arbeitnehmer bei der Ausübung ihres Widerspruchsrechts durch die Verschaffung einer ausreichenden Wissensgrundlage zu unterstützen (vgl. § 2 B II). Die Verknüpfung der Informationspflicht mit dem Widerspruchsrecht im deutschen Recht taugt dabei nicht zu einer teleologischen Reduktion der Informationspflicht des § 613a Abs. 5 BGB. Jede Auslegung, die angesichts des Widerspruchsrechts zu einem „Weniger" an Informationen führen würde, wäre richtlinienwidrig. Die Verknüpfung kann aber nach nationaler Auslegungsmethodik bis zur Grenze des europarechtlichen Effektivitätsgebots zu einem „Mehr" an Informationen führen (vgl. § 2 B III). Speziell die Folgen für widersprechende Arbeitnehmer und die Maßnahmen hinsichtlich der widersprechenden Arbeitnehmer hatte die RL 2001/23/EG nicht im Blick.

Bei wiederkehrenden Leistungen mit ausschließlich monetärem Charakter bietet sich zur Konkretisierung des Wesentlichkeitsmaßstabs an, den Betrag des geldwerten Vorteils in Relation zu dem durchschnittlichen monatlichen Nettoentgelt zu setzen. Übersteigt der geldwerte Vorteil z.B. 10 Prozent des Nettogehalts, ist er regelmäßig wesentlich. Fallen soziale Leistungen infolge des Übergangs weg, richtet sich die Wesentlichkeit danach, wie wichtig die jeweilige Einrichtung für die hiervon profitierende Arbeitnehmergruppe typischerweise ist.

III. Grenzen aus § 242 BGB

Den Grundrechten kommt nach modernem Verständnis neben der Abwehr- auch eine Schutzfunktion zu[534]. Gesetzgebung und Rechtsprechung sind nach der Verfassung dazu verpflichtet, bedeutende Schutzbedürfnisse der im Berufsleben handelnden Akteure nicht zu ignorieren, Art. 1 Abs. 3, 20 Abs. 3 GG. Der Rechtsgehalt der Grundrechte entfaltet sich im bürgerlichen Recht mittelbar (sog. mittelbare Drittwirkung), insbesondere durch die Auslegung von Generalklauseln wie z.B. § 242 BGB[535]. Die einfachgesetzlichen Vorschriften sind im Lichte der

534 Dreier/Dreier, GG, Vorb. Rn. 101 ff.
535 Grundlegend: BVerfG, 15.1.1958 – 1 BvR 400/51, BVerfGE 7, 198.

einschlägigen grundrechtlichen Freiheiten auszulegen. Bei der Frage nach den Ausübungsgrenzen des Widerspruchsrechts arbeitet die Rechtsprechung und ein Teil der Literatur schon seit längerem mit dem in § 242 BGB verankerten Grundsatz von Treu und Glauben. Bei der Bestimmung der Anforderungen an eine ordnungsgemäße Unterrichtung fehlt ein solcher Ansatz, obwohl seit langem anerkannt ist, dass auch der Inhalt einer Informationsleistungspflicht durch den Grundsatz von Treu und Glauben berührt wird[536]. Im Hinblick auf Art. 12 Abs. 1, 14 Abs. 1 GG und den verfassungsrechtlichen Grundsätzen der Zumutbarkeit und Verhältnismäßigkeit kann die Auskunftspflicht des Arbeitgebers nicht grenzenlos sein[537]. Vielmehr bedarf es einer Abwägung zwischen den Interessen der Arbeitnehmer an der Information einerseits und der berechtigten Interessen des Arbeitgebers andererseits. Der Wortlaut des § 613a Abs. 5 BGB ist daher auch unter dem Gesichtspunkt von Treu und Glauben auszulegen[538].

1. Geheimhaltungsinteressen der Arbeitgeber

Der geforderte Informationsumfang kann insbesondere durch berechtigte Geheimhaltungsinteressen der Arbeitgeber begrenzt sein[539].

Vor allem die Unterrichtungstatbestände des § 613a Abs. 5 Nr. 3 und 4 BGB können vertrauliche Informationen betreffen. Sowohl die wirtschaftlichen und sozialen Folgen für die Arbeitnehmer als auch die hinsichtlich der Arbeitnehmer in Aussicht genommenen Maßnahmen sind eng mit der aktuellen und der zu erwartenden wirtschaftlichen Lage des jeweiligen Unternehmens verbunden. Beispielsweise hängt die Sicherheit der Arbeitsplätze untrennbar mit der Liquidität des Unternehmens, seiner Auftragslage und eventuell auch mit dem Erhalt wichtiger materieller und immaterieller Produktionsmittel bzw. Lieferantenverträge etc.

536 Winkler von Mohrenfels, Abgeleitete Informationsleistungspflichten, 95. Vgl. für eine Rechnungslegungs- bzw. Auskunftspflicht nach §§ 259 f. BGB: MK/Krüger, § 259 BGB Rn. 28, § 260 BGB Rn. 45.

537 Vgl. für eine Rechnungslegungs- bzw. Auskunftspflicht nach §§ 259 f. BGB: Soergel/Wolf, § 259 BGB Rn. 36, § 260 Rn. 61. Vgl. zur Grenze der Zumutbarkeit: Grobys, NJW-Spezial 2007, 322; WHSS/Willemsen, Rn. G 215a [zu § 613a Abs. 5 Nr. 2]. Vgl. auch Loritz, NZG 2002, 897, der zu Recht darauf hinweist, dass eine Rechtsordnung den Schuldnern nur ein erfüllbares Maß an Aufklärungs- und Informationsbeschaffungspflichten auferlegen darf.

538 Wie hier: Willemsen/Lembke, NJW 2002, 1163. **A.A.** Grau, Unterrichtung, 110, nach dem der Grundsatz von Treu und Glauben „nicht so ohne weiteres“ herangezogen werden könne.

539 Vgl. allgemein zur Berücksichtigung von Geheimhaltungsinteressen oder Geheimhaltungspflichten des Informationsverpflichteten bei der Begrenzung einer Informationspflicht durch § 242 BGB: Winkler von Mohrenfels, Abgeleitete Informationsleistungspflichten, 95 ff., 138. Vgl. für eine Rechnungslegungs- bzw. Auskunftspflicht nach §§ 259 f. BGB: Soergel/Wolf, § 259 BGB Rn. 37, § 260 Rn. 62; MK/Krüger, § 259 BGB Rn. 29 ff., § 260 BGB Rn. 45.

zusammen. Mitunter sind die Arbeitgeber ihren eigenen Anteilsinhabern sogar verpflichtet, gewisse Betriebs- und Geschäftsgeheimnisse gegenüber Dritten geheim zu halten. Es stellt sich daher die Frage, ob und wie berechtigte Geheimhaltungsinteressen der Arbeitgeber im Rahmen der Unterrichtung nach § 613a Abs. 5 BGB zu berücksichtigen sind.

a) Europarechtliche Vorgaben

Dem Wortlaut des Art. 7 Abs. 6 RL 2001/23/EG, auf dem der heutige § 613a Abs. 5 BGB beruht, lässt sich kein genereller Geheimnisvorbehalt entnehmen. Sowohl in der Stellungnahme des Wirtschafts- und Sozialausschusses[540] als auch in der des Ausschusses der Regionen[541] zum Vorschlag der Kommission zur Änderungsrichtlinie 98/50/EG wurde ein Geheimnisvorbehalt bezogen auf sensitive Finanzdaten vorgeschlagen. Er fand aber letztlich nicht Einzug in die Änderungsrichtlinie.

Allerdings findet sich in Art. 6 Abs. 2 RL 2002/14/EG[542] ausdrücklich ein genereller Geheimnisvorbehalt. Gegen das Heranziehen dieser Vorschrift wird vorgebracht, dass Art. 6 RL 2002/14/EG lediglich auf Arbeitnehmervertreter als Informationsadressaten zugeschnitten sei. Zudem wird auf Art. 9 Abs. 1 Fall 2 RL 2002/14/EG und Art. 9 Abs. 4 RL 2002/14/EG verwiesen[543]. Im Grundsatz sind auch nach Art. 7 RL 2001/23/EG die Arbeitnehmervertreter zu unterrichten und nur ausnahmsweise die Arbeitnehmer selbst. Aus der Adressatenschaft folgt daher kein Argument gegen die Heranziehung des Geheimnisvorbehalts. Art. 9 Abs. 4 RL 2002/14/EG betrifft schon nicht das hier interessierende Verhältnis zweier Richtlinien zueinander. Gegen die Heranziehung des kodifizierten Geheimnisvorbehalts greift aber Art. 9 Abs. 1 Fall 2 RL 2002/14/EG durch, wonach die in Art. 7 RL 2001/23/EG vorgesehenen spezifischen Informations- und Konsultationsverfahren von „diese[r] Richtlinie [...] unberührt“ bleiben. Dies führt dazu, dass sich die Unterrichtung nach Art. 7 RL 2001/23/EG nicht nach den Vorschriften der RL 2002/14/EG richten darf (vgl. zum Verhältnis der beiden Richtlinien zueinander bereits § 2 A I 2)[544].

Trotz Fehlens eines ausdrücklichen sekundärrechtlichen Geheimnisvorbehalts spricht jedoch die ständige Rechtsprechung des EuGH, in der der Schutz von Geheimhaltungsinteressen als allgemeiner europarechtlicher Grundsatz anerkannt

540 ABl. Nr. C 133 vom 31.5.1995, 16 f. unter 2.13.2. und 3.5.2.

541 ABl. Nr. C 100 vom 2.4.1996, 27 unter 3.2.

542 „Die Mitgliedstaaten sehen vor, dass der Arbeitgeber in besonderen Fällen und unter Beachtung der in den einzelstaatlichen Rechtsvorschriften festgelegten Bedingungen und Beschränkungen nicht verpflichtet ist, eine Unterrichtung vorzunehmen oder eine Anhörung durchzuführen, wenn diese Unterrichtung oder Anhörung nach objektiven Kriterien die Tätigkeit des Unternehmens oder Betriebs erheblich beeinträchtigen oder dem Unternehmen oder Betrieb schaden könnte.“

543 Grau, Unterrichtung, 111 f. und Fn. 325.

544 **A.A.** Bauer/v. Steinau-Steinrück, ZIP 2002, 461 mit Fn. 47; Cohnen, in: Moll, Arbeitsrecht, § 55 Rn. 27.

wird[545], für die grundsätzliche Berücksichtigung des Geheimnisschutzes. Zudem wurde die Charta der Grundrechte der Europäischen Union mit dem Vertrag von Lissabon als primäres Unionsrecht anerkannt, vgl. Art. 6 Abs. 1 EUV. Demnach bilden nunmehr vor allem Art. 15 bis 16 GRCh (Berufsfreiheit, Unternehmerische Freiheit) und Art. 17 GRCh (Eigentumsgarantie) die unionsgrundrechtliche Grundlage für den Schutz von Betriebs- oder Geschäftsgeheimnissen.

Im Ergebnis lässt sich festhalten, dass zwar kein sekundärrechtlicher Geheimnisvorbehalt angenommen werden kann, es aber gleichwohl vermessen wäre, den primärrechtlich zu gewährleistenden Geheimnisschutz einfach außer Acht zu lassen. Dieser kann im Einzelfall und nach Abwägung der widerstreitenden Interessen auch auf unionsrechtlicher Ebene im Ergebnis zu einem berechtigten und gegenüber dem Informationsinteresse der Arbeitnehmer vorzugswürdigen Geheimhaltungsinteresse der beteiligten Arbeitgeber führen.

b) Deutsche Rechtslage

Der deutsche Gesetzgeber berücksichtigt in verschiedenen Rechtsbereichen bereits ausdrücklich die Geheimhaltungsinteressen der Informationsverpflichteten. Im Betriebsverfassungsrecht ist z.B. an § 106 Abs. 2 BetrVG und im Umwandlungsrecht an § 8 Abs. 2 UmwG zu denken. Für das Prospektierungsrecht ermöglicht § 8 Abs. 2 Nr. 2 WpPG die Nichtaufnahme von Angaben, sofern diese dem Emittenten erheblichen Schaden zufügen würden und die Nichtveröffentlichung das Publikum nicht über die für eine fundierte Beurteilung des Emittenten wesentlichen Tatsachen und Umstände täuscht[546]. Für das Prospektierungsrecht wird davon ausgegangen, dass § 8 Abs. 2 Nr. 2 WpPG von allgemeiner Bedeutung sei[547]. Auch der BGH geht davon aus, dass Geheimhaltungspflichten bei Börsenzulassungsprospekten und Verkaufsprospekten im Hinblick auf Prospektierungspflichten nicht generell unbeachtlich sind[548]. Bei Angeboten nach dem WpÜG enthält das Gesetz zwar keine Einschränkungen der Informationspflichten im Hinblick auf berechtigte Geheimhaltungsinteressen. Aufgrund der sachlichen Nähe beider Regelungskomplexe und mangels anderslautender Anhaltspunkte sei § 8 Abs. 2 WpPG jedoch entsprechend anzuwenden[549].

---

545 EuGH, 24.6.1986 – C-53/85 (AKZO Chemie und AKZO Chemie UK/Kommission), Slg. 1986, 1965 (Rn. 27 ff.), EuGH, 19.5.1994 – C-36/92 (SEP/Kommission), Slg. 1994, 1911 (Rn. 36 ff.); EuGH, 14.02.2008 – C-450/06 (Varec), Slg. 2008, I 601 (Rn. 49 ff.).

546 Vergleichbare Regelungen finden sich auch für den Bereich gesellschaftsrechtlicher Strukturmaßnahmen, vgl. §§ 293a Abs. 3, 320 Abs. 3, 327c Abs. 2 AktG, 8 Abs. 2, 125, 192 Abs. 1 UmwG. Vgl. für weitere Fälle, in denen unsere Rechtsordnung Einschränkungen vor dem Hintergrund von Geheimhaltungsinteressen anerkennt: Fleischer, Informationsasymmetrie, 585 f.

547 Hdb. KapitalanlageR/Assmann, § 6 Rn. 128.

548 BGH, 12.7.1982 – II ZR 175/81, WM 1982, 862 (I 2 b).

549 KK-WpÜG/Seydel, § 11 WpÜG Rn. 30.

Bei § 111 S. 1 BetrVG, der kollektivrechtlichen „Schwestervorschrift" des § 613a Abs. 5 BGB, ist strittig, ob § 106 Abs. 2 BetrVG analog herangezogen werden kann[550]. Anders als § 106 Abs. 2 BetrVG („soweit dadurch nicht die Betriebs- und Geschäftsgeheimnisse des Unternehmens gefährdet werden") enthält der Wortlaut des § 111 S. 1 BetrVG keinen ausdrücklichen Geheimnisschutzvorbehalt. Der dortige Streit wird mitunter als Argument gegen einen generellen Vorbehalt des Geheimnisschutzes bei § 613a Abs. 5 BGB angeführt[551]. Gewiss zeichnet § 111 S. 1 BetrVG als deutsche Umsetzung von Art. 7 Abs. 3, 5 RL 2001/23/EG und § 613a Abs. 5 BGB als die von Art. 7 Abs. 6 RL 2001/23/EG eine nicht zu verkennende Verbindung aus. Im Ergebnis überzeugt dieses Argument dennoch nicht. Adressat der Unterrichtung nach § 111 S. 1 BetrVG ist der Betriebsrat und nach § 106 Abs. 2 BetrVG der Wirtschaftsausschuss. Unterschiede bestehen zudem hinsichtlich der Detailtiefe der vorzunehmenden Unterrichtung. Die Unterrichtungspflicht gegenüber dem Betriebsrat ist deutlich detaillierter. Diese Unterschiede rechtfertigen das Verneinen einer planwidrigen Regelungslücke in § 111 S. 1 BetrVG[552]. Von diesen rein innerbetrieblichen Unterrichtungspflichten muss allerdings die Unterrichtung der einzelnen Arbeitnehmer unterschieden werden. Gegenüber Betriebsratsmitgliedern werden die Geheimnisse der Arbeitgeber auch im Rahmen von § 111 S. 1 BetrVG wenigstens durch eine strafbewährte Geheimhaltungspflicht nach §§ 79, 120 BetrVG geschützt[553]. Funktional vergleichbare Regelungen betreffend der Unterrichtung einzelner Arbeitnehmer, sind nicht ersichtlich. Eine Geheimhaltungspflicht der Arbeitnehmer kommt allenfalls als vertragliche Nebenpflicht aus dem Arbeitsvertrag in Betracht[554]. Auf der anderen Seite folgt aus dem deutlich höheren Empfängerkreis bei der Unterrichtung nach § 613a Abs. 5 BGB auch eine deutlich höhere Gefährdungslage. Im Rahmen der Unterrichtung der Arbeitnehmer wird dieser Umstand berücksichtigt. Hier ist anerkannt, dass die Unterrichtung der Arbeitnehmer über die wirtschaftliche Lage und Entwicklung des Unternehmens unter dem Vorbehalt steht, dass hiermit keine Betriebs- oder Geschäftsgeheimnisse des Unternehmens gefährdet werden[555]. Auch der pauschale Hinweis, in anderen Rechtsbereichen werde nicht durchgreifend auf verfassungsrechtliche Wertungen zum Schutze von Geheimhaltungsinteressen zurückgegriffen, überzeugt nicht. Der zu gewährleistende Geheimnisschutz kann nicht einfach pauschalisierend für sämtliche Informationspflichten einheitlich bestimmt werden. Dafür sind die jeweiligen Gegenstände der Information zu verschieden. Der von § 613a Abs. 5 BGB einzuhaltende Geheimnisschutz ist vielmehr einer eigenständigen Betrachtung zu unterziehen.

---

550 Die überwiegende Ansicht in der Literatur lehnt eine Analogie mangels planwidriger Gesetzeslücke ab: Oetker, in: GK-BetrVG, § 111 BetrVG Rn. 179, mit Nachweisen auch zur Gegenansicht.

551 Vgl. Grau, Unterrichtung, 110 und Fn. 311.

552 Rumpff/Boewer, Mitbestimmung in wirtschaftlichen Angelegenheiten, Rn. H 212.

553 Oetker, in: GK-BetrVG, § 111 BetrVG Rn. 179.

554 Vgl. Staudinger/Richardi/Fischinger, § 611 BGB Rn. 646 ff.

555 Oetker, in: GK-BetrVG, § 110 BetrVG Rn. 8 m.w.N.

Bei der Unterrichtungspflicht gemäß § 613a Abs. 5 BGB hat der Gesetzgeber – seinem europarechtlichen Vorbild entsprechend – keinen einfach-gesetzlichen Geheimnisvorbehalt in den Gesetzestext aufgenommen. Dies bedeutet aber – ebenfalls entsprechend seinem europarechtlichen Vorbild – nicht, dass Geheimhaltungsinteressen des Arbeitgebers von vornherein vollkommen unberücksichtigt bleiben können. Stattdessen kommt den Gerichten die Aufgabe zu, die berechtigten Geheimhaltungsinteressen der Arbeitgeber bei der Auslegung des geforderten Unterrichtungsumfangs im Rahmen einer Interessenabwägung mit dem Informationsinteresse der Arbeitnehmer zu berücksichtigen[556]. Dogmatisches Einfallstor ist hierfür § 242 BGB. Die zwingende Unterrichtungspflicht nach § 613a Abs. 5 BGB hat berufsregelnde Tendenz und beschränkt die Freiheit der Berufsausübung, zumindest die Unternehmerfreiheit der Arbeitgeber. Wer durch staatliche Maßnahmen gezwungen wird, Betriebs- oder Geschäftsgeheimnisse offen zu legen, könnte in Zukunft Nachteile im Wettbewerb mit anderen Unternehmen erleiden. Wettbewerber könnten (Insider)Informationen erhalten, an die sie sonst nicht gelangt wären. Dies hindert die erfolgreiche Berufsausübung des Betroffenen in nicht unerheblicher Art und Weise. Derartige Staatsakte sind folglich als Eingriff in den Schutzbereich von Art. 12 Abs. 1 GG zu verstehen[557]. Neben Art. 12 Abs. 1 GG besteht in Idealkonkurrenz auch ein grundrechtlicher Schutz von Betriebs- und Geschäftsgeheimnissen aus Art. 14 Abs. 1 GG[558]. Zur Abgrenzung sei hier auf die bekannte Formel, wonach Art. 12 GG den Erwerb und Art. 14 GG das Erworbene schützt[559], verwiesen.

Dem grundrechtlichen Schutz der Arbeitgeber sind die mit Verfassungsrang ausgestatteten Informationsinteressen der Arbeitnehmer gegenüber zu stellen. Die Konkurrenz der verschiedenen Verfassungsgüter ist sodann im Wege einer praktischen Konkordanz aufzulösen. Dies entspricht der allgemeinen Regel, wonach der Konflikt zwischen Auskunftsinteresse einerseits und legitimen gegenläufigen Interessen, insbesondere dem Geheimhaltungsinteresse, andererseits durch eine umfassende Abwägung zu lösen ist[560].

---

556 Einen gewissen Geheimnisschutz im Rahmen des § 613a Abs. 5 BGB bejahen u.a. auch: LAG Düsseldorf, 6.10.2005 – 15 Sa 355/05, BeckRS 2006, 40004 (II 1 a bb); Bayreuther, in: Dornbusch/Fischermeier/Löwisch, § 613a BGB Rn. 129; Bauer/v. Steinau-Steinrück, ZIP 2002, 461; Franzen, RdA 2002, 265; Fuchs, in: BeckOK Bamberger/Roth, § 613a BGB Rn. 78; Grobys, BB 2002, 728; Hauck, Beil. NZA 18/2004, 24; Hohner, Unternehmensumwandlung, 80, 83 f.; Hergenröder, RdA 2007, 226; Krügermeyer-Kalthoff/Schlegel/Feucker, WPg 2007, 923; Willemsen/Lembke, NJW 2002, 1163.

557 BVerfG, 24.11.2010 – 1 BvF 2/05, NVwZ 2011, 94 (Rn. 204).

558 BVerwG, 19.1.2009 – 20 F 23/07, NVwZ 2009, 1114 (II 4); BGH, 2.2.2010 – KVZ 16/09, WRP 2010, 658 (C I a). Der Schutz von Betriebs- und Geschäftsgeheimnissen durch Art. 14 Abs. 1 GG geht aber nicht weiter als der durch Art. 12 Abs. 1 GG, vgl. BVerfG, 14.3.2006 – 1 BvR 2087/03 u.a., BVerfGE 115, 205 (C III).

559 BVerfG, 24.4.1991 – 1 BvR 1341/90, BVerfGE 84, 133 (C IV).

560 BGH, 27.11.1990 – XI ZR 308/89, NJW 1991, 693 (II 2 b); PWW/Schmidt-Kessel, § 242 BGB Rn. 69.

Das Argument, die Geheimhaltungsbedürftigkeit greife gegenüber den nach § 613a Abs. 5 BGB geforderten Informationen nicht durch, weil diese Norm die Abwägung zugunsten des Informationsinteresses bereits entschieden habe[561], ist zirkulär. Zwar spricht die in Abs. 5 vergleichsweise detailliert ausgestaltete Informationspflicht für ein weitgehendes Zurückdrängen des Geheimnisschutzes der Arbeitgeber. Abs. 5 beinhaltet aber gleichzeitig einen vergleichsweise unbestimmten und der Auslegung bedürftigen Informationskatalog und berücksichtigt erkennbar nur das Informationsinteresse der vom Übergang betroffenen Arbeitnehmer. Eine Regelung, die die gegenläufigen Interessen bis ins Detail austariert, liegt somit gerade nicht vor. Insoweit besteht ein ausfüllungsbedürftiger Auslegungsspielraum.

Überwiegt bezogen auf eine gewisse Information das Geheimhaltungsinteresse des Arbeitgebers, ist ein Geheimnisschutz anzuerkennen mit der Folge, dass keine dahingehende Unterrichtungspflicht besteht. Ein überwiegendes Geheimhaltungsinteresse liegt im Rahmen des § 613a Abs. 5 BGB dann vor, wenn die Verbreitung einer gewissen Information dem Arbeitgeber einen erheblichen Schaden zufügen würde und ihre Nichtinformation die informationsberechtigten Arbeitnehmer nicht über die für eine fundierte Beurteilung des Betriebsübergangs wesentlichen Tatsachen und Umstände täuschen würde.

2. Verständlichkeit vs. juristischer Korrektheit und Vollständigkeit

Im Rahmen der Unterrichtung über die rechtlichen Konsequenzen des Übergangs nach § 613a Abs. 5 Nr. 3 BGB kommt es zu einem Konflikt zwischen der Verständlichkeit einerseits und der juristischen Korrektheit und Vollständigkeit der Unterrichtung andererseits[562]. Komplexe Sachverhalte verständlich und gleichzeitig korrekt und vollständig zu erklären, ist angesichts der mitunter komplexen Arbeitsrechtslage, wenn überhaupt, nur sehr schwer zu erreichen. Das LAG München hat die Misere, in der sich die Unterrichtungsverpflichteten befinden, treffend formuliert:

> *„Es ist sehr schwer die gesetzlichen Regelungen über die Folgen des Betriebsübergangs so darzustellen, dass sie ein juristischer Laie versteht. Ein Abschreiben des Gesetzes wird für viele Arbeitnehmer nur wenig hilfreich sein, weil der Aufbau und die Sprache des Gesetzes recht kompliziert sind. Der Versuch, die gesetzliche Regelung einfach und leicht verständlich darzustellen, birgt das Risiko von Ungenauigkeiten und Fehlern in sich.“*[563]

---

561 Staudinger/Annuß, § 613a BGB Rn. 261; Grau, Unterrichtung, 112.

562 So auch Grau, RdA 2007, 368; Göpfert/Siegrist, ArbRAktuell 2010, 60.

563 LAG München, 12.5.2005 – 2 Sa 1098/04, BeckRS 2005 30464190 (I 2 c). Aufgrund dieses Dilemmas befand das Gericht, dass eine ordnungsgemäße Unterrichtung schon dann vorliege, sobald die rechtlichen Folgen „im Wesentlichen richtig“ wiedergegeben wurden. Dieser Auffassung ist das BAG in seiner Revisionsentscheidung nicht gefolgt, vgl. BAG, 13.7.2006 – 8 AZR 305/05, AP Nr. 312 zu § 613a BGB (II 1 b ff (1)).

Etwas überspitzt formuliert, wird von den Arbeitgebern hier etwas verlangt, was dem Gesetzgeber selbst nicht gelungen ist[564]. Die Anforderungen an die Verständlichkeit des Informationsschreibens dürfen nicht in unzumutbarer Weise durch die Rechtsprechung überspannt werden. Dies verbietet der auch auf den Inhalt der Leistungspflicht anwendbare und von den Gerichten zu beachtende Grundsatz von Treu und Glauben. Dort, wo die gesetzliche Regelung komplizierte Sachverhalte beschreibt (z.B. in § 613a Abs. 2 S. 2 BGB), muss es genügen, wenn die Arbeitgeber den gesetzlichen Wortlaut vollständig wiedergeben[565]. Zudem sollte man dem Arbeitgeber als Konsequenz aus seiner Formulierungsverantwortung einen gewissen Ermessensspielraum bei der Wahl seiner Worte einräumen[566]. Anderenfalls droht die praktische Unerfüllbarkeit einer vollständigen Darstellung der geschuldeten Informationsgegenstände[567]. Auch der Gesetzgeber ging davon aus, dass die Arbeitnehmer nach Erhalt des Unterrichtungsschreibens das Bedürfnis haben können, sich weitergehend zu erkundigen und sich gegebenenfalls beraten zu lassen[568]. Blieben nach der Lektüre des Unterrichtungsschreibens keine Fragen offen, bestünde schon kein Bedarf für eigene Nachforschungen seitens des Informationsadressaten.

3. *Verwirkung und Rechtsmissbrauch*

Über den Wortlaut des § 242 BGB hinaus, werden alle Rechte und Pflichten der Rechtsordnung durch den Grundsatz von Treu und Glauben begrenzt. Auskunftsansprüche können nach den allgemeinen Regeln verwirken[569] und ihre Geltendmachung kann nach den Grundsätzen des Rechtsmissbrauchs unzulässig sein[570]. Auch

564 Vgl. auch die Kritik bei: Giesen, JbArbR 46 (2008), 54 ff.

565 Vgl. insoweit Grobys, NJW-Spezial 2007, 322.

566 So auch KR, 9. Aufl./Pfeiffer, § 613a BGB, Rn. 108b.

567 Vgl. WHSS/Willemsen, Rn. G 221, der bei besonders komplexen kollektivvertraglichen Strukturen auf Veräußerer- und Erwerberseite davon spricht, dass eine den Anforderungen der Rechtsprechung genügende Unterrichtung gemäß § 275 BGB objektiv unmöglich sei; vgl. auch Willemsen, NZA-Beil. 2008, 160, der in diesem Zusammenhang von einer „Quadratur des Kreises" spricht.

568 BT-Drucks. 14/7760, 19 (rechte Spalte).

569 Vgl. BGH, 31.1.1963 – VII ZR 284/61, NJW 1963, 950 (III 1 a), dort noch nicht als Verwirkung bezeichnet; OLG Koblenz, 17.10.2002 – 5 U 1735/01, WuM 2002, 616 (II 2). Für eine Rechnungslegungs- bzw. Auskunftspflicht nach §§ 259 f. BGB: Erman/Ebert, § 260 BGB Rn. 18; Soergel/Wolf, § 259 BGB Rn. 39, § 260 BGB Rn. 68; Staudinger/Bittner, § 259 BGB Rn. 30. Vgl. auch Winkler von Mohrenfels, Abgeleitete Informationsleistungspflichten, 156, mit Nachweisen aus der Rechtsprechung, in denen trotz einer jahrelangen Nichtgeltendmachung des Auskunftsanspruchs gleichwohl keine Verwirkung des Rechts angenommen wurde.

570 Zu §§ 666, 259 BGB: BGH, 4.7.1985 – III ZR 144/84, NJW 1985, 2699 (II 2 c aa). Vgl. für eine Rechnungslegungs- bzw. Auskunftspflicht nach §§ 259 f. BGB: MK/Krüger, § 259 BGB Rn. 35, § 260 BGB Rn. 45.

die Ausübung des Auskunftsanspruchs aus § 613a Abs. 5 BGB unterliegt mangels anderslautender Regelung diesen allgemeinen Grenzen[571]. Beispielsweise kann der Arbeitnehmer einseitig[572] gegenüber dem Arbeitgeber die Zusage erklären, auf seinen Informationsanspruch aus § 613a Abs. 5 BGB verzichten zu wollen. Macht der Arbeitnehmer sodann gleichwohl den Anspruch geltend, handelt er rechtsmissbräuchlich, wenn sich der Arbeitgeber auf die Zusage verlassen durfte und sich darauf auch tatsächlich eingerichtet hat.

IV. Obliegenheit der Arbeitnehmer zu eigenen Nachforschungen

Das BAG zieht aus dem Sinn und Zweck der Unterrichtung eine weitere Grenze der Unterrichtungspflicht. Der Unterrichtung komme nicht der Zweck zu, jeden einzelnen Arbeitnehmer über alle ihn möglicherweise treffenden Folgen des Betriebsübergangs in Kenntnis zu setzen[573]. Die Unterrichtungspflicht sei gerade keine individuelle und umfassende Rechtsberatungspflicht[574]. Dies ergebe sich als logische Konsequenz aus der mittels historischer Auslegung der Gesetzesmaterialien[575] gewonnenen Obliegenheit der Mitteilungsadressaten, sich selbst nach der Unterrichtung eingehender zu informieren bzw. rechtlich beraten zu lassen[576]. Dementsprechend müsse es die Unterrichtung den Arbeitnehmern nur ermöglichen, dieser Obliegenheit nachzukommen.

Die Annahme einer Obliegenheit der Arbeitnehmer, sich bei Erhalt der Informationen weitergehend zu erkundigen und beraten zu lassen, ist interessengerecht. Diese Obliegenheit gilt aber wiederum nicht nur für die übergehenden und somit zum Widerspruch berechtigten Arbeitnehmer, sondern auch für die übrigen vom Übergang betroffenen Arbeitnehmer (vgl. § 2 D I 2). Eine individuelle Beratung der einzelnen vom Übergang betroffenen Arbeitnehmer kann nicht erwartet werden. So ist allgemein anerkannt, dass eine Aufklärungspflicht nicht den

571 Wie hier: Grau, Unterrichtung, 290.

572 Kommt es zu einer Vereinbarung zwischen dem Arbeitnehmer und einem oder beiden Arbeitgebern, liegt ein Verzichtsvertrag vor. Dieser ist vorrangig vor § 242 BGB zu prüfen.

573 BAG, 10.11.2011 – 8 AZR 430/10, AP Nr. 15 zu § 613a BGB Unterrichtung (B II 3 c dd); Dreher, in: Bernsau/Dreher/Hauck, § 613a BGB Rn. 160. Zur Rechtslage vor Normierung der Unterrichtung: BAG, 22.4.1993 – 2 AZR 313/92, AP Nr. 102 zu § 613a BGB (B V 2 c cc (1)), wonach sich „der Arbeitnehmer [...] innerhalb der ihm zugebilligten Frist – soweit notwendig – ergänzende Informationen beschaffen [muss]".

574 Vgl. u.a. Gaul, Betriebs- und Unternehmensspaltung, § 11 Rn. 18; Gaul/Otto DB 2002, 635; Gaul/Otto, DB 2005, 2466; Hohenstatt/Grau, NZA 2007, 17; Schnitker/Grau, BB 2005, 2239.

575 BT-Drucks. 14/7760, 19 (rechte Spalte).

576 BAG, 10.11.2011 – 8 AZR 430/10, AP Nr. 15 zu § 613a BGB Unterrichtung (B II 3 c dd und ff und gg); APS/Steffan, § 613a BGB Rn. 212a; Dreher, in: Bernsau/Dreher/Hauck, § 613a BGB Rn. 158; Meyer, BB 2003, 1013.

Zweck einer allgemeinen Rechtsberatungspflicht erfüllt[577]. Dies gilt auch für die Auskunftspflicht nach § 613a Abs. 5 BGB. Jedem Informationsmodell und folglich auch dem des § 613a Abs. 5 BGB liegt die Vorstellung zugrunde, dass ausreichende und verständliche Informationen den Berechtigten (nur) dazu befähigen sollen, sich selbst zu schützen und seine Privatautonomie mit eigener Kraft zu wahren[578]. Dabei gehört die Selbstverantwortung für rechtsgeschäftliches Handeln zum Wesen der Privatautonomie. Die Berechtigten sind daher nur soweit aufzuklären, dass sie in die Lage versetzt werden, eigenverantwortlich rechtsgeschäftliche Entscheidungen zu treffen. Die Informationspflicht findet somit ihre äußere Grenze in der gegenläufigen Obliegenheit der Informationsadressaten zu einer selbständigen Information[579].

Der Obliegenheit zu eigenen Nachforschungen kommt noch eine weitere Bedeutung auf der Sekundärebene zu. Gemäß § 254 BGB kommt es für die Verpflichtung des Arbeitgebers zum Ersatz des entstandenen Schadens sowie für den Umfang des zu leistenden Ersatzes darauf an, ob dem Ersatz begehrenden Arbeitnehmer ein Mitverschulden vorzuwerfen ist. Kommt der Arbeitnehmer seiner Obliegenheit zu eigenen Nachforschungen nur unzureichend nach, hat dies Bedeutung für die Annahme eines entsprechenden Mitverschuldens bei der Entstehung des Schadens[580]. Dabei ist auch zu berücksichtigen, inwiefern den Arbeitnehmern durch den Arbeitgeber ein Diskussionsforum bzw. andere Mitwirkungsmöglichkeiten eingeräumt wurden.

V. Abstraktes, generalisierendes Standardschreiben

Trotz seines individualrechtlichen Charakters erfordert die Unterrichtung weder aus europarechtlicher Sicht, Art. 7 Abs. 6 RL 2001/23/EG[581], noch nach deut-

577 Vgl. für Aufklärungspflichten: PWW/Schmidt-Kessel, § 242 BGB Rn. 73. Gegen eine Pflicht zur individuellen Anlageberatung im Kapitalmarktrecht: KK-WpÜG/Möllers, § 12 WpÜG Rn. 35 m.w.N. auch zur börsenrechtlichen Prospekthaftung; vgl. auch Hopt, Kapitalanlegerschutz, 435.

578 Vgl. zur Bedeutung der Informationspflichten im Verbraucherrecht: Martinek, in: Grundmann, Systembildung und Systemlücken, 518 ff.

579 Lorenz, Der Schutz vor dem unerwünschten Vertrag, 424 ff., zählt im Bereich vorvertraglicher Aufklärungspflichten unter Verweis auf das französische Recht („ignorance légitime“) die Zumutbarkeit einer Selbstinformation neben der Unkenntnis des Aufklärungsbedürftigen zu den Komponenten des „Informationsbedarfs“. Vgl. für das Kapitalanlagerecht: Wagner, BB 2002, 172 ff.

580 Wie hier: Meyer, Unterrichtung, § 3 Rn. 419; Meyer, NZA-Beil. 2008, 175; vgl. aber auch Meyer, DB 2007, 860, der die Obliegenheit der Arbeitnehmer zu eigenen Nachforschungen bei der Bewertung, ob eine Unterrichtung in der Gesamtschau trotz ihrer Fehler noch als ordnungsgemäß zu werten ist, berücksichtigen will.

581 Meier, Informationspflichten, 27 ff.; zustimmend: Hauck, in: Festschrift für Hellmut Wissmann, 548, 551.

schem Recht, § 613a Abs. 5 BGB[582], ein individuelles, konkret für den jeweiligen Arbeitnehmer bzw. die jeweilige Arbeitnehmergruppe (z.B. tarifgebundene/nicht tarifgebundene Arbeitnehmer) zugeschnittenes Unterrichtungsschreiben. Der Arbeitgeber genügt seiner Unterrichtungspflicht bereits durch ein abstraktes, generalisierendes Standardschreiben.

Hierfür kann zunächst der Plural im Wortlaut angeführt werden (Folgen „für die Arbeitnehmer" bzw. Maßnahmen „hinsichtlich der Arbeitnehmer", vgl. Art. 7 Abs. 6 Spiegelstrich 3 und 4 RL 2001/23/EG bzw. § 613a Abs. 5 Nr. 3 und 4 BGB)[583]. Hätte der Gesetzgeber ein individuelles Unterrichtungsschreiben gewollt, hätte dieser Wille im Gesetzestext Ausdruck gefunden[584]. Des Weiteren spricht auf europäischer Ebene die Ersatzfunktion des Art. 7 Abs. 6 RL 2001/23/EG im Vergleich zum kollektivrechtlichen Abs. 1 (vgl. § 2 A II) gegen ein individuelles Informationsschreiben[585]. Durch die primäre Adressierung der Unterrichtung an die Vertretungen der Arbeitnehmer hat der Richtliniengeber zum Ausdruck gebracht, dass der Verwaltungsaufwand der Arbeitgeber bei der vorzunehmenden Unterrichtung in Grenzen gehalten werden soll[586]. Im deutschen Recht können noch die Entstehungsgeschichte[587] und die angeordnete Textform gegen die Pflicht zu einem individuellen Informationsschreiben angeführt werden. Für die Verpflichtung zu individuellen Informationsschreiben wäre die Schriftform prädestiniert gewesen[588]. Schließlich sprechen auch praktische Erwägungen gegen eine auf den einzelnen Arbeitnehmer bezogene Unterrichtung. Gerade bei größeren Transaktionen, mit hunderten betroffenen Arbeitnehmern, würden in-

---

582 BAG, 13.7.2006 – 8 AZR 305/05, AP Nr. 312 zu § 613a BGB (II 1 b aa); BAG, 10.11.2011 – 8 AZR 430/10, AP Nr. 15 zu § 613a BGB Unterrichtung (B II 3 c aa) [bezogen auf Arbeitnehmergruppen]. So bereits zuvor u.a.: Bauer/v. Steinau-Steinrück, ZIP 2002, 462; Gaul, Betriebs- und Unternehmensspaltung, § 11 Rn. 18; Hauck, Beil. NZA 18/2004, 23, 24; Huke, FA 2002, 265; Jaeger, ZIP 2004, 439; Meier, Informationspflichten, 57 ff.; Nehls, NZA 2003, 824; Sayatz/Wolff, DStR 2002, 2040; Schnitker/Grau, BB 2005, 2239; Wank, in: Handbuch zum Arbeitsrecht, § 102 Rn. 90; Willemsen/Lembke, NJW 2002, 1163.

583 Für den europarechtlichen Kontext: Meier, Informationspflichten, 28. Für den deutschen Wortlaut u.a.: Bernsau/Dreher/Hauck, § 613a BGB Rn. 158; Meier, Informationspflichten, 58; WHSS/Willemsen, Rn. G 218; Rieble, Festschrift für Arbeitsgemeinschaft Arbeitsrecht, 689.

584 Grau, Unterrichtung, 99, verweist in diesem Zusammenhang zu Recht auf die Informationspflicht aus § 81 Abs. 1 und 2 BetrVG, in denen von „den" bzw. „der" Arbeitnehmer die Rede ist.

585 Meier, Informationspflichten, 29, 35, 39.

586 Meyer, Unterrichtung, § 2 Rn. 315.

587 Anders als der heutige Gesetzeswortlaut, bezeichnete der Referentenentwurf die Arbeitnehmer mit einem im Singular formulierten Artikel („den"). Vgl. auch Grau, Unterrichtung, 99, mit dem Hinweis auf die Äußerung des seinerzeit verantwortlichen Fachressorts.

588 Vgl. Meier, Informationspflichten, 59.

dividuelle Unterrichtungsschreiben einen grob unverhältnismäßigen Aufwand erfordern und leicht die Grenze zur „praktischen Unmöglichkeit“ (§ 275 Abs. 2 BGB) überschreiten[589].

Diese Erleichterung darf jedoch nicht darüber hinwegtäuschen, dass die Informationspflicht aus § 613a Abs. 5 BGB einen konkreten Übergang eines bestimmten Betriebs(teils) zum Gegenstand hat. Zu Recht verlangt das BAG daher eine „konkrete betriebsbezogene Darstellung“ in der Unterrichtung[590].

Zudem muss das Informationsschreiben entsprechend dem Sinn und Zweck der Unterrichtung auch etwaige Besonderheiten der verschiedenen Arbeitsverhältnisse (abstrakt) erfassen[591]. Von den Arbeitgebern wird aber keine auf den einzelnen Arbeitnehmer bezogene umfassende rechtliche Beratung verlangt. Den Mitteilungsadressaten trifft vielmehr die Obliegenheit,

> *„die Angaben mittels Subsumtion und gegebenenfalls auch durch weitere Erkundigungen für sein persönliches Arbeitsverhältnis umzusetzen“*[592].

Der Arbeitnehmer muss also in die Lage versetzt werden, die Folgen des Betriebsübergangs (§ 613a Abs. 5 Nr. 3 BGB) für sich und die hinsichtlich seiner Person in Aussicht genommenen Maßnahmen (§ 613a Abs. 5 Nr. 4 BGB) durch Subsumtion der abstrakt mitgeteilten Alternativen selbständig zu erkennen[593]. Hierfür muss das Unterrichtungsschreiben zwischen bestimmten Arbeitnehmergruppen (z.B. tarifgebundene/nicht tarifgebundene Arbeitnehmer[594], leitende/nicht leitende Angestellte, Auszubildende[595]) hinreichend deutlich differenzieren, damit der Arbeitnehmer

---

589 Eine individuelle, konkret auf das einzelne Arbeitsverhältnis bezogene Information für „objektiv unmöglich“ haltend: Bauer/v. Steinau-Steinrück, ZIP 2002, 461; Meyer, Unterrichtung, § 2 Rn. 311; Meyer, AuA 2002, 162; Grau, Unterrichtung, 96.

590 BAG, 13.7.2006 – 8 AZR 305/05, AP Nr. 312 zu § 613a BGB (II 1 b aa).

591 BAG, 13.7.2006 – 8 AZR 305/05, AP Nr. 312 zu § 613a BGB (II 1 b aa); BAG, 24.7.2008 – 8 AZR 202/07, AP Nr. 352 zu § 613a BGB (B I 3 a) [„Angaben zur persönlichen Situation des Klägers]; BAG, 10.11.2011 – 8 AZR 430/10, AP Nr. 15 zu § 613a BGB Unterrichtung (B II 3 c aa); vgl. auch ErfK/Preis, § 613a BGB Rn. 86; Schnitker/Grau, BB 2005, 2239; **a.A.** Jaeger, ZIP 2004, 440. Als Beispiel für die relativ hohen Anforderungen, die das BAG an die Berücksichtigung der Besonderheiten des jeweiligen Arbeitsverhältnisses stellt, sei an dieser Stelle auf BAG, 20.3.2008 – 8 AZR 1022/06, NZA 2008, 1297 (B 2 a bb und D II 2), hingewiesen.

592 BAG, 10.11.2011 – 8 AZR 430/10, AP Nr. 15 zu § 613a BGB Unterrichtung (B II 3 c dd).

593 Vgl. Arens/Düwell, in: Arens/Düwell/Wichert, Umstrukturierung, § 7 Rn. 276 [bezogen auf etwaige Besonderheiten für bestimmte Arbeitnehmergruppen]; Bauer/Göpfert/Haußmann/Krieger, Umstrukturierung, Teil 3 B Rn. 18; Grau, Unterrichtung, 100; HWK/Willemsen/Müller-Bonanni, § 613a BGB Rn. 320 [bezogen auf sich für Arbeitnehmer ergebende Konsequenzen]; Staudinger/Annuß, § 613a BGB Rn. 267 [bezogen auf relevante Besonderheiten für Arbeitnehmer]; Wank, in: Handbuch zum Arbeitsrecht, § 102 Rn. 90.

594 BAG, 10.11.2011 – 8 AZR 430/10, AP Nr. 15 zu § 613a BGB Unterrichtung (B II 3 c dd).

595 Meyer, Unterrichtung, § 2 Rn. 29.

sein Arbeitsverhältnis einer der genannten Arbeitnehmergruppen zuordnen und die für ihn maßgeblichen Informationen auf diesem Wege ermitteln kann[596]. Verschiedene Informationsschreiben sind hierfür nicht erforderlich[597]. Beispielsweise muss sich aus dem Unterrichtungsschreiben für die Gruppe der übergehenden Mitarbeiter, mit denen eine Altersteilzeit- bzw. Frühruhestandvereinbarung abgeschlossen wurde, ergeben, dass der Veräußerer nach erfolgtem Betriebsübergang für diese Forderungen nicht mehr in Anspruch genommen werden kann[598].

Nach hier vertretener Ansicht ist in der Unterrichtung insbesondere auch zwischen den übergehenden Arbeitnehmern, den beim Veräußerer eventuell in einem „Restbetrieb" verbleibenden Arbeitnehmern und den beim Erwerber eventuell in einem aufnehmenden Betrieb beschäftigten Arbeitnehmern deutlich zu unterscheiden (vgl. § 2 D I 2).

VI. Adressatenbezogene Erfüllungswirkung

Im vorherigen Abschnitt wurde darauf hingewiesen, dass ein individuelles Unterrichtungsschreiben des einzelnen vom Übergang betroffenen Arbeitnehmers nicht geschuldet ist. Der Umstand, dass die Unterrichtungspflicht auch mittels eines kollektiven Informationsschreibens erfüllt werden kann, ändert aber nichts an der Rechtsnatur der Unterrichtung als individualrechtlicher Anspruch des einzelnen Arbeitnehmers. Das BAG stellt hierzu zutreffend fest:

> *„Es begegnet keinen Bedenken, wenn im Unterrichtungsschreiben Passagen aufgenommen sind, die nicht das jeweilige Arbeitsverhältnis betreffen, solange es dem Arbeitnehmer unschwer möglich ist, anhand der Ausführungen zu ermitteln, ob er von diesen betroffen ist."*[599]

Von dieser Feststellung ist es nur noch ein kleiner Schritt zu der Erkenntnis, dass Unrichtigkeiten oder Unvollständigkeiten in Passagen des Unterrichtungsschreibens, die nicht das jeweils in Rede stehende Arbeitsverhältnis betreffen, und unschwer von den für das eigene Arbeitsverhältnis relevanten Passagen abgegrenzt werden können, dem Erlöschen des individuellen Informationsanspruchs im Wege der Erfüllung nicht im Wege stehen. Der Arbeitnehmer kann sich nicht darauf berufen, dass für sein Arbeitsverhältnis irrelevante Informationen nicht oder schlecht mitgeteilt wurden.

Es ist daher durchaus denkbar, dass beispielsweise die Gruppe der übergehenden Arbeitnehmer ordnungsgemäß unterrichtet wurde, wohingegen die eventuell von vornherein im „Restbetrieb" des Veräußerers verbleibenden Arbeitnehmer

---

596 Vgl. BAG, 10.11.2011 – 8 AZR 430/10, AP Nr. 15 zu § 613a BGB Unterrichtung (B II 3 c dd).

597 Vgl. aber ErfK/Preis, § 613a BGB Rn. 86, der unterschiedliche Schreiben u.U. für „denkbar" hält.

598 LAG Düsseldorf, 1.8.2007 – 7 Sa 361/07, BeckRS 2009, 57441 (II 2).

599 BAG, 10.11.2011 – 8 AZR 430/10, AP Nr. 15 zu § 613a BGB Unterrichtung (B II 3 c dd).

durch dasselbe kollektive Unterrichtungsschreiben unrichtig oder unvollständig unterrichtet wurden. In solch einem Fall begann die Widerspruchsfrist zu laufen, weil gegenüber den übergehenden Arbeitnehmern die Unterrichtungspflicht erfüllt wurde. Demgegenüber stehen den verbleibenden Arbeitnehmern Ansprüche auf Nachunterrichtung und ggf. auch auf Schadensersatz wegen der ihnen gegenüber verletzten Informationspflicht zu.

Bei der Beurteilung, welche Informationen dem jeweiligen Arbeitnehmer zukommen müssen, ist ein objektiver Maßstab anzulegen. Es bedarf somit stets der Kontrollfrage, ob der im Unterrichtungsschreiben festgestellte Fehler für das Arbeitsverhältnis des betreffenden Arbeitnehmers objektive Relevanz besitzt. Die Grunddaten des Betriebs(teil)übergangs (Identität des Betriebsveräußerers und des Betriebserwerbers, Gegenstand, Zeitpunkt bzw. geplanter Zeitpunkt und Grund des Übergangs) sind regelmäßig für alle vom Übergang betroffenen Arbeitnehmer in gleicher Weise relevant. Bei den Folgen des Betriebsübergangs und den in Aussicht genommenen Maßnahmen ist hingegen nach den jeweils betroffenen Arbeitnehmergruppen zu unterscheiden. Informationsfehler, die Folgen und Maßnahmen einer klar abgrenzbaren Arbeitnehmergruppe betreffen, stehen der Erfüllung der Informationspflicht gegenüber einem zu einer anderen Gruppe gehörenden Arbeitnehmer nicht entgegen.

VII. Grenze durch Zweckerreichung

Normalerweise wird der geschuldete Leistungserfolg durch eine Leistungshandlung des Schuldners erreicht. Es tritt dann Erfüllung nach § 362 Abs. 1 BGB ein.

In Fällen, in denen der Informationsberechtigte ohne Zutun des Informationsschuldners anderweitig Kenntnis von der gewünschten Information erlangt hat, kann der Schuldner zwar noch die Leistungshandlung vornehmen, den Erfolg kann er aber nicht mehr bewirken. Erfüllung nach § 362 Abs. 1 BGB kann hier nicht mehr eintreten. Das Informationsbedürfnis, in dem der Auskunftsanspruch seine Rechtfertigung findet, ist dann auf andere Weise im gleichen Maß befriedigt worden, wie es durch Erfüllung befriedigt worden wäre. In solch einem Fall steht der Geltendmachung eines Auskunftsanspruchs entgegen, dass der mit der Auskunft verfolgte Zweck bereits auf andere Weise erreicht wurde[600]. Es handelt sich

600 Zu einem aus § 242 BGB hergeleiteten Auskunftsanspruch: BGH, 16.6.1970 – V ZR 90/67, WM 1970, 1116 (III b), in der die Zweckerreichung noch als Fall der unzulässigen Rechtsausübung gemäß § 242 BGB behandelt wurde. In diesem Fall bedurfte es keiner Offenlegung der Unterlagen über die Bauherstellungskosten, um den von den Gesamtherstellungskosten abhängigen Kaufpreis zu bestimmen, weil sich der Informationsberechtigte die notwendigen Informationen bereits aus staatsanwaltschaftlichen Ermittlungsakten, die ihm zur Einsicht angeboten wurden, besorgt hatte. Für eine Rechnungslegungs- bzw. Auskunftspflicht nach §§ 259 f. BGB: Soergel/Wolf, § 259 BGB Rn. 39, § 260 BGB Rn. 65; MK/Krüger, § 259 BGB Rn. 35, § 260 BGB Rn. 65; Staudinger/Bittner, § 259 BGB Rn. 30; vgl. auch Winkler von Mohrenfels,

hierbei um die Fälle der sog. Zweckerreichung, auf die nach der heute überwiegenden Auffassung die Unmöglichkeitsregeln gemäß § 275 BGB anzuwenden sind[601].

Nach zutreffender Ansicht des BAG führt eine anderweitige Kenntniserlangung nicht zur Erfüllung der Unterrichtungspflicht nach § 613a Abs. 5 BGB (vgl. § 2 H I). Nicht beantwortet hat das Gericht allerdings die Frage, ob die Erfüllung der Unterrichtungspflicht in diesen Fällen überhaupt noch möglich ist. Auch bei dem Auskunftsanspruch aus § 613a Abs. 5 BGB ist es – zumindest theoretisch – denkbar, dass die Arbeitnehmer im Falle einer Nicht- oder Teilunterrichtung von den (restlichen) mitteilungspflichtigen Umständen auf andere Weise als durch Leistung der Informationsschuldner Kenntnis von den informationspflichtigen Umständen erlangen[602]. Praktische Relevanz wird der Zweckerreichung dennoch nur selten zukommen, weil sie nur dann angenommen werden kann, wenn das Informationsbedürfnis in gleicher Weise befriedigt wurde, wie durch eine Leistung des Arbeitgebers. Im Falle einer Nichtunterrichtung müssten den Arbeitnehmern die nach § 613a Abs. 5 BGB geforderten Informationen vollständig, richtig und widerspruchsfrei auf andere Weise als durch Leistung der Arbeitgeber zukommen. Im Falle einer Teilunterrichtung müssten sich die Arbeitnehmer über das Verhältnis der im Unterrichtungsschreiben erteilten und den auf andere Weise erlangten Informationen im Klaren sein und zudem Kenntnis davon besitzen, dass die Unterrichtung nunmehr vollständig ist. Darüber hinaus kann die in § 613a Abs. 5 BGB vorgeschriebene Textform bei der Beurteilung, ob der Zweck der Unterrichtung anderweitig erreicht wurde, nicht außen vor bleiben. Die Textform führt beim Empfänger zu einer dauerhaften Verfügbarkeit der Informationen. Dementsprechend setzt auch die Annahme einer Zweckerreichung vorliegend zwingend voraus, dass dem Arbeitnehmer die Informationen (wenigstens) in Textform zugehen müssen[603]. Einzig in diesen (seltenen) Fällen wäre das Informationsbedürfnis vollständig gestillt und der Leistungserfolg wäre anderweitig als durch Leistung der Arbeitgeber erreicht.

VIII. Verzicht auf die Unterrichtung

Dem Arbeitnehmer steht es frei, auf sein Recht zur Unterrichtung zu verzichten[604]. Denkbar ist auch, dass der Arbeitnehmer nur auf eine Berichtigung bzw.

Abgeleitete Informationsleistungspflichten, 157, der allerdings nicht auf § 275 BGB zurückgreift, sondern von einem besonderen Grund für das Erlöschen ausgeht.

601 Vgl. die Nachweise bei: Staudinger/Olzen, Einl. zu §§ 362 ff. BGB Rn. 68.

602 Franzen, RdA 2002, 266.

603 Vgl. Grau, Unterrichtung, 279, der zudem verlangt, dass „die Informationen unmittelbar von den an dem Inhaberwechsel beteiligten Rechtsträgern stammen". Dieser zusätzlichen Einschränkung kann hier nicht gefolgt werden. Die Zweckerreichung wird gerade dadurch definiert, dass der Leistungserfolg ohne Zutun des Schuldners eintritt, vgl. Palandt/Grüneberg, § 275 BGB Rn. 18.

604 Arens/Düwell, in: Arens/Düwell/Wichert, Umstrukturierung, § 7 Rn. 270; Bauer/v. Steinau-Steinrück, ZIP 2002, 464; Franzen, RdA 2002, 268; Gaul, Betriebs- und

Vervollständigung einer nicht ordnungsgemäßen Erstunterrichtung verzichtet[605]. Beim Verzicht auf den Unterrichtungsanspruch handelt es sich rechtlich um einen Erlassvertrag im Sinne des § 397 BGB zwischen dem Arbeitnehmer und dem Veräußerer oder dem Erwerber[606]. Als Erfüllungssurrogat führt der Erlassvertrag zu denselben Rechtsfolgen wie die ordnungsgemäße Erfüllung des Unterrichtungsanspruchs, insbesondere wird durch ihn die Widerspruchsfrist nach § 613a Abs. 6 S. 1 BGB in Gang gesetzt[607].

Für die Verzichtserklärung bedarf es keiner besonderen Form[608]. Die in Abs. 5 vorgesehene Textform ist Bestandteil des geforderten Leistungsumfangs und verpflichtet somit allein die Schuldner des Informationsanspruchs, nicht aber dessen Gläubiger. Folge der Formfreiheit ist, dass ein Verzicht auf die Unterrichtung auch durch konkludentes Handeln in Betracht kommt. Allerdings setzt ein Erlassvertrag die Feststellung eines eindeutigen Verzichtswillens, an den strenge Anforderungen gestellt werden[609], voraus.

Ein im Voraus, z.B. im Arbeitsvertrag, vereinbarter Verzicht, ist unzulässig und nichtig[610]. Der wirksame Verzichtsvertrag setzt einen hinreichend konkretisierten Betriebsübergang voraus[611]. Der maßgebliche Zeitpunkt ist objektiv zu bestimmen. Nach hier vertretener Terminologie müssen die Grunddaten des Übergangs (Identität des Betriebsveräußerers und des Betriebserwerbers sowie Gegenstand, Zeitpunkt bzw. geplanter Zeitpunkt und Grund) bereits feststehen (vgl. § 2 F II 2). Anderenfalls könnte der Arbeitnehmer auf einen Anspruch verzichten, der noch gar nicht entstanden ist. Dies widerspräche aber dem hinter § 613a Abs. 5 BGB

Unternehmensspaltung, § 11 Rn. 29; Grau, Unterrichtung, 281; Staudinger/Annuß, § 613a BGB Rn. 290; **a.A.** Bauer/Göpfert/Haußmann/Krieger, Umstrukturierung, Teil 3 B Rn. 21. Vgl. zu den allgemeinen Grenzen des Verzichts auf Informationsrechte: Winkler von Mohrenfels, Abgeleitete Informationsleistungspflichten, 154 ff.

605 KR/Treber, § 613a BGB, Rn. 108g. Beispielsweise ist in der Praxis nicht selten zu beobachten, dass der Arbeitnehmer aufgefordert wird, die Ordnungsgemäßheit der Erstunterrichtung zu bestätigen. In der Bestätigungserklärung kann dann ggf. nach der vorzunehmenden Auslegung ein konkludenter Verzicht auf weitere Informationen erblickt werden.

606 Diehn, Rückkehrzusagen, 250; Grau, Unterrichtung, 282; Rieble, Festschrift für Arbeitsgemeinschaft Arbeitsrecht, 703. Wird der Erlassvertrag mit nur einem der gesamtschuldnerisch verbundenen Arbeitgeber geschlossen, richtet sich die Wirkung des Erlasses im Verhältnis zum jeweils anderen nach § 423 BGB.

607 Diehn, Rückkehrzusagen, 250; im Ergebnis auch: Grau, Unterrichtung, 285 ff.; Rieble, Festschrift für Arbeitsgemeinschaft Arbeitsrecht, 703.

608 Arens/Düwell, in: Arens/Düwell/Wichert, Umstrukturierung, § 7 Rn. 270; Gaul, Betriebs- und Unternehmensspaltung, § 11 Rn. 29; Grau, Unterrichtung, 284; Staudinger/Annuß, § 613a BGB Rn. 290.

609 Vgl. Staudinger/Rieble, § 397 BGB Rn. 109 m.w.N.

610 Gaul, Betriebs- und Unternehmensspaltung, § 11 Rn. 29; Grau, Unterrichtung, 283 f.; Grobys, BB 2002, 730.

611 Staudinger/Annuß, § 613a BGB Rn. 290.

liegenden Schutzzweck, dem Arbeitnehmer im Falle eines konkreten Betriebsübergangs eine Entscheidungsgrundlage für seine berufliche Zukunft zu verschaffen.

Für die Feststellung der Wirksamkeit eines formularvertraglichen Verzichts auf die Unterrichtung ist an die §§ 305 ff. BGB zu denken[612]. Aufgrund seines Individualrechtcharakters kann auf den Informationsanspruch aus Abs. 5 nicht wirksam in Tarifverträgen oder Betriebsvereinbarungen verzichtet werden[613]. Den Tarifvertragsparteien bzw. dem Betriebsrat fehlt es bereits an einer entsprechenden Verfügungs- bzw. Regelungsbefugnis hierfür.

IX. Verjährung als zeitliche Grenze

Der Auskunftsanspruch aus § 613a Abs. 5 BGB unterliegt der regelmäßigen dreijährigen Verjährungsfrist nach § 195 BGB. Die Verjährungsfrist beginnt gemäß § 199 Abs. 1 BGB mit dem Schluss des Jahres, in dem der Anspruch entstanden ist und „der Gläubiger von den den Anspruch begründenden Umständen und der Person des Schuldners Kenntnis erlangt oder ohne grobe Fahrlässigkeit erlangen müsste". Danach muss der Arbeitnehmer entweder von einem Sachverhalt Kenntnis erlangt haben, der erhebliche Anhaltspunkte für die Entstehung des Unterrichtungsanspruchs bietet, oder von jenen Tatsachen, aus denen sich der Anspruch aus § 613a Abs. 5 BGB herleitet. Der Informationsanspruch des Arbeitnehmers setzt einen Betriebs(teil)übergang im Sinne von § 613a Abs. 1 BGB und die Betroffenheit des Anspruchsstellers hiervon voraus. Nach Eintritt der Verjährung können die Arbeitgeber die Informationsleistung verweigern, vgl. § 214 Abs. 1 BGB.

X. Keine Begrenzung durch den positiven Kenntnisstand im Zeitpunkt der Unterrichtung

Im Folgenden wird der Frage nachgegangen, ob im Zusammenhang mit der Unterrichtungspflicht nach § 613a Abs. 5 BGB von einer subjektiven Determination durch den Kenntnisstand des Veräußerers und/oder des Erwerbers im Zeitpunkt der Unterrichtung gesprochen werden kann.

1. Meinungsspektrum

Teilweise wird angenommen, dass der Inhalt der Unterrichtung in der Weise subjektiv determiniert sei, dass die Informationspflicht durch den jeweiligen

612 Im formularmäßigen Verzicht auf den Unterrichtungsanspruch wird regelmäßig eine unangemessene Benachteiligung des Arbeitnehmers nach §§ 310 Abs. 3 Nr. 2, Abs. 4 S. 2, 307 Abs. 1, Abs. 2 Nr. 1 BGB liegen, vgl. Arens/Düwell, in: Arens/Düwell/Wichert, Umstrukturierung, § 7 Rn. 271; Grau, Unterrichtung, 284 f.; Staudinger/Annuß, § 613a BGB Rn. 290. Zudem ist eine Klausel im Antwortformular, mit der die Ordnungsgemäßheit der Unterrichtung bestätigt werden soll, i.d.R. nach § 309 Nr. 12 BGB unzulässig, vgl. hierzu im Einzelnen: Grau, Unterrichtung, 289.

613 Grau, Unterrichtung, 289; Staudinger/Annuß, § 613a BGB Rn. 290.

subjektiven Kenntnisstand der informierenden Partei im Zeitpunkt der Unterrichtung begrenzt werde[614]. Folglich müsse nur über solche unterrichtungsrelevanten Umstände informiert werden, die der informierenden Partei im Unterrichtungszeitpunkt bekannt waren. Dabei handle es sich überwiegend um Tatsachen, die in der eigenen Sphäre des Unterrichtenden liegen. Nach dieser Ansicht müsste der Veräußerer nur über diejenigen mitteilungspflichtigen und aus der Sphäre des Erwerbers stammenden Tatsachen informieren, die ihm bekannt sind und umgekehrt. Einzelheiten zur finanziellen und wirtschaftlichen Lage des Erwerbers sowie dessen zukünftiger Entwicklung würden mangels Kenntnis des Veräußerers regelmäßig aus der Pflicht zur Unterrichtung herausfallen, sofern dieser allein informiert. Zur Begründung wird mitunter eine Parallele zur Rechtsprechung des BAG zur betriebsverfassungsrechtlichen Informationspflicht des Arbeitgebers gegenüber seinem Betriebsrat zu den maßgeblichen Gründen für eine Kündigung nach § 102 Abs. 1 S. 2 BetrVG hergestellt[615]. An die Unterrichtung der Arbeitnehmer bei Betriebsübergängen könne kein strengerer Maßstab angesetzt werden, als an die Kündigung[616]. Die Anwendung dieser Rechtsprechung entspreche auch der Interessenlage der Beteiligten und dem Schutzzweck der Norm[617]. Schließlich entsprächen auch Art. 7 Abs. 1 UAbs. 2 und 3 RL 2001/23/EG diesem Ansatz[618].

Andere Stimmen in der Literatur wollen für eine subjektive Determination der Unterrichtung den Kenntnisstand des bisherigen Arbeitgebers *und* des neuen Inhabers heranziehen[619].

614 Maschmann, BB-Special 6 2006, 32; Pröpper, DB 2003, 2012; Willemsen, Festschrift für Wolfdieter Küttner, 423, 434. Nach Wank, in: Handbuch zum Arbeitsrecht, § 102 Rn. 94, soll „jedenfalls" dann auf Seiten des Veräußerers eine „subjektive Determinierung" ausreichend sein, wenn die Abstimmung zwischen Veräußerer und Erwerber misslingt. Nach Franzen, RdA 2002, 265, bestehe im Rahmen von § 613a Abs. 5 Nr. 4 BGB eine Pflicht zur Unterrichtung über Maßnahmen nur, „sofern sie dem jeweils informierenden Teil bekannt sind". Das LAG München, 12.5.2005 – 2 Sa 1098/04, BeckRS 2005 30464190 (I 2 b und c) verneint eine Unterrichtungspflicht, sofern die Informationen eine Aufgabe der Rechtsauffassung der informierenden Partei bedeutet hätten.

615 Maschmann, BB-Special 6 2006, 32; Pröpper, DB 2003, 2012; Willemsen, Festschrift für Wolfdieter Küttner, 423.

616 Pröpper, DB 2003, 2012.

617 Pröpper, DB 2003, 2012 und Fn. 23.

618 Maschmann, BB-Special 6 2006, 32.

619 APS/Steffan, § 613a BGB Rn. 202a; Bauer/Göpfert/Haußmann/Krieger, Umstrukturierung, Teil 3 B Rn. 2; Grobys, BB 2002, 728; Hergenröder, RdA 2007, 227; Kliemt/Teusch, Festschrift für Jobst-Hubertus Bauer, 548. Ohne Verwendung des Begriffs „subjektive Determinierung" ebenfalls auf den Kenntnisstand von Veräußerer und Erwerber abstellend: BAG, 13.7.2006 – 8 AZR 305/05, AP Nr. 312 zu § 613a BGB (II 1 a; II 1 b ff (1)); BAG, 20.3.2008 – 8 AZR 1016/06, NZA 2008, 1354 (B II 2); BAG, 23.7.2009 – 8 AZR 538/08, AP Nr. 10 zu § 613a BGB Unterrichtung (B I 2); ErfK/

Teilweise wird schlicht von subjektiver Determinierung der Unterrichtung gesprochen, ohne dass näher darauf eingegangen wird, wessen Kenntnisstand hierfür ausschlaggebend sein soll. Danach haben

> *„Veräußerer und Erwerber [...] die Unterrichtung entsprechend ihren Kenntnissen, Vorstellungen, Erwartungen und Planungen vorzunehmen, d.h. der Inhalt der Unterrichtung ist subjektiv determiniert"*[620].

Schließlich wird eine subjektive Determinierung im Anwendungsbereich des § 613a Abs. 5 BGB abgelehnt[621]. Ob eine Unterrichtung vollständig und inhaltlich richtig sei, bestimme sich rein objektiv[622].

2. *Stellungnahme*

Nicht immer wird in der Literatur deutlich herausgearbeitet, wofür der Begriff „subjektive Determination" im Zusammenhang mit der Unterrichtungspflicht nach § 613a Abs. 5 BGB stehen soll. Denkbar sind zwei Auslegungen: Zunächst könnte die subjektive Determination als eine Art Recht der Arbeitgeber zur Bestimmung oder Festlegung des notwendigen Unterrichtungsinhalts verstanden werden. Nach der Rechtsprechung des BAG zu § 102 Abs. 1 S. 2 BetrVG, auf die einige Autoren ausdrücklich verweisen, ist die Mitteilungspflicht bezüglich der Kündigungsgründe subjektiv determiniert, d.h. es muss nicht über alle objektiv kündigungsrechtlich erheblichen Tatsachen, sondern nur über die subjektiv durch den Arbeitgeber als erheblich angesehenen Gründe informiert werden[623]. Diese Rechtsprechung lässt sich auf die hier betrachtete Konstellation nicht ohne weiteres übertragen[624]. Zum einen liegt bei der betriebsverfassungsrechtlichen Information eine Einzelschuld des jeweiligen Arbeitgebers vor, wohingegen die Informationspflicht nach § 613a Abs. 5 BGB eine Gesamtschuld darstellt (vgl. § 2 D II 2 b). Zum anderen verfolgen beide Vorschriften unterschiedliche Ziele. Das Anhörungsverfahren nach § 102 Abs. 1 S. 2 BetrVG soll es dem Betriebsrat nur ermöglichen, die Kündigungsentscheidung nachzuvollziehen und sich zu der konkret beabsichtigten Kündigung zu äußern[625]. Hierfür ist erforderlich, aber auch

---

Preis, § 613a BGB Rn. 85; Gaul, FA 2002, 300; Hauck, Beil. NZA 18/2004, 24; Jaeger, ZIP 2004, 439; Staudinger/Annuß, § 613a BGB, Rn. 265.

620 LAG Düsseldorf, 1.4.2005 – 18 Sa 1950/04, AP Nr. 295 zu § 613a BGB (II 2 c aa (2) (a)); MK/Müller-Glöge, § 613a BGB Rn. 106, 111.

621 Bayreuther, in: Dornbusch/Fischermeier/Löwisch, § 613a BGB Rn. 125; Kreitner, in: Küttner Personalbuch, Stichwort: Betriebsübergang Rn. 34; Lindemann/Wolter-Roßteutscher, BB 2007, 940; unentschieden: Hauck, Beil. NZA 18/2004, 46.

622 Kreitner, in: Küttner Personalbuch, Stichwort: Betriebsübergang Rn. 34.

623 BAG, 11.7.1991 – 2 AZR 119/91, AP Nr. 57 zu § 102 BetrVG 1972 (II 2 a); BAG, 6.7.2006 – 2 AZR 520/05, AP Nr. 80 zu § 1 KSchG 1969 (B II 1); Fitting, § 102 BetrVG Rn. 41.

624 Vgl. Mitsch, Gesetzliche Informationspflichten, 276.

625 Preis, in: Wlotzke/Preis/Kreft, § 102 BetrVG Rn. 50; Löwisch/Kaiser, § 102 BetrVG Rn. 1, 11.

ausreichend, dass dem Betriebsrat nur die Gründe mitgeteilt werden, auf die der Arbeitgeber konkret die Kündigung des Mitarbeiters stützen will[626]. Die Beschränkung der Informationspflicht des Arbeitgebers auf für ihn relevante Gründe ist vor dem Hintergrund seines Kündigungsrechts auch konsequent. Es steht ihm schließlich frei, ob er deshalb überhaupt kündigen will. Dem Arbeitgeber wird hier einen gewisser unternehmerischer Gestaltungsspielraum eingeräumt[627]. Bei der individuellen Unterrichtung der Arbeitnehmer im Falle eines Betriebsübergangs liegt die Situation anders. Hier geht es darum, den Arbeitnehmern ein vollständiges und richtiges Bild über die mitteilungsrelevanten Umstände des Übergangs zu verschaffen. Nicht der Arbeitgeber entscheidet über die Maßgeblichkeit einer bestimmten Information, sondern die Arbeitnehmer sollen sich ihr eigenes Bild machen können. Eine subjektive Determination im Sinne eines subjektiven Rechts der Arbeitgeber zur Bestimmung oder Festlegung des notwendigen Unterrichtungsinhalts würde faktisch wie ein vorgeschobener „Informationsfilter" wirken und widerspräche dem Unterrichtungszweck.

Keine Bedenken bestehen, soweit mit der Formulierung „subjektive Determination der Unterrichtung" nur zum Ausdruck gebracht werden soll, dass sich der Inhalt der Unterrichtung nach dem Kenntnisstand im Zeitpunkt der Unterrichtung richtet. Gleichwohl birgt dieses Schlagwort im Rahmen des § 613a Abs. 5 BGB die Gefahr einer Verwechslung mit der Rechtsprechung des BAG zu § 102 Abs. 1 S. 2 BetrVG in sich. Zur Vermeidung von Missverständnissen sollte auf die Verwendung dieses Begriffs vorliegend verzichtet werden. Maßgeblich ist der Zeitpunkt, an dem das Unterrichtungsschreiben den Arbeitnehmern zugeht[628]. Zutreffend geht die weit überwiegende Auffassung auch davon aus, dass auf den Kenntnisstand des Veräußerers und des Erwerbers abzustellen ist. Zwischen den Arbeitgebern findet im Außenverhältnis zu den Arbeitnehmern eine wechselseitige Wissenszurechnung statt (vgl. § 2 D III 2). Sie entspricht den maßgeblichen Richtlinienvorgaben. Der europäische Richtliniengeber hat Abstimmungsdefizite nicht einfach in Kauf genommen[629]. Im Gegenteil, wie anhand Art. 3 Abs. 2 RL 2001/23/EG deutlich wird, war sich der europäische Richtliniengeber dem Problem bestehender Informationsasymmetrien zwischen den jeweils vollständig zur Unterrichtung verpflichten Arbeitgebern durchaus bewusst[630]. Die Lösung dieses Problems hat er allerdings

626 Preis, in: Wlotzke/Preis/Kreft, § 102 BetrVG Rn. 44.

627 So auch Lindemann/Wolter-Roßteutscher, BB 2007, 940.

628 Vgl. WHSS/Willemsen, Rn. G 225. Zu diesem Zeitpunkt können die Betroffenen erstmals Kenntnis erhalten, vgl. für die Veröffentlichung der Unterlage als maßgeblichen Zeitpunkt bei einer Angebotsunterlage nach § 11 WpÜG: KK-WpÜG/Seydel, § 11 WpÜG Rn. 31.

629 **A.A.** Maschmann, BB-Special 6 2006, 32.

630 Vgl. auch die Legislative Entschließung mit der Stellungnahme des Europäischen Parlaments zu dem Vorschlag für eine Richtlinie des Rates zur Angleichung der Rechtsvorschriften der Mitgliedstaaten über die Wahrung von Ansprüchen der Arbeitnehmer beim Übergang von Unternehmen, Betrieben oder Betriebsteilen,

in die Hände der Mitgliedstaaten gelegt. Zwar hat auch der deutsche Gesetzgeber keine gemeinsame Unterrichtungspflicht statuiert. Er hat allerdings zwischen den beiden zur Unterrichtung verpflichteten Arbeitgebern ein Gesamtschuldverhältnis angeordnet. Dieses ermöglicht eine gemeinsame Unterrichtung der Arbeitnehmer, verpflichtet sie hierzu aber nicht. Einigen sich die Arbeitgeber nicht auf eine gemeinsame Unterrichtung oder bestehen, z.B. in Fällen einer „feindlichen" Übernahme, unterschiedliche Informationsziele, können die Arbeitgeber auf ihre gegenseitigen Auskunftsansprüche aus dem Gesamtschuldverhältnis zurückgreifen (vgl. § 2 D III 2). Infolgedessen befreit der Umstand, dass dem allein informierenden Arbeitgeber bestimmte Informationsgegenstände aus der Sphäre des jeweils anderen zur Unterrichtung Verpflichteten unbekannt sind (z.B. kennt der Veräußerer die in Aussicht genommenen Maßnahmen des Erwerbers nicht) nicht von seiner darauf gerichteten Informationspflicht. Er kann (ihm steht ein Auskunftsanspruch aus dem Gesamtschuldverhältnis zu) und muss sich die geschuldeten Informationen beim jeweils anderen Arbeitgeber verschaffen.

Bei näherer Betrachtung der Aussage, dass sich der Inhalt der Unterrichtung nach dem Kenntnisstand sowohl des Veräußerers als auch des Erwerbers im Zeitpunkt der Unterrichtung richtet, ist Vorsicht geboten. Die positive Kenntnis des Veräußerers und des Erwerbers im Zeitpunkt der Unterrichtung kann nicht darüber entscheiden, über welche Informationstatbestände überhaupt unterrichtet werden muss[631]. Der Leistungskatalog nach § 613a Abs. 5 BGB, d.h. worüber die vom Übergang betroffenen Arbeitnehmer im Einzelnen zu unterrichten sind, bestimmt sich rein objektiv[632]. Maßgeblich ist ein objektivierter Kenntnisstand des Veräußerers und des Erwerbers im Zeitpunkt der Unterrichtung. Die vorsätzliche oder fahrlässige Unkenntnis von objektiv erkennbaren unterrichtungsrelevanten Tatsachen befreit die Arbeitgeber nicht von ihrer darauf gerichteten Informationspflicht. Die Frage, ob den Arbeitgeber auf der Sekundärebene ein Verschuldensvorwurf trifft, ist hiervon zu trennen. Haben Veräußerer und Erwerber im Zeitpunkt der Unterrichtung über die Folgen des Übergangs nach ihrem objektivierten Kenntnisstand und über die Maßnahmen nach ihrem aktuellen Planungsstand zutreffend und vollständig unterrichtet, haben sie den Informationsanspruch des Arbeitnehmers erfüllt. Nachträgliche Änderungen führen dann zu keiner Pflicht auf ergänzende bzw. erneute Unterrichtung (vgl. § 2 H III 2).

ABl. Nr. C 033 vom 3.2.1997, 81, Änderung 11: „Der Erwerber arbeitet mit dem Veräusserer bei der Bereitstellung der zur Einhaltung dieser Verpflichtungen erforderlichen Informationen zusammen."

631 **A.A.** Lindemann/Wolter-Roßteutscher, BB 2007, 940: „Das bloße Kennenmüssen maßgeblicher Umstände begründet ebenfalls keine Informationspflicht. Entscheidend ist vielmehr der tatsächliche positive Kenntnisstand des bisherigen Arbeitgebers und des neuen Inhabers."

632 Wie hier: Kreitner, in: Küttner Personalbuch, Stichwort: Betriebsübergang Rn. 34: „Die Vollständigkeit und inhaltliche Richtigkeit der Unterrichtung ist objektiv zu ermitteln." Vgl. hierzu auch MK/Müller-Glöge, § 613a BGB Rn. 108.

In den Fällen einer verfrühten Unterrichtung, d.h. bevor der konkrete Betriebsübergang als solcher feststand, verfügen die Arbeitgeber definitionsgemäß noch nicht über sämtliche Grunddaten des bevorstehenden Übergangs (Identität des Betriebsveräußerers und des Betriebserwerbers, Zeitpunkt bzw. geplanter Zeitpunkt und Grund des Übergangs). Würde die positive Kenntnis der Arbeitgeber im Zeitpunkt der Unterrichtung für den Umfang der Unterrichtungspflicht ausschlaggebend sein, bestünde bezüglich dieser Informationsgegenstände letztlich keine Unterrichtungspflicht. Dem ist aber nicht so. Aufgrund der Unkenntnis im Zeitpunkt der verfrühten Unterrichtung werden die Arbeitgeber nicht von ihrer Informationspflicht befreit. Sie besteht in Form einer Nachunterrichtungspflicht hinsichtlich der noch fehlenden Grunddaten des Betriebsübergangs fort (vgl. § 2 H II). Verändern sich nach der Unterrichtung die Planungen hinsichtlich der Grunddaten des Betriebsübergangs, liegt ein neuer Betriebsübergang vor, über den bisher noch nicht unterrichtet wurde. Aus § 613a Abs. 5 BGB resultiert sodann die Pflicht zur Erneuerung der Unterrichtung (vgl. § 2 H III 2). Hinsichtlich der Folgen des Übergangs für die Arbeitnehmer und den hinsichtlich der Arbeitnehmer in Aussicht genommenen Maßnahmen (§ 613a Abs. 5 Nr. 3 und 4 BGB) entscheidet ebenfalls nicht die positive Kenntnis der Unterrichtungsverpflichteten im Zeitpunkt der Unterrichtung über die Frage, ob überhaupt eine diesbezügliche Unterrichtungspflicht besteht oder nicht. Anderenfalls müsste der Arbeitgeber z.B. nicht über eine bestimmte Rechtsfolge des Übergangs für die Arbeitnehmer unterrichten, wenn und soweit sie ihm im Zeitpunkt des Übergangs unbekannt war. Ohne vorherige rechtliche Beratung kann in aller Regel davon ausgegangen werden, dass den Arbeitgebern das nötige Fachwissen für eine vollständige und richtige Darstellung der rechtlichen Folgen des Übergangs fehlen wird. Würde tatsächlich die positive Kenntnis im Zeitpunkt der Unterrichtung den Umfang der Unterrichtungspflicht bestimmen, bestünde konsequenterweise hinsichtlich dieser Rechtsfolge auch keine Unterrichtungspflicht.

XI. Konkretisierung der Unterrichtungspflicht bei Unkenntnis und Abgrenzung zu den einzuhaltenden Sorgfaltsanforderungen

Den vorangegangenen Ausführungen schließt sich die Frage an, wie sich die Arbeitgeber bei Unkenntnis hinsichtlich der Rechtslage oder eines mitteilungsrelevanten Umstandes verhalten müssen, um ihrer darauf gerichteten Unterrichtungspflicht zu genügen. Diese Frage ist Gegenstand der nachfolgenden Untersuchung.

1. Unkenntnis von der Rechtslage

Der Arbeitgeber kann sich über die Tatsache des Bestehens oder die formellen (Verpflichteter, Form, Zugang, Zeitpunkt) bzw. materiellen Anforderungen (Vollständigkeit, Richtigkeit, Verständlichkeit) der Unterrichtungspflicht irren. Die unter dem Einfluss der (teilweisen) Unkenntnis der Rechtslage entstandene

Unterrichtung ist unrichtig bzw. unvollständig und führt zu einer Verletzung der aus § 613a Abs. 5 BGB resultierenden Unterrichtungspflicht. Der Arbeitnehmer ist auf der Primärebene weiterhin berechtigt, die (Nach-)Erfüllung seines Informationsanspruchs zu verlangen.

Auf der Sekundärebene ist anerkannt, dass der Schuldner für Rechtsirrtümer nur einstehen muss, wenn er zumindest fahrlässig gehandelt hat[633]. Entsprechend der allgemein im Zivilrecht geforderten Sorgfaltsanforderungen kann vom Schuldner, hier dem Arbeitgeber, verlangt werden, dass er die Rechtslage angemessen prüft, insbesondere die höchstrichterliche Rechtsprechung beachtet, und ggf. Rechtsrat einholt. Eine rein summarische Prüfung der Rechtslage wird den geforderten Sorgfaltsanforderungen dagegen nicht gerecht.

Besondere Schwierigkeiten ergeben sich im Rahmen der Unterrichtungspflicht nach § 613a Abs. 5 BGB bei der Unterrichtung über objektiv komplexe und häufig sogar zwischen den Betriebsübergangsparteien umstrittene Rechtsfragen[634]. Das BAG führt hierzu aus:

> *„Eine Unterrichtung über komplexe Rechtsfragen ist im Rahmen des § 613a V BGB dann nicht fehlerhaft, wenn der Arbeitgeber bei angemessener Prüfung der Rechtslage, die gegebenenfalls die Einholung von Rechtsrat über die höchstrichterliche Rechtsprechung beinhaltet, rechtlich vertretbare Positionen gegenüber dem Arbeitnehmer kundtut.“*[635]

Diese Aussage des BAG ist dem Grunde nach zu begrüßen[636]. Sie vermischt allerdings Elemente der Erfüllungs- und der Verschuldensebene miteinander. Es verwundert daher nicht, wenn einige Autoren zwar die „Verwandtschaft“ zu den Grundsätzen der Bewertung von Rechtsirrtümern erkennen, gleichzeitig aber die sorgfältige Prüfung der Rechtslage als Voraussetzung für eine ordnungsgemäße Unterrichtung ansehen[637]. Die Prüfung der Rechtslage, die ggf. auch die Einholung

---

633 Palandt/Grüneberg, § 276 BGB Rn. 22.

634 In der Rechtsprechung bejaht für die „richtige“ Information über beim Erwerber anzuwendende Betriebsvereinbarungen: BAG, 10.11.2011 – 8 AZR 430/10, AP Nr. 15 zu § 613a BGB Unterrichtung (B II 3 c ee). Verneint für die gesamtschuldnerische Haftung nach § 613a Abs. 2 BGB: LAG Düsseldorf, 4.7.2007 – 7 (18) Sa 416/06, LAGE § 613a BGB 2002 Nr. 12 (A II 2 a); LAG Düsseldorf, 25.8.2006 – 7 (18) Sa 217/06, n.v. (II 2 a).

635 BAG, 13.7.2006 – 8 AZR 303/05, AP Nr. 311 zu § 613a BGB (II 2 b aa). Vgl. zuvor bereits: Grau, Unterrichtung, 105.

636 Vgl. für das englische Recht: Mail Group Ltd. V. Communication Workers Union (C.A.) (2009) IRLR 1046. Nach dieser Entscheidung muss der Arbeitgeber nur über solche rechtlichen, wirtschaftlichen und sozialen Folgen informieren, an die er aufrichtig glaubt („genuinely believes“). Der Unterrichtende hatte zuvor Rechtsrat eingeholt. Die Richtigkeit seiner Informationen muss der Unterrichtende dann nicht garantieren, weil es – wie das englische Gericht zutreffend feststellt – ansonsten unmöglich wäre, sich zu einem unklaren Punkt zu äußern.

637 Grau, RdA 2007, 371. Nach Hohenstatt/Grau, NZA 2007, 18, sei dies Voraussetzung für den Beginn der Widerspruchsfrist. Vgl. auch KR/Treber, § 613a BGB, Rn. 108a,

von Rechtsrat über die höchstrichterliche Rechtsprechung beinhaltet, bezeichnet allein die Anforderungen an die im Verkehr erforderliche Sorgfalt gemäß § 276 Abs. 2 BGB. Befinden sich die Arbeitgeber trotz der genannten Sorgfaltsanforderungen in einem Rechtsirrtum, kann kein Verschulden angenommen werden, so dass eine verschuldensabhängige Haftung ausscheidet[638].

Zutreffend geht das BAG davon aus, dass die Unterrichtung über komplexe Rechtsfragen dann nicht fehlerhaft ist, wenn den Arbeitnehmern rechtlich vertretbare Positionen mitgeteilt werden. Eine materielle Anforderung der Unterrichtung besteht in der wahrheitsgemäßen Darstellung (vgl. § 2 G II). Bei komplexen Rechtsfragen ist die „Wahrheit" nur schwer ermittelbar, insbesondere wenn hierüber Streit besteht. Jede Rechtsansicht wird für sich beanspruchen, die einzig zutreffende zu sein. Enthält die Unterrichtung aus dem zeitlichen Blickwinkel des Zugangs der Unterrichtung rechtlich vertretbare Positionen kann darin keine Pflichtverletzung gesehen werden. Auf die Frage des Verschuldens kommt es hierfür nicht an. Rechtlich vertretbare Positionen sind somit geeignet, die Widerspruchsfrist in Gang zu setzen, selbst „wenn die Rechtslage nunmehr nach höchstrichterlicher Rechtsprechung anders zu beurteilen wäre"[639].

Teilt der Arbeitgeber bei objektiv komplexer Rechtslage rechtlich unvertretbare Positionen mit, verletzt er seine Wahrheitspflicht und somit auch die Unterrichtungspflicht, selbst wenn er zuvor umfassenden Rechtsrat eingeholt haben sollte[640]. Ob der Arbeitgeber die Rechtslage zuvor sorgfältig geprüft hat, ist allein für die Frage von Bedeutung, ob er die Pflichtverletzung auf der Sekundärebene zu vertreten hat. Die Mitteilung einer rechtlich unvertretbaren Position kann dem Arbeitgeber nicht vorgeworfen werden, wenn er nachweisen kann, dass er sich über die Rechtslage sorgfältig informiert hat. Oft wird ihm dieser Nachweis nicht gelingen. Wer sich über die Rechtslage angemessen informiert, wird regelmäßig keine rechtlich unvertretbaren Positionen mitteilen. Eine Ausnahme ist aber z.B. in Fällen denkbar, in denen die betreffende Rechtsfrage bisher weder höchstrichterrechtlich geklärt noch in der Literatur problematisiert wurde. In diesen Fällen muss der Arbeitgeber allerdings deutlich zu erkennen geben, dass hinreichende Erkenntnisquellen fehlen und es sich folglich bei seiner Information um nicht mehr als seine eigene unbestätigte Meinung in einer offenen Frage handelt[641]. Anderenfalls träfe den Arbeitgeber der Vorwurf der Fahrlässigkeit, weil bei den Arbeitnehmern der

---

der davon spricht, dass das BAG bei der Frage nach der Unwirksamkeit der Unterrichtung auf ein „Verschuldenselement" abstellt und MK/Müller-Glöge, § 613a BGB Rn. 108, der insoweit von einer „Vertretbarkeitskontrolle" spricht. Ohne Bezug auf die BAG-Rechtsprechung spricht Gussen, in: BeckOK R/G/K/U, § 613a BGB Rn. 148c, von „vermeidbare[n] Fehler[n] bei der Darstellung der Rechtsfolgen", die die Widerspruchsfrist nicht auslösen sollen.

638 Wie hier: Meyer, Unterrichtung, § 2 Rn. 28; Meyer, DB 2007, 860.

639 BAG, 13.7.2006 – 8 AZR 303/05, AP Nr. 311 zu § 613a BGB (II 2 b aa).

640 Vgl. insoweit Sagan, ZIP 2011, 1650.

641 Zur Haftung eines Steuerberaters: BGH, 22.5.1962 – VI ZR 264/61, WM 1962, 932 (2).

unzutreffende Eindruck unbedenklicher Verlässlichkeit der erteilten Informationen entstehen könnte.

In der Literatur wird zum Teil angenommen, dass auch bei einer Information über komplexe Rechtsfragen die Darstellung einer vertretbaren Rechtsansicht nur dann genüge, wenn zu der betreffenden Rechtsfrage noch keine höchstrichterliche Rechtsprechung ergangen ist. Anderenfalls müsse die höchstrichterliche Rechtsprechung mitgeteilt werden[642]. Diese Annahme lässt sich der bisherigen BAG-Rechtsprechung nicht entnehmen und wäre nach hier vertretener Ansicht auch verfehlt. Grundsätzlich muss jede in der Literatur oder von den Gerichten geäußerte Meinung als „vertretbar“ anerkannt werden, sofern wissenschaftliche Standards eingehalten wurden und die Ansicht nicht offensichtlich abwegig erscheint.

Eine umfassende Darstellung aller in Literatur und Rechtsprechung vertretenen Rechtsansichten kann nicht gefordert werden[643]. Dies würde die Grenze zu einer nicht geschuldeten Rechtsberatung überschreiten (vgl § 2 I IV). Denkbar wäre, dass neben der eigenen, vertretbaren Rechtsansicht auch – sofern bestehend – die abweichende höchstrichterliche Rechtsprechung mitgeteilt werden muss, um der Wahrheitspflicht zu genügen. Zumindest sollte verlangt werden, dass das Unterrichtungsschreiben erkennen lässt, dass es sich bei der mitgeteilten Rechtsansicht um eine persönliche Meinung des Verfassers des Unterrichtungsschreibens handelt (z.B. „unseres Erachtens“)[644]. Hierdurch können die Arbeitnehmer erkennen, welche Punkte der Unterrichtung unklar oder strittig sind und sie werden zugleich in die Lage versetzt, ihrer Obliegenheit zu weitergehenden Erkundigungen nachzukommen. Zudem sprechen auch Gesichtspunkte der Transparenz und Verständlichkeit der Unterrichtung für eine derartige Kenntlichmachung. Ohne entsprechenden Zusatz könnte beim Arbeitnehmer der unzutreffende Eindruck entstehen, dass es sich um einen rechtlich unproblematischen Standpunkt handelt. Dies widerspräche dann aber der Rechtswirklichkeit.

2. Unkenntnis von einem mitteilungsrelevanten Umstand

Es wurde bereits darauf hingewiesen, dass die vorsätzliche oder fahrlässige Unkenntnis beider[645] Arbeitgeber von einem unterrichtungsrelevanten Umstand nicht von einer darauf gerichteten Informationspflicht befreit (vgl. § 2 I X 2).

---

642 Lingemann, NZA 2012, 548. In diese Richtung auch: Mohnke/Betz, BB 2008, 498, die davon ausgehen, das gewichtige Literaturmeinungen der Rechtsprechung „wohl nur dann genügen“, sofern zu dieser Frage noch keine höchstrichterliche Rechtsprechung ergangen sei.

643 Vgl. BAG, 10.11.2011 – 8 AZR 430/10, AP Nr. 15 zu § 613a BGB Unterrichtung (B II 3 a), wonach es unschädlich sei, wenn neben der dargestellten herrschenden Rechtsprechung auch noch andere Ansichten bestehen.

644 Insoweit wie hier: Meyer, SAE 2007, 318; Meyer, SAE 2010, 175. **A.A.** Grau, AE 2010, 135; WHSS/Willemsen, Rn. G 219.

645 Kennt nur einer der zur Unterrichtung verpflichteten Arbeitgeber einen mitteilungspflichtigen Umstand nicht, wird ihm ohnehin das Wissen des anderen

Kommt es infolge der Unkenntnis der zur Unterrichtung Verpflichteten von einer mitteilungsrelevanten Tatsache zu einer unvollständigen bzw. unrichtigen Unterrichtung, liegt eine Verletzung der aus § 613a Abs. 5 BGB resultierenden Unterrichtungspflicht vor. Den vom Übergang betroffenen Arbeitnehmern steht ein Anspruch auf Vervollständigung bzw. Berichtigung (Nachunterrichtung) zu.

a) Unmöglichkeit als Grenze der Unterrichtungspflicht

Etwas anderes gilt nur für die Fälle, in denen es beiden zur Unterrichtung Verpflichteten aufgrund der tatsächlichen Gegebenheiten unmöglich ist, unterrichtungsrelevante Umstände zu erkennen und hierüber zu informieren. Insoweit werden die Unterrichtungsverpflichteten nach den allgemeinen Grundsätzen von ihrer Leistungspflicht aus § 613a Abs. 5 BGB nach § 275 BGB befreit[646]. Dies kommt in Betracht, wenn sämtliche Erkenntnisquellen versagen, beispielsweise weil erforderliche Unterlagen nicht (mehr) vorhanden oder für die Informationsschuldner nicht zugänglich oder beschaffbar sind[647], nicht aber, wenn etwaige Gedächtnislücken durch andere Quellen kompensiert werden können[648]. Dabei gilt es darauf zu achten, dass die fragliche Tatsache für beide Arbeitgeber nicht erkennbar sein muss. Ist die Tatsache nur für einen der Arbeitgeber unerkennbar, genügt dies nicht. Wenn die Kenntnis des einen Arbeitgebers dem anderen zugerechnet wird (vgl. § 2 D III 2), gilt dies konsequenterweise auch für die Möglichkeit zur Kenntnis. Auch wenn der Arbeitgeber die Unmöglichkeit oder Unzumutbarkeit zu vertreten hat, ist der Anspruch auf Leistung ausgeschlossen[649]. Der Arbeitgeber hat die Unmöglichkeit beispielsweise dann zu vertreten, wenn er für die Unterrichtung erforderliche Unterlagen vernichtet, nicht erstellt oder nicht gehörig aufbewahrt[650]. Der Arbeitnehmer kann in einem solchen Fall jedoch auf Sekundärebene ggf. Schadensersatz statt der Leistung nach §§ 280 Abs. 1, 3, 283 BGB verlangen[651].

Arbeitgebers zugerechnet (vgl. § 2 D III 2), so dass „in der Summe" schon von keiner Unkenntnis auszugehen ist.

646 Ist die Beschaffung der Informationen (dauerhaft) unmöglich, wird der Anspruch aus § 613a Abs. 5 BGB ausgeschlossen, vgl. § 275 Abs. 1 BGB. Seine Erfüllung kann verweigert werden, wenn die Beschaffung unzumutbar ist, vgl. § 275 Abs. 2 und 3 BGB. Vgl. zur Möglichkeit als Grenze der Unterrichtung: Zwanziger, in: Kittner/Däubler/Zwanziger, KSchR, § 613a BGB Rn. 57, nach dem „die Unterrichtung zu den gesetzlich vorgesehenen Punkten so vollständig erfolgen [muss], wie es dem Unterrichtenden möglich ist".

647 Vgl. BGH, 8.5.2000 – II ZR 302/98, NJW 2000, 2276 (III 3).

648 OLG Saarbrücken, 25.8.1999 – 1 U 1004/98 bis 181, 1 U 1004/98, NJW-RR 2000, 229; Winkler von Mohrenfels, Abgeleitete Informationsleistungspflichten, 159; Soergel/Wolf, § 260 BGB Rn. 66.

649 Staudinger/Löwisch/Caspers, § 275 BGB Rn. 3.

650 Winkler von Mohrenfels, Abgeleitete Informationsleistungspflichten, 159 f.

651 Setzt der Arbeitnehmer dem Arbeitgeber eine angemessene Frist zur Leistung oder ist die Fristsetzung ausnahmsweise entbehrlich, kann er auch Schadensersatz statt der Leistung nach §§ 280 Abs. 1, 3, 281 BGB verlangen und erspart sich somit den

In der Praxis kann es vorkommen, dass der zukünftige Betriebserwerber, z.B. eine GmbH, im Unterrichtungszeitpunkt noch gar nicht gegründet worden ist. Obwohl es im Zeitpunkt der Unterrichtung objektiv noch nicht möglich ist, über die Einzelheiten der Identität des Betriebserwerbers vollständig und richtig zu informieren, hat es das BAG zu Recht verneint, dass sich der Arbeitgeber in diesen Fällen auf die Unmöglichkeit berufen könne[652]. Es handelt sich hierbei um eine verfrühte Erstunterrichtung. Der frühestmögliche Unterrichtungszeitpunkt ist erreicht, wenn der konkret geplante Betriebsübergang selbst, also die Tatsache, dass ein Betriebsübergang stattfinden soll und die Grunddaten, die den konkreten Betriebsübergang als solchen charakterisieren (Identität des Betriebsveräußerers und des Betriebserwerbers sowie Gegenstand, Zeitpunkt bzw. geplanter Zeitpunkt und Grund des Übergangs), bereits feststehen (vgl. § 2 F II 2). Eine vorherige Unterrichtung führt zu keiner Erfüllung der Unterrichtungspflicht. Zwar ist der Arbeitgeber, solange er nicht detailliert über den Betriebserwerber informieren kann, von seiner hierauf gerichteten Informationspflicht befreit. Seine diesbezügliche Leistungspflicht ist aber nur für die Dauer der vorübergehenden Unmöglichkeit gehemmt[653]. Spätestens nach Gründung der Gesellschaft sind die Arbeitgeber in der Lage und auch dazu verpflichtet, die Information über die Identität des Betriebserwerbers nachzureichen (vgl. § 2 H I)[654]. Der Hinweis, wonach der Betrieb und die Arbeitsverhältnisse auf eine noch zu gründende „neue GmbH" übergehen, genügt nicht, weil sich hieraus nicht erkennen lässt, „um wen es sich [...] handelt"[655]. Der Erwerber muss vielmehr eindeutig identifiziert werden können[656]. Erst wenn dies mittels der mitgeteilten Informationen gewährleistet ist, erlischt der Informationsanspruch im Wege der Erfüllung und die Widerspruchsfrist wird erstmals in Gang gesetzt.

---

sonst notwendigen Nachweis der Unmöglichkeit bzw. Unzumutbarkeit der Leistung, vgl. Staudinger/Löwisch/Caspers, § 275 BGB Rn. 5.

652 BAG, 23.7.2009 – 8 AZR 538/08, AP Nr. 10 zu § 613a BGB Unterrichtung (B I 2); **a.A.** Cohnen, in: Moll, Arbeitsrecht, § 55 Rn. 30.

653 Eine (analoge) Anwendung des § 275 Abs. 1 BGB auf die Fälle der vorübergehenden Unmöglichkeit ist umstritten. Der Gesetzgeber sah von einer entsprechenden Regelung bewusst ab und überlies die Lösung der Rechtsprechung und der Literatur, vgl. BT-Drucks. 14/6857, 11 (linke Spalte). Vgl. zum aktuellen Streitstand die Nachweise bei: Palandt/Grüneberg, § 275 BGB Rn. 10.

654 Vgl. Bayreuther, in: Dornbusch/Fischermeier/Löwisch, § 613a BGB Rn. 125; ErfK/Preis, § 613a BGB Rn. 88; Gaul/Niklas, DB 2009, 452 f.

655 BAG, 21.8.2008 – 8 AZR 407/07, AP Nr. 348 zu § 613a BGB (B II 3 b).

656 Vgl. Gaul/Niklas, DB 2009, 452 f., der neben der Angabe der zukünftigen Gesellschafter u.a. auch die Firma und die Anschrift verlangt der Vor-GmbH verlangt. **A.A.** WHSS/Willemsen, Rn. G 216, nach dessen Ansicht es dem BAG genügen würde, wenn im Unterrichtungsschreiben die Namen der in Gründung befindlichen Gesellschaft und von einer identifizierbaren, mit Personalkompetenz für den Erwerber ausgestatteten, natürlichen Person, an die Widersprüche gerichtet werden können, angegeben werden.

b) Kein Verschulden bei Offenlegung der (vorübergehenden) Unkenntnis

Das BAG hält es in dem hier beschriebenen Beispielfall ferner für „richtig", gegenüber den Arbeitnehmern offenzulegen, dass momentan noch keine Einzelheiten zur Identität der Betriebserwerberin mitgeteilt werden können, weil diese erst noch gegründet werden muss[657]. In der Literatur wird hierzu ausgeführt, dass darauf hinzuweisen sei[658] bzw. eine „Verpflichtung zur Offenlegung" bestehe[659].

Worin die Rechtsfolge einer (Nicht-)Offenlegung zu erblicken sei, lässt sich den genannten Äußerungen nicht entnehmen. Auf der Primärebene führt die Offenlegung zu keiner Erfüllung der Informationspflicht aus § 613a Abs. 5 BGB und somit auch nicht zu einem Anlaufen der Widerspruchsfrist nach Abs. 6. Die Informationspflicht aus § 613a Abs. 5 BGB fordert von den zur Information Verpflichteten eine wahrheitsgemäße, vollständige und verständliche Information (vgl. § 2 G II). Die Offenlegung der Unkenntnis über einen konkreten Informationsgegenstand gibt zwar den Wissensstand der Arbeitgeber im Zeitpunkt der Unterrichtung zutreffend wieder. Damit kommen die Arbeitgeber aber nur ihrer Pflicht zu einer wahrheitsgemäßen Unterrichtung nach. Ihre Pflicht zu einer objektiv vollständigen Unterrichtung haben sie dennoch verletzt. Sobald das Leistungshindernis nicht mehr besteht, können die Arbeitnehmer ihren Anspruch auf Erfüllung der Informationspflicht durchsetzen.

Das heißt aber nicht, dass die Offenlegung rechtlich bedeutungslos wäre. Die Offenlegung liegt im Interesse des informierenden Arbeitgebers, weil er sich hierdurch von einer eventuellen Haftung wegen seiner Informationspflichtverletzung befreien kann[660]. Für die Unterrichtungspflicht nach § 613a Abs. 5 BGB gilt – ebenso wie für die vorvertragliche Informationshaftung[661] – der allgemeine

---

657 BAG, 23.7.2009 – 8 AZR 538/08, AP Nr. 10 zu § 613a BGB Unterrichtung (B I 2); BAG, 22.6.2011 – 8 AZR 204/10, BeckRS 2011, 77462 (B I 2).

658 Trittin, in: Bachner/Köstler/Matthießen/Trittin, § 6 Rn. 90.

659 Bayreuther, in: Dornbusch/Fischermeier/Löwisch, § 613a BGB Rn. 125.

660 Abgesehen davon steht den Arbeitnehmern mit verstreichen lassen des spätestmöglichen Unterrichtungszeitpunkts, also jedenfalls nach dem Betriebsübergang, ggf. ein Schadensersatzanspruch für den durch Verzug erlittenen Schaden zu (vgl. § 2 F I 2).

661 Nach der höchstrichterlichen Rechtsprechung soll seit jeher eine (einfach) fahrlässige Irreführung des Informationsadressaten genügen, vgl. BGH, 16.1.1985 – VIII ZR 317/83, NJW 1985, 1769 (III 4). An dieser Rechtsprechung hat Grigoleit, Vorvertragliche Informationshaftung, 16 ff., 37 ff., zu Recht kritisiert, dass die Gerichte eine Auseinandersetzung mit der Gesamtkonzeption des damaligen BGB für die vorvertragliche Informationshaftung vermissen ließen. Insbesondere §§ 123, 826 BGB umfassen nach ihrem Wortlaut, ihrer Systematik und ihrer historischen Teleologie zunächst nur vorsätzliche Irreführungen. *Grigoleit* spricht insoweit einprägsam von einem „informationelle[n] Vorsatzdogma". Diese Bedenken können heute nicht in gleicher Weise aufrechterhalten werden. Mit Einfügung der

Verschuldensmaßstab des § 276 BGB, d.h. sowohl eine vorsätzliche als auch eine fahrlässige Informationspflichtverletzung werden erfasst[662].

Vorsatz setzt die positive Kenntnis bzw. ein für möglich halten des pflichtwidrigen Erfolgs und dessen billigende Inkaufnahme voraus[663]. Der Vorsatz muss sich nicht auf die Schädigung erstrecken. Hat der Arbeitgeber danach von einer mitteilungspflichtigen Information selbst oder wenigstens von der Tatsache, dass ihm ein unterrichtungspflichtiger Umstand unbekannt ist, positive Kenntnis oder hält er es aufgrund konkreter Anhaltspunkte (Verdachtsmomente) wenigstens für möglich, weiß er bzw. hält er es auch für möglich, dass seine dennoch erteilte Unterrichtung unvollständig bzw. unrichtig ist. Insoweit verfügt er über präsentes Wissen. Nimmt er den pflichtwidrigen Erfolg, also die Erzeugung einer Fehlvorstellung bei den Informationsadressaten durch fehlerhafte Unterrichtung, zumindest billigend in Kauf, handelt er vorsätzlich. Klärt der Arbeitgeber darüber auf, dass er über gewisse mitteilungsrelevante Umstände (derzeit) keine Auskunft gibt oder geben kann, fehlt es an dem für den Vorsatz erforderlichen voluntativen Element. Der Arbeitgeber will bei den Arbeitnehmern keine Fehlvorstellung erzeugen. Auch in den Verdachtsfällen fehlt es am voluntativen Element, sofern der Arbeitgeber seine konkreten Verdachtsmomente aufdeckt und die gleichwohl unterbliebene Nachprüfung derselben im Unterrichtungsschreiben mitteilt. Die vorherige Beschaffung der noch fehlenden Informationen bzw. die Überprüfung der konkreten Verdachtsmomente wird nicht vorausgesetzt, um Arglist und somit Vorsatz[664] zu verneinen[665].

Auch eine fahrlässige Informationspflichtverletzung scheidet bei einer entsprechenden Offenlegung des vorhandenen Wissens aus. Gewiss gebietet die im Verkehr erforderliche Sorgfalt in diesen Fällen idealiter die vorherige Beschaffung der noch fehlenden Informationen bzw. die Überprüfung der konkreten

---

§§ 311 Abs. 2, 241 Abs. 2 BGB hat der Gesetzgeber die Lehre von der culpa in contrahendo im Gesetz verankert. Der maßgebliche Verschuldensmaßstab richtet sich nach § 276 BGB und umfasst somit auch einfache Fahrlässigkeit. Dennoch kann *Grigoleit* auch heute noch darin zugestimmt werden, dass die Annahme einer Fahrlässigkeitshaftung im Bereich der vorvertraglichen Aufklärungspflichten restriktiv gehandhabt werden sollte.

662 Würde nur die vorsätzliche Informationspflichtverletzung erfasst, könnte sich der Aufklärungsverpflichtete auf die korrekte Information über ihm positiv bekannte Informationen beschränken, vgl. für vorvertragliche Aufklärungspflichten: Grigoleit, Vorvertragliche Informationshaftung, 9.

663 Ein vorsätzliches Sich-Entziehen von einer mitteilungspflichtigen Information führt ebenfalls zu einer vorsätzlichen Verletzung der Informationspflicht, vgl. für vorvertragliche Aufklärungspflichten: Fleischer, Informationsasymmetrie, 583.

664 MK/Armbrüster, § 123 BGB Rn. 17.

665 Zur Haftung des Gebrauchtwagenhändlers aus Verschulden bei Vertragsabschluss: BGH, 14.3.1979 – VIII ZR 129/78, NJW 1979, 1707 (I 2 c). Vgl. für die Haftung eines Verkäufers auch den oft zitierten Tankzugfall: BGH, 28.4.1971 – VIII 258/69, NJW 1971, 179 (II 3).

Verdachtsmomente. Durch die Offenlegung des präsenten Wissens genügt der Informationsverpflichtete aber den Mindestanforderungen an die im Verkehr einzuhaltende Sorgfalt[666]. Der beschriebene Sorgfaltsmaßstab gilt auch für die Weitergabe von Informationen eines Dritten. Der Informationsverpflichtete kommt hier seinen Sorgfaltsanforderungen dadurch nach, dass er die Informationen entweder selbst nachprüft oder zumindest darauf hinweist, dass es sich um nicht nachgeprüfte Informationen eines Dritten handelt[667].

Im Ergebnis hat der Informationsverpflichtete für den Fall, dass ihm die Beschaffung der Informationen möglich ist, letztlich die Wahl, wie er sich einem Verschuldensvorwurf für den Informationsfehler entziehen kann. Entweder verschafft er sich die geforderten Informationen oder er legt seine teilweise Unkenntnis offen. Ist eine Beschaffung der Informationen derzeit unmöglich, verbleibt ihm allerdings nur noch die Möglichkeit, das präsente Wissen offen zu legen. Fehlt beispielsweise der Hinweis, dass Einzelheiten zu der Betriebsübernehmerin im Unterrichtungszeitpunkt nicht mitgeteilt werden können, weil diese erst noch gegründet werden muss, kann bei den Informationsadressaten der unzutreffende Eindruck entstehen, es bestehe bereits ein existierendes, handlungsfähiges und mit Perspektiven ausgestattetes Erwerberunternehmen[668]. Legt der Informationspflichtige dagegen seine (temporäre) Unkenntnis offen, kann bei den Informationsadressaten erst gar nicht der unzutreffende Eindruck entstehen, die mitgeteilten Informationen wurden überprüft und der Informationspflichtige sei von deren Richtigkeit und Vollständigkeit überzeugt. Damit erhält der Arbeitnehmer zwar nicht alle – auf der Primärebene weiterhin geschuldeten – Informationen, aber er kennt nun wenigstens die Unvollständigkeit der erteilten Informationen. Er ist nicht gezwungen, das Widerspruchsrecht auf einer unzureichenden Tatsachenbasis auszuüben. Dem Informationsadressaten ist es dann selbst überlassen, ob er sich auf der Grundlage einer unvollständigen Unterrichtung für einen Verbleib bei seinem Arbeitgeber entscheidet oder ob er abwartet und zunächst z.B. seinen Unterrichtungsanspruch nach § 613a Abs. 5 BGB weiter verfolgt.

---

666 Zur Haftung des Grundstücksverkäufers und des Immobilienmaklers aus Verschulden bei Vertragsabschluss: BGH, 31.1.2003 – V ZR 389/01, NJW-RR 2003, 700 (II 2 b). Zur Haftung des Anlagevermittlers: BGH, 13.5.1993 – III ZR 25/92, WM 1993, 1238 (I 4). Zur Haftung der Bank bei der Kapitalanlageberatung: BGH, 6.7.1993 – XI ZR 12/93, NJW 1993, 2433 (II 2 a bb; II 2 b cc).

667 Zur Haftung eines Gebrauchtwagenhändlers bei zugesicherter Laufleistung: BGH, 17.3.1976 – VIII ZR 208/74, WM 1976, 614 (IV 2).

668 Entsprechendes gilt für Personengesellschaften, die im Zeitpunkt der Unterrichtung zwar bereits gegründet, im Außenverhältnis aber, z.B. mangels Handelsregistereintragung, noch nicht zur Entstehung gelangt sind, vgl. für eine OHG: LAG München, 29.4.2008 – 7 Sa 986/07, BeckRS 2009, 61875 (II). Der Zusatz „i.G." ist jedoch nur dann zu verlangen, wenn die vor Eintragung im Rechtsverkehr auftretende GbR („OHG in Gründung") auch – zwischenzeitliche – Betriebserwerberin werden soll.

c) Kein Verschulden bei fehlender Informationsbeschaffungspflicht

Nicht immer wird der Arbeitgeber von der Tatsache, dass er einen bestimmten mitteilungsrelevanten Umstand (noch) nicht kennt, positive Kenntnis haben oder wenigstens einen darauf gerichteten konkreten Verdacht. In diesen Fällen verfügen die Arbeitgeber über kein präsentes Wissen, das sie den Arbeitnehmern offenlegen könnten. Eine Offenlegung der Unkenntnis bzw. des Verdachts scheidet dann aus. Für die Frage des Verschuldens kommt es dann nur noch darauf an, ob der Arbeitgeber nach der im Verkehr geforderten Sorgfalt aus einer retrospektiven Betrachtung heraus im Zeitpunkt der Unterrichtung Kenntnis von der mitteilungspflichtigen Tatsachen hätte haben müssen. Dies ist der Fall, wenn ihn eine sog. Informationsbeschaffungspflicht[669] hinsichtlich des unbekannten, mitteilungspflichtigen Umstands traf. Für den Bereich der vorvertraglichen Aufklärungspflichten ist anerkannt, dass diese Pflicht „einzig und allein den Umfang der vom Aufklärungspflichtigen zu erwartenden Sorgfalt" beschreibt[670]. Es handelt sich folglich um eine Sorgfaltspflicht[671]. Diese dogmatische Einordnung trifft auch für die Auskunftspflicht nach § 613a Abs. 5 BGB zu[672]. Danach liegt eine schuldlose Unkenntnis vor, wenn vom Unterrichtungsverpflichteten im konkreten Fall nicht erwartet werden konnte, dass er sich Kenntnis von einer ihm unbekannten Tatsache verschafft.

Bezogen auf die Rechtslage bestehen – wie gesehen – sehr strenge Sorgfaltsanforderungen. Von jedem Teilnehmer des Rechtsverkehrs wird verlangt, dass er

---

669 Wie hier: Fleischer, Informationsasymmetrie, 450 ff. Die Terminologie ist jedoch uneinheitlich. Teilweise wird auch von Nachforschungs- oder Untersuchungspflichten gesprochen, vgl. z.B. BGH, 17.6.1994 – V ZR 204/92, NJW 1994, 2947 (II 3 c) und Breidenbach, Informationspflichten, 70, 84 m.w.N.

670 Zur Haftung des Gebrauchtwagenhändlers aus Verschulden bei Vertragsabschluss im Fall der Vermittlung: BGH, 18.6.1980 – VIII ZR 139/79, NJW 1980, 2184 (II 3 b; II 4). Vgl. auch für vorvertragliche Aufklärungspflichten: Lorenz, Der Schutz vor dem unerwünschten Vertrag, 440. Für das Effektengeschäft: MK-HGB/Ekkenga, Effektengeschäft, Rn. 255, 370 ff. Wohl auch MK/Bachmann/Roth, § 241 Rn. 140, nach dem die Pflicht zur Aufklärung „auch so weit gehen [kann], dass sie sich die Kenntnis aus den ihr zugänglichen Quellen verschaffen muss und bereits die schuldhafte Unkenntnis die Haftung begründet". Dies kann so verstanden werden, dass eine die Haftung auslösende schuldhafte Unkenntnis dann vorliegt, wenn die informationsverpflichtete Partei ihrer Pflicht zur Verschaffung der Information nicht nachgekommen ist. **A.A.** Breidenbach, Informationspflichten, 71, 83 ff., der die Untersuchungspflicht dem konkreten Inhalt der Aufklärungspflicht zuordnet und die aktuelle Kenntnis („Möglichkeit zur Information") als ein wesentliches Kriterium zur Begründung der Aufklärungspflicht in einem beweglichen System nennt. Vgl. auch Grigoleit, Vorvertragliche Informationshaftung, 9, 37, der die Informationsermittlung ebenfalls zum Inhalt der Informationspflicht zählt.

671 Zur vorvertraglichen Aufklärungspflicht im Gebrauchtwagenhandel: BGH, 18.6.1980 – VIII ZR 139/79, NJW 1980, 2184 (II 3).

672 Vgl. für eine Beratungspflicht: BGH, 6.11.1974 – VIII ZR 207/72, BB 1975, 62.

sich über die maßgebliche Rechtslage sorgfältig informiert, sich also die hierfür notwendigen Informationen eigenständig verschafft. Abseits der einzuhaltenden Sorgfaltsanforderungen zur Vermeidung von Rechtsirrtümern werden strengere Anforderungen an eine Informationsbeschaffungspflicht gestellt. Für den Bereich vorvertraglicher Aufklärungspflichten führt der BGH aus:

> *„Voraussetzung für einen auf Verschulden bei Vertragsschluß gestützten Anspruch ist [...] grundsätzlich, daß derjenige, gegen den der Vorwurf der Pflichtverletzung erhoben wird, die aufklärungsbedürftige Tatsache kennt."*[673]

Aber auch bei der aus § 613a Abs. 5 BGB resultierenden Leistungspflicht auf Auskunft sind Informationsbeschaffungspflichten denkbar[674].

Eine Informationsbeschaffungspflicht kommt nur ausnahmsweise in Betracht[675]. Die Informationssuche ist zeit- und kostenintensiv[676]. Die Voraussetzungen einer Informationsbeschaffung werden daher im Vergleich zu der Aufklärung über präsentes Wissen – hierzu zählt auch die Offenlegung von Verdachtsmomenten – als vergleichsweise eng angesehen[677]. Beispielsweise soll ein Gebrauchtwagenhändler

---

673 Für den Bereich der Aufklärungspflicht des Verkäufers bei einem Grundstückskauf: BGH, 17.6.1994 – V ZR 204/92, NJW 1994, 2947 (II 3 b). Für den Bereich der Aufklärungspflicht einer Bank bei Kreditgeschäften: BGH, 28.1.1992 – XI ZR 301/90, WM 1992, 602 (2).

674 Vgl. insoweit Winkler von Mohrenfels, Abgeleitete Informationsleistungspflichten, 58. Allerdings geht der Autor offenbar davon aus, dass die Offenlegung des Nichtwissens auch zu einer Befreiung von der Informationspflicht taugt. Nach hier vertretener Ansicht führt die Offenlegung nur dazu, dass den Pflichtigen kein Verschuldensvorwurf trifft. Zur Information bleibt er bis zur Grenze der Unmöglichkeit verpflichtet.

675 Umfassend für den Bereich der vorvertraglichen Aufklärungspflicht einschließlich einer rechtsvergleichenden Absicherung: Fleischer, Informationsasymmetrie, 450 ff., 572, 584 m.w.N. Vgl. hierzu auch Grigoleit, Vorvertragliche Informationshaftung, 80 ff. Widersprüchlich: Schwarze, Vorvertragliche Verständigungspflichten, 273 ff. (§ 4), der nach seinem verständigungstheoretischen Ansatz einerseits die Haftung ausschließlich an positives Wissen anknüpfen will und dementsprechend Nachforschungspflichten ablehnt, es andererseits für die Annahme einer Informationspflicht aber genügen lässt, wenn der Informationspflichtige einen Umstand für einigermaßen wahrscheinlich hält oder die konkrete Möglichkeit für einen Sachverhalt besteht.

676 Fleischer, Informationsasymmetrie, 451 f., 572.

677 Vgl. Henssler, Risiko als Vertragsgegenstand, 137 ff., 153 f.; Staudinger/Singer/von Finckenstein, § 123 BGB Rn. 10 ff. Vgl. auch Breidenbach, Informationspflichten, 70, 85 ff., der für die Annahme einer Informationsbeschaffungspflicht eine Gesamtbetrachtung von Elementen eines beweglichen Systems vornimmt; hierzu **kritisch**: Lorenz, Der Schutz vor dem unerwünschten Vertrag, 317 ff., 416 ff., der stattdessen einer „nicht vertragsgegenstandsbezogene[n], sondern an der Zumutbarkeit der Selbstinformation ausgerichtete[n] interessenbezogene[n] Fallgruppenbildung als Modell für eine gesetzliche Regelung" den Vorzug einräumt.

allenfalls aufgrund eindeutiger Anhaltspunkte, die für ihn einen konkreten Verdacht auf Mängel begründen, verpflichtet sein, den von ihm angebotenen Wagen zu überprüfen[678]. Fehlen hingegen konkrete Anhaltspunkte, bestehe auch kein Anlass zur Untersuchung des Fahrzeugs[679].

Für eine eventuelle Haftung des Arbeitgebers ist danach entscheidend, unter welchen Voraussetzungen eine fahrlässige Unkenntnis des Arbeitgebers bei der Unterrichtungspflicht aus § 613a Abs. 5 BGB anzunehmen ist. Mit anderen Worten kommt es darauf an, unter welchen Voraussetzungen der Arbeitgeber nach der im Verkehr geforderten Sorgfalt von einem Umstand Kenntnis haben muss. Das Maß der erforderlichen Sorgfalt richtet sich ganz allgemein nach den in den jeweiligen Verkehrskreisen typischerweise zu erwartenden Verhaltensanforderungen. Bei der Bestimmung des zu fordernden Sorgfaltsmaßstabs sind die Informationsinteressen der Arbeitnehmer einerseits und die unternehmerische Freiheit des Arbeitgebers andererseits zu einem gerechten Ausgleich zu bringen. Insbesondere ist auch das Verhältnis von Arbeits- und Zeitaufwand gegenüber der Bedeutung der Information abzuwägen. Die entfernte, nur theoretische Erkennbarkeit der Unrichtigkeit bzw. Unvollständigkeit der Unterrichtung, kann daher nicht genügen. Die bloße Erkennbarkeit sollte der positiven Kenntnis nur in den Fällen gleichgestellt werden, in denen sich den Arbeitgebern die Notwendigkeit von Nachforschungen nach den Umständen des Einzelfalls geradezu aufdrängt[680]. Dies wird man dann annehmen können, wenn der Informationsverpflichtete „unschwer" Auskunft geben kann[681], beispielsweise weil der unbekannte mitteilungspflichtige Umstand aus seinem Herrschaftsbereich stammt[682], oder im Unterrichtungszeitpunkt offenkundige Anhaltspunkte dafür bestanden, dass weitere Nachforschungen vonnöten sind, um der Informationspflicht nachzukommen. Der Arbeitgeber missachtet die berechtigterweise von ihm zu erwartenden Sorgfaltsanforderungen, wenn er sich trotz objektiv bestehender evidenter Anhaltspunkte keine Informationen verschafft. In der Folge hat er die auf der unterlassenen Informationsbeschaffung beruhende Unrichtigkeit bzw. Unvollständigkeit der Unterrichtung zu vertreten.

d) Haftungsmilderung de lege ferenda

De lege ferenda kommt mit Blick auf § 12 Abs. 2 WpÜG auch eine gesetzliche Haftungsmilderung bei der Unterrichtungspflicht nach § 613a Abs. 5 BGB in

678 BGH, 29.1.1975 – VIII ZR 101/73, NJW 1975, 642 (3); BGH, 21.1.1981 – VIII ZR 10/80, NJW 1981, 928 (II 3 b aa).

679 BGH, 18.6.1980 – VIII ZR 139/79, NJW 1980, 2184 (II 3 b; II 4).

680 Zu einer vergleichbaren Wertung im Bereich der Aufklärungspflichten einer Bank bei Kreditgeschäften: BGH, 28.1.1992 – XI ZR 301/90, WM 1992, 602 (2).

681 Vgl. Winkler von Mohrenfels, Abgeleitete Informationsleistungspflichten, 58.

682 Für vorvertragliche Aufklärungspflichten: Schwarze, Vorvertragliche Verständigungspflichten, 277, 282, wonach die Offenkundigkeit eines im Herrschaftsbereich des Informationspflichtigen liegenden Umstands zu einer Vermutung positiver Kenntnis führen soll.

Betracht. Zwar gilt im Prospekthaftungsrecht grundsätzlich eine Verschuldenshaftung, allerdings kann sich gemäß § 12 Abs. 2 WpÜG der Bieter von der Haftung für die Angebotsunterlage befreien, wenn er nachweist, dass er die Unrichtigkeit oder Unvollständigkeit der Angaben nicht kannte und die Unkenntnis auch nicht auf grober Fahrlässigkeit beruhte. Damit setzt eine Haftung auf Seiten der Prospektverantwortlichen de facto grobe Fahrlässigkeit voraus. Der Gesetzgeber hielt angesichts des besonderen Informationsumfangs, der auch Prognosen und Wertschätzungen beinhaltet, eine Haftung für leichte Fahrlässigkeit für unangemessen[683]. Zudem ist der Kreis der potenziellen Anspruchsteller nicht auf einen rechtsgeschäftlichen Kontakt beschränkt. Die hiermit verbundene Ausweitung der Haftungsrisiken rechtfertige eine Haftungsmilderung auf die Fälle einer groben Fahrlässigkeit[684].

Die hier untersuchte Unterrichtungspflicht nach § 613a Abs. 5 BGB weist beachtliche Parallelen zu der Informationspflicht aus § 11 WpÜG auf. In beiden Fällen schreibt das Gesetz einen umfassenden Informationskatalog vor, der den zur Information Verpflichteten zum Teil auch Prognosen abverlangt. Die geforderten Informationen stammen zudem in beiden Fällen vorwiegend aus dem Herrschaftsbereich der Informationspflichtigen selbst. Darüber hinaus besteht sowohl im Kapitalmarktrecht als auch bei der hier betrachteten Auskunftspflicht eine außergewöhnliche informationelle Interessenlage der Informationsberechtigten. Selbst die Informationszwecke überschneiden sich teilweise. Ähnlich der Unterrichtungspflicht aus § 613a Abs. 5 BGB kommt auch den ergänzenden Angaben nach § 11 Abs. 2 S. 3 Nr. 2 WpÜG[685] der Zweck zu, neben den Wertpapierinhabern der Zielgesellschaft insbesondere die Arbeitnehmer zu schützen, indem sie ihnen als Entscheidungsgrundlage für den Verbleib in der Gesellschaft dienen sollen[686]. Auch die kapitalmarktrechtliche Informationspflicht ist ein wichtiges

---

683 Vgl. Teichmann, Jus 2006, 954 m.w.N. Der Gesetzgeber hielt an diesem besonderen kapitalmarktrechtlichen Haftungsmaßstab auch in der jüngeren Gesetzgebungsgeschichte fest, vgl. §§ 20 Abs. 1, 22 Abs. 3 VermAnlG. Für Ansprüche wegen fehlerhafter Prospekte, die nicht Grundlage für die Zulassung von Wertpapieren zum Handeln an einer inländischen Börse sind, vgl. §§ 23 Abs. 1 , 37 WpPG. U.a. **Kritisch**: Hopt, Verantwortlichkeit, Rn. 168 ff., der die Haftungsbeschränkung für „rechtspolitisch überholt" hält und dabei auf das schweizerische Bundesgericht und andere Fälle der Berufshaftung verweist; vgl. auch Grundmann, in: Schimansky/Bunte/Lwowski, § 112 Rn. 55.

684 Canaris, Bankvertragsrecht, Rn. 2280.

685 „[...] Angaben über die Absichten des Bieters im Hinblick auf die künftige Geschäftstätigkeit der Zielgesellschaft sowie, soweit von dem Angebot betroffen, des Bieters, insbesondere den Sitz und den Standort wesentlicher Unternehmensteile, die Verwendung des Vermögens, künftige Verpflichtungen, die Arbeitnehmer und deren Vertretungen, die Mitglieder der Geschäftsführungsorgane und wesentliche Änderungen der Beschäftigungsbedingungen einschließlich der insoweit vorgesehenen Maßnahmen [...]".

686 KK-WpÜG/Seydel, § 11 WpÜG Rn. 5, 67.

Instrument zur Herstellung von Transparenz für die Arbeitnehmer[687]. Für eine entsprechende Haftungsmilderung spricht schließlich folgende Überlegung: Auch bei § 613a Abs. 5 BGB werden die am Übergang beteiligten Arbeitgeber verpflichtet, einen Adressatenkreis zu informieren, zu dem sie bisher keinerlei rechtsgeschäftlichen Kontakt aufgebaut hatten. So ist der Veräußerer dazu verpflichtet, die am Übergang beteiligten und eventuell im aufnehmenden Erwerberbetrieb beschäftigten Arbeitnehmer zu informieren, und der Erwerber ist umgekehrt dazu verpflichtet, die eventuell beim Veräußerer im „Restbetrieb" verbleibenden und vom Übergang betroffenen Arbeitnehmer zu unterrichten.

Einer dem Prospekthaftungsrecht entsprechenden gesetzlichen Haftungsmilderung stünden auch keine europarechtlichen Bedenken gegenüber. Die RL 2001/23/EG befasst sich fast ausschließlich mit der primären Leistungsebene. Dem Richtlinientext lassen sich keine Vorgaben hinsichtlich der Sekundärebene entnehmen. Art. 7 Abs. 4 UAbs. 2 RL 2001/23/EG schreibt lediglich vor, dass es dem Arbeitgeber verwehrt ist, sich auf die Nichtübermittlung von Informationen durch ein ihn beherrschendes Unternehmen zu berufen (vgl. § 2 D III 1).

Eine entsprechende Regelung für die Unterrichtungspflicht der Arbeitgeber aus § 613a Abs. 5 BGB führte dazu, dass das bloße Kennenmüssen im Sinne des § 122 Abs. 2 BGB der Unrichtigkeit bzw. Unvollständigkeit der Unterrichtung nicht genügte, um eine schuldhafte Informationspflichtverletzung zu bejahen. Im Ergebnis wäre der Arbeitgeber für den Fall einer gutgläubigen Unterrichtung von einer Haftung befreit.

3. *Zukunftsbezogene Informationen*

Besonderheiten bestehen für zukunftsorientierte mitteilungspflichtige Informationen. Im Rahmen des § 613a Abs. 5 Nr. 3 BGB werden von den Arbeitgebern Informationen zu den Folgen des Übergangs für die Arbeitnehmer abverlangt[688]. Beispielsweise muss über die wirtschaftliche Absicherung der vom Übergang betroffenen Arbeitnehmer informiert werden, die wiederum untrennbar mit der ungewissen wirtschaftlichen Entwicklung des jeweiligen Arbeitgebers nach dem Betriebsübergang zusammenhängt (vgl. § 2 J VII 2 a bb). Im Zeitpunkt der Unterrichtung („vor dem Übergang") können aber noch nicht sämtliche Folgen vorhergesehen werden. Niemand kann die Zukunft mit Gewissheit vorhersagen.

---

687 BT-Drucks.14/7034, 28 (rechte Spalte), 45 (rechte Spalte), Vorbemerkungen B II; Zäh, § 11 Wertpapiererwerbs- und Übernahmegesetz, 77 ff., 81.

688 § 613a Abs. 5 Nr. 4 BGB verlangt dagegen keine zukunftsbezogenen Informationen. Gefordert ist eine Information darüber, ob im Zeitpunkt der Unterrichtung eine bestimmte Maßnahme in Aussicht genommen ist, nicht ob diese auch tatsächlich umgesetzt wird. Nur letzteres hängt von der künftigen Geschäftstätigkeit und den weiteren Marktentwicklungen ab. Die Tatsache, ob eine Maßnahme im Zeitpunkt der Unterrichtung in Aussicht genommen wurde oder nicht, steht dagegen fest. Insoweit bestehen keine Unsicherheiten.

a) Keine Pflicht zu spekulativen Mitteilungen

Sind konkrete Angaben aufgrund der objektiven Situation nicht möglich, könnte man daran denken, dass die Arbeitgeber wenigstens ihre darauf gerichteten Spekulationen offenbaren müssten. Dies ist abzulehnen. § 613a Abs. 5 BGB enthält weder das Recht noch die Pflicht zu spekulativen Mitteilungen der Arbeitgeber[689]. Spekulationen beruhen nach ihrem Begriffsverständnis nicht auf konkreten Anhaltspunkten, sondern auf bloßen Annahmen bzw. Mutmaßungen („vermutlich", „möglicherweise" oder „kann nicht ausgeschlossen werden"). Anstelle eines Informationsgewinns für die vom Übergang betroffenen Arbeitnehmer, bestünde bei Ihnen sogar die Gefahr einer Irreführung. In einem Fall, in dem für die am Betriebsübergang beteiligten Arbeitgeber nicht erkennbar war, dass, und ggf. unter welche, Flächen- oder Branchentarifverträge der Betrieb zum Zeitpunkt des Betriebsübergangs fallen könnte, entschied das BAG, dass über einen nur möglichen Tarifwechsel nicht informiert werden muss. Das BAG stellt hierzu zutreffend fest:

> *„Eine weitergehende Information zu einem möglichen Tarifwechsel ist nicht zu verlangen, wenn ein solcher überhaupt nicht absehbar ist. Zu spekulativen Mitteilungen sind Erwerber und Veräußerer ohnehin nicht verpflichtet [...] Veräußerer bzw. Erwerber sind nicht zu einer Entwicklung spekulativer Szenarien gehalten, falls konkrete Angaben angesichts der objektiv bestehenden Situation nicht möglich sind."*[690]

Die Überlegungen des BAG enthalten einen verallgemeinerungsfähigen Tenor und können auf sämtliche im Zeitpunkt der Unterrichtung aufgrund der tatsächlichen Gegebenheiten nicht erkennbare Informationen angewendet werden. Hierzu gehören auch Spekulationen zur allgemeinen wirtschaftlichen Entwicklung[691] und das Verhalten der übergehenden Arbeitnehmer, ob sie z.B. ein individuelles Angebot des Erwerbers gerichtet auf die Änderung einzelner Arbeitsvertragsbedingungen nach dem Betriebsübergang annehmen werden[692] oder ob sie ihr Widerspruchsrecht ausüben werden.

b) Allgemeine Grundsätze für Prognoseinformationen

Von Spekulationen strikt zu trennen, sind sog. Prognoseinformationen[693]. Hierbei handelt es sich um Informationen, die zwar von einer ungewissen Zukunft abhängen, für die aber objektive Anhaltspunkte bestehen, aus denen die zukünfti-

---

689 Grau, Unterrichtung, 105, 148; Schnitker/Grau, BB 2005, 2239; vgl. auch Grobys, BB 2002, 728. Zum Teil wird auch darauf hingewiesen, dass der Wortlaut des § 613a Abs. 5 Nr. 3 BGB gerade nicht auf „die ‚möglichen/denkbaren' [...] Folgen" lautet: Staudinger/Annuß, § 613a BGB Rn. 281; Willemsen/Lembke, NJW 2002, 1163; WHSS/Willemsen, Rn. G 223.

690 BAG, 10.11.2011 – 8 AZR 430/10, AP Nr. 15 zu § 613a BGB Unterrichtung (B II 3 c dd).

691 Vgl. insoweit Grobys, BB 2002, 728.

692 Vgl. Dzida/Wagner, NZA 2008, 573 f.

693 Vgl. zum Begriff der Prognoseinformation im Kapitalmarktrecht: Fleischer, AG 2006, 2 f.

ge Entwicklung im Voraus mehr oder weniger sicher abgeschätzt werden kann. Dementsprechend handelt es sich bei einem Wetterbericht auch um eine Wetterprognose und nicht um eine „Wetterspekulation".

Zur Konkretisierung der Unterrichtungspflicht für derartige Prognoseinformationen bietet sich aus methodischer Sicht ein vergleichender Blick auf andere Rechtsbereiche an. Eine Informationspflicht hinsichtlich zukunftsbezogener Informationen findet sich insbesondere im Prospekthaftungsrecht wieder. Hier konnten sich auch bereits einige verallgemeinerungsfähige Grundsätze entwickeln, wie derartige Informationspflichten zu behandeln sind. So ist im Prospekthaftungsrecht anerkannt, dass für die Richtigkeit von Voraussagen und Werturteilen keine Gewähr übernommen werden muss. Die Informierenden sind nur dafür verantwortlich, dass die zukunftsbezogenen Informationen „ausreichend durch Tatsachen gestützt und kaufmännisch vertretbar sind"[694]. Die wichtigsten Tatsachen, auf die sich die Prognose stützt, müssen erläutert werden. Hierzu gehören auch die Umstände, die gegen den Eintritt der Prognose sprechen. Es darf nicht ein in tatsächlicher Hinsicht unzutreffendes, zu positives und somit verzerrtes Gesamtbild erzeugt werden[695]. Anzuwenden ist der Grundsatz einer ausgewogenen Darstellung der Chancen und Risiken, vgl. § 289 Abs. 1 S. 4 HGB[696]. Beispielsweise wird unrichtig informiert, wenn (für sich genommen vertretbare) positive Werturteile mitgeteilt werden, absehbare Risiken für die dargestellte Entwicklung aber verschwiegen werden. Insoweit bedarf es stets einer gewissen „Stimmigkeitskontrolle" der mitgeteilten Informationen[697]. Ein Hinweis auf selbstverständliche Risiken ist nicht erforderlich. Insoweit kann ein gewisses „Grundverständnis" verlangt werden[698]. Über nicht absehbare Risiken, z.B. der plötzliche Zusammenbruch des Weltmarkts, kann und muss nicht informiert werden.

Die Prognose oder Einschätzung als solche muss deutlich zu erkennen sein („erwartet", „geht davon aus", „nimmt an" oder „prognostiziert")[699], um kei-

---

694 Zur Börsenprospekthaftung: BGH, 12.7.1982 – II ZR 175/81, WM 1982, 862 (I 4) – „BuM"-Entscheidung („Beton- und Monierbau"); Hdb. KapitalanlageR/Assmann, § 6 Rn. 89, 120. Vgl. auch zuvor schon: Hopt, Kapitalanlegerschutz, 433, wonach ein sorgfältiger, fachmännischer Rat voraussetzt, dass der Effektenberater von der Richtigkeit seiner Auskunft überzeugt ist und seine Meinung aufgrund von Tatsachen gebildet hat, die geeignet sind, die Auskunft zu tragen. Weitergehende Verfeinerungen dieser klassischen Formel zu finden bei: Fleischer, AG 2006, 14 f.

695 Vgl. Hopt, Kapitalanlegerschutz, 433 f. Vgl. zur Börsenprospekthaftung u.a.: BGH, 22.2.2005, XI ZR 359/03, WM 2005, 782 (II 1 a aa). Übertragen auf die Haftung für eine fehlerhafte Angebotsunterlage nach dem WpÜG im Einzelnen: KK-WpÜG/Möllers, § 12 WpÜG Rn. 47 f.

696 Hdb. KapitalanlageR/Assmann, § 6 Rn. 99; Fleischer, AG 2006, 14.

697 Hdb. KapitalanlageR/Assmann, § 6 Rn. 107.

698 Für das Kapitalanlagerecht: Loritz, Festschrift für Richardi, 300 f. Allerdings wird man für Anleger strengere Anforderungen bejahen können, als dies für Arbeitnehmer der Fall ist.

699 Fleischer, AG 2006, 13, der hierin einen *„allgemeinen* Grundsatz der Prognoseberichterstattung" erkennt.

nen falschen Eindruck bei den Informationsadressaten zu erwecken. Auch der Zeitraum, auf den sich die Prognose bezieht, sollte angegeben werden[700].

Auf der Verschuldensebene verlangt der BGH vom Herausgeber des Prospekts eine sorgfältige Analyse aller hierfür maßgebenden Voraussetzungen[701]. Es werden zumutbare Prüfungsanstrengungen gefordert, die ggf. auch das Einschalten externer Sachverständige beinhaltet[702]. Unabhängige Dritte überprüfen dann, ob die auf der Grundlage der gemachten Annahmen getroffene Schlussfolgerung des Informierenden in sich schlüssig ist (externe Prognoseprüfung). Gesetzlich vorgesehen ist dies bisher lediglich bei der Prüfung des Lageberichts nach § 316 Abs. 1 S. 1 HGB, hat sich dort aber bewährt und sollte auch auf andere Prognosemitteilungen ausgeweitet werden[703].

Für die Pflicht zur Erstellung einer Angebotsunterlage nach § 11 WpÜG[704] werden die beschriebenen Maßstäbe weitgehend übernommen[705]. Schließlich soll seit der Einführung von §§ 106 Abs. 2 S. 2, Abs. 3 Nr. 9a, 109a BetrVG auch die Belegschaft nicht börsennotierter Unternehmen in gleicher Weise darüber informiert werden, sobald sich die Kontrolle über das Unternehmen verändert[706]. Es liegt nahe, dass die genannten Grundsätze auf diese Weise auch ihren Weg in das Betriebsverfassungsrecht finden.

c) Anwendung dieser Grundsätze auf § 613a Abs. 5 BGB

Diese verallgemeinerungsfähigen Grundsätze der Informationspflicht über zukunftsorientierte Tatsachen sollten auch für die hier betrachtete Unterrichtungspflicht fruchtbar gemacht werden. Danach liegt eine ordnungsgemäße Unterrichtung der vom Übergang betroffenen Arbeitnehmer vor, wenn der Arbeitgeber vertretbare Schlussfolgerungen unter deutlichem Hinweis auf ihren Prognosecharakter mitteilt und über die wichtigsten Tatsachen, auf die sich die Prognose stützt, einschließlich etwaiger Risiken, informiert. Eine unzureichende Prognose und somit eine nicht ordnungsgemäße Unterrichtung liegt vor, wenn die Prognosebasis ein verzerrtes Bild abgibt. Dies ist der Fall, wenn absehbare Risiken für den Eintritt der Prognose verschwiegen werden. Dabei findet die erforderliche

---

700 Fleischer, AG 2006, 12.

701 BGH, 12.7.1982 – II ZR 175/81, WM 1982, 862 (I 4).

702 Zur Prospekthaftung: Hopt, Verantwortlichkeit, 99 f.; Grundmann, in: Schimansky/Bunte/Lwowski, § 112 Rn. 57.

703 Fleischer, AG 2006, 13.

704 Sie stellt das verbindliche Angebot im Sinne des § 145 BGB an die Wertpapierinhaber der Zielgesellschaft zum Abschluss eines Erwerbsvertrags mit dem Bieter dar, vgl. KK-WpÜG/Seydel, § 11 WpÜG Rn. 20. Allerdings werden die §§ 145 ff. BGB teilweise von den spezielleren Regelungen des WpÜG verdrängt oder ergänzt.

705 Vgl. KK-WpÜG/Seydel, § 11 WpÜG Rn. 32 ff.

706 BT-Drucks. 16/7438, 9 (linke Spalte). Zur Begründung des Umfangs kann auf die zu § 11 Abs. 2 S. 3 Nr. 2 WpÜG entwickelten Grundsätze Bezug genommen werden, vgl. Fleischer, ZfA 2009, 789, 822.

Offenlegung der Prognosebasis selbst wiederum ihre Begrenzung durch die berechtigten Geheimhaltungsinteressen der betroffenen Unternehmen, die auf einer nachfolgenden Stufe stets eigenständig zu prüfen sind. Eine unzureichende Prognose liegt auch dann vor, wenn eine mitteilungsrelevante Tatsache aufgrund von Unkenntnis der zur Unterrichtung Verpflichteten bei der Prognoseinformation unberücksichtigt bleibt, obwohl ihnen diese im Unterrichtungszeitpunkt erkennbar war. Die Prognoseinformation ist dann von vornherein unvollständig bzw. unrichtig. Die Folge ist die Verletzung der aus § 613a Abs. 5 BGB resultierenden Unterrichtungspflicht (vgl. § 2 I XI 2). Wurden jedoch alle im Zeitpunkt der Unterrichtung erkennbaren mitteilungsrelevanten Tatsachen in der Prognoseentscheidung berücksichtigt, kann den Arbeitgebern eine sich später als unzutreffend herausstellende Prognose nicht zum Vorwurf gemacht werden.

Auf der Verschuldensebene kann vom jeweiligen Arbeitgeber eine sorgfältige Analyse und Nachprüfung, ggf. unter Zuhilfenahme externen Sachverstands, der Tatsachen und Wertfeststellungen, die der Prognose zugrunde liegen, erwartet werden.

XII. Sekundäre Behauptungslast der Arbeitnehmer als faktische Grenze

Für das arbeitsgerichtliche Urteilsverfahren nach § 2 ArbGG gilt der allgemeine zivilprozessuale Beibringungsgrundsatz. Das Gericht erforscht den Sachverhalt nicht von Amts wegen. Keine Partei ist verpflichtet, ihrem Prozessgegner die für ihren Sieg im Prozess erforderlichen Informationen mitzuteilen. Die Partei, die sich auf eine für sie günstige Rechtsnorm beruft, trägt die Darlegungs- und Beweislast für ihre jeweiligen tatsächlichen Voraussetzungen. Diese allgemeinen Grundsätze gelten auch für § 613a BGB[707]. Danach treffen Veräußerer und Erwerber die Darlegungs- und Beweislast für die Erfüllung ihrer Unterrichtungspflicht gemäß § 362 BGB[708]. Gegenstand der Darlegungs- und Beweislast ist dabei nicht der Rechtsbegriff „Erfüllung“, sondern die Tatsachen, aus denen auf die Erfüllung geschlossen werden kann. Dies umfasst sowohl die Beweislast für das Vorhandensein, als auch die Richtigkeit und die Vollständigkeit der Unterrichtung[709]. Die Gerichte sind befugt, die Unterrichtung sowohl auf ihre formelle als auch auf ihre materielle Ordnungsgemäßheit hin zu überprüfen[710].

---

707 ErfK/Preis, § 613a BGB Rn. 177.

708 BAG, 13.7.2006 – 8 AZR 305/05, AP Nr. 312 zu § 613a BGB (II 1 a); Mestwerdt, in: Kündigungsschutzrecht, § 613a BGB Rn. 181. Allgemein zur Beweislastverteilung bei Erfüllung: Dennhardt, in: BeckOK Bamberger/Roth, § 363 BGB Rn. 1.

709 KR/Treber, § 613a BGB, Rn. 108j; Melot de Beauregard, BB 2006, 2287.

710 BAG, 13.7.2006 – 8 AZR 305/05, AP Nr. 312 zu § 613a BGB (II 1 a). Zustimmend aus der Literatur u.a.: Bayreuther, in: Dornbusch/Fischermeier/Löwisch, § 613a BGB Rn. 127; Grau, RdA 2005, 368 Fn. 12; Staudinger/Annuß, § 613a BGB Rn. 285; Wank, in: Handbuch zum Arbeitsrecht, § 102 Rn. 94, 101. **A.A.** Grobys, BB 2002, 729,

Muss das Nichtvorliegen eines Umstands bewiesen werden (sog. negative Tatsache[711]), können zugunsten der beweisbelasteten Partei die Grundsätze der sog. sekundären Behauptungslast eingreifen[712]. Danach genügt die beweisbelastete Partei seiner Behauptungslast zunächst durch eine pauschale Behauptung, wohingegen die an sich nicht beweisbelastete Partei eine gesteigerte Substantiierungslast trifft, um eine prozessordnungsgemäße Darlegung der beweisbelasteten Partei zu ermöglichen[713].

Jene Grundsätze wendet das BAG vorliegend zugunsten der Arbeitgeber bezüglich des geforderten Nachweises des Nichtvorliegens eines Informationsmangels an. Veräußerer und Erwerber genügen ihrer Darlegungs- und Beweislast zunächst durch die pauschale Behauptung, sie wären ihrer Unterrichtungspflicht in vollem Umfang nachgekommen, und durch ein in formaler Hinsicht den Anforderungen des § 613a Abs. 5 BGB entsprechendes, d.h. die Textform wahrendes, und nicht offensichtlich fehlerhaftes Unterrichtungsschreiben[714]. Eine offensichtlich unzureichende Unterrichtung soll vorliegen,

> *„wenn die Unterrichtung über die Person des Betriebserwerbers und/oder in Bezug auf einen in § 613a Abs. 5 BGB genannten Umstand fehlt bzw. unverständlich oder auf den ersten Blick mangelhaft ist.“*[715]

Die Anwendung dieser Rechtsprechung führt im Ergebnis dazu, dass die Gerichte die Unterrichtung auf ihre formale Ordnungsgemäßheit und auf ihre „offensichtliche“ Fehlerhaftigkeit (zumindest faktisch) von Amts wegen prüfen[716]. Ergeben sich aus der Unterrichtung selbst keine offensichtlichen Fehler, obliegt der an sich nicht beweisbelasteten Prozesspartei, hier dem Arbeitnehmer, die detaillierte Schilderung der streitigen Vorgänge. Der Arbeitnehmer muss den behaupteten Mangel des Unterrichtungsschreibens näher darlegen[717]. Er trägt insoweit die sekundäre

---

der den Gerichten nur ein formelles Prüfungsrecht einräumt. Dieser Ansicht steht jedoch das europarechtliche Gebot der praktischen Wirksamkeit bei der Richtlinienumsetzung entgegen, vgl. Grau, RdA 2005, 368 Fn. 12.

711 Umfassend hierzu: Baumgärtel/Laumen, Handbuch der Beweislast, Grundlagen, § 15 Rn. 1 ff.

712 Baumgärtel/Laumen, Handbuch der Beweislast, Grundlagen, § 3 Rn. 62 m.w.N.

713 Baumgärtel/Laumen, Handbuch der Beweislast, Grundlagen, § 3 Rn. 61, m.w.N.; vgl. auch Zöller/Greger, § 138 ZPO Rn. 8b und vor § 284 ZPO Rn. 34.

714 BAG, 13.7.2006 – 8 AZR 305/05, AP Nr. 312 zu § 613a BGB (II 1 a); BAG, 21.8.2008 – 8 AZR 407/07, AP Nr. 348 zu § 613a BGB (B II 3 b); zustimmend: Gaul/Niklas, DB 2009, 452.

715 BAG, 10.11.2011 – 8 AZR 430/10, AP Nr. 15 zu § 613a BGB Unterrichtung (B II 3).

716 Für offensichtliche Fehler so auch: Kreitner, in: Küttner Personalbuch, Stichwort: Betriebsübergang Rn. 31.

717 Vgl. Grau, RdA 2005, 368 Fn. 12; Wank, in: Handbuch zum Arbeitsrecht, § 102 Rn. 103. In BAG, 10.11.2011 – 8 AZR 430/10, AP Nr. 15 zu § 613a BGB Unterrichtung (B II 3 c ee), stellt das Gericht fest, dass „die Klägerin [...] eine wesentliche Änderung durch die Konzernbetriebsvereinbarungen nicht [behauptet]“.

Behauptungslast. Hierzu muss der Arbeitnehmer konkrete, außerhalb des Unterrichtungsschreibens liegende Tatsachen[718] vortragen, die geeignet sind, die (vorläufige) Überzeugung des Gerichts von der Erfüllung der Unterrichtungspflicht zu erschüttern. Ein einfaches Bestreiten der Erfüllung genügt hierfür nicht. Der pauschale Vortrag, die Unterrichtung sei mangelhaft, Beweis: Zeuge X, wäre daher zu unbestimmt.

Kommt der Arbeitnehmer seiner sekundären Behauptungslast nach, hat er also einen konkreten Mangel der Unterrichtung substantiiert dargelegt, genügt die pauschale Behauptung, die Unterrichtung sei ordnungsgemäß, nicht mehr. Stattdessen muss sich der bisherige Arbeitgeber und/oder der neue Inhaber – je nachdem, wer auf die Erfüllung der Informationspflicht in Anspruch genommen wird – nunmehr zum Tatsachenvortrag des Arbeitnehmers, also zu den detaillierten Einwänden und Gegenbehauptungen, gemäß § 138 Abs. 2 ZPO erklären und diese mit entsprechenden Darlegungen und Beweisangeboten entkräften[719].

Kommt der Arbeitnehmer seiner sekundären Behauptungslast nicht nach, so gilt nach § 138 Abs. 3 ZPO die (eigentlich unzureichend substantiierte) Behauptung des primär zur Darlegung Verpflichteten als zugestanden[720]. Die gerichtliche Entscheidung beruht dann auf einem festgestellten Sachverhalt, auf der Grundlage des Vorbringens des primär zur Darlegung Verpflichteten.

XIII. Zwischenergebnis

Methodische Anknüpfungspunkte für eine Begrenzung der Unterrichtungspflicht finden sich im Europarecht, im Verfassungsrecht und im einfachen Recht. Inhaltlich wird die Unterrichtungspflicht nach § 613a Abs. 5 BGB zunächst durch das europarechtliche Effektivitätsgebot, das zu einem Verbot des „information overload“ beim Informationsadressaten führt, und einer objektiven Wesentlichkeitsschwelle auf die notwendigen und wesentlichen Kerninformationen begrenzt. Die Arbeitgeber schulden keine Unterrichtung über unwesentliche Informationen. Ein Umstand ist wesentlich, wenn ihn ein durchschnittlicher, verständiger Arbeitnehmer „eher als nicht“ bei seiner Entscheidung über den Verbleib bei seinem Arbeitgeber berücksichtigen würde. Eine Beschränkung der Unterrichtungspflicht folgt zudem aus dem Grundsatz von Treu und Glauben. Demnach unterliegt der Unterrichtungsanspruch den allgemeinen Grenzen des Rechtsmissbrauchs, insbesondere der Verwirkung. Über das Einfallstor des § 242 BGB sind bei der Auslegung des § 613a Abs. 5 BGB die berechtigten Geheimhaltungsinteressen der Arbeitgeber

---

718 Vgl. insoweit auch Lingemann, NZA 2012, 547 und Fuhlrott/Ritz, BB 2012, 2691, die zutreffend darauf verweisen, dass Gegenstand der abgestuften Darlegungs- und Beweislast nur Tatsachen und keine Rechtsansichten sind.

719 BAG, 31.1.2008 – 8 AZR 1116/06, AP Nr. 2 zu § 613a BGB Unterrichtung (B I 1); BAG, 10.11.2011 – 8 AZR 430/10, AP Nr. 15 zu § 613a BGB Unterrichtung (B II 2).

720 Baumgärtel/Laumen, Handbuch der Beweislast, Grundlagen, § 3 Rn. 62 und § 15 Rn. 17 ff.; Zöller/Greger, § 138 Rn. 8b und vor § 284 ZPO Rn. 34c.

zu berücksichtigen. Das Geheimhaltungsinteresse wiegt schwerer als das Informationsinteresse der Arbeitnehmer, wenn die Verbreitung der betreffenden Information dem Arbeitgeber einen erheblichen Schaden zufügen würde und ihre Nichtinformation die informationsberechtigten Arbeitnehmer nicht über die für eine fundierte Beurteilung des Betriebsübergangs wesentlichen Tatsachen und Umstände täuschen würde. Schließlich folgt aus § 242 BGB, dass die Anforderungen an eine ordnungsgemäße Unterrichtung, insbesondere an deren Verständlichkeit, nicht überspannt werden dürfen. Hiermit korrespondiert die Obliegenheit der Arbeitnehmer nach dem Erhalt des Unterrichtungsschreibens, eigene Nachforschungen anzustellen. Die Unterrichtung soll lediglich den Zweck erfüllen, den Arbeitnehmern die Möglichkeit zu verschaffen, jener Obliegenheit eigenverantwortlich nachzukommen. Die Unterrichtungspflicht ist gerade keine individuelle Rechtsberatungspflicht. Dementsprechend genügt der Arbeitgeber seiner Unterrichtungspflicht bereits durch ein abstraktes, generalisierendes Standardschreiben, sofern für den einzelnen Arbeitnehmer verständlich ist, was für welche Arbeitnehmergruppe gelten soll. Der Unterrichtungsanspruch aus § 613a Abs. 5 BGB ist individualrechtlich ausgestaltet und kann auch individuell erfüllt werden (adressatenbezogene Erfüllungswirkung). Unrichtigkeiten oder Unvollständigkeiten in Passagen des Unterrichtungsschreibens, die nicht das jeweils in Rede stehende Arbeitsverhältnis betreffen, verhindern nicht die Erfüllung der Informationspflicht im Verhältnis zum – isoliert betrachtet – ordnungsgemäß unterrichteten Arbeitnehmer. Der Begrenzung der Unterrichtungspflicht durch das Rechtsinstitut der Zweckerreichung kommt wohl nur eine theoretische Bedeutung zu. Höhere praktische Relevanz besitzt dagegen die Möglichkeit der Arbeitnehmer, auf die Unterrichtung nach § 397 BGB (konkludent) zu verzichten, sowie die Verjährung des Unterrichtungsanspruchs nach § 195 BGB.

Keine Begrenzung erfährt die Unterrichtungspflicht durch den positiven Kenntnisstand der Arbeitgeber im Zeitpunkt der Unterrichtung. Der geforderte Unterrichtungsumfang bemisst sich rein objektiv. Danach ist auf den objektivierten Kenntnisstand beider zur Unterrichtung verpflichteter Arbeitgeber im Unterrichtungszeitpunkt abzustellen. Die vorsätzliche oder fahrlässige Unkenntnis eines unterrichtungsrelevanten, erkennbaren Umstandes befreit die Arbeitgeber nicht von ihrer darauf gerichteten Informationspflicht. Nur in Ausnahmefällen werden die Unterrichtungsverpflichteten von ihrer Informationsleistungspflicht wegen Unmöglichkeit nach § 275 BGB befreit. Hiervon ist die Frage des Verschuldens zu trennen. Die Offenlegung seiner (vorübergehenden) Unkenntnis von unterrichtungsrelevanten Umständen befreit den Arbeitgeber von einer Verschuldenshaftung. Ist sich der Arbeitgeber seiner teilweisen Unkenntnis nicht bewusst, ist er schuldlos, wenn ihn nicht ausnahmsweise bezüglich des unbekannten mitteilungsrelevanten Umstandes eine Informationsbeschaffungspflicht traf. Dem Arbeitgeber kann schließlich auch im Falle der Mitteilung rechtlich unvertretbarer Positionen kein Verschuldensvorwurf gemacht werden, wenn er sich zuvor über die Rechtslage sorgfältig informiert hatte. Zukunftsbezogene Informationen nehmen eine Sonderstellung ein. Dabei kann § 613a Abs. 5 BGB nur eine Pflicht zur

Unterrichtung über Prognosen, nicht aber über Spekulationen, entnommen werden. Unter Anwendung allgemeiner Grundsätze ist eine Prognoseinformation dann ordnungsgemäß, wenn der Arbeitgeber vertretbare Schlussfolgerungen unter deutlichem Hinweis auf ihren Prognosecharakter mitteilt und über die wichtigsten Tatsachen, auf die sich die Prognose stützt, einschließlich etwaiger Risiken, informiert. Schließlich begrenzt die sekundäre Behauptungslast des Arbeitnehmers, einen konkreten Mangel der Unterrichtung substantiiert darzulegen, zwar nicht den Inhalt der Unterrichtungspflicht; sie bildet aber eine beachtliche praktische Hürde für die gerichtliche Geltendmachung einer fehlerhaften, d.h. nicht erfüllungstauglichen, Unterrichtung.

J. Inhalt der Unterrichtung

Obwohl Abs. 5 bereits im Jahre 2002 in § 613a BGB eingefügt wurde, gehört der konkrete Inhalt der einzelnen Unterrichtungstatbestände noch immer zu einer der umstrittensten Rechtsfragen rund um den Betriebsübergang[721]. In der Praxis sind bei der Abfassung eines Unterrichtungsschreibens erhebliche Rechtsunsicherheiten zu beobachten, die nicht selten fast schon resignative Züge angenommen haben. Dies liegt zum einen daran, dass der in § 613a Abs. 5 BGB enthaltene Informationskatalog dieselben unbestimmten Rechtsbegriffe aufzählt wie Art. 7 Abs. 6 RL 2001/23/EG (vgl. u.a. „Grund“, „Folgen“, „Maßnahmen“). Zum anderen liegt es an einer äußerst extensiven Auslegung der einzelnen Unterrichtungstatbestände durch die deutschen Gerichte.

I. Europarechtliche Vorgaben

Der im europarechtlichen Grundmodell nach Art. 7 Abs. 1 UAbs. 1 RL 2001/23/EG vorgesehene Informationskatalog richtet sich an die Vertreter der Arbeitnehmer als Adressaten der Information. Das Ausnahmemodell in Art. 7 Abs. 6 RL 2001/23/EG enthält einen fast wortlautidentischen Informationskatalog, ist aber im Gegensatz hierzu nicht an die Vertreter der Arbeitnehmer, sondern an die einzelnen Arbeitnehmer selbst gerichtet. Diese Entscheidung des Richtliniengebers ist vor dem Hintergrund, dass Betriebsrat und Arbeitnehmer unterschiedliche Informationsinteressen und einen anderen Empfängerhorizont besitzen[722], kritikwürdig. Dies ändert aber nichts daran, dass die tatbestandliche Identität und das bereits beschriebene Verhältnis von Grund- und Ausnahmemodell nach geltendem Recht dazu führen, dass der Inhalt der Unterrichtung einheitlich und unabhängig davon, ob der Adressat der Unterrichtung die Vertreter der Arbeitnehmer oder die einzelnen vom Übergang betroffenen Arbeitnehmer sind, auszulegen ist[723].

721 APS/Steffan, § 613a BGB Rn. 212a.
722 So in anderem Zusammenhang: Worzalla, NZA 2002, 355.
723 Zu Art. 6 Abs. 6 RL 98/50/EG so auch: Oetker, NZA 1998, 1194. Zu Art. 7 Abs. 6 RL 2001/23/EG so auch: Dahms, Widerspruchsrecht, 88; Sagan, ZIP 2011, 1643.

Dementsprechend kann zur Konkretisierung von Inhalt und Umfang der Unterrichtung nach Abs. 6 auf die Interpretation der Regeln und der Begriffe aus Abs. 1 zurückgegriffen werden[724].

Schwierigkeiten bereitet der Umstand, dass der unionsrechtliche Informationskatalog überwiegend aus unbestimmten Begriffen besteht, für die die Richtlinie keine Definitionen bereithält. Ferner wurde der EuGH zur Frage des Inhalts der Unterrichtung nach Art. 7 RL 2001/23/EG bisher nicht per Vorabentscheidungsersuchen angerufen, so dass auch insoweit keine Hilfestellungen bestehen. Als wichtigste Stütze bei der Auslegung des Informationskatalogs erweist sich daher abermals die Orientierung am europarechtlichen Zweck der Unterrichtung. Sie dient zum einen als Entscheidungsgrundlage für die weitere berufliche Planung der vom Übergang betroffenen Arbeitnehmer nach Übergang des Betriebs oder Betriebsteils und zum anderen der rechtzeitigen Einbeziehung der Informationsadressaten in die Entscheidungsprozesse der Arbeitgeber und der damit einhergehenden Möglichkeit, auf die Entscheidungen des Arbeitgebers in faktischer Hinsicht Einfluss zu nehmen (vgl. § 2 B I).

Aufgrund des fast identischen Informationskatalogs im europäischen und deutschen Recht werden die einzelnen Unterrichtungstatbestände im Folgenden nicht „doppelt" auf ihren europarechtlichen bzw. nationalen Inhalt untersucht. Stattdessen werden die im Europarecht wurzelnden Impulse direkt bei der Auslegung des § 613a Abs. 5 Nr. 1 bis 4 BGB berücksichtigt.

II. Orientierung an anderen Vorschriften

1. Keine Orientierung an § 5 Abs. 1 Nr. 9 UmwG u.a.

Insbesondere für die Auslegung der Tatbestände von § 613a Abs. 5 Nr. 3 und Nr. 4 wird teilweise eine Orientierung an der umwandlungsrechtlichen Literatur zu §§ 5 Abs. 1 Nr. 9, 126 Abs. 1 Nr. 11, 194 Abs. 1 Nr. 7 UmwG („Folgen für die Arbeitnehmer und ihre Vertretungen" sowie der „insoweit vorgesehenen Maßnahmen") vorgeschlagen[725]. Eine gewisse Ähnlichkeit im Wortlaut der beiden Unterrichtungspflichten ist nicht von der Hand zu weisen. Zudem spricht der unterschiedliche

---

Vgl. auch von Roetteken, jurisPR-ArbR 37/2005 Anm. 6, der die Anforderungen an die individuelle Unterrichtung sogar „eher noch schärfer" zum Nachteil der Arbeitgeber setzen will, weil die Vertreter im Vergleich zu den Arbeitnehmern bessere Möglichkeiten hätten, ihren Informationsanspruch auch praktisch durchzusetzen. **A.A.** wohl Kliemt/Teusch, Festschrift für Jobst-Hubertus Bauer, 541 f., die allerdings nicht auf Art. 7 Abs. 6 RL 2001/23/EG eingehen, sondern aus dem Blickwinkel des Abs. 1 argumentieren.

724 Grau, Unterrichtung, 44, 97 f.

725 Jacobsen/Menke, NZA-RR 2010, 395; Willemsen/Lembke, NJW 2002, 1162; WHSS/Willemsen, Rn. G 217. Nach APS/Steffan, § 613a BGB Rn. 209, sollen jedenfalls im Grundsatz dieselben Erwägungen gelten. Vgl. auch Bauer/v. Steinau-Steinrück, ZIP 2002, 462, die aus einem Vergleich mit dem Begriff „Folgen" gemäß

Adressatenkreis der Unterrichtung nach dem Umwandlungsrecht (Pflichtangaben im Umwandlungsvertrag sind dem zuständigen Betriebsrat zuzuleiten, vgl. z.B. §§ 5 Abs. 3, 126 Abs. 3 UmwG) einerseits und der Unterrichtung nach § 613a Abs. 5 BGB (einzelne vom Übergang betroffene Arbeitnehmer) andererseits, nicht gegen eine Orientierung am Umwandlungsrecht[726]. Der Unterrichtungsinhalt nach Art. 7 Abs. 1 RL 2001/23/EG (Adressat sind die Vertreter der Arbeitnehmer) und Abs. 6 (Adressat ist der einzelne Arbeitnehmer) unterscheidet – wie gesehen – gerade nicht danach, ob der Adressat der Unterrichtung der Betriebsrat oder der einzelne Arbeitnehmer ist. Zumindest bedenklich ist, dass zu den umwandlungsrechtlichen Vorschriften selbst keine gesicherten Auslegungsmaßstäbe bestehen[727]. Mit einer Übertragung der Erkenntnisse aus dem Umwandlungsrecht wäre daher nur ein begrenzter Wissensgewinn verbunden[728]. Entscheidend gegen eine Orientierung an den umwandlungsrechtlichen Vorschriften spricht, dass die Unterrichtung nach § 613a Abs. 5 BGB nicht in Abgrenzung zu den umwandlungsrechtlichen Vorschriften, sondern als Umsetzung einer europäischen Richtlinie (Art. 7 Abs. 6 RL 2001/23/EG) erschaffen wurde[729]. Deren Auslegung hat sich folglich primär nach der Richtlinie zu richten und nicht nach nationalen Vorschriften aus anderen Regelungsbereichen, mit anderem Wortlaut und mit anderer Schutzrichtung. Eine tatbestandliche Konkretisierung unionsrechtlich motivierter Tatbestandsmerkmale mithilfe des nationalen Rechts wäre normhierarchisch unzulässig.

Ein dogmatischer Vergleich der unterschiedlichen Unterrichtungspflichten erscheint dennoch reizvoll[730], weil er den Rechtsanwender bei der Findung allgemeiner Anforderungen und Grenzen der Unterrichtungspflichten unterstützen kann. Bindende Anhaltspunkte für den konkreten Inhalt der speziellen Unterrichtungspflicht nach § 613a Abs. 5 BGB können hieraus jedoch nicht gewonnen werden.

2. Keine Orientierung an §§ 87 ff., 106 Abs. 3 BetrVG

Zum Teil wird vorgeschlagen, die wirtschaftlichen Folgen nach § 613a Abs. 5 Nr. 3 BGB am betriebsverfassungsrechtlichen Verständnis der in § 106 Abs. 3 BetrVG aufgezählten Regelbeispiele für die „wirtschaftlichen Angelegenheiten"

§ 5 Abs. 1 Nr. 9 UmwG eine restriktive Auslegung des § 613a Abs. 5 Nr. 3 BGB herleiten; Gaul, Betriebs- und Unternehmensspaltung, § 11 Rn. 15.

726 Im Ergebnis wie hier: Bauer/v. Steinau-Steinrück, ZIP 2002, 462; Grau, Unterrichtung, 126. **A.A.** Sayatz/Wolff, DStR 2002, 2040; Worzalla, NZA 2002, 355.

727 Vgl. OLG Düsseldorf, 15.5.1998 – 3 Wx 156/98, NZA 1998, 766 (II 2), mit umfangreichen Nachweisen zum umwandlungsrechtlichen Streit bei § 5 Abs. 1 Nr. 9 UmwG.

728 Franzen, RdA 2002, 265; Doublet, Verschmelzung von Unternehmen, 78. Grau, Unterrichtung, 127, zieht treffend eine Parallele, mit einer Gleichung, die zwei Unbekannte enthält.

729 Franzen, RdA 2002, 265; Doublet, Verschmelzung von Unternehmen, 78; Staudinger/Annuß, § 613a BGB Rn. 274.

730 Reinhard, NZA 2009, 65.

zu orientieren[731]. Hinsichtlich der sozialen Folgen wird teilweise auf das Begriffsverständnis von „sozialen Angelegenheiten“ aus der betriebsverfassungsrechtlichen Mitbestimmung (§§ 87 ff. BetrVG) als mögliche Auslegungshilfe hingewiesen[732].

Einer Orientierung des Unterrichtungsinhalts an den vorgenannten Vorschriften kann hier nicht zugestimmt werden[733]. Zunächst ist auch hier daran zu erinnern, dass die Unterrichtung nach § 613a Abs. 5 BGB als Umsetzung von Art. 7 Abs. 6 RL 2001/23/EG erschaffen wurde und sich deren Auslegung in erster Linie an der Richtlinie zu orientieren hat[734]. Zudem verfolgen die Unterrichtungspflichten schon nach ihrem Wortlaut unterschiedliche Informationsziele. Während die betriebsverfassungsrechtlichen Vorschriften auf die Information über die wirtschaftlichen bzw. sozialen Angelegenheiten des Betriebs gerichtet sind, verlangt § 613a Abs. 5 Nr. 3 BGB eine Unterrichtung über die wirtschaftlichen und sozialen Folgen eines Betriebsübergangs für die vom Übergang betroffenen Arbeitnehmer. Zudem ist die Unterrichtung nach § 106 BetrVG an den Wirtschaftsausschuss gerichtet und nicht an den Betriebsrat oder den einzelnen Arbeitnehmer. Die Unterschiede bei den Adressaten haben Auswirkungen auf den Unterrichtungsinhalt. Ein Wirtschaftsausschuss, dem nach dem Vorstellungsbild des Betriebsverfassungsrechts eine beratende Funktion bei betriebswirtschaftlichen Angelegenheiten zukommt, ist über andere Dinge zu informieren als der Betriebsrat oder der einzelne Arbeitnehmer.

3. Orientierung an Art. 2 Abs. 2 RL 91/533/EWG

In der Literatur wird teilweise eine Information (zumindest) über die in § 2 Abs. 1 NachwG aufgezählten Informationsgegenstände verlangt[735]. Andere Stimmen schlagen eine Orientierung an den genannten Regelungstatbeständen vor, wobei diese Autoren darauf hinweisen, dass die Informationspflichten des § 2 Abs. 1 NachwG und des § 613a Abs. 5 BGB nicht identisch sind[736]. Der zuletzt genannten Auffassung hat sich auch das BAG angeschlossen. Das Gericht sieht in der Unterrichtungspflicht nach § 613a Abs. 5 BGB eine Ergänzung der Nach-

---

731 Doublet, Verschmelzung von Unternehmen, 126; vgl. aKania/Joppich, Festschrift für Wolfdieter Küttner, 391.

732 Doublet, Verschmelzung von Unternehmen, 135; Reinhard, NZA 2009, 65.

733 Im Ergebnis wie hier: Kliemt/Teusch, Festschrift für Jobst-Hubertus Bauer, 542. Hinsichtlich der wirtschaftlichen Folgen im Ergebnis auch: Reinhard, NZA 2009, 67.

734 Zu Recht betrachten Kliemt/Teusch, Festschrift für Jobst-Hubertus Bauer, 542, eine Auslegung der Begriffe wirtschaftlich und sozial anhand des nationalen Rechts als „methodisch zweifelhaft“.

735 Bachner/Gerhardt, Betriebsübergang, Rn. A 130; Bachner, in: Kittner/Zwanziger/Deinert, Arbeitsrecht, § 96 Rn. 30e; Schiefer/Worzalla, NJW 2009, 562; Worzalla, NZA 2002, 355.

736 Gaul, Betriebs- und Unternehmensspaltung, § 11 Rn. 15; Grau, Unterrichtung, 116; Schnitker/Grau, BB 2005, 2240; Jacobsen/Menke, NZA-RR 2010, 395.

weispflicht gemäß §§ 2 Abs. 1, 3 NachwG bezogen auf den Betriebsübergang im Arbeitsverhältnis zum Betriebsveräußerer[737]. Das NachwG könne somit zur Konkretisierung der notwendigen Informationen herangezogen werden[738]. Komme es infolge des Betriebsübergangs zu einer Änderung wesentlicher Arbeitsbedingungen, spreche diese Tatsache für eine diesbezügliche Mitteilungspflicht nach § 613a Abs. 5 Nr. 3 BGB[739]. Von einer zwingenden Einbeziehung in diesen Fällen ist allerdings nicht die Rede[740].

Wann eine Arbeitsvertragsbedingung als wesentlich angesehen wird, wird im Nachweisrecht nicht einheitlich beurteilt. Die Wesentlichkeit sei entweder rein objektiv zu bestimmen und umfasse alles, was üblicherweise Gegenstand der Vereinbarungen in den Arbeitsverträgen mit bestimmten Arbeitnehmern ist[741] oder soll nach einer teleologischen Auslegung diejenigen Vertragsbedingungen umfassen, deren Kenntnis für den Arbeitnehmer zur Geltendmachung seiner Rechte notwendig ist und deren Unkenntnis zu erheblichen Nachteilen führen kann[742].

Einer Orientierung an der Nachweispflicht zur Konkretisierung des Unterrichtungsinhalts nach § 613a Abs. 5 BGB, als eine von mehreren Argumentationsfiguren für dessen Auslegung, stehen keine durchgreifenden Bedenken gegenüber. Hierfür sprechen der gemeinsame unionsrechtliche Hintergrund und vor allem das Verhältnis der beiden Informationspflichten zueinander. Die Unterrichtungspflicht ergänzt die Nachweispflicht für den Fall des Betriebsübergangs.

In dogmatischer Hinsicht ist allerdings eine Orientierung an der Richtlinie 91/533/EWG des Rates vom 14. Oktober 1991 über die Pflicht des Arbeitgebers zur Unterrichtung des Arbeitnehmers über die für seinen Arbeitsvertrag oder sein Arbeitsverhältnis geltenden Bedingungen[743], in der das NachwG selbst seinen Ursprung findet, vorzugswürdig. Die Unterrichtung nach § 613a Abs. 5 BGB geht auf die Umsetzung einer europäischen Richtlinie (Art. 7 Abs. 6 RL 2001/23/EG) zurück, so dass sich der Inhalt der Unterrichtung in erster Linie anhand dieser Richtlinie zu bestimmen hat. Auf europarechtlicher Ebene kann im Rahmen einer systematischen Auslegung des Art. 7 Abs. 6 RL 2001/23/EG wiederum auf die RL 91/533/EWG Bezug genommen werden. Im Zuge einer europarechtskonformen Auslegung des § 613a Abs. 5 BGB kann sodann auf die hierbei gewonnenen Ergebnisse zu-

737 BAG, 13.7.2006 – 8 AZR 305/05, AP Nr. 312 zu § 613a BGB (II 1 b ff (1)); BAG, 10.11.2011 – 8 AZR 430/10, AP Nr. 15 zu § 613a BGB Unterrichtung (B II 3 c ee); Lembke/Oberwinter, ZIP 2007, 312.

738 BAG, 10.11.2011 – 8 AZR 430/10, AP Nr. 15 zu § 613a BGB Unterrichtung (B II 3 c ee).

739 BAG, 13.7.2006 – 8 AZR 305/05, AP Nr. 312 zu § 613a BGB (II 1 b ff (1)); Lembke/Oberwinter, ZIP 2007, 312.

740 **A.A.** wohl ErfK/Preis, § 613a BGB Rn. 88a: „ist [...] in die Unterrichtung einzubeziehen".

741 Für § 2 NachwG: ErfK/Preis, § 2 NachwG Rn. 8.

742 Für § 2 NachwG: HWK/Kliemt, § 2 NachwG Rn. 3; Linde/Lindemann, NZA 2003, 649, 650 f.

743 ABl. Nr. L 288 vom 18.10.1991, 32.

rückgegriffen werden. Die RL 91/533/EWG verfolgt das Ziel, die Beschäftigten über ihre vertraglichen Rechte und Pflichten nach Aufnahme ihres Arbeitsverhältnisses aufzuklären und ihnen die Durchsetzung ihrer Rechte zu ermöglichen[744]. Nach Art. 2 Abs. 1 RL 91/533/EWG ist der Arbeitgeber verpflichtet, die Arbeitnehmer über die wesentlichen Punkte des Arbeitsvertrags oder des Arbeitsverhältnisses zu informieren. In Abs. 2 nennt der europäische Richtliniengeber Mindestvorgaben, die er als wesentlich angesehen hat und über die jedenfalls unterrichtet werden muss. Gleiches gilt nach Art. 5 Abs. 1 RL 91/533/EWG für eine Änderung der u.a. in Art. 2 Abs. 2 RL 91/533/EWG aufgezählten wesentlichen Vertragsbedingungen, sofern diese Änderungen nicht aus einer Änderung der Rechts- und Verwaltungsvorschriften bzw. der Satzungs- oder Tarifvertragsbestimmungen herrühren. Die Liste des Art. 2 Abs. 2 RL 91/533/EWG ist nicht abschließend („mindestens"). Vielmehr sind die Arbeitnehmer nach Art. 2 Abs. 1 RL 91/533/EWG über sämtliche Punkte, die in Anbetracht ihrer Bedeutung als wesentliche Bedingungen des Arbeitsvertrags oder des Arbeitsverhältnisses anzusehen sind, in Kenntnis zu setzen[745].

Durch die Orientierung an der Nachweispflicht können die hinter dieser Pflicht stehenden Wertungen des Richtliniengebers als argumentative Stütze und als Orientierungsanker für die abstrakte Beurteilung der Frage, welche Arbeitsvertragsbedingungen als wesentlich angesehen werden können, auch für die Bestimmung des Unterrichtungsinhalts im Falle eines Betriebsübergangs fruchtbar gemacht werden[746]. Besteht danach eine Nachweispflicht für geschriebene[747] bzw. ungeschriebene[748] wesentliche Arbeitsvertragsbedingungen, sprechen die hier getroffenen Wertungen des europäischen Richtliniengebers für eine entsprechende Unterrichtungspflicht nach § 613a Abs. 5 BGB.

Nur weil es sich um eine wesentliche Arbeitsvertragsbedingung im Sinne der Nachweispflicht handelt, heißt das aber nicht, dass hierüber auch zwingend nach § 613a Abs. 5 BGB unterrichtet werden müsste. Die Informationstatbestände des Art. 2 RL 91/533/EWG und des Art. 7 Abs. 6 RL 2001/23/EG sind verschieden. Teilweise verlangt die Nachweispflicht Informationen, über die nur im Zeitpunkt eines

744 EuGH, 8.2.2001 – C-350/99, NZA 2001, 381 (Rn. 18); vgl. auch die Erwägungsgründe zur RL 91/533/EWG (ABl. Nr. L 288 vom 18.10.1991, 32 f.).

745 EuGH, 8.2.2001 – C-350/99, NZA 2001, 381 (Rn. 21 ff.).

746 In diesem Sinne, allerdings bezogen auf § 2 NachwG, so auch: BAG, 10.11.2011 – 8 AZR 430/10, AP Nr. 15 zu § 613a BGB Unterrichtung (B II 3 c ee), hinsichtlich der Information über unwesentliche Konzernbetriebsvereinbarungen.

747 Personalien der Parteien, der Sitz oder gegebenenfalls Wohnsitz des Arbeitgebers, der Arbeitsort, der Jahresurlaub, die Kündigungsfristen, die Bestandteile des Arbeitsentgelts, die Arbeitszeit sowie die geltenden Tarifverträge oder kollektiven Vereinbarungen, vgl. Art. 2 Abs. 2 lit. a, b, f bis j RL 91/533/EWG.

748 Beispielsweise eine Vereinbarung, nach der der Arbeitnehmer auf bloße Anordnung des Arbeitgebers zur Leistung von Überstunden verpflichtet ist, vgl. EuGH, 8.2.2001 – C-350/99, NZA 2001, 381 (Rn. 23), oder betriebliche Altersversorgungszusagen, ErfK/Preis, § 2 NachwG Rn. 7.

Arbeitsvertragsschlusses sinnvoll zu informieren ist. Ein Betriebs(teil)übergang führt jedoch zu keinem neuerlichen Vertragsabschluss[749]. Dies betrifft insbesondere die Informationsgegenstände Charakterisierung oder Beschreibung der Arbeit und Zeitpunkt des Beginns des Arbeitsvertrags oder Arbeitsverhältnisses bzw. bei einer Befristung deren vorhersehbare Dauer, vgl. Art. 2 Abs. 2 lit. c bis e RL 91/533/EWG. Im Zuge eines Betriebsübergangs können sich zudem weitere oder andere wesentliche Arbeitsvertragsbedingungen ändern. Über diese Änderungen könnte zunächst eine Informationspflicht nach Art. 5 RL 91/533/EWG, § 3 NachwG bestehen. Beispielsweise besteht eine Nachweispflicht gegenüber den übergehenden Arbeitnehmern hinsichtlich des kraft Gesetzes eintretenden Arbeitgeberwechsels im Falle eines Betriebsübergangs gemäß § 613a Abs. 1 S. 1 BGB wegen der hiermit verbundenen Änderungen des Namens und der Anschrift der Vertragsparteien[750]. Daneben und unabhängig hiervon[751] könnte sich eine entsprechende Informationspflicht aber auch aus § 613a Abs. 5 BGB ergeben.

4. Orientierung an § 111 S. 1 BetrVG

In Unternehmen mit in der Regel mehr als zwanzig wahlberechtigten Arbeitnehmern schreibt § 111 S. 1 BetrVG neben einer Beratung mit dem Betriebsrat auch dessen „rechtzeitige und umfassende Unterrichtung" über die geplante Betriebsänderung vor. Einer Orientierung des Inhalts des § 613a Abs. 5 BGB am Inhalt der nach § 111 S. 1 BetrVG zu erteilenden Informationen wird entgegengehalten, dass der Bezugspunkt beider Vorschriften zu verschieden sei[752]. Es trifft zu, dass nach dem Wortlaut der abstrakte Anknüpfungspunkt für die Information nach § 111 S. 1 BetrVG nicht der Betriebsübergang, sondern die Betriebsänderung darstellt. Allerdings darf an dieser Stelle der unionsrechtliche Einfluss auf diese Vorschrift nicht außer Acht gelassen werden. Wie bereits eingangs dieser Untersuchung aufgezeigt, stand der deutsche Gesetzgeber Änderungen am bestehenden Betriebsverfassungsrecht ablehnend gegenüber und sah die sich aus der Gesamtschau von Art. 7 Abs. 3 und 5 RL 2001/23/EG ergebenden Mindestanforderungen durch die Regelungen der §§ 111 ff. BetrVG als vollständig erfüllt an (vgl. § 2 A I 2). Danach greift die kollektivrechtliche Ausnahmeregelung in vollem Umfang und es bedarf einer Unterrichtung des Betriebsrats lediglich für den Fall, dass der vollzogene Betriebsübergang eine Betriebsänderung hervorruft. Dann muss allerdings

---

749 Aus Sicht der übergehenden Arbeitnehmer kommt es zu einem gesetzlich angeordneten Arbeitgeberwechsel.

750 LAG Hamm, 11.3.2002 – 8 Sa 1249/01, LAGReport 2002, 306 (I 2); Simon/Weninger, BB 2010, 119.

751 Melms/Weck, RdA 2006, 172; Simon/Weninger, BB 2010, 119. Vor Normierung des § 613a Abs. 5 BGB leitete das LAG Hamm, 11.3.2002 – 8 Sa 1249/01, LAGReport 2002, 306 (I 2), eine entsprechende Informationspflicht noch aus einer arbeitsvertraglichen Nebenpflicht des Arbeitgebers her.

752 Grau, Unterrichtung, 124.

eine Unterrichtung in dem von Art. 7 Abs. 1 RL 2001/23/EG vorgeschriebenen Umfang erfolgen[753]. Dies führt dazu, dass der Vorschrift des § 111 S. 1 BetrVG nach dem Willen des Gesetzgebers nunmehr auch eine unionsrechtliche Motivation beizumessen ist. In Fällen, in denen Betriebs(teil)übergang und Betriebsänderung zusammenfallen, ist die „umfassende Unterrichtung“ im Sinne des § 111 S. 1 BetrVG richtlinienkonform auszulegen. Nach Art. 7 Abs. 3 UAbs. 2 RL 2001/23/EG ist zumindest über „die hinsichtlich der Arbeitnehmer in Aussicht genommenen Maßnahmen" zu informieren[754]. Der offene Wortlaut des § 111 S. 1 BetrVG, der schlicht von einer umfassenden Information spricht, steht einer richtlinienkonformen Auslegung im vorgenannten Sinne nicht entgegen.

Von den bisher angesprochenen Fällen des „Zusammenfallens“ von Betriebs(teil) übergang und Betriebsänderung sind die Fälle eines „bloßen“ Betriebsübergangs, bei dem es ausschließlich zu einem Inhaberwechsel kommt, strikt zu trennen. Hier bedarf es schon keiner Unterrichtung nach § 111 S. 1 BetrVG (vgl. § 2 A I 2). Davon unberührt, ist der Wirtschaftsausschuss nach § 106 Abs. 2 i.V.m. Abs. 3 Nr. 10 BetrVG auch in Fällen eines „bloßen“ Betriebsübergangs zu informieren. Jene Informationspflicht findet ihren Ursprung aber nicht im Unionsrecht, sondern ist rein betriebsverfassungsrechtlich motiviert.

Neben den unterschiedlichen Bezugspunkten wird eine Orientierung an § 111 S. 1 BetrVG auch noch mit den unterschiedlichen Zweckrichtungen beider Vorschriften begründet. § 613a Abs. 5 BGB diene anders als § 111 S. 1 BetrVG nicht der Ermöglichung von Beteiligungsrechten der Arbeitnehmer[755]. Auch dieses Argument überzeugt nach hier vertretener Auffassung nicht. Die europarechtlichen Vorgaben unterscheiden inhaltlich nicht zwischen der Unterrichtung der Arbeitnehmervertreter und der Arbeitnehmer selbst. Für beide Informationsadressaten ist in Art. 7 Abs. 1 bzw. Abs. 6 RL 2001/23/EG derselbe Informationskatalog vorgesehen. Dies hat zur Konsequenz, dass sich auch der Inhalt der individuellen Unterrichtung am Konsultationszweck orientiert, obwohl dem einzelnen Arbeitnehmer selbst gar keine Beteiligungsrechte zustehen[756]. Zudem ist der europarechtliche

---

753 So auch Bachner, in: Bachner/Köstler/Matthießen/Trittin, § 4 Rn. 243; Gaul, Betriebs- und Unternehmensspaltung, § 28 Rn. 36; Riesenhuber, RdA 2004, 349; vgl. auch Thüsing, Europäisches Arbeitsrecht, § 5 Rn. 80 ff.

754 Zum wortlautidentischen Art. 6 Abs. 3 UAbs. 2 RL 98/50/EG: Oetker, NZA 1998, 1195. Zu beachten ist, dass sich die Konsultation des Betriebsrats nach § 111 S. 1 BetrVG nach einer richtlinienkonformen Auslegung auf sämtliche in Aussicht genommene Maßnahmen im Sinne der Richtlinie erstreckt, vgl. Art. 7 Abs. 3 UAbs. 2 RL 2001/23/EG. Soweit ersichtlich, wird dieser Punkt in der betriebsverfassungsrechtlichen Literatur bisher vollkommen ausgespart.

755 Grau, Unterrichtung, 124.

756 Vgl. Sagan, ZIP 2011, 1643, nach dessen Ansicht der europarechtliche Konsultationszweck der Unterrichtung der Arbeitnehmervertreter aufgrund der tatbestandlichen Identität von Art. 7 Abs. 1 und Abs. 6 RL 2001/23/EG auf die Unterrichtung der Arbeitnehmer durchschlägt. Der Inhalt der Unterrichtung richte sich folglich

Zweck der individuellen Unterrichtung nach Art. 7 Abs. 6 RL 2001/23/EG auch darauf gerichtet, den Arbeitnehmern in faktischer Hinsicht Einflussnahmemöglichkeiten einzuräumen (vgl. § 2 B I)[757].

Übertragen auf das deutsche Recht bedeutet dies, dass zwischen den deutschen Umsetzungsvorschriften auf kollektivrechtlicher (§§ 111 ff. BetrVG) und individualrechtlicher (§ 613a Abs. 5 BGB) Ebene eine gemeinsame, europarechtlich determinierte und vom Adressatenkreis unabhängige Schnittmenge besteht[758].

Insoweit sind die nachfolgenden Ausführungen hinsichtlich der zu erteilenden Informationen gegenüber nicht übergehenden Arbeitnehmern (beim Veräußerer im „Restbetrieb" verbleibende und die beim Erwerber im aufnehmenden Betrieb bereits beschäftigten Arbeitnehmer) selbst dann von Bedeutung, wenn man entgegen der hier vertretenen Auffassung eine individuelle Unterrichtung nach § 613a Abs. 5 BGB nur gegenüber den übergehenden Arbeitnehmern annehmen wollte. Im Anwendungsbereich der kollektivrechtlichen Unterrichtung nach § 111 S. 1 BetrVG sind unstrittig die Betriebsräte sämtlicher Arbeitnehmer zu informieren.

Der Grund, warum eine Orientierung an den nach § 111 S. 1 BetrVG mitzuteilenden Informationen nach alledem zu keinem „Durchbruch" für die Auskleidung und Begrenzung der inhaltlichen Reichweite des § 613a Abs. 5 BGB führt, liegt zunächst darin, dass der – später hinzugetretene – europarechtliche Hintergrund des § 111 S. 1 BetrVG in den Fällen des Zusammentreffens von Betriebsübergang und Betriebsänderung von vergleichsweise wenigen Autoren[759] bisher überhaupt nur gesehen wird. Zudem fehlen noch höchstrichterliche Entscheidungen zum Inhalt der Information nach § 111 S. 1 BetrVG in den Fällen des Zusammenfallens einer Betriebsänderung mit einem Betriebsübergang. Schließlich beschränkt sich der „Gleichlauf" beider Informationspflichten auf einen europarechtlich geforderten Mindestkern an Informationen. Die Besonderheiten des deutschen Betriebsverfassungsrechts einerseits[760] und die Kopplung der individuellen Unterrichtungspflicht nach § 613a Abs. 5 BGB an das Widerspruchsrecht nach Abs. 6 andererseits können zu einem „Mehr" bei den jeweils geforderten Informationen führen (vgl. § 2 B III), die ein Auseinanderdriften des Umfangs beider Informationspflichten zur Folge haben. Eine Übertragung des zusätzlichen betriebsverfassungsrecht-

---

nach den für eine „fakultative Anhörung" der Arbeitnehmer durch den Arbeitgeber erforderlichen Informationen.

757 Offen gelassen bei: Sagan, ZIP 2011, 1642 f.

758 Im Bereich der überschießenden Umsetzung des § 613a Abs. 5 BGB folgt dies aus einer quasi-richtlinienkonformen Auslegung der Vorschrift.

759 Vgl. Bachner, in: Bachner/Köstler/Matthießen/Trittin, § 4 Rn. 172, 243; Gaul, Betriebs- und Unternehmensspaltung, § 28 Rn. 36; Riesenhuber, RdA 2004, 349.

760 Der Inhalt der Unterrichtungspflicht ist eng mit der ebenfalls in § 111 BetrVG geforderten Beratungspflicht verknüpft. Die Beratungen richten sich auf einen Interessenausgleich und die Aufstellung eines Sozialplans, wie sich § 112 BetrVG entnehmen lässt.

lich motivierten Inhalts auf die unionsrechtlich motivierte Unterrichtung nach § 613a Abs. 5 BGB wäre normhierarchisch unzulässig.

Beispielsweise muss der Betriebsrat nach zutreffender betriebsverfassungsrechtlicher Ansicht im Rahmen der umfassenden Unterrichtung nach § 111 S. 1 BetrVG auch über die Auswirkungen der Betriebsänderung auf die Arbeitnehmer des Betriebs informiert werden[761]. Hierzu sollen auch die sozialen Folgen der geplanten Betriebsänderung zählen[762]. Diese Informationsgegenstände werden nicht mit einer richtlinienkonformen Auslegung, sondern mit dem betriebsverfassungsrechtlichen Zweck der Unterrichtung nach § 111 BetrVG begründet. Sie sind für eine sinnvolle Beratung des Betriebsrats zur geplanten Betriebsänderung und für die Verhandlung über Interessenausgleich und Sozialplan notwendig[763]. Der Betriebsrat hat das Recht, soweit nicht § 112a BetrVG ausnahmsweise ein anderes bestimmt, die Aufstellung eines Sozialplans zu verlangen (Initiativrecht). Nach der Legaldefinition des § 112 Abs. 1 S. 2 BetrVG bezeichnet „Sozialplan" die Einigung zwischen Arbeitgeber und Betriebsrat hinsichtlich des Ausgleichs oder der Milderung der wirtschaftlichen Nachteile der Betriebsänderung. Um sachangemessene Überlegungen zum möglichen Inhalt eines künftigen Sozialplans über die Betriebsänderung anstellen zu können[764], bedarf es auch der Kenntnis der Auswirkungen der Betriebsänderung für die Arbeitnehmer. Diese betriebsverfassungsrechtlichen Überlegungen treffen indes für die unionsrechtlich motivierte Unterrichtung nach § 613a Abs. 5 BGB nicht zu. Nach dessen Nr. 4 ist über die Maßnahme, die Betriebsänderung als solche, nicht aber über deren Auswirkungen zu informieren (vgl. § 2 J VI 3 a aa). Das Unionsrecht fordert im Gegensatz zum Betriebsverfassungsrecht keine Beteiligung der Arbeitnehmer oder dessen Vertreter an einem möglichen Interessenausgleich oder Sozialplan.

III. Ungeschriebene Informationstatbestände

Neben den geschriebenen Informationstatbeständen werden noch weitere, nicht im Katalog des § 613a Abs. 5 BGB aufgezählte, Informationstatbestände diskutiert.

Sie werden hier unter dem Stichwort ungeschriebene Informationstatbestände separat behandelt[765].

---

761 Fitting, § 111 BetrVG Rn. 111; Oetker, in: GK-BetrVG, § 111 BetrVG Rn. 177 m.w.N.

762 BAG, 30.3.2004 – 1 AZR 7/03, AP Nr. 47 zu § 113 BetrVG 1972 (I 3); Fitting, § 111 BetrVG Rn. 111.

763 Annuß, in: Richardi, § 111 BetrVG Rn. 150; Fitting, § 111 BetrVG Rn. 111.

764 Vgl. für ein Tendenzunternehmen: BAG, 18.11.2003 – 1 AZR 637/02, AP Nr. 76 zu § 118 BetrVG 1972 (I 2 c cc).

765 Für eine separate Abhandlung der folgenden Informationsgegenstände u.a. auch: Gussen, in: BeckOK R/G/K/U, § 613a BGB Rn. 145; MK/Müller-Glöge, § 613a BGB Rn. 106; WHSS/Willemsen, Rn. G 216. Teilweise werden diese Gegenstände auch den rechtlichen Folgen nach § 613a Abs. 5 Nr. 3 BGB zugeordnet: Bauer/Göpfert/Haußmann/Krieger, Umstrukturierung, Teil 3 B Rn. 8; ErfK/Preis, § 613a BGB

1. *Identifizierung des Betriebsveräußerers und des Betriebserwerbers*

a) Einzelne Informationsgegenstände

Obwohl in Art. 7 Abs. 6 RL 2001/23/EG nicht ausdrücklich erwähnt, ist den übergehenden Arbeitnehmern aus unionsrechtlicher Sicht die Identität des Betriebserwerbers mitzuteilen[766]. Schon eine Orientierung an der Nachweispflicht (vgl. § 2 J II 3) spricht dafür. Ändert sich der Arbeitgeber, wie beim Betriebsübergang aus Sicht der übergehenden Arbeitnehmer der Fall, ist nach Art. 3 i.V.m. Art. 2 Abs. 2 lit. a und b RL 91/533/EWG über die Personalien der Arbeitsvertragsparteien, also Name, Anschrift und (Wohn-)Sitz des Arbeitgebers als Änderungen wesentlicher Arbeitsvertragsbedingungen zu informieren. Erst durch die Bezeichnung des neuen Inhabers wird erkennbar, welche natürliche oder juristische Person nach Art. 3 Abs. 1 UAbs. 1 RL 2001/23/EG bzw. § 613a Abs. 1 S. 1 BGB in die Rechte und Pflichten der übergehenden Arbeitsverhältnisse eintreten soll[767]. Der deutsche Gesetzgeber wollte den übergehenden Arbeitnehmern zudem ermöglichen, den (in- bzw. ausländischen[768]) neuen Betriebsinhaber zu identifizieren und zu lokalisieren, um ergänzende Informationen von ihm[769] und Erkundigungen über ihn[770] einzuholen bzw. anzufordern. Schließlich schafft die Identifizierung des Betriebserwerbers die Voraussetzung dafür, ihn verklagen zu können, und beinhaltet somit auch eine Rechtsschutzfunktion[771].

Zutreffend geht daher die heute fast einhellige Ansicht davon aus, dass der neue Betriebsinhaber im Unterrichtungsschreiben grundsätzlich eindeutig mit Namen (§ 12 BGB) bzw. Firma (§ 17 Abs. 1 HGB) und vollständiger Anschrift,

---

Rn. 88; HWK/Willemsen/Müller-Bonanni, § 613a BGB Rn. 326; Jacobsen/Menke, NZA-RR 2010, 394; KR/Treber, § 613a BGB, Rn. 108e; Schiefer/Worzalla, NJW 2009, 562. Mit der unterschiedlichen Einteilung sind keine inhaltlichen Änderungen verbunden. Gerade die Identität des Betriebserwerbers gehört aus Sicht der übergehenden Arbeitnehmer, für die der Übergang zu einem gesetzlich angeordneten Arbeitgeberwechsel führt, zu den Rechtsfolgen des Übergangs. Schließlich wird der Betriebserwerber der neue Vertragspartner des übergegangenen Arbeitsverhältnisses. Insoweit erfolgt die separate Abhandlung aus Gründen der besseren Übersichtlichkeit.

766 Wie hier: Sagan, ZIP 2011, 1644.

767 Vgl. BT-Drucks. 14/8128, 6.

768 Die Identifizierbarkeit ist nicht nur bei ausländischen Erwerbern erforderlich, vgl. LAG München, 17.4.2008 – 4 Sa 1063/07, ArbuR 2008, 226 (II 3 a aa); LAG Düsseldorf, 29.4.2008 – 6 Sa 1809/07, NZA-RR 2008, 625 (III 2 a bb).

769 Vgl. BAG, 10.11.2011 – 8 AZR 430/10, AP Nr. 15 zu § 613a BGB Unterrichtung (B II 3 c ee): „und sich infolgedessen über die persönlichen Folgen aufklären lassen".

770 BAG, 13.7.2006 – 8 AZR 305/05, AP Nr. 312 zu § 613a BGB (II 1 b bb); BAG, 23.7.2009 – 8 AZR 538/08, AP Nr. 10 zu § 613a BGB Unterrichtung (B I 1); BAG, 10.11.2011 – 8 AZR 430/10, AP Nr. 15 zu § 613a BGB Unterrichtung (B II 3 c ee).

771 BAG, 13.7.2006 – 8 AZR 305/05, AP Nr. 312 zu § 613a BGB (II 1 b bb); Burgmer/Richter, Betriebsübergang, 58; Meyer, Unterrichtung, § 2 Rn. 15.

d.h. bei Gesellschaften mit Firmensitz und Geschäftsadresse, zu bezeichnen ist[772]. Die Geschäftsadresse des neuen Betriebsinhabers dient auch dem Wahlrecht des § 613a Abs. 6 S. 2 BGB[773] und beschreibt die Anschrift der Hauptniederlassung. Zu diesem Zweck ist zudem entweder die vollständige gesetzliche Vertretung oder wenigstens eine erkennbar für den Betriebserwerber mit Personalkompetenz ausgestattete natürliche Person mit Name und Anschrift als Ansprechpartner anzugeben[774]. Die Angabe des Firmensitzes ist erforderlich, um das zuständige Handelsregister einsehen zu können und weitere Erkundigungen über den Betriebserwerber einzuholen[775]. Der Mitteilung einer Handelsregisternummer[776] oder des zuständigen Registergerichts[777] bedarf es hierfür aber nicht. Firmensitz beschreibt den Sitz laut Satzung oder Gesellschaftsvertrag. Möglich wäre auch eine Auslegung, wonach der Verwaltungssitz anzugeben sei. Zur Sicherheit sollte beides angegeben werden. Besitzt das Unternehmen einen Doppelsitz, sind beide Firmen-

---

772 BAG, 13.7.2006 – 8 AZR 305/05, AP Nr. 312 zu § 613a BGB (II 1 b bb); BAG, 14.12.2006 – 8 AZR 763/05, AP Nr. 318 zu § 613a BGB (II 1 b bb); BAG, 21.8.2008 – 8 AZR 407/07, AP Nr. 348 zu § 613a BGB (B II 3 b); BAG, 23.7.2009 – 8 AZR 538/08, AP Nr. 10 zu § 613a BGB Unterrichtung (B I 1); vgl. auch Bauer/v. Steinau-Steinrück, ZIP 2002, 463 und Fn. 66; ErfK/Preis, § 613a BGB Rn. 88; Gaul/Niklas, DB 2009, 452; Hauck, Beil. NZA 18/2004, 23; Hohenstatt/Grau, NZA 2007, 15; Sayatz/Wolff, DStR 2002, 2040. Das LAG München, 19.9.2008 – 3 Sa 128/08, BeckRS 2009, 63350 (2 c), betrachtet diese Angaben gar als „integrale[n] Bestandteil der Information, um welchen Vorgang des ‚Übergangs' es sich überhaupt handelt"; **a.A.** noch LAG München, 12.5.2005 – 2 Sa 1098/04, BeckRS 2005 30464190 (I 2 c).

773 BAG, 23.7.2009 – 8 AZR 538/08, AP Nr. 10 zu § 613a BGB Unterrichtung (B I 1); LAG München, 17.4.2008 – 4 Sa 1063/07, ArbuR 2008, 226 (II 3 a aa); LAG Düsseldorf, 29.4.2008 – 6 Sa 1809/07, NZA-RR 2008, 625 (III 2 a).

774 BAG, 23.7.2009 – 8 AZR 538/08, AP Nr. 10 zu § 613a BGB Unterrichtung (B I 1); bereits zuvor die Mitteilung des Geschäftsführers empfehlend: Grau, RdA 2007, 369; Müller-Bonanni/Grau, ArbRB 2007, 147; **a.A.** Bauer/Göpfert/Haußmann/Krieger, Umstrukturierung, Teil 3 B Rn. 8; Cohnen, in: Moll, Arbeitsrecht, § 55 Rn. 29. Vgl. hinsichtlich unzureichender Angaben: LAG Düsseldorf, 29.4.2008 – 6 Sa 1809/07, NZA-RR 2008, 625 (III 2 a aa); LAG München, 19.9.2008 – 3 Sa 128/08, BeckRS 2009, 63350 (2 c); LAG München, 27.2.2009 – 6 Sa 457/08, n.v. (II 2 b cc aaa (2)).

775 BAG, 23.7.2009 – 8 AZR 538/08, AP Nr. 10 zu § 613a BGB Unterrichtung (B I 1); BAG, 10.11.2011 – 8 AZR 430/10, AP Nr. 15 zu § 613a BGB Unterrichtung (B II 3 c aa); LAG München, 17.4.2008 – 4 Sa 1063/07, ArbuR 2008, 226 (II 3 a aa); ErfK/Preis, § 613a BGB Rn. 88.

776 BAG, 13.7.2006 – 8 AZR 305/05, AP Nr. 312 zu § 613a BGB (II 1 b bb). Vgl. aber auch BAG, 10.11.2011 – 8 AZR 430/10, AP Nr. 15 zu § 613a BGB Unterrichtung (B II 3 c aa), wonach es der Klägerin „insbesondere auch durch Einsichtnahme in das zuständige Handelsregister" möglich gewesen sei, sich weitergehend über den Betriebserwerber zu informieren. HWK/Willemsen/Müller-Bonanni, § 613a BGB Rn. 326, betrachten die Angabe als „zweckmäßig"; nach WHSS/Willemsen, Rn. G 216, sei sie gar „dringend zu empfehlen".

777 Vgl. aber BAG, 15.3.2012 – 8 AZR 700/10, AP Nr. 29 zu § 613a BGB Widerspruch (B I 1).

sitze mitzuteilen. Das BAG spricht davon, dass eine Unterrichtung über Firma und Anschrift nur „grundsätzlich" erforderlich sei[778]. Die 3. und die sich ihr anschließende 4. Kammer des LAG München gehen zu Recht davon aus, dass die Informationen bezüglich Anschrift und Sitz des Betriebserwerbers ausnahmsweise dann entbehrlich sind, wenn bei den betroffenen Arbeitnehmern aufgrund der konkreten Umstände[779] keinerlei (vernünftiger) Zweifel an der Identität des Betriebserwerbers, seinem Sitz und seiner postalischen Anschrift für etwaige Widersprüche bestehen konnten[780]. Inwiefern sich das BAG dieser Rechtsprechung in Zukunft anschließen wird, ist allerdings noch völlig offen[781]. Zu begrüßen wäre es jedenfalls.

Die vollständige Bezeichnung des Betriebserwerbers umfasst auch die Angabe der Rechtsform[782]. Nach deutschem Firmenrecht ist die Rechtsform ohnehin Bestandteil der Firma der Gesellschaft, vgl. § 19 HGB, § 4 GmbHG, § 4 AktG, § 279 AktG. Dies kann aber bei ausländischen Gesellschaften anders sein.

Handelt es sich beim Betriebserwerber um eine GmbH & Co. OHG verlangt das LAG München zudem die Mitteilung der genauen Anzahl der an der OHG beteiligten Gesellschafter und – falls die Gesellschafter ausschließlich GmbHs sind – auch die Benennung der gesetzlichen Vertretung dieser GmbHs[783]. Diese Anforderungen gehen jedoch zu weit. Die Unterrichtungspflicht umfasst nicht auch die Gesellschafter des Betriebserwerbers[784].

Als „sinnvoll" erachtet das BAG schließlich die Darstellung der bisherigen und der künftigen Geschäftsaktivitäten des Erwerbers. Ist der Erwerber Teil eines Konzerns, müssten zudem die Geschäftsaktivitäten des Erwerbers von denen anderer Konzerngesellschaften abgegrenzt und darüber hinaus die Positionierung des übergegangenen Betriebs(teils) im Konzern mitgeteilt werden, weil diese Informationen für die Widerspruchsentscheidung relevant seien[785]. Beispielsweise müsse

---

778 BAG, 13.7.2006 – 8 AZR 305/05, AP Nr. 312 zu § 613a BGB (II 1 b bb).

779 Im konkreten Fall entstand das Erwerberunternehmen schon lange vor dem Übergang des Betriebs durch eine sog. Ausgründung aus dem Veräußererunternehmen. Im Anschluss an die Ausgliederung teilten sich Veräußerer- und Erwerberunternehmen dasselbe Gebäude und teilweise auch dieselbe Infrastruktur für die Geschäftsleitung und das operative Geschäft.

780 LAG München, 16.7.2009 – 3 Sa 214/09, BeckRS 2009, 72968 (I 1 b aa); LAG München, 20.8.2009 – 4 Sa 19/09, BeckRS 2009, 74521 (II 1 a bb (2)). Bezogen auf die Anschrift so auch: Staudinger/Annuß, § 613a BGB Rn. 269.

781 Leider musste das BAG zu den Ausführungen des LAG München keine Stellung beziehen, vgl. BAG, 11.5.2010 – 8 AZR 602/09, sonstige Erledigung: Rücknahme.

782 Gaul/Niklas, DB 2009, 452; Hohenstatt/Grau, NZA 2007, 15; Sayatz/Wolff, DStR 2002, 2040; WHSS/Willemsen, Rn. G 216. Vgl. auch für die Angebotsunterlage nach § 11 Abs. 2 S. 2 Nr. 1 WpÜG: KK-WpÜG/Seydel, § 11 WpÜG Rn. 49.

783 LAG München, 29.4.2008 – 7 Sa 986/07, BeckRS 2009, 61875 (II).

784 Arens/Düwell, in: Arens/Düwell/Wichert, Umstrukturierung, § 7 Rn. 278.

785 BAG, 23.7.2009 – 8 AZR 538/08, AP Nr. 10 zu § 613a BGB Unterrichtung (B I 3); Trittin, in: Bachner/Köstler/Matthießen/Trittin, § 6 Rn. 102; WHSS/Willemsen, Rn. G 216.

sich aus dem Unterrichtungsschreiben ergeben, wenn der Veräußerer und der Erwerber planen, den übergehenden Betrieb(steil) in einem gemeinsamen Betrieb fortzuführen[786]. Die grobe Abbildung der Konzernstruktur empfiehlt sich oftmals bereits aus Gründen einer verständlichen Darstellung der Identität des Erwerbers.

Neben dem Betriebserwerber ist auch der Betriebsveräußerer im Unterrichtungsschreiben mit Namen bzw. Firma und vollständiger Anschrift eindeutig zu bezeichnen. Die Identität des Veräußerers und des Erwerbers sind ein integraler Bestandteil des konkreten Übergangs (vgl. § 2 F II 2). Die übergehenden Arbeitnehmer und die beim Veräußerer im „Restbetrieb" verbleibenden Arbeitnehmer (vgl. § 2 D I 2) werden durch die Mitteilung der Identität des Veräußerers in die Lage versetzt, mögliche Verwechslungen hinsichtlich der Arbeitgeberstellung auszuschließen. Aus demselben Grund sind auch die beim Erwerber im aufnehmenden Betrieb beschäftigten Arbeitnehmer über die Identität des Betriebserwerbers aufzuklären. Nur wenn der Arbeitnehmer tatsächlich in einem bestehenden Arbeitsverhältnis zum Veräußerer bzw. zum Erwerber steht, ist er auch vom Übergang betroffen. Aus Sicht der beim Erwerber im aufnehmenden Betrieb beschäftigten Arbeitnehmer ist die Identifizierung des Veräußerers zudem die Voraussetzung dafür, ihren Unterrichtungsanspruch gegenüber dem Veräußerer nach § 613a Abs. 5 BGB (notfalls gerichtlich) durchzusetzen.

b) Besonderheiten in Fällen der Neugründung des Betriebserwerbers

Besonderheiten ergeben sich, sofern über einen zukünftigen Betriebserwerber unterrichtet werden muss, der im Zeitpunkt der Unterrichtung z.B. mangels Gesellschaftsvertragsabschlusses noch gar nicht gegründet worden ist. In einem derartigen Fall stellt sich zunächst die Frage, wie sich die Arbeitgeber verhalten müssen, um ihrer Informationspflicht gerecht zu werden. Insoweit kann an dieser Stelle nach oben verwiesen werden (vgl. § 2 I XI 2).

In Fällen der Neugründung ist zudem denkbar, dass ein Betrieb(steil) zunächst auf eine Vorgesellschaft übertragen werden soll[787]. Die Unterschiede im Haftungssystem der Vor-GmbH im Vergleich zu einer GmbH[788] sind aus Sicht der übergehenden Arbeitnehmer geeignet, ihre Widerspruchsentscheidung maßgeblich zu beeinflussen. Folglich stellt sich die Frage, ob im Unterrichtungsschreiben auf die Vor-GmbH und/oder auf die GmbH als neue Betriebsinhaberin hingewiesen werden muss. Für die Beantwortung dieser Frage kommt es entscheidend auf den Zeitpunkt der Unterrichtung an: Erfolgt die Unterrichtung – entsprechend dem gesetzlichen Leitbild – vor dem Übergang, muss auf die Vor-GmbH als zukünf-

---

786 BAG, 15.3.2012 – 8 AZR 700/10, AP Nr. 29 zu § 613a BGB Widerspruch (B I 1).

787 Dies ist zulässig, vgl. BAG, 20.6.2002 – 8 AZR 459/01, AP InsO § 113 Nr. 10 (II 3 und 4).

788 Stichwortartig seien an dieser Stelle die Handelndenhaftung nach § 11 Abs. 2 GmbHG und die in Rechtsfortbildung entwickelte Gesellschafterhaftung genannt.

tige Betriebsinhaberin hingewiesen werden[789]. Gleiches gilt, wenn die Unterrichtung nach dem Übergang aber noch vor Eintragung in das Handelsregister erfolgt. Durch den Zusatz „i.G." im Informationsschreiben können die Unterrichtungsverpflichteten deutlich machen, dass eine Eintragung der GmbH in das Handelsregister noch aussteht. Erfolgt die Unterrichtung nach Übergang und nach erfolgreicher Eintragung der GmbH in das Handelsregister, genügt ein Hinweis auf die bereits entstandene GmbH, wobei die (zwischenzeitliche) Betriebsinhaberin, also die Vor-GmbH, nicht mehr erwähnt werden muss[790]. Durch erfolgreiche Eintragung wandelt sich die Vor-GmbH in eine GmbH um[791]. Sämtliche Aktiva und Passiva der Vorgesellschaft werden automatisch auf die GmbH übertragen[792]. Die GmbH wird somit auch Rechtsträgerin des zuvor übergegangenen Betriebs(teils). Sie ist Arbeitgeberin der übergegangenen Arbeitnehmer und somit Schuldnerin der Ansprüche aus den übergegangenen Arbeitsverhältnissen. Die zwischenzeitliche Betriebsinhaberschaft der Vorgesellschaft spielt keine Rolle mehr[793].

2. *Gegenstand des Betriebsübergangs*

Unabhängig von der Qualifizierung als Betriebs- oder Betriebsteilübergang im arbeitsrechtlichen Sinne[794] muss der Gegenstand des Betriebs(teil)übergangs sowohl

789 Zu einer vorsichtshalber zu erteilenden Information raten auch: Gaul/Niklas, DB 2009, 452 f.; Reinhard, jurisPR-ArbR 50/2007 Anm. 1.

790 LAG Berlin-Brandenburg, 20.7.2007 – 6 Sa 680/07, NZA-RR 2007, 626 (1.2.2.1.2); ErfK/Preis, § 613a BGB Rn. 88; Bauer/Göpfert/Haußmann/Krieger, Umstrukturierung, Teil 3 B Rn. 8.

791 Dogmatisch geschieht dies entweder im Wege einer Gesamtrechtsnachfolge oder kraft Rechtsformwechsel bei fortbestehender Identität der Gesellschaft; vgl. die Streitdarstellung bei: MK-GmbHG/Merkt, § 11 GmbHG Rn. 150. Folgt man der zuletzt genannten Ansicht, liegt schon aufgrund der Identität des Rechtsträgers kein neuer Betriebsinhaber und somit auch kein weiterer Betriebsübergang nach § 613a BGB vor. Bei Annahme einer Gesamtrechtsnachfolge kommt es zu einem gesetzlichen Betriebsübergang, so dass es an der Voraussetzung „durch Rechtsgeschäft" fehlt. Eine Sondervorschrift entsprechend § 324 UmwG besteht nicht. Folglich kommt es bei der Umwandlung der Vor-GmbH in eine GmbH zu keinem (weiteren) Betriebs(teil) übergang im arbeitsrechtlichen Sinne, vgl. LAG Berlin-Brandenburg, 20.7.2007 – 6 Sa 680/07, NZA-RR 2007, 626 (1.2.1.3); Reinhard, jurisPR-ArbR 50/2007 Anm. 1; vgl. auch BAG, 20.6.2002 – 8 AZR 459/01, AP InsO § 113 Nr. 10 (II 4).

792 Die Verlustdeckungshaftung der Gesellschafter aus dem Gründungsstadium geht bei erfolgreicher Eintragung in das Handelsregister in der Vorbelastungshaftung der Gesellschafter (beides Innenhaftung der Gesellschafter gegenüber der GmbH) auf, vgl. BGH, 9.3.1981 – II ZR 54/80, BGHZ 80, 129 (2). Zudem erlischt hinsichtlich der Verbindlichkeiten der Vorgesellschaft die Handelndenhaftung gemäß § 11 Abs. 2 GmbHG, vgl. BGH, 16.3.1981 – II ZR 59/80, BGHZ 80, 182 (1).

793 Vgl. Reinhard, jurisPR-ArbR 50/2007 Anm. 1.

794 BAG, 13.7.2006 – 8 AZR 305/05 – AP Nr. 312 zu § 613a BGB (II 1 b cc); so auch die Vorinstanz: LAG München, 12.5.2005 – 2 Sa 1098/04, BeckRS 2005 30464190 (I 2 b).

nach europäischem[795] als auch nach deutschem Recht im Informationsschreiben hinreichend deutlich und präzise gekennzeichnet werden. Das Informationsziel des ungeschriebenen Informationstatbestands „Gegenstand des Betriebsübergangs" liegt zum einen darin, die Arbeitnehmer des Veräußerers darüber in Kenntnis zu setzen, ob der von ihnen besetzte Arbeitsplatz überhaupt vom Übergang erfasst wird und auf den Erwerber übergeht oder nicht[796]. Zum anderen sollen die beim Veräußerer im „Restbetrieb" verbleibenden bzw. die beim Erwerber im aufnehmenden Betrieb beschäftigten Arbeitnehmer (vgl. § 2 D I 2) darüber informiert werden, welche Betriebseinheit im Zuge des Übergangs verloren bzw. gewonnen wird, um ihnen entsprechend des europarechtlichen Zwecks der Unterrichtung (vgl. § 2 B I) eine fundierte Entscheidung über den Verbleib bei ihrem jeweiligen Arbeitgeber zu ermöglichen.

Erforderlich und zugleich ausreichend ist, dass aus dem Unterrichtungsschreiben eindeutig hervorgeht, welche (teil)betriebliche Abteilung, Einheit bzw. welcher Bereich vom Veräußerer zukünftig nicht weiter betrieben wird und übergeben werden soll[797]. Das BAG sah bereits allgemeine Bezeichnungen des übergehenden Gegenstands wie „Bereich der Speisenversorgung"[798], „Fachklinik für Rehabilitation GmbH & Co. KG"[799], „Geschäftsbereich Field Service"[800] oder „Geschäftsbereich Consumer Imaging (CI)"[801] für ausreichend an. Es genügen nach innerbetrieblichem Sprachgebrauch übliche Bezeichnungen[802]. Wird nicht das gesamte „Geschäftsgebiet" übertragen, sondern nur Teile hiervon (z.B. nur die deutschen Betriebe), muss auch dies im Unterrichtungsschreiben hinreichend deutlich zum Ausdruck kommen[803].

In der zuletzt zitierten Entscheidung des BAG wurde innerhalb des ungeschriebenen Informationstatbestands Gegenstand des Betriebsübergangs auch der fehlende Hinweis auf die Nichtübertragung von Schlüsselpatenten des übergehenden Betriebs angesprochen[804]. Soweit ersichtlich, behandelt die Literatur diesen Hinweis einstimmig innerhalb des Informationstatbestands des § 613a Abs. 5 Nr. 3 BGB,

---

Über diese Rechtsfrage bestand Streit zwischen den Parteien. Das entsprechende Beschlussverfahren wurde nicht fortgeführt. Gleichwohl verlangt das BAG eine Information über den Gegenstand des Betriebsübergangs. **A.A.** Grau, RdA 2007, 369, nach dem die Bezeichnung der übergehenden Einheit nur für Fälle des Betriebsteilübergangs Relevanz haben soll.

795 Sagan, ZIP 2011, 1644.

796 Vgl. Arens/Düwell, in: Arens/Düwell/Wichert, Umstrukturierung, § 7 Rn. 279; WHSS/Willemsen, Rn. G 216.

797 BAG, 13.7.2006 – 8 AZR 305/05 – AP Nr. 312 zu § 613a BGB (II 1 b cc).

798 BAG, 13.7.2006 – 8 AZR 303/05, AP Nr. 311 zu § 613a BGB (II 2 a).

799 BAG, 13.7.2006 – 8 AZR 305/05 – AP Nr. 312 zu § 613a BGB (II 1 b cc); LAG München, 12.5.2005 – 2 Sa 1098/04, BeckRS 2005 30464190 (I 2 b).

800 BAG, 14.12.2006 – 8 AZR 763/05, AP Nr. 318 zu § 613a BGB (II 1 b cc).

801 BAG, 20.3.2008 – 8 AZR 1016/06, NZA 2008, 1354 (II 3).

802 Wie hier: WHSS/Willemsen, Rn. G 216.

803 BAG, 23.7.2009 – 8 AZR 538/08, AP Nr. 10 zu § 613a BGB Unterrichtung (B I 2 b).

804 BAG, 23.7.2009 – 8 AZR 538/08, AP Nr. 10 zu § 613a BGB Unterrichtung (B I 2 b).

genauer bei den wirtschaftlichen Folgen[805]. Dies ist auch konsequent. In einer früheren Entscheidung hatte der entscheidende Senat die Nichtübertragung von Betriebsgrundstücken selbst unter Nr. 3 subsumiert[806]. In beiden Fällen geht es um den Verlust wesentlicher Aktiva des übergehenden Betriebs, die die Haftungsmasse schmälern. Es ist kein Grund dafür ersichtlich, die genannten Fälle unterschiedlich zu behandeln.

IV. Zeitpunkt des Betriebsübergangs (§ 613a Abs. 5 Nr. 1 BGB)

Vergleichsweise unproblematisch gestaltet sich die Unterrichtung über den Zeitpunkt bzw. den geplanten Zeitpunkt des Übergangs. Vorab ist darauf hinzuweisen, dass mit „Übergang" der Übergang des Betriebs oder Betriebsteils gemeint ist (vgl. § 2 D I 2 b)[807]. Dies ergibt sich aus dem systematischen Zusammenhang innerhalb des Art. 7 RL 2001/23/EG.

Im Unterrichtungsschreiben ist nicht das Datum des kausalen Rechtsgeschäfts (z.B. Kaufvertrag) anzugeben, sondern der datumsmäßige Zeitpunkt, ab dem der Betriebserwerber die tatsächliche arbeitstechnische Organisations- und Leitungsmacht über die wirtschaftliche Einheit in eigenem Namen ausüben kann[808]. Das bedeutet, dass der neue Inhaber tatsächlich über die konstitutiven Elemente des Betriebs selbst disponieren können muss[809].

Ist der kalendermäßige Stichtag des Übergangs bekannt, muss dieser angegeben werden. Ansonsten genügt es nach dem Wortlaut der Richtlinie und dem des deutschen Rechts, wenn der geplante Zeitpunkt angegeben wird. Ist der genaue Zeitpunkt des Übergangs im Zeitpunkt der Unterrichtung, z.B. wegen einer noch ausstehenden Zustimmung der Kartellbehörde oder aufgrund anderer vertraglicher Vorbedingungen (sog. „closing conditions"), noch offen, ist der anvisierte Zeitpunkt des Übergangs mitzuteilen[810]. Zu beachten ist, dass ein geplanter aber noch nicht feststehender Zeitpunkt als solcher im Unterrichtungsschreiben kenntlich gemacht werden muss. Ansonsten ist das Unterrichtungsschreiben fehlerhaft.

---

805 Vgl. Bittmann/Mujan, BB 2010, 578; Mestwerdt, in: Kündigungsschutzrecht, § 613a BGB Rn. 164; Staudinger/Annuß, § 613a BGB Rn. 28.

806 BAG, 31.1.2008 – 8 AZR 1116/06, AP Nr. 2 zu § 613a BGB Unterrichtung (B I 2).

807 **A.A.** HWK/Willemsen/Müller-Bonanni, § 613a BGB Rn. 323, nach denen der Übergang der Arbeitsverhältnisse gemeint sein soll.

808 Zu den Vorgängerrichtlinien: von Alvensleben, Betriebsübergang, 120; BAG, 26.3.1996 – 3 AZR 965/94, AP Nr. 148 zu § 613a BGB (B II 2); BAG, 18.3.1999 – 8 AZR 159/98, AP Nr. 189 zu § 613a BGB (II 4). Für § 613a Abs. 5 BGB u.a.: ErfK/Preis, § 613a BGB Rn. 66, 87; Hauck, Beil. NZA 18/2004, 19; Krügermeyer-Kalthoff/Reutershan, MDR 2003, 542; Nehls, NZA 2003, 823; Sayatz/Wolff, DStR 2002, 2040; Staudinger/Annuß, § 613a BGB Rn. 73, 270.

809 KR/Treber, § 613a BGB, Rn. 108c.

810 Vgl. Grobys, BB 2002, 727, Melot de Beauregard, BB 2006, 2587.

Die tatsächliche Übernahme der Leitungsmacht ist auch in den Fällen einer Gesamtrechtsnachfolge nach dem UmwG der maßgebliche Zeitpunkt und nicht etwa der Zeitpunkt der Eintragung ins Handelsregister (§ 20 Abs. 1 Nr. 1 UmwG)[811]. Die Eintragung selbst führt nicht zur Verwirklichung des Betriebsübergangstatbestands im Sinne des § 613a BGB. § 324 UmwG bildet eine reine Rechtsgrundverweisung. Die tatsächliche Leitungsmacht kann nach dem zugrunde liegenden Vertragswerk bereits vor der Eintragung ins Handelsregister durch vertragsgemäße Überlassung der Betriebsnutzung an den Betriebserwerber erfolgen. In solch einem Fall, ist dieser Zeitpunkt anzugeben[812]. Bestimmen die Übergangsvertragsparteien die Eintragung ins Handelsregister als maßgeblichen Zeitpunkt für die Übertragung der Dispositionsbefugnis, ist im Unterrichtungsschreiben darauf hinzuweisen, dass der Zeitpunkt des Betriebsübergangs von der Eintragung ins Handelsregister abhängt[813]. Der genaue Zeitpunkt der Eintragung liegt nicht im Machtbereich der Unterrichtungsverpflichteten und kann somit nicht exakt genannt werden. Insoweit genügt es, den geplanten Zeitpunkt des Übergangs anzugeben. Die Angabe des Datums des Antrags beim Handelsregister[814] oder sogar nur die Angabe des geplanten Datums der Anmeldung zur Eintragung[815] genügen allerdings nicht. Jene Daten nennen nicht den geplanten Zeitpunkt des Übergangs, der hier mit der Eintragung zusammenfallen soll. Stattdessen muss über den erfahrungsgemäß zu erwartenden Termin der Eintragung oder zumindest über einen ungefähren Zeitraum bis zur Eintragung unterrichtet werden[816]. Darüber hinaus ist zu verlangen, dass in der Unterrichtung die Unkenntnis über den genauen Zeitpunkt der Eintragung offenbart wird[817].

---

811 Dahms, Widerspruchsrecht, 83; Gussen, in: BeckOK R/G/K/U, § 613a BGB Rn. 146; Hohner, Unternehmensumwandlung, 79; KR/Treber, § 613a BGB, Rn. 108c.

812 Bauer/Göpfert/Haußmann/Krieger, Umstrukturierung, Teil 3 B Rn. 4; Dreher, in: Bernsau/Dreher/Hauck, § 613a BGB Rn. 155; KR/Treber, § 613a BGB, Rn. 108c.

813 Fehlt es gänzlich an einer Vereinbarung über den Zeitpunkt der Übernahme der Leitungsmacht, kann im Zweifel davon ausgegangen werden, dass der Erwerber zeitgleich mit dem Vollzug der Umwandlung die Leitungsmacht erlangen soll, so auch Dahms, Widerspruchsrecht, 83.

814 So Sayatz/Wolff, DStR 2002, 2040.

815 So Staudinger/Annuß, § 613a BGB Rn. 270.

816 Vgl. Hauck, Beil. NZA 18/2004, 23; Jaeger, ZIP 2004, 439; WHSS/Willemsen, Rn. G 233. Nach **a.A.** wird keine Mitteilung des ungefähren Zeitpunkts der Eintragung verlangt: Bauer/Göpfert/Haußmann/Krieger, Umstrukturierung, Teil 3 B Rn. 4; Gaul, Betriebs- und Unternehmensspaltung, § 11 Rn. 13; Staudinger/Annuß, § 613a BGB Rn. 270. Dahms, Widerspruchsrecht, 84, verlangt in diesen Fällen auch keine Unterrichtung über den (ungefähren) Zeitpunkt, weil es sich bei der Eintragung „nicht um einen von den Rechtsträgern selbst ‚geplanten' bzw. planbaren Zeitpunkt" handele.

817 Vgl. den Formulierungsvorschlag bei: Dreher, in: Bernsau/Dreher/Hauck, § 613a BGB Rn. 154.

V. Grund des Betriebsübergangs (§ 613a Abs. 5 Nr. 2 BGB)

Gemäß § 613a Abs. 5 Nr. 2 BGB muss im Unterrichtungsschreiben auch über den „Grund für den Übergang“ informiert werden. Der offene Wortlaut dieses Informationstatbestands eröffnet dem Rechtsanwender eine Vielzahl möglicher Auslegungen.

1. Rechtsgrund

Nach Ansicht des BAG soll mit „Grund“ in erster Linie die Angabe des Rechtsgrundes für den Betriebsübergang gemeint sein[818]. Anzugeben sei eine im Rechtsleben übliche Bezeichnung des dem Übergang des Betriebs(teils) zugrunde liegenden Rechtsgeschäfts zwischen Veräußerer und Erwerber (z.B. Kaufvertrag, Pachtvertrag, Mietvertrag, Umwandlung etc.)[819].

Liegt der Rechtsgrund des Betriebsübergangs in einer Umwandlung nach dem UmwG, verlangt das BAG keine umwandlungsrechtlich präzisen Angaben zur konkreten Art der Umwandlung kraft Rechtsgeschäfts (z.B. Teilvermögensübertragung). Dem Gericht genügte beispielsweise der Hinweis auf die „Übernahme des Vermögens von CI durch die A GmbH“ als hinreichende Bezeichnung des zugrunde liegenden Rechtsgeschäfts[820].

Des Weiteren müssen nach Ansicht des BAG die Vertragspartner der schuldrechtlichen Vereinbarung korrekt bezeichnet werden, auch und vor allem, wenn der Grund für den Übergang in einer schuldrechtlichen Vereinbarung des Veräußerers mit einem Dritten liegt. Dies ist in Fällen denkbar, in denen die erwerbende juristische Person in eine Konzernstruktur eingegliedert ist. In solch einem Fall würde nur dann ausreichend über den „Grund“ des Übergangs informiert, wenn die Konzernstruktur im Informationsschreiben offengelegt und auf die Vertragspartner des Rahmenvertrags (z.B. Veräußerer und Konzernmutter) unmissverständlich hingewiesen wird[821].

2. Weiterer Inhalt des Informationstatbestands

a) Ansichten in der Literatur

Einige Stimmen lehnen einen über den Rechtsgrund hinausgehenden Inhalt dieses Unterrichtungstatbestands ab[822]. Die unternehmerische Entscheidungsfreiheit

---

818 BAG, 13.7.2006 – 8 AZR 305/05, AP Nr. 312 zu § 613a BGB (II 1 b ee).

819 BAG, 13.7.2006 – 8 AZR 305/05, AP Nr. 312 zu § 613a BGB (II 1 b ee); BAG, 14.12.2006 – 8 AZR 763/05, AP Nr. 318 zu § 613a BGB (II 1 b ee).

820 BAG, 20.3.2008 – 8 AZR 1016/06, NZA 2008, 1354 (II 3). **A.A.** Trittin, in: Bachner/Köstler/Matthießen/Trittin, § 6 Rn. 97, der eine genaue Bezeichnung der Art der Umwandlung (z.B. Spaltung oder Verschmelzung) verlangt, diesen Hinweis aber den rechtlichen Folgen nach § 613a Abs. 5 Nr. 3 BGB zuordnet.

821 BAG, 23.7.2009 – 8 AZR 538/08, AP Nr. 10 zu § 613a BGB Unterrichtung (II 2 b).

822 Berkowsky, NZI 2002, 416; Gaul, Betriebs- und Unternehmensspaltung, § 11 Rn. 14; Grobys, BB 2002, 727; Huke, FA 2002, 265 f. und Fn. 24; Kania/Joppich, Festschrift

stehe insbesondere der Mitteilung einer detaillierten, womöglich mit betriebswirtschaftlichen Kennzahlen unterlegten Rechtfertigung entgegen[823]. Zudem wird die Komplexität einer durch eine Vielzahl von Faktoren bedingten unternehmerischen Entscheidung für einen Übergang des Betriebs(teils) gegen eine entsprechende Unterrichtungspflicht vorgebracht[824]. In der übrigen Literatur wird darüber gestritten, ob nach § 613a Abs. 5 BGB (auch) über die (tragenden) tatsächlichen/unternehmerischen/(betriebs)wirtschaftlichen Gründe/Motive/Beweggründe/

Erwägungen/Überlegungen für den Betriebsübergang bzw. für die Veräußerung des Betriebs nur aus Sicht des Veräußerers oder auch aus der des Erwerbers umfassend oder zumindest stich- bzw. schlagwortartig informiert werden muss[825].

---

für Wolfdieter Küttner, 387 f.; Maschmann, BB-Special 6 2006, 33; Schiefer/Worzalla, NJW 2009, 561; Worzalla, NZA 2002, 354; vgl. auch Mestwerdt, in: Kündigungsschutzrecht, § 613a BGB Rn. 160; LAG Düsseldorf, 6.10.2005 – 15 Sa 355/05 (II 1 b), BeckRS 2006, 40004; LAG München, 12.5.2005 – 2 Sa 1098/04, BeckRS 2005 30464190 (I 2 b).

823 Gaul, Betriebs- und Unternehmensspaltung, § 11 Rn. 14; Dreher, in: Bernsau/Dreher/Hauck, § 613a BGB Rn. 156; vgl. auch Huke, FA 2002, 265.

824 Vgl. LAG Düsseldorf, 6.10.2005 – 15 Sa 355/05 (II 1 b), BeckRS 2006, 40004; Grobys, BB 2002, 727.

825 APS/Steffan, § 613a BGB Rn. 208 [tragenden wirtschaftlichen Beweggründe/Motive des Veräußerers für Betriebs(teil)veräußerung]; Bachner/Gerhardt, Betriebsübergang, Rn. 129 A und Bachner, in: Kittner/Zwanziger/Deinert, Arbeitsrecht, § 96 Rn. 30d [„tragenden wirtschaftlichen Erwägungen für die Veräußerung des Betriebs(teils)"]; Franzen, RdA 2002, 265 [stichwortartige Beschreibung der betriebswirtschaftlichen Überlegungen des Informationsverpflichteten]; Grau, RdA 2007, 369 [„Doppelbegründung", d.h. zusätzliche Motivangaben auch aus der Sicht des Erwerbers, nicht erforderlich]; Hauck, Beil. NZA 18/2004, 23 [Motiv für den Betriebsübergang, schlagwortartige Schilderung der dem Übergang zu Grunde liegenden Umstände]; Hohenstatt/Grau, NZA 2007, 15 [„die zum Übergang führenden unternehmerischen Erwägungen"]; Hohner, Unternehmensumwandlung, 80 [„stichwortartige Beschreibung des wirtschaftlichen Beweggrundes" des Veräußerers]; HWK/Willemsen/Müller-Bonanni, § 613a BGB Rn. 319 [schlagwortartige Beschreibung der dem Betriebsübergang zu Grunde liegenden unternehmerischen Erwägungen]; Meyer, DB 2007, 858 [wirtschaftliche Konzept des neuen Arbeitgebers und Grund des alten Arbeitgebers für die Übertragung]; Nehls, NZA 2003, 823 f. [wirtschaftliche Motivation der beteiligten Unternehmen]; Staudinger/Annuß, § 613a BGB Rn. 272 [stichwortartige Beschreibung, „weshalb sich der bisherige Inhaber von der übergehenden wirtschaftlichen Einheit trennen möchte und welche Gründe den neuen Inhaber zu ihrer Übernahme veranlasst haben"]; Stuntz, jurisPR-ArbR 9/2006 Anm. 1 [„tatsächliche Beweggrund, das Motiv"]; Trittin, in: Bachner/Köstler/Matthießen/Trittin, § 6 Rn. 92 [umfassende Information über „alle Motive und Überlegungen der alten und neuen Inhaber"]; von Roetteken, jurisPR-ArbR 37/2005 Anm. 6 [wirtschaftlichen Gründe sowohl aus Sicht des veräußernden als auch aus der des übernehmenden Arbeitgebers]; Willemsen/Lembke, NJW 2002, 1162 und WHSS/Willemsen, Rn. G 215a [„schlagwortartige Schilderung der dem

b) Ansicht des BAG

Das BAG verlangt, dass dem Arbeitnehmer zumindest schlagwortartig jene unternehmerischen Gründe für den Betriebs(teil)übergang mitgeteilt werden, „die sich im Falle seines Widerspruchs auf den Arbeitsplatz auswirken können“[826]. Zur Begründung verweist das Gericht darauf, dass die Mitteilung des Rechtsgrundes allein nicht ausreichend sei, dem Sinn und Zweck der Unterrichtung gerecht zu werden[827]. Eine umfangreiche Begründung der unternehmerischen Maßnahme wird nicht gefordert[828]. Verlangt wird eine kurze Schilderung der Unternehmensentscheidung, des Unternehmens- bzw. Umorganisationskonzepts (Konzentration auf das Kerngeschäft, Einbringung in ein Joint-Venture zur Stärkung eines bestimmten Bereichs, Auftragsrückgang, Kostenminimierung, erhoffte Synergieeffekte, Aufgabe der Erwerbstätigkeit wegen Alters etc.). In einer späteren Entscheidung verlangt das BAG eine „schlagwortartige Schilderung der dem Betriebsübergang zugrunde liegenden Umstände“[829]. Eine inhaltliche Änderung soll hiermit angesichts des Verweises auf die frühere Rechtsprechung und dem Abstellen auf die Konzentration auf Kernkompetenzen wohl nicht verbunden sein.

Eine wichtige Einschränkung liegt darin, dass den Arbeitnehmern die zur Ausgliederung veranlassenden wirtschaftlichen Gründe im Unterrichtungsschreiben nicht – auch nicht schlagwortartig – mitgeteilt werden müssen[830]. Das BAG differenziert demnach zwischen Gründen für den Betriebs(teil)übergang an sich und für die konkrete Art der Durchführung des Übergangs, also vor allem für den gewählten Rechtsgrund (z.B. Kaufvertrag oder Umwandlung im Wege einer Ausgliederung). Eine Begründung oder die Darstellung der Motivlage hinsichtlich der konkreten Durchführung einer Transaktion (z.B. Gründe für Verpachtung statt Verkauf) werden nicht verlangt.

Dem BAG genügte als ausreichende Grundlage für die Widerspruchsentscheidung schon eine Mitteilung, wonach der Veräußerer selbst den Betrieb „aus wirtschaftlichen Gründen“ stilllegt und an den Erwerber verpachtet[831]. Als ausreichend

---

Betriebsübergang zugrunde liegenden Transaktion“; „Einordnung der Transaktion in den wirtschaftlichen Kontext der beteiligten Unternehmen“]; Wulff, AiB 2002, 594 f. [wirtschaftliche oder unternehmenspolitische Gründe].

826 BAG, 13.7.2006 – 8 AZR 303/05, AP Nr. 311 zu § 613a BGB (II 2 a); BAG, 13.7.2006 – 8 AZR 305/05, AP Nr. 312 zu § 613a BGB (II 1 b ee); so auch ErfK/Preis, § 613a BGB Rn. 87.

827 BAG, 13.7.2006 – 8 AZR 305/05, AP Nr. 312 zu § 613a BGB (II 1 b ee); zuvor schon: Hauck, Beil. NZA 18/2004, 23.

828 So auch Cohnen, in: Moll, Arbeitsrecht, § 55 Rn. 27 [„restriktiv zu verstehen“]; Grau, RdA 2007, 369; Hohenstatt/Grau, NZA 2007, 15.

829 BAG, 10.11.2011 – 8 AZR 430/10, AP Nr. 15 zu § 613a BGB Unterrichtung (B II 3 c aa).

830 BAG, 14.12.2006 – 8 AZR 763/05, AP Nr. 318 zu § 613a BGB (II 1 b ee).

831 Vgl. BAG, 13.7.2006 – 8 AZR 305/05, AP Nr. 312 zu § 613a BGB (II 1 b ee); so auch schon die Vorinstanz: LAG München, 12.5.2005 – 2 Sa 1098/04, BeckRS 2005 30464190 (I 2 b). Vgl. aber auch LAG Düsseldorf, 6.10.2005 – 15 Sa 355/05, BeckRS

hat das BAG auch die „rechtsgeschäftliche Fremdvergabe der Küchenleistungen" wegen gestiegener Kosten des Gesundheitswesens erachtet[832]. Als Beschreibung des unternehmerischen Grundes genügte, dass man sich von „Nichtkernkompetenzen" trennen wolle[833]. Ebenfalls ausreichend sei die Information des Veräußerers darüber, dass zwar die Dienstleistungsverträge nach Übergang bei ihm verbleiben, die Dienstleistungen selbst aber zukünftig durch den Erwerber erbracht und alle Vermögensgegenstände auf diesen übertragen werden[834]. Auch durch die Information, dass ein Geschäftsbereich rechtlich verselbständigt und anschließend veräußert wird, soll der Informationspflicht bereits Genüge getan sein[835].

Der Rechtsprechung des BAG lässt sich (indirekt) entnehmen, welches Informationsziel mit dem Relativsatz „die sich im Falle seines Widerspruchs auf den Arbeitsplatz auswirken können" verfolgt wird. Dem BAG geht es offenbar darum, dass die widerspruchsberechtigten Arbeitnehmer darüber in Kenntnis gesetzt werden, ob nach dem Übergang beim bisherigen Betriebsinhaber noch Arbeitsplätze verbleiben, die sie nach ihrem Widerspruch würden einnehmen können[836]. Mit anderen Worten soll den widerspruchsberechtigten Arbeitnehmern im Informationsschreiben mitgeteilt werden, ob nach dem Widerspruch beim bisherigen Arbeitgeber noch eine Möglichkeit zur Weiterbeschäftigung besteht. Will der Veräußerer den Betriebsteil beispielsweise veräußern, um sich auf seine Kernkompetenzen zu konzentrieren, kann der zu diesem Betriebsteil gehörende Arbeitnehmer erkennen, ob seine Qualifikationen in Zukunft noch beim Veräußerer gefragt sein werden oder nicht. Aufgrund des genannten Informationsziels verlangt das BAG wohl auch keine Mitteilung der Motive des neuen Betriebsinhabers für den Betriebsübergang. Aus ihnen ließen sich keine Rückschlüsse für die Weiterbeschäftigungsmöglichkeiten beim bisherigen Inhaber gewinnen.

In der Entscheidung vom 23. Juli 2009 fordert das BAG im Rahmen der Information über den Grund für den Übergang Angaben über bzw. eine Darstellung von den zwischen Betriebsveräußerer und Betriebserwerber abgeschlossenen

2006, 40004, wonach diese Angabe „letztlich doch nichtssagend" sei. In diese Richtung auch Melot de Beauregard, BB 2006, 2587, der den Mehrwert dieser Information als „fraglich" bezeichnet.

832 BAG, 13.7.2006 – 8 AZR 303/05, AP Nr. 311 zu § 613a BGB (II 2 a).

833 BAG, 10.11.2011 – 8 AZR 430/10, AP Nr. 15 zu § 613a BGB Unterrichtung (B II 3 c aa).

834 BAG, 14.12.2006 – 8 AZR 763/05, AP Nr. 318 zu § 613a BGB (II 1 b ee). Am Ende des betreffenden Informationsschreibens wurde den übergehenden Arbeitnehmern zudem noch unmissverständlich mitgeteilt, dass ihr Arbeitsplatz bei der Veräußerin mit der Übertragung des Betriebsteils wegfällt.

835 BAG, 20.3.2008 – 8 AZR 1016/06, NZA 2008, 1354 (II 3); BAG, 24.7.2008 – 8 AZR 202/07, AP Nr. 352 zu § 613a BGB (B I 3 e).

836 Vgl. BAG, 13.7.2006 – 8 AZR 305/05, AP Nr. 312 zu § 613a BGB (II 1 b ee); BAG, 14.12.2006 – 8 AZR 763/05, AP Nr. 318 zu § 613a BGB (II 1 b ee); BAG, 20.3.2008 – 8 AZR 1016/06, NZA 2008, 1354 (II 3).

schuldrechtlichen Vereinbarungen[837]. Unklar ist, ob das BAG hiermit nur andere Worte für die Beschreibung des Rechtsgrundes gewählt hat, oder ob hiermit eine Erweiterung des nach § 613a Abs. 5 Nr. 2 BGB geforderten Informationsinhalts verbunden sein soll. Als „entscheidend" wertete das Gericht jedenfalls die Falschangabe hinsichtlich der Vertragspartner. Die Angabe der Vertragspartner kann als Konkretisierung des Rechtsgrundes verstanden werden. Das BAG belässt es jedoch nicht bei dieser Feststellung. Stattdessen erkennt das Gericht im Rahmen der Prüfung von § 613a Abs. 5 Nr. 2 BGB Unzulänglichkeiten bei der Beschreibung des Gegenstands des Betriebsübergangs und bei allgemeinen Angaben zur Durchführung der Transaktion[838]. Zunächst erwähnt das BAG im Rahmen der Prüfung der Nr. 2, dass nicht – wie im Unterrichtungsschreiben suggeriert wurde – das gesamte Geschäftsgebiet und gewisse Schlüsselpatente auf den Erwerber übertragen wurden. Insoweit soll dies „auch" eine unzutreffende Information über den Gegenstand des Betriebsübergangs bedeuten[839]. Das Wort „auch" könnte als Argument dafür herhalten, dass die genannten Informationsgegenstände eben auch zur Nr. 2 zu zählen sind. Eine entsprechende Auslegung stünde jedoch in Widerspruch mit der bisherigen Rechtsprechung des BAG. Danach musste über den Gegenstand des Betriebsübergangs nicht innerhalb der Nr. 2, sondern nach einem eigenen ungeschriebenen Informationstatbestand unterrichtet werden (vgl. § 2 J III 2). Die gemeinsame Abhandlung durch das BAG könnte sich aus den aufeinander aufbauenden Informationszielen des ungeschriebenen und des in Nr. 2 formulierten Informationstatbestands und der Nähe zum Rechtsgrund des Übergangs (z.B. Kaufvertrag zwischen X und Y über den Betrieb Z) erklären.

Hinsichtlich der fehlenden Information zur Nichtübertragung der Schlüsselpatente ist folgendes zu bedenken: Nach der bisherigen Rechtsprechung subsumiert das BAG die Pflicht zur Unterrichtung über den Verlust wesentlicher Aktiva des übergehenden Betriebs, die die Haftungsmasse schmälern, nicht unter § 613a Abs. 5 Nr. 2 BGB, sondern unter Nr. 3[840]. Es ist kein Grund dafür ersichtlich, warum die Information über die Nichtübertragung von Schlüsselpatenten einem anderen Informationstatbestand unterfallen sollte als die Nichtübertragung von Betriebsgrundstücken. Nach der bisherigen Rechtsprechung des BAG wäre dieser Informationsgegenstand daher weder im Rahmen des „Gegenstandes des Betriebsüberganges" noch beim „Grund für den Übergang" zu verorten[841].

---

837 BAG, 23.7.2009 – 8 AZR 538/08, AP Nr. 10 zu § 613a BGB Unterrichtung (II 2). Den sog. „BenQ-Fällen" lag eine relativ komplexe Transaktionsstruktur zugrunde, vgl. den Tatbestand von LAG München, 17.4.2008 – 4 Sa 1063/07, ArbuR 2008, 226.

838 BAG, 23.7.2009 – 8 AZR 538/08, AP Nr. 10 zu § 613a BGB Unterrichtung (II 2 b).

839 BAG, 23.7.2009 – 8 AZR 538/08, AP Nr. 10 zu § 613a BGB Unterrichtung (B II 2 b).

840 BAG, 31.1.2008 – 8 AZR 1116/06, AP Nr. 2 zu § 613a BGB Unterrichtung (B I 2).

841 Auch Staudinger/Annuß, § 613a BGB Rn. 281 und Bittmann/Mujan, BB 2010, 578, behandeln die Rechtsprechung des BAG zur Nichtübertragung von Schlüsselpatenten innerhalb des Informationstatbestands von § 613a Abs. 5 Nr. 3 BGB (wirtschaftliche Folgen).

Neben den Aussagen zum Gegenstand des Betriebsübergangs enthält die Entscheidung auch noch Korrekturen in Bezug auf Ausführungen der Verfasser des Unterrichtungsschreibens zur konkreten Durchführung der Transaktion. Das BAG hat in seinen Ausführungen den Nachweis erbracht, dass die Darstellungen zur Durchführung der Transaktion im Unterrichtungsschreiben ungenau, unvollständig und unzutreffend waren. Ob über die aufgeführten Details der Transaktion im Unterrichtungsschreiben überhaupt hätte unterrichtet werden müssen, lässt sich der Entscheidung nicht mit Gewissheit entnehmen.

Eine Ausdehnung des Informationstatbestands der Nr. 2 durch das BAG über das bisherige Maß, zeichnet sich derzeit nicht ab. Ein entsprechender Wille hätte in der hier behandelten Entscheidung deutlicher zum Ausdruck kommen müssen. Auch die Literatur nimmt bisher keine inhaltliche Ausweitung der Unterrichtungspflicht an[842]. Es bleibt allerdings abzuwarten, wie sich die Rechtsprechung des BAG in Zukunft entwickeln wird.

c) Ansichten des LAG München und des LAG Düsseldorf

Das LAG München und das LAG Düsseldorf nahm die unklare BAG-Rechtsprechung[843] zum Anlass, den Informationstatbestand des § 613a Abs. 5 Nr. 2 BGB bedenklich weit auszudehnen.

aa) LAG München

Das LAG München hatte u.a. in zahlreichen „BenQ-Fällen" über die Anforderungen an ein ordnungsgemäßes Unterrichtungsschreiben zu befinden.

Die 4., die sich ihr anschließende 7. und die fast identisch argumentierende 6. Kammer des LAG München, verlangen, im Widerspruch zur Rechtsprechung des BAG[844], dass sich die unternehmerischen Überlegungen des Veräußerers für den vollständigen Verkauf einer Geschäftssparte (im Fall ging es um das Mobiltelefongeschäft) dem Unterrichtungsschreiben wenigstens andeutungsweise entneh-

---

842 Vgl. Grau, AE 2010, 132; Jacobsen/Menke, NZA-RR 2010, 394; Lingemann, NZA 2012, 546.

843 Es fehlt an einer Definition des „unternehmerischen Grundes" und des vom BAG angehängten Relativsatzes, „die sich im Falle seines Widerspruchs auf den Arbeitsplatz auswirken können".

844 BAG, 14.12.2006 – 8 AZR 763/05, AP Nr. 318 zu § 613a BGB (II 1 b ee), wonach über die Gründe für die konkrete Art der Durchführung der Transaktion (z.B. Verkauf) keine Unterrichtung gefordert wird. Den Widerspruch zur bisherigen Rechtsprechung betont auch: Dzida, NZA 2009, 643. Leider geht das BAG in der Revisionsentscheidung nicht näher auf die von der 4. Kammer des LAG München zum Umfang des § 613a Abs. 5 Nr. 2 BGB geäußerten Rechtsauffassung ein und verweist stattdessen auf seine Begründung in gleichgelagerten Fällen, die allerdings alle vom LAG Düsseldorf den Weg zum BAG fanden, vgl. BAG, 23.7.2009 – 8 AZR 357/08, AP Nr. 10 zu § 613a BGB Widerspruch (B I 2 a).

men lassen müssen[845]. Nach Ansicht der genannten Kammern sollen „atypische, bemerkenswerte Umstände" bei der Übertragung der Geschäftssparte eine „nähere Unterrichtungspflicht" im Rahmen des § 613a Abs. 5 Nr. 2 BGB hinsichtlich dieser Umstände und den Überlegungen des Veräußerers hervorrufen[846]. In den „BenQ-Fällen" wurde der Geschäftsbereich auf eine neu gegründete und mit einem vergleichsweise geringen Haftungskapital ausgestattete deutsche Tochtergesellschaft eines internationalen Konzerns übertragen, wobei der Veräußerer dem Erwerber einen bestimmten Betrag für die Bereitschaft, den Betrieb oder Betriebsteil zu übernehmen, gezahlt hat („negativer Kaufpreis"). Es bestehe ein Anspruch auf Kenntnis der Arbeitnehmer bezüglich der „Eckdaten der geplanten Transaktion"[847]. Später fordern die 3. und die sich ihr anschließende 4. Kammer des LAG München eine Information hinsichtlich der dem Übergang zu Grunde liegenden unternehmerischen Erwägungen, sofern die pauschale Bezeichnung des Rechtsgeschäfts (z.B. Kaufvertrag) aufgrund von Besonderheiten oder Abweichungen von der Normalgestaltung (z.B. „negativer Kaufpreis") die rechtlichen oder wirtschaftlichen Grundlagen des Geschäfts unzureichend beschreiben oder sogar verschleiern[848]. In diesen Fällen müssten die rechtlichen und wirtschaftlichen Hintergründe aufgezeigt werden, also z.B. über einen „negativen Kaufpreis" unterrichtet werden. Egal ob nun von atypischen Umständen oder von unzutreffenden bzw. verschleiernden

845 LAG München, 17.4.2008 – 4 Sa 1063/07, ArbuR 2008, 226 (II 3 b bb (1)) [„mittelbar oder im Umkehrschluss oder wenigstens konkludent"]; LAG München, 9.10.2008 – 4 Sa 412/08, LAGE § 613a BGB 2002 Nr. 23 (II 5 b); LAG München, 29.4.2008 – 7 Sa 986/07, BeckRS 2009, 61875 (II); LAG München, 27.2.2009 – 6 Sa 457/08, n.v. (II 2 b cc bbb (2)). Das betreffende Unterrichtungsschreiben enthielt lediglich den Hinweis, dass die „Aktivitäten" vollständig auf den Erwerber übertragen werden und damit die Arbeitsplätze beim Veräußerer entfallen.

846 LAG München, 17.4.2008 – 4 Sa 1063/07, ArbuR 2008, 226 (II 3 b bb (3)); LAG München, 29.4.2008 – 7 Sa 986/07, BeckRS 2009, 61875 (II).

847 Vgl. im Einzelnen LAG München, 29.4.2008 – 7 Sa 986/07, BeckRS 2009, 61875 (II): Übertragung des Geschäftsbereichs als Teil eines mit der Konzernmutter vereinbarten Veräußerungspakets; wesentliche Vermögenswerte (Patent- und Markenrechte sowie Ausgleichszahlungsverpflichtungen aus der Auflösung von Pensionsrückstellungen) fließen der Konzernmutter und nicht der Erwerberin zu; Erwerbergesellschaft im Zeitpunkt der Unterrichtung noch nicht gegründet („gesellschaftsrechtliche Basis"); geringe Kapitalausstattung der Erwerberin in Höhe von € 50.000,00. Die 3. Kammer des LAG München hält es sogar für geboten, dass die Notwendigkeit der Restrukturierung des übergehenden Bereichs, des hierfür benötigten Aufwands und der diesbezüglichen Erfolgsaussichten nach § 613a Abs. 5 Nr. 2 BGB im Unterrichtungsschreiben mitgeteilt werden, vgl. LAG München, 19.9.2008 – 3 Sa 128/08, BeckRS 2009, 63350 (2 a).

848 LAG München, 16.7.2009 – 3 Sa 214/09, BeckRS 2009, 72968 (I 1 b bb); LAG München, 20.8.2009 – 4 Sa 19/09, BeckRS 2009, 74521 (II 1 a bb (2)). Die 4. Kammer nimmt dabei keine Stellung zu der Frage, in welchem Verhältnis diese Rechtsprechung zu ihrer früheren Kammerrechtsprechung stehen soll.

Abweichungen von der Normalgestaltung ausgegangen wird, die Frage, inwiefern derartige besondere Umstände der Transaktion die unternehmerischen Erwägungen des Veräußerers für den Verkauf seiner Geschäftssparte (andeutungsweise) mitteilen, wird vom LAG München nicht beantwortet.

Derart ungewöhnliche Umstände der Transaktion würden die übergehenden Arbeitnehmer zwar nicht unmittelbar berühren, aber (in ihrer Gesamtheit) die Arbeitsplatzsicherheit der übergehenden Arbeitnehmer erheblich gefährden und somit einen entscheidenden Faktor für die Widerspruchsentscheidung darstellen[849]. Die 4., 6. und 8. Kammer verweisen sogar ausdrücklich auf die Entscheidung des BAG zu § 613a Abs. 5 Nr. 3 BGB[850], wonach die Unterrichtungspflicht ausnahmsweise auch Informationen bezüglich gewisser Umstände zur wirtschaftlichen Lage des Erwerbers (dort als mittelbare Folgen des Betriebsübergangs behandelt) beinhalten könne[851].

Schließlich sei an dieser Stelle noch erwähnt, dass in der Frage der Zuordnung der genannten Informationsgegenstände zwischen den Kammern des LAG München keineswegs Einigkeit herrscht. Zwar übernimmt die 11. Kammer des LAG München wortwörtlich und die 2. Kammer fast wortwörtlich[852] die Argumentation der 7. Kammer, behandelt die Information über die genannten Umstände allerdings innerhalb der Prüfung des § 613a Abs. 5 Nr. 3 BGB (wirtschaftliche Folgen)[853]. Auch die 5. Kammer des LAG München verlangt mit kleinen Nuancen eine Information hinsichtlich gewisser Eckdaten der Transaktion, verortet diese allerdings auch im Rahmen der Nr. 3[854]. Einige dieser Kammern gehen sogar so weit, dass über (gewisse) Umstände der Transaktion gleichzeitig auch eine Unterrichtung innerhalb des § 613a Abs. 5 Nr. 2 BGB erfolgt[855]. Die 3. Kammer wählt schließlich einen Mittelweg

---

849 LAG München, 29.4.2008 – 7 Sa 986/07, BeckRS 2009, 61875 (II). Vgl. auch LAG München, 1.7.2008 – 8 Sa 26/08, BeckRS 2009, 63348 (II 1 b cc); LAG München, 16.7.2009 – 3 Sa 214/09, BeckRS 2009, 72968 (I 1 b bb); LAG München, 20.8.2009 – 4 Sa 19/09, BeckRS 2009, 74521 (II 1 a bb (2)).

850 BAG, 31.1.2008 – 8 AZR 1116/06, AP Nr. 2 zu § 613a BGB Unterrichtung (B I 2).

851 LAG München, 17.4.2008 – 4 Sa 1063/07, ArbuR 2008, 226 (II 3 b aa und bb (3)); LAG München, 27.2.2009 – 6 Sa 457/08, n.v. (II 2 b cc bbb (1)); LAG München, 1.7.2008 – 8 Sa 26/08, BeckRS 2009, 63348 (II 1 b cc).

852 Die 2. Kammer verlangt zudem noch die Mitteilung, in welcher Höhe der Erwerberin von der Veräußerin Mittel zugeflossen sind, vgl. LAG München, 26.6.2008 – 2 Sa 959/07, BeckRS 2009, 67643 (II 1 a).

853 LAG München, 4.6.2008 – 11 Sa 48/08, BeckRS 2009, 67632 (II 1 a cc); LAG München, 26.6.2008 – 2 Sa 959/07, BeckRS 2009, 67643 (II 1 a).

854 Die 5. Kammer fordert zusätzlich, dass die Unterrichtung das Missverhältnis zwischen den Belastungen aus der Vertragsgestaltung für die Erwerberin einerseits und der sich hieraus ergebenden Vorteile andererseits aufdeckt, vgl. LAG München, 25.6.2008 – 5 Sa 993/07, BeckRS 2009, 63345 (b).

855 LAG München, 25.6.2008 – 5 Sa 993/07, BeckRS 2009, 63345 (c) [„deshalb auch"]; LAG München, 26.6.2008 – 2 Sa 959/07, BeckRS 2009, 67643 (II 1 b) [„aus ähnlichen Gründen", Verweis auf Ausführungen zu Nr. 3].

und will die Information über die besonderen Umstände teilweise der Nr. 2, teilweise der Nr. 3 zuordnen[856].

bb) LAG Düsseldorf

Neben dem LAG München wurde auch das LAG Düsseldorf in zahlreichen „BenQ-Fällen" angerufen[857]. Anders als das LAG München stellt das LAG Düsseldorf zunächst fest, dass nach der Rechtsprechung des BAG die Mitteilung der wirtschaftlichen Gründe nicht gefordert sei. Allerdings will das Gericht aus der Rechtsprechung des BAG eine Pflicht zur Unterrichtung hinsichtlich der Durchführung (das „wie") der Ausgliederung eines Geschäftsbereichs im Rahmen des § 613a Abs. 5 Nr. 2 BGB ablesen[858].

Im Ergebnis gleichen sich die Ansichten des LAG München und des LAG Düsseldorf wieder an. Ob nun über gewisse Umstände, Eckdaten oder Details zur Durchführung der Transaktion informiert werden muss, führt zu keinem nennenswerten Unterschied in der geforderten Reichweite der Informationspflicht. Es überrascht daher nicht, dass auch das LAG Düsseldorf die nicht unerhebliche Verringerung der verbleibenden Haftungsmasse des übergehenden Betriebsteils als eine Tatsache ansieht, über die unterrichtet werden müsse, weil sie das „wie" der Ausgliederung betreffe. „Dazu" hätte es noch eines Hinweises auf die Neugründung der Erwerberin und wohl auch auf deren geringes Haftungskapital in Höhe von € 50.000,00 bedurft[859]. Das wirtschaftliche Potenzial des Betriebserwerbers sei zwar grundsätzlich nicht Gegenstand der Unterrichtungspflicht, dem Unterrichtungsschreiben müssten jedoch die mittelbaren Folgen der Ausgliederung eines Geschäftsbereichs hinsichtlich der Gefährdung der wirtschaftlichen Absicherung für die übergehenden Arbeitnehmer deutlich entnommen werden können, insbesondere wenn die Arbeitsplatzsicherheit beim Betriebserwerber gefährdet sei[860]. Wie schon das LAG München verweist auch das LAG Düsseldorf in diesem Zusammenhang im Rahmen der Prüfung von § 613a Abs. 5 Nr. 2 BGB auf die Entscheidung des BAG zu Nr. 3[861].

3. Stellungnahme

a) Keine Pflicht zur Unterrichtung über den Rechtsgrund

Die Rechtsprechung des BAG, wonach auch über den Rechtsgrund unterrichtet werden muss, stößt in der Literatur weit überwiegend auf Zustimmung. Unstreitig,

856 LAG München, 19.9.2008 – 3 Sa 128/08, BeckRS 2009, 63350 (2 a und b).

857 LAG Düsseldorf, 29.4.2008 – 6 Sa 148/08, 6 Sa 1809/07, 6 Sa 2199/07, 6 Sa 2252/07 und 6 Sa 2256/07; LAG Düsseldorf, 5.8.2008 – 6 Sa 345/08, 6 Sa 469/08 und 6 Sa 488/08, LAG Düsseldorf, 19.8.2008 – 6 Sa 851/08.

858 LAG Düsseldorf, 29.4.2008 – 6 Sa 1809/07, NZA-RR 2008, 625 (III 2 b), mit Hinweis auf BAG, 14.12.2006 – 8 AZR 763/05.

859 LAG Düsseldorf, 29.4.2008 – 6 Sa 1809/07, NZA-RR 2008, 625 (III 2 b).

860 LAG Düsseldorf, 29.4.2008 – 6 Sa 1809/07, NZA-RR 2008, 625 (III 2 b).

861 BAG, 31.1.2008 – 8 AZR 1116/06, AP Nr. 2 zu § 613a BGB Unterrichtung (B I 2).

wie teilweise behauptet[862], ist sie aber nicht. Entgegen der Rechtsprechung und großen Teilen der Literatur verlangt § 613a Abs. 5 Nr. 2 BGB keine Unterrichtung über den Rechtsgrund für den Betriebsübergang. Diese Rechtsprechung kann sich weder auf eine (quasi-)richtlinienkonforme Auslegung des § 613a Abs. 5 Nr. 2 BGB berufen noch ist sie aufgrund einer teleologischen Auslegung geboten.

Was unter „Grund" zu verstehen ist, muss in erster Linie anhand des dem § 613a Abs. 5 Nr. 2 BGB zugrunde liegenden Art. 7 Abs. 6 Spiegelstrich 2 RL 2001/23/ EG bestimmt werden. Zwar ist in der deutschen Sprachfassung ebenfalls schlicht von „Grund für den Übergang" die Rede, als weiterführend erweist sich jedoch der Blick auf die übrigen Sprachfassungen der Richtlinie. Zutreffend wurde schon früh darauf hingewiesen, dass sich die Auslegung des Begriffs „Grund" als Rechtsgrund nicht mit den anderen Sprachfassungen der Richtlinie verträgt[863]. Die englische Sprachfassung spricht von „reason for the transfer", die französische von „motif de transfert", die italienische von "motivi del trasferimento", die spanische von "motivos del traspaso" und die portugiesische von "motivos de transferência". All diese Formulierungen sprechen für eine rein tatsächliche Implikation des Begriffs „Grund".

Eine rechtliche Implikation des Begriffs könnte sich allenfalls durch eine teleologische Auslegung des § 613a Abs. 5 Nr. 2 BGB ergeben. Es ist aber schon nicht erkennbar, worin in der Angabe des Rechtsgrundes (Kaufvertrag, Pachtvertrag oder Umwandlung) ein Informationsgewinn für die vom Übergang betroffenen Arbeitnehmer liegen soll. Im Gegenteil, mitunter sind die genannten Bezeichnungen sogar geeignet, Fehlvorstellungen bei den Arbeitnehmern hervorzurufen. Vereinbaren z.B. Veräußerer und Erwerber, dass der Veräußerer dem Erwerber einen erheblichen Betrag für seine Bereitschaft, den Betrieb oder Betriebsteil zu übernehmen, zahlt (sog. negativer Kaufpreis), wird die Bezeichnung „Kaufvertrag" als das dem Übergang des Betriebs(teils) zugrunde liegenden Rechtsgeschäfts zu Recht als „irreführend" und somit fehlerhaft angesehen[864]. Der Vertragstypus „Kaufvertrag" lässt eine Gegenleistung des Erwerbers für den Erwerb des Betriebs(teils) erwarten und nicht eine „Draufgabe" des Verkäufers an den Käufer für die Freistellung von bestehenden bzw. drohenden Verbindlichkeiten. In diesen Fällen handelt es sich nicht mehr um einen (reinen) Kaufvertrag[865].

---

862 Vgl. u.a. Kania/Joppich, Festschrift für Wolfdieter Küttner, 387.

863 Dahms, Widerspruchsrecht, 88; Franzen, RdA 2002, 265; Staudinger/Annuß, § 613a BGB Rn. 272.

864 So jedenfalls LAG München, 26.6.2008 – 2 Sa 959/07, BeckRS 2009, 67643 (II 1 b). Auch das BAG wirft die Frage auf, ob es sich im Falle eines „negativen Kaufpreises" um einen atypischen Vertrag sui generis handelt, mit der Folge, dass die Bezeichnung „Kaufvertrag" als falsch zu werten wäre, konnte diese Frage jedoch letztlich offenlassen, weil bereits die Vertragspartner falsch angegeben wurden, vgl. BAG, 23.7.2009 – 8 AZR 538/08, AP Nr. 10 zu § 613a BGB Unterrichtung (B II 2 b).

865 Vgl. BAG, 23.7.2009 – 8 AZR 538/08, AP Nr. 10 zu § 613a BGB Unterrichtung (B II 2 b), wo die Frage aufgeworfen wird, ob es sich im Falle eines „negativen

Richtig ist, dass es einen „erheblichen Unterschied“ für die Rechtsfolgen der Arbeitnehmer macht, ob dem Betriebsübergang eine Einzel- oder Gesamtrechtsnachfolge zugrunde liegt[866]. Über die konkreten rechtlichen und tatsächlichen Folgen des Übergangs für die Arbeitnehmer muss aber nicht nach § 613a Abs. 5 Nr. 2 BGB, sondern nach Nr. 3 unterrichtet werden[867]. Folglich ist auch nicht erkennbar, wie diese Information die vom Übergang betroffenen Arbeitnehmer bei ihrer Entscheidung über ihren Verbleib im Betrieb und speziell die übergehenden Arbeitnehmer bei ihrer Widerspruchsentscheidung unterstützen soll[868].

Dieses Auslegungsergebnis wird bestätigt, vergleicht man es mit der Rechtslage zu § 111 BetrVG, der kollektivrechtlichen „Schwestervorschrift“ des § 613a Abs. 5 BGB. Die Angabe eines Rechtsgrundes für den Betriebsübergang wird hier von niemandem verlangt, obwohl § 111 BetrVG für den Fall, dass der Betriebsübergang mit einer Betriebsänderung einhergeht, im Lichte des wortlautidentischen Art. 7 Abs. 1 RL 2001/23/EG auszulegen ist. Stattdessen wird nur die Information des Betriebsrats über die (wirtschaftlichen und sozialen) Gründe und Motive für die Betriebsänderung verlangt[869].

b) Pflicht zu einer schlagwortartigen Wiedergabe der Motive des Betriebsveräußerers und des Betriebserwerbers für den Betriebsübergang

Die soeben genannten Sprachfassungen der Richtlinie führen zu der Auslegung, dass über die Motive für den Betriebsübergang unterrichtet werden muss[870]. Nach richtiger Ansicht ist sowohl über die Motive des Veräußerers für die Veräußerung als auch über die des Erwerbers für den Erwerb des Betriebs(teils) zu unterrichten. Eine Beschränkung dergestalt, dass nur über die Motive des Veräußerers und nicht

---

Kaufpreises“ um einen atypischen Vertrag sui generis handelt. Das BAG konnte diese Frage jedoch offenlassen, weil bereits die Vertragspartner falsch angegeben wurden.

866 Vgl. Trittin, in: Bachner/Köstler/Matthießen/Trittin, § 6 Rn. 97. Dies gilt insbesondere in Bezug auf eine eventuelle Haftung. Bei einer Verschmelzung (§§ 2 ff. UmwG) geht das gesamte Vermögen auf den übernehmenden Rechtsträger über (§ 20 Abs. 1 Nr. 1 UmwG), so dass eine breitere Haftungsgrundlage zur Verfügung steht, als z.B. bei einer Verpachtung.

867 Veränderungen bei der Haftungsgrundlage und folglich der Bonität des Arbeitgebers können sich als mittelbare Folgen des Übergangs für die Arbeitnehmer äußern, vgl. hierzu § 2 J VII 2 a bb.

868 Im Ergebnis wie hier: Franzen, RdA 2002, 265; Staudinger/Annuß, § 613a BGB Rn. 272.

869 Vgl. u.a. Oetker, in: GK-BetrVG, § 111 BetrVG Rn. 177; WHSS/Schweibert, Rn. C 145.

870 Auf die englische und französische Sprachfassung abstellend: Hohenstatt/Grau, NZA 2007, 15 Fn. 21; auf die englische Fassung hinweisend: Zwanziger, in: Kittner/Däubler/Zwanziger, KSchR, § 613a BGB Rn. 60.

auch über die Motive des Erwerbers unterrichtet werden muss, ist mit den Richtlinienvorgaben nicht vereinbar. Der Wortlaut des Art. 7 Abs. 1 und 6 RL 2001/23/EG grenzt die Unterrichtung nicht auf die Motive des Veräußerers oder auf die des Erwerbers ein. Beide Arbeitgeber sind verpflichtet, über „den Grund für den Übergang" zu unterrichten. Auch der europarechtliche Zweck der Unterrichtung (vgl. § 2 B I) widerspricht einer personalen Eingrenzung. Sowohl für die übergehenden Arbeitnehmer als auch für die übrigen vom Übergang betroffenen Arbeitnehmer können die Motive des Betriebserwerbers für den Erwerb des Betriebs(teils) von erheblicher Bedeutung bei ihrer Widerspruchsentscheidung[871] bzw. bei ihrer Entscheidung über ihre weitere berufliche Zukunft bei ihrem Arbeitgeber sein. Durch die Zusammenschau der Motive des Veräußerers und des Erwerbers erhalten die vom Übergang betroffenen Arbeitnehmer ein realistischeres Bild über die Chancen und die Risiken des Verbleibs bei ihrem jeweiligen Arbeitgeber nach dem Betriebsübergang.

Die weitere Eingrenzung des BAG auf eine stich- bzw. schlagwortartige Wiedergabe der Motive ist europarechtskonform. Zum einen steht das europarechtliche Effektivitätsgebot einer inhaltlich zu weitgehenden Auslegung der deutschen Unterrichtungspflicht entgegen. Eine umfassende Darlegung des unternehmerischen Konzepts mitsamt der Kalkulationsgrundlagen und den sonstigen betriebswirtschaftlichen Faktoren und der zum Übergang führenden Motive aus Sicht des Veräußerers und des Erwerbers, ist für die Arbeitnehmer weder von Nutzen noch ist sie den Arbeitgebern zumutbar[872]. Der Unternehmer entscheidet sich bewusst für eine aus mehreren möglichen unternehmerischen Handlungsmöglichkeiten. Die Einzelheiten, weshalb er sich für den Betriebsübergang entscheidet, sind mitunter äußerst komplex. Zudem ist die unternehmerische Entscheidung zukunftsbezogen und somit durch Prognosen und nicht justiziable Einschätzungen geprägt[873]. Aus Sicht der Arbeitnehmer birgt eine detaillierte Information die Gefahr einer Überfrachtung mit unnötigen Informationen in sich (vgl. § 2 I I). Eine lediglich schlagwortartige Beschreibung der unternehmerischen Motive verhindert eine derartige Überfrachtung und wird damit dem Informationsinteresse der Arbeitnehmer im Ergebnis besser gerecht. Zum anderen berührt eine detaillierte Darstellung der Motivationsgrundlagen die Arbeitgeber in ihren berechtigten Geheimhaltungsin-

871 **A.A.** LAG München, 12.5.2005 – 2 Sa 1098/04, BeckRS 2005 30464190 (I 2 b), die darauf hinweisen, dass die Beweggründe sehr subjektiv sein können und deshalb für die Widerspruchsentscheidung häufig keine wesentliche Entscheidungsgrundlage darstellen; Kania/Joppich, Festschrift für Wolfdieter Küttner, 387 f., nach denen die wirtschaftlichen Beweggründe für die Widerspruchsentscheidung „kaum von Belang" seien, wobei für den Wegfall des Veräußerers eine Ausnahme angenommen wird; Willemsen/Lembke, NJW 2002, 1162, nach denen die Kenntnis des Grundes regelmäßig nicht ausschlaggebend für die Ausübung des Widerspruchsrechts durch den Arbeitnehmer sei.

872 WHSS/Willemsen, Rn. G 215a; Willemsen/Lembke, NJW 2002, 1162.

873 BT-Drucks.15/5092, 11 (linke Spalte).

teressen. Die Gerichte sind verpflichtet, die berechtigten Geheimhaltungsinteressen der Arbeitgeber bei der Auslegung des geforderten Unterrichtungsumfangs im Rahmen einer Interessenabwägung mit den Informationsinteressen der Arbeitnehmer zu berücksichtigen (vgl. im Einzelnen § 2 I III 1).

c) Keine Pflicht zur Unterrichtung über „Eckdaten der Transaktion"

Der offene Wortlaut und die vergleichsweise unpräzise höchstrichterliche Rechtsprechung zum „Grund des Übergangs" haben bei einigen Gerichten zu einer bedenklichen Ausweitung der Informationspflicht nach § 613a Abs. 5 BGB geführt. Sowohl einige Kammern des LAG München als auch des LAG Düsseldorf verlangen im Rahmen des § 613a Abs. 5 Nr. 2 BGB Informationen zu bestimmten, als widerspruchserheblich angesehenen Eckdaten der Transaktion. Bei den geforderten Informationen handelt es sich um „Indiz[ien] für eine Gefährdung der Arbeitsplatzsicherheit der vom Übergang betroffenen Arbeitnehmer"[874]. Letztlich sollen dem Arbeitnehmer über die nach § 613a Abs. 5 Nr. 2 BGB mitzuteilenden Informationen Rückschlüsse auf die wirtschaftliche Lage des Erwerbers, dessen unternehmerische Perspektive und auf die eigene Arbeitsplatzsicherheit beim Erwerber ermöglicht werden[875]. Aus Sicht der Rechtsprechung des BAG spricht gegen eine derartige Ausweitung des mit der Nr. 2 verfolgten Informationsziels, dass bereits im Rahmen der Nr. 3 ausnahmsweise Details zur wirtschaftlichen Lage des Erwerbers zu berücksichtigen sind. Es ist kein Grund dafür ersichtlich, warum das BAG daneben auch noch im Rahmen der Nr. 2 derartige Informationen verlangen sollte[876]. Die bestehende Unsicherheit zeigt sich nicht zuletzt darin, dass einige Gerichte im Rahmen der Prüfung der Nr. 2 auf die zur Nr. 3 ergangene Rechtsprechung des BAG rekurrieren. Eine derartige Vermengung der Tatbestände von Nr. 2 und Nr. 3 ist abzulehnen. Sie überschreitet die noch zulässige Wortlautgrenze. Die geforderten „Eckdaten der Transaktion" lassen sich, auch bei einem sehr weiten Wortlautverständnis, nicht mehr unter den „Grund für den Übergang" fassen[877]. Egal ob nun über besondere atypische Umstände, Eckdaten oder Details zur Durchführung der Transaktion informiert werden soll, derartige Informationen bieten

---

874 LAG München, 19.9.2008 – 3 Sa 128/08, BeckRS 2009, 63350 (2 b), allerdings zu § 613a Abs. 5 Nr. 3 BGB.

875 LAG München, 17.4.2008 – 4 Sa 1063/07, ArbuR 2008, 226 (II 3 b bb (3)).

876 Vgl. aber BAG, 23.7.2009 – 8 AZR 538/08, AP Nr. 10 zu § 613a BGB Unterrichtung (B I 2 b), mit der unkommentierten Feststellung im Rahmen von § 613a Abs. 5 Nr. 2 BGB, dass die Nichtübertragung von Schlüsselpatenten nicht erwähnt wurde. Diese Vermengung von Nr. 2 und Nr. 3 könnte ihre Ursache aber darin haben, dass der Kläger eine Verletzung des Nr. 3 „allenfalls am Rande und konkludent rügt[e]", vgl. LAG München, 17.4.2008 – 4 Sa 1063/07, ArbuR 2008, 226 (II 3 c aa (1)).

877 Hohenstatt, AP Nr. 10 zu § 613a BGB Unterrichtung; ähnlich: Dzida, NZA 2009, 343. Im Ergebnis auch: APS/Steffan, § 613a BGB Rn. 208a [„überzogene Anforderungen"].

für sich genommen keinen Hinweis auf die unternehmerischen Erwägungen des Veräußerers bzw. des Erwerbers. Derartige Informationen gehören zur Basis der vorzunehmenden Prognose über die wirtschaftliche Entwicklung der Arbeitgeber und somit für die nach § 613a Abs. 5 Nr. 3 BGB mitteilungspflichtigen wirtschaftlichen Folgen des Übergangs für die Arbeitnehmer, insbesondere bezogen auf die Sicherheit ihrer Arbeitsplätze.

VI. Systematisierung von § 613a Abs. 5 Nr. 3 und Nr. 4 BGB

Bevor eine tatbestandliche Präzisierung der § 613a Abs. 5 Nr. 3 und Nr. 4 BGB vorgenommen werden kann, stellt sich die Frage nach dem Verhältnis der unterrichtungspflichtigen Folgen und Maßnahmen zueinander. Dabei ist die Klärung des Verhältnisses der Informationstatbestände zueinander nicht lediglich in dogmatischer Hinsicht von Interesse. Gewiss erscheinen Überschneidungen zwischen den einzelnen Informationstatbeständen auf den ersten Blick als unschädlich, beurteilt sich die Ordnungsgemäßheit der Unterrichtung doch allein danach, ob über alle geforderten Informationsgegenstände richtig und vollständig informiert wurde und nicht danach, welchen Regelungstatbeständen die einzelnen Gegenstände konkret zuzuordnen sind[878]. Erst auf den zweiten Blick wird erkennbar, dass Überschneidungen der einzelnen Informationskreise der Rechtssicherheit bei der Erstellung des Unterrichtungsschreibens abträglich sind. Erst die tatbestandliche Konkretisierung ermöglicht dem Rechtsanwender, vorab abstrakt zu prüfen, ob bestimmte Unterrichtungsgegenstände der Mitteilungspflicht unterliegen. Die tatbestandliche Konkretisierung setzt wiederum die Klärung des Verhältnisses der Tatbestände zueinander voraus. Zudem besitzt jeder Informationstatbestand individuelle Informationsgrenzen. Beispielsweise begrenzt das Erfordernis des in Aussicht nehmen einer Maßnahme die Informationspflicht nach § 613a Abs. 5 Nr. 4 BGB[879]. Die dogmatische Zuordnung der Informationsgegenstände zu dem einen oder zu dem anderen Tatbestand entscheidet folglich darüber, ob und wie tief gehend über einzelne Informationsgegenstände informiert werden muss und damit letztlich über den konkreten Umfang der Informationspflicht. Im Folgenden werden die bisherigen Stimmen zum Verhältnis von Nr. 3 und Nr. 4 in Literatur und Rechtsprechung zusammengefasst und kritisch gewürdigt. Schließlich wird ein eigener Vorschlag zur Systematisierung der beiden Unterrichtungstatbestände unterbreitet.

1. *Vorschläge aus dem Schrifttum*

a) Ansicht von Willemsen/Lembke

Die Informationstatbestände der Nr. 3 und Nr. 4 erinnern *Willemsen/Lembke* an die in Umwandlungsverträgen erforderlichen Pflichtangaben nach §§ 5 Abs. 1 Nr. 9, 126 Abs. 1 Nr. 11, 194 Abs. 1 Nr. 7 UmwG („Folgen für die Arbeitnehmer und ihre

878 Grau, Unterrichtung, 139.
879 Hierauf ebenfalls hinweisend: Hohenstatt/Grau, NZA 2007, 17.

Vertretungen" sowie der „insoweit vorgesehenen Maßnahmen"). Für die Auslegung der Tatbestände von Nr. 3 und Nr. 4 liege daher eine Orientierung an der umwandlungsrechtlichen Literatur nahe[880]. Willemsen vertritt für die genannten Umwandlungsvorschriften die Aufteilung der Folgen in Primär- und Sekundärfolgen[881]. Im Anschluss an diese Vorüberlegungen werden die Informationstatbestände von Nr. 3 und Nr. 4 und somit „Folgen" und „Maßnahmen" entsprechend der für das Umwandlungsrecht vertretenen Ansicht nicht getrennt voneinander behandelt. Stattdessen werden wirtschaftliche und soziale Folgen sowie die in Aussicht genommenen Maßnahmen zusammenhängend untersucht[882]. Nach Ansicht von *Willemsen/Lembke* unterfallen der Nr. 3 zunächst die unmittelbaren und konkreten subsumtionsfähigen (rechtlichen) Folgen[883]. Diese Folgen resultieren unmittelbar aus dem Übergang als solchem. In Parallelität zu der im Umwandlungsrecht verwendeten Terminologie wären sie als Primärfolgen zu bezeichnen[884]. Sekundärfolgen werden demgegenüber sowohl dem Tatbestand der Nr. 3 als auch dem der Nr. 4 zugeordnet. Im Rahmen der Nr. 3 sollen unter wirtschaftliche und soziale Folgen „auch mittelbare (Sekundär-)Folgen" fallen, die bereits konkret geplant sind[885] und nicht auf dem Übergang als solchem, sondern auf einem unternehmerischen Konzept beruhen[886]. Mit „in Aussicht genommenen Maßnahmen" nach Nr. 4 seien „solche (mittelbare) Folgen gemeint [...], hinsichtlich derer bereits eine konkret

---

880 Willemsen/Lembke, NJW 2002, 1162; WHSS/Willemsen, Rn. G 217; so auch APS/Steffan, § 613a BGB Rn. 209, nach dem jedenfalls im Grundsatz dieselben Erwägungen gelten. Vgl. auch Bauer/v. Steinau-Steinrück, ZIP 2002, 462, die aus einem Vergleich mit dem Begriff „Folgen" gemäß § 5 Abs. 1 Nr. 9 UmwG eine restriktive Auslegung herleiten wollen; Gaul, Betriebs- und Unternehmensspaltung, § 11 Rn. 15.

881 Vgl. im Einzelnen: WHSS/Willemsen, Rn. C 363 ff.

882 WHSS/Willemsen, Rn. G 223. Hierauf macht auch Lunk, RdA 2009, 49 Fn. 9, aufmerksam.

883 Willemsen/Lembke, NJW 2002, 1163; WHSS/Willemsen, Rn. G 219.

884 Willemsen/Lembke verwenden diesen Begriff in diesem Zusammenhang allerdings nicht.

885 WHSS/Willemsen, Rn. G 223, Fn. 958, zitiert hierbei eine Aussage des BAG („frühestens dann, wenn ein Stadium konkreter Planung erreicht ist") als Beleg dafür, dass über Sekundärfolgen nur insoweit unterrichtet werden müsse, als sie konkret geplant seien. Aus dem nächsten Satz („Dies kann aus dem Wortlaut der Nr. 3 [...] hergeleitet werden.") wird deutlich, dass die Aussage des BAG dem Tatbestand des § 613a Abs. 5 Nr. 3 BGB zugewiesen wird. Das BAG traf seine Aussage jedoch nicht zur Nr. 3, sondern zur Nr. 4, vgl. BAG, 13.7.2006 – 8 AZR 303/05, AP Nr. 311 zu § 613a BGB (II 2 c).

886 Willemsen/Lembke, NJW 2002, 1163; vgl. auch WHSS/Willemsen, Rn. G 223. Ähnlich: ErfK/Preis, § 613a BGB Rn. 88a; Hohner, Unternehmensumwandlung, 83; Sayatz/Wolff, DStR 2002, 2042. Vgl. auch APS/Steffan, § 613a BGB Rn. 213, der absehbare mittelbare Folgen, die sich aus den Planungen des Erwerbers ergeben, den wirtschaftlichen und sozialen Folgen zuordnet; Doublet, Verschmelzung von

verfestigte Absicht (Planung) des künftigen Inhabers besteht“[887]. Die sich nach dieser Auslegung zwangsläufig ergebenden Überschneidungen von Nr. 3 und Nr. 4 werden von *Willemsen/Lembke* erkannt, aber nicht weiter problematisiert[888].

b) Ansicht von Grau

Angelehnt an den Überlegungen von *Willemsen*[889] nimmt *Grau* im Regelungskonstrukt des § 613a Abs. 5 BGB eine abstrakte Systematisierung in (ir)relevante Primär- und Sekundärfolgen vor[890]. Auch er betrachtet dabei „Folgen“ nach Nr. 3 und „Maßnahmen“ nach Nr. 4 gemeinsam und fasst sie unter dem Oberbegriff „Auswirkungen des Übergangs für die Arbeitnehmer“ zusammen. Folgen und Maßnahmen seien wegen des weiten Verständnisses des Begriffs Maßnahmen teilweise kaum voneinander abgrenzbar[891]. Bloß mittelbare Auswirkungen würden nach der Gesetzessystematik nicht vom Folgenbegriff der Nr. 3 erfasst. Angesichts der unmittelbaren rechtlichen Folgen dürften unter wirtschaftliche und soziale Folgen „konsequenterweise“ auch keine mittelbaren Auswirkungen verstanden werden. Dem Gesetz sei kein Anhaltspunkt dafür zu entnehmen, dass rechtliche, wirtschaftliche und soziale Folgen hinsichtlich ihrer Reichweite inkongruent auszulegen seien[892].

Unter Primärfolgen versteht *Grau* einerseits Auswirkungen „kraft unmittelbaren rechtlichen oder tatsächlichen Zusammenhangs“ mit dem Übergang und andererseits Auswirkungen „kraft unmittelbaren Planungszusammenhangs“ mit dem hinter der Übertragung stehenden Gesamtkonzept[893]. Die zweite Gruppe weise trotz des Dazwischentretens von Umsetzungsentscheidungen eine mit der ersten Gruppe in ihrer Intensität vergleichbare unmittelbare Kausalbeziehung auf[894]. Primärfolgen sind nach dieser Terminologie nicht nur die Folgen des Übergangs selbst, sondern auch die Folgen des dem Übergang zugrunde liegenden Konzepts. Die

---

Unternehmen, 119, der konkret geplante mittelbare rechtliche Folgen der Nr. 3 zuordnet.

887 WHSS/Willemsen, Rn. G 223.

888 Willemsen/Lembke, NJW 2002, 1163; WHSS/Willemsen, Rn. G 223. Vgl. auch Trittin, in: Bachner/Köstler/Matthießen/Trittin, § 6 Rn. 101.

889 Vgl. die Hinweise bei Grau, Unterrichtung, 141, Fn. 415, 417, 420 und 437.

890 Grau, Unterrichtung, 139 ff.; sich anschließend: Wank, in: Handbuch zum Arbeitsrecht, § 102 Rn. 99.

891 Grau, Unterrichtung, 139.

892 Grau, Unterrichtung, 145. Beachte allerdings auch Grau, AE 2010, 134 f., wonach eine Informationspflicht in Bezug auf mittelbare wirtschaftliche Folgen wenigstens auf Fälle zu beschränken sei, in denen dem Veräußererbetrieb das gesamte Haftungskapital ohne werthaltige Gegenleistung entzogen wurde.

893 Grau, Unterrichtung, 141 ff.

894 Grau, Unterrichtung, 143 f.; vgl. auch Schnitker/Grau, BB 2005, 2240. Der Autor räumt ein, dass Willemsen/Lembke die Gruppe der „Primärfolgen kraft unmittelbaren Planungszusammenhangs“ als Sekundärfolgen bezeichnen würde, vgl. Grau, Unterrichtung, 142 ff. und Fn. 423.

erste Gruppe von Primärfolgen lasse sich durch Subsumtion unter die gesetzlichen Vorschriften bzw. durch einen Vergleich der tatsächlichen Arbeitsbedingungen in rechtlicher, wirtschaftlicher und sozialer Hinsicht vor und nach dem Übergang ermitteln[895]. Die zweite Gruppe umfasse Auswirkungen, die sich aus einer im Zeitpunkt der Unterrichtung bereits definitiven weiteren Entscheidung eines oder beider Arbeitgeber ergeben, sofern diese Entscheidung ihrerseits auf einem dem Betriebsübertragung zugrunde liegenden planerischen Gesamtkonzept beruht[896]. Über die erste Gruppe der Primärfolgen müsse ausschließlich nach Nr. 3 unterrichtet werden[897]. Die Zuordnung zu den rechtlichen, den wirtschaftlichen und den sozialen Folgen wird anhand einer Schwerpunktbetrachtung vorgenommen[898]. Auswirkungen durch weitere Entscheidungen, die in einem engen planerischen Gesamtzusammenhang zum Übertragungsvorgang stehen („Primärfolgen kraft unmittelbaren Planungszusammenhangs"), ordnet *Grau* nicht nur den Maßnahmen nach Nr. 4 zu, sondern sieht diese auch von den Folgen für die Arbeitnehmer nach Nr. 3 erfasst[899]. Die fehlende Trennung der Informationstatbestände von Nr. 3 und Nr. 4 und die daraus resultierenden Überschneidungen seien unschädlich[900].

Unter Sekundärfolgen fallen nach der Terminologie von *Grau* Auswirkungen, die im weiteren Planungszusammenhang mit dem Übergang stehen, sowie sonstige Sekundärfolgen. In die erste Gruppe der Sekundärfolgen werden mittelbare Auswirkungen des Übergangs gefasst, die auf weiteren Planungen der beteiligten Arbeitgeber hinsichtlich der Arbeitnehmer beruhen, im Zeitpunkt der Unterrichtung konkret in Aussicht genommen sind, aber keine enge Verknüpfung zum Gesamtkonzept der Betriebsübernahme aufweisen[901]. Diese mittelbaren Auswirkungen des Übergangs sollen nicht dem Unterrichtungstatbestand der Nr. 3, sondern ausschließlich dem der Nr. 4 unterfallen[902]. Sonstige Sekundärfolgen seien

895 Grau, Unterrichtung, 141 f.

896 Grau, Unterrichtung, 142. **A.A.** Willemsen/Lembke, NJW 2002, 1163, die Folgen, die auf einem Konzept beruhen, als mittelbar kausale Sekundärfolgen einordnen.

897 Grau, Unterrichtung, 142; vgl. auch Hohenstatt/Grau, NZA 2007, 17, nach denen unmittelbare Folgen des Betriebsübergangs, also Folgen, die keiner weiterführenden Planungsentscheidung der beteiligten Arbeitgeber bedürfen, Nr. 3 zugeordnet werden.

898 Grau, Unterrichtung, 150 und Fn. 440.

899 Grau, Unterrichtung, 143 f. Scheinbar widersprüchlich daher die Aussage bei Grau, Unterrichtung, 187 f., wonach „Primärfolgen des Übergangs" (allein?) dem Tatbestand der Nr. 3 unterfallen.

900 Grau, Unterrichtung, 144; Grau, AE 2010, 134; vgl. auch Schnitker/Grau, BB 2005, 2240.

901 Grau, Unterrichtung, 144 f.

902 Grau, Unterrichtung, 145 f. und Fn. 430: „Die Tatsache, dass Sekundärfolgen dem Unterrichtungstatbestand des § 613a Abs. 5 Nr. 3 BGB nicht unterfallen [...]". Vgl. auch Schnitker/Grau, BB 2005 2240 f.; Hohenstatt/Grau, NZA 2007, 17; Grau, RdA 2007, 370, wonach Sekundärfolgen des Betriebsübergangs, die sie als „Folgenbewältigungsmaßnahmen" bezeichnen, Nr. 4 unterfallen sollen. Als Beispiele werden

mittelbaren Auswirkungen, die nicht auf einer in Planungseinheit mit der Übertragung stehenden Entscheidung oder einer im Unterrichtungszeitpunkt konkret in Aussicht genommenen Maßnahme beruhen[903]. Für derart entfernte Folgewirkungen des Übergangs bestehe keine Unterrichtungspflicht.

c) Ansicht von Annuß

Nach Ansicht von *Annuß* werden vom Tatbestand der Nr. 3 keinerlei Sekundärfolgen, sondern ausschließlich Folgen, die sich unmittelbar aus dem Übergang als Rechtsträgerwechsel ergeben, erfasst[904]. Rechtliche Folgen, die sich aus einer mit dem Übergang im Zusammenhang stehenden Betriebsänderung[905] oder aus einem Verhalten Dritter bzw. des betroffenen Arbeitnehmers selbst (insbesondere seines Widerspruchs) ergeben, seien nicht von Nr. 3 erfasst[906]. *Annuß* verweist insoweit auf die Begründung des Regierungsentwurfs, in der nur unmittelbare Folgen beispielhaft erläutert werden[907]. Zudem zeige ein Vergleich zwischen Nr. 3 und Nr. 4, dass nach Nr. 3 keine Unterrichtung über bloß mögliche Folgen vorzunehmen sei. Gemeint sind aber wohl nur mögliche Rechtsfolgen, denn unter wirtschaftliche und soziale Folgen sollen auch „Eventualitäten" fallen, die sich „angesichts der Rahmenbedingungen bei gewöhnlichem Verlauf der Dinge infolge der mit dem Betriebs(teil)übergang herbeigeführten Änderungen ergeben" und „absehbar[...]" bzw. „feststehen oder konkret zu erwarten sind"[908].

In Abgrenzung zur Nr. 3 sollen die im Zusammenhang mit dem Übergang bestehenden Planungen allein von Nr. 4 erfasst werden[909]. Hierzu zählen auch die für den Fall etwaiger Widersprüche geplanten betriebsbedingten Kündigungen[910].

d) Ansicht von Dahms

Dahms vertritt die Ansicht, dass die rechtlichen Folgen eines Betriebsübergangs stets unmittelbare Folgen seien, wirtschaftliche und soziale Folgen könnten dagegen sowohl in unmittelbarer als auch in mittelbarer Form auftreten, wobei die

---

ein geplanter Personalabbau zur Realisierung von Synergieeffekten und geplante Kündigungen widersprechender Arbeitnehmer genannt. Ähnlich: LAG Hessen, 31.7.2006 – 16 Sa 2222/05, BeckRS 2007, 40030.

903 Grau, Unterrichtung, 147.

904 Staudinger/Annuß, § 613a BGB Rn. 273, 281; sich anschließend: MK/Müller-Glöge, § 613a BGB Rn. 108. Vgl. auch Fuhlrott/Ritz, BB 2012, 2692, die unter wirtschaftliche und soziale Folgen alle Änderungen zählen, „die aufgrund des Betriebsübergangs unmittelbare kausale Konsequenzen für die Arbeitsverhältnisses der betroffenen Arbeitnehmer haben".

905 Staudinger/Annuß, § 613a BGB Rn. 274.

906 Staudinger/Annuß, § 613a BGB Rn. 281.

907 Staudinger/Annuß, § 613a BGB Rn. 273.

908 Staudinger/Annuß, § 613a BGB Rn. 281.

909 Staudinger/Annuß, § 613a BGB Rn. 273.

910 Staudinger/Annuß, § 613a BGB Rn. 279.

mittelbaren wirtschaftlichen und sozialen Folgen diejenigen seien, die sich aufgrund von Maßnahmen nach Nr. 4 ergeben[911]. Der weite, aus dem Europarecht stammende Begriff der Maßnahme zwinge dazu, im Rahmen der Nr. 3 „auch über solche Folgen bzw. Veränderungen zu unterrichten, die aufgrund von Maßnahmen eintreten [...]"[912]. Aufgrund der systematischen Verknüpfung zwischen Nr. 3 und Nr. 4 sei über die rechtlichen, wirtschaftlichen und sozialen Folgen der Maßnahmen aber nur soweit zu unterrichten, wie auch über die Maßnahme als solche nach Nr. 4 zu unterrichten sei. Dabei stellt der Autor nach einer Abwägung der beteiligten Interessen auf die zu § 111 BetrVG entwickelten Anforderungen ab und verlangt im Ergebnis, dass ein Stadium der konkreten Planung erreicht sein muss. Ohne nähere Begründung sollen aber die Folgen von Maßnahmen zur Kompensation nachteiliger Veränderungen infolge des Betriebsübergangs von der Unterrichtungspflicht ausgenommen sein.

e) Weitere Ansichten

Die wirtschaftlichen und sozialen Folgen werden zum Teil noch als „speziellere Fallgruppen gegenüber dem Oberbegriff der rechtlichen Folgen" betrachtet[913]. Für eine Unterrichtungspflicht über Folgen wird daher ein Zusammenhang bzw. Bezug zu den konkreten Auswirkungen auf das Arbeitsverhältnis, also auf rechtlich relevante Folgen, gefordert[914]. Zur Begründung werden im Wesentlichen zwei Argumente angeführt: die in den Gesetzesmaterialien aufgezählten Beispiele würden alle einen derartigen Bezug aufweisen und das aus dem Rechtsstaatsprinzip fließende Bestimmtheitsgebot erfordere eine derartige Auslegung[915].

Ob dem Begriffspaar wirtschaftliche und soziale Folgen dann noch ein eigenständiger Anwendungsbereich verbleibt, wird – sofern diskutiert – unterschiedlich beurteilt. Teilweise wird ihm ein eigenständiger Anwendungsbereich abgesprochen[916]. Dagegen will *Granetzny* den Begriff rechtliche Folgen nur für die unmittelbaren rechtlichen Folgen verwenden. Der eigenständige Bedeutungsgehalt der

---

911 Dahms, Widerspruchsrecht, 92 f.

912 Dahms, Widerspruchsrecht, 94 ff.

913 Reinhard, NZA 2009, 65; sich anschließend: MK/Müller-Glöge, § 613a BGB Rn. 108. Granetzny, Informationspflichten, 66, 69, formuliert zurückhaltender und will aus den Gesetzesmaterialien nur eine Präferenz der rechtlichen Folgen ablesen.

914 Reinhard, NZA 2009, 65, 68; Granetzny, Informationspflichten, 66, 70. Auch Grobys, BB 2002, 728 und Kliemt/Teusch, Festschrift für Jobst-Hubertus Bauer, 544, fordern vom unterrichtungspflichtigen Umstand einen konkreten Bezug zum (übergehenden) Arbeitsverhältnis, ohne deshalb aber eine Begrenzung auf rechtliche Folgen auszusprechen.

915 Vgl. Bauer/v. Steinau-Steinrück, ZIP 2002, 463; Granetzny, Informationspflichten, 66, 70 f.

916 Bauer/v. Steinau-Steinrück, ZIP 2002, 463; vgl. auch Giesen, JbArbR 46 (2008), 52, der sich dafür ausspricht § 613a Abs. 5 Nr. 3 BGB auf „rechtlich fassbare" Folgen zu beschränken.

wirtschaftlichen und sozialen Folgen liege dagegen in der Erfassung der mittelbaren rechtlichen Folgen des Betriebsübergangs[917]. Dies seien Folgen, die aus einem „außerhalb des Arbeitsverhältnisses befindlichen, externen Umstand" resultieren und sich notwendig als rechtliche Konsequenzen darstellen[918]. Mittelbare Folgen des Übergangs, die auf eine konkret geplante Maßnahme zurückgehen und die die Arbeitnehmer ohne weiteres selbständig aufgrund der mitgeteilten Maßnahme ableiten können, sollen dagegen weder Nr. 3 noch Nr. 4 unterfallen[919]. Gleiches gelte grundsätzlich auch für Folgen aus nicht konkret geplanten Maßnahmen[920].

2. *Hinweise zu einer sich abzeichnenden Systematisierung in der BAG-Rechtsprechung*

Der achte Senat des BAG unterscheidet formal zwischen den rechtlichen Folgen auf der einen und den wirtschaftlichen und sozialen Folgen auf der anderen Seite[921]. Inhaltlich gehören zu den rechtlichen Folgen „zunächst die sich unmittelbar aus dem Betriebsübergang als solchem ergebenden Rechtsfolgen"[922]. Hinsichtlich der wirtschaftlichen und sozialen Folgen ging das BAG bereits im Jahre 2005 davon aus, dass hiermit „Sekundärfolgen" gemeint seien[923]. Durch das Voranstellen des Wortes „mittelbar" in einer späteren Entscheidung hat das BAG klargestellt, dass mit Sekundärfolgen mittelbare Folgen des Übergangs gemeint sind[924]. Nach jüngsten Äußerungen des BAG „gehören zu den wirtschaftlichen Folgen iSd. § 613a Abs. 5 Nr. 3 BGB solche Veränderungen, die sich nicht als rechtliche Folge unmittelbar den Bestimmungen von § 613a Abs. 1 bis Abs. 4 BGB entnehmen lassen."[925]. Beispielsweise könne der Unternehmenskaufvertrag im Einzelfall als

917 Granetzny, Informationspflichten, 70 f.

918 Granetzny, Informationspflichten, 73 f. Eine genauere Zuordnung auf eine bestimmte Alternative der Nr. 3 nimmt der Autor nicht vor.

919 Granetzny, Informationspflichten, 72.

920 Eine Ausnahme soll aber für die Folgen der Widerspruchsausübung in Frage kommen.

921 Diese Unterscheidung wird beispielsweise in der Gliederung der Entscheidungsgründe deutlich bei: BAG, 14.12.2006 – 8 AZR 763/05, AP Nr. 318 zu § 613a BGB (II 1 b ff und gg).

922 BAG, 20.3.2008 – 8 AZR 1016/06, NZA 2008, 1354 (B II 4 a).

923 BAG, 24.5.2005 – 8 AZR 398/04, AP Nr. 284 zu § 613a BGB (II 2 b): „die Ausführungen [...], sie sei überzeugt, mit der S einen guten Vertragspartner gefunden zu haben und die Erfahrung von deren Geschäftsführer biete beste Voraussetzungen für eine erfolgreiche Fortführung des Reparaturservicebetriebs, [könnte] als Unterrichtung über die wirtschaftlichen Folgen des Betriebsübergangs anzusehen sein".

924 BAG, 13.7.2006 – 8 AZR 303/05, AP Nr. 311 zu § 613a BGB (II 2 b bb (1)). In BAG, 13.7.2006 – 8 AZR 305/05, AP Nr. 312 zu § 613a BGB (II 1 b ff (1)) verweist das Gericht auf diese Entscheidung und spricht statt von Sekundärfolgen von „mittelbare[n] Folgen".

925 BAG, 10.11.2011 – 8 AZR 430/10, AP Nr. 15 zu § 613a BGB Unterrichtung (B II 3 a).

Vertrag zugunsten Dritter ausgelegt werden und somit wirtschaftliche Folgen für die Arbeitnehmer nach sich ziehen[926].

Unklar ist, ob das BAG die Möglichkeit mittelbarer rechtlicher bzw. unmittelbarer wirtschaftlicher und sozialer Folgen des Übergangs von vornherein ausschließt oder hierüber bisher lediglich nicht entscheiden musste. Die vorgenannte Rechtsprechung legt jedoch die Vermutung nahe, dass das BAG wirtschaftliche und soziale Folgen als mittelbare Folgen und rechtliche Folgen als unmittelbare Folgen des Übergangs ansieht[927].

Was das Verhältnis von Nr. 3 und Nr. 4 anbelangt, hat das BAG laut darüber nachgedacht, die Kündigung einer Prämienregel durch den Erwerber den sozialen Folgen des Übergangs zuzuordnen[928]. Zudem muss nach Ansicht des BAG über eine im Falle eines Widerspruchs drohende Kündigung und etwaige dem Arbeitnehmer dann zustehende Sozialplanansprüche als mittelbare Folge nach Nr. 3 unterrichtet werden, sofern diese in Betracht kommen[929]. Dies sei der Fall, wenn der Arbeitgeber im Zeitpunkt der Unterrichtung plant, im Falle des Widerspruchs mehrerer Arbeitnehmer ein Interessenausgleichsverfahren durchzuführen und einen Sozialplan abzuschließen oder er zum Interessenausgleich aufgrund der Anzahl der Arbeitnehmer gesetzlich verpflichtet ist[930]. Das BAG trennt in diesen Fällen nicht immer klar zwischen den rechtlichen Folgen einerseits und den wirtschaftlichen

926 BAG, 10.11.2011 – 8 AZR 430/10, AP Nr. 15 zu § 613a BGB Unterrichtung (B II 3 c gg). Zu beachten ist, dass von der Charakterisierung als wirtschaftliche bzw. soziale Folge die Frage der Mitteilungspflicht zu trennen ist. Im konkreten Fall verneinte das BAG eine Pflicht zur Unterrichtung mit der Begründung, dass die Unterrichtungspflicht keine individuelle Rechtsberatungspflicht darstelle. Es genüge die Offenlegung der bestehenden Vereinbarungen, wodurch es den Arbeitnehmern ermöglicht werde, eigene Nachforschungen anzustellen.

927 So jedenfalls Kania/Joppich, Festschrift für Wolfdieter Küttner, 389; Kliemt/Teusch, Festschrift für Jobst-Hubertus Bauer, 539. Vgl. auch KR/Treber, § 613a BGB Rn. 108e, der den Begriff „Sekundärfolgen“ als Synonym für die tatsächlichen wirtschaftlichen und sozialen Folgen verwendet. Für Reinhard, NZA 2009, 65, sind die wirtschaftlichen und sozialen Folgen nach der Rechtsprechung des BAG allerdings nur „insbesondere“ Sekundärfolgen.

928 BAG, 24.5.2005 – 8 AZR 398/04, AP Nr. 284 zu § 613a BGB (II 2 b).

929 BAG, 24.5.2005 – 8 AZR 398/04, AP Nr. 284 zu § 613a BGB (II 2 b); BAG, 13.7.2006 – 8 AZR 303/05, AP Nr. 311 zu § 613a BGB (II 2 b bb (1)). Zuvor bereits Hohner, Unternehmensumwandlung, 87. Zustimmend: Arens/Düwell, in: Arens/Düwell/Wichert, Umstrukturierung, § 7 Rn. 289. Bezogen auf die Möglichkeit betriebsbedingter Kündigungen zustimmend: Doublet, Verschmelzung von Unternehmen, 120 ff.; KR/Treber, § 613a BGB, Rn. 108e. Bezogen auf Sozialplanansprüche zustimmend: ErfK/Preis, § 613a BGB Rn. 88a; Zwanziger, in: Kittner/Däubler/Zwanziger, KSchR, § 613a BGB Rn.61; Reinhard, NZA 2009, 65. Nach Ansicht von APS/Steffan, § 613a BGB Rn. 210, ist der Hinweis auf eventuelle betriebsbedingte Kündigungen im Falle eines Widerspruchs „ratsam“. Giesen, JbArbR 46 (2008), 50, hält die Frage der Informationspflicht über eventuelle betriebsbedingte Kündigungen nach der Rechtsprechung des BAG für „offen“.

930 BAG, 13.7.2006 – 8 AZR 303/05, AP Nr. 311 zu § 613a BGB (II 2 b bb (2)).

und sozialen Folgen andererseits. So ordnete das BAG die mittelbaren Folgen im Falle eines Widerspruchs zunächst in die Kategorie der mittelbaren wirtschaftlichen und sozialen Sekundärfolgen des Betriebsübergangs ein[931]. Später behandelte das BAG – unter Verweis auf die frühere Entscheidung – die mittelbaren Folgen im Falle eines Widerspruchs im Zusammenhang mit den rechtlichen Folgen des Betriebsübergangs und prüft die wirtschaftlichen und sozialen Folgen unter einem eigenen Gliederungspunkt[932]. Die Literatur hat dies teilweise zum Anlass genommen, die Information über die Folgen des Widerspruchs als mittelbare rechtliche Folgen des Betriebsübergangs zu qualifizieren[933], obwohl diese Kategorie in der Rechtsprechung des BAG bisher nicht aufgetaucht ist. Klar ist, dass Sozialplanansprüche nach Ansicht des BAG dem Unterrichtungstatbestand der Nr. 3 unterfallen. Der Sozialplan selbst und der Interessenausgleich werden demgegenüber als Maßnahmen hinsichtlich der Arbeitnehmer dem Tatbestand der Nr. 4 zugeordnet. Maßnahmen seien frühestens dann in Aussicht genommen, wenn im Zeitpunkt der Unterrichtung ein Stadium konkreter Planung erreicht ist[934].

3. Eigener Vorschlag zur Systematisierung

a) Abgrenzung von § 613a Abs. 5 Nr. 3 und 4 BGB

aa) Maßnahmen im Sinne von § 613a Abs. 5 Nr. 4 BGB

Eine Definition der „Maßnahme" enthält die RL 2001/23/EG nicht. Man könnte daran denken, dass die Unterrichtungspflicht auf Maßnahmen, die dem (sozialen) Ausgleich der Nachteile des Betriebsübergangs dienen, beschränkt sei[935]. Allerdings wird in Ziffer 3 der Leitkriterien zur Anwendung der Richtlinie des Rates 77/187/

---

931 BAG, 13.7.2006 – 8 AZR 303/05, AP Nr. 311 zu § 613a BGB (II 2 b bb (1)).

932 In BAG, 14.12.2006 – 8 AZR 763/05, AP Nr. 318 zu § 613a BGB, werden die mittelbaren Folgen im Falle eines Widerspruchs im Rahmen der rechtlichen Folgen (II 1 b ff; Rn. 36) und die wirtschaftlichen und sozialen Folgen separat angesprochen (II 1 b gg). Auch in BAG, 20.3.2008 – 8 AZR 1016/06, NZA 2008, 1354, werden die mittelbaren Folgen im Falle eines Widerspruchs im Rahmen der rechtlichen Folgen angesprochen (II 5 a). In BAG, 10.11.2011 – 8 AZR 430/10, AP Nr. 15 zu § 613a BGB Unterrichtung (B II 3 c ff), werden die „Folgen eines Widerspruchs" im Zusammenhang mit der Information über das Widerspruchsrecht angesprochen, welches wiederum Teil der Information über die rechtlichen Folgen ist.

933 Vgl. Reinhard, NZA 2009, 65 und ErfK/Preis, § 613a BGB Rn. 88a, nach denen die Folgen des Widerspruchs zu den „mittelbaren rechtlichen Folgen" bzw. „mittelbare[n] Rechtsfolgen" zählen. Es seien Folgen der Widerspruchserklärungen, die sich wiederum als Folge des Übergangs selbst darstellen. Insofern sei „eine Kausalkette noch hinreichend erkennbar"; wohl auch Grau, AE 2010, 133. **A.A.** Doublet, Verschmelzung von Unternehmen, 137 ff., der die Folgen des Widerspruchs als mittelbare soziale Folgen betrachtet.

934 BAG, 13.7.2006 – 8 AZR 303/05, AP Nr. 311 zu § 613a BGB (II 2 c).

935 So Meier, Informationspflichten, 45, der unter Maßnahmen nur die „sozialverträgliche Umsetzung" des Betriebsübergangs verstehen will.

EWG vom 14.2.1992[936] die „Verringerung der Belegschaft" ausdrücklich als Beispiel für eine Maßnahme genannt. Zudem spricht die Entstehungsgeschichte der ursprünglichen Betriebsübergangsrichtlinie gegen eine derartige Beschränkung[937]. Für sie diente der (nicht umgesetzte) Vorschlag einer Richtlinie des Rates zur Harmonisierung der Rechtsvorschriften der Mitgliedstaaten über die Wahrung von Ansprüchen und Vergünstigungen der Arbeitnehmer bei Gesellschaftsfusionen, Betriebsübertragungen sowie Unternehmenszusammenschlüssen[938] als Vorbild[939]. In Art. 8 Abs. 1 S. 1 und 2 des Richtlinienvorschlags und in seiner Begründung ist von einer Information über die „rechtlichen, wirtschaftlichen und sozialen Auswirkungen auf die Arbeitnehmer" und „außerdem" über die „ihnen gegenüber zu ergreifende[n]" bzw. „für sie geplanten Maßnahmen" die Rede. Der Vergleich zur Formulierung in Art. 2 Abs. 2 RL 75/129/EWG (sog. Massenentlassungsrichtlinie) in der Fassung der Änderungsrichtlinie 92/56/EWG[940] zeigt, dass der europäische Richtliniengeber, hätte er eine Beschränkung auf soziale Begleitmaßnahmen gewollt, dies deutlich im Wortlaut zum Ausdruck gebracht hätte. Dort heißt es, dass sich die Konsultationen u.a. auf die Möglichkeit erstrecken müssen, die Folgen der Massenentlassung zu mildern, „und zwar durch soziale Begleitmaßnahmen". Auch der deutsche Gesetzgeber sah bei der Umsetzung der Richtlinie in das deutsche Recht von einer Beschränkung auf Ausgleichsmaßnahmen ab, obwohl er im Umwandlungsrecht eine entsprechende Formulierung vorgefunden hätte[941].

Stattdessen sprechen sowohl der Wortlaut als auch das mit der Richtlinie verfolgte Ziel für eine weite Auslegung des Begriffs Maßnahme. Schon früh wurde „jegliche vom Arbeitgeber bewusst oder unbewusst herbeigeführte Änderung der wirtschaftlichen, rechtlichen oder sozialen Situation der Arbeitnehmer im Betrieb oder Unternehmen, die sich nicht unerheblich zum Nachteil der Arbeitnehmer auswirken kann", als Maßnahme im Sinne von Art. 7 RL 2001/23/EG bezeichnet[942].

---

936 Abgedruckt (ohne Anhänge II-IV und ohne Fußnoten) in: ZTR 1998, 8 ff.

937 **A.A.** Meier, Informationspflichten, 45.

938 Abgedruckt in: RdA 1975, 124 ff.

939 von Alvensleben, Betriebsübergang, 98 ff.

940 ABl. Nr. L 245 vom 26.8.1992, 3 ff.

941 Vgl. z.B. § 5 Abs. 1 Nr. 9 UmwG: „die Folgen der Verschmelzung für die Arbeitnehmer und ihre Vertretungen sowie die insoweit vorgesehenen Maßnahmen".

942 Zu den Vorgängerrichtlinien: von Alvensleben, Betriebsübergang, 121; vgl. auch Nowak, EWG-Richtlinie, 121; Rademacher, Der Europäische Betriebsrat, 58; Oetker, NZA 1998, 1194. Zur RL 2001/23/EG: Bauer/Göpfert/Haußmann/Krieger, Umstrukturierung, Teil 3 B Rn. 14; Grau, Unterrichtung, 62, 186 f.; Franzen, RdA 2002, 265; Hohenstatt/Grau, NZA 2007, 17; Lembke/Oberwinter, ZIP 2007, 313; Schnitker/Grau, BB 2005, 2240. **Kritisch**: Maschmann, BB-Special 6 2006, 34, der durch diese Definition ein Verschwimmen der Grenzen des Informationstatbestands befürchtet. **A.A.** Meier, Informationspflichten, 44 f.

Dieser Begriffsbestimmung von Maßnahmen kann mit gewissen Einschränkungen und Präzisierungen zugestimmt werden. Unzutreffend ist die Beschränkung im letzten Halbsatz auf lediglich objektiv nachteilige Auswirkungen. Der Begriff „Maßnahme“ ist für sich genommen neutral[943]. Gegenteiliges folgt auch nicht aus den anderen fremdsprachigen Textfassungen des Art. 7 Abs. 6 Spiegelstrich 4 RL 2001/23/EG (Englisch:„any measures“; Französisch: „des mesures“). Die Unterrichtung über positive Maßnahmen entspricht auch der Zielsetzung des Art. 7 Abs. 1, Abs. 6 RL 2001/23/EG, die u.a. darin liegt, den vom Übergang betroffenen Arbeitnehmern eine Entscheidungsgrundlage für den Verbleib bei ihrem Arbeitgeber nach dem Betriebsübergang zu liefern (vgl. § 2 B I). Schließlich wird in den deutschen Gesetzesmaterialien als Beispiel für eine Maßnahme ebenfalls eine positive Maßnahme (Weiterbildungsmaßnahme im Zusammenhang mit geplanten Produktionsumstellungen[944]) genannt. Positive Maßnahmen stellen sich als sozialer Ausgleich und Kompensation für die durch den Betriebsübergang eintretenden nachteiligen Änderungen für die Arbeitnehmer dar[945].

Richtig ist die Beschränkung auf Maßnahmen, die zu erheblichen Änderungen führen. Zum einen verhindert die Beschränkung auf derartige Kerninformationen ein „information overload“ bei den Arbeitnehmern (vgl. § 2 I I). Zum anderen handelt es sich unterhalb dieser Schwelle um keine wesentliche Information, die die Arbeitnehmer für ihre Entscheidung über den Verbleib bei ihrem Arbeitgeber benötigen (vgl. § 2 I II 2).

Einer Präzisierung bedarf der Ausdruck „vom Arbeitgeber“. Maßnahmen gehen ihrem Begriffsverständnis nach von einem Subjekt aus und sind vom Handeln einer Person abhängig[946]. Nur wer einen subjektiven Entscheidungs- und Gestaltungsspielraum innehat, kann auch eine Maßnahme treffen[947]. Die Maßnahme kann entweder durch den Veräußerer oder durch den Erwerber in Aussicht genommen sein[948]. Zwar wird in Teilen der Literatur vertreten, dass nur Maßnahmen des

---

943 LAG Düsseldorf, 4.7.2007 – 7 (18) Sa 416/06, LAGE § 613a BGB 2002 Nr. 12 (A II 2 a); LAG Düsseldorf, 18.01.2007 – 5 Sa 1062/06, LAGE § 613a BGB 2002 Nr. 11 (II 1.3); LAG Düsseldorf, 25.8.2006 – 7 (18) Sa 217/06, n.v. (II 2 a); Grau, Unterrichtung, 150. Vgl. auch BAG, 10.11.2011 – 8 AZR 430/10, AP Nr. 15 zu § 613a BGB Unterrichtung (B II 3 b); Riesenhuber, Europäisches Arbeitsrecht, § 24 Rn. 89.

944 BT-Drucks. 14/7760, 19 (rechte Spalte).

945 Vgl. Dahms, Widerspruchsrecht, 94; Nowak, EWG-Richtlinie, 122.

946 BAG, 22.5.2007 – 3 AZR 357/06, NZA 2007, 1285 (3); Gussen, in: BeckOK R/G/K/U, § 613a BGB Rn. 148.

947 Grau, Unterrichtung, 142.

948 BAG, 13.7.2006 – 8 AZR 303/05, AP Nr. 311 zu § 613a BGB (II 2 c). In dieser Entscheidung ging es u.a. um die Frage, ob über einen Interessenausgleich und Sozialplan der Betriebsveräußerin unterrichtet werden musste. Der freiwillige Sozialplan sah Abfindungsansprüche bei einer durch die im Zusammenhang mit der Fremdvergabe ausgesprochenen betriebsbedingten Entlassung durch die Betriebsveräußerin vor. Das BAG verneinte eine Unterrichtungspflicht im konkreten Fall,

Erwerbers von § 613a Abs. 5 Nr. 4 BGB erfasst seien[949]. Der Widerspruch sei nicht geeignet, sich den Maßnahmen des Veräußerers zu entziehen[950]. Hiergegen spricht aber, dass die Unterrichtungspflicht nach einer (quasi-)richtlinienkonformen Auslegung nicht nur gegenüber den übergehenden Arbeitnehmern besteht (vgl. § 2 D I 2). Überdies richtet sich die Verpflichtung zur Unterrichtung unterschiedslos an den bisherigen Arbeitgeber und an den neuen Inhaber des Betriebs(teils)[951]. Schließlich stellt weder der Wortlaut des Art. 7 Abs. 6 Spiegelstrich 4 RL 2001/23/EG noch der des § 613a Abs. 5 Nr. 4 BGB erkennbar darauf ab, durch wen die Maßnahme in Aussicht genommen wurde[952].

Des Weiteren ist zu betonen, dass es sich um „herbeigeführte" Änderungen handeln muss. Die Änderung in der Situation des Arbeitnehmers muss auf ein (zielgerichtetes) Tun des Arbeitgebers zurückzuführen sein[953]. Derart hervorgerufene Änderungen sind aber nur die Voraussetzung zur Annahme einer Maßnahme. Unterrichtungsgegenstand nach § 613a Abs. 5 Nr. 4 BGB ist allein die Ursache, also die Handlung, die die Änderungen der wirtschaftlichen, rechtlichen oder sozialen Situation der Arbeitnehmer herbeiführt, nicht die Änderungen selbst. Es muss zwischen der Ursache (Maßnahme) und der Wirkung (Folgen dieser Maßnahme) unterschieden werden. Der Gesetzgeber entschied sich im Rahmen der Nr. 4 für eine Unterrichtung über die Ursachen. Über die aus den Maßnahmen resultierenden Folgen kann und muss sich der Arbeitnehmer im Bedarfsfalle eigenständig erkundigen. Die Unterrichtung über die Maßnahmen muss lediglich soweit gehen, dass die Arbeitnehmer in die Lage versetzt werden, ihrer Obliegenheit zu eigenen Nachforschungen (vgl. § 2 I IV) nachkommen zu können[954]. Unter dem Maß-

weil Interessenausgleich und Sozialplan mangels konkreter Planung im Zeitpunkt der Unterrichtung nicht „in Aussicht genommen" waren. Ob es sich beim Interessenausgleich und beim Sozialplan der Betriebsveräußerin um eine Maßnahme im Sinne von § 613a Abs. 5 Nr. 4 BGB handelt, wurde zwar nicht problematisiert. Würde das BAG diese Frage aber verneinen, hätte es nach der logischen Prüfungsreihenfolge das Merkmal „in Aussicht genommen" erst gar nicht prüfen müssen. Nunmehr eindeutig bestätigt durch: BAG, 10.11.2011 – 8 AZR 430/10, AP Nr. 15 zu § 613a BGB Unterrichtung (B II 3 b). Vgl. auch Dreher, in: Bernsau/Dreher/Hauck, § 613a BGB Rn. 166 f.; Gussen, in: BeckOK R/G/K/U, § 613a BGB Rn. 151; Staudinger/Annuß, § 613a BGB Rn. 279, 283 [bezogen auf widersprechende Arbeitnehmer].

949 APS/Steffan, § 613a BGB Rn. 214; HWK/Willemsen/Müller-Bonanni, § 613a BGB, Rn. 334; wohl auch Giesen, JbArbR 46 (2008), 53, Grobys, BB 2002, 728 und KR/Treber, § 613a BGB, Rn. 108e, die nur von Maßnahmen des Betriebserwerbers bzw. Übernehmers sprechen. Zweifelnd: Cohnen, in: Moll, Arbeitsrecht, § 55 Rn. 49 f.

950 HWK/Willemsen/Müller-Bonanni, § 613a BGB, Rn. 334.

951 Franzen, RdA 2002, 265; Gaul/Otto, DB 2005, 2467.

952 Grau, Unterrichtung, 175, Franzen, RdA 2002, 265; Gaul/Otto, DB 2005, 2467.

953 Nowak, EWG-Richtlinie, 121.

954 Enger: Granetzny, Informationspflichten, 72, der verlangt, dass die Arbeitnehmer die Folgen der Maßnahme „ohne weiteres" selbständig ableiten können müssen.

nahmebegriff der Nr. 4 können daher weder mittelbare Folgen[955] noch mittelbare Auswirkungen des Übergangs[956] subsumiert werden. Dem steht der insoweit klare Gesetzeswortlaut der Nr. 4 entgegen[957].

Aus systematischen Gründen ist davon auszugehen, dass Art. 7 RL 2001/23/EG von einem einheitlichen Maßnahmebegriff ausgeht. Die kollektivrechtliche Ausnahmeregelung des Art. 7 Abs. 3 RL 2001/23/EG fand einzig und allein auf Betreiben der Bundesrepublik Deutschland Einzug in den Richtlinientext (vgl. § 2 A I 2). Ziel war es, Veränderungen am bestehenden Betriebsverfassungsrecht zu verhindern. Die Formulierung des Art. 7 Abs. 3 RL 2001/23/EG erinnert daher nicht zufällig an §§ 111 ff. BetrVG. Der Betriebsrat kann, soweit nicht § 112a BetrVG ausnahmsweise ein anderes bestimmt, nach § 112 BetrVG die Einigungsstelle anrufen, um einen Interessenausgleich und Sozialplan zu erzwingen. Geht man davon aus, dass die Ausnahmeregelung korrekt umgesetzt wurde[958], spricht die Entstehungsgeschichte der Richtlinie dafür, dass Interessenausgleich und Sozialplan nach § 112 BetrVG Maßnahmen sind, für die „die Vertreter der Arbeitnehmer eine Schiedsstelle anrufen können, um eine Entscheidung [...] zu erhalten" (Art. 7 Abs. 3 UAbs. 1 RL 2001/23/EG).

Fraglich ist, ob auch die Betriebsänderung selbst unter den Maßnahmebegriff subsumiert werden kann. Dagegen spricht, dass die Betriebsänderung nur als Auslöser für die mitteilungspflichtigen Maßnahmen Interessenausgleich und Sozialplan angesehen werden könnte. Andererseits würde die Unterrichtung über Interessenausgleich und Sozialplan wenig Sinn ergeben, müsste nicht auch über die Betriebsänderung selbst informiert werden. Für die Erfassung der Betriebsänderung als Maßnahme im Sinne der Richtlinie spricht auch, dass nach Art. 7 Abs. 2 und Abs. 3 UAbs. 2 RL 2001/23/EG neben der Information noch eine Konsultation über in Aussicht genommene Maßnahmen vorgesehen ist. Auch diese Anforderung erfüllt § 111 BetrVG. Danach ist der Unternehmer nicht nur verpflichtet, den Betriebsrat rechtzeitig und umfassend über geplante Betriebsänderungen zu unterrichten, sondern hat diese auch mit ihm zu beraten. Schließlich sind die deutschen Gesetzesmaterialien denkbar weit gefasst. Danach muss über sämtliche Maßnahmen informiert werden, „die die berufliche Entwicklung der Arbeitnehmer betreffen"[959]. Durch die primär betriebsbezogene Maßnahme einer Betriebsänderung kann es auch zu Veränderungen in der Situation der Arbeitnehmer

955 **A.A.** WHSS/Willemsen, Rn. G 223.

956 **A.A.** Grau, Unterrichtung, 145 f. Fn. 430, 186 f., der sogar annimmt, dass für Nr. 4 „weitgehend nur in Bezug auf Sekundärfolgen ein eigenständiger Anwendungsbereich" verbleibe; vgl. auch Doublet, Verschmelzung von Unternehmen, 143 f.

957 Eine andere Frage ist, ob die Folgen der Maßnahmen von der Unterrichtungspflicht nach § 613a Abs. 5 Nr. 3 BGB erfasst werden können, vgl. hierzu § 2 J VI 3 a bb.

958 Das spätere Einfügen des § 112a BetrVG hat zu einer kontroversen Diskussion über die Richtlinienkonformität des deutschen Betriebsverfassungsrechts geführt, vgl. Nachweise in Fn. 35.

959 BT-Drucks. 14/7760, 19 (rechte Spalte).

kommen[960]. Die Betriebsänderung fällt somit unter den Maßnahmebegriff (vgl. § 2 J VIII 1).

Unter Berücksichtigung der vorgenannten Präzisierungen und Berichtigungen sind mitteilungsrelevante Maßnahmen alle Handlungen des Veräußerers oder Erwerbers, die zumindest auch Änderungen in der wirtschaftlichen, rechtlichen oder sozialen Situation der vom Übergang betroffenen Arbeitnehmer herbeiführen.

bb) Folgen im Sinne von § 613a Abs. 5 Nr. 3 BGB

§ 613a Abs. 5 Nr. 3 BGB spricht nicht von Nachteilen, sondern von Folgen. Dieser Begriff ist neutral und erfasst neben nachteiligen auch vorteilhafte Auswirkungen des Übergangs[961]. Aus dem Umstand, dass es sich um „Folgen des Übergangs" handelt, lässt sich entnehmen, dass es durch den Betriebs(teil)übergang zu einer Veränderung der rechtlichen, wirtschaftlichen und sozialen Situation der vom Übergang betroffenen Arbeitnehmer gekommen sein muss. Es bedarf eines kausalen Zusammenhangs im Sinne einer conditio sine qua non zwischen der unterrichtungspflichtigen Tatsache und dem Betriebs(teil)übergang[962]. Mangels Kausalität besteht z.B. kein Anspruch der übergehenden Arbeitnehmer auf Mitteilung der Höhe der bis zum Übergangszeitpunkt bereits erworbenen Rentenanwartschaften gegenüber dem Betriebsveräußerer[963]. Hierbei ist zu bedenken, dass die Unterrichtung vor dem Übergang des Betriebs(teils) erfolgen soll (vgl. § 2 F I 2). Aus der Perspektive im Zeitpunkt der Unterrichtung handelt es sich daher um einen potenziellen Kausalzusammenhang, der dann vorliegt, wenn es sich um eine im Unterrichtungszeitpunkt bereits konkret absehbare Folge handelt[964].

Neben unmittelbar aus dem Übergang des Betriebs(teils) als solchem resultierenden Folgen (Primärfolgen) werden von Nr. 3 auch solche Folgen erfasst, die nur mittelbar auf den Übergang des Betriebs(teils) zurückzuführen sind (Sekundärfolgen). Zwar zählen die Gesetzesmaterialien nur unmittelbare Folgen auf, durch das Voranstellen der Wortgruppe „vor allem"[965] hat der Gesetzgeber aber hinreichend deutlich zum Ausdruck gebracht, dass die Folgen nicht auf die genannten Beispiele beschränkt sein sollten. Für die Erfassung mittelbarer Folgen durch Nr. 3 spricht

---

960 Vgl. Granetzny, Informationspflichten, 64.

961 LAG Düsseldorf, 25.8.2006 – 7 (18) Sa 217/06, n.v. (II 2 a); LAG Düsseldorf, 4.7.2007 – 7 (18) Sa 416/06, LAGE § 613a BGB 2002 Nr. 12 (A II 2 a); LAG Düsseldorf, 18.01.2007 – 5 Sa 1062/06, LAGE § 613a BGB 2002 Nr. 11 (II 1.3); Grau, Unterrichtung, 150; Schiefer/Worzalla, NJW 2009, 561.

962 Kliemt/Teusch, Festschrift für Jobst-Hubertus Bauer, 544.

963 Vgl. BAG, 22.5.2007 – 3 AZR 357/06, NZA 2007, 1285 (3); Fuchs, in: BeckOK Bamberger/Roth, § 613a BGB Rn. 78; Gussen, in: BeckOK R/G/K/U, § 613a BGB Rn. 148; HWK/Willemsen/Müller-Bonanni, § 613a BGB Rn. 326.

964 Kliemt/Teusch, Festschrift für Jobst-Hubertus Bauer, 544; vgl. auch Reinhard, NZA 2009, 68: „Nur wenn eine solche Folge unmittelbar bevorsteht oder konkret als Konsequenz aus dem Betriebsübergang droht [...]".

965 BT-Drucks. 14/7760, 19 (rechte Spalte).

zudem, dass die ausdrücklich genannten wirtschaftlichen und sozialen Folgen ansonsten ohne jeglichen Anwendungsbereich blieben. Die Annahme, Nr. 3 erfasse allein unmittelbare Folgen des Übergangs, führte nämlich dazu, dass letztlich nur über rechtliche Folgen informiert werden müsste. „Übergang" im Sinne von Nr. 3 meint den rechtsgeschäftlichen Übergang eines Betriebs oder Betriebsteils auf einen anderen Inhaber und somit eine Rechtstatsache. Unmittelbare Folgen aus einer Rechtstatsache können nur Rechtsfolgen und keine tatsächlichen Folgen sein. Erst aus weiteren tatsächlichen Umständen im Zusammenhang mit dem Übergang können dann auch tatsächliche wirtschaftliche oder soziale Folgen des Übergangs für die Arbeitnehmer resultieren. Die gleichrangige Nennung von tatsächlichen und rechtlichen Folgen des Übergangs in Art. 7 Abs. 6 Spiegelstrich 3 RL 2001/23/EG und § 613a Abs. 5 Nr. 3 BGB setzt folglich voraus, dass auch mittelbare Folgen des Übergangs zum erforderlichen Unterrichtungsinhalt zählen.

Mitteilungspflichtige mittelbare Folgen des Übergangs beruhen auf einem im Zusammenhang mit dem Übergang stehenden objektiven Umstand. Objektive Umstände im Zusammenhang mit dem „Übergang" im Sinne von Nr. 3 betreffen zum einen die Eigenschaften der beteiligten Betriebe oder Betriebsteile (z.B. sachliche und immaterielle Betriebsmittel, Belegschaft, betriebliche Verfassung, soziale Einrichtungen) und zum anderen die Eigenschaften der beteiligten Betriebsinhaber (z.B. die wirtschaftliche und finanzielle Lage). Ergeben sich durch den Betriebs(teil)übergang Veränderungen beim Betrieb(steil) oder bei dessen Inhaber und schlagen diese Veränderungen auf die rechtliche, wirtschaftliche oder soziale Situation der dort beschäftigten Arbeitnehmer durch, kommt eine Unterrichtungspflicht über mittelbare rechtliche, wirtschaftliche oder soziale Folgen in Betracht. Unterrichtungsgegenstand sind dann allein die mittelbaren rechtlichen, wirtschaftlichen oder sozialen Folgen des Übergangs für die Arbeitnehmer[966]. Anders als nach Nr. 4 entschied sich der Gesetzgeber im Rahmen der Nr. 3 zur Unterrichtung über die Wirkungen der objektiven Umstände im Zusammenhang mit dem Betriebsübergang (Folgen des Übergangs). Eine Unterrichtung über die Ursachen (die objektiven Umstände selbst) wird dagegen nicht verlangt.

Sind die zukünftigen Veränderungen beim Betrieb(steil) oder bei dessen Inhaber und folglich auch die Auswirkungen auf die Arbeitnehmer im Zeitpunkt der Unterrichtung noch unsicher, bestehen aber objektive Anhaltspunkte, die eine fundierte Prognose über gewisse Folgen für die Arbeitnehmer ermöglichen, verpflichtet Nr. 3 zur Unterrichtung über derart prognostizierbare mittelbare Folgen des Übergangs für die Arbeitnehmer (sog. Prognoseinformationen). Ist es dagegen aufgrund der objektiven Situation im Zeitpunkt der Unterrichtung unmöglich, die Veränderungen beim Betrieb(steil) oder bei dessen Inhaber zu erkennen, können auch die sich hieraus ergebenden Wirkungen für die betroffenen Arbeitnehmer nicht abgeleitet werden. Über nur spekulative Folgen des Übergangs für die Arbeitnehmer muss dann nicht informiert werden (vgl. § 2 I XI 3 a).

966 Kliemt/Teusch, Festschrift für Jobst-Hubertus Bauer, 547; Reinhard, NZA 2009, 68.

Auch eine mit dem Übergang des Betriebs(teils) im Zusammenhang stehende Maßnahme des oder der Arbeitgeber(s) nach Nr. 4 stellt einen Umstand dar, der Veränderungen in rechtlicher, wirtschaftlicher oder sozialer Hinsicht für die Arbeitnehmer hervorruft (vgl. § 2 J VI 3 a aa). Besteht eine Unterrichtungspflicht nach Nr. 4 über die Maßnahme als solche, könnte man folglich daran denken, dass nach Nr. 3 (zwangsläufig) auch eine Unterrichtungspflicht über die Folgen dieser Maßnahme bestehe[967]. Dies ist nach hier vertretener Ansicht aber abzulehnen[968]. Für sämtliche Planungen des Veräußerers oder des Erwerbers im Zusammenhang mit dem Betriebs(teil)übergang ist der Informationstatbestand der Nr. 4 als lex speciales anzusehen[969]. Im Gegensatz zum Wortlaut der Nr. 3 enthält der Wortlaut der Nr. 4 eine subjektive Planungskomponente („in Aussicht genommene"). Hielte man die Folgen von in Aussicht genommenen Maßnahmen für informationspflichtig, müsste im Rahmen der Nr. 3 nicht nur über objektiv bestimmbare, konkret absehbare mittelbare Folgen, sondern auch über subjektiv geprägte, nur geplante mittelbare Folgen unterrichtet werden. Sind Maßnahmen nur in Aussicht genommen, gilt dies auch für die sich aus ihnen ergebenden Folgen. Ob die Folgen eintreten werden, hängt von den Planungen der Arbeitgeber ab. Über derartige Planungen ist jedoch allein nach Nr. 4 zu unterrichten. Das aus Sicht der betroffenen Arbeitnehmer die Änderungen ihrer individuellen Stellung durch weitere Entscheidungen, die in engem planerischen Gesamtzusammenhang mit dem Betriebsübergang stehen, als Folgen des Übergangs „erscheinen"[970], ändert daran nichts. Die Planungskomponente kann auch nicht einfach von Nr. 4 auf Nr. 3 übertragen werden. Einer solchen Übertragung stehen insbesondere systematische Gesichtspunkte entgegen. Zum einen hat der Gesetzgeber die Folgen des Übergangs und die in Aussicht genommenen Maßnahmen getrennt voneinander in separaten Nummern geregelt. Auch die Gesetzesmaterialien stellen keinerlei Verbindung zwischen Nr. 3 und Nr. 4 her. Sie werden getrennt voneinander angesprochen und mit jeweils eigenen Beispielen unterlegt[971]. Zum anderen spricht die Reihenfolge

---

967 So Dahms, Widerspruchsrecht, 94 ff. Ähnlich: Willemsen/Lembke, NJW 2002, 1163, der Folgen des „unternehmerischen Konzept[s]" Nr. 3 zuordnet. Ähnlich auch: Grau, Unterrichtung, 143 f., der Auswirkungen von Entscheidungen, die in einem engen planerischen Gesamtzusammenhang zum Übertragungsvorgang stehen, Nr. 3 zuordnet. Nach BAG, 13.7.2006 – 8 AZR 303/05, AP Nr. 311 zu § 613a BGB (II 2 b bb), soll über den Sozialplan nach Nr. 4 und über die sich aus ihm ergebenden Ansprüche nach Nr. 3 unterrichtet werden.

968 Wie hier: Granetzny, Informationspflichten, 72. Allgemein gegen die Erfassung mittelbarer Folgen durch Nr. 3: Staudinger/Annuß, § 613a BGB Rn. 281.

969 Staudinger/Annuß, § 613a BGB Rn. 273. **A.A.** BAG, 13.7.2006 – 8 AZR 303/05, AP Nr. 311 zu § 613a BGB (II 2 b bb (2)); APS/Steffan, § 613a BGB Rn. 213; Doublet, Verschmelzung von Unternehmen, 133, 145; Willemsen/Lembke, NJW 2002, 1163; WHSS/Willemsen, Rn. G 223.

970 Grau, Unterrichtung, 143.

971 BT-Drucks. 14/7760, 19 (rechte Spalte).

des Informationskatalogs (erst Folgen, dann Maßnahmen) dafür, dass mit Folgen des Übergangs nicht auch die Folgen der in Aussicht genommenen Maßnahmen gemeint sein sollen. Danach scheidet eine Unterrichtung nach Nr. 3 über die Folgen der Maßnahmen aus. Es genügt die Mitteilung der in Aussicht genommenen Maßnahmen nach Nr. 4, um die Arbeitnehmer in die Lage zu versetzen, sich im Bedarfsfalle über die Folgen dieser Maßnahmen eigenständig zu erkundigen. Beispielsweise sind die Arbeitnehmer nach Nr. 3 nicht darüber zu informieren, dass aus einer Versetzung ein neuer Arbeitsort, längere Anfahrtswege oder gar ein Wohnsitzwechsel resultieren kann. Ebenso bedarf es keiner Information darüber, dass aus einem vom Veräußerer geplanten Sozialplan für widersprechende und in der Folge betriebsbedingt gekündigte Arbeitnehmer Ansprüche entstehen können.

Die u.a. vom BAG vertretene Erfassung etwaiger Sozialplanansprüche als mittelbare Folge des Widerspruchs nach Nr. 3, vermag noch aus weiteren Gründen nicht zu überzeugen. Zutreffend geht das BAG davon aus, dass die Aussicht auf Ansprüche aus einem Sozialplan zwischen Betriebsrat und Betriebsveräußerer für die Widerspruchsentscheidung der übergehenden Arbeitnehmer von Bedeutung sein kann. Diesem Informationsbedürfnis kann aber auch mit der hier vorgeschlagenen Abgrenzung zwischen Nr. 3 und Nr. 4 entsprochen werden. Nach Ansicht des BAG sind Sozialplanansprüche die Folge von Widersprüchen der übergehenden Arbeitnehmer. Dem widersprechenden Arbeitnehmer wird gekündigt. Ihm steht daraufhin ein Anspruch aus einem in Aussicht genommenen Sozialplan zu. Allerdings gäbe es ohne den Sozialplan auch keine Sozialplanansprüche. Die Ansprüche bilden die Kehrseite einer im Sozialplan enthaltenen Abfindungsregelung für den Fall einer betriebsbedingten Kündigung. Jene Abfindungsregelung ist eine Maßnahme, über die nach Nr. 4 zu informieren ist. Eine informatorische „Lücke" ist daher nicht zu befürchten. Das BAG stellt daher „ohne Not"[972] auf Nr. 3 ab[973].

---

972 Für geplante Kündigungen so auch: Giesen, JbArbR 46 (2008), 49.

973 Im Ergebnis wie hier: Staudinger/Annuß, § 613a BGB, Rn. 281; vgl. auch Kreitner, in: Küttner Personalbuch, Stichwort: Betriebsübergang Rn. 32, der die Folgen des Widerspruchs „in engem Zusammenhang" mit Nr. 4 sieht. Einige Stimmen lehnen die Unterrichtung über die Folgen des Widerspruchs mit der Begründung ab, dass der Wortlaut des § 613a Abs. 5 Nr. 3 BGB von „Folgen des Übergangs" und nicht von den Folgen des „Nicht-Übergangs" spreche: LAG Düsseldorf, 1.4.2005 – 18 Sa 1950/04, AP Nr. 295 zu § 613a BGB (II 2 c aa (1)); Bauer/Göpfert/Haußmann/ Krieger, Umstrukturierung, Teil 3 B Rn. 11; Gaul/Otto, DB 2005, 2466; Grau, Unterrichtung, 175; Gussen, in: BeckOK R/G/K/U, § 613a BGB Rn. 148c; Müller-Bonanni/ Grau, ArbRB 2007, 149; Wank, in: Handbuch zum Arbeitsrecht, § 102 Rn. 98. Diese Begründung vermag jedoch nicht zu überzeugen. Unter „Übergang" ist nicht der Übergang des Arbeitsverhältnisses, sondern der des Betriebs(teils) zu verstehen. Nicht-Übergang würde bedeuten, dass überhaupt kein Betriebsübergang stattfindet. Der Widerspruch verhindert aber nur den Übergang des Arbeitsverhältnisses, nicht den des Betriebs als solchen, vgl. § 613a Abs. 6 BGB. Die Folgen des Widerspruchs sind daher schon begrifflich keine Folgen des „Nicht-Übergangs" im vorgenannten Sinne. Auch das Vorliegen eines Sozialplans hat keinerlei Einfluss

Aus gleichgelagerten Überlegungen heraus ist auch die Ankündigung des BAG abzulehnen, die Kündigung einer Prämienregel durch den Erwerber als soziale Folge einstufen zu wollen. Auch hierbei handelt es sich um eine Maßnahme, über die allein nach Nr. 4 zu unterrichten ist[974].

Zudem kann nach Ansicht des BAG neben der Planung der Maßnahme Sozialplan auch die gesetzliche Verpflichtung zur Aufstellung eines Sozialplans der Auslöser für eine Unterrichtung über Sozialplanansprüche (als mittelbare Folgen des Übergangs nach Nr. 3) sein[975]. Zutreffend ist, dass Kündigungen des Betriebsveräußerers unter den Voraussetzungen von § 112a Abs. 1 BetrVG i.V.m. § 111 S. 3 Nr. 1 BetrVG einen erzwingbaren Sozialplan zur Folge haben können[976]. Plant der Betriebsveräußerer im Zeitpunkt der Unterrichtung den widersprechenden Arbeitnehmern zu kündigen, handelt es sich um eine in Aussicht genommene Maßnahme, über die nach Nr. 4 zu informieren ist. Selbst wenn man – entgegen der hier vertretenen Ansicht – auch die Folgen von Maßnahmen unter den Informationstatbestand der Nr. 3 fassen wollte, bestünde keine Pflicht zur Information über einen nur möglichen Sozialplan und über nur mögliche Sozialplanansprüche[977]. Den zur Unterrichtung verpflichteten Arbeitgebern ist in aller Regel im Unterrichtungszeitpunkt noch vollkommen unbekannt, wie viele Arbeitnehmer dem Übergang ihrer Arbeitsverhältnisse auf den neuen Inhaber widersprechen werden. Selbst wenn der Betriebsveräußerer konkrete Planungen dahingehend hätte, allen widersprechenden Arbeitnehmern betriebsbedingt zu kündigen, wüsste er nicht, ob die Anzahl der Kündigungen die gesetzlichen Schwellenwerte überschreiten würde[978]. Ob es tatsächlich zu einem Sozialplan und somit zu Sozialplanansprüchen kommt, ist somit im Zeitpunkt der Unterrichtung reine Spekulation und § 613a Abs. 5 BGB fordert von den Arbeitgebern nicht, Spekulationen anzustellen (vgl. § 2 I XI 3 a).

---

auf die Tatsache des Übergangs des Betriebs(teils). Der Sozialplan dient lediglich dem Ausgleich oder der Milderung der wirtschaftlichen Nachteile, die den Arbeitnehmern infolge einer geplanten Betriebsänderung entstehen können.

974 Wie hier: Bayreuther, in: Dornbusch/Fischermeier/Löwisch, § 613a BGB Rn. 134.

975 BAG, 13.7.2006 – 8 AZR 303/05, AP Nr. 311 zu § 613a BGB (II 2 b bb (2)).

976 Denkbar ist allerdings auch, dass mangels ausreichender Arbeitnehmeranzahl im übergehenden Betrieb(steil) die gesetzlichen Schwellenwerte für einen Sozialplan von vornherein nicht erreicht werden können, selbst wenn alle Arbeitnehmer widersprächen und ihnen daraufhin betriebsbedingt gekündigt werden würde, vgl. LAG Düsseldorf, 1.4.2005 – 18 Sa 1950/04, AP Nr. 295 zu § 613a BGB (II 2 d). Zudem ist an den Verlust der Sozialplanpflichtigkeit nach § 112a Abs. 2 BetrVG zu denken.

977 Im Ergebnis so auch: Gussen, in: BeckOK R/G/K/U, § 613a BGB Rn. 148b.

978 Vgl. Arens/Düwell, in: Arens/Düwell/Wichert, Umstrukturierung, § 7 Rn. 289; Bayreuther, in: Dornbusch/Fischermeier/Löwisch, § 613a BGB Rn. 135; Gaul/Otto, DB 2005, 2468; wohl auch Giesen, JbArbR 46 (2008), 49, der sich fragt, wie eine unklare Aussicht auf potenziell anwendbare Regelungen in der Praxis gehandhabt werden soll.

b) Abgrenzung innerhalb von § 613a Abs. 5 Nr. 3 BGB

Eine klare Differenzierung zwischen den rechtlichen Folgen einerseits und den wirtschaftlichen und sozialen Folgen andererseits erweist sich als schwierig. Die Schwierigkeit liegt darin begründet, dass rechtliche Konsequenzen des Übergangs (z.B. ablösende Betriebsvereinbarung) aus Sicht der vom Übergang betroffenen Arbeitnehmer regelmäßig auch wirtschaftliche (z.B. Höhe des Arbeitsentgelts, Schicksal der Altersversorgungsanwartschaften) oder soziale (z.B. Wahrung des sozialen Besitzstandes wie Dauer der Betriebszugehörigkeit) Aspekte beinhalten[979]. In einem vom BAG entschiedenen Fall wurde eine bestehende Gesamtbetriebsvereinbarung, die Sozialplan-Regelungen für den Fall betriebsbedingter Kündigungen enthielt, noch vor dem Übergang mittels einer weiteren Gesamtbetriebsvereinbarung gezielt nachteilig für die in Folge eines Betriebsübergangs übergehenden Arbeitsverhältnisse geändert, ohne dass die Arbeitnehmer hierüber unterrichtet wurden. Wegen der hiermit einhergehenden Verschlechterung der sozialen Absicherung, werde somit „indirekt [...] auch fehlerhaft über die wirtschaftlichen und sozialen Folgen des Übergangs für die Arbeitnehmer unterrichtet“[980]. Derartige wirtschaftliche und soziale Folgen des Übergangs ergeben sich bereits aus den rechtlichen Folgen[981] und sind dort zu berücksichtigen[982]. Über tatsächliche Folgen, die sich als Kehrseite der mittelbaren oder unmittelbaren rechtlichen Folgen des Betriebsübergangs auf tatsächlicher Ebene darstellen, muss nicht zusätzlich unterrichtet werden. Solche wirtschaftlichen und sozialen Folgen ergeben sich bereits aus dem Gesetz. Nur unter Zugrundelegung dieses Verständnisses ergibt die Formulierung in den Gesetzesmaterialien einen Sinn, wonach sich nicht nur die rechtlichen, sondern auch die wirtschaftlichen und sozialen Folgen des Betriebsübergangs vor allem aus den unverändert weitergeltenden Regelungen des § 613a Abs. 1 bis 4 BGB ergeben sollen[983]. Gegen eine zusätzliche Unterrichtung

---

979 Beispiele nach: Willemsen/Lembke, NJW 2002, 1163.

980 BAG, 23.7.2009 – 8 AZR 538/08, AP Nr. 10 zu § 613a BGB Unterrichtung (B III 3 c).

981 Vgl. Franzen, RdA 2002, 265; Huke, FA 2002, 267; Kania/Joppich, Festschrift für Wolfdieter Küttner, 389; Kliemt/Teusch, in: jurisPK-BGB, § 613a BGB Rn. 214. Für wirtschaftliche Folgen: Grobys, BB 2002, 728. Für soziale Folgen: Mestwerdt, in: Kündigungsschutzrecht, § 613a BGB Rn. 165. Für Sozialleistungen des Erwerbers: KR/Treber, § 613a BGB, Rn. 108e. Vgl. auch Reinhard, NZA 2009, 65, nach der die Neugestaltung der Arbeitszeit, der Urlaubsgrundsätze oder der Lohngestaltung auf Grundlage einer ablösenden Kollektivvereinbarung als soziale Folgen einzuordnen sind, die übergreifend wiederum rechtliche Folgen des Übergangs seien.

982 APS/Steffan, § 613a BGB Rn. 213; vgl. auch Willemsen/Lembke, NJW 2002, 1163 und WHSS/Willemsen, Rn. G 223, wonach die wirtschaftlichen und sozialen Folgen insoweit keine zusätzlichen Fragen aufwerfen. Für wirtschaftliche Folgen am Beispiel der Entgeltansprüche: Grau, Unterrichtung, 177. Für soziale Folgen: Grau, Unterrichtung, 180. **A.A.** wohl Hauck, NZA 2004, Sonderbeil. 1, 46; Hauck, Beil. NZA 18/2004, 23; Hauck, NZA-Beil. 2009, 20.

983 BT-Drucks. 14/7760, 19 (rechte Spalte).

über die mit den rechtlichen Folgen zwangsläufig einhergehenden tatsächlichen Folgen spricht auch der in den Gesetzesmaterialien enthaltene Gedanke einer Selbstverantwortung der Arbeitnehmer[984]. Danach kann es den Arbeitnehmern durchaus zugemutet werden, aus den ihnen mitgeteilten rechtlichen Folgen die tatsächlichen Rückschlüsse in sozialer und wirtschaftlicher Hinsicht selbst zu ziehen. Sollte ihnen dies nicht gelingen, sind sie angehalten, entsprechenden Rechtsrat einzuholen. Die Unterrichtungspflicht stellt gerade keine Pflicht der beteiligten Arbeitgeber zu einer umfassenden individuellen Rechtsberatung des einzelnen Arbeitnehmers dar (vgl. § 2 I IV). Die Alternative wäre, vom Arbeitgeber neben der Information über die (un)mittelbaren rechtlichen Folgen, zusätzlich auch eine Information über die hiermit zwangsläufig verbundenen und somit ohne weiteres erkennbaren wirtschaftlichen und sozialen Veränderungen für den jeweils betroffenen Arbeitnehmer zu verlangen. Dies käme im Ergebnis einer doppelten Unterrichtungspflicht der Arbeitgeber gleich.

Wenn aber über wirtschaftliche und soziale Folgen, die mit den (un)mittelbaren rechtlichen Folgen des Betriebsübergangs einhergehen, nicht zusätzlich unterrichtet werden muss, stellt sich die Frage, worin dann überhaupt noch die eigenständige Bedeutung des Begriffspaares wirtschaftliche und soziale Folgen bestehen soll. Den Gesetzesmaterialien lässt sich keine Beschränkung auf rechtliche Folgen entnehmen[985]. Zwar können die beispielhaft aufgezählten Folgen sämtlich als rechtliche Folgen des Übergangs eingestuft werden. Allerdings hat der Gesetzgeber durch das Voranstellen der Wortgruppe „vor allem“ hinreichend deutlich gemacht, dass die Aufzählung nicht als abschließend zu verstehen ist, und dass es noch andere unterrichtungsrelevante Folgen geben könne[986]. Aus dem Bestimmtheitsgebot lässt sich „nur“ die Notwendigkeit einer eindeutigen Grenzziehung der Unterrichtungspflicht entnehmen. Eine Begrenzung auf rechtlich relevante Folgen resultiert hieraus jedoch nicht. Es bedarf anderer Kriterien, anhand derer der Umfang der Unterrichtungspflicht in einer dem Rechtsstaatsprinzip (Art. 20 Abs. 1 GG) genügenden Weise bestimmt werden kann[987]. Entscheidend gegen eine Beschränkung auf rechtliche Folgen spricht der insoweit eindeutige Wortlaut des § 613a Abs. 5 Nr. 3 BGB[988]. Dieser benennt die wirtschaftlichen und die sozialen Folgen ausdrücklich und gleichrangig neben den rechtlichen Folgen. Im Unterschied zum Begriff rechtlich, beschreiben die Begriffe wirtschaftlich und sozial eine tatsächliche Ebene. Es ist daher bedenklich, wenn den wirtschaftlichen und sozialen Folgen teilweise neben einer tatsächlichen auch eine rechtliche

984 BT-Drucks. 14/7760, 19 (rechte Spalte).
985 BT-Drucks. 14/7760, 19 (rechte Spalte).
986 Kliemt/Teusch, Festschrift für Jobst-Hubertus Bauer, 540; Doublet, Verschmelzung von Unternehmen, 119, 126, 135.
987 Vgl. Kliemt/Teusch, Festschrift für Jobst-Hubertus Bauer, 543.
988 Vgl. Grau, Unterrichtung, 104; Kania/Joppich, Festschrift für Wolfdieter Küttner, 389 f.; Kliemt/Teusch, Festschrift für Jobst-Hubertus Bauer, 540.

Natur beigemessen wird[989]. Noch bedenklicher erscheint es, wenn sich der Bedeutungsgehalt des Begriffspaars wirtschaftliche und soziale Folgen letztlich in rechtlich relevanten (mittelbaren) Folgen des Übergangs erschöpfen soll. Wenn der Gesetzgeber die Erfassung mittelbarer rechtlicher Folgen hätte klarstellen wollen, hätte er nicht das Begriffspaar wirtschaftlich und sozial in den Gesetzestext aufgenommen. Insoweit hätte eine andere Formulierung (z.B. „unmittelbare und mittelbare rechtliche Folgen des Übergangs") näher gelegen. Im Ergebnis ist damit festzuhalten, dass die rechtlichen Folgen die Auswirkungen auf das normative Umfeld des Arbeitsverhältnisses betreffen, wohingegen die wirtschaftlichen und sozialen Folgen auf tatsächlicher Ebene das begriffslogische Pendant zu den Rechtsfolgen bilden. Dabei betreffen die wirtschaftlichen Folgen die mittelbaren Auswirkungen auf das Vermögen des Arbeitnehmers und die sozialen Folgen alle sonstigen mittelbaren tatsächlichen Folgen des Betriebs(teil)übergangs.

VII. Rechtliche, wirtschaftliche und soziale Folgen des Übergangs für die Arbeitnehmer (§ 613a Abs. 5 Nr. 3 BGB)

1. Unmittelbare rechtliche Folgen des Übergangs

Rechtliche Folgen, die sich durch Subsumtion des Gesetzestextes für den konkreten Übergangsfall unter Berücksichtigung der Arbeitsbedingungen bei den beteiligten Arbeitgebern ergeben, resultieren unmittelbar aus dem Übergang als solchem und können daher als Primärfolgen bezeichnet werden. Insbesondere die Rechtssätze des § 613a Abs. 1 bis 4 und Abs. 6 BGB[990] und für den Fall einer Umwandlung auch die der §§ 133 f., 322 ff. UmwG knüpfen an den Tatbestand des Übergangs eines Betriebs(teils) zwingende Rechtsfolgen für das Arbeitsverhältnis und die sonstigen Rechtspositionen. Im Falle eines Betriebsübergangs in der Insolvenz ist zudem an § 128 Abs. 2 InsO zu denken.

a) Eintritt des Erwerbers in Rechte und Pflichten

Zunächst darf das Informationsschreiben nicht den unzutreffenden Eindruck vermitteln, die Fortgeltung der Vertragsbedingungen der übergehenden Arbeitnehmer stehe im Belieben des Erwerbers. Beispielsweise vermittelt der Hinweis auf eine Überleitungsvereinbarung mit den Arbeitnehmervertretern, nach

989 So Granetzny, Informationspflichten, 62 f.; vgl. auch Reinhard, NZA 2009, 65; Sayatz/Wolff, DStR 2002, 2042.

990 Reinhard, NZA 2009, 64. Ohne Abs. 6: Dreher, in: Bernsau/Dreher/Hauck, § 613a BGB Rn. 158; Gussen, in: BeckOK R/G/K/U, § 613a BGB Rn. 148; KR/Treber, § 613a BGB, Rn. 108e. Meyer, Unterrichtung, 95, 97, stuft den Schuldnerwechsel nach § 613a Abs. 1 S. 1 BGB und die Gesamtschuldnerschaft nach § 613a Abs. 2 BGB als wirtschaftliche Folge und den Kündigungsstatus nach § 613a Abs. 4 BGB als soziale Folge ein. **A.A.** WHSS/Willemsen, Rn. G 219, der die abstrakte Wiedergabe des Gesetzestextes von § 613a Abs. 2 bis 4 und Abs. 6 BGB nicht verlangt.

welcher die bisher erbrachten Dienstjahre durch die Betriebsübernehmerin „anerkannt“ werden, den Eindruck, es bedürfe einer solchen vereinbarungsgemäßen Anerkennung[991].

Stattdessen muss der gesetzlich angeordnete Austausch des Vertragspartners verdeutlich werden. Die übergehenden Arbeitnehmer sind darüber zu informieren, dass der Erwerber nach § 613a Abs. 1 S. 1 BGB ipso iure in die Rechte und Pflichten (betriebliche Übungen, kündigungsschutzrechtlicher Bestandsschutz, dienstzeitabhängige Versorgungszusagen etc.) aus den im Zeitpunkt des Übergangs bestehenden Arbeitsverhältnissen eintritt[992].

Hinsichtlich der unveränderten Fortgeltung einzelner Arbeitsvertragsbedingungen bedarf es hingegen keiner detaillierten Information nach § 613a Abs. 5 Nr. 3 BGB. Kann der Betriebsübergang hinweggedacht werden, ohne dass es zu Veränderungen bei den fraglichen Rechten oder Pflichten der Arbeitnehmer gekommen wäre, handelt es sich schon begrifflich nicht um „Folgen des Übergangs“. Derartige Rechte oder Pflichten bestehen unabhängig vom Betriebsübergang. Für den übergehenden Arbeitnehmer ändert sich lediglich der Gläubiger bzw. der Schuldner. Für jene Änderungen genügt der pauschale Hinweis, dass der neue Betriebsinhaber in die Rechte und Pflichten aus den im Zeitpunkt des Übergangs bestehenden Arbeitsverhältnissen eintritt (§ 613a Abs. 1 S. 1 BGB), solange im Unterrichtungsschreiben nichts Abweichendes mitgeteilt wird[993].

Verändern sich infolge des Betriebs(teil)übergangs die Arbeitsvertragsbedingungen, wird die Informationspflicht durch eine Wesentlichkeitsschwelle begrenzt

---

991 BAG, 20.3.2008 – 8 AZR 1016/06, NZA 2008, 1354 (II 4 b); BAG, 27.11.2008 – 8 AZR 174/07, AP Nr. 363 zu § 613a BGB (B I 2 b). Weitere Beispiele bei: Staudinger/Annuß, § 613a BGB Rn. 275. Auch eine Formulierung, wonach sich die Betriebsübernehmerin verpflichtet habe, alle vom Betriebsübergang betroffenen Arbeitsverhältnisse mit allen Rechten und Pflichten zu übernehmen sei „problematisch“, so BAG, 13.7.2006 – 8 AZR 305/05, AP Nr. 312 zu § 613a BGB (II 1 b ff (2)); **a.A.** noch Bauer/v. Steinau-Steinrück, ZIP 2002, 465.

992 BAG, 24.5.2005 – 8 AZR 398/04, AP Nr. 284 zu § 613a BGB (II 2 b); BAG, 13.7.2006 – 8 AZR 303/05, AP Nr. 311 zu § 613a BGB (II 2 b aa); vgl. auch Bauer/v. Steinau-Steinrück, ZIP 2002, 462; Hohenstatt/Grau, NZA 2007, 15; Jaeger, ZIP 2004, 440; Krügermeyer-Kalthoff/Reutershan, MDR 2003, 543; Worzalla, NZA 2002, 355.

993 Vgl. Staudinger/Annuß, § 613a BGB Rn. 280; Doublet, Verschmelzung von Unternehmen, 109; Dreher, in: Bernsau/Dreher/Hauck, § 613a BGB Rn. 158; Müller-Bonanni/Grau, ArbRB 2007, 148. Zum Teil wird eine Unterrichtung über das „Weiterbestehen“ bzw. die „Weitergeltung“ der bisherigen Rechte und Pflichten aus dem Arbeitsvertrag verlangt: Hauck, NZA 2004, Sonderbeil. 1, 46; Hauck, Beil. NZA 18/2004, 23; Hauck, NZA-Beil. 2009, 20; KR/Treber, § 613a BGB, Rn. 108e. Vgl. aber auch HWK/Willemsen/Müller-Bonanni, § 613a BGB Rn. 326, die eine Information über den Übergang von Versorgungsanwartschaften verlangen und eine Mitteilung, dass die beim bisherigen Betriebsinhaber verbrachten oder von diesem anerkannten Zeiten der Betriebszugehörigkeit angerechnet werden, für „zweckmäßig“ erachten.

(vgl. § 2 I II 2). Für die Frage, welche Arbeitsvertragsbedingungen als wesentlich angesehen werden können, bietet sich eine Orientierung an der Nachweispflicht an (vgl. § 2 J II 3). Danach ist beispielsweise eine kausal auf den Betriebsübergang zurückzuführende und nicht unerhebliche Änderung des Arbeitsentgelts wesentlich, vgl. Art. 2 Abs. 2 lit. h RL 91/533/EWG. Eine wesentliche Rechtsfolge läge auch dann vor, wenn der Erwerber[994] die betriebliche Altersversorgung nicht unverändert fortführen kann (z.B. Wechsel des Durchführungsweges)[995]. Des Weiteren sind die übergehenden Arbeitnehmer darüber zu unterrichten, dass einzelne Ansprüche (z.B. Aktienoptionszusagen, Gegenleistungen für die Konzern- oder Unternehmenszugehörigkeit) entgegen § 613a Abs. 1 S. 1 BGB nicht mit übergehen, wenn sie nicht gegenüber dem veräußernden Unternehmen, sondern einem anderen Rechtsträger (z.B. der Konzernmutter[996]) bestehen[997].

b) Haftungssystem

Der soeben behandelte Hinweis auf den gesetzlichen Eintritt des Betriebserwerbers in die Rechte und Pflichten nach § 613a Abs. 1 S. 1 BGB gibt das gesetzliche Haftungssystem bei einem Betriebsübergang nur unvollständig wieder. Rechtsprechung[998] und große Teile der Literatur[999] sind daher zu Recht darin einig, dass es zudem einer Darstellung des Systems der begrenzten gesamtschuldnerischen Nachhaftung des Betriebsveräußerers nach § 613a Abs. 2 BGB bedarf. Erst aufgrund dieser Informationen können die übergehenden Arbeitnehmer im Bedarfsfalle herausfinden und ggf. näheren Rechtsrat darüber einholen, gegen wen sie welche Ansprüche in welcher Höhe haben[1000].

994 Mit dem Betriebsübergang wird der Erwerber auch Schuldner der mit dem Veräußerer begründeten Versorgungsanwartschaften, vgl. ausführlich Staudinger/Annuß, § 613a BGB, Rn. 167 ff.

995 Grau, RdA 2007, 369; Hohenstatt/Grau, NZA 2007, 15.

996 BAG, 12.2.2003 – 10 AZR 299/02, AP Nr. 243 zu § 613a BGB (II 2 c).

997 Hohenstatt/Grau, NZA 2007, 15; Jaeger, ZIP 2004, 440; Staudinger/Annuß, § 613a BGB Rn. 277; Willemsen/Lembke, NJW 2002, 1163.

998 BAG, 13.7.2006 – 8 AZR 305/05, AP Nr. 312 zu § 613a BGB (II 1 b ff (2)); BAG, 20.3.2008 – 8 AZR 1016/06, NZA 2008, 1354 (II 4 b bb); BAG, 27.11.2008 – 8 AZR 174/07, AP Nr. 363 zu § 613a BGB (B I 2 c); BAG, 22.1.2009 – 8 AZR 808/07, AP Nr. 4 zu § 613a BGB Unterrichtung (B I 2 b aa); BAG, 23.7.2009 – 8 AZR 538/08, AP Nr. 10 zu § 613a BGB Unterrichtung (B III 2 a).

999 Vgl. u.a. Bauer/v. Steinau-Steinrück, ZIP 2002, 463; ErfK/Preis, § 613a BGB, Rn. 88a; Gaul/Niklas, DB 2009, 453; Hauck, Beil. NZA 18/2004, 23; Huke, FA 2002, 266; HWK/Willemsen/Müller-Bonanni, § 613a BGB Rn. 328; KR/Treber, § 613a BGB, Rn. 108e; Jaeger, ZIP 2004, 441; Krügermeyer-Kalthoff/Reutershan, MDR 2003, 543; Worzalla, NZA 2002, 355; Wulff, AiB 2002, 595.

1000 BAG, 20.3.2008 – 8 AZR 1016/06, NZA 2008, 1354 (II 4 b bb); BAG, 27.11.2008 – 8 AZR 174/07, AP Nr. 363 zu § 613a BGB (B I 2 c); BAG, 22.1.2009 – 8 AZR 808/07, AP Nr. 4 zu § 613a BGB Unterrichtung (B I 2 b aa); BAG, 23.7.2009 – 8 AZR 538/08, AP Nr. 10 zu § 613a BGB Unterrichtung (B III 2 a); BAG, 22.6.2011 – 8 AZR 752/09,

Mit dem Eintritt des Erwerbers in die Arbeitsverhältnisse nach § 613a Abs. 1 S. 1 BGB endet grundsätzlich die eigene Haftung des bisherigen Arbeitgebers. Dieser Grundsatz lässt sich nicht unmittelbar aus der Regelung des § 613a Abs. 2 BGB herauslesen. Vielmehr regelt diese Vorschrift nur die Fälle, in denen der bisherige Arbeitgeber ausnahmsweise haftet. Wenn aber der neue Inhaber nur in begrenztem Umfang für Verpflichtungen aus dem Arbeitsverhältnis haftet, ergibt sich daraus im Umkehrschluss, dass er von solchen Verpflichtungen im Übrigen befreit ist. Ein solcher Umkehrschlusses kann ohne juristische Grundkenntnisse nicht erwartet werden (vgl. § 2 G II). Das BAG fordert daher für eine vollständige und verständliche Darstellung des Haftungssystems nach § 613a Abs. 2 BGB, dass die Unterrichtung diesen Grundsatz über den Wortlaut des Abs. 2 hinaus hinreichend deutlich zum Ausdruck bringt[1001].

Gemäß den gesetzlichen Bestimmungen haftet der bisherige Arbeitgeber in engen Grenzen neben dem neuen Inhaber als Gesamtschuldner. Danach haftet er für alle vor dem Betriebsübergang entstandenen und vor dem Betriebsübergang fällig werdenden Ansprüche (Anspruchsgruppe I) uneingeschränkt. Für alle vor dem Betriebsübergang entstandenen und vor Ablauf von einem Jahr nach dem Betriebsübergang fällig werdenden Ansprüche (Anspruchsgruppe II) haftet er anteilsmäßig beschränkt entsprechend dem im Übergangszeitpunkt abgelaufenen Bemessungszeitraum (sog. zeitanteilige Haftung nach § 613a Abs. 2 S. 2 BGB)[1002]. Für alle vor dem Betriebsübergang entstandenen und nach Ablauf von einem Jahr nach dem Betriebsübergang fällig werdenden Ansprüche (Anspruchsgruppe III) haftet allein der neue Inhaber. Gleiches gilt schließlich für alle nach dem Betriebsübergang entstandenen Ansprüche (Anspruchsgruppe IV).

Nach der bisherigen Rechtsprechung empfiehlt sich im Unterrichtungsschreiben eine eng an Gesetz und den Hinweisen des BAG[1003] orientierte Formulierung, die den Inhalt der Regelung in einer auch für juristische Laien verständlichen Sprache wiedergibt[1004].

DB 2011, 2385 (II 2); BAG, 10.11.2011 – 8 AZR 430/10, AP Nr. 15 zu § 613a BGB Unterrichtung (B II 3 c cc).

1001 BAG, 23.7.2009 – 8 AZR 538/08, AP Nr. 10 zu § 613a BGB Unterrichtung (B I 2 b).

1002 Nach Ansicht des BAG sei der alleinige Hinweis auf eine „nur zeitanteilige" Nachhaftung weder verständlich noch geeignet, die gesetzliche Regelung des § 613a Abs. 2 S. 2 BGB zutreffend wiederzugeben; so auch LAG Köln, 16.12.2011 – 4 Sa 1129/11, BeckRS 2012, 66132 (B I 4).

1003 BAG, 14.12.2006 – 8 AZR 763/05, AP Nr. 318 zu § 613a BGB (II 1 b ff (2)); BAG, 13.7.2006 – 8 AZR 305/05, AP Nr. 312 zu § 613a BGB (II 1 b ff (2)); BAG, 10.11.2011 – 8 AZR 430/10, AP Nr. 15 zu § 613a BGB Unterrichtung (B II 3 c cc); BAG, 27.11.2008 – 8 AZR 174/07, AP Nr. 363 zu § 613a BGB (B I 2 c); BAG, 22.1.2009 – 8 AZR 808/07, AP Nr. 4 zu § 613a BGB Unterrichtung (B I 2 b bb); BAG, 23.7.2009 – 8 AZR 538/08, AP Nr. 10 zu § 613a BGB Unterrichtung (B III 2 b).

1004 Unbeanstandet blieb folgende Formulierung: „[Name des Erwerbers] haftet auch für Ansprüche aus Ihrem Arbeitsverhältnis, die Ihnen vor dem Betriebsübergang

Es ist offen, ob darüber hinaus auch eine (ansatzweise) Erklärung der juristischen Begrifflichkeiten „Entstehung“ und „Fälligkeit“ eines Anspruchs verlangt wird[1005].

Bei der Umsetzung dieser Anforderungen wird das bereits angeführte Dilemma deutlich, dass die Arbeitgeber einerseits in einer für juristische Laien verständlichen Sprache und andererseits zutreffend und vollständig unterrichten müssen (vgl. § 2 I III 2). Richtig ist, dass die Unterrichtung nicht dem „klaren Gesetzeswortlaut“ widersprechen darf[1006]. Allerdings ergeben sich aus § 242 BGB Grenzen für eine den Informationsverantwortlichen noch zumutbare Informationspflicht. Bei einer derart komplexen gesetzlichen Regelung, vgl. insbesondere § 613a Abs. 2 S. 2 BGB, muss es genügen, wenn die Arbeitgeber den Gesetzestext wiederholen[1007]. Hält das entscheidende Gericht eine entscheidungsrelevante Norm für unverständlich, müsste es konsequenterweise das Verfahren aussetzen und ein Normenkontrollverfahren wegen mangelnder Bestimmtheit beim BVerfG einleiten. Wird die alleinige Wiedergabe des Gesetzestextes für ein vollständiges Bild der Rechtslage als nicht ausreichend gewertet, ist den informationsverantwortlichen Arbeitgebern bei der eigenverantwortlichen Formulierung des „überschießenden Teils“ zumindest ein gewisser Ermessensspielraum einzuräumen. Eine Pflicht, wonach im Unterrichtungsschreiben auch juristische Fachtermini zu erläutern sind, geht jedenfalls zu weit[1008]. Insoweit trifft die Arbeitnehmer die Obliegenheit, eigenständig weitere Erkundigungen einzuholen. Die Unterrichtungspflicht ist gerade keine Rechtsberatungspflicht (vgl. § 2 I IV). Es ist widersprüchlich, einerseits die Eigenverantwortlichkeit der Informationsadressaten zu betonen und andererseits die Erläuterung juristischer Fachtermini zu verlangen.

---

gegen die [Name des Veräußerers] zustanden. Für Ansprüche, die vor dem Zeitpunkt des Betriebsübergangs entstanden sind und die vor Ablauf eines Jahres nach diesem Zeitpunkt fällig werden, haften die [Name des Veräußerers] und die [Name des Erwerbers] als Gesamtschuldner. Dabei ist die Haftung der [Name des Veräußerers] für erst nach dem Übergang fällig werdende Ansprüche auf den anteiligen Betrag bis zum Betriebsübergang beschränkt", vgl. den Tatbestand von BAG, 10.11.2011 – 8 AZR 430/10, AP Nr. 15 zu § 613a BGB Unterrichtung.

1005 So offenbar BAG, 23.7.2009 – 8 AZR 538/08, AP Nr. 10 zu § 613a BGB Unterrichtung (III 2 b). In der Rechtsprechung finden sich bereits erste Urteile, die diese Anforderung aufgreifen, vgl. z.B. LAG Köln, 16.12.2011 – 4 Sa 1129/11, BeckRS 2012, 66132 (B I 4).

1006 BAG, 14.12.2006 – 8 AZR 763/05, AP Nr. 318 zu § 613a BGB (II 1 b ff (2)).

1007 Im Ergebnis wie hier: Grobys, NJW-Spezial 2007, 322; Meyer, Unterrichtung, § 2 Rn. 294; Staudinger/Annuß, § 613a BGB Rn. 276; wohl auch LAG Köln, 27.11.2007 – 9 Sa 146/07, BeckRS 2008, 52896 (II 1 b bb). WHSS/Willemsen, Rn. G 220, hält es für offen, ob die reine Wiederholung des § 613a Abs. 2 S. 2 BGB ausreichend ist. Giesen, JbArbR 46 (2008), 55 Fn. 54, weist darauf hin, dass selbst die vom achten Senat des BAG vorgeschlagene Formulierung den selbst gesteckten Anforderungen an die Verständlichkeit nicht genüge.

1008 Insoweit wie hier: Meyer, SAE 2010, 175.

In den Fällen einer Gesamtrechtsnachfolge kann das Haftungssystem aus § 613a Abs. 2 BGB durch §§ 133, 134 UmwG zum Teil verdrängt werden. Beispielsweise ordnet § 134 Abs. 1 S. 1 UmwG im Gegensatz zu § 613a Abs. 2 BGB an, dass bisheriger und neuer Arbeitgeber für binnen fünf Jahren nach dem Wirksamwerden der Spaltung aufgrund der §§ 111 bis 113 BetrVG begründete Ansprüche gesamtschuldnerisch haften. Auf jene umwandlungsrechtlichen Besonderheiten sind die Arbeitnehmer im Unterrichtungsschreiben hinzuweisen[1009]. Haftungsrechtliche Besonderheiten treten zudem bei einer Übernahme des Betriebs in der Insolvenz auf. Hier haftet der Erwerber nicht für im Zeitpunkt der Insolvenzeröffnung bereits entstandene Ansprüche[1010].

c) Kündigungsrechtliche Folgen

Nach den Gesetzesmaterialien ist nach § 613a Abs. 5 Nr. 3 BGB auch über „Fragen [...] des Kündigungsschutzes" zu unterrichten[1011]. Dem schließt sich das BAG an[1012]. Allerdings soll nach Ansicht des BAG nur dann über die kündigungsrechtliche Situation unterrichtet werden, „so denn Kündigungen im Raum stehen"[1013] bzw. „wenn Kündigungen sich abzeichnen"[1014]. Ob das BAG hiermit eine Einschränkung der Hinweispflicht, eine Art „Vorbehalt", aufstellen wollte, ist nicht klar[1015]. Die Literatur rät zur standardmäßigen Aufnahme jedenfalls des Hinweises auf das Kündigungsverbot „wegen" des Betriebsübergangs nach § 613a Abs. 4 S. 1 BGB[1016].

1009 Vgl. insbesondere den Formulierungsvorschlag bei: Gaul/Krause, RdA 2013, 43. Vgl. auch Arens/Düwell, in: Arens/Düwell/Wichert, Umstrukturierung, § 7 Rn. 288; Gaul/Niklas, DB 2009, 453; Grau, RdA 2007, 369; Hohenstatt/Grau, NZA 2007, 16; HWK/Willemsen/Müller-Bonanni, § 613a BGB Rn. 328; Meyer, Unterrichtung, § 2 Rn. 181; Müller-Bonanni/Grau, ArbRB 2007, 148; Staudinger/Annuß, § 613a BGB Rn. 276; WHSS/Willemsen, Rn. G 221.

1010 Müller-Bonanni/Grau, ArbRB 2007, 148.

1011 BT-Drucks. 14/7760, 19 (rechte Spalte).

1012 BAG, 15.2.2007 – 8 AZR 397/06, AP Nr. 38 zu § 23 KSchG 1969 (II 1 b cc (3)); vgl. auch bereits BAG, 24.5.2005 – 8 AZR 398/04, AP Nr. 284 zu § 613a BGB (II 2 b).

1013 BAG, 13.7.2006 – 8 AZR 305/05, AP Nr. 312 zu § 613a BGB (II 1 b ff (1)); BAG, 14.12.2006 – 8 AZR 763/05, AP Nr. 318 zu § 613a BGB (II 1 b ff (1)).

1014 BAG, 20.3.2008 – 8 AZR 1016/06, NZA 2008, 1354 (II 4 a). Vgl. auch BAG, 10.11.2011 – 8 AZR 430/10, AP Nr. 15 zu § 613a BGB Unterrichtung (B II 3 c ff), dort allerdings bei der Unterrichtung über das Widerspruchsrecht thematisiert.

1015 Vgl. LAG Düsseldorf, 4.7.2007 – 7 (18) Sa 416/06, LAGE § 613a BGB 2002 Nr. 12 (A II 2 a).

1016 Vgl. u.a. Arens/Düwell, in: Arens/Düwell/Wichert, Umstrukturierung, § 7 Rn. 288; Bauer/v. Steinau-Steinrück, ZIP 2002, 463; Grau, RdA 2007, 369; Hohenstatt/Grau, NZA 2007, 16; Huke, FA 2002, 266; Jaeger, ZIP 2004, 441; Krügermeyer-Kalthoff/Reutershan, MDR 2003, 543; Müller-Bonanni/Grau, ArbRB 2007, 148; Sayatz/Wolff, DStR 2002, 2041; Schielke, MDR 2007, 1055; Worzalla, NZA 2002, 355; Wulff, AiB 2002, 595; vgl. auch WHSS/Willemsen, Rn. G 223, der diesen Informationsgegenstand jedoch entweder Nr. 3 oder Nr. 4 zuordnen will.

Denkbar ist, dass das BAG auch hier auf ein subjektives Element im objektiven Tatbestand des § 613a Abs. 5 Nr. 3 BGB abstellen will. Dies wäre nach hier vertretener Ansicht abzulehnen. Allein Nr. 4 enthält eine subjektive Planungskomponente und ist insoweit gegenüber Nr. 3 die speziellere Regelung (vgl. § 2 J VI 3 a bb). Über in Aussicht genommene Kündigungen ist allein nach Nr. 4 zu unterrichten. Das Verbot von Kündigungen „wegen des Übergangs eines Betriebs oder eines Betriebsteils" nach § 613a Abs. 4 S. 1 BGB ist dagegen eine unmittelbare rechtliche[1017] Folge des Übergangs für die vom Übergang betroffenen Arbeitnehmer, über die sie nicht nur, wenn sich Kündigungen abzeichnen, sondern in jedem Fall nach Nr. 3 zu informieren sind.

Dabei gilt das Kündigungsverbot nicht nur für übergehende Arbeitnehmer, sondern für sämtliche vom Übergang betroffene Arbeitnehmer. Dies folgt aus einer richtlinienkonformen Auslegung des § 613a Abs. 4 S. 1 BGB. Nach Art. 4 Abs. 1 S. 1 RL 2001/23/EG stellt der Übergang als solcher weder für den Veräußerer noch für den Erwerber einen Grund zur Kündigung dar. Folglich sind auch die von vornherein beim Veräußerer im „Restbetrieb" verbleibenden Arbeitnehmer und die beim Erwerber beschäftigten Arbeitnehmer über das Kündigungsverbot zu unterrichten (vgl. § 2 D I 2).

Umstritten ist weiter die Frage, ob in diesem Zusammenhang auch darauf hingewiesen werden muss, dass das Recht zur Kündigung aus anderen (z.B. betriebsbedingten) Gründen unberührt bleibt, § 613a Abs. 4 S. 2 BGB. Teilweise wird eine Pflicht zur Unterrichtung über diesen Punkt verneint, aber zumindest für zweckmäßig gehalten[1018]. Andere Stimmen bejahen hingegen eine diesbezügliche Unterrichtungspflicht[1019].

Den zuletzt genannten Literaturstimmen kann vorliegend nicht zugestimmt werden. Der Betriebsübergang hat auf das Recht des Arbeitgebers zur Kündigung aus anderen Gründen keinen Einfluss. Das Gesetz stellt sogar ausdrücklich fest, dass diese Rechte unberührt bleiben. Der Übergang entfaltet insoweit gerade keine Rechtsfolgen. Gleiches gilt im Übrigen für besondere Verbote zur Kündigung. Beispielsweise wird der Sonderkündigungsschutz werdender Mütter nach § 9 MuSchG unabhängig vom Übergang gewährt. Eine diesbezügliche Unterrichtungspflicht scheidet somit ebenfalls aus[1020].

In Umwandlungsfällen sind Besonderheiten zu beachten. Für den Fall der Spaltung oder Teilübertragung eines Rechtsträgers schuf der Gesetzgeber mit

---

1017 **A.A.** Doublet, Verschmelzung von Unternehmen, 136, der hierin eine unmittelbare soziale Folge sieht.

1018 Hohenstatt/Grau, NZA 2007, 16 Fn. 34; Lembke/Oberwinter, ZIP 2007, 312.

1019 Bauer/v. Steinau-Steinrück, ZIP 2002, 463; Hergenröder, RdA 2007, 226; Huke, FA 2002, 266; Jaeger, ZIP 2004, 441; Krügermeyer-Kalthoff/Reutershan, MDR 2003, 543; Sayatz/Wolff, DStR 2002, 2041; Worzalla, NZA 2002, 355; vgl. auch WHSS/Willemsen, Rn. G 223, der diesen Informationsgegenstand jedoch entweder Nr. 3 oder Nr. 4 zuordnen will.

1020 **A.A.** WHSS/Willemsen, Rn. G 218.

§ 323 UmwG eine arbeitsrechtliche Sondervorschrift in dem Bewusstsein, dass er dabei über das von § 613a BGB gewährte Schutzniveau hinausgeht[1021]. Für Arbeitnehmer, die vor dem Wirksamwerden einer Spaltung oder Teilübertragung nach dem Dritten oder Vierten Buch des UmwG zu dem übertragenden Rechtsträger in einem Arbeitsverhältnis standen, verschlechtert sich die kündigungsrechtliche Stellung für zwei Jahre ab Wirksamwerden der Umwandlung nicht, § 323 Abs. 1 UmwG. Dieser umwandlungsrechtliche Sonderkündigungsschutz knüpft unmittelbar an den Betriebsübergang als solchen an, so dass hierüber als unmittelbare rechtliche Folge des Übergangs zu unterrichten ist[1022]. Eine Umwandlung steht einem Betriebs(teil)übergang auch nicht entgegen. Ein Betriebsübergang kann vielmehr im Zusammenhang mit einer Umwandlung nach dem UmwG stehen[1023]. Dies wird durch § 324 UmwG bestätigt. Danach bleiben § 613a Abs. 1, 4 bis 6 BGB von einer Umwandlung nach dem UmwG (Verschmelzung, Spaltung, Vermögensübertragung) unberührt[1024].

d) Tarifverträge und Betriebsvereinbarungen

aa) Allgemeine Vorgaben

Die übergehenden Arbeitnehmer sind nach zutreffender Ansicht des BAG[1025] und der überwiegenden Literatur[1026] darüber zu informieren, ob die bisherigen Tarifverträge oder Betriebsvereinbarungen beim neuen Betriebsinhaber kollektiv- oder individualrechtlich fortwirken bzw. durch beim Erwerber geltende

1021 BAG, 15.2.2007 – 8 AZR 397/06, AP Nr. 38 zu § 23 KSchG 1969 (II 1 c bb (3)). Vgl. zur ablehnenden Haltung des BAG zur analogen Anwendung des § 323 Abs. 1 UmwG auf Betriebsteilübergänge im Wege der Einzelrechtsnachfolge: BAG, 15.2.2007 – 8 AZR 397/06, AP Nr. 38 zu § 23 KSchG 1969 (II 1 c).

1022 Vgl. Hohenstatt/Grau, NZA 2007, 16; HWK/Willemsen/Müller-Bonanni, § 613a BGB Rn. 329.

1023 Tatbestand und Zeitpunkt von Betriebsübergang und Umwandlung sind voneinander unabhängig, vgl. BAG, 25.5.2000 – 8 AZR 416/99, AP Nr. 209 zu § 613a BGB (II 1 c bb).

1024 BAG, 25.5.2000 – 8 AZR 416/99, AP Nr. 209 zu § 613a BGB (II 1 c bb): „Das kann nur bedeuten, dass die Voraussetzungen des § 613a BGB auch im Umwandlungsfall selbständig zu prüfen sind."

1025 BAG, 13.7.2006 – 8 AZR 305/05, AP Nr. 312 zu § 613a BGB (II 1 b ff (1)); BAG, 23.7.2009 – 8 AZR 538/08, AP Nr. 10 zu § 613a BGB Unterrichtung (B III 3); BAG, 10.11.2011 – 8 AZR 430/10, AP Nr. 15 zu § 613a BGB Unterrichtung (B II 3 a).

1026 Vgl. u.a. APS/Steffan, § 613a BGB Rn. 209; Bauer/v. Steinau-Steinrück, ZIP 2002, 462; Gaul/Otto, DB 2005, 2466; Jaeger, ZIP 2004, 440 f.; Meyer, AuA 2002, 160 f.; Sayatz/Wolff, DStR 2002, 2041; Willemsen/Lembke, NJW 2002, 1163; im Ergebnis auch: KR/Treber, § 613a BGB, Rn. 108e. **A.A.** ErfK/Preis, § 613a BGB Rn. 88a, nach dem an der Rechtsprechung des BAG nach BAG, 22.4.2009 – 4 AZR 100/08, AP Nr. 371 zu § 613a BGB, nicht mehr festgehalten werden könne; vgl. auch aus unionsrechtlicher Sicht: Sagan, ZIP 2011, 1644 f.

Kollektivvereinbarungen[1027] abgelöst werden[1028], vgl. § 613a Abs. 1 S. 2 bis 4 BGB. Es handelt sich hierbei aus Sicht der übergehenden Arbeitnehmer um unmittelbare gesetzliche Rechtsfolgen des Übergangs des Betriebs oder Betriebsteils. Die Art der Fortgeltung entscheidet darüber, ob der neue Betriebsinhaber Veränderungen an den kollektiven Regeln vornehmen kann und wenn ja, wann und wie er dies tun kann. Im Falle einer individualrechtlichen Fortgeltung nach § 613a Abs. 1 S. 2 BGB sind die übergehenden Arbeitnehmer zudem auf die einjährige gesetzlich angeordnete Veränderungssperre hinzuweisen[1029]. Bei diesem Hinweis muss deutlich werden, dass die Sperre nicht greift, sofern die Normen durch beim Erwerber geltende Tarifverträge oder Betriebsvereinbarungen abgelöst werden, vgl. § 613a Abs. 1 S. 3 BGB. Zudem ist ein Hinweis auf die in S. 4 geregelten Ausnahmen erforderlich. Zwar handelt es sich bei der Veränderungssperre und ihren Ausnahmen, wie auch bei allen anderen Regelungen in § 613a Abs. 1-4 BGB, um abstrakte Rechtsfragen. Aus Sicht der übergehenden Arbeitnehmer stellen sich diese Regelungen jedoch im Falle einer individualrechtlichen Fortgeltung als unmittelbare Rechtsfolgen des Übergangs dar, über die sie gemäß § 613a Abs. 5 Nr. 3 BGB zu informieren sind.

Neben den Rechtsfolgen, die sich aus § 613a Abs. 1 BGB ergeben, kann der Übergang des Betriebs(teils) auch Auswirkungen auf Tarifverträge oder Betriebsvereinbarungen im „Restbetrieb“ des Veräußerers oder im aufnehmenden Erwerberbetrieb mit sich bringen. Die hier beschäftigten und vom Übergang betroffenen Arbeitnehmer sind über derartige Rechtsfolgen zu unterrichten (vgl. § 2 D I 2). Beispielsweise kann der „Restbetrieb“ des Veräußerers infolge des Betriebsteilübergangs aus dem fachlichen Geltungsbereich des bislang anwendbaren Tarifwerks herausfallen. Über diese unmittelbare rechtliche Folge des Betriebsübergangs sind die Arbeitnehmer nach § 613a Abs. 5 BGB zu informieren.

1027 Das BAG spricht hier nur von einer Ablösung durch beim Erwerber geltende Tarifverträge. Theoretisch können Rechte und Pflichten aus einem Tarifvertrag aber auch durch beim Erwerber geltende Betriebsvereinbarungen ergänzt bzw. abweichend geregelt werden, vgl. Hauck, Beil. NZA 18/2004, 20, 23. Aufgrund der grundsätzlichen Sperrwirkung des Tarifvertrags gilt dies aber nur, sofern der Tarifvertrag eine Öffnungsklausel im Sinne des § 77 Abs. 3 S. 2 BetrVG enthält, vgl. hierzu im Einzelnen: Richardi, in: Richardi, § 77 BetrVG Rn. 298 ff.

1028 Werden beim Veräußerer geltende Betriebsvereinbarungen oder Tarifverträge nicht durch beim Erwerber geltende Regelungen abgelöst, muss über diese „negative Folge“ nicht unterrichtet werden, vgl. LAG München, 16.7.2009 – 3 Sa 214/09, BeckRS 2009, 72968 (I 1 b dd).

1029 Vgl. für Betriebsvereinbarungen: BAG, 13.7.2006 – 8 AZR 305/05, AP Nr. 312 zu § 613a BGB (II 1 b ff (2)). Einen entsprechenden Hinweis verlangen u.a. auch: APS/Steffan, § 613a BGB Rn. 209; Jaeger, ZIP 2004, 441; Sayatz/Wolff, DStR 2002, 2041; Worzalla, NZA 2002, 355. Müller-Bonanni/Grau, ArbRB 2007, 148, halten diesen Hinweis zumindest für „zweckmäßig“. **A.A.** Grau, Unterrichtung, 158.

bb) Auswirkungen des Betriebsübergangs auf Tarifverträge

Die grundsätzlichen Auswirkungen des Betriebsübergangs auf Tarifverträge stellen sich wie folgt dar[1030]: Sind nur der Veräußerer und der übergehende Arbeitnehmer nicht aber der Erwerber vor dem Übergang tarifgebunden, werden die beim Veräußerer geltenden Tarifverträge gemäß § 613a Abs. 1 S. 2 BGB in Individualrecht transformiert. Sind sowohl die am Übergang beteiligten Arbeitgeber als auch der übergehende Arbeitnehmer vor dem Übergang tariflich gebunden, können die beim Veräußerer geltenden Tarifverträge beim neuen Betriebsinhaber entweder normativ kollektivrechtlich unverändert fortgelten, gemäß § 613a Abs. 1 S. 2 BGB zum Inhalt des Arbeitsverhältnisses zwischen dem neuen Inhaber und dem Arbeitnehmer werden oder nach § 613a Abs. 1 S. 3 BGB durch beim Betriebserwerber geltende Kollektivregelungen abgelöst werden. Die kollektivrechtlich unveränderte Fortgeltung eines Tarifvertrags betrifft Fälle, in denen sowohl der bisherige als auch der neue Betriebsinhaber auf Arbeitgeberseite als Tarifvertragspartei auftreten (sog. mehrgliedriger Tarifvertrag), beide Arbeitgeber beim Abschluss eines Verbandstarifvertrags von demselben Arbeitgeberverband vertreten wurden, der neue Inhaber dem Tarifvertrag des bisherigen Inhabers beitritt oder der Tarifvertrag für allgemeinverbindlich erklärt wurde. Im zuletzt genannten Fall aber nur, sofern der Erwerber nicht aus dessen Anwendungsbereich herausfällt[1031]. Die Arbeitsbedingungen, die bisher in den beim Veräußerer geltenden Verbandstarifverträgen geregelt sind, werden durch die beim Erwerber geltenden Tarifverträge zum identischen Regelungskomplex abgelöst, sofern auch die übergehenden Arbeitnehmer Mitglieder derjenigen Gewerkschaft sind, die den beim Erwerber geltenden Tarifvertrag abgeschlossen hat[1032]. Die tarifrechtlichen Normen, für die kein Pendant auf Erwerberseite besteht, werden nach dem Betriebsübergang Inhalt des Arbeitsverhältnisses zwischen den übergehenden Arbeitnehmern und dem Erwerber und wirken individualrechtlich wie arbeitsvertragliche Regelungen fort, § 613a Abs. 1 S. 2 BGB. Auch Firmentarifverträge zwischen dem bisherigen Arbeitgeber und einer Gewerkschaft wirken bei einem Betriebsübergang grundsätzlich individualrechtlich fort[1033].

cc) Auswirkungen des Betriebsübergangs auf Betriebsvereinbarungen

Nach den Auswirkungen des Betriebsübergangs auf Tarifverträge werden im Folgenden die Auswirkungen auf Betriebsvereinbarungen kurz dargestellt[1034]: Bleibt

---

1030 Vgl. für eine umfassende Darstellung zuletzt: Bepler, RdA 2009, 65 ff.

1031 Waldenmaier/Pichler, NZA-RR 2008, 1.

1032 Jaeger, ZIP 2004, 441; Sayatz/Wolff, DStR 2002, 2041.

1033 BAG, 20.6.2001 – 4 AZR 295/00, AP Nr. 18 zu § 1 TVG Bezugnahme auf Tarifvertrag (I 1 c); BAG, 10.11.2011 – 8 AZR 430/10, AP Nr. 15 zu § 613a BGB Unterrichtung (B II 3 c dd). Eine kollektivrechtliche Fortwirkung kommt z.B. bei einer Umwandlung nach dem UmwG gemäß § 20 Abs. 1 Nr. 1 UmwG in Betracht, vgl. BAG, 24.6.1998 – 4 AZR 208/97, BAGE 89, 193 (2 a).

1034 Vgl. bezüglich der z.T. umstrittenen Einzelheiten: Gaul/Krause, RdA 2013, 45; Jaeger, ZIP 2004, 440 f.; Meyer, Unterrichtung, § 2 Rn. 127 ff.; Mohnke/Betz, BB 2008, 499 ff.; Mues, ArbRB 2009, 245 ff.

die Betriebsidentität des übergehenden Betriebs auch nach seiner Übertragung als Ganzes erhalten, so dass der bestehende Betriebsrat maßgeblicher Betriebspartner bleibt, gelten die Betriebsvereinbarungen normativ kollektivrechtlich unverändert fort[1035]. Geht hingegen die Betriebsidentität durch Vereinigung des übergegangenen Betriebs mit dem Erwerberbetrieb verloren, greift § 613a Abs. 1 S. 2 BGB und die Betriebsvereinbarungen gelten grundsätzlich nur noch als Individualrecht fort[1036]. Insoweit sind die Arbeitnehmer dann auch auf die sodann eingreifende einjährige Veränderungssperre hinzuweisen. Die Anknüpfung an die Betriebsidentität hat einige Autoren dazu veranlasst, den notwendigen Unterrichtungsinhalt auf die Mitteilung, ob die Identität nach dem Übergang erhalten bleibt oder nicht, auszudehnen[1037]. Eine diesbezügliche Informationspflicht ginge jedoch zu weit. Nach § 613a Abs. 5 Nr. 3 BGB sind die rechtlichen Folgen des Übergangs für die Arbeitnehmer mitzuteilen. Gegenstand der Informationspflicht ist somit die Konsequenz aus der Feststellung der Identitätswahrung, also die kollektiv- oder individualrechtliche Fortgeltung der Betriebsvereinbarung, nicht aber die zugrunde liegende Feststellung selbst. Ob die Betriebsidentität erhalten bleibt oder entfällt, stellt eine im Einzelfall oft nur schwer zu beurteilende rechtliche Vorfrage dar[1038]. Insoweit ist der Unterrichtungspflicht bereits dann Genüge getan, wenn der Information der Arbeitnehmer eine rechtlich vertretbare Position zugrunde liegt (vgl. § 2 I XI 1).

dd) Besonderheiten bei (Teil-)Ablösung nach § 613a Abs. 1 S. 3 BGB

Kommt es zu einer Ablösung nach § 613a Abs. 1 S. 3 BGB hat der Betriebsübergang aus Sicht der übergehenden Arbeitnehmer zur Folge, dass Rechte und Pflichten beim neuen Inhaber zukünftig durch Rechtsnormen eines anderen Tarifvertrags oder durch eine andere Betriebsvereinbarung zur gleichen Angelegenheit (sog. Regelungsidentität) geregelt werden. In der Folge können beispielsweise vom Veräußerer gewährte Gratifikationen im Erwerberbetrieb entfallen.

1035 BAG, 5.2.1991 – 1 ABR 32/90, NZA 1991, 639 (B IV 2 c cc). Nach BAG, 10.11.2011 – 8 AZR 430/10, AP Nr. 15 zu § 613a BGB Unterrichtung (B II 3 c ee), gelten auch Gesamtbetriebsvereinbarungen jedenfalls dann kollektivrechtlich fort, wenn das Erwerberunternehmen bisher keinen Betrieb geführt hat und ein oder mehrere Betriebe unter Wahrung ihrer Identität übergehen. Beim Übergang eines Betriebs bleibe die Gesamtbetriebsvereinbarung als Einzelbetriebsvereinbarung bestehen. Diese Rechtsprechung wurde für Konzernbetriebsvereinbarungen zwar noch nicht höchstrichterlich bestätigt, die Fortgeltung als „einfache“ Betriebsvereinbarung sei aber rechtlich vertretbar und somit auch nicht falsch.

1036 BAG, 10.11.2011 – 8 AZR 430/10, AP Nr. 15 zu § 613a BGB Unterrichtung (B II 3 c ee); Waldenmaier/Pichler, NZA-RR 2008, 1 f.; Zöllner/Loritz/Hergenröder, Arbeitsrecht, 250.

1037 Fuhlrott/Ritz, BB 2012, 2692; Köhler/Pinkwart, SAE 2012, 98.

1038 WHSS/Willemsen, Rn. E 6 ff. und G 221.

Das BAG sieht ohne Einschränkungen von einer detaillierten Bezeichnung einzelner Tarifverträge oder Betriebsvereinbarungen ab[1039]. Zur Begründung verweist das Gericht auf die Obliegenheit des Arbeitnehmers, sich nach Erhalt der in Textform zu erteilenden Information eigenständig zu erkundigen.

Diese Rechtsprechung trifft für die Fälle zu, in denen Kollektivvereinbarungen beim neuen Betriebsinhaber normativ kollektivrechtlich unverändert fortgelten bzw. in Individualrecht transformiert werden. Anders verhält es sich dagegen in den Ablösungsfällen. Hier sind die übergehenden Arbeitnehmer auch über die Namen derjenigen Kollektivvereinbarungen beim Erwerber, die wesentliche Vertragsbedingungen des Arbeitsverhältnisses des übergehenden Arbeitnehmers ergänzen oder abweichend regeln, zu informieren[1040]. Dies folgt aus der besonderen Funktion der Unterrichtungspflicht, die Nachweispflicht für den Fall eines Betriebsübergangs zu ergänzen (vgl. § 2 J II 3). Nach Art. 2 Abs. 2 lit. j RL 91/533/EWG bedarf es der Angabe der Tarifverträge und/oder der kollektiven Vereinbarungen, in denen wesentliche Arbeitsbedingungen des Arbeitnehmers geregelt sind. Nach der deutschen Umsetzungsvorschrift (§ 2 Abs. 1 S. 2 Nr. 10 NachwG) ist auf die Tarifverträge, Betriebs- oder Dienstvereinbarungen, die auf das Arbeitsverhältnis anzuwenden sind, in allgemeiner Form hinzuweisen. Hierbei sind auch die Namen der Kollektivvereinbarungen mitzuteilen[1041]. Dies führt dazu, dass die übergehenden Arbeitnehmer zur Zeit des Vertragsschlusses (bzw. bei späteren Vertragsänderungen) über die Namen der beim Veräußerer geltenden wesentlichen Kollektivvereinbarungen informiert werden. Ergeben sich im Zusammenhang mit dem Betriebsübergang Veränderungen bei den für die übergehenden Arbeitnehmer geltenden wesentlichen Kollektivvereinbarungen, sind die Arbeitnehmer nunmehr erstmals über die Namen der für sie fortan geltenden Kollektivvereinbarungen zu

---

1039 Vgl. BAG, 13.7.2006 – 8 AZR 305/05, AP Nr. 312 zu § 613a BGB (II 1 b ff (1)); BAG, 23.7.2009 – 8 AZR 538/08, AP Nr. 10 zu § 613a BGB Unterrichtung (B III 3 a); BAG, 10.11.2011 – 8 AZR 430/10, AP Nr. 15 zu § 613a BGB Unterrichtung (B II 3 c ee).

1040 Vgl. APS/Steffan, § 613a BGB Rn. 209 [geltende Tarifverträge und Betriebsvereinbarungen beim Erwerber seien anzugeben]; Arens/Düwell, in: Arens/Düwell/Wichert, Umstrukturierung, § 7 Rn. 286 [Tarifvertrag sei auszuführen]; Bayreuther, in: Dornbusch/Fischermeier/Löwisch, § 613a BGB Rn. 132 [Tarifwerk des Erwerberbetriebs sei in allgemeiner Form mitzuteilen]; Dreher, in: Bernsau/Dreher/Hauck, § 613a BGB Rn. 159 [„namentliche Nennung der künftig einschlägigen Tarifverträge bzw. Betriebsvereinbarungen geboten"]; Gaul/Otto, DB 2005, 2466 [Kollektivvereinbarungen seien namentlich zu benennen]; Sayatz/Wolff, DStR 2002, 2041 [In Teilablösungsfällen seien die beim Erwerber geltenden Kollektivvereinbarungen abstrakt mitzuteilen und die künftig geltenden wesentlichen Arbeitsbedingungen darzustellen.]; Zwanziger, in: Kittner/Däubler/Zwanziger, KSchR, § 613a BGB Rn. 62 [„in Betracht kommende Normen sind in allgemeiner Form zu benennen, wie beim Nachweisgesetz"].

1041 Vgl. BAG, 17.4.2002 – 5 AZR 89/01, AP Nr. 6 zu § 2 NachwG (III 1); BAG, 29.5.2002 – 5 AZR 105/01, EzA § 2 NachwG Nr. 4 (I 3 a); BAG, 5.11.2003 – 5 AZR 676/02, AP Nr. 7 zu § 2 NachwG (III 1).

informieren[1042]. Insoweit ergänzt die Unterrichtungspflicht das Nachweisrecht für den Fall des Betriebsübergangs. Wesentliche Arbeitsbedingungen sind z.B. die in einer Gesamtbetriebsvereinbarung beschlossene Verschlechterung der sozialen Absicherung im Falle künftiger betriebsbedingter Kündigungen[1043] oder Kollektivvereinbarungen betreffend der betrieblichen Altersversorgung, der tariflichen Lohngruppe, der Höhe von Zulagen und Zuschlägen sowie sonstige Gratifikationen und Sonderleistungen (einschließlich betrieblicher Altersversorgung[1044]). Unwesentliche Arbeitsbedingungen sind dagegen z.B. die Größe des Konzernbetriebsrats oder die Organisation der IT-Anwendung[1045]. Derartige Vereinbarungen müssen in der Unterrichtung nicht namentlich genannt werden. Insoweit genügt ein Hinweis auf die (Nicht-)Anwendbarkeit tariflicher Normen beim Erwerber bzw. auf die (Nicht-)Existenz von Betriebsvereinbarungen beim Erwerber[1046].

Kommt es lediglich zu einer teilweisen Ablösung nach § 613a Abs. 1 S. 3 BGB, stellt sich erneut die Frage nach dem Umfang der Informationspflicht. Das BAG verlangt, dass die Arbeitnehmer darüber zu unterrichten sind, „inwieweit“ Tarifverträge oder Betriebsvereinbarungen durch beim Erwerber geltende Tarifverträge abgelöst werden[1047]. Dabei ist unklar, was das BAG hiermit zum Ausdruck bringen wollte[1048]. Teile der Literatur verlangen in den sog. Teilablösungsfällen eine detaillierte synoptische Gegenüberstellung der künftig beim Erwerber geltenden Regelungen mit den bisher beim Veräußerer geltenden Regelungen[1049]. Dieser Ansicht

---

1042 Lingemann, NZA 2012, 548, empfiehlt für Konzernbetriebsvereinbarungen, die wesentliche Arbeitsbedingungen der Arbeitnehmer betreffen, eine Darstellung, „welche Konzernbetriebsvereinbarungen beim Erwerber gelten“. Gaul/Hiebert, ArbRB 2012, 186, verlangen für den Fall, dass für einzelne Rechte oder Pflichten des Arbeitnehmers wesentliche Änderungen eintreten, eine Konkretisierung. Hilgenstock, ArbRAktuell 2012, 303, geht davon aus, dass der Arbeitnehmer über die Anwendung einer Konzernbetriebsvereinbarung, durch die „direkt Einfluss auf die einzelnen Arbeitsverhältnisse genommen wird“, informiert werden muss.

1043 Vgl. BAG, 23.7.2009 – 8 AZR 538/08, AP Nr. 10 zu § 613a BGB Unterrichtung (B III 3 c), wonach darin ein „zentraler Punkt“ liege. Im konkreten Fall wurde eine bestehende Gesamtbetriebsvereinbarung, die günstige Sozialplan-Regelungen für den Fall betriebsbedingter Kündigungen vorsah, kurz vor dem Übergang mittels einer weiteren Gesamtbetriebsvereinbarung gezielt nachteilig für die in Folge eines Betriebsübergangs übergehenden Arbeitsverhältnisse abgeändert.

1044 Vgl. insoweit Granetzny, Informationspflichten, 83 ff.

1045 BAG, 10.11.2011 – 8 AZR 430/10, AP Nr. 15 zu § 613a BGB Unterrichtung (B II 3 c ee).

1046 Vgl. für (Konzern-)Betriebsvereinbarungen: BAG, 10.11.2011 – 8 AZR 430/10, AP Nr. 15 zu § 613a BGB Unterrichtung (B II 3 c ee), wonach „jedenfalls“ nicht über eine Betriebsvereinbarung beim Erwerber zu informieren sei, durch die es zu keinen wesentlichen Änderungen der Arbeitsbedingungen kommt.

1047 BAG, 13.7.2006 – 8 AZR 305/05, AP Nr. 312 zu § 613a BGB (II 1 b ff (1)); BAG, 23.7.2009 – 8 AZR 538/08, AP Nr. 10 zu § 613a BGB Unterrichtung (B III 3).

1048 Grau, RdA 2007, 369, sieht diese Frage „in der Schwebe“.

1049 Jaeger, ZIP 2004, 440 f., verlangt für den Bereich der Betriebsvereinbarungen eine synoptische Gegenüberstellung der künftig beim Erwerber geltenden Regelungen

kann vorliegend nicht gefolgt werden[1050]. Es genügt ein allgemein gehaltener Hinweis im Informationsschreiben, wonach beim Erwerber geltende (namentlich benannte) Tarifverträge oder Betriebsvereinbarungen auf das Arbeitsverhältnis der übergehenden Arbeitnehmer Anwendung finden (können). Ein detailliertes Eingehen auf einzelne Arbeitsvertragsbedingungen oder gar eine Gegenüberstellung der künftig beim Erwerber geltenden (wesentlichen) Regelungen mit den bisher beim Veräußerer geltenden Regelungen, ist im Rahmen der Unterrichtung nach § 613a Abs. 5 Nr. 3 BGB nicht gefordert. Eine dahingehende Pflicht lässt sich weder dem Nachweisrecht noch dem Wortlaut des § 613a Abs. 1 S. 3 BGB entnehmen. Sie ist auch nicht aufgrund einer teleologischen Auslegung des § 613a Abs. 5 BGB geboten. Die Unterrichtungspflicht ist keine umfassende, individuelle Rechtsberatungspflicht. Nach dem Sinn und Zweck der Unterrichtung sind die Arbeitnehmer mit der Unterrichtung lediglich in die Lage zu versetzen, ihrer eigenen Nachforschungsobliegenheit selbständig nachgehen zu können (vgl. § 2 I IV). Informationsschreiben, die den Charakter eines Rechtsgutachtens annehmen, überfordern ihren Adressaten und richten mehr Schaden an, als sie Nutzen stiften (vgl. § 2 I I). Zum Zwecke der eigenverantwortlichen Gegenüberstellung ist den übergehenden Arbeitnehmern allerdings der Ort, an dem nicht öffentliche Tarifverträge oder Betriebsvereinbarungen des Erwerbers eingesehen werden können[1051], oder die Adresse einer natürlichen Person auf Seiten des Erwerbers als Ansprechpartner für etwaige Auskünfte anzugeben. Einer Abschrift der kollektivrechtlichen Normen bedarf es nicht[1052]. Hinsichtlich der kollektiven Bestimmungen des bisherigen Arbeitgebers kann der Inhalt als bekannt unterstellt werden. Den Arbeitgeber trifft nach § 8 BetrVG ohnehin die Pflicht, die für seinen Betrieb maßgebenden Tarifverträge an geeigneter Stelle im Betrieb auszulegen.

---

mit den bisher beim Veräußerer geltenden Regelungen. Waldenmaier/Pichler, NZA-RR 2008, 2, 4, verlangen eine Information darüber, welche Regelungsgegenstände der Vereinbarungen von der Ablösung betroffen sind und schlagen für komplexe Fälle eine Auflistung in einer Anlage zum Unterrichtungsschreiben vor. Hergenröder, RdA 2007, 227, verlangt ein Eingehen „auf die arbeitszeitlichen, finanziellen und anderen Änderungen“. Staudinger/Annuß, § 613a BGB Rn. 278, hält es zwar für erforderlich, dass die Arbeitnehmer über die Änderungen im Einzelnen unterrichtet werden, will es aber genügen lassen, wenn die jeweiligen Kollektivbedingungen dem Unterrichtungsschreiben in Textform beigefügt werden.

1050 Vgl. auch die **Kritik** an einer derartigen „Tabelle“ bei: WHSS/Willemsen, Rn. G 221; Willemsen, Festschrift für Wolfdieter Küttner, 423.

1051 Hohenstatt/Grau, NZA 2007, 16, halten diese Angabe für „sinnvoll“; vgl. auch Meyer, SAE 2008, 146 f.; Müller-Bonanni/Grau, ArbRB 2007, 148. Beschränkt auf Betriebsvereinbarungen so auch: Waldenmaier/Pichler, NZA-RR 2008, 4. Huke, FA 2002, 266 Fn. 27, empfiehlt u.U. einen Hinweis auf die Möglichkeit der Einsichtnahme.

1052 Vgl. insoweit Meyer, Unterrichtung, § 2 Rn. 313; für Tarifverträge so auch: Gaul/Otto, DB 2005, 2466. **A.A.** Jaeger, ZIP 2004, 441; Staudinger/Annuß, § 613a BGB Rn. 278.

ee) Besonderheiten bei arbeitsvertraglichen Bezugnahmeklauseln

Selbst wenn die am Übergang beteiligten Arbeitgeber und die übergehenden Arbeitnehmer nicht oder anders tarifgebunden sind, können Tarifverträge oder einzelne Tarifvertragsbestimmungen mittels einer arbeitsvertraglichen Bezugnahmeklausel Bedeutung erlangen. Eine solche einzelvertraglich vereinbarte schuldrechtliche „Geltung" unterfällt allerdings aufgrund der fehlenden Rechtsnormqualität der Individualvereinbarung allein § 613a Abs. 1 S. 1 BGB[1053]. Grundsätzlich genügt daher der allgemeine Hinweis, dass alle Rechte und Pflichten aus den im Zeitpunkt des Übergangs bestehenden Arbeitsverhältnissen auf den Erwerber kraft Gesetzes übergehen (vgl. § 2 J VII 1 a). Beabsichtigt der Erwerber allerdings im Unterrichtungszeitpunkt in näherer Zukunft einen Firmentarifvertrag abzuschließen oder einem Arbeitgeberverband beizutreten, trifft den Arbeitgeber eine erweiterte Informationspflicht. Der Arbeitnehmer ist dann darüber zu informieren, dass die Formulierung der jeweiligen individuellen Bezugnahmeklausel darüber entscheidet, ob es zu einem Tarifwechsel kommt oder nicht. Eine weitergehende Rechtsberatung schulden die Arbeitgeber jedoch nicht. Bei Bedarf steht es den Arbeitnehmern frei, selbst nähere Erkundigungen einzuholen (vgl. § 2 I IV). Bestehen keinerlei Absichten, sich in näherer Zukunft tariflich zu binden, müssen die Arbeitnehmer auf einen nur möglichen Tarifwechsel auch nicht hingewiesen werden (vgl. § 2 I XI 3 a)[1054]. Ein gleichwohl (vorsorglich) aufgenommener Hinweis, für den Fall, dass der Betriebserwerber doch noch Tarifverträge abschließen sollte, schadet aber nicht[1055]. Das Unterrichtungsschreiben darf zudem nicht den unzutreffenden Eindruck vermitteln, dass der Betriebsübergang die arbeitsvertraglichen Bezugnahmeklauseln der übergehenden Arbeitnehmer unberührt lässt, sofern dies nicht der Wahrheit entspricht. Ein derartiges Unterrichtungsschreiben wäre unzutreffend[1056]. Bei Altverträgen (vor dem 1.1.2002 abgeschlossen) wandelt sich aufgrund der früher vom BAG vertretenen Auslegungsregel der „Gleichstellungsabrede" eine dynamische Bezugnahmeklausel (Verweis auf die jeweils geltende Fassung) regelmäßig[1057] in eine statische Bezugnahmeklausel (Verweis auf die im Zeitpunkt des Betriebsübergangs bestehende Fassung) um, wohingegen bei Neuverträgen (nach dem 1.1.2002 abgeschlossen) die Regelungen auch nach dem Betriebsübergang dynamisch fortgelten[1058]. Ausführungen zu dieser Rechtsprechungsänderung des BAG sind zwar aus Sicht der Neu-Arbeitnehmer überflüssig,

---

1053 ErfK/Preis, § 613a BGB Rn. 111, 127.

1054 Vgl. BAG, 10.11.2011 – 8 AZR 430/10, AP Nr. 15 zu § 613a BGB Unterrichtung (B II 3 c dd); **a.A.** wohl Köhler/Pinkwart, SAE 2012, 98; Lingemann, NZA 2012, 548.

1055 BAG, 10.11.2011 – 8 AZR 430/10, AP Nr. 15 zu § 613a BGB Unterrichtung (B II 3 c dd).

1056 BAG, 15.3.2012 – 8 AZR 700/10, AP Nr. 29 zu § 613a BGB Widerspruch (B I 3).

1057 Vgl. für Fälle, in denen die Bezugnahme ausnahmsweise nicht als „Gleichstellungsabrede" ausgelegt werden kann: APS/Steffan, § 613a BGB Rn. 145.

1058 BAG, 14.12.2005 – 4 AZR 536/04, AP Nr. 39 zu § 1 TVG (I 2); vgl. auch APS/Steffan, § 613a BGB Rn. 146.

gleichwohl sind sie nicht zu beanstanden, sofern die verschiedenen Arbeitnehmergruppen (Alt- und Neu-Arbeitnehmer) dem Unterrichtungsschreiben unschwer entnehmen können, ob sie von diesen Ausführungen erfasst werden oder nicht[1059].

Inwiefern das Unterrichtungsschreiben die Rechtsprechungsänderung zu dynamischen Bezugnahmeklauseln abstrakt darstellen und zwischen Alt- und Neuverträgen unterscheiden muss, um den Anforderungen des § 613a Abs. 5 BGB zu genügen, wurde bisher nicht höchstrichterlich entschieden. Das BAG hat lediglich ausgeführt, dass ein Unterrichtungsschreiben, in dem ohne jede Einschränkung behauptet wird, dass „durch die einzelvertragliche Vereinbarung" für die Arbeitnehmer ein bestimmter Tarifvertrag gilt, obwohl die neue Gesellschaft im konkreten Fall nicht tarifgebunden war und obwohl Arbeitnehmer übergingen, deren Arbeitsvertrag vor dem 1.1.2002 abgeschlossen wurde, fehlerhaft ist[1060]. Bei dieser Formulierung hätten die Alt-Arbeitnehmer darüber aufgeklärt werden müssen, dass eine dynamische Bezugnahmeklausel nach dem Übergang nicht mehr notwendig dynamisch, sondern ggf. nur noch statisch wirken kann. Nach hier vertretener Ansicht ist für eine ordnungsgemäße Unterrichtung in diesem Fall ausreichend, wenn neben dem Eintritt des nicht tarifgebundenen Erwerbers in die Rechte und Pflichten des Arbeitsverhältnisses nach § 613a Abs. 1 S. 1 BGB auf die Maßgeblichkeit der Formulierung der individuellen Bezugnahmeklausel für die konkrete Fortgeltung beim Erwerber hingewiesen wird[1061]. Eine abstrakte Darstellung der Rechtsprechungsänderung zu dynamischen Bezugnahmeklauseln und eine Unterscheidung zwischen Alt- und Neuverträgen sind nicht gefordert. Die Arbeitgeber schulden nach § 613a Abs. 5 BGB keine individuelle Rechtsberatung der Arbeitnehmer. Bei Bedarf kann sich der Arbeitnehmer auf der Grundlage der mitgeteilten Informationen eigenständig weitergehende Erkundigungen einholen (vgl. § 2 I IV).

e) Widerspruchsrecht

In Literatur und Rechtsprechung besteht Uneinigkeit hinsichtlich der Frage, inwieweit über das Recht zum Widerspruch nach § 613a Abs. 6 BGB unterrichtet werden muss. Zum Teil wird eine Unterrichtung über das Widerspruchsrecht in Gänze für entbehrlich gehalten[1062]. Der Widerspruch sei gerade keine (direkte bzw.

1059 Vgl. BAG, 10.11.2011 – 8 AZR 430/10, AP Nr. 15 zu § 613a BGB Unterrichtung (B II 3 c dd).

1060 Vgl. BAG, 15.3.2012 – 8 AZR 700/10, AP Nr. 29 zu § 613a BGB Widerspruch (B I 3).

1061 Tendenziell wie hier: Gaul/Hiebert, ArbRB 2012, 185; Gaul/Krause, RdA 2013, 43, inklusive eines Formulierungsvorschlags. **A.A.** Fuhlrott/Ritz, BB 2012, 2692, der eine Information über die „unterschiedlichen Auswirkungen des Vereinbarungszeitpunkts der Bezugnahmeklausel" verlangt; vgl. auch Lingemann, NZA 2012, 548, der verlangt, dass „die unterschiedlichen Rechtsfolgen für bis zum 31.12.2001 und danach vereinbarte Bezugnahmeklauseln knapp dargestellt werden".

1062 LAG Düsseldorf, 1.4.2005 – 18 Sa 1950/04, AP Nr. 295 zu § 613a BGB (II 2 c aa (1)); Wank, in: Handbuch zum Arbeitsrecht, § 102 Rn. 98; Bauer/v. Steinau-Steinrück,

unmittelbare) Folge des Übergangs[1063]. Andere argumentieren damit, dass sich die Rechtsfolge des Widerspruchsrechts ohne weiteres aus dem Gesetz ablesen lasse und den Arbeitgeber deswegen keine diesbezügliche Informationspflicht treffe[1064]. Wieder andere fordern, dass die Arbeitnehmer über ihr Widerspruchsrecht[1065] und die Monatsfrist für dessen Ausübung[1066] informiert werden müssen. Teilweise wird zudem verlangt, dass die Arbeitnehmer darüber informiert werden, dass die Widerspruchserklärung zu ihrer Wirksamkeit der Schriftform bedarf[1067]. Die Unterrichtung über das Widerspruchsrecht sei erforderlich, damit nicht der unzutreffende Eindruck vermittelt werde, der Arbeitgeberwechsel sei unabdingbar[1068]. Einige Stimmen in der Literatur erachten den Hinweis, dass die Widerspruchserklärung innerhalb der Widerspruchsfrist auch zugehen muss, um die Frist zu wahren, wenigstens noch für „zweckmäßig"[1069]. Das BAG verlangt sowohl einen Hinweis auf das Widerspruchsrecht selbst als auch auf die Formalitäten seiner Ausübung (das „wie"), also auch auf das Schriftformerfordernis, die Widerspruchsfrist und die Adressaten der Widerspruchserklärung[1070]. Die geforderten Angaben erinnern hierbei etwas an eine verwaltungsrechtliche Rechtsbehelfsbelehrung wie sie beispielsweise in § 58 Abs. 1 VwGO zu finden ist[1071].

ZIP 2002, 463; Gaul, Betriebs- und Unternehmensspaltung, § 11 Rn. 16; Maschmann, BB-Special 6 2006, 33 f.; MK/Müller-Glöge, § 613a BGB Rn. 109; Jaeger, ZIP 2004, 442; Willemsen/Lembke, NJW 2002, 1163.

1063 Vgl. u.a. LAG Düsseldorf, 1.4.2005 – 18 Sa 1950/04, AP Nr. 295 zu § 613a BGB (II 2 c aa (1)); Gaul, Betriebs- und Unternehmensspaltung, § 11 Rn. 16. Vgl. insoweit auch APS/Steffan, § 613a BGB Rn. 210 und Gussen, in: BeckOK R/G/K/U, § 613a BGB Rn. 149, die aber im Ergebnis trotzdem von einer Pflicht zur Unterrichtung ausgehen.

1064 Maschmann, BB-Special 6 2006, 33 f.

1065 Bayreuther, in: Dornbusch/Fischermeier/Löwisch, § 613a BGB Rn. 129; ErfK/Preis, § 613a BGB Rn. 88a; Staudinger/Annuß, § 613a BGB Rn. 279.

1066 KR/Treber, § 613a BGB, Rn. 108e; Fuchs, in: BeckOK Bamberger/Roth, § 613a BGB Rn. 78; Hohner, Unternehmensumwandlung, 86 f.; Krügermeyer-Kalthoff/Reutershan, MDR 2003, 543; Sayatz/Wolff, DStR 2002, 2041; Schnitker/Grau, BB 2005, 2239; Worzalla, NZA 2002, 355.

1067 APS/Steffan, § 613a BGB Rn. 210; Mestwerdt, in: Kündigungsschutzrecht, § 613a BGB Rn. 163; Nehls, NZA 2003, 825; Trittin, in: Bachner/Köstler/Matthießen/Trittin, § 6 Rn. 98; Zwanziger, in: Kittner/Däubler/Zwanziger, KSchR, § 613a BGB Rn. 61; vgl. auch Jacobsen/Menke, NZA-RR 2010, 395, der jene Information jedoch den sozialen Folgen des Betriebsübergangs zuordnet.

1068 Hohenstatt/Grau, NZA 2007, 16.

1069 HWK/Willemsen/Müller-Bonanni, § 613a BGB Rn. 332; Einfeldt, in: EG-Arbeitsrecht, 195.

1070 BAG, 24.5.2005 – 8 AZR 398/04, AP Nr. 284 zu § 613a BGB (II 2 b); BAG, 20.3.2008 – 8 AZR 1016/06, NZA 2008, 1354 (II 5 a); BAG, 22.6.2011 – 8 AZR 752/09, DB 2011, 2385 (II 2); BAG, 10.11.2011 – 8 AZR 430/10, AP Nr. 15 zu § 613a BGB Unterrichtung (B II 3 c ff).

1071 Bittmann/Rosemann, BB 2008 II, 2076.

Die Arbeitnehmer, deren Arbeitsverhältnis gemäß § 613a Abs. 1 S. 1 BGB auf den neuen Betriebsinhaber übergehen, haben das Recht dem Übergang ihres Arbeitsverhältnisses durch Widerspruch abzuwehren. Zwar ist die Ausübung des Widerspruchsrechts, also die Widerspruchserklärung keine Rechtsfolge des Übergangs, sondern die Betätigung eines Gestaltungsrechts; das Gestaltungsrecht selbst, hier also das Widerspruchsrecht und die Formalitäten seiner Ausübung, sind jedoch unmittelbare Rechtsfolgen des Betriebsübergangs über die gemäß § 613a Abs. 5 Nr. 3 BGB zu unterrichten ist. Dem steht die systematische Stellung des Abs. 6 hinter Abs. 5 nicht entgegen. Sie ist lediglich der Abbildung der regelmäßigen zeitlichen Abfolge geschuldet[1072]. Sinn und Zweck der Unterrichtung ist aus Sicht der übergehenden Arbeitnehmer auch die Schaffung einer Wissensgrundlage für die (Nicht-)Ausübung ihres Widerspruchsrechts. Die Annahme, wonach keine Pflicht zur Unterrichtung bestünde, wurde daher zu Recht als „paradox" bezeichnet[1073].

Praktische Relevanz wird dem dargestellten Streit nur selten zukommen. In der Regel wird schon deshalb eine Information über das Widerspruchsrecht erfolgen, um die übergehenden Arbeitnehmer in diesem Zusammenhang auf das vom Widerspruch abschreckende Risiko einer betriebsbedingten Kündigung durch den Veräußerer nach der Widerspruchserklärung hinweisen zu können[1074].

2. *Mittelbare Folgen des Übergangs*

Eine klare Linie zur Erfassung mitteilungspflichtiger mittelbarer Folgen kann der aktuellen Rechtsprechungspraxis nicht entnommen werden. Die bisherige Judikatur beschränkt sich auf Einzelfallentscheidungen[1075]. Die juristische Binsenweisheit „hard cases make bad law" traf in der Vergangenheit nicht selten zu[1076].

Ergeben sich durch den Betriebs(teil)übergang Veränderungen beim Betrieb (steil) oder bei dessen Inhabern und schlagen diese Veränderungen auf die rechtliche, wirtschaftliche oder soziale Situation der dort beschäftigten Arbeitnehmer durch, kommt eine Unterrichtungspflicht über mittelbare rechtliche, wirtschaftliche oder soziale Folgen in Betracht (vgl. § 2 J VI 3 a bb). Beispielsweise handelt es sich aus Sicht der übergehenden Arbeitnehmer bei einer bestehenden bzw. wegfallenden sozialen Einrichtung im Erwerberbetrieb (Kindertagesstätten, Kantinen oder betriebliche Verkehrseinrichtungen, Werkswohnungen etc.) um mittelbare soziale Folgen des Übergangs. Gleiches gilt für weniger weitreichende

---

1072 BAG, 20.3.2008 – 8 AZR 1016/06, NZA 2008, 1354 (II 5 a).

1073 BAG, 20.3.2008 – 8 AZR 1016/06, NZA 2008, 1354 (II 5 a).

1074 Vgl. u.a. Bauer/v. Steinau-Steinrück, ZIP 2002, 463; Gaul, Betriebs- und Unternehmensspaltung, § 11 Rn. 16; Huke, FA 2002, 267; HWK/Willemsen/Müller-Bonanni, § 613a BGB Rn. 332.

1075 Vgl. Kliemt/Teusch, Festschrift für Jobst-Hubertus Bauer, 539; Reinhard, NZA 2009, 66.

1076 Vgl. WHSS/Willemsen, Rn. G 224.

Schutzvorkehrungen im Erwerberbetrieb zur Verhütung von Arbeitsunfällen bzw. Schäden an der Gesundheit der Arbeitnehmer. In den Bereich mittelbarer sozialer Folgen fällt auch, wenn beim Veräußerer ein umfassender Verhaltenskodex bestand, ein solcher beim Erwerber jedoch nicht installiert wurde. Mittelbare wirtschaftliche Folgen für die übergehenden Arbeitnehmer betreffen beispielsweise die (Nicht-)Förderung der eigenen Vermögensbildung durch den neuen Betriebsinhaber, das (Nicht-)Gewähren von sog. Mitarbeiterdarlehen mit Zinsvergünstigungen im Vergleich zu banküblichen Darlehen, (k)eine gebührenfreie Kontoführung oder die (Un)Möglichkeit für ein erhöhtes Arbeitsentgelt durch Zuschläge für z.B. Nachtarbeit.

In diesem Zusammenhang ist es wichtig, nochmals daran zu erinnern, dass über wirtschaftliche und soziale Folgen, die mit rechtlichen Folgen des Betriebsübergangs einhergehen, im Unterrichtungsschreiben nicht extra informiert werden muss (vgl. § 2 J VI 3 b). Ergeben sich die wirtschaftlichen und sozialen Folgen bereits als Kehrseite der in Tarifverträgen, Betriebsvereinbarungen, Gesamtzusagen bzw. durch betriebliche Übung erfassten Rechte und Pflichten, muss hierüber nicht zusätzlich unterrichtet werden.

a) Folgen aus der Solvenz des Arbeitgebers

Der Schwerpunkt der Diskussion über die Unterrichtung mittelbarer Folgen kreist um die Frage, inwiefern sich § 613a Abs. 5 BGB eine Pflicht zur Information über die wirtschaftliche Lage und Entwicklung des Betriebserwerbers entnehmen lässt.

aa) Meinungsspektrum

In frühen Entscheidungen der 15. Kammer des LAG Düsseldorf und der sich ihr anschließenden 10. Kammer des LAG Hessen muss nach § 613a Abs. 5 Nr. 3 BGB nur über ein laufendes Insolvenzverfahren und allenfalls über einen im Zeitpunkt der Unterrichtung als sicher erscheinenden Eintritt der Insolvenz beim Erwerber informiert werden[1077]. Der Insolvenzverwalter rücke mit Insolvenzeröffnung in die Arbeitgeberstellung ein und die Rechte und Ansprüche der Arbeitnehmer seien vom Insolvenzverfahren unmittelbar betroffen. Dagegen müsse über eine erfolgte bzw. durch den Arbeitgeber beschlossene Insolvenzantragsstellung nicht nach § 613a Abs. 5 Nr. 3 BGB, sondern nach Nr. 4 unterrichtet werden. Eine nur bedrohliche wirtschaftliche Lage löse noch keine Unterrichtungspflicht nach Nr. 3 aus, und zwar unabhängig davon, ob der Veräußerer und/oder der Erwerber die

1077 LAG Düsseldorf, 6.10.2005 – 15 Sa 355/05, BeckRS 2006, 40004 (II 1 a aa (1)); vgl. auch LAG Hessen, 28.4.2006 – 10 Sa 931/05, n.v.; LAG Köln, 4.6.2007 – 14 Sa 1225/06, BeckRS 2007, 47107 (II 1 b), wonach über ein laufendes oder unmittelbar bevorstehendes Insolvenzverfahren unterrichtet werden müsse. Grosjean/Biester, DB 2007, 1467, schließen sich dieser Ansicht an. Nach Ansicht des LAG Hessen, 31.7.2006 – 16 Sa 2222/05, BeckRS 2007, 40030, seien bereits bestehende Zweifel an der Zahlungsfähigkeit in absehbarer Zeit informationsauslösend.

wirtschaftliche Lage bereits selbst als bedrohlich eingestuft hat/haben. Dies wird damit begründet, dass in Fällen einer bedrohlichen Lage „Hoffnung auf Gesundung“ bestehe[1078]. Den zur Information Verpflichteten wird eine Prognose über die künftige wirtschaftliche Entwicklung zugestanden. War die Prognose aufgrund objektiv nachprüfbarer Tatsachen nicht offensichtlich falsch, sollte sich der Arbeitnehmer konkret erklären, warum die Prognose des Arbeitgebers falsch gewesen sei[1079]. Die 4. Kammer des LAG München verlangt hierfür „konkretisierbare Anhaltspunkte“ aus dem Vorbringen des Arbeitnehmers oder im Sachverhalt, die den Schluss auf eine aussichtslose wirtschaftliche Lage rechtfertigen[1080]. Die Praxis des Arbeits- und Wirtschaftslebens zeige, dass allein der Umstand, dass die neue Betriebsinhaberin nicht Eigentümerin eines dem übergehenden Betriebs zugeordneten Betriebsgrundstücks werden soll[1081], keinen Hinweis auf bevorstehende Liquiditätsschwierigkeiten oder sogar auf eine drohende Insolvenz darstelle. Derartige Aufspaltungen des Anlagevermögens seien vielmehr wirtschaftlich an der Tagesordnung[1082]. Über die Vereinbarung eines sog. „negativen Kaufpreises“ müsse ebenfalls nicht unterrichtet werden[1083]. Zur übrigen Rechtsprechung der 3., 5. und 11. Kammer des LAG München und des LAG Düsseldorf kann hier auf die Ausführungen zu § 613a Abs. 5 Nr. 2 BGB verwiesen werden (vgl. § 2 J V 2 c).

Das BAG hat sich der soeben dargestellten Argumentation von Teilen der Rechtsprechung nicht angeschlossen. Zwar stellt auch das BAG zunächst ausdrücklich fest, dass Informationen zur wirtschaftlichen und finanziellen Lage des Erwerbers grundsätzlich nicht Bestandteil der Unterrichtungspflicht sind, weil deren Einschätzung mangels objektiver Tatsachen in der Regel nicht justiziabel sei[1084]. Ausgehend

1078 LAG Düsseldorf, 6.10.2005 – 15 Sa 355/05, BeckRS 2006, 40004 (II 1 a aa (1)): durch „Gegensteuerungsmaßnahmen (z. B. Kostensenkungsmaßnahmen, ‚Finanzspritzen‘ durch Gesellschafter, Übernahme neuer Aufgaben, wie etwa durch einen Teilbetriebserwerb [...], Erweiterung der Kredite etc.) oder auch aufgrund positiv beurteilter Umsatzprognosen nach Überbrückung einer nicht als dauerhaft angesehenen ‚Durststrecke‘ oder in Erwartung künftiger Aufträge etc.“.

1079 LAG Düsseldorf, 6.10.2005 – 15 Sa 355/05, BeckRS 2006, 40004 (II 1 a aa (2)); Stuntz, jurisPR-ArbR 9/2006 Anm. 1.

1080 LAG München, 20.8.2009 – 4 Sa 19/09, BeckRS 2009, 74521 (II 1 a bb (2)).

1081 Im konkreten Fall hatte die Betriebserwerberin Zugriff auf das Betriebsgrundstück nur im Wege einer Nutzungsvereinbarung mit einem Dritten, an dem die Betriebsveräußerin das unbewegliche Anlagevermögen zuvor übereignet hatte.

1082 LAG Hessen, 31.7.2006 – 16 Sa 2222/05, BeckRS 2007, 40030. Vgl. auch WHSS/Willemsen, Rn. G 224.

1083 LAG Hessen, 31.7.2006 – 16 Sa 2222/05, BeckRS 2007, 40030.

1084 BAG, 31.1.2008 – 8 AZR 1116/06, AP Nr. 2 zu § 613a BGB Unterrichtung (B I 2). **A.A.** Trittin, in: Bachner/Köstler/Matthießen/Trittin, § 6 Rn. 99, der unter wirtschaftliche Folgen für die Arbeitnehmer „umfassend alle Angaben zu den ökonomischen Konsequenzen des Übergangs für den Arbeitgeber und die Beschäftigten“ versteht; vgl. auch Bayreuther, in: Dornbusch/Fischermeier/Löwisch, § 613a BGB Rn. 133. Zum Teil wird die Solvenz des Erwerbers als grundsätzlicher

vom Sinn und Zweck der Unterrichtung (Verschaffung einer ausreichenden Wissensgrundlage für die Ausübung des Widerspruchsrechts) bejaht das Gericht aber „unter bestimmten Umständen" eine Pflicht zur Unterrichtung über „mittelbare wirtschaftliche und soziale (Sekundär-)Folgen eines Betriebsübergangs"[1085]. Eine Information des Arbeitnehmers über mittelbare Folgen des Betriebsübergangs sei dann (ausnahmsweise) erforderlich,

> *„wenn [...] die ökonomischen Rahmenbedingungen des Betriebsübergangs [...] zu einer so gravierenden Gefährdung der wirtschaftlichen Absicherung des Arbeitnehmers beim neuen Betriebsinhaber führen, dass diese Gefährdung als ein wesentliches Kriterium für einen möglichen Widerspruch der Arbeitnehmer gegen den Übergang des Arbeitsverhältnisses anzusehen ist"*, insbesondere *„wenn die Arbeitsplatzsicherheit beim Betriebserwerber maßgeblich betroffen ist"*[1086].

Beispielsweise nimmt das BAG eine gravierende Gefährdung der wirtschaftlichen Absicherung des Arbeitnehmers bei einer offensichtlichen wirtschaftlichen Notlage des Betriebserwerbers an, so dass z.B. über ein laufendes Insolvenzverfahren zu unterrichten sei[1087]. Die zweifache Einschränkung, dass es sich um eine Notlage handeln müsse, die zudem offensichtlich ist, spricht eigentlich dafür, dass nur besonders schwerwiegende wirtschaftliche Schwierigkeiten des Erwerbers relevant sein sollen. Allerdings sieht das BAG die wirtschaftliche Absicherung bereits dann als gefährdet an, wenn bei der für Forderungen aus dem Arbeitsverhältnis der übergehenden Arbeitnehmer zur Verfügung stehenden Haftungsmasse infolge des Betriebsübergangs eine Verringerung in erheblichem Umfang eingetreten ist. Im konkreten Fall hatten die Parteien des Übernahmevertrags vereinbart, die Eigentums- und Besitzverhältnisse an bisher dem übergehenden Betrieb zugeordneten Anlagevermögen erheblichen Werts (ein Betriebsgrundstück) umzugestalten[1088]. Im Falle wirtschaftlicher Schwierigkeiten könnten diese Vermögensgegenstände nicht als Sicherungsmittel eingesetzt werden und gehörten bei

---

Bestandteil der Unterrichtungspflicht angesehen: Bachner/Gerhardt, Betriebsübergang, Rn. A 130; Bachner, in: Kittner/Zwanziger/Deinert, Arbeitsrecht, § 96 Rn. 30e; von Roetteken, jurisPR-ArbR 37/2005 Anm. 6.

1085 BAG, 13.7.2006 – 8 AZR 303/05, AP Nr. 311 zu § 613a BGB (II 2 b bb (1)).

1086 BAG, 31.1.2008 – 8 AZR 1116/06, AP Nr. 2 zu § 613a BGB Unterrichtung (B I 2). Vgl. auch LAG München, 26.6.2008 – 2 Sa 959/07, BeckRS 2009, 67643 (II 1 a). **Kritisch** gegen das allgemeine Kriterium der „Arbeitsplatzsicherheit beim Erwerber": Cohnen, in: Moll, Arbeitsrecht, § 55 Rn. 47.

1087 BAG, 31.1.2008 – 8 AZR 1116/06, AP Nr. 2 zu § 613a BGB Unterrichtung (B I 2).

1088 BAG, 31.1.2008 – 8 AZR 1116/06, AP Nr. 2 zu § 613a BGB Unterrichtung (B I 2). Zustimmend: MK/Müller-Glöge, § 613a BGB Rn. 108; vgl. auch Bayreuther, in: Dornbusch/Fischermeier/Löwisch, § 613a BGB Rn. 129, 134, der diesen Informationsgegenstand und die dargestellte Rechtsprechung allerdings auch beim Grund für den Betriebsübergang und bei den in Aussicht genommenen Maßnahmen ansiedelt.

einer Insolvenz nicht zur Insolvenzmasse, die der Befriedigung der Gläubiger und somit auch der Arbeitnehmer diene[1089].

Nach Ansicht von *Kania/Joppich*[1090] sei die wirtschaftliche Situation des Erwerbers (Bonität und Liquidität) grundsätzlich nicht Gegenstand der Informationspflicht. Aus den Vorgaben der RL 2001/23/EG folge, dass die wirtschaftliche Situation nur dann eine informationspflichtige wirtschaftliche Folge des Betriebsübergangs für die Arbeitnehmer sei, wenn im Zeitpunkt des Betriebsübergangs „konkrete Anhaltspunkte" bzw. „objektive Umstände" dafür sprechen, dass die wirtschaftliche Absicherung, insbesondere die Arbeitsplatzsicherheit, der übergehenden Arbeitnehmer unmittelbar gefährdet ist. Die mitteilungspflichtigen wirtschaftlichen Tatsachen müssten objektiv geeignet sein, die übergehenden Arbeitsplätze in ihrem Bestand zu gefährden.

In eine ähnliche Richtung gehen Stimmen, die eine Pflicht zur Information über konkrete Anhaltspunkte bzw. Anzeichen einer Gefährdung übergehender Arbeitsplätze aufgrund der wirtschaftlichen Lage des Betriebserwerbers annehmen[1091].

Grau[1092] setzt bei der Begrenzung der Informationspflicht über die wirtschaftliche Situation des Erwerbers auf ein Unmittelbarkeitserfordernis im Zeitpunkt des Zugangs der Unterrichtung. Die individuelle Rechtsposition bzw. wirtschaftliche Situation der übergehenden Arbeitnehmer müsse sich nach dem Übergang durch die ökonomischen Rahmenbedingungen bzw. Umstände beim Erwerber unmittelbar verschlechtern[1093].

Aus Sicht von *Willemsen*[1094] sei dann über die finanziellen Verhältnisse des Erwerbers zu unterrichten, wenn sich die wirtschaftliche Lage der Arbeitnehmer durch den Betriebsübergang unmittelbar verschlechtert. Die Werthaltigkeit der laufenden Vergütungsansprüche müsse akut und tatsächlich gefährdet sein. Dies

---

1089 Darüber hinaus verweist das Gericht in diesem Zusammenhang noch auf die ratio legis der gesamtschuldnerischen Haftung bei Unternehmensaufspaltungen nach § 134 UmwG.

1090 Kania/Joppich, Festschrift für Wolfdieter Küttner, 390 ff.; vgl. auch Gaul/Niklas, DB 2009, 454.

1091 Lembke/Oberwinter, ZIP 2007, 312, Lembke, NJW 2007, 2138; MK/Müller-Glöge, § 613a BGB Rn. 108.

1092 Grau, Unterrichtung, 179 f.; Schnitker/Grau, BB 2007, 1343. Vgl. aber auch Grau, RdA 2007, 370, wonach eine Unterrichtungspflicht über Angaben zur wirtschaftlichen Lage eine „aktuelle Relevanz" im Unterrichtungszeitpunkt erfordere. Eine solche sei z.B. bei einem laufenden Insolvenzverfahren oder einer unmittelbar bevorstehenden Zahlungsunfähigkeit gegeben.

1093 Bejaht für bestehende Anordnung von Kurzarbeit beim Erwerber, unmittelbar bevorstehende Zahlungsunfähigkeit bzw. ein laufendes Insolvenzverfahren. Verneint u.a. für nur vermeintliche Insolvenzrisiken, den Wechsel der Eigentumsverhältnisse an wesentlichen Betriebsmitteln oder der Beteiligungsverhältnisse, die allgemeine finanzielle Ausstattung des Erwerbers und die allgemein schlechte Ertragslage.

1094 Willemsen, Festschrift für Wolfdieter Küttner, 424.

könne nur bei einer kurzfristig zu erwartenden Illiquidität des Betriebserwerbers angenommen werden. Eine mittel- oder gar langfristige Gefährdung (z.B. aufgrund einer geringen Eigenkapitalausstattung oder der etwaigen Kündigung von Bankkrediten) genüge hierfür nicht. In anderen Beiträgen[1095] entfernt sich der Autor teilweise von diesen Ausführungen und verlangt, dass durch Verhältnisse beim Erwerber konkrete und unmittelbar bevorstehende Konsequenzen für die Arbeitnehmer drohen müssten. Zu den Konsequenzen sollen die Gefährdung der Realisierbarkeit der Vergütungsansprüche und die zu erwartende Kündigung aufgrund fehlender Kapitalreserven und/oder Kreditlinien für die Aufrechterhaltung des Betriebs zählen. Zu unterrichten sei z.B. über einen Insolvenzantrag. Dagegen bestehe keine Pflicht über Umstände zu informieren, die sich als „einer von zahlreichen Indikatoren für die wirtschaftliche Bonität des Erwerbers“ darstellen.

Ebenfalls unter dem Stichwort eines Unmittelbarkeitszusammenhangs zwischen der wirtschaftlichen Lage des Erwerbers und der des Arbeitnehmers verlangt *Reinhard*[1096] für die Bejahung einer Unterrichtungspflicht nach § 613a Abs. 5 Nr. 3 BGB, dass die „Folge unmittelbar bevorsteht oder konkret als Konsequenz aus dem Betriebsübergang droht“. Über Tatsachen, auf deren Grundlage nur bei einem weiteren hypothetischen Verlauf konkrete Auswirkungen auf die Arbeitsverhältnisse denkbar sind (potenzieller Kausalzusammenhang), bestehe keine Informationspflicht. Danach soll die Information über erworbene Vermögensgegenstände keinen konkreten Bezug zu den betroffenen Arbeitsverhältnissen haben und könne daher nicht mehr als Aufklärung über Sekundärfolgen eingestuft werden[1097].

bb) Stellungnahme

(1) Informationsgegenstand

Basierend auf der Annahme, dass nur die übergehenden Arbeitnehmer zu unterrichten sind, betrifft die bisherige Diskussion allein die Frage, inwieweit über die wirtschaftliche und soziale Lage des Betriebserwerbers nach § 613a Abs. 5 Nr. 3 BGB zu informieren ist. Das Wissen um die Solvenz des neuen Arbeitgebers stellt ein bedeutendes, wenn nicht sogar das wichtigste Kriterium für die Widerspruchsentscheidung der übergehenden Arbeitnehmer dar[1098]. Wer von einem solventen Arbeitgeber auf einen insolventen Arbeitgeber im Wege eines Betriebs(teil)übergangs übergehen soll, wird sich das zweimal überlegen. Der vor der Entscheidung „Widerspruch ja oder nein“ stehende Arbeitnehmer wägt nicht nur die Risiken für seinen Arbeitsplatz, sondern auch die Risiken für die Durchsetzbarkeit seiner Entgeltansprüche ab. Somit ist auch die Solvenz des Betriebsveräußerers infolge des Betriebs(teil)übergangs für die Widerspruchsentscheidung von Bedeutung.

1095 WHSS/Willemsen, Rn. G 224.

1096 Reinhard, NZA 2009, 64, 68 f.

1097 Reinhard, NZA 2009, 67.

1098 **A.A.** Kania/Joppich, Festschrift für Wolfdieter Küttner, 390, für die ein Solvenzvergleich für die Ausübung des Widerspruchsrechts unbedeutend sei.

Ein rationaler Mensch würde dem Übergang seines Arbeitsverhältnisses nicht widersprechen, sofern der Veräußerer, auf den sein Arbeitsverhältnis zurückfallen würde, infolge des Betriebsübergangs in wirtschaftliche Schieflage geraten sollte und beispielsweise etwaige Sozialplanansprüche nach einer Kündigung des Veräußerers infolge des Widerspruchs nicht mehr bedienen könnte. Schließlich sind nach der hier vertretenen Auffassung (vgl. § 2 D I 2) auch die von vornherein im „Restbetrieb" des Veräußerers verbleibenden Arbeitnehmer und die im aufnehmenden Erwerberbetrieb beschäftigten Arbeitnehmer darüber zu informieren, ob sich ihre wirtschaftliche Absicherung beim Betriebsveräußerer bzw. beim Betriebserwerber infolge des Betriebsübergangs verschlechtert.

Ausgehend vom Wortlaut des Art. 7 Abs. 3 Spiegelstrich 3 RL 2001/23/EG und des § 613a Abs. 5 Nr. 3 BGB umfasst die Unterrichtungspflicht keine Angaben zur wirtschaftlichen Lage des (zukünftigen) Arbeitgebers. Informationsgegenstand ist die wirtschaftliche Folge des Übergangs für den Arbeitnehmer und nicht die Folgen des Übergangs für die Arbeitgeber[1099]. Die Solvenz des Arbeitgebers ist daher nicht Unterrichtungsgegenstand. Hieraus kann jedoch nicht einfach geschlossen werden, dass der wirtschaftlichen Lage des Arbeitgebers überhaupt keine Relevanz für die Unterrichtung zukommt. Vielmehr besteht zwischen der wirtschaftlichen Lage des Arbeitgebers und der wirtschaftlichen Situation seiner Arbeitnehmer ein untrennbarer Zusammenhang[1100]. Mit der Solvenz des Arbeitgebers steht und fällt die wirtschaftliche Absicherung (Sicherheit der Lohn- Pensions- und sonstigen Ansprüche und letztlich auch der Arbeitsplätze) der bei ihm beschäftigten Arbeitnehmer[1101].

(2) Kausalitätserfordernis

Dem Begriff „Folgen" ist zu entnehmen, dass es durch den Betriebs(teil)übergang zu einer Verbesserung bzw. Verschlechterung der wirtschaftlichen Absicherung der vom Übergang betroffenen Arbeitnehmer kommen muss. Gefordert ist ein Kausalzusammenhang zwischen dem Betriebs(teil)übergang und den Auswirkungen für die Situation der Arbeitnehmer (vgl. § 2 J VI 3 a bb). Aus Sicht der nicht-übergehenden Arbeitnehmer, also die beim Veräußerer im „Restbetrieb" verbleibenden (einschließlich der widersprechenden) und der von vornherein beim Erwerber beschäftigten Arbeitnehmer, ist ein derartiger Kausalzusammenhang anzunehmen, wenn sich der Übertragungsvorgang auf die wirtschaftliche Lage des eigenen Arbeitgebers auswirkt. Zwar ist die wirtschaftliche Situation eines

1099 Vgl. insoweit LAG Düsseldorf, 6.10.2005 – 15 Sa 355/05, BeckRS 2006, 40004 (II 1 a bb); LAG Hessen, 28.4.2006 – 10 Sa 931/05, n.v.; vgl. auch Reinhard, NZA 2009, 68.

1100 Vgl. Grau, Unterrichtung, 179 f.; Kania/Joppich, Festschrift für Wolfdieter Küttner, 389.

1101 Denkbar sind der Widerruf einzelner Lohnbestandteile, die Änderungskündigung zum Zwecke der Lohnkürzung und die Kündigung zum Zwecke der Beendigung des Arbeitsverhältnisses.

Unternehmens in erster Linie die Folge seiner wirtschaftlichen Betätigung[1102]. Ein Betriebs(teil)übergang ist jedoch Teil dieser wirtschaftlichen Betätigung und kann sich entsprechend seiner konkreten vertraglichen Ausgestaltung und dem individuell zu übertragenden Betrieb oder Betriebsteil positiv oder negativ auf die Solvenz des Veräußerers bzw. des Erwerbers auswirken[1103]. Beispielsweise tritt der neue Arbeitgeber mit dem Betriebsübergang in alle Verbindlichkeiten der übergehenden Arbeitsverhältnisse ein. Aus Sicht des Veräußerers kann z.B. der Übergang eines profitstarken Betriebsteils negative Auswirkungen auf die finanzielle Situation der verbleibenden Betriebsteile nach sich ziehen. Ändert sich durch den Betriebs(teil)übergang die wirtschaftliche Lage des Arbeitgebers, hat dies Auswirkungen für die wirtschaftliche Absicherung der dort beschäftigten Arbeitnehmer. Die wirtschaftliche Lage des Arbeitgebers infolge des Betriebs(teil)übergangs bildet nach der hier verwendeten Terminologie (vgl. § 2 J VI 3 a bb) einen objektiven Umstand im Zusammenhang mit dem Übergang, der auf die künftige Situation der Arbeitnehmer durchschlägt. Der Betriebsübergang selbst führt dann mittelbar zu einer Veränderung der wirtschaftlichen Absicherung der von ihm betroffenen Arbeitnehmer.

Die Arbeitnehmer, die dem übergehenden Betrieb oder Betriebsteil zuzuordnen sind und nicht widersprechen, gehen nach § 613a Abs. 1 S. 1 BGB mit dem Betrieb(steil) auf den neuen Arbeitgeber über. Die wirtschaftliche Lage des für sie neuen Arbeitgebers ist ein objektiver Umstand im Zusammenhang mit dem Betriebsübergang, der auf die wirtschaftliche Absicherung der übergehenden Arbeitnehmer durchschlägt. Verliert der neue Arbeitgeber den Solvenzvergleich mit dem bisherigen Arbeitgeber, kommt es für die übergehenden Arbeitnehmer zu einer Verschlechterung ihrer wirtschaftlichen Absicherung. Diese wirtschaftliche Folge für die Arbeitnehmer ist mittelbar auf den Betriebsübergang zurückzuführen. Anders als bei den nicht-übergehenden Arbeitnehmern kommt es nicht darauf an, dass sich die wirtschaftliche Lage des Erwerbers durch den Betriebs(teil)übergang verändert. Dessen wirtschaftliche Schieflage kann, muss aber nicht, auf den Betriebs(teil)übergang zurückzuführen sein.

(3) Fälle eines laufenden Insolvenzverfahrens

Wurde beim Veräußerer bzw. beim Erwerber bereits vor dem Betriebsübergang ein Insolvenzverfahren eröffnet, ist der Betriebsübergang hierfür regelmäßig nicht kausal geworden. Hinsichtlich der Arbeitnehmer, die keinen Arbeitgeberwechsel durchführen, besteht aus § 613a Abs. 5 BGB keine Informationspflicht. Allerdings

---

1102 Vgl. insoweit LAG Düsseldorf, 6.10.2005 – 15 Sa 355/05, BeckRS 2006, 40004 (II 1 a bb); Bauer/Göpfert/Haußmann/Krieger, Umstrukturierung, Teil 3 B Rn. 10.

1103 Nach **a.A.** sei die Solvenz des Erwerbers stets ein Umstand, der unabhängig vom Übergang bestehe: LAG Düsseldorf, 6.10.2005 – 15 Sa 355/05, BeckRS 2006, 40004 (II 1 a bb); Grobys, BB 2002, 728; LAG Hessen, 31.7.2006 – 16 Sa 2222/05, BeckRS 2007, 40030.

wird den Arbeitgeber in den Fällen einer Insolvenz regelmäßig eine Informationspflicht aus einer arbeitsvertraglichen Nebenpflicht nach § 241 Abs. 2 BGB treffen. Dagegen steht für die übergehenden Arbeitnehmer bei einem bereits vor der Unterrichtung eingeleiteten Insolvenzverfahren beim Betriebserwerber fest, dass der Übergang ihrer Arbeitsverhältnisse nach § 613a Abs. 1 S. 1 BGB eine gravierende Gefährdung ihrer wirtschaftlichen Absicherung zur Folge haben wird. Die übergehenden Arbeitnehmer werden mit dem Übergang bezüglich ihrer Leistungsansprüche zu Insolvenzgläubigern, §§ 38, 87 InsO. Ein laufendes Insolvenzverfahren gefährdet die Durchsetzbarkeit ihrer Leistungsansprüche aus dem Arbeitsverhältnis und letztlich auch die Existenz der Arbeitsplätze selbst. Bei der Darstellung der mittelbaren rechtlichen[1104], sozialen und wirtschaftlichen Folgen des Übergangs für die übergehenden Arbeitnehmer muss somit auf das laufende Insolvenzverfahren beim Erwerber Bezug genommen werden[1105]. Als ein weiteres Beispiel kann die bereits vor dem Betriebsübergang eingeführte Kurzarbeit im Erwerberbetrieb genannt werden, vgl. § 19 KSchG, §§ 95 ff., 419 SGB III.

(4) Fälle einer drohenden Zahlungsunfähigkeit

Von den Fällen eines laufenden Insolvenzverfahrens ist eine nur drohende Zahlungsunfähigkeit des Veräußerers bzw. Erwerbers im Sinne des § 18 InsO zu unterscheiden. Sie löst keine insolvenzrechtliche Antragspflicht aus und begründet demzufolge auch keine Strafbarkeit nach § 15a Abs. 4 InsO wegen verspäteter Insolvenzantragstellung[1106]. Der Schuldner kann einen Eigenantrag stellen, wenn er voraussichtlich nicht in der Lage sein wird, die bestehenden Zahlungspflichten im Zeitpunkt der Fälligkeit zu erfüllen, § 18 Abs. 2 InsO. Die drohende Insolvenz kann, sofern frühzeitig erkannt, noch durch entsprechende Sanierungsbemühungen ab-

---

1104 Grundsätzlich bleiben die Rechte und Pflichten der Arbeits- und Dienstvertragsparteien (mit dem Insolvenzverwalter als Arbeitgeber nach Insolvenzeröffnung, § 80 InsO) unberührt. Allerdings werden betriebsbedingte Kündigungen durch den Insolvenzverwalter nach Insolvenzeröffnung durch § 113 InsO und §§ 125 f. InsO bedeutend vereinfacht. Hinsichtlich der Ansprüche der Arbeitnehmer kann als Faustregel davon ausgegangen werden, dass vor Insolvenzeröffnung entstandene Ansprüche (Lohnansprüche, Sozialplanansprüche etc.) normale Insolvenzforderungen sind, die jedoch zum Teil über den Schutzmechanismus des Insolvenzgeldes (§§ 183 ff. SGB III) abgesichert werden. Nach Insolvenzeröffnung entstehende Ansprüche, stellen hingegen Masseverbindlichkeiten im Sinne von § 55 Abs. 1 Nr. 2 InsO dar. Zu den vorgemachten insolvenzrechtlichen Ausführungen, vgl. Neumaier/Hänel, in: Beck'sches Rechtsanwalts-Handbuch, § 45 Rn. 170 ff.; im Detail: Depré/Heck, in: Praxis der Insolvenz, § 27 Rn. 4 ff.

1105 Davon abgesehen sind auch strafrechtliche Konsequenzen denkbar. Nach allgemeinen Grundsätzen handelt es sich um einen Eingehungsbetrug, wenn trotz bestehender Zahlungsunwilligkeit oder Zahlungsunfähigkeit eine Verbindlichkeit eingegangen wird, ohne dass der Vertragspartner im Vorfeld aufgeklärt wurde.

1106 Braun/Bußhardt, § 18 InsO Rn. 1, 19.

gewendet werden. Ob eine Sanierung gelingt, ist allerdings unklar. Sie hängt von der wirtschaftlichen Entwicklung ab. Derartige Entwicklungen sind – auch für den Arbeitgeber selbst – in höchstem Maße unsicher. Niemand kann die Zukunft mit Gewissheit vorhersagen. Die wirtschaftliche Entwicklung eines Unternehmens kann nur prognostiziert werden.

Die Unterrichtungspflicht nach § 613a Abs. 5 BGB verlangt insoweit von den zur Unterrichtung Verpflichteten eine Einschätzung der wirtschaftlichen Entwicklung und darauf aufbauend der zukünftigen Situation der jeweiligen Arbeitnehmer. Hierbei handelt es sich um eine Information über zukunftsorientierte Umstände, die im Unterrichtungszeitpunkt nicht abschließend überprüft werden können (sog. Prognoseinformation).

Bei derartigen Informationen muss die Prognosebasis offengelegt werden, d.h. es müssen die wichtigsten Tatsachen, auf die sich die Prognose stützt, erläutert werden (vgl. § 2 I XI 3 b und c). Wesentliche Indizien[1107], die für eine (Nicht-)Gefährdung der Arbeitsplatzsicherheit bzw. der Sicherheit der Ansprüche der vom Übergang betroffenen Arbeitnehmer bestehen, sind mitzuteilen. Anhand der mitgeteilten Umstände wird es den Arbeitnehmern sodann ermöglicht, die Schlüssigkeit der Arbeitgeberprognose eigenständig zu überprüfen und ihrer Obliegenheit zu eigenen Nachforschungen gerecht zu werden (vgl. § 2 I IV). Dabei dürfen die Anforderungen an die Detailliertheit der Einschätzung der Perspektiven nicht unangemessen hoch angesetzt werden[1108]. Ein umfassendes wirtschaftliches „Rating" der Arbeitgeber kann nicht verlangt werden[1109]. Es handelt sich bei diesen Indizien gerade nicht um den Informationsgegenstand des § 613a Abs. 5 BGB. Alleiniger Gegenstand der geschuldeten Informationen bleiben die erheblichen Veränderungen für die wirtschaftliche Absicherung der vom Übergang betroffenen Arbeitnehmer infolge des Betriebsübergangs[1110].

Bestehen im Zeitpunkt der Unterrichtung aus Sicht der zur Unterrichtung Verpflichteten keine objektiv nachprüfbaren Anhaltspunkte für eine aktuelle Gefährdung der Arbeitsplatzsicherheit oder der Sicherheit der Leistungsansprüche der Arbeitnehmer infolge des Betriebsübergangs, besteht weder das Recht noch die Pflicht[1111] zu entsprechenden Spekulationen (vgl. § 2 I XI 3 a). Wird die

---

1107 Vgl. LAG München, 19.9.2008 – 3 Sa 128/08, BeckRS 2009, 63350 (2 b).

1108 Kania/Joppich, Festschrift für Wolfdieter Küttner, 392.

1109 Für den Erwerber im Ergebnis so auch: Dzida, NZA 2009, 644; Giesen, JbArbR 46 (2008), 50 f.; Kliemt/Teusch, Festschrift für Jobst-Hubertus Bauer, 547; WHSS/Willemsen, Rn. G 224. Vgl. hierzu auch Reinhard, NZA 2009, 66 f.

1110 Reinhard, NZA 2009, 68. **A.A.** Cohnen, in: Moll, Arbeitsrecht, § 55 Rn. 47, der im Nichtübergang wesentlicher, dem übergehenden Betrieb bisher zuzurechnender Vermögensgegenstände auf den Betriebserwerber eine unterrichtungspflichtige mittelbare wirtschaftliche Folge des Betriebsübergangs nach § 613a Abs. 5 Nr. 3 BGB erkennt.

1111 Vgl. LAG München, 12.5.2005 – 2 Sa 1098/04, BeckRS 2005 30464190 (I 2 c), wonach eine Unterrichtungspflicht abgelehnt wurde, weil nicht davon ausgegangen

Arbeitsplatzsicherheit gleichwohl als (potenziell) gefährdet dargestellt, wurde nicht ordnungsgemäß unterrichtet. Nicht ausreichend ist, dass ein Arbeitsplatz stets mehr oder weniger als (potenziell) gefährdet erscheint. Zu unterrichten ist allein über eine aktuelle Gefährdung aufgrund der im Zeitpunkt der Unterrichtung objektiv nachprüfbaren Tatsachen. Die Arbeitgeber sind daher gut beraten, wenn sie bei fehlenden Anhaltspunkten auf den pauschalen Hinweis, dass die Arbeitsplätze infolge des Betriebs(teil)übergangs potenziell gefährdet sind, verzichten. Zu bedenken ist ferner, dass es sich hierbei ohnehin – aufgrund fehlender objektiver Anhaltspunkte – nur um Spekulationen handelte, mit denen letztlich keinerlei Informationsgewinn für die betroffenen Arbeitnehmer verbunden wäre. Im Gegenteil, es bestünde sogar die Gefahr, dass die Arbeitnehmer in ihrer Entscheidung über den Verbleib beim jeweiligen Arbeitgeber letztlich fehlgeleitet würden. Bestehen hingegen im Unterrichtungszeitpunkt objektiv nachprüfbare Anhaltspunkte für eine Gefährdung der wirtschaftlichen Absicherung der Arbeitnehmer infolge des Betriebsübergangs, muss dies im Unterrichtungsschreiben auch klar zum Ausdruck kommen. Derartige Informationen sind für die Arbeitnehmer von erheblicher Relevanz. Ein Verschweigen bzw. eine einseitig zu positive Darstellung führte zur Fehlerhaftigkeit der Unterrichtung.

Ein Indiz für die schlechte wirtschaftliche Situation des Betriebs ist beispielsweise ein kurz bevorstehender oder bereits gestellter Antrag auf Eröffnung eines Insolvenzverfahrens[1112]. Ein Arbeitgeber, der einen Antrag auf Eröffnung eines Insolvenzverfahrens stellt, prognostiziert auch eine Gefährdung der Sicherheit der Arbeitsplätze und der Ansprüche seiner Arbeitnehmer. Die Mitteilung des Insolvenzantrags ist kein Synonym für die Information über hieraus folgende Auswirkungen auf die wirtschaftliche Absicherung der vom Übergang betroffenen Arbeitnehmer[1113], sondern ein Bestandteil der mitzuteilenden Prognosebasis.

Zu den Indizien können im Einzelfall auch die von der Rechtsprechung unter dem Stichwort „Eckdaten der Transaktion“ behandelten Gegenstände (vgl. § 2 J V 2 c) gehören. Die Konditionen der Transaktion können sich auf die wirtschaftliche Lage des Veräußerers oder des Erwerbers positiv oder negativ auswirken. Hierzu zählt insbesondere die im Zusammenhang mit dem Betriebsübergang erfolgte vertragliche Abrede zur Umgestaltung der Eigentums- und Besitzverhältnisse an einem Grundstück bzw. an Schlüsselpatenten des zu übertragenden Betriebs oder die Herauslösung des Betriebs aus seinem bisherigen Konzernverband. Weiter kann hierzu auch die freiwillige Übernahme des Erwerbers von Versorgungsverbindlichkeiten ehemaliger Arbeitnehmer des Veräußerers zählen[1114]. Im Kern geht es

---

werden konnte, dass die Informationsverpflichteten im Zeitpunkt der Unterrichtung die drohende Insolvenz bzw. die bevorstehende Stilllegung kannten.

1112 Aus dem Antrag selbst resultieren jedoch noch keine unmittelbaren Auswirkungen für die Arbeitnehmer. Diese treten erst mit Eröffnung des Insolvenzverfahrens ein.

1113 So aber Reinhard, NZA 2009, 68.

1114 Vgl. Powietzka, DB 2008, 2596 f.

hierbei um die Frage, ob die Gesellschaften auch nach dem Übergang noch über eine ausreichende Kapitalisierung verfügen.

Zwar ist die Aussagekraft der genannten Faktoren für sich genommen jeweils beschränkt. Beispielsweise sagt allein die Eigentümerstellung an einem Betriebsgrundstück noch nichts über die Bonität und die Solvenz des Arbeitgebers aus[1115]. Zudem wird die Nichtübertragung eines Grundstücks in der Regel eingepreist sein. In der Gesamtschau mit anderen im Zeitpunkt der Unterrichtung bekannten wirtschaftlichen Faktoren (schwache Auftragslage, mangelnde Eigenkapitalisierung etc.) können die genannten Indizien jedoch im Einzelfall als Basis für die vorzunehmende Prognose der wirtschaftlichen Entwicklung dienen. Durch die Nichtübertragung des Grundstücks verringert sich beispielsweise die Haftungsmasse des Arbeitgebers und somit auch seine Kreditwürdigkeit[1116]. Dies kann in der Zusammenschau mit einer geringen Eigenkapitalausstattung und kurzfristig notwendigen Investitionen in den Maschinenpark o.ä. eine bevorstehende wirtschaftliche Schieflage indizieren, die eine Gefährdung der Arbeitsplätze und der Entgeltansprüche der Arbeitnehmer zur Folge hätte.

Von der Berücksichtigung der Faktoren im Rahmen einer Gesamtschau ist eine isolierte „immobilienrechtliche" Information strikt zu unterscheiden. Eine einseitig hierauf beschränkte Information ist abzulehnen[1117]. Sie gäbe die Prognosebasis nur unzureichend wieder: Die Eigentums- und Besitzverhältnisse an wesentlichen Aktiva ist nur ein (mehr oder weniger bedeutender) Faktor bei der Beurteilung der Entwicklungsaussichten eines Unternehmens und für sich genommen noch keine schlüssige Prognosebasis. Das alleinige Abstellen der Prognose über die wirtschaftliche Absicherung der Arbeitnehmer auf diesen Faktor würde nach hier vertretener Ansicht sogar die Fehlerhaftigkeit der Unterrichtung herbeiführen, anstatt deren Ordnungsgemäßheit sicher zu stellen.

Im Nachhinein unterliegen die Prognose und die mitgeteilte Prognosebasis einer gerichtlichen Kontrolle objektiv ex ante. Ist die Unterrichtung nicht offensichtlich fehlerhaft, obliegt es dem Arbeitnehmer nach den Grundsätzen der sekundären Behauptungslast die (vorläufige) Überzeugung des Gerichts von der Erfüllung der Unterrichtungspflicht mit detaillierten Einwänden und Gegenbehauptungen zu erschüttern. Hierzu muss der informationsberechtigte Arbeitnehmer konkrete Tatsachen vortragen, aus denen die Fehlerhaftigkeit der Unterrichtung resultiert (vgl. § 2 I XII). Für eine Prognoseinformation bedeutet dies, dass der Arbeitnehmer

1115 Bittmann/Rosemann, BB 2008, 1347; Dzida, NZA 2009, 644; Kliemt/Teusch, Festschrift für Jobst-Hubertus Bauer, 547.

1116 Zweifelnd: Dzida, NZA 2009, 344.

1117 Gegen eine isolierte Betrachtung im Ergebnis auch: Dzida, NZA 2009, 644; Reinhard, NZA 2009, 66; WHSS/Willemsen, Rn. G 224. **Kritisch** auch: Lunk, RdA 2009, 50, der in der Rechtsprechung des BAG eine Tendenz sieht, wonach konkrete, für den Veräußerer ersichtliche Anhaltspunkte für eine Gefährdung der Arbeitsplatzsicherheit nicht vorausgesetzt seien, sondern bereits eine abstrakte potenzielle Gefährdung zur Bejahung einer Informationspflicht ausreiche.

konkrete Tatsachen vortragen muss, aus denen sich ergibt, dass die Schlussfolgerung des Arbeitgebers kaufmännisch nicht vertretbar gewesen ist oder dass bedeutende Risiken für den Eintritt der Prognose verschwiegen wurden und somit ein in tatsächlicher Hinsicht verzerrtes Gesamtbild abgegeben wurde. Etwas anderes gilt nur, wenn die mitgeteilte Prognose aufgrund objektiv nachprüfbarer Tatsachen offensichtlich unzutreffend gewesen ist[1118]. Dies ist z.B. der Fall, wenn objektiv die Voraussetzungen einer Zahlungsunfähigkeit nach § 17 InsO bzw. einer Überschuldung nach § 19 InsO vorliegen[1119] oder wenn die Sanierungsbemühungen – unter Berücksichtigung der nach den tatsächlichen Gegebenheiten im Zeitpunkt der Unterrichtung für die Unterrichtungsverpflichteten erkennbaren Tatsachen – als gänzlich unrealistisch einzuordnen sind.

Neben dieser aus der Beweislastverteilung resultierenden faktischen Grenze, wird die erforderliche Offenlegung der Prognosebasis noch durch berechtigte Geheimhaltungsinteressen der betroffenen Unternehmen begrenzt (vgl. § 2 I III 1). Der Wortlaut des § 613a Abs. 5 BGB berücksichtigt einseitig nur das Informationsinteresse der vom Übergang betroffenen Arbeitnehmer und muss unter dem Gesichtspunkt von Treu und Glauben (§ 242 BGB) ausgelegt werden. Einige Indizien der Prognoseentscheidung unterliegen dem berechtigten Geheimhaltungsinteresse der beteiligten Arbeitgeber. Ein Geheimnisschutz ist in den Fällen anzuerkennen, in denen die Verbreitung der Informationen dem Arbeitgeber erheblichen Schaden zufügt und die Nichtveröffentlichung die informationsberechtigten Arbeitnehmer nicht über die für eine fundierte Beurteilung des Betriebsübergangs wesentlichen Tatsachen und Umstände täuscht. Der Erfolg der Sanierungsbemühungen kann durch deren Öffentlichmachen erheblich gefährdet werden. Berechtigte Geheimhaltungsinteressen kommen beispielsweise für die Offenlegung von Bilanzen, die Vorlage von Wirtschaftsprüfberichten oder die Offenlegung von Auftragsbüchern oder Kreditlinien bei Banken etc. in Betracht[1120]. Hinsichtlich der Eigentumsverhältnisse an Grundstücken besteht dagegen kein berechtigtes Geheimhaltungsinteresse[1121]. Nach § 12 GBO kann jeder, der ein berechtigtes Interesse an der Einsicht in das Grundbuch hat, dieses auch einsehen. In der Person eines vom Übergang betroffenen Arbeitnehmers kann stets von einem solchen Interesse ausgegangen werden. Der Kaufpreis für den übergehenden Betrieb(steil) kann in der Regel geheim bleiben. Dagegen kann[1122]

1118 Wie hier: LAG Düsseldorf, 6.10.2005 – 15 Sa 355/05, BeckRS 2006, 40004 (II 1 a aa (2)); vgl. auch LAG München, 20.8.2009 – 4 Sa 19/09, BeckRS 2009, 74521 (II 1 a bb (2)).

1119 Wird trotz Bestehens eines Insolvenzgrundes kein Insolvenzantrag gestellt, kommt eine Strafbarkeit nach § 15a Abs. 4 InsO und eine Schadensersatzpflicht nach § 823 Abs. 2 BGB i.V.m. § 15a InsO in Betracht.

1120 Vgl. LAG Düsseldorf, 6.10.2005 – 15 Sa 355/05, BeckRS 2006, 40004 (II 1 a bb).

1121 Im Ergebnis wie hier: BAG, 31.1.2008 – 8 AZR 1116/06, AP Nr. 2 zu § 613a BGB Unterrichtung (B I 2).

1122 Letztlich kommt es aber auch hier auf den Einzelfall an. Aus der Tatsache eines negativen Kaufpreises allein, ergibt sich jedenfalls noch keine negative wirtschaftliche Prognose, vgl. hierzu APS/Steffan, § 613a BGB Rn. 208a.

der Umstand, dass Zahlungen des Betriebsveräußerers an die Konzernmutter des Erwerbers geleistet werden, um vom Erwerber übernommene Verbindlichkeiten auszugleichen (sog. „negativer Kaufpreis“), als ein (weiteres) Indiz für die negative Prognose der wirtschaftlichen Entwicklung des Erwerbers sprechen[1123].

b) Folgen aus der wechselnden Belegschaftsstärke

Die Veränderung der Belegschaftsstärke in einem beim Veräußerer verbleibenden „Restbetrieb“ bzw. in einem aufnehmenden Betrieb des Erwerbers stellt ebenfalls einen objektiven Umstand im Zusammenhang mit dem Betriebsübergang dar. Nicht an den Betriebsübergang selbst, sondern an das Über- bzw. Unterschreiten wichtiger Schwellenwerte bei der Arbeitnehmeranzahl im Betrieb knüpft das Gesetz unmittelbare Rechtsfolgen, vgl. §§ 9, 99 Abs. 1, 111 S. 1 BetrVG, § 23 Abs. 1 KSchG. Mittelbar gehen diese Rechtsfolgen auf den Übergang des Betriebs(teils) zurück.

Eine Informationspflicht hinsichtlich der Rechtsfolgen, die an das Über- bzw. Unterschreiten gesetzlicher Schwellenwerte anknüpfen, kommt nur in Betracht, wenn den beteiligten Arbeitgebern im Zeitpunkt der Unterrichtung aufgrund der tatsächlichen Gegebenheiten erkennbar ist, dass es infolge des Übergangs des Betriebs bzw. Betriebsteils zu einem derartigen Über- bzw. Unterschreiten der Schwellenwerte kommen wird[1124]. Über nur theoretisch mögliche Auswirkungen durch Veränderungen der Beschäftigtenzahl, die aufgrund einer bestimmten Anzahl von Widersprüchen oder Arbeitnehmerkündigungen eintreten können, muss nicht unterrichtet werden. Wie viele Arbeitnehmer widersprechen oder kündigen werden, ist den beteiligten Arbeitgebern in aller Regel vorab unbekannt. Die mögliche Bandbreite reicht von niemand widerspricht bis hin zu alle widersprechen. In diesen Fällen ist eine Kenntnis aufgrund der tatsächlichen Gegebenheiten unmöglich. Die Unterrichtungspflicht verlangt diesbezügliche Spekulationen nicht (vgl. § 2 I XI 3 a).

aa) Anwendbarkeit des Kündigungsschutzgesetzes

Der durch die Belegschaftsstärke gemäß § 23 Abs. 1 S. 2 KSchG vermittelte Geltungsbereich des Kündigungsschutzgesetzes bildet kein übergangsfähiges Recht im Sinne des § 613a Abs. 1 S. 1 BGB[1125]. Der allgemeine Kündigungsschutz kann folglich mangels Erreichens der Schwellenwerte des § 23 Abs. 1 S. 2 KSchG im Erwerberbetrieb wegfallen. Zu Recht verlangen zahlreiche Stimmen in der Literatur eine diesbezügliche Information[1126]. Der Wegfall des Kündigungsschutzes bildet

1123 Vgl. Bayreuther, in: Dornbusch/Fischermeier/Löwisch, § 613a BGB Rn. 129, allerdings zu § 613a Abs. 5 Nr. 2 BGB.

1124 Ähnlich: Cohnen, in: Moll, Arbeitsrecht, § 55 Rn. 39.

1125 BAG, 15.2.2007 – 8 AZR 397/06, AP Nr. 38 zu § 23 KSchG 1969 (II 1 b cc (3)); Boemke, jurisPR-ArbR 39/2007 Anm. 2; Gaul, Betriebs- und Unternehmensspaltung, § 20 Rn. 2 f.

1126 Schnitker/Grau, BB 2005, 2239; Hohenstatt/Grau, NZA 2007, 16; Grau, RdA 2007, 369; Krügermeyer-Kalthoff/Reutershan, MDR 2003, 543; Müller-Bonanni/Grau,

eine mittelbare[1127] rechtliche[1128] Folge des Übergangs. Eine Pflicht zur Unterrichtung besteht allerdings nur, wenn es für die Unterrichtungsverpflichteten im Zeitpunkt der Unterrichtung aufgrund der tatsächlichen Gegebenheiten erkennbar ist, dass es zu einem Wegfall des KSchG kommen wird. Dies ist beispielsweise der Fall, wenn die übergehende Betriebseinheit für sich genommen nicht unter das KSchG fällt und zukünftig als Kleinstbetrieb beim Erwerber fortgeführt werden soll. Eine spiegelbildliche Situation kann auf Seiten des Veräußerers eintreten, wenn der beim Veräußerer verbleibende „Restbetrieb" nach dem Wissensstand im Zeitpunkt der Unterrichtung unter die gesetzlichen Schwellenwerte fallen wird und somit für die beim Veräußerer verbleibenden Arbeitnehmer (vgl. § 2 D I 2) das KSchG nicht mehr anwendbar ist. Schließlich bildet nicht nur der Wegfall, sondern auch das erstmalige Bestehen eines Kündigungsschutzes eine mittelbar durch den Betriebsübergang hervorgerufene Folge für die Arbeitnehmer und somit eine unterrichtungsrelevante Tatsache[1129].

bb) Betriebsverfassungsrechtliche Folgen

Eine höchstrichterliche Stellungnahme zu der Frage, ob nach § 613a Abs. 5 Nr. 3 BGB auch über betriebsverfassungsrechtliche Folgen zu unterrichten sei, steht bisher aus. Die Literatur ist sich hierzu bisweilen uneinig. Manche Stimmen gehen davon aus, dass überhaupt keine Informationspflicht in Bezug auf Arbeitnehmervertretungen bestehe[1130]. Nach dem Wortlaut von § 613a Abs. 5 Nr. 3 BGB sollen, anders als nach §§ 5 Abs. 1 Nr. 9, 126 Abs. 1 Nr. 11 UmwG, nur Folgen „für die Arbeitnehmer" und nicht für die Arbeitnehmervertretungen erfasst sein. Etwas anderes soll teilweise gelten, wenn kollektivrechtliche Auswirkungen die individuelle Rechtsposition der Mandatsträger in den Arbeitnehmervertretungen beeinflussen können (z.B. Mandatsbeendigung, Kündigungsschutz nach § 15 KSchG)[1131]. Andere

---

ArbRB 2007, 148 f.; Staudinger/Annuß, § 613a BGB Rn. 280; WHSS/Willemsen, Rn. G 219; Worzalla, NZA 2002, 355; Wulff, AiB 2002, 595; mit Einschränkungen so auch: HWK/Willemsen/Müller-Bonanni, § 613a BGB Rn. 329; vgl. auch Bayreuther, in: Dornbusch/Fischermeier/Löwisch, § 613a BGB Rn. 134, der diesen Informationsgegenstand allerdings bei § 613a Abs. 5 Nr. 4 abhandelt.

1127 Jacobsen/Menke, NZA-RR 2010, 395; Schiefer/Worzalla, NJW 2009, 562.

1128 **A.A.** Doublet, Verschmelzung von Unternehmen, 136, der hierin eine unmittelbare soziale Folge erblickt.

1129 Vgl. Grau, Unterrichtung, 150 und Fn. 440.

1130 Arens/Düwell, in: Arens/Düwell/Wichert, Umstrukturierung, § 7 Rn. 290; Dreher, in: Bernsau/Dreher/Hauck, § 613a BGB Rn. 162; Gaul, Betriebs- und Unternehmensspaltung, § 11 Rn. 17; Jaeger, ZIP 2004, 443; Lembke/Oberwinter, ZIP 2007, 312; Wank, in: Handbuch zum Arbeitsrecht, § 102 Rn. 98; Willemsen/Lembke, NJW 2002, 1162 f.; zweifelnd: HWK/Willemsen/Müller-Bonanni, § 613a BGB Rn. 331.

1131 Gaul, Betriebs- und Unternehmensspaltung, § 11 Rn. 17; Gaul, FA 2002, 300; Gaul/Otto, DB 2005, 2467; Gussen, in: BeckOK R/G/K/U, § 613a BGB Rn. 150.

verlangen dagegen eine Unterrichtung über die Auswirkungen des Übergangs auf die Arbeitnehmervertretungen[1132]. Konkret soll über das Schicksal des beim Veräußerer bestehenden Betriebsrats[1133], das (Nicht-)Bestehen eines Betriebsrats beim Erwerber[1134], Einschränkungen bei der Ausübung von Rechten nach dem BetrVG wegen Nichterreichen bestimmter Schwellenwerte (z.B. §§ 99 Abs. 1, 111 S. 1 BetrVG), die Zuständigkeit eines Betriebsrats mit genauer Bezeichnung[1135] sowie der Frage nach einem Übergangsmandat gemäß § 21a BetrVG[1136] unterrichtet werden. Zur Begründung wird vor allem darauf verwiesen, dass derartige Informationen für die Widerspruchsentscheidung relevant seien[1137]. Darüber hinaus wird auf den in Art. 6 RL 2001/23/EG enthaltenen Repräsentationsgedanken verwiesen[1138].

Nach hier vertretener Auffassung sind die unter dem Stichwort „betriebsverfassungsrechtliche Folgen“ behandelten Informationsgegenstände zu trennen:

1132 Franzen, RdA 2002, 265; Huke, FA 2002, 267; MK/Müller-Glöge, § 613a BGB Rn. 108. Nach Grau, Unterrichtung, 185, Hohenstatt/Grau, NZA 2007, 17, Müller-Bonanni/Grau, ArbRB 2007, 149 und Schnitker/Grau, BB 2005, 2239, müsse nur über solche betriebsverfassungsrechtlichen Folgen unterrichtet werden, die die Arbeitnehmer nach dem Übergang unmittelbar betreffen und denen im Zeitpunkt der Unterrichtung im Hinblick auf die Widerspruchsentscheidung eine „aktuelle Relevanz“ beigemessen werden kann. Nach Staudinger/Annuß, § 613a BGB, Rn. 274, sollen nur solche Folgen für die Arbeitnehmervertretungen gemeint sein, die sich unmittelbar aus dem Übergang der wirtschaftlichen Einheit als solchem ergeben. Der Verlust der Repräsentation durch den bisherigen Betriebsrat werde deshalb nicht erfasst.

1133 ErfK/Preis, § 613a BGB Rn. 88b; Grau, Unterrichtung, 185.

1134 Burgmer/Richter, Betriebsübergang, 61; ErfK/Preis, § 613a BGB Rn. 88b; Hauck, Beil. NZA 18/2004, 23; Krügermeyer-Kalthoff/Reutershan, MDR 2003, 543; Mestwerdt, in: Kündigungsschutzrecht, § 613a BGB Rn. 161 [auch Gesamtbetriebsrat]; Sayatz/Wolff, DStR 2002, 2042; Schiefer/Worzalla, NJW 2009, 562; Worzalla, NZA 2002, 355; Wulff, AiB 2002, 595 [auch Gesamtbetriebsrat und Konzernbetriebsrat]. Vgl. auch Bayreuther, in: Dornbusch/Fischermeier/Löwisch, § 613a BGB Rn. 134, der diesen Informationsgegenstand allerdings bei den in Aussicht genommenen Maßnahmen abhandelt.

1135 Meyer, BB 2003, 1013; Schiefer/Worzalla, NJW 2009, 562. Beispielsweise bleibt der im Veräußererbetrieb gebildete Betriebsrat in den Fällen der Betriebsidentität auch im Erwerberbetrieb zuständig.

1136 Huke, FA 2002, 267 Fn. 33 [auch Restmandat]; Meyer, BB 2003, 1013; Sayatz/Wolff, DStR 2002, 2042; Schiefer/Worzalla, NJW 2009, 562 [ggf. Hinweis auf Ablauf der Sechs-Monats-Frist]. Vgl. auch ArbG Dessau-Roßlau, 7.4.2009 – 6 Ca 181/08, BeckRS 2009, 73234, zu einer rechtsfehlerhaften Information über ein Übergangsmandat bei einem Personalrat.

1137 Meyer, BB 2003, 1013; Sayatz/Wolff, DStR 2002, 2042. Teilweise wird dem entgegengehalten, dass der Bestand und die Zusammensetzung der Vertretungsorgane eine eher untergeordnete Rolle für die Widerspruchsentscheidung spiele, vgl. Lembke/Oberwinter, ZIP 2007, 312; Willemsen/Lembke, NJW 2002, 1163; WHSS/Willemsen, Rn. G 217.

1138 Staudinger/Annuß, § 613a BGB, Rn. 274.

Sämtliche Rechtsfolgen, die das Gesetz an das Über- bzw. Unterschreiten bestimmter Schwellenwerte bei der Arbeitnehmeranzahl knüpft, sind keine (individual-) rechtlichen Folgen für die Arbeitnehmer, sondern kollektivrechtliche Folgen für die Arbeitnehmervertretungen. In tatsächlicher Hinsicht stellen sie sich jedoch als mittelbare soziale Folgen des Übergangs für die Arbeitnehmer dar, für die nach § 613a Abs. 5 Nr. 3 BGB eine Informationspflicht besteht[1139]. Sowohl die Existenz als solche als auch die verminderte oder erweiterte Rechtsstellung der Arbeitnehmervertretung haben maßgeblichen Einfluss auf die soziale Situation des Arbeitnehmers in einem Betrieb. Aus Sicht der Betriebsratsmitglieder kann der Betriebsübergang mittelbar zu einem Mandatsverlust nach § 24 Nr. 4 BetrVG führen und somit u.a. den Wegfall des besonderen Kündigungsschutzes nach § 15 KSchG zur Folge haben. Über diese mittelbaren rechtlichen Folgen des Übergangs sind die Betriebsratsmitglieder gesondert zu informieren[1140].

Eine Unterrichtungspflicht besteht jeweils aber nur, sofern für die Unterrichtungsverpflichteten im Zeitpunkt der Unterrichtung aufgrund der tatsächlichen Gegebenheiten erkennbar ist, dass es infolge des Betriebs(teil)übergangs zu derart wesentlichen Veränderungen bei den betriebsverfassungsrechtlichen Strukturen kommen wird. Spekulative Änderungen der Arbeitnehmeranzahl durch eventuelle Widersprüche oder Kündigungen der Arbeitnehmer müssen dabei nicht mit ins Kalkül genommen werden (vgl. § 2 I XI 3 a).

Auch Maßnahmen nach § 613a Abs. 5 Nr. 4 BGB können Rechtsfolgen für die Arbeitnehmervertretung hervorrufen. Beispielsweise kann eine Betriebsspaltung zum Entstehen eines Übergangsmandats führen, vgl. § 21a BetrVG, und eine Betriebsänderung kann einen Wechsel des zuständigen Betriebsrats oder eine Verschlechterung der betriebsverfassungsrechtlichen Mitbestimmungsrechte (z.B. Wegfall der Sozialplanpflicht) zur Folge haben. Hierbei handelt es sich jedoch um Folgen von Maßnahmen, die nach hier vertretener Ansicht weder von Nr. 3 noch von Nr. 4 erfasst werden (vgl. § 2 J VI 3 a).

VIII. In Aussicht genommene Maßnahmen (§ 613a Abs. 5 Nr. 4 BGB)

1. *Maßnahmen*

Der Maßnahmebegriff wurde bereits bei der Abgrenzung der Unterrichtungstatbestände von § 613a Abs. 5 Nr. 3 und 4 BGB im Einzelnen dargestellt (vgl. § 2 J VI 3 a aa). Im Folgenden werden daher lediglich noch in Form eines Katalogs typische unterrichtungspflichtige Maßnahmen aufgezählt.

1139 Vgl. Grau, Unterrichtung, 184.

1140 Vgl. insoweit Bachner, in: Kittner/Zwanziger/Deinert, Arbeitsrecht, § 96 Rn. 30h; Gussen, in: BeckOK R/G/K/U, § 613a BGB Rn. 152; WHSS/Willemsen, Rn. G 218. Vgl. auch Cohnen, in: Moll, Arbeitsrecht, § 55 Rn. 40, der allerdings – entgegen der hier vertretenen Terminologie – von unmittelbaren Folgen ausgeht.

Maßnahmen im Zusammenhang mit dem Übergang sind insbesondere:

- Erzwungene Entgeltanpassungen wie z.B. Kündigung einer großzügigen Prämienregelung durch den Erwerber[1141], oder Entgeltanpassungen auf freiwilliger Basis wie z.B. Neuabschluss von Arbeitsverträgen auf Erwerberseite zum Zwecke der Entgeltreduzierung[1142];
- Übergangszahlungen zum (teilweisen) Ausgleich finanzieller Nachteile[1143];
- betriebsbedingte Kündigungen der widersprechenden Arbeitnehmer durch den Betriebsveräußerer[1144];
- Interessenausgleich und Sozialplan, einschließlich der darin vorgesehenen Maßnahmen[1145] wie z.B. Abfindungen für die Arbeitnehmer, denen aufgrund eines Widerspruchs gegen den Betriebsübergang aus betriebsbedingten Gründen gekündigt werden soll (vgl. § 2 J VI 3 a bb);
- erstmaliger Abschluss eines Tarifvertrags bzw. Beitritt zu einem Arbeitgeberverband oder Abschluss eines Überleitungstarifvertrags[1146];
- Kündigung bestehender Betriebsvereinbarungen[1147] oder Abschluss einer Umsetzungsbetriebsvereinbarung[1148];
- Veränderung des Durchführungsweges im Hinblick auf übergehende Versorgungszusagen (Unterstützungskassenversorgung, Pensionskasse, Direktversicherung)[1149];
- mit dem Übergang des Betriebs einhergehende Änderungen im Veräußerer- oder Erwerberbetrieb, insbesondere Betriebsänderungen im Sinne von § 111 S. 3 BetrVG (vgl. § 2 J VI 3 a aa)[1150] und damit einhergehende personelle Maßnahmen:

1141 Vgl. BAG, 24.5.2005 – 8 AZR 398/04, AP Nr. 284 zu § 613a BGB (II 2 b), wobei in der Entscheidung die genaue Einordnung zu den Maßnahmen oder den sozialen Folgen offen bleibt.

1142 BAG, 10.11.2011 – 8 AZR 430/10, AP Nr. 15 zu § 613a BGB Unterrichtung (B II 3 c gg).

1143 Dahms, Widerspruchsrecht, 103.

1144 Hohenstatt/Grau, NZA 2007, 17.

1145 Vgl. u.a. Gaul, Betriebs- und Unternehmensspaltung, § 11 Rn. 19; ErfK/Preis, § 613a BGB Rn. 89; Hauck, Beil. NZA 18/2004, 24; Huke, FA 2002, 267 f.; Krügermeyer-Kalthoff/Reutershan, MDR 2003, 544; MK/Müller-Glöge, § 613a BGB Rn. 110. Dies gilt auch für den Interessenausgleich und den Sozialplan beim Betriebsveräußerer: BAG, 13.7.2006 – 8 AZR 303/05, AP Nr. 311 zu § 613a BGB (II 2 c); **a.A.** LAG Düsseldorf, 1.4.2005 – 18 Sa 1950/04, AP Nr. 295 zu § 613a BGB (II 2 c aa (1)); Gaul/Otto, DB 2005, 2466, 2468; MK/Müller-Glöge, § 613a BGB Rn. 110.

1146 Meyer, Unterrichtung, § 2 Rn. 195.

1147 Dreher, in: Bernsau/Dreher/Hauck, § 613a BGB Rn. 165; Gaul/Otto, DB 2005, 2467. Vgl. für die Kündigung einer Prämienregelung: BAG, 24.5.2005 – 8 AZR 398/04, AP Nr. 284 zu § 613a BGB (II 2 b).

1148 Meyer, Unterrichtung, § 2 Rn. 195.

1149 Powietzka, DB 2008, 2597.

1150 Arens/Düwell, in: Arens/Düwell/Wichert, Umstrukturierung, § 7 Rn. 292; APS/Steffan, § 613a BGB Rn. 214; Dahms, Widerspruchsrecht, 98; HWK/Willemsen/

- o Einschränkung des Betriebs(teils) wie z.B. Personalabbau des Betriebserwerbers zur Sanierung und Realisierung von Synergieeffekten (sog. Erwerberkonzept)[1151], einschließlich des insoweit vorgesehenen Interessenausgleichs und Sozialplans, und Stilllegung des ganzen Betriebs oder wesentlicher Betriebsteile wie z.B. der endgültige Stilllegungsentschluss des Veräußerers bezogen auf den bei ihm verbleibenden „Restbetrieb"[1152] oder die Auflösung von Betriebsteilen oder Abteilungen beim Erwerber[1153],
- o nicht unerhebliche örtliche Verlegung des ganzen Betriebs oder wesentlicher Betriebsteile[1154] und damit einhergehende Versetzungen der Arbeitnehmer[1155], Umzugshilfen oder die Einführung eines Werksverkehrs[1156],
- o Zusammenschluss mit anderen Betrieben oder die Spaltung von Betrieben wie z.B. die Zusammenlegung[1157] von Verwaltungs- und Produktionseinheiten zur Nutzung von Synergieeffekten, zur Eingliederung in den Konzern des Betriebserwerbers oder zur Bildung eines gemeinsamen Betriebs nach § 1 Abs. 2 BetrVG und damit einhergehende Umgruppierungen[1158], Umsetzungen[1159] oder Weiterbildungsmaßnahmen[1160],

---

Müller-Bonanni, § 613a BGB Rn. 333; Staudinger/Annuß, § 613a BGB Rn. 283; **a.A.** Bauer/v. Steinau-Steinrück, ZIP 2002, 463.

1151 Cohnen, in: Moll, Arbeitsrecht, § 55 Rn. 51; Hohenstatt/Grau, NZA 2007, 17; Krügermeyer-Kalthoff/Reutershan, MDR 2003, 544.

1152 Bauer/Göpfert/Haußmann/Krieger, Umstrukturierung, Teil 3 B Rn. 6; Cranshaw, jurisPR-InsR 1/2008, Anm. 6.

1153 KR/Treber, § 613a BGB, Rn. 108e.

1154 Bachner/Gerhardt, Betriebsübergang, Rn. A 131.

1155 Vgl. allgemein zu Versetzungen übergehender Arbeitnehmer: APS/Steffan, § 613a BGB Rn. 214; Arens/Düwell, in: Arens/Düwell/Wichert, Umstrukturierung, § 7 Rn. 292; Dahms, Widerspruchsrecht, 98; Gaul, Betriebs- und Unternehmensspaltung, § 11 Rn. 19; Gussen, in: BeckOK R/G/K/U, § 613a BGB Rn. 151; HWK/Willemsen/Müller-Bonanni, § 613a BGB Rn. 333; Krügermeyer-Kalthoff/Reutershan, MDR 2003, 544; Lembke/Oberwinter, ZIP 2007, 313; Wulff, AiB 2002, 595. Nach **a.A.** Zuordnung zu § 613a Abs. 5 Nr. 3 BGB: Grobys, BB 2002, 728; Sayatz/Wolff, DStR 2002, 2042.

1156 Dahms, Widerspruchsrecht, 103.

1157 KR/Treber, § 613a BGB, Rn. 108e; vgl. auch Bachner/Gerhardt, Betriebsübergang, Rn. A 131 [Restrukturierungsabsichten]; Dreher, in: Bernsau/Dreher/Hauck, § 613a BGB Rn. 165 [vom Erwerber geplante Umstrukturierungen].

1158 Vgl. allgemein zu Umgruppierungen übergehender Arbeitnehmer: Gaul, Betriebs- und Unternehmensspaltung, § 11 Rn. 19; Gussen, in: BeckOK R/G/K/U, § 613a BGB Rn. 151; Krügermeyer-Kalthoff/Reutershan, MDR 2003, 544; Lembke/Oberwinter, ZIP 2007, 313; Wulff, AiB 2002, 595.

1159 Vgl. allgemein zu Umsetzungen übergehender Arbeitnehmer: Lembke/Oberwinter, ZIP 2007, 313.

1160 BT-Drucks. 14/7760, 19 (rechte Spalte); BR-Drucks. 831/01, 42.

- o grundlegende Änderungen der Betriebsorganisation, des Betriebszwecks oder der Betriebsanlagen wie z.B. Reorganisation von Betriebsteilen oder Abteilungen beim Betriebserwerber[1161],
- o Einführung grundlegend neuer Arbeitsmethoden und Fertigungsverfahren wie z.B. die Umstellung von manueller auf maschinelle Produktion und damit einhergehende Maßnahmen zur Weiterbildung[1162];

- vom Erwerber beabsichtigte Weiterveräußerung des übergehenden Betriebs (teils) an Dritte[1163], und zwar unabhängig davon, ob der Weiterverkauf mittels Asset Deal oder Share Deal verwirklicht werden soll. Wird beispielsweise bei größeren Transaktionen zunächst eine konzerninterne Ausgliederung in eine neu gegründete Gesellschaft („NewCo") vorgenommen, um diese anschließend mittels eines Share Deals, bei dem es zu keinem Betriebsübergang nach § 613a BGB kommt, an einen externen Dritten zu veräußern (sog. „Carve-out"), sind die Arbeitnehmer hierüber zu unterrichten.

Über die rechtlichen Voraussetzungen einer Maßnahme muss das Unterrichtungsschreiben keine Informationen bereithalten. Beispielsweise unterscheiden sich die rechtlichen Voraussetzungen einer betriebsbedingten Kündigung (z.B. die Grundsätze der Sozialauswahl nach § 1 Abs. 3 KSchG, Versetzungen auf einen freien Arbeitsplatz und tarif- oder arbeitsvertragliche Regelungen) für Arbeitnehmer mit und ohne besonderen Kündigungsschutz. Zutreffend hat das BAG darauf hingewiesen, dass hierüber nicht im Unterrichtungsschreiben informiert werden muss[1164]. Eine diesbezügliche Unterrichtung würde die Grenzen zu einer nicht geschuldeten Rechtsberatung überschreiten (vgl. § 2 I IV). Werden gleichwohl freiwillige Ausführungen zu den rechtlichen Voraussetzungen gemacht, müssen diese zutreffend sein (vgl. § 2 G II). Zudem darf die Unterrichtung nicht den Eindruck erwecken, dass den widersprechenden Arbeitnehmern ohne weiteres wirksam betriebsbedingt gekündigt werden könne. Die betriebsbedingte Kündigung darf nur als mögliche Konsequenz eines Widerspruchs gegen den Übergang des Arbeitsverhältnisses dargestellt werden[1165]. Unproblematisch ist eine Formulierung,

---

1161 KR/Treber, § 613a BGB, Rn. 108e.

1162 BT-Drucks. 14/7760, 19 (rechte Spalte); BR-Drucks. 831/01, 42.

1163 Bauer/Göpfert/Haußmann/Krieger, Umstrukturierung, Teil 3 B Rn. 14; vgl. auch Trittin, in: Bachner/Köstler/Matthießen/Trittin, § 6 Rn. 100, der allerdings die Unterrichtungspflicht über weitere geplante Betriebsübergänge bei den sozialen Folgen einordnet.

1164 BAG, 10.11.2011 – 8 AZR 430/10, AP Nr. 15 zu § 613a BGB Unterrichtung (B II 3 c ff); APS/Steffan, § 613a BGB Rn. 210. Zustimmend: Gaul/Krause, RdA 2013, 46 f. **A.A.** LAG Hamm (Westfalen), 25.8.2011 – 17 Sa 498/11, BeckRS 2012, 65168 (A II 3 b bb (2) (a) (cc)), wonach über das nach einem Tarifvertrag eingeräumte Recht der Versetzung, Abordnung und Personalgestellung zu unterrichten sei.

1165 BAG, 10.11.2011 – 8 AZR 430/10, AP Nr. 15 zu § 613a BGB Unterrichtung (B II 3 c ff); Trittin, in: Bachner/Köstler/Matthießen/Trittin, § 6 Rn. 98; WHSS/Willemsen, Rn. G 222.

wonach eine betriebsbedingte Beendigungskündigung im Widerspruchsfalle vorbehaltlich einer „individuellen Prüfung" für ordentlich kündbare Mitarbeiter und unter Einhaltung der ordentlichen Kündigungsfrist auch für Mitarbeiter mit einem besonderen Kündigungsschutz in Betracht komme. In diesem Fall bestehen im Hinblick auf den genannten Unterrichtungsgegenstand – betriebsbedingte Kündigungen im Widerspruchsfalle – keine mitteilungspflichtigen Unterschiede zwischen den verschiedenen Arbeitnehmergruppen. Nach einer individuellen Prüfung kann es jeden treffen. Das Unterrichtungsschreiben muss keine Einzelheiten zu den Voraussetzungen einer betriebsbedingten Kündigung enthalten. Die Nichtinformation über einzelne Voraussetzungen von betriebsbedingten Kündigungen kann daher auch nicht als irreführend angesehen werden. Demgemäß sah das BAG ein Unterrichtungsschreiben, in dem darauf hingewiesen wurde, dass ordentlich „unkündbaren" Arbeitnehmern nur unter Einhaltung der ordentlichen Kündigungsfrist gekündigt werden könne, weder als irreführend noch als rechtlich unzutreffend an[1166].

2. *In Aussicht genommen*

Nach dem Wortlaut des Art. 7 Abs. 6 Spiegelstrich 4 RL 2001/23/EG und des § 613a Abs. 5 Nr. 4 BGB ist nur über in Aussicht genommene Maßnahmen zu unterrichten.

Nach dem Vorstellungsbild des Richtliniengebers und des deutschen Gesetzgebers sollen die Arbeitnehmer vor dem Vollzug des Übergangs bzw. bevor sie von dem Übergang hinsichtlich ihrer Beschäftigungs- bzw. Arbeitsbedingungen unmittelbar betroffen sind, unterrichtet werden (vgl. § 2 F I). Zu dieser Zeit entfalten im Zusammenhang mit dem Übergang stehende Maßnahmen der beteiligten Arbeitgeber noch keine aktuellen Wirkungen für die vom Übergang betroffenen Arbeitnehmer. Die Maßnahmen sind zu diesem Zeitpunkt noch „in Aussicht genommen". Auch Maßnahmen, über die im Zeitpunkt der Unterrichtung bereits eine (bedingte oder unbedingte) Entscheidung durch einen oder beide beteiligte Arbeitgeber getroffen wurde, oder die schon eine objektive Konkretisierung erfahren haben (z.B. Vereinbarung im Übernahmevertrag, bereits bestehender Sozialplan) sind, solange sie keine unmittelbaren Wirkungen für den einzelnen Arbeitnehmer entfalten, nur „in Aussicht genommen". Dementsprechend ist auch ein im Zeitpunkt der Unterrichtung bereits bestehender Sozialplan des Veräußerers, der für die potenziell widersprechenden und sodann betriebsbedingt gekündigten Arbeitnehmer Abfindungen vorsieht, eine in Aussicht genommene Maßnahme. Die Wirkungen des Sozialplans treten erst ein, wenn der übergehende Arbeitnehmer dem Übergang seines Arbeitsverhältnisses widerspricht und ihm daraufhin gekündigt wird.

1166 BAG, 10.11.2011 – 8 AZR 430/10, AP Nr. 15 zu § 613a BGB Unterrichtung (B II 3 c ff), mit Verweis auf BAG, 18.3.2010 – 2 AZR 337/08 – AP Nr. 228 zu § 626 BGB, wonach für Mitarbeiter mit Sonderkündigungsschutz eine außerordentliche betriebsbedingte Kündigung unter Einhaltung einer Auslauffrist in Betracht kommt.

Wann eine Maßnahme als „in Aussicht genommen“ gilt, wird nicht einheitlich beurteilt. Zum Teil soll einem Vorhaben die Qualität einer in Aussicht genommenen Maßnahme erst bei einer hinreichenden Greifbarkeit zugesprochen werden. Hierzu sei neben einer objektiven Konkretisierung auch eine hinreichend verfestigte subjektive Absicht erforderlich, auf die ggf. aus objektiven Indizien geschlossen werden kann[1167]. Vor diesem Hintergrund spricht sich das LAG Düsseldorf gegen die Pflicht zur Unterrichtung über lediglich bevorstehende, nur geplante oder sonst eventuell zustande gekommene Sozialpläne aus[1168]. Zum Teil wird nur vorausgesetzt, dass die subjektive Absicht (Intention) durch objektive Indizien wie beispielsweise ein Beschluss der Geschäftsführung oder die Einrichtung von Projektgruppen zur Abarbeitung bestimmter Restrukturierungsvorhaben hinreichend greifbar seien[1169]. Ungenügend sei z.B. die Vereinbarung von Sondierungsgesprächen mit einer Gewerkschaft über die Sicherung von Arbeitsplätzen/die Verhinderung von Ausgliederungen oder die gewerkschaftsseitig erhobene Forderung nach einem Sanierungstarifvertrag[1170]. Für den überwiegenden Teil der Literatur[1171] und für die Rechtsprechung[1172] sind Maßnahmen frühestens dann in Aussicht genommen, wenn im Zeitpunkt der Unterrichtung bereits ein Stadium konkreter Planung erreicht wurde. Viele Stimmen weisen in diesem Zusammenhang auf die zu § 111 S. 1 BetrVG entwickelten Grundsätze zu einer „geplanten“ Betriebsänderung hin[1173]. Danach soll der Arbeitgeber „im Prinzip zur Durchführung der

1167 LAG Düsseldorf, 1.4.2005 – 18 Sa 1950/04, AP Nr. 295 zu § 613a BGB (II 2 d) im Anschluss an KR, 9. Aufl./Pfeiffer, § 613a BGB, Rn. 108e; Granetzny, Informationspflichten, 64. Vgl. auch Giesen, JbArbR 46 (2008), 53, nach dem eine unklare Aussicht auf möglicherweise bevorstehende Regelungen praktisch nicht handhabbar sei.

1168 LAG Düsseldorf, 1.4.2005 – 18 Sa 1950/04, AP Nr. 295 zu § 613a BGB (II 2 d).

1169 Bauer/Göpfert/Haußmann/Krieger, Umstrukturierung, Teil 3 B Rn. 13; Dreher, in: Bernsau/Dreher/Hauck, § 613a BGB Rn. 168.

1170 Dreher, in: Bernsau/Dreher/Hauck, § 613a BGB Rn. 168.

1171 Vgl. u.a. Berkowsky, NZI 2002, 416; Bauer/v. Steinau-Steinrück, ZIP 2002, 463; ErfK/Preis, § 613a BGB Rn. 89; Franzen, RdA 2002, 265; Huke, FA 2002, 267; Jaeger, ZIP 2004, 442; Krügermeyer-Kalthoff/Reutershan, MDR 2003, 544; Lembke/Oberwinter, ZIP 2007, 313; MK/Müller-Glöge, § 613a BGB Rn. 110; Sayatz/Wolff, DStR 2002, 2042; Worzalla, NZA 2002, 355. Vgl. auch Grobys, BB 2002, 728, der eine in unmittelbarem Zusammenhang mit dem Übergang stehende zielgerichtete Planung verlangt. **A.A.** Staudinger/Annuß, § 613a BGB Rn. 284, nach dem „in Aussicht genommen“ und „geplant“ eine unterschiedliche sprachliche Weite ausdrücken. Eine Maßnahme sei bereits dann in Aussicht genommen, wenn sie Gegenstand unternehmerischer Überlegungen sei. Es sei aber keine Unterrichtung erforderlich, wenn noch alternative Maßnahmen ernsthaft erwogen werden, die unternehmerischen Überlegungen also noch nicht auf eine bestimmte Maßnahme konkretisiert wurden.

1172 BAG, 13.7.2006 – 8 AZR 303/05, AP Nr. 311 zu § 613a BGB (II 2 c).

1173 Vgl. u.a. Gaul, Betriebs- und Unternehmensspaltung, § 11 Rn. 19; Jaeger, ZIP 2004, 442.

betreffenden Maßnahme entschlossen" sein[1174]. Vorüberlegungen müssten nicht offenbart werden[1175], diese müssen vielmehr bereits abgeschlossen sein[1176].

Der überwiegenden Ansicht kann hier im Ergebnis zugestimmt werden. Festzuhalten ist, dass eine Auslegung des unionsrechtlich motivierten Begriffs „in Aussicht genommen[...]" anhand nationaler Maßstäbe normhierarchisch unzulässig ist. Davon abgesehen kann aber die nationale Auslegung des Begriffs „geplant[...]" im Sinne des § 111 S. 1 BetrVG im Einklang mit der Auslegung von „in Aussicht genommen[...]" im Sinne der Richtlinie stehen. So ist es hier. Die unionsrechtlichen Anforderungen werden durch die national entwickelten Grundsätze für eine zeitliche Begrenzung des § 111 S. 1 BetrVG erfüllt[1177].

Eine exakte Bestimmung des zu fordernden Planungsstadiums kann nur anhand des Zwecks der Unterrichtung erfolgen. Auf kollektivrechtlicher Ebene dient die Unterrichtung der Vertreter der Arbeitnehmer jedenfalls auch der Vorbereitung der Konsultation über in Aussicht genommene Maßnahmen. Auf individualrechtlicher Ebene soll es die Unterrichtung nach Art. 7 Abs. 6 RL 2001/23/EG den Arbeitnehmern ermöglichen, auf die in Aussicht genommenen Maßnahmen in faktischer Hinsicht Einfluss zu nehmen, indem sie das Unterbleiben (das „ob") und die Ausgestaltung (das „wie") mit den Arbeitgebern diskutieren können (vgl. § 2 B I). Mit einer Unterrichtung über lediglich angedachte, noch nicht weiter konkretisierte Maßnahmen wäre den Arbeitnehmern für den genannten Zweck wenig geholfen. Im Gegenteil, solche Angaben könnten die Arbeitnehmer sogar bei ihrer Entscheidung über den Verbleib in ihrem Unternehmen entscheidend fehlleiten. Damit die Arbeitnehmer auf einer möglichst breiten und gesicherten Informationsgrundlage entscheiden können, muss die Meinungsbildung der Arbeitgeber de facto abgeschlossen sein. Jedenfalls müssen sich die unternehmerischen Überlegungen bereits auf eine bestimmte Maßnahme konkretisiert haben[1178] und die Ausgestaltung dieser Maßnahme (Adressatenkreis, Verfahren) bereits konzeptionell entwickelt worden sein.

Die unionsrechtlichen Vorgaben für die Auslegung von „in Aussicht genommen[...]" stehen im Einklang mit den allgemein für § 111 S. 1 BetrVG entwickelten Grundsätzen zur zeitlichen Begrenzung einer „geplanten" Betriebsänderung. Danach setzen die Beteiligungsrechte des Betriebsrats eine konkrete Planung voraus. Bloße Vorüberlegungen genügen nicht. Vielmehr müsse der Arbeitgeber im Prinzip zu einer Betriebsänderung entschlossen sein und bereits eine gewisse Konzeption für die konkrete Betriebsänderung (Art und Umfang) erarbeitet haben. Ein endgültiger Entschluss oder gar die (teilweise) Verwirklichung des Plans darf noch

1174 Hohenstatt/Grau, NZA 2007, 17 Fn. 52; Schnitker/Grau, BB 2005, 2241.
1175 Grau, Unterrichtung, 148; Rieble, Festschrift für Arbeitsgemeinschaft Arbeitsrecht, 701.
1176 Gaul/Otto, DB 2005, 2468; Lembke/Oberwinter, ZIP 2007, 313.
1177 Vgl. von Alvensleben, Betriebsübergang, 334 f.
1178 Vgl. insoweit auch Staudinger/Annuß, § 613a BGB Rn. 284.

nicht eingetreten sein, d.h. der Betriebsrat muss noch auf die Frage des ob und des wie Einfluss nehmen können[1179].

Über noch laufende Verhandlungen mit dem Betriebsrat über Interessenausgleich und Sozialplan muss nicht nach § 613a Abs. 5 Nr. 4 BGB unterrichtet werden[1180]. Während der Verhandlungen ist die Meinungsbildung der Arbeitgeber noch nicht abgeschlossen. Zudem ist zu bedenken, dass nicht erkennbar ist, wie die Information über die Tatsache der noch laufenden Verhandlungen oder darauf, dass sich aus den laufenden Verhandlungen Änderungen bei den unterrichtungsrelevanten Umständen ergeben könnten, die Entscheidung der Arbeitnehmer über den Verbleib in ihrem Unternehmen beeinflussen kann. Ob es zu einem Interessenausgleich oder Sozialplan kommt, steht im Zeitpunkt der Unterrichtung gerade noch nicht fest. Des Weiteren müssen berechtigte Geheimhaltungsinteressen der beteiligten Arbeitgeber Beachtung finden. Hat sich der Arbeitgeber dem Grunde nach dazu entschieden, einem Sozialplan zuzustimmen, und ist nur noch der konkrete Inhalt Gegenstand laufender Verhandlungen mit dem Betriebsrat, besteht keine darauf gerichtete Informationspflicht[1181]. Anderenfalls wäre die Verhandlungsposition gegenüber dem Betriebsrat deutlich geschwächt.

Der Tatbestand des § 613a Abs. 5 Nr. 4 BGB setzt nicht das Bestehen objektiver Indizien für die Planung voraus. Diese Anforderung hätte zwar den Vorteil, dass nur über solche Maßnahmen informiert werden müsste, die z.B. im Übernahmevertrag vereinbart wurden. Die Arbeitgeber könnten ihre im Zeitpunkt der Unterrichtung in Aussicht genommenen Maßnahmen lückenlos nachweisen. Ihnen könnte also nicht der Vorwurf gemacht werden, bestimmte Maßnahmen verschwiegen zu haben. Hierin liegt aber auch zugleich der entscheidende Nachteil: Die Arbeitgeber hätten es letztlich selbst in der Hand, hinsichtlich welcher Maßnahmen eine Unterrichtungspflicht bestünde. Eine derartige Steuerungsmöglichkeit widerspräche dem Sinn und Zweck der Unterrichtung und ist daher abzulehnen. Das Bestehen objektiver Indizien kann daher einzig und allein für den Nachweis relevant sein, ob tatsächlich im Zeitpunkt der Unterrichtung eine Maßnahme bereits in Aussicht genommen wurde oder nicht.

Wurde die Meinungsbildung bezüglich einer gewissen Maßnahme noch nicht abgeschlossen oder wurde eine bestimmte Maßnahme sogar niemals erwogen, bedarf es schließlich keiner entsprechenden Negativerklärung. Die Unterrichtungspflicht besteht nur hinsichtlich tatsächlich in Aussicht genommener

1179 Vgl. Annuß, in: Richardi, § 111 BetrVG Rn. 145. Fitting, § 111 BetrVG Rn. 107 ff.; Oetker, in: GK-BetrVG, § 111 BetrVG Rn. 182 ff.; Preis/Bendler, in: Wlotzke/Preis/Kreft, § 111 BetrVG Rn. 5.

1180 **A.A.** Göpfert/Winzer, ZIP 2008, 764; Hauck, Beil. NZA 18/2004, 24; wohl auch Krügermeyer-Kalthoff/Schlegel/Feucker, WPg 2007, 924.

1181 Vgl. insoweit Göpfert/Winzer, ZIP 2008, 764, der eine Unterrichtungspflicht über den aktuellen Stand der Verhandlungen mit dem Betriebsrat ablehnt.

Maßnahmen[1182]. Werden Negativerklärungen freiwillig zur Klarstellung oder aus personalpolitischen Gründen mitgeteilt, ist darauf zu achten, dass auch sie der Wahrheitspflicht genügen müssen.

IX. Zwischenergebnis

Als Umsetzungsvorschrift des Art. 7 Abs. 6 RL 2001/23/EG hat sich die Auslegung des § 613a Abs. 5 BGB primär an der Richtlinie, insbesondere an deren Zweck zu orientieren. Eine Orientierung am nationalen Recht, z.B. an umwandlungsrechtlichen oder betriebsverfassungsrechtlichen Unterrichtungspflichten, scheidet normhierarchisch aus. Über die Änderung wesentlicher Arbeitsvertragsbedingungen infolge des Betriebsübergangs sind die Arbeitnehmer zu informieren. Zur Bestimmung, welche Arbeitsvertragsbedingungen wesentlich sind, kann man sich an den hinter Art. 2 Abs. 2 RL 91/533/EWG stehenden Wertungen orientieren. Zudem bildet § 111 S. 1 BetrVG im Falle des Zusammentreffens von Betriebsübergang und -änderung die kollektivrechtliche „Schwestervorschrift" zu § 613a Abs. 5 BGB. Sowohl die individuelle als auch die kollektive Unterrichtung fordern ein europarechtliches Mindestmaß an Informationen.

Die Identität des Betriebsveräußerers und des Betriebserwerbers und der Gegenstand des Betriebsübergangs bilden ungeschriebene Informationsgegenstände. Neben der relativ unproblematisch zu erteilenden Auskunft über den Zeitpunkt oder den geplanten Zeitpunkt des Betriebsübergangs (§ 613a Abs. 5 Nr. 1 BGB) ist auch eine Unterrichtung über den Grund des Übergangs gefordert (§ 613a Abs. 5 Nr. 2 BGB). Gemeint ist eine schlagwortartige Information über die Motive des Veräußerers und des Erwerbers für den Betriebsübergang. Weder über den Rechtsgrund des Übergangs noch über die „Eckdaten der Transaktion" muss nach Nr. 2 informiert werden.

Mitteilungsrelevante „Maßnahmen" nach § 613a Abs. 5 Nr. 4 BGB sind alle Handlungen des Veräußerers oder Erwerbers, die zumindest auch Änderungen in der wirtschaftlichen, rechtlichen oder sozialen Situation der vom Übergang betroffenen Arbeitnehmer herbeiführen. Dabei ist nur über die Maßnahmen als solche, nicht auch über deren rechtlichen oder tatsächlichen Auswirkungen für die Arbeitnehmer zu unterrichten. Eine Maßnahme ist in Aussicht genommen, wenn sie konkret geplant ist. Die zu § 111 S. 1 BetrVG entwickelten Grundsätze können für die zeitliche Begrenzung entsprechend herangezogen werden.

1182 Wie hier: ErfK/Preis, § 613a BGB Rn. 89; Gaul/Krause, RdA 2013, 42 f., 46; Hohenstatt/Grau, NZA 2007, 17. Teilweise wird eine Negativerklärung, mit unterschiedlicher Begründung, für ratsam gehalten: Grau, RdA 2007, 371; Meyer, DB 2007. 859; Müller-Bonanni/Grau, ArbRB 2007, 149; Sayatz/Wolff, DStR 2002, 2042; WHSS/Willemsen, Rn. G 223. Vgl. auch BAG, 10.11.2011 – 8 AZR 430/10, AP Nr. 15 zu § 613a BGB Unterrichtung (B II 3 c dd), wonach die Unterrichtung den gesetzlichen Anforderungen dadurch genüge, „dass das Unterrichtungsschreiben den Hinweis enthält, dass die T nicht beabsichtigt, Tarifverträge abzuschließen."

Unter „Folgen“ nach § 613a Abs. 5 Nr. 3 BGB fallen sowohl die unmittelbar aus dem Übergang des Betriebs(teils) resultierenden Primärfolgen als auch die nur mittelbar auf den Übergang zurückzuführenden Sekundärfolgen. Sekundärfolgen beruhen auf einem im Zusammenhang mit dem Übergang stehenden objektiven Umstand. Bei diesen Umständen handelt es sich um Eigenschaften der beteiligten Betriebe/Betriebsteile oder von deren Inhabern, die kausal auf den Betriebs(teil)übergang zurückgehen. Über Planungen des Veräußerers oder des Erwerbers im Zusammenhang mit dem Übergang ist allein nach Nr. 4 zu informieren. Das finale Erfordernis des in Aussicht nehmen von Maßnahmen begrenzt die diesbezügliche Unterrichtungspflicht. Anders als Nr. 4 enthält Nr. 3 keine subjektive Planungskomponente. Über die rechtlichen oder tatsächlichen Folgen von in Aussicht genommenen Maßnahmen muss daher auch nicht nach Nr. 3 informiert werden. Innerhalb der Nr. 3 beziehen sich die rechtlichen Folgen auf das normative Umfeld des Arbeitsverhältnisses, wohingegen die wirtschaftlichen und sozialen Folgen die tatsächliche Ebene betreffen. Über tatsächliche Folgen, die sich als Kehrseite der mitzuteilenden rechtlichen Folgen darstellen, muss nicht extra unterrichtet werden.

Die unmittelbaren Rechtsfolgen des Betriebsübergangs ergeben sich insbesondere aus § 613a Abs. 1 bis 4 und Abs. 6 BGB. Dies umfasst zunächst eine vollständige und verständliche Darstellung des gesetzlichen Haftungssystems nach Abs. 1 S. 1 i.V.m. Abs. 2. Zudem bedarf es stets eines Hinweises auf das gesetzliche Kündigungsverbot nach Abs. 4 S. 1. Die Arbeitnehmer sind nach Nr. 3 zudem über die Auswirkungen des Betriebsübergangs auf Tarifverträge oder Betriebsvereinbarungen zu informieren. Aus Sicht der übergehenden Arbeitnehmer ergeben sich die zu erteilenden Informationen aus § 613a Abs. 1 S. 2 bis 4 BGB. In den Fällen einer (teilweisen) Ablösung nach Abs. 1 S. 3 sind die beim Erwerber geltenden Tarifverträge oder Betriebsvereinbarungen, die wesentliche Vertragsbedingungen des Arbeitsverhältnisses des übergehenden Arbeitnehmers betreffen, namentlich zu benennen, und die übergehenden Arbeitnehmer sind darauf hinzuweisen, dass diese Kollektivvereinbarungen auf das übergegangene Arbeitsverhältnis Anwendung finden. Der Fall, dass Tarifverträge nur aufgrund einer arbeitsvertraglichen Bezugnahmeklausel Wirkung im Verhältnis des Erwerbers zum übergehenden Arbeitnehmer entfalten, unterfällt bereits § 613a Abs. 1 S. 1 BGB. Allerdings ist dann zusätzlich darüber zu informieren, dass die konkrete Fortgeltung beim Erwerber von der individuellen Formulierung der Bezugnahmeklausel abhängt. Als letzte unmittelbare Rechtsfolge, die sich § 613a BGB entnehmen lässt, sind die übergehenden Arbeitnehmer schließlich auf ihr Widerspruchsrecht und die Formalitäten seiner Ausübung gemäß Abs. 6 hinzuweisen.

Die Solvenz der am Übergang beteiligten Arbeitgeber bildet keine mitteilungspflichtige Folge des Übergangs für die Arbeitnehmer. Die Arbeitnehmer sind jedoch nach Nr. 3 darüber zu informieren, wenn kausal durch den Betriebs(teil)übergang Veränderungen in ihrer wirtschaftlichen Absicherung eintreten. Die Solvenz des Arbeitgebers bildet den objektiven Umstand im Zusammenhang mit dem Übergang, der auf die wirtschaftliche Absicherung der Arbeitnehmer durchschlagen kann. Hängt die wirtschaftliche Absicherung der Arbeitnehmer infolge des Betriebs(teil)übergangs von einer ungewissen Zukunft ab, erfüllen die Arbeitgeber ihre Unterrichtungspflicht durch eine ordnungsgemäße Prognoseinformation. Die Offenlegung der Prognosebasis wird inhaltlich durch berechtigte Geheimhaltungsinteressen der Arbeitgeber und faktisch durch die sekundäre Behauptungslast des Arbeitnehmers begrenzt.

Eine Pflicht zur Information über den Wegfall des Kündigungsschutzes oder den Mandatsverlust eines Betriebsratsmitglieds besteht nur, sofern das Über- bzw. Unterschreiten der gesetzlichen Schwellenwerte bereits im Unterrichtungszeitpunkt objektiv erkennbar ist.

§ 3 Widerspruch nach § 613a Abs. 6 BGB

A. Europarechtliche und verfassungsrechtliche Vorgaben

§ 613a Abs. 1 S. 1 BGB ordnet an, dass der Übergang eines Betriebs oder eines Betriebsteils durch Rechtsgeschäft auch zum Übergang der Arbeitsverhältnisse führt. Es stellt sich die Frage, ob das Widerspruchsrecht im Sinne des § 613a Abs. 6 BGB, welches dem Arbeitnehmer die Wahlmöglichkeit eröffnet, ob sein Arbeitsverhältnis auf den Betriebserwerber übergehen oder ob es beim bisherigen Inhaber verbleiben soll, europarechtlich und/oder verfassungsrechtlich geboten ist.

I. Europarechtliche Vorgaben

Die Betriebsübergangsrichtlinie enthält weder in ihrer ursprünglichen noch in ihrer heutigen Fassung eine Regelung zum Widerspruchsrecht. Es überrascht daher nicht, dass sich die Diskussion zunächst nicht darauf konzentrierte, ob das Widerspruchsrecht europarechtlich geboten sei, sondern im Gegenteil, ob das deutsche Widerspruchsrecht eventuell sogar gegen Art. 3 Abs. 1 RL 77/187/EWG (heute: Art. 3 Abs. 1 RL 2001/23/EG) verstößt. Zunächst sah das BAG in der Gewährung eines Widerspruchsrechts schon deshalb keinen Verstoß gegen die Richtlinie, weil es sich hierbei um eine für den Arbeitnehmer günstigere Regelung gemäß Art. 7 RL 77/187/EWG (heute: Art. 8 RL 2001/23/EG) handele[1183]. Dem Arbeitnehmer werde mit dem Widerspruchsrecht nur eine zusätzliche Möglichkeit eingeräumt. Durch Nichtausübung dieses Rechts könne er auch weiterhin den von der Richtlinie bezweckten Schutz in vollem Umfang in Anspruch nehmen.

Durch eine Entscheidung des EuGH war die Europarechtskonformität eines den Übergang des Arbeitsverhältnisses hindernden Widerspruchsrechts nach deutschem Recht zwischenzeitlich fraglich geworden[1184]. Der EuGH entschied, dass es mit Art. 3 Abs. 1 RL 77/187/EWG (heute: Art. 3 Abs. 1 RL 2001/23/EG) unvereinbar sei, wenn ein Arbeitnehmer isoliert gegen einzelne Folgen des Übergangs widersprechen könne[1185]. Der von Art. 3 Abs. 1 RL 77/187/EWG beabsichtigte Schutz sei

---

1183 BAG, 6.2.1980 – 5 AZR 275/78, AP Nr. 21 zu § 613a BGB (III 2 a); so auch Debong, EG-Richtlinie, 31 f.; Löw, Betriebsveräußerung, 111 ff.; Seiter, Betriebsinhaberwechsel, 66 f.

1184 Vgl. BAG, 21.5.1992 – 2 AZR 449/91, AP Nr. 96 zu § 613a BGB (B II 4 b bb (4) (b)).

1185 EuGH, 5.5.1988 – C-144/87, 145/87 (Berg), NZA 1990, 885 (Rn. 14). Konkret ging es darum, dass ein Widerspruch der Arbeitnehmer gegen den Übergang der Verpflichtungen des Veräußerers aus den übergehenden Arbeitsverhältnissen auf den Erwerber gegen Art. 3 Abs. 1 RL 77/187/EWG verstößt und damit unzulässig ist.

zwingend, d.h. von ihm dürfe nicht zum Nachteil der Arbeitnehmer abgewichen werden[1186]. Ob mit dieser Entscheidung des EuGH das vom Bundesarbeitsgericht entwickelte Widerspruchsrecht des Arbeitnehmers gegen Europarecht verstieß, wurde in der Folge lebhaft diskutiert[1187].

Im Grundsatz führe Art. 3 Abs. 1 dazu, dass die Arbeitsverhältnisse selbst, die zum Zeitpunkt des Übergangs mit dem Veräußerer bestanden, automatisch, d.h. ohne Zustimmung der Beteiligten, und zwingend im soeben beschriebenen Sinne auf den Erwerber übergehen[1188]. Andererseits hat der EuGH bereits früh darauf hingewiesen, dass der von Art. 3 Abs. 1 beabsichtigte Schutz gegenstandslos sei, wenn der Arbeitnehmer aufgrund seiner eigenen, freien Entscheidung, das Arbeitsverhältnis selbst mit Wirkung zum Zeitpunkt des Übergangs beendet und nach dem Übergang mit dem Erwerber nicht fortsetzt[1189]. Art. 3 Abs. 1 finde dann keine Anwendung. In der Rechtssache „Katsikas“[1190] verweist der EuGH auf seine früheren Äußerungen und stellt zudem ausdrücklich klar, dass durch die Richtlinie eine Fortsetzung des Arbeitsverhältnisses mit dem Betriebserwerber lediglich ermöglicht werde. Eine Pflicht zur Fortsetzung bestehe dagegen nicht. Sie würde das europarechtliche Grundrecht des Arbeitnehmers auf freie Wahl seines Arbeitgebers verletzen. Danach darf ein Arbeitnehmer nicht dazu gezwungen werden, für einen Arbeitgeber zu arbeiten, den er nicht frei gewählt hat. Deshalb verwehre ihm Art. 3 Abs. 1 auch nicht, dem Übergang seines Arbeitsverhältnisses zu widersprechen. Die EuGH-Rechtsprechung lässt sich danach so zusammenfassen, dass der Arbeitnehmer zwar nicht gegen den Übergang einzelner Rechte und Pflichten widersprechen darf, wohl aber gegen den Übergang des Arbeitsverhältnisses an sich. Auf Rechtsfolgenseite bezwecke die Betriebsübergangsrichtlinie zudem nicht zwingend die Fortsetzung des Arbeitsverhältnisses mit dem Veräußerer, für den Fall, dass sich die Arbeitnehmer freiwillig dazu entschieden haben, ihr Arbeitsverhältnis nicht mit dem Erwerber fortzusetzen. Andererseits stehe die Richtlinie dieser Rechtsfolge aber auch nicht entgegen. Im Einzelnen sei es Sache der Mitgliedstaaten zu bestimmen, was im Falle eines Widerspruchs gegen den Übergang des Arbeitsverhältnisses gelten soll.

> *„Die Mitgliedstaaten können insbesondere vorsehen, daß der Arbeitsvertrag oder das Arbeitsverhältnis in diesem Fall als entweder vom Arbeitnehmer oder vom Arbeitgeber gekündigt gilt. Sie können auch vorsehen, daß der Arbeitsvertrag oder das Arbeitsverhältnis mit dem Veräusserer bestehen bleibt.“*[1191]

1186 EuGH, 10.2.1988 – C-324/86 (Daddy's Dance Hall), Slg. 1988, 739 (Rn. 14 und 15).
1187 Vgl. die umfassenden Nachweise in: BAG, 21.5.1992 – 2 AZR 449/91, AP Nr. 96 zu § 613a BGB (B II 4 b bb (3)).
1188 EuGH, 24.1.2002 – C-51/00 (Temco), AP Nr. 32 zu EWG RL Nr. 77/187 (Rn. 35).
1189 EuGH, 1.7.1985 – C-105/84 (Danmols Inventar), Slg. 1985, 2639 (Rn. 16).
1190 EuGH, 16.12.1992 – C-132/91, C-138/91, C-139/91 (Katsikas), AP Nr. 97 zu § 613a BGB (Rn. 30 ff.).
1191 EuGH, 16.12.1992 – C-132/91, C-138/91, C-139/91 (Katsikas), AP Nr. 97 zu § 613a BGB (Rn. 36).

Seine Rechtsprechung hat der EuGH in späteren Entscheidungen mehrfach bestätigt[1192] und in einem jüngeren Urteil[1193] fasst der Gerichtshof seine bisherige Rechtsprechung schließlich selbst in der Weise zusammen, dass dem Arbeitnehmer „die Befugnis zuerkannt" werde, dem Übergang seines Arbeitsvertrags zu widersprechen und Art. 3 Abs. 1 so auszulegen sei, dass der Widerspruch einer Fortsetzung des Arbeitsverhältnisses mit dem Erwerber entgegensteht.

Nach Ansicht von *Löwisch*[1194] soll die Reichweite der dargestellten Rechtsprechung des EuGH auf die Fälle eines vor dem Betriebsübergang erklärten Widerspruchs beschränkt sein. Ein nachträglicher, d.h. ein nach dem Betriebsübergang erklärter, Widerspruch verstoße demgegenüber gegen Art. 3 Abs. 1.

Dagegen spricht, dass der EuGH in seiner Entscheidung zur Vereinbarkeit des Widerspruchsrechts mit dem Europarecht das Grundrecht des Arbeitnehmers auf freie Wahl seines Arbeitgebers betont hat. Danach kann der übergegangene Arbeitnehmer nicht gezwungen werden, sein Arbeitsverhältnis zum Erwerber fortzusetzen. Will der übergegangene Arbeitnehmer sein Arbeitsverhältnis zum Erwerber nach dem Übergang freiwillig beenden, verzichtet er auf den von Art. 3 Abs. 1 beabsichtigten Schutz. Genauso wie in den Fällen eines vor dem Betriebsübergang erklärten Widerspruchs gegen den Übergang des Arbeitsverhältnisses, findet dann Art. 3 Abs. 1 auch in Fällen eines nach dem Betriebsübergang erklärten Widerspruchs keine Anwendung. Selbst wenn man – entgegen der hier vertretenen Ansicht – Art. 3 Abs. 1 im Falle eines vor oder nach dem Übergang erklärten Widerspruchs für anwendbar hielte, könnte sich der deutsche Gesetzgeber noch auf den in Art. 8 RL 2001/23/EG verankerten Günstigkeitsvorbehalt stützen. Dagegen wendet *Löwisch* ein, dass die Zulassung eines nachträglichen Widerspruchs eine Abweichung von Art. 3 Abs. 1 zum Nachteil des Arbeitnehmers darstelle. Sie könne dazu führen, dass der Arbeitnehmer im Extremfall, wenn das Arbeitsverhältnis mit dem Erwerber wegfällt und das Arbeitsverhältnis zu dem Veräußerer aufgrund dessen Insolvenz wertlos wird, mit leeren Händen dasteht. Diese Überlegung überzeugt nicht[1195]. Bei einem vor dem Übergang erklärten Widerspruch, der dazu führt, dass das Arbeitsverhältnis zum Veräußerer bestehen bleibt, kann die beschriebene Situation in gleicher Weise auftreten, ohne dass hierin eine unzulässige Abweichung von Art. 3 Abs. 1 zum Nachteil der Arbeitnehmer erblickt wird. Hier wie dort bildet das Widerspruchsrecht lediglich eine zusätzliche Option für den Arbeitnehmer von der er Gebrauch machen kann, aber nicht muss. Widerspricht er nicht, behält der Arbeitnehmer den vollen von Art. 3 Abs. 1 bezweckten Schutz[1196]. Damit

---

1192 Vgl. EuGH, 7.3.1996 – C-171/94, C-172/94 (Merckx), AP Nr. 9 zu EWG RL Nr. 77/187 (Rn. 33 ff.); EuGH, 12.11.1998 – C-399/96 (Europièces), Slg. 1998, I-6965 (Rn. 38 f.).

1193 EuGH, 24.1.2002 – C-51/00 (Temco), AP Nr. 32 zu EWG RL Nr. 77/187 (Rn. 36 f.).

1194 Löwisch, in: Festschrift für Rolf Birk, 542 ff.

1195 **Kritisch** auch: Riesenhuber, Europäisches Arbeitsrecht, § 24 Rn. 70.

1196 Vgl. die Argumentation in: BAG, 21.5.1992 – 2 AZR 449/91, AP Nr. 96 zu § 613a BGB (B II 4 b bb (4) (c)).

wäre auch ein nachträgliches Widerspruchsrecht als insgesamt günstiger für den Arbeitnehmer einzustufen.

Danach bleibt festzuhalten, dass der EuGH die bisherige Rechtsprechung des BAG und damit auch deren gesetzliche Verankerung als richtlinienkonform bestätigt hat. Ein Recht zum „Widerspruch" müsste aber nicht zwangsläufig zu einem Fortbestand des Arbeitsverhältnisses mit dem bisherigen Arbeitgeber führen[1197]; kann es aber[1198].

Den europarechtlichen Rechtsanforderungen würde auch ein außerordentliches Kündigungsrecht der Arbeitnehmer[1199] bzw. ein Recht zur sofortigen Lösung[1200] genügen. Allerdings wäre dann darauf zu achten, dass nach Art. 4 Abs. 2 RL 77/187/EWG (heute: Art. 4 Abs. 2 RL 2001/23/EG) in Fällen, in denen das Arbeitsverhältnis beendet wird, weil der Übergang eine wesentliche Änderung der Arbeitsbedingungen zum Nachteil des Arbeitnehmers (z.B. Änderung der Höhe des dem Arbeitnehmer gewährten Entgelts) zur Folge hat, davon auszugehen ist, dass die Beendigung des Arbeitsverhältnisses durch den Arbeitgeber erfolgt ist[1201]. Richtigerweise gilt daher z.B. nach slowenischem Recht die Kündigung eines Arbeitnehmers als eine arbeitgeberseitige Kündigung aus geschäftlichen Gründen, sofern sich die Rechte und Pflichten aus dem Arbeitsvertrag beim Erwerber aufgrund objektiver Gründe verschlechtert haben[1202]. Nach englischem Recht können die Arbeitnehmer gemäß Ziffer 4.7 der „Terms and Conditions of Employment – The Transfer of Untertakings (Protection of Employment) Regulations 2006" (TUPE) dem Übergang ihres Arbeitsverhältnisses widersprechen („objection"). Dieser „Widerspruch" führt

---

1197 Zutreffend: BAG, 18.12.2008 – 8 AZR 660/07, AP Nr. 366 zu § 613a BGB (B IV b). Diese Annahme des BAG wurde vom BVerfG zu Recht als verfassungsrechtlich unbedenklich eingestuft, vgl. BVerfG, 25.1.2011 – 1 BvR 1741/09, BVerfGE 128, 157 (B II 2 a bb).

1198 Insoweit ungenau: BVerfG, 25.1.2011 – 1 BvR 1741/09, BVerfGE 128, 157 (B II 2 a bb), wonach der EuGH den Begriff Widerspruch „nur" im Sinne eines Abwehrrechts gegen den Zwang zur Erbringung der Arbeitsleistung für den Betriebserwerber verwende. Tatsächlich verwendet der EuGH den Begriff nicht nur in der Bedeutung eines reinen Abwehrrechts, sondern auch in der Bedeutung eines Rechts, den Fortbestand des Arbeitsverhältnisses mit dem bisherigen Arbeitgeber herzustellen. Die Rechtsfolgen des „Widerspruchs" überlässt der EuGH den Mitgliedstaaten.

1199 Zu einem gesetzlich vollzogenen Arbeitgeberwechsel im Rahmen einer Privatisierung: BAG, 18.12.2008 – 8 AZR 660/07, AP Nr. 366 zu § 613a BGB (B IV b), wo auf das nach § 626 Abs. 1 BGB bestehende Recht zur außerordentlichen Kündigung ohne Einhaltung einer Kündigungsfrist bei Vorliegen eines wichtigen Grundes verwiesen wird. Vgl. auch Fuchs/Marhold, Europäisches Arbeitsrecht, 258 f.; Schlachter, NZA 1995, 706; Thüsing, Europäisches Arbeitsrecht, § 5 Rn. 54.

1200 Staudinger/Annuß, § 613a BGB Rn. 292.

1201 EuGH, 7.3.1996 – C-171/94, C-172/94 (Merckx), AP Nr. 9 zu EWG RL Nr. 77/187 (Rn. 36 ff.); vgl. auch EuGH, 12.11.1998 – C-399/96 (Europièces), Slg. 1998, I-6965 (Rn. 40 ff.).

1202 Ahouzaridi, in: Festschrift für Wienand Meilicke, 27 f.

dann nicht nur zur Nichtübertragung des Arbeitsverhältnisses auf den Erwerber, sondern auch zum freiwilligen Ausscheiden des Arbeitnehmers aus dem Arbeitsverhältnis mit dem Veräußerer[1203]. Er muss grundsätzlich[1204] vor dem Übergang erklärt werden, weil die TUPE mit Blick auf das vorher geltende common law so ausgelegt wird, dass der Betriebsübergang selbst das Arbeitsverhältnis zum Veräußerer beendet[1205]. Nach dem Übergang besteht kein Arbeitsverhältnis zum Veräußerer mehr, so dass ein „Widerspruch" danach nicht mehr möglich ist. Die zeitliche Zäsur ist damit allein auf die Besonderheiten des englischen Rechts zurückzuführen und resultiert nicht aus Art. 3 Abs. 1 RL 2001/23/EG[1206].

II. Verfassungsrechtliche Vorgaben

Nachdem die europarechtlichen Vorgaben dargestellt wurden, ist in einem zweiten Schritt noch auf die verfassungsrechtlichen Vorgaben des Widerspruchsrechts einzugehen. Seit seiner ersten Entscheidung zu § 613a BGB gestand das BAG den Arbeitnehmern ein Widerspruchsrecht zu[1207]. Die deutsche Rechtsordnung lasse „schon um der menschlichen Würde willen einen ‚Verkauf' des Arbeitnehmers gegen seinen Willen nicht zu"[1208]. Zudem umfasse Art. 12 Abs. 1 GG, der die freie Wahl des Arbeitsplatzes garantiert, auch die Entscheidung darüber, mit welchem Arbeitgeber ein Arbeitnehmer ein Arbeitsverhältnis begründen will[1209]. Schließlich wurde auch noch auf das durch Art. 2 Abs. 1 GG gesicherte Grundrecht der Vertragsfreiheit hingewiesen[1210]. Trotz der vorgenannten Überlegungen

1203 Eisele, Umsetzung im englischen Recht, 143.

1204 Vgl. zu Ausnahmen die Nachweise bei: Ahouzaridi, in: Festschrift für Wienand Meilicke, 27.

1205 Eisele, Umsetzung im englischen Recht, 149 f.

1206 **A.A.** Löwisch, in: Festschrift für Rolf Birk, 543 f.

1207 Einen Überblick der Begründung des BAG für das Widerspruchsrecht liefern u.a.: Bauer, Unternehmensveräußerung und Arbeitsrecht, 54 f.; Borngräber, Arbeitsverhältnis bei Betriebsübergang, 108 f.

1208 BAG, 2.10.1974 – 5 AZR 504/73, AP Nr. 1 zu § 613a BGB (II 2 und III 2 a); BAG, 6.2.1980 – 5 AZR 275/78, AP Nr. 21 zu § 613a BGB (III 1 c). Zweifelnd, ob durch den Übergang die Menschenwürde tangiert werde: BAG, 25.1.2001 – 8 AZR 336/00, AP Nr. 215 zu § 613a BGB (III 5 a). Ablehnend für einen gesetzlich vollzogenen Arbeitgeberwechsel: BAG, 2.3.2006 – 8 AZR 124/05, AP Nr. 25 zu § 419 BGB Funktionsnachfolge (II 3 b); BAG, 18.12.2008 – 8 AZR 660/07, AP Nr. 366 zu § 613a BGB (B III 4).

1209 BAG, 2.10.1974 – 5 AZR 504/73, AP Nr. 1 zu § 613a BGB (III 2 b). Bei abhängig Beschäftigten gehört zu der durch Art. 12 GG geschützten Wahl des Arbeitsplatzes auch die Wahl des Vertragspartners, vgl. BVerfG, 25.1.2011 – 1 BvR 1741/09, BVerfGE 128, 157 (I 1). Dies wurde in BAG, 25.1.2001 – 8 AZR 336/00, AP Nr. 215 zu § 613a BGB (III 5 b), verkannt, soweit dort allein auf die Sicherung des Arbeitsplatzes abgestellt wurde.

1210 BAG, 2.10.1974 – 5 AZR 504/73, AP Nr. 1 zu § 613a BGB (III 5). Dieser Verweis ist jedoch aus verfassungsrechtlicher Sicht unzutreffend. Neben Art. 12 Abs. 1 GG

sprach der 5. Senat[1211] anstelle von einer verfassungskonformen Auslegung des § 613a Abs. 1 S. 1 BGB von einer Auslegung „unter Berücksichtigung der allgemeinen Grundsätze des Arbeitsvertragsrechts" und begründete das Widerspruchsrecht entscheidend mit den hinter §§ 613 S. 2, 415 Abs. 1 S. 1 BGB liegenden Erwägungen. Dem schloss sich der 3. Senat[1212] an. Dagegen zweifelte der 2. Senat[1213] den schuldrechtlichen Begründungsansatz an und begründete das Widerspruchsrecht stattdessen mit einer verfassungskonformen Auslegung des § 613a Abs. 1 S. 1 BGB, jedoch allein unter dem Gesichtspunkt des aus Art. 12 GG resultierenden Rechts auf freie Wahl des Arbeitgebers. Danach müssten sich Arbeitnehmer nicht, auch nicht vorübergehend, einen ihnen nicht genehmen Arbeitgeber aufdrängen lassen.

Das Recht zum Widerspruch hat das BAG trotz zum Teil heftiger Kritik aus der Literatur[1214] in der Folge in ständiger Rechtsprechung fortentwickelt[1215]. Im Interesse von Rechtsklarheit und Rechtssicherheit erfuhr das Widerspruchsrecht des Arbeitnehmers bei Betriebsübergängen zwischenzeitlich mit kleineren Modifikationen zum bisherigen Richterrecht seine gesetzliche Grundlage in § 613a Abs. 6 BGB. Der Gesetzgeber schloss sich hierbei ausdrücklich und allein dem grundrechtlichen Begründungsansatz des BAG an[1216].

Zum verfassungsrechtlichen Erfordernis des Widerspruchsrechts, wie es heute in § 613a Abs. 6 BGB vorgesehen ist, bietet eine aktuelle Entscheidung des BVerfG zu einem landesgesetzlich vollzogenen Arbeitgeberwechsel auf eine Anstalt des

---

kann nicht zusätzlich noch auf Art. 2 Abs. 1 GG unter dem Gesichtspunkt der Vertragsfreiheit abgestellt werden. Diese findet im Bereich der beruflichen Betätigung ihre speziellere Gewährleistung in Art. 12 Abs. 1 GG, vgl. BVerfG, 25.1.2011 – 1 BvR 1741/09, BVerfGE 128, 157 (I 1); vgl. auch BAG, 18.12.2008 – 8 AZR 660/07, AP Nr. 366 zu § 613a BGB (B III 4).

1211 Zunächst für den Fall der Veräußerung eines Betriebsteils: BAG, 2.10.1974 – 5 AZR 504/73, AP Nr. 1 zu § 613a BGB (II 2); BAG, 17.11.1977 – 5 AZR 618/76, AP Nr. 10 zu § 613a BGB (I 1). Sodann auch für den Fall der Veräußerung eines ganzen Betriebs: BAG, 6.2.1980 – 5 AZR 275/78, AP Nr. 21 zu § 613a BGB (II 2 und III 1).

1212 Zur Veräußerung eines ganzen Betriebs: BAG, 21.7.1977 – 3 AZR 703/75, AP Nr. 8 zu § 613a BGB (II 2 b).

1213 BAG, 30.10.1986 – 2 AZR 101/85, AP Nr. 55 zu § 613a BGB (II 2).

1214 Vgl. die umfangreichen Nachweise bei: Pietzko, Tatbestand des § 613a BGB, 229 f.

1215 BAG, 17.11.1977 – 5 AZR 618/76, AP Nr. 10 zu § 613a BGB; BAG, 6.2.1980 – 5 AZR 275/78, AP Nr. 21 zu § 613a BGB; BAG, 15.2.1984 – 5 AZR 123/82, AP Nr. 37 zu § 613a BGB; BAG, 30.10.1986 – 2 AZR 101/85, AP Nr. 55 zu § 613a BGB; BAG, 21.5.1992 – 2 AZR 449/91, AP Nr. 96 zu § 613a BGB; BAG, 22.4.1993 – 2 AZR 313/92, AP Nr. 102 zu § 613a BGB; BAG, 22.4.1993 – 2 AZR 50/92, AP Nr. 103 zu § 613a BGB; BAG, 27.4.1995 – 8 AZR 197/94, AP Nr. 128 zu § 613a BGB; BAG, 19.3.1998 – 8 AZR 139/97, AP Nr. 177 zu § 613a BGB; BAG, 25.5.2000 – 8 AZR 416/99, AP Nr. 209 zu § 613a BGB; BAG, 25.1.2001 – 8 AZR 336/00, AP Nr. 215 zu § 613a BGB.

1216 BT-Drucks. 14/7760, 20 (linke Spalte); BR-Drucks. 831/01, 43.

öffentlichen Rechts als Zwischenschritt zu einer geplanten Privatisierung wertvolle Hinweise[1217]. Das Grundrecht auf freie Arbeitsplatzwahl aus Art. 12 Abs. 1 GG umfasst auch das Interesse des Arbeitnehmers am Erhalt des selbst gewählten Arbeitgebers[1218]. Die übergehenden Arbeitnehmer müssen den Fortbestand ihrer Arbeitsverhältnisse zu ihrem bisherigen Arbeitgeber in irgendeiner Weise geltend machen können. Ihnen muss eine Möglichkeit eingeräumt werden, zu ihrem bisherigen Arbeitgeber zurückzukehren.

Der Gesetzgeber muss das Grundrecht des Arbeitnehmers auf freie Wahl des Arbeitsplatzes schützen. Dies gilt nach Auffassung des BVerfG „jedenfalls" dann, wenn der Wechsel des Arbeitgebers unmittelbar kraft Gesetzes aus der Beschäftigung bei einem öffentlichen Arbeitgeber zu einem privaten Arbeitgeber führt, oder wenn es sich bei der Übertragung auf eine Anstalt oder Stiftung des öffentlichen Rechts lediglich um einen Zwischenschritt hin zu einer beabsichtigten und klar absehbaren Privatisierung des Arbeitgebers handelt[1219].

Das Widerspruchsrecht nach § 613a Abs. 6 BGB betrachtet das BVerfG – insoweit wie der EuGH für das entsprechende europarechtliche Grundrecht – lediglich als eine von mehreren Regelungsalternativen, um das durch Art. 12 Abs. 1 GG geschützte Interesse der Arbeitnehmer am Erhalt des selbst gewählten Vertragspartners sicher zu stellen. Bei Angestellten des öffentlichen Dienstes könne der Gesetzgeber zudem berücksichtigen, dass dem Arbeitnehmer bei einem Fortbestand der übrigen arbeitsvertraglichen Rechte und Pflichten nicht nur der Arbeitsplatz erhalten bleibt, sondern er auch weiterhin „im öffentlichen Dienst" beschäftigt bleibt. Ihm steht daher neben dem Widerspruchsrecht nach dem Vorbild des § 613a Abs. 6 BGB auch ein Rückkehrrecht als mögliche gesetzgeberische Regelungsalternative offen[1220]. Wird den Arbeitnehmern weder die eine noch die andere Regelungsalternative eingeräumt, um den Fortbestand der Arbeitsverhältnisse zum bisherigen Arbeitgeber geltend zu machen, stellt dies eine unverhältnismäßige Beschränkung des durch Art. 12 Abs. 1 GG geschützten Interesses der betroffenen Arbeitnehmer an der Beibehaltung des gewählten Vertragspartners dar[1221].

Die vom BVerfG angestellten verfassungsrechtlichen Überlegungen zu Art. 12 Abs. 1 GG können größtenteils auch für den gesetzlichen Übergang von einem privaten Arbeitgeber zu einem anderen fruchtbar gemacht werden. Zwar betont das BVerfG einerseits, dass der Eingriff in Art. 12 Abs. 1 GG durch die geplante Privatisierung ein besonderes Gewicht erhalte[1222] und die vom Arbeitnehmer gewählte Berufswahlentscheidung bei einem Verlust eines öffentlich-rechtlichen Arbeitgebers stärker berührt werde, als beim Wechsel von einem

1217 BVerfG, 25.1.2011 – 1 BvR 1741/09, BVerfGE 128, 157.
1218 BVerfG, 25.1.2011 – 1 BvR 1741/09, BVerfGE 128, 157 (B I 3 c bb).
1219 BVerfG, 25.1.2011 – 1 BvR 1741/09, BVerfGE 128, 157 (B I 3 c bb).
1220 BVerfG, 25.1.2011 – 1 BvR 1741/09, BVerfGE 128, 157 (B I 3 c bb und C).
1221 BVerfG, 25.1.2011 – 1 BvR 1741/09, BVerfGE 128, 157 (B I 3 c bb). **A.A.** noch BAG, 18.12.2008 - 8 AZR 660/07, AP Nr. 366 zu § 613a BGB (B III 2).
1222 BVerfG, 25.1.2011 – 1 BvR 1741/09, BVerfGE 128, 157 (B I 2 b).

privaten Arbeitgeber zu einem anderen, da dieser Entscheidung die Abwägung der typischen Vor- und Nachteile der Beschäftigung in einem öffentlich-rechtlich geprägten Arbeitsverhältnis zugrunde liege[1223]. Jedoch ist der Schutzbereich des Art. 12 Abs. 1 GG für alle abhängig beschäftigten Arbeitnehmer der gleiche. Auch der bei einem Privaten beschäftigte Arbeitnehmer hat ein verfassungsrechtlich geschütztes Interesse am Erhalt seines selbst gewählten Vertragspartners. Das BVerfG führt hierzu zutreffend aus:

> *„Soweit der Gesetzgeber zulässt, dass der Arbeitgeber durch Rechtsgeschäft ohne Zustimmung des Arbeitnehmers ausgewechselt wird, trifft ihn eine Schutzpflicht, die nicht nur das Interesse des Arbeitnehmers am Erhalt seines Arbeitsplatzes trotz Arbeitgeberwechsels, sondern auch seine privatautonome Entscheidung über die Person des Vertragspartners beachten muss. Dem ist zum Beispiel mit der Regelung des § 613a BGB Rechnung getragen worden. Danach wird einerseits das Fortbestehen des Arbeitsplatzes trotz Betriebsübergangs gesichert. Andererseits wird dem Arbeitnehmer gemäß § 613a Abs. 6 BGB die Möglichkeit gegeben, dem Übergang des Arbeitsverhältnisses zu widersprechen. Er behält mit dem Widerspruch den alten Vertragspartner, geht aber auch das Risiko einer betriebsbedingten Kündigung ein, wenn beim alten Arbeitgeber wegen des Betriebsübergangs kein Bedarf an seiner Arbeit mehr besteht.“*[1224]

Allein die Anerkennung des Arbeitgeberwechsels als wichtiger Grund für eine außerordentliche Kündigung des übergeleiteten Arbeitsverhältnisses genügt ausnahmsweise nicht, um der aus Art. 12 Abs. 1 GG resultierenden staatlichen Schutzpflicht in diesen Fällen zu genügen. Eine Kündigung schützt den Arbeitnehmer zwar davor, für ein Unternehmen arbeiten zu müssen, mit dem er arbeitsvertraglich nicht verbunden sein will. Sie trägt aber seinem verfassungsrechtlich geschützten Interesse am Erhalt des selbst gewählten Vertragspartners nicht hinreichend Rechnung[1225]. Stattdessen muss dem Arbeitnehmer auch hier ein – wie auch immer ausgestaltetes – Rückkehrrecht zu seinem bisherigen Vertragspartner eingeräumt werden[1226]. Folgerichtig räumt das BAG dem Arbeitnehmer das Wahl-

---

1223 BVerfG, 25.1.2011 – 1 BvR 1741/09, BVerfGE 128, 157 (B I 3 c bb).

1224 BVerfG, 25.1.2011 – 1 BvR 1741/09, BVerfGE 128, 157 (B I 1 und 2).

1225 Die Bedeutung der Person des Vertragspartners und die persönliche Verbindung in einem Arbeitsverhältnis ist auch der Grund für die Auslegungsregel des § 613 S. 2 BGB, wonach der Anspruch auf Leistung der Dienste im Zweifel nicht übertragbar ist.

1226 **A.A.** Klumpp/Jochums, JuS 2006, 688, wonach die negative Vertragspartnerwahlfreiheit nur die Abwehr des Erwerbers, nicht aber die Rückkehr zum Veräußerer fordert; Staudinger/Annuß, § 613a BGB Rn. 293, nach dem die Aufrechterhaltung des Arbeitsverhältnisses mit dem bisherigen Arbeitgeber „wohl“ nicht gefordert sei; WHSS/Willemsen, Rn. G 148, nach dem ein Wahlrecht zwischen den Arbeitgebern nicht aus Art. 12 Abs. 1 GG geboten sei; wohl auch Rieble, NZA 2004, 1, der das neben einem Abwehrrecht bestehende Rückkehrrecht eher kritisch betrachtet.

recht ein, das Arbeitsverhältnis entweder mit dem bisherigen Arbeitgeber oder dem neuen Inhaber fortzusetzen[1227].

Die Tatsache, dass dem Arbeitnehmer nach seiner Rückkehr zu seinem bisherigen Arbeitgeber betriebsbedingt gekündigt werden könnte, weil der bisherige Arbeitgeber keine oder nur noch eine eingeschränkte Beschäftigungsmöglichkeit für ihn hat, führt zu keinem anderen Ergebnis. Der Arbeitnehmer muss die Risiken seiner Rückkehr eigenverantwortlich beurteilen[1228]. Dies folgt aus dem Grundsatz der Privatautonomie.

III. Unternehmerfreiheit des Arbeitgebers

Dem Betriebsübergang geht eine unternehmerische Entscheidung voraus. Jene Entscheidung unterliegt keiner gerichtlichen Kontrolle[1229]. Unter Beachtung der Schutzbereiche aus Art. 12 Abs. 1 und 14 Abs. 1 GG und der hieraus folgenden Unternehmerfreiheit ist der Arbeitgeber als privater Unternehmer berechtigt, seinen Betrieb nach eigenem Ermessen zu veräußern und damit die bei ihm vorhandenen Arbeitsplätze entfallen zu lassen. Ihm steht es frei, seinen Beruf jederzeit aufzugeben. In Fällen eines Teilbetriebsübergangs oder der Veräußerung von nur einem von mehreren Betrieben entscheidet sich der Arbeitgeber nicht dazu, seinen Beruf in Gänze aufzugeben, sondern gestaltet nur dessen Ausübung. Dies rechtfertigt eine eng begrenzte arbeitsgerichtliche Kontrolle der unternehmerischen Entscheidung. Ob die Entscheidung sachlich gerechtfertigt oder zweckmäßig ist, unterliegt nicht der Kontrolle durch die Gerichte. Die Entscheidung kann aber einer Missbrauchskontrolle unterzogen werden. Ein Missbrauch liegt insbesondere vor, wenn der Betriebs(teil)übergang lediglich dazu dienen soll, das Kündigungsschutzgesetz zu umgehen. Nach dem Schutzzweck des § 613a BGB soll gerade verhindert werden, dass Veräußerer oder Erwerber den Betriebsübergang dazu benutzen, sich der besonders schutzbedürftigen älteren, schwerbehinderten, unkündbaren oder sonst sozial schwächeren Arbeitnehmer zu entledigen[1230].

Das soeben aus unserer Verfassung hergeleitete Rückkehrrecht des übergehenden Arbeitnehmers zu seinem bisherigen Arbeitgeber führt bei diesem zu starken finanziellen Belastungen. Dies zeigt sich insbesondere in Fällen, in denen beim bisherigen Arbeitgeber infolge des Betriebsübergangs alle Arbeitsplätze entfallen sind. Folge der Rückkehr ist das Fortbestehen des Arbeitsverhältnisses zum neuen, alten Arbeitgeber. Die Freiheit des Arbeitgebers, seinen Betrieb zu veräußern,

---

1227 BAG, 30.9.2004 – 8 AZR 462/03, AP Nr. 275 zu § 613a BGB (II 1 b aa).

1228 So zutreffend für das Widerspruchsrecht vor seiner Kodifikation: BAG, 15.2.1984 – 5 AZR 123/82, AP Nr. 37 zu § 613a BGB (II 3); BAG, 30.10.2003 – 8 AZR 491/02, AP Nr. 262 zu § 613a BGB (II 1 b); und danach: BAG, 30.9.2004 – 8 AZR 462/03, AP Nr. 275 zu § 613a BGB (II 1 b cc); vgl. auch BVerfG, 25.1.2011 – 1 BvR 1741/09, BVerfGE 128, 157 (B I 3 c bb).

1229 So auch Schaub/Linck, Arbeitsrechts-Handbuch, § 134 Rn. 48.

1230 Vgl. BAG, 26.5.1983 – 2 AZR 477/81, AP Nr. 34 zu § 613a BGB (B V 3 a).

wann immer er will, ist im Ergebnis nicht viel wert, wenn er dazu verpflichtet wäre, das Arbeitsverhältnis zu den widersprechenden Arbeitnehmern ggf. über Jahre hinweg allein durch Gehaltszahlungen aufrecht zu erhalten, ohne hierfür mangels Arbeitsplätzen eine entsprechende Arbeitsleistung zu erhalten. Es stellt sich daher die Frage, welche Möglichkeiten der Arbeitgeber besitzt, um das Arbeitsverhältnis zu den widersprechenden Arbeitnehmern zeitnah zu beenden.

Eine (außer)ordentliche Kündigung durch den veräußernden Arbeitgeber allein wegen des Übergangs eines Betriebs oder eines Betriebsteils ist bereits nach § 613a Abs. 4 S. 1 BGB unwirksam. Nach S. 2 bleibt davon das Recht zur Kündigung des Arbeitsverhältnisses aus anderen Gründen unberührt. Zulässig ist insbesondere die ordentliche betriebsbedingte Kündigung wegen fehlender Beschäftigungsmöglichkeiten (vgl. § 3 H III 1).

Fraglich ist, ob dem Arbeitgeber darüber hinaus ein Recht zur außerordentlichen betriebsbedingten Kündigung allein wegen fehlender Beschäftigungsmöglichkeiten zusteht. Für eine außerordentliche Kündigung verlangt § 626 Abs. 1 BGB einen wichtigen Grund. Für den Fall, dass beim veräußernden Arbeitgeber nach dem Übergang alle Arbeitsplätze entfallen sind, könnte im Fehlen jeglicher, auch anderweitiger Beschäftigungsmöglichkeiten der wichtige Grund i.S.d. § 626 BGB gesehen werden. Schließlich ist das Arbeitsverhältnis ohne verbliebenen Arbeitsplatz völlig sinnentleert.

Dieser Gedanke ist jedoch mit dem geltenden Recht nicht vereinbar. Durch die Annahme, allein aus der fehlenden Beschäftigungsmöglichkeit folge ein wichtiger Grund, würde letztlich das aus § 1 Abs. 2 S. 1 KSchG abzuleitende ultima-ratio-Prinzip unterlaufen. Dringende betriebliche Erfordernisse rechtfertigen regelmäßig nur eine ordentliche Arbeitgeberkündigung nach § 1 KSchG[1231]. Beispielsweise ist für die Betriebsstilllegung anerkannt, dass sie selbst keinen wichtigen Grund nach § 626 Abs. 1 BGB darstellt[1232]. Die Stilllegung führt aber zum Entfallen des Beschäftigungsbedürfnisses. Die fehlende Weiterbeschäftigungsmöglichkeit stellt ein dringendes betriebliches Erfordernis und somit einen Grund zur sozialen Rechtfertigung einer ordentlichen Kündigung dar. Wenn die fehlende Weiterbeschäftigungsmöglichkeit ein dringendes betriebliches Erfordernis darstellt, kann sie aber im Grundsatz nicht zugleich als Grund für eine fristlose Kündigung herangezogen werden. Aus § 1 Abs. 2 S. 1 KSchG wird vielmehr erkennbar, dass sich der Gesetzgeber dazu entschieden hat, dem Arbeitgeber trotz dringender betrieblicher Erfordernisse die Einhaltung der ordentlichen Kündigungsfrist aufzubürden. Sie ist Bestandteil des vom Arbeitgeber zu tragenden Unternehmerrisikos, das nicht auf die betroffenen Arbeitnehmer abgewälzt werden soll. Für eine außerordentliche

---

1231 BAG, 5.2.1998 – 2 AZR 227/97, AP Nr. 143 zu § 626 BGB (II 3 b); BAG, 7.3.2002 – 2 AZR 173/01, AP Nr. 6 zu § 620 BGB Schuldrechtliche Kündigungsbeschränkung (II 2 c).

1232 BAG, 8.10.1957 – 3 AZR 136/55, AP Nr. 16 zu § 626 BGB; MK/Henssler, § 626 BGB Rn. 208; Wank, in: Handbuch zum Arbeitsrecht, § 98 Rn. 115.

Kündigung nach § 626 BGB bedarf es somit im Rahmen der auf den Einzelfall abstellenden Interessenabwägung grundsätzlich anderer Gründe, die wichtig genug sind, eine fristlose Kündigung zu rechtfertigen.

Eine außerordentliche betriebsbedingte Kündigung ist von der Rechtsprechung des BAG beim Vorliegen dringender betrieblicher Erfordernisse nur ausnahmsweise für zulässig erachtet worden, insbesondere wenn der Arbeitgeber ansonsten gezwungen wäre, ordentlich unkündbaren Arbeitnehmern über viele Jahre hinweg ein sinnentleertes Arbeitsverhältnis allein durch Gehaltszahlungen aufrechtzuerhalten[1233]. Jene Rechtsprechung kann auf die hier betrachteten Fälle der Rückkehr zum bisherigen Arbeitgeber durch Widerspruch nach Betriebsveräußerung übertragen werden. Das bedeutet, dass einem einzel- oder tarifvertraglich ordentlich unkündbaren Arbeitnehmer im Einzelfall ausnahmsweise außerordentlich gekündigt werden kann.

Für den Regelfall bleibt allerdings festzuhalten, dass der veräußernde Arbeitgeber nach der geltenden Gesetzeslage auf das Mittel der ordentlichen betriebsbedingten Kündigung beschränkt ist, will er das Arbeitsverhältnis zum wiederkehrenden Arbeitnehmer einseitig beenden. Bei der ordentlichen Kündigung stellen sich einige besondere Rechtsfragen, denen in dieser Arbeit noch in einem eigenen Abschnitt ausführlich nachgegangen wird (vgl. § 3 H III 1). Um zu erreichen, dass zwischen Widerspruch und Beendigung des Arbeitsverhältnisses eine möglichst kurze Zeitspanne liegt, kann der veräußernde Arbeitgeber dem übergehenden Arbeitnehmer nach dem Betriebsübergang, aber bereits vor dessen Widerspruch, unter der aufschiebenden Bedingung der Widerspruchserklärung kündigen (vgl. § 4 B). Zudem ist in jedem Einzelfall darauf zu achten, ob der nachträgliche Widerspruch überhaupt noch wirksam erklärt werden konnte (vgl. § 3 C bis I). Schließlich kann das Arbeitsverhältnis vor Ablauf der ordentlichen Kündigungsfrist zweiseitig durch einen Aufhebungsvertrag beendet werden.

IV. Zwischenergebnis

Damit bleibt festzuhalten, dass das speziell durch die Rechtsprechung des BAG entwickelte und vom Gesetzgeber nunmehr in § 613a Abs. 6 BGB kodifizierte Widerspruchsrecht zwar weder europarechtlich noch verfassungsrechtlich geboten ist, jeweils aber eine zulässige Regelungsalternative darstellt, um dem sowohl europarechtlich als auch verfassungsrechtlich gewährleisteten Recht auf freie Wahl des Arbeitgebers gerecht zu werden.

Nach der Rechtsprechung des EuGH folgt aus den europäischen Grundrechten lediglich das Recht des Arbeitnehmers, sich gegen die durch den Betriebsübergang bewirkte Begründung einer arbeitsvertraglichen Beziehung mit dem Betriebserwerber zu entscheiden (Abwehrinteresse). Das BVerfG erkennt zusätzlich ein durch Art. 12 Abs. 1 GG verfassungsrechtlich gewährleistetes Bestandsschutzinteresse

---

1233 Vgl. BAG, 28.3.1985 – 2 AZR 113/84, AP Nr. 86 zu § 626 BGB (B III 2); BAG, 22.7.1992 – 2 AZR 84/92, EzA Nr. 141 zu § 626 BGB n.F. (II 2 c bb).

der einmal getroffenen Wahl des konkreten Vertragspartners an. Diesem Interesse kann durch ein Kündigungsrecht allein nicht entsprochen werden. Vielmehr erfordert die aus Art. 12 Abs. 1 GG resultierende Schutzpflicht vom Gesetzgeber die Schaffung einer Rückkehrmöglichkeit des Arbeitnehmers zu seinem bisherigen Arbeitgeber. Das Widerspruchsrecht in der Form des § 613a Abs. 6 BGB wird dabei sowohl dem Abwehr- als auch dem Bestandsschutzinteresse der übergehenden Arbeitnehmer hinreichend gerecht.

Für den Arbeitgeber folgt aus Art. 12 Abs. 1 und 14 Abs. 1 GG das Recht, seinen Betrieb nach eigenem Ermessen zu veräußern und alle Arbeitsplätze bei sich entfallen zu lassen. Die fehlende Weiterbeschäftigungsmöglichkeit für den mittels Widerspruchs zurückgekehrten Arbeitnehmer stellt ein dringendes betriebliches Erfordernis i.S.v. § 1 Abs. 2 S. 1 KSchG dar. Das berechtigt den veräußernden Arbeitgeber zu einer ordentlichen betriebsbedingten Kündigung, stellt aber grundsätzlich keinen wichtigen Grund im Sinne des § 626 BGB dar. Eine außerordentliche Kündigung kommt nur ausnahmsweise in Betracht.

B. Rechtsnatur des Widerspruchs

Nach § 613a Abs. 1 S. 1 BGB führt der rechtsgeschäftliche Übergang eines Betriebs oder eines Betriebsteils automatisch zum Übergang der dazugehörigen Arbeitsverhältnisse auf den neuen Betriebsinhaber und ist daher als eine gesetzliche Rechtsfolgenanordnung (Sukzession) einzustufen. Das Widerspruchsrecht bildet hierzu das zunächst richterrechtlich und sodann gesetzlich verankerte Gegengewicht[1234]. Mit ihm wird den übergehenden Arbeitnehmern das Recht eingeräumt, die gesetzlich angeordnete Rechtsfolge des Übergangs der Arbeitsverhältnisse vor dem Betriebsübergang durch eine vorherige Erklärung zu verhindern bzw. nach dem Betriebsübergang durch eine nachträgliche Erklärung wieder rückgängig zu machen[1235].

1234 Bauer, Unternehmensveräußerung und Arbeitsrecht, 55, erkennt im Widerspruchsrecht sogar ein negatives Tatbestandsmerkmal des § 613a BGB; ihm folgend: Dahms, Widerspruchsrecht, 70 f.

1235 BAG, 30.10.1986 – 2 AZR 101/85, AP Nr. 55 zu § 613a BGB (II 2 b); BAG, 22.4.1993 – 2 AZR 313/92, AP Nr. 102 zu § 613a BGB (B V 2 c bb); Seiter, Betriebsinhaberwechsel, 67 f. Ob der Widerspruch ex nunc oder ex tunc wirkt, vgl. § 3 H II 1, wird hierdurch nicht vorweggenommen. Auch ein nur ex nunc wirkender Widerspruch kann die Rechtsfolge des § 613a Abs. 1 S. 1 BGB, also den Übergang des Arbeitsverhältnisses, rückgängig machen. Das Arbeitsverhältnis besteht dann ab jetzt wieder zum bisherigen Arbeitgeber. Geht man von einer Rückwirkung des Widerspruchsrecht auf den Zeitpunkt des Betriebsübergangs aus oder will man lediglich die Fälle eines vor dem Übergang erklärten Widerspruchs beschreiben, ist auch die Formulierung unbedenklich, dass der Widerspruch darauf gerichtet sei, „die gesetzlich vorgesehene Rechtsfolge, den Übergang des Arbeitsverhältnisses auf den Betriebsübernehmer, nicht eintreten, sondern stattdessen das Arbeitsverhältnis mit dem bisherigen Arbeitgeber fortbestehen zu lassen“, BAG,

Es wird daher zu Recht seit jeher[1236] als ein Gestaltungsrecht[1237] in Form eines Rechtsfolgenverweigerungsrechts[1238] qualifiziert. Der Arbeitnehmer kann die sich aus § 613a Abs. 1 S. 1 BGB ergebenden Rechtsfolgen für sein Arbeitsverhältnis vor bzw. nach dem Betriebsübergang verweigern[1239]. Das Arbeitsverhältnis zum bisherigen Arbeitgeber besteht dann fort.

Von der Rechtsnatur des Widerspruchsrechts ist die der Widerspruchserklärung zu trennen. Wie die Kündigungserklärung erfolgt auch die Widerspruchserklärung durch eine einseitige, empfangsbedürftige Willenserklärung[1240]. Ist die Willenserklärung dem Erklärungsempfänger bereits zugegangen, kann ein Widerruf ihre Wirksamkeit nicht mehr verhindern. Dies ergibt sich im Umkehrschluss aus § 130 Abs. 1 S. 2 BGB. Demnach kann auch die Widerspruchserklärung nach Zugang beim Adressaten, hier einem der beteiligten Arbeitgeber (§ 613a Abs. 6 S. 2 BGB), nicht mehr einseitig widerrufen werden[1241]. Zur einseitigen Beseitigung der

---

30.10.2003 – 8 AZR 491/02, AP Nr. 262 zu § 613a BGB (II 2 a), oder dass der Widerspruch zum Bestehenbleiben des Arbeitsverhältnisses zum bisherigen Arbeitgeber führe, so u.a. ErfK/Preis, § 613a BGB Rn. 105; KR/Treber, § 613a BGB Rn. 116; Worzalla, NZA 2002, 356.

1236 Anfängliche Unklarheiten, vgl. hierzu Pietzko, Tatbestand des § 613a BGB, 272 f. und Tschöpe, Rechtsfolgen, 28 ff., wurden schnell ausgeräumt.

1237 Vgl. u.a. ErfK/Preis, § 613a BGB Rn. 97; HWK/Willemsen/Müller-Bonanni, § 613a BGB Rn. 342; MK/Müller-Glöge, § 613a BGB Rn. 115; Staudinger/Annuß, § 613a BGB Rn. 295.

1238 BAG, 30.10.1986 – 2 AZR 101/85, AP Nr. 55 zu § 613a BGB (II 2 b); BAG, 30.10.2003 – 8 AZR 491/02, AP Nr. 262 zu § 613a BGB (II 2 a); BAG, 13.7.2006 – 8AZR 382/05, AP Nr. 1 zu § 613a BGB Widerspruch (II 1 b aa (1)); Eichler, Widerspruchsrecht, 87; Hauck, NZA 2004, Sonderbeil. 1, 44; Sayatz/Wolff, DStR 2002, 2042; Willemsen/Lembke, NJW 2002, 1159.

1239 Ob der nach dem Betriebsübergang erklärte Widerspruch ex nunc oder ex tunc wirkt, wird durch die Terminologie „Rechtsfolgeverweigerungsrecht" nicht vorweggenommen. Auch durch einen ex nunc wirkenden nachträglichen Widerspruch verweigert der Arbeitnehmer (mit Wirkung ab jetzt) die Rechtsfolge des § 613a Abs. 1 S. 1 BGB, also den Übergang seines Arbeitsverhältnisses.

1240 BAG, 22.4.1993 – 2 AZR 50/92, AP Nr. 103 zu § 613a BGB (II 7); BAG, 13.7.2006 – 8 AZR 382/05, AP Nr. 1 zu § 613a BGB Widerspruch (II 1 b aa (1)); Bauer/v. Steinau-Steinrück, ZIP 2002, 465; ErfK/Preis, § 613a BGB Rn. 97; Franzen, RdA 2002, 263; Koller-van Delden, DStR 2008, 780; MK/Müller-Glöge, § 613a BGB Rn. 115; Staudinger/Annuß, § 613a BGB Rn. 295; Wank, in: Handbuch zum Arbeitsrecht, § 102 Rn. 105; WHSS/Willemsen, Rn. G 149.

1241 BAG, 30.10.2003 – 8 AZR 491/02, AP Nr. 262 zu § 613a BGB (II 2 a); Bauer, Unternehmensveräußerung und Arbeitsrecht, 59; Bauer/v. Steinau-Steinrück, ZIP 2002, 465; ErfK/Preis, § 613a BGB Rn. 97; Gaul, Betriebs- und Unternehmensspaltung, § 11 Rn. 72; Grau, RdA 2005, 370; HWK/Willemsen/Müller-Bonanni, § 613a BGB Rn. 342; Koller-van Delden, DStR 2008, 780; Staudinger/Annuß, § 613a BGB Rn. 295, 332; Tschöpe, Rechtsfolgen, 40; v. Steinau-Steinrück, NJW-Spezial 2004, 33; vgl. auch Hauck, NZA-Beil. 2009, 23, der allerdings (auch) von einer

Rechtsfolgen eines einmal erklärten Widerspruchs, d.h. zur Wiederherstellung der Rechtsfolgen des Betriebsübergangs nach § 613a Abs. 1 BGB, verbleibt den Arbeitnehmern noch die Möglichkeit zur Anfechtung der Widerspruchserklärung. Diese setzt jedoch das Vorhandensein eines Anfechtungsgrundes voraus[1242].

Bei der Ausübung eines Gestaltungsrechts kann dem Erklärungsempfänger eine Schwebelage nicht zugemutet werden. Daraus folgt, dass auch das einseitige Rechtsgeschäft Widerspruch bedingungsfeindlich ist[1243]. Wird der Widerspruch unter einer Bedingung erklärt, ist er rechtsunwirksam[1244]. Auch eine sog. Potestativbedingung wird in der Literatur für unzulässig gehalten, weil mit deren Zulassung unerträgliche Unsicherheiten auf Seiten der Arbeitgeber verbunden wären[1245]. Dieser Ansicht kann hier nur zum Teil zugestimmt werden. Richtig ist, dass eine einseitige Bedingung, deren Eintritt entweder vom Willen des bisherigen Arbeitgebers oder von dem des neuen Inhabers abhängt, unzulässig ist. Hängt der Eintritt der Bedingung jedoch vom Willen beider Arbeitgeber ab, bestehen keine Bedenken gegen deren Zulassung[1246]. Normalerweise liegt der Potestativbedingung die Konstellation zugrunde, dass nur ein Erklärungsempfänger in Betracht kommt und die Gestaltungserklärung auch nur ihm gegenüber Wirkungen entfaltet. Ist der Eintritt der Bedingung dann ausschließlich von seinem Willen abhängig, bestehen gegen die Zulässigkeit einer derart bedingten Gestaltungserklärung keine Bedenken[1247]. Die geschilderte Situation trifft für das Widerspruchsrecht indes nicht zu. Die Widerspruchserklärung kann gegenüber dem bisherigen Arbeitgeber und/oder dem neuen Inhaber (§ 613a Abs. 6 S. 2 BGB) erklärt werden (vgl. § 3 C) und entfaltet dabei stets Wirkungen gegenüber beiden möglichen Erklärungsempfängern. Hängt der Eintritt der Bedingung nur vom Willen eines Erklärungsempfängers ab, käme

---

einseitigen Rücknahme spricht. **A.A.** Nehls, NZA 2003, 825, nach dem die Arbeitnehmer bis eine ordnungsgemäße Unterrichtung erfolgt ist, die „Möglichkeit [haben], ihre Entscheidung zu revidieren". Vgl. auch Leßmann, DB 2011, 2381, nach dem eine Nachunterrichtung einen bereits erklärten Widerspruch oder Verzicht (automatisch) beseitigen soll.

1242 Vgl. hierzu zuletzt ausführlich: Haas/Salamon/Hoppe, NZA 2011, 128 ff.

1243 BAG, 30.10.2003 – 8 AZR 491/02, NZA 2004, 483 (II 2 a); BAG, 24.5.2005 – 8 AZR 398/04, AP Nr. 284 zu § 613a BGB (II 1 c); APS/Steffan, § 613a BGB Rn. 224; ErfK/Preis, § 613a BGB Rn. 97; Gaul, Betriebs- und Unternehmensspaltung, § 11 Rn. 40; Hauck, NZA-Beil. 2009, 22; HWK/Willemsen/Müller-Bonanni, § 613a BGB Rn. 342; Koller-van Delden, DStR 2008, 780; KR/Treber, § 613a BGB Rn. 111; Mestwerdt, in: Kündigungsschutzrecht, § 613a BGB Rn. 182; MK/Müller-Glöge, § 613a BGB Rn. 115; Staudinger/Annuß, § 613a BGB Rn. 295; Willemsen/Lembke, NJW 2002, 1159; Worzalla, NZA 2002, 356; **a.A.** wohl Trittin, in: Bachner/Köstler/Matthießen/Trittin, § 6 Rn. 121.

1244 Koller-van Delden, DStR 2008, 780; Worzalla, NZA 2002, 356.

1245 Dahms, Widerspruchsrecht, 134 f.; Menze, Widerspruchsrecht, 76; **a.A.** Pietzko, Tatbestand des § 613a BGB, 286 f.

1246 Wie hier: Grau, Unterrichtung, 270.

1247 Vgl. u.a. MK/Westermann, § 158 BGB Rn. 19.

es aus Sicht des anderen Erklärungsempfängers zu unerträglichen Unsicherheiten, weil er den Eintritt der Gestaltungswirkung nicht beeinflussen kann. Deshalb ist z.B. ein Widerspruch unter der einseitigen Potestativbedingung, dass der bisherige Arbeitgeber keine betriebsbedingten Kündigungen ausspricht[1248], oder dass bei dem neuen Inhaber im Vergleich zum bisherigen Arbeitgeber schlechtere Arbeitsbedingungen herrschen[1249], unzulässig. Haben es dagegen beide Erklärungsempfänger selbst in der Hand, ob es zum Eintritt der Bedingung kommt, treten die beschriebenen Unsicherheiten nicht auf. Eine beidseitige Potestativbedingung ist zulässig.

Wie nach allgemeinen Rechtsgrundsätzen üblich, ist bei der gestaltenden Widerspruchserklärung zudem eine Rechtsbedingung zulässig[1250]. Beispielsweise kann der Widerspruch unter der Bedingung erklärt werden, dass überhaupt ein Betriebs(teil)übergang vorliegt[1251] oder eine ordnungsgemäße Unterrichtung stattfand[1252]. Allerdings muss diese Rechtsbedingung zu ihrer Wirksamkeit dem Erklärungsempfänger vor oder gleichzeitig mit der Widerspruchserklärung zugehen, vgl. § 130 Abs. 1 S. 2 BGB.

C. Berechtigte und Adressaten des Widerspruchsrechts

Die Berechtigten des Widerspruchsrechts nach § 613a Abs. 6 BGB sind die Arbeitnehmer, deren Arbeitsverhältnisse automatisch auf den neuen Inhaber nach § 613a Abs. 1 S. 1 BGB übergehen. Im Zusammenhang mit der Kodifizierung des Widerspruchsrechts hat der Gesetzgeber § 324 UmwG erweitert und klargestellt, dass den Arbeitnehmern grundsätzlich auch bei Betriebs(teil)übergängen im Zusammenhang mit den dort genannten Umwandlungsformen ein Widerspruchsrecht zustehen soll[1253]. Dies entspricht der Rechtsprechung des BAG vor der Kodifizierung des Widerspruchsrechts in § 613a Abs. 6 BGB[1254].

Das Widerspruchsrecht ist wie das Recht zum Abschluss und zur Auflösung eines Arbeitsvertrags ein individuelles Recht, d.h. es kann nur individualrechtlich

---

1248 Vgl. u.a. APS/Steffan, § 613a BGB Rn. 224; Bayreuther, in: Dornbusch/Fischermeier/Löwisch, § 613a BGB Rn. 140; ErfK/Preis, § 613a BGB Rn. 97.

1249 HWK/Willemsen/Müller-Bonanni, § 613a BGB Rn. 342.

1250 Wohl **a.A.** Meyer, Unterrichtung, § 3 Rn. 339.

1251 BAG, 13.7.2006 – 8 AZR 382/05, AP Nr. 1 zu § 613a BGB Widerspruch (II 1 b aa (6)); HWK/Willemsen/Müller-Bonanni, § 613a BGB Rn. 342; MK/Müller-Glöge, § 613a BGB Rn. 115; WHSS/Willemsen, Rn. G 149 und Fn. 595. Um keinen Fall einer unzulässigen Bedingung handelt es sich auch, wenn der Widerspruch „vorbehaltlich der Zustimmung" der Konzernmutter zum Betriebsübergang erklärt wird und damit lediglich eine Wendung des Unterrichtungsschreibens aufgegriffen wurde, vgl. BAG, 24.5.2005 – 8 AZR 398/04, AP Nr. 284 zu § 613a BGB (II 1 c).

1252 **A.A.** Grau, RdA 2005, 370 Fn. 44.

1253 BT-Drucks. 14/7760, 20 (rechte Spalte); BAG, 25.5.2000 – 8 AZR 416/99, AP Nr. 209 zu § 613a BGB (II 1 c bb); WHSS/Willemsen, Rn. G 210.

1254 Vgl. BAG, 25.5.2000 – 8 AZR 416/99, AP Nr. 209 zu § 613a BGB (II 2).

ausgeübt werden[1255]. Der Widerspruch kann daher weder durch den Betriebsrat im Wege einer Betriebsvereinbarung[1256] noch durch die Tarifvertragsparteien im Wege einer tariflichen Regelung kollektivrechtlich ausgeübt werden. Derartige kollektivrechtliche Vereinbarungen entfalten keine Wirksamkeit. Davon abgesehen kann sich der Arbeitnehmer – wie bei jedem anderen nicht höchstpersönlichen Rechtsgeschäft auch – bei der Widerspruchserklärung z.B. von einem Rechtsanwalt[1257] oder einer sonstigen Vertrauensperson vertreten lassen[1258]. Im Hinblick auf § 174 BGB sollte ein Original der zur Widerspruchserklärung berechtigenden Vollmacht beigefügt werden.

Als empfangsbedürftige Willenserklärung muss die Widerspruchserklärung zu ihrer Wirksamkeit zudem gegenüber dem richtigen Erklärungsadressaten abgegeben werden. Vor Kodifizierung des Widerspruchsrechts war umstritten, gegenüber wem der Arbeitnehmer den Widerspruch erklären kann[1259]. Der Gesetzgeber entschied sich in § 613a Abs. 6 S. 2 BGB dahingehend, dass der Arbeitnehmer den Widerspruch entweder gegenüber dem bisherigen Arbeitgeber oder dem neuen Inhaber erklären kann[1260], oder gegenüber beiden[1261], unabhängig davon, wer die Arbeitnehmer unterrichtet hat[1262] und ob der Widerspruch vor oder nach dem Übergang erklärt wurde[1263]. Den Arbeitnehmern wurde ein Wahlrecht eingeräumt[1264].

1255 D. Gaul, ZfA 1990, 92; Hauck, NZA 2004, Sonderbeil. 1, 47; Staudinger/Annuß, § 613a BGB Rn. 325; Wank, in: Handbuch zum Arbeitsrecht, § 102 Rn. 106.

1256 Vgl. insoweit BAG, 2.10.1974 – 5 AZR 504/73, AP Nr. 1 zu § 613a BGB (IV 2 b).

1257 Vgl. den Sachverhalt in: BAG, 13.7.2006 – 8 AZR 382/05, AP Nr. 1 zu § 613a BGB Widerspruch.

1258 Eine Bevollmächtigung des Betriebsrats scheidet jedoch aus. Sein Handlungsinstrumentarium wird durch das BetrVG abschließend vorgegeben und dieses sieht eine Stellvertretung bei dem Individualrecht Widerspruch nicht vor. Im Ergebnis wie hier: Pietzko, Tatbestand des § 613a BGB, 282 f.; Menze, Widerspruchsrecht, 73; Hohner, Unternehmensumwandlung, 67 f.

1259 Vgl. BAG, 22.4.1993 – 2 AZR 50/92, AP Nr. 103 zu § 613a BGB (II 5).

1260 So bereits zur alten Rechtslage: Bauer, Unternehmensveräußerung und Arbeitsrecht, 56; Eichler, Widerspruchsrecht, 129 f.; Menze, Widerspruchsrecht, 74 f.; Pietzko, Tatbestand des § 613a BGB, 282; Seiter, Betriebsinhaberwechsel, 69; Tschöpe, Rechtsfolgen, 33 f.

1261 Berkowsky, NZI 2002, 416; Gaul, Betriebs- und Unternehmensspaltung, § 11 Rn. 37; Wulff, AiB 2002, 595.

1262 APS/Steffan, § 613a BGB Rn. 223; HWK/Willemsen/Müller-Bonanni, § 613a BGB Rn. 350; Kreitner, in: Küttner Personalbuch, Stichwort: Betriebsübergang Rn. 36; Nehls, NZA 2003, 825; Sayatz/Wolff, DStR 2002, 2043; **a.A.** Meyer, AuA 2002, 163 f.; Meyer, Unterrichtung, § 3 Rn. 333.

1263 Gaul/Otto, DB 2002, 636; Koller-van Delden, DStR 2008, 780; Kreitner, in: Küttner Personalbuch, Stichwort: Betriebsübergang Rn. 36; Trittin, in: Bachner/Köstler/Matthießen/Trittin, § 6 Rn. 127.

1264 Berkowsky, NZI 2002, 416; Düwell, FA 2002, 108; Düwell/Wichert, in: Arens/Düwell/Wichert, Umstrukturierung, § 7 Rn. 321; Wulff, AiB 2002, 595.

Aus einer Nebenpflicht des Übertragungsgeschäfts folgt die Pflicht zur gegenseitigen Unterrichtung über Widerspruchserklärungen[1265]. Entsteht dem Arbeitgeber, gegenüber dem der Widerspruch nicht erklärt wurde, daraus ein Schaden, dass ihn der Empfänger der Widerspruchserklärung schuldhaft nicht unverzüglich über den Widerspruch unterrichtet hat, kommt die Geltendmachung eines Schadensersatzanspruchs neben der Leistung nach § 280 Abs. 1 BGB in Betracht[1266]. Erklärt der Arbeitnehmer beispielsweise allein gegenüber dem Erwerber den Widerspruch und bietet der Arbeitnehmer daraufhin dem Veräußerer durch rechtzeitiges vertragsgemäßes Erscheinen am Leistungsort seine Arbeitskraft tatsächlich an, kann beim Veräußerer ein Schaden entstehen. Mangels Kenntnis des Widerspruchs konnte er im Vorfeld keinerlei Vorkehrungen treffen, um dem Arbeitnehmer einen funktionsfähigen Arbeitsplatz zur Verfügung zu stellen. Der Schaden des Veräußerers besteht dann in dem entstehenden Annahmeverzugslohnanspruch des widersprechenden Arbeitnehmers aus §§ 615 S. 1, 293, 294 BGB.

D. Form und Zugang der Widerspruchserklärung

Als empfangsbedürftige Willenserklärung muss die Widerspruchserklärung dem Adressaten innerhalb der Frist und in der gesetzlich dafür vorgeschriebenen Form nach §§ 130 ff. BGB zugehen[1267]. Für den genauen Zeitpunkt des Zugangs der Widerspruchserklärung trägt der widersprechende Arbeitnehmer die Darlegungs- und Beweislast[1268].

Das Gesetz schreibt in § 613a Abs. 6 S. 1 BGB für die Widerspruchserklärung die Schriftform vor, vgl. § 126 Abs. 1 BGB. Bei einer Stellvertretung, beispielsweise durch einen prozessbevollmächtigten Anwalt, wird dem Schriftformerfordernis dadurch Genüge getan, dass der Vertreter des Erklärenden mit eigenem Namen

---

1265 Gussen, in: BeckOK R/G/K/U, § 613a BGB Rn. 161; KR/Treber, § 613a BGB Rn. 112; MK/Müller-Glöge, § 613a BGB Rn. 115. Noch zur alten Rechtslage so auch: BAG, 22.4.1993 – 2 AZR 50/92, AP Nr. 103 zu § 613a BGB (II 5 b bb). Zum Teil wird angenommen, dass diese Pflicht aus dem Gesetz (§ 426 BGB) resultiere, vgl. Mestwerdt, in: Kündigungsschutzrecht, § 613a BGB Rn. 186; hiergegen: Staudinger/Annuß, § 613a BGB Rn. 298. Andere bejahen zwar eine dahingehende Pflicht, lassen deren Ursprung jedoch offen: BAG, 25.1.2001 – 8 AZR 336/00, AP Nr. 215 zu § 613a BGB (IV 1 a); APS/Steffan, § 613a BGB Rn. 223; ErfK/Preis, § 613a BGB Rn. 99; Düwell/Wichert, in: Arens/Düwell/Wichert, Umstrukturierung, § 7 Rn. 321. Dies gilt i.Ü. auch für die Gesetzesmaterialen (BT-Drucks. 14/7760, 20, rechte Spalte), wonach „der Arbeitgeber, dem gegenüber der Widerspruch erklärt wurde, [...] den jeweils anderen Arbeitgeber hierüber unterrichten [soll]".

1266 Düwell, FA 2002, 108; Worzalla, NZA 2002, 356.

1267 ErfK/Preis, § 613a BGB Rn. 100; HWK/Willemsen/Müller-Bonanni, § 613a BGB Rn. 345; MK/Müller-Glöge, § 613a BGB Rn. 117.

1268 ErfK/Preis, § 613a BGB Rn. 100; Koller-van Delden, DStR 2008, 780; MK/Müller-Glöge, § 613a BGB Rn. 120; Worzalla, NZA 2002, 357.

unterzeichnet und die Stellvertretung in der Urkunde hinreichend zum Ausdruck gekommen ist[1269]. Im Gegensatz zur Kündigungserklärung (§ 623 Hs. 2 BGB) kann die Widerspruchserklärung auch in elektronischer Form ausgeübt werden, vgl. §§ 126 Abs. 3, 126a BGB[1270]. Ein nur in Textform oder gar mündlich erklärter Widerspruch genügt der gesetzlichen Schriftform nicht und ist somit gemäß § 125 S. 1 BGB nichtig[1271]. Die eigenhändige Unterzeichnung dient ausweislich der Gesetzesmaterialien dazu, dem Arbeitnehmer die Bedeutung des Widerspruchs bewusst zu machen, ihn vor unbedachten Erklärungen zu warnen (Warnfunktion) und sowohl ihm als auch den beteiligten Arbeitgebern den Beweis über den erklärten Widerspruch zu erleichtern (Beweisfunktion)[1272]. Angesichts der weitreichenden Folgen des Widerspruchs für den Arbeitnehmer ist die Schriftform von herausragender Bedeutung für den Arbeitnehmer.

Teilweise wird aus dem seit Kodifizierung bestehenden gesetzlichen Schriftformerfordernis geschlussfolgert, dass ein „konkludenter Widerspruch" – anders als nach bisherigem Richterrecht[1273] – i.d.R. nicht mehr möglich sei[1274]. Diese Aussage ist insoweit richtig, als dass ein Widerspruch durch konkludentes Handeln (formloser oder in Textform abgefasster konkludenter Widerspruch), z.B. durch Schweigen und einfachem Nichterscheinen beim Betriebserwerber oder per E-Mail, nicht mehr möglich ist[1275]. Davon abzugrenzen sind allerdings die Fälle, in denen eine die Schriftform wahrende Erklärung (z.B. ein Prozessschriftsatz) nach den Allgemeinen Auslegungsgrundsätzen eines objektiven Empfängerhorizonts (§§ 133, 157 BGB) als konkludenter Widerspruch ausgelegt werden kann (schriftlicher konkludenter Widerspruch)[1276]. Der Arbeitnehmer muss die Worte „Widerspruch" oder „widersprechen" nicht

1269 BAG, 13.7.2006 – 8 AZR 382/05, AP Nr. 1 zu § 613a BGB Widerspruch (II 1 b bb); BAG, 14.12.2006 – 8 AZR 763/05, AP Nr. 318 zu § 613a BGB (II 1 c); Gussen, in: BeckOK R/G/K/U, § 613a BGB Rn. 161b.

1270 Franzen, RdA 2002, 259; ErfK/Preis, § 613a BGB Rn. 98; Staudinger/Annuß, § 613a BGB Rn. 296. Ihr kommt allerdings in der Praxis noch keine wesentliche Bedeutung zu, vgl. Cohnen, in: Moll, Arbeitsrecht, § 55 Rn. 75.

1271 Berkowsky, NZI 2002, 416; HWK/Willemsen/Müller-Bonanni, § 613a BGB Rn. 349; Koller-van Delden, DStR 2008, 780; Sayatz/Wolff, DStR 2002, 2043; Willemsen/Lembke, NJW 2002, 1160; Worzalla, NZA 2002, 357; Wulff, AiB 2002, 595. Zweifelnd, aber im Ergebnis so auch: Dahms, Widerspruchsrecht, 72 ff.

1272 BT-Drucks. 14/7760, 20; BR-Drucks. 831/01, 43 f.; vgl. auch BAG, 13.7.2006 – 8 AZR 382/05, AP Nr. 1 zu § 613a BGB Widerspruch (II 1 b aa (3)).

1273 BAG, 21.7.1977 – 3 AZR 703/75, AP Nr. 8 zu § 613a BGB (II 2b); BAG, 24.4.1989 – 2 AZR 431/88, AP Nr. 81 zu § 613a (II 2 a); BAG, 27.4.1995 – 8 AZR 197/94, AP Nr. 128 zu § 613a BGB (B II 4).

1274 APS/Steffan, § 613a BGB Rn. 219; Franzen, RdA 2002, 263; Hauck, NZA 2004, Sonderbeil. 1, 47; HWK/Willemsen/Müller-Bonanni, § 613a BGB Rn. 349; Mestwerdt, in: Kündigungsschutzrecht, § 613a BGB Rn. 184.

1275 **A.A.** wohl KR/Treber, § 613a BGB Rn. 111.

1276 WHSS/Willemsen, Rn. G 147 und Fn. 582; vgl. auch ErfK/Preis, § 613a BGB Rn. 98.

notwendig gebrauchen[1277]. Es ist auch unschädlich, wenn sich die Widerspruchserklärung ausdrücklich gegen den „Betriebsübergang" richtet, sofern ihre Auslegung ergibt, dass ein Widerspruch gegen den Übergang des Arbeitsverhältnisses gewollt war[1278]. In Abgrenzung zu einer Kündigung, die auf die Beendigung des Arbeitsverhältnisses gerichtet ist, ist der Widerspruch darauf gerichtet, den Übergang des Arbeitsverhältnisses zu verhindern bzw. rückgängig zu machen. Der hierauf gerichtete Wille muss einen zumindest andeutungsweisen Ausdruck gefunden haben (sog. Andeutungstheorie)[1279]. Ist dies der Fall, können auch außerhalb der Urkunde liegende Umstände im Rahmen der Auslegung Berücksichtigung finden[1280]. Beispielsweise kann ein Arbeitnehmer im Falle einer Spaltung beanstanden, dass er fehlerhaft dem übernehmenden Rechtsträger zugeordnet worden sei. Bleibt dieser Arbeitnehmer seinem Arbeitsplatz fern und unterbreitet er seinem bisherigen Arbeitgeber gleichzeitig ein schriftliches Angebot zur Weiterarbeit, kann hierin ein schriftlicher konkludenter Widerspruch erblickt werden[1281]. Gleiches gilt auch für eine schriftliche Vereinbarung zwischen dem Arbeitnehmer und dem bisherigen Arbeitgeber, nach der das betreffende Arbeitsverhältnis ohne Rücksicht auf den Betriebsübergang fortbestehen soll[1282].

E. Kein sachlicher Grund und keine Begründung erforderlich

Nach ständiger Rechtsprechung des BAG vor[1283] und nach[1284] der gesetzlichen Regelung des Widerspruchsrechts in § 613a Abs. 6 BGB ist die wirksame Ausübung des Widerspruchsrechts unabhängig vom Vorliegen eines irgendwie gearteten sachlichen Grundes. Dies wird auch für Fälle angenommen, in denen das Widerspruchsrecht durch eine Mehrheit von Arbeitnehmern ausgeübt wird[1285].

1277 APS/Steffan, § 613a BGB Rn. 220; ErfK/Preis, § 613a BGB Rn. 99; Gussen, in: BeckOK R/G/K/U, § 613a BGB Rn. 162; HWK/Willemsen/Müller-Bonanni, § 613a BGB Rn. 349; MK/Müller-Glöge, § 613a BGB Rn. 117; Worzalla, NZA 2002, 356.

1278 BAG, 24.5.2005 – 8 AZR 398/04, AP Nr. 284 zu § 613a BGB (II 1 c).

1279 BAG, 13.7.2006 – 8 AZR 382/05, AP Nr. 1 zu § 613a BGB Widerspruch (II 1 b aa (3)); Lembke/Oberwinter, ZIP 2007, 313; ausführlich: MK/Müller-Glöge, § 613a BGB Rn. 117.

1280 **A.A.** Meyer, Unterrichtung, § 3 Rn. 340.

1281 Franzen, RdA 2002, 263.

1282 Gaul, Betriebs- und Unternehmensspaltung, § 11 Rn. 38; Gaul, FA 2002, 301.

1283 BAG, 15.2.1984 – 5 AZR 123/82, AP Nr. 37 zu § 613a BGB (II 3); BAG, 22.4.1993 – 2 AZR 313/92, AP Nr. 102 zu § 613a BGB (B V 2 c bb); BAG, 21.11.1996 – 8 AZR 265/95, BeckRS 1996, 30922805 (I 3 a); BAG, 19.3.1998 – 8 AZR 139/97, AP Nr. 177 zu § 613a BGB (I 2 b); BAG, 30.10.2003 – 8 AZR 491/02, AP Nr. 262 zu § 613a BGB (II 1 b).

1284 BAG, 30.9.2004 – 8 AZR 462/03, AP Nr. 275 zu § 613a BGB (II 1 b cc); BAG, 31.5.2007 – 2 AZR 276/06, AP Nr. 94 zu § 1 KSchG 1969 Soziale Auswahl (B II 2 b bb (3)); BAG, 19.2.2009 – 8 AZR 176/08, AP Nr. 368 zu § 613a BGB (B III 2 c).

1285 BAG, 30.9.2004 – 8 AZR 462/03, AP Nr. 275 zu § 613a BGB (II 1 b cc).

Das dem Widerspruch zu Grunde liegende Motiv des Arbeitnehmers sei für die Ausübung des Widerspruchsrechts ohne Belang[1286]. Dementsprechend besteht für die Arbeitnehmer auch keine Pflicht, in der Widerspruchserklärung ihr legitimes Interesse nachzuweisen, diese also zu begründen[1287].

Ob das Arbeitsverhältnis übergeht, entscheide allein der Arbeitnehmer. Dem Widerspruch liege eine individuelle Güter- und Interessenabwägung des Arbeitnehmers zugrunde[1288]. Der Arbeitnehmer müsse die Gründe für den Widerspruch und die hiermit verbundenen Risiken eigenverantwortlich beurteilen. Ein allgemeingültiger Maßstab für die Berechtigung zum Widerspruch bestehe nicht[1289]. Zudem würden die Gründe für die Gewährung des richterrechtlich entwickelten Widerspruchsrechts entwertet, würde man die Gründe für den Widerspruch objektiv auf ihre Sachlichkeit hin überprüfen[1290]. Auch der Wortlaut des nunmehr in § 613a Abs. 6 BGB gesetzlich geregelten Widerspruchsrechts spreche gegen das Erfordernis eines sachlichen Grundes als Wirksamkeitsvoraussetzung des Widerspruchs[1291]. Der Gesetzgeber habe in Kenntnis der bisherigen Rechtsprechung gerade nicht das Erfordernis einer Begründung oder eines sachlichen Grundes in das Gesetz aufgenommen[1292]. Das BAG kommt danach zu dem Ergebnis:

> *„[Das] Widerspruchsrecht ist von Gesetzes wegen weder an eine Begründung gebunden noch müssen objektiv vernünftige Gründe vorliegen.“*[1293]

Dem hat sich der weit überwiegende Teil der Literatur zu Recht angeschlossen[1294]. Es kommt somit nicht darauf an, ob der Arbeitnehmer aus persönlichen, moralisch-ethischen oder beruflichen Gründen von seinem Widerspruchsrecht Gebrauch macht.

1286 BAG, 30.10.2003 – 8 AZR 491/02, AP Nr. 262 zu § 613a BGB (II 1 b).

1287 BAG, 30.10.2003 – 8 AZR 491/02, AP Nr. 262 zu § 613a BGB (II 1 b); BAG, 19.2.2009 – 8 AZR 176/08, AP Nr. 368 zu § 613a BGB (B III 2 c).

1288 Pietzko, Tatbestand des § 613a BGB, 286.

1289 BAG, 15.2.1984 – 5 AZR 123/82, AP Nr. 37 zu § 613a BGB (II 3).

1290 BAG, 19.3.1998 – 8 AZR 139/97, AP Nr. 177 zu § 613a BGB (I 2 b).

1291 BAG, 30.9.2004 – 8 AZR 462/03, AP Nr. 275 zu § 613a BGB (II 1 b cc).

1292 BAG, 19.2.2009 – 8 AZR 176/08, AP Nr. 368 zu § 613a BGB (B III 2 c).

1293 BAG, 31.5.2007 – 2 AZR 276/06, AP Nr. 94 zu § 1 KSchG 1969 Soziale Auswahl (B II 2 b bb (3)).

1294 Vgl. u.a. Cohnen, in: Moll, Arbeitsrecht, § 55 Rn. 72; Franzen, RdA 2002, 263 f.; Hauck, NZA 2004, Sonderbeil. 1, 47; Gaul, Arbeitsrecht der Betriebs- und Unternehmensspaltung, § 11 Rn. 40; Lembke/Oberwinter, ZIP 2007, 313; HWK/Willemsen/Müller-Bonanni, § 613a BGB Rn. 351; Pietzko, Tatbestand des § 613a BGB, 286. **A.A.** Meyer, Unterrichtung, § 3 Rn. 343, 349 ff., 375, 381; Meyer, SAE 2008, 148; Meyer, NZA 2005, 10 f., der von einer Begründungspflicht des Arbeitnehmers oder zumindest von einem Recht des Arbeitgebers, den Arbeitnehmer zu einer Begründung seines etwaigen Widerspruchs aufzufordern (z.B. im Unterrichtungsschreiben), ausgeht; zurückhaltender nunmehr: Meyer, NZA-Beil. 2008, 174 f.; vgl. auch Bauer/v. Steinau-Steinrück, ZIP 2002, 466.

F. Widerspruchsfrist

I. Rechtsprechung des BAG vor Normierung des Widerspruchsrechts

Auch nach der bisherigen Rechtsprechung musste der Widerspruch rechtzeitig ausgeübt werden, um nicht unwirksam zu sein. Dabei betrachtete das BAG den Zeitpunkt des Betriebsübergangs als entscheidende Zäsur für den Arbeitnehmer[1295]. Grundsätzlich konnte der Widerspruch nur vor dem Betriebsübergang ausgeübt werden[1296]. Allerdings bestand bis zum Zeitpunkt des Betriebsübergangs in der Regel keine Erklärungsfrist bezüglich des Widerspruchsrechts[1297]. Der Arbeitnehmer musste sich daher nicht ab Kenntnis von dem erst noch bevorstehenden Betriebsübergang innerhalb eines bestimmten Zeitraums erklären. Dies galt jedenfalls solange der Arbeitnehmer nicht vom Arbeitgeber über den geplanten Betriebs(teil)übergang unterrichtet und nicht unter Setzung einer angemessenen Überlegungsfrist gesondert aufgefordert wurde, dem Übergang ausdrücklich zu widersprechen[1298].

Ein nach dem Übergang erklärter Widerspruch war grundsätzlich unbeachtlich, sofern der Arbeitgeber den Arbeitnehmer rechtzeitig vom Betriebsübergang unterrichtete und hiermit eine Erklärungsfrist in Gang gesetzt hatte[1299]. Im Umkehrschluss bedeutete dies, dass ein nach dem Übergang erklärter Widerspruch möglich blieb, solange der Arbeitnehmer nichts von dem Betriebsübergang wusste[1300]. Auf Gerüchte oder bloße Mutmaßungen musste der Arbeitnehmer nicht reagieren[1301]. „Jedenfalls" mit ausreichender Unterrichtung des Arbeitneh-

1295 BAG, 19.3.1998 – 8 AZR 139/97, AP Nr. 177 zu § 613a BGB (I 3 c bb).

1296 BAG, 17.11.1977 – 5 AZR 618/76, AP Nr. 10 zu § 613a BGB (I 2 a); BAG, 22.4.1993 – 2 AZR 313/92, AP Nr. 102 zu § 613a BGB (B V 1); BAG, 22.4.1993 – 2 AZR 50/92, AP Nr. 103 zu § 613a BGB (II 4); BAG, 19.3.1998 – 8 AZR 139/97, AP Nr. 177 zu § 613a BGB (I 3 c aa).

1297 BAG, 19.3.1998 – 8 AZR 139/97, AP Nr. 177 zu § 613a BGB (I 3 c bb); vgl. auch BAG, 17.11.1977 – 5 AZR 618/76, AP Nr. 10 zu § 613a BGB (I 2).

1298 Noch in BAG, 17.11.1977 – 5 AZR 618/76, AP Nr. 10 zu § 613a BGB (I 2 a), stellte das BAG in einem obiter dictum fest, dass das Verstreichenlassen dieser Frist regelmäßig dazu führe, dass ein späterer Widerspruch unbeachtlich sei und das Schweigen als Zustimmung zum Übergang gewertet werden müsse. Später ließ es das BAG allerdings ausdrücklich offen, ob der Arbeitgeber dem Arbeitnehmer eine vor dem Betriebsübergang ablaufende Frist mit der Folge setzen könne, dass der Arbeitnehmer nur noch innerhalb dieser Frist widersprechen kann, vgl. BAG, 19.3.1998 – 8 AZR 139/97, AP Nr. 177 zu § 613a BGB (I 3 c bb).

1299 BAG, 15.2.1984 – 5 AZR 123/82, AP Nr. 37 zu § 613a BGB (III 1); BAG, 22.4.1993 – 2 AZR 50/92, AP Nr. 103 zu § 613a BGB (II 4); BAG, 22.4.1993 – 2 AZR 313/92, AP Nr. 102 zu § 613a BGB (B V 1).

1300 BAG, 19.3.1998 – 8 AZR 139/97, AP Nr. 177 zu § 613a BGB (I 3 c aa).

1301 BAG, 22.4.1993 – 2 AZR 50/92, AP Nr. 103 zu § 613a BGB (II 6 b).

mers über den Betriebsinhaberwechsel begann für den nachträglichen Widerspruch jedoch automatisch, d.h. ohne gesonderte Fristsetzung der Arbeitgeber, eine Erklärungsfrist[1302]. Ab Kenntniserlangung, z.B. durch eine Unterrichtung der Arbeitgeber, musste der Arbeitnehmer sein nachträgliches Widerspruchsrecht unverzüglich, also ohne schuldhaftes Zögern (§ 121 Abs. 1 S. 1 BGB), ausüben[1303]. Ein Arbeitnehmer, der in Kenntnis des Betriebsübergangs die Arbeit bei dem neuen Arbeitgeber ohne Vorbehalt fortsetzt, habe dem Übergang seines Arbeitsverhältnisses zugestimmt[1304]. Wovon der Arbeitnehmer konkret Kenntnis erlangt haben musste, blieb bis zuletzt ungeklärt. Jedenfalls genügte die durch Unterrichtung geschaffene Kenntnis des Arbeitnehmers von der Person des Erwerbers und der Tatsache, dass der Erwerber einem bestimmten Tarifwerk unterfällt[1305]. Ob auch die alleinige Kenntnis vom Inhaberwechsel als solchem genügte, musste das BAG mangels Entscheidungserheblichkeit seinerzeit nicht entscheiden[1306].

Als Höchstfrist entschied sich das BAG nach umfassender Abwägung des Arbeitgeberinteresses an einer alsbaldigen Klärung der Rechtslage einerseits und dem Arbeitnehmerinteresse an der Beschaffung ergänzender Informationen für die Widerspruchsentscheidung andererseits, gegen eine Frist von zwei Wochen oder einem Monat. Stattdessen knüpfte das Gericht an die im Kündigungsschutzrecht maßgebliche Regelfrist für die gerichtliche Geltendmachung der Unwirksamkeit einer Kündigung an und schrieb vor, dass der Widerspruch „jedenfalls" innerhalb von drei Wochen ab ausreichender Unterrichtung erklärt werden müsse[1307]. Nach Ablauf der Höchstfrist erlosch das Widerspruchsrecht.

II. Dauer der Widerspruchsfrist

Noch im Gesetzesentwurf ging die Bundesregierung übereinstimmend mit der bisherigen Rechtsprechung des BAG von einer dreiwöchigen Widerspruchfrist aus[1308]. Erst in zweiter Lesung und bei Stimmenthaltung der Fraktionen CDU/CSU und der FDP wurde die in § 613a Abs. 6 BGB festgesetzte Widerspruchsfrist auf die

---

1302 BAG, 22.4.1993 – 2 AZR 313/92, AP Nr. 102 zu § 613a BGB (B V 2 a). Vgl. auch die Formulierung „etwa durch Unterrichtung" in: BAG, 19.3.1998 – 8 AZR 139/97, AP Nr. 177 zu § 613a BGB (I 3 c aa).

1303 BAG, 22.4.1993 – 2 AZR 313/92, AP Nr. 102 zu § 613a BGB (B V 2 c bb); BAG, 19.3.1998 – 8 AZR 139/97, AP Nr. 177 zu § 613a BGB (I 3 c aa).

1304 BAG, 17.11.1977 – 5 AZR 618/76, AP Nr. 10 zu § 613a BGB (I 2 a).

1305 BAG, 22.4.1993 – 2 AZR 313/92, AP Nr. 102 zu § 613a BGB (B V 2 b).

1306 **A.A.** Willemsen, NJW 2007, 2070, mit insoweit unzutreffendem Verweis auf: BAG, 22.4.1993 – 2 AZR 313/92, AP Nr. 102 zu § 613a BGB.

1307 BAG, 22.4.1993 – 2 AZR 313/92, AP Nr. 102 zu § 613a BGB (B V 2 c cc). Nach Ansicht des 4. Senats sei die Frist, in der ausnahmsweise auch ein Widerspruch nach dem Übergang noch zulässig sein soll, noch nicht abschließend geklärt gewesen, vgl. BAG, 10.11.1993 – 4 AZR 184/93, AP Nr. 43 zu § 1 TVG Tarifverträge Einzelhandel (B I).

1308 BT-Drucks. 14/7760, 20.

Beschlussempfehlung des Ausschusses für Arbeit und Sozialordnung auf einen Monat (nicht vier Wochen) verlängert[1309].

Die Fristberechnung erfolgt nach den allgemeinen Vorschriften des Zivilrechts für Ereignisfristen, vgl. §§ 187 Abs. 1, 188 Abs. 2 Alt. 1 BGB[1310]. Versäumt es der Arbeitnehmer seinen Widerspruch innerhalb eines Monats zu erklären (Erklärungsfrist), erlischt sein Recht zum Widerspruch aus § 613a Abs. 6 BGB automatisch (Ausschlussfrist). Für die Einhaltung der Frist kommt es entscheidend auf den Zugang beim Widerspruchsadressaten an[1311]. Hat der Arbeitnehmer seinen Widerspruch nicht nur gegenüber einem Widerspruchsadressaten, sondern gegenüber Betriebserwerber und -veräußerer erklärt, ist für die Einhaltung der Frist auf den Zugang beim ersten Empfänger abzustellen[1312].

III. Beginn der Widerspruchsfrist

Gemäß § 613a Abs. 6 S. 1 BGB beginnt „nach Zugang der Unterrichtung nach Absatz 5" eine Widerspruchsfrist. Über die Frage, was hierunter genau zu verstehen ist, besteht Streit.

1. Meinungsspektrum

In einem Fall, in dem eine Unterrichtung die gesetzliche Regelung zur Haftung des Verpächters und des Pächters „nicht ganz exakt" wiedergegeben hat, entschied das LAG München, das bereits dann eine ordnungsgemäße Unterrichtung vorliege, „wenn die rechtlichen Folgen im Wesentlichen richtig wiedergegeben werden"[1313]. Die genaue Kenntnis der rechtlichen Folgen sei nur selten für die Widerspruchsentscheidung von Bedeutung. Im Hinblick auf weitere Informationsfehler[1314] sei

1309 Vgl. Beschlussempfehlung und Bericht des Ausschusses für Arbeit und Sozialordnung (11. Ausschuss) zu dem Gesetzentwurf der Bundesregierung – Drucksachen 14/7760, 14/7797, BT-Drucks. 14/8128, 3, 6 f.: „Die längere Widerspruchsfrist soll dem von einem Betriebsübergang betroffenen Arbeitnehmer ausreichend Zeit geben, die Konsequenzen des Übergangs seines Arbeitsverhältnisses auf den neuen Inhaber oder des Verbleibs beim bisherigen Arbeitgeber abzuwägen und zu entscheiden, ob er von seinem Widerspruchsrecht Gebrauch machen will."

1310 APS/Steffan, § 613a BGB Rn. 221; Düwell/Wichert, in: Arens/Düwell/Wichert, Umstrukturierung, § 7 Rn. 325; ErfK/Preis, § 613a BGB Rn. 100; Gaul, Betriebs- und Unternehmensspaltung, § 11 Rn. 43; HWK/Willemsen/Müller-Bonanni, § 613a BGB Rn. 345; KR/Treber, § 613a BGB Rn. 113; Mestwerdt, in: Kündigungsschutzrecht, § 613a BGB Rn. 187; Meyer, AuA 2002, 163; MK/Müller-Glöge, § 613a BGB Rn. 119; Staudinger/Annuß, §613a BGB Rn. 300.

1311 Hauck, NZA 2004, Sonderbeil. 1, 47.

1312 Berkowsky, NZI 2002, 416.

1313 LAG München, 12.5.2005 – 2 Sa 1098/04, BeckRS 2005 30464190 (I 2 c).

1314 In Bezug auf die falsche Information, dass sich der Übergang des Arbeitsverhältnisses aus einer Vereinbarung zwischen Verpächter und Pächter ergibt und in

schon nicht ersichtlich, dass diese eine Rolle für die Widerspruchsentscheidung gespielt haben. Nach dieser Entscheidung setzt auch eine insgesamt ausreichende Unterrichtung die Widerspruchsfrist in Gang. Danach würden Informationsfehler, denen kein Einfluss auf die Widerspruchsentscheidung zugestanden wird, das Anlaufen der Widerspruchsfrist nicht verhindern.

Schon zuvor hatte *Worzalla*[1315] geäußert, dass die Widerspruchsfrist (nur) nicht beginne, „wenn die Unterrichtung nicht oder in einer Weise unvollständig oder falsch erfolgt ist, so dass für den Arbeitnehmer die maßgeblichen Entscheidungsgrundlagen für die Frage der Ausübung des Widerspruchsrechts nicht oder nicht hinreichend bestand". Dies folge aus dem wechselseitigen Bezug zwischen der Informationspflicht des Arbeitgebers und dem Widerspruchsrecht der Arbeitnehmer. In einem späteren Beitrag konkretisiert *Worzalla* in Zusammenarbeit mit *Schiefer*[1316] seine Ansicht und knüpft den Beginn der Widerspruchsfrist ausdrücklich an die Kausalität zwischen dem Unterrichtungsfehler und der Widerspruchsentscheidung. Die Widerspruchsfrist soll – trotz fehlerhafter Information – dann nicht gehemmt sein, wenn der Arbeitgeber darlegen und beweisen kann, dass der Fehler für die Widerspruchsentscheidung ohne Bedeutung gewesen ist. Hierfür spreche der Sinn und Zweck des § 613a Abs. 5 BGB.

In eine ähnliche Richtung geht *Kreitner*[1317], wonach jedenfalls in den Fällen, in denen dem Arbeitgeber der Nachweis einer fehlenden Kausalität gelingt oder „offensichtlich unerhebliche" Fehler der Unterrichtung im Raum stehen, der Anlauf der Widerspruchsfrist nicht gehemmt werden soll.

Ähnliche Überlegungen stellt auch *Preis*[1318] an, wenn er es für einen „Fehler" der Rechtsprechung erachtet, den nachträglichen Widerspruch auch dann zuzulassen, wenn die nicht hinreichende Unterrichtung für die Nichtausübung des Widerspruchsrechts nicht kausal war. Es sei zu fragen, ob alle Fehler dazu führen könnten, dass die Frist nicht in Gang gesetzt werde, insbesondere die Identität des Betriebserwerbers oder die kollektivrechtliche Situation werde den übergehenden Arbeitnehmern im Laufe ihrer Tätigkeit ohnehin irgendwann bekannt.

Nach *Lindemann/Wolter-Roßteutscher*[1319] werden nur solche Informationen geschuldet, die für die Widerspruchsentscheidung des Arbeitnehmers im konkreten Fall tatsächlich relevant sind oder hätten sein können. Hiernach sei bereits der Umfang der Unterrichtungspflicht des § 613a Abs. 5 BGB durch ein Kausalitätserfordernis zwischen der fraglichen Information und der konkreten Widerspruchsentscheidung begrenzt. Dementsprechend beginne die Widerspruchsfrist nur

---

Bezug auf die unzutreffende Information, dass Resturlaubs- und Überstundenansprüche aufgrund des Betriebsübergang abzugelten sind.

1315 Worzalla, NZA 2002, 357.

1316 Schiefer/Worzalla, NJW 2009, 559.

1317 Kreitner, in: Küttner Personalbuch, Stichwort: Betriebsübergang Rn. 34.

1318 ErfK/Preis, § 613a BGB Rn. 110a.

1319 Lindemann/Wolter-Roßteutscher, BB 2007, 940 ff.; vgl. auch Wank, in: Handbuch zum Arbeitsrecht, § 102 Rn. 102.

dann nicht zu laufen, wenn der Fehler für die Widerspruchsentscheidung kausal geworden ist.

Willemsen[1320] nähert sich dem Problem durch eine schutzzweckorientierte Auslegung der § 613a Abs. 5 und 6 BGB an. Der Beginn der Widerspruchsfrist setze voraus, dass die Unterrichtung die nach Art. 12 GG zu gewährleistende freie Wahl zwischen zwei Arbeitgebern (als „personales Element" bezeichnet) und die Wahrung der vermögensrechtlichen Interessen des Arbeitnehmers (als „materielles Element" bezeichnet) berücksichtige[1321]. Bei einer gänzlich fehlenden Unterrichtung würden beide Elemente nicht gewahrt. Wurde nicht ordnungsgemäß über den Betriebsübergang als solchen und die Identität des Erwerbers unterrichtet, werde den Arbeitnehmern keine angemessene Grundrechtsausübung hinsichtlich der freien Wahl zwischen zwei Arbeitgebern („personales Element") ermöglicht. Deckt die Unterrichtung nicht sämtliche im Informationskatalog des § 613a Abs. 5 BGB genannten Umstände ab, ist sie in sich widersprüchlich oder aus sonstigen Gründen von vornherein nicht nachvollziehbar, sollen die Vermögensinteressen („materielles Element") nicht hinreichend berücksichtigt worden sein. Der Schutzzweck der Norm soll in diesen Fällen jedoch nicht immer die Rechtsfolge des Nichtbeginns der Widerspruchsfrist erfordern. Kleinere rechtliche oder tatsächliche Informationsfehler oder Unvollständigkeiten[1322], die „offensichtlich" keine Rolle für die sachgerechte (wirtschaftliche) Ausübung des Widerspruchsrechts spielen bzw. diese nicht ernsthaft beeinflussen können, seien irrelevant[1323]. Und selbst wenn Informationen potenziell für die Widerspruchsentscheidung relevant sind, soll eine „äußerlich, d.h. nach einem extern-objektiven Maßstab vollständige und in sich schlüssige, aber materiell (teilweise) unrichtige oder lückenhafte Information" die Widerspruchsfrist in Gang setzen[1324]. Als Begründung wird darauf verwiesen, dass sich für die Gleichstellung von unterbliebener und unrichtiger Information im Zivilrecht keine Stütze finde[1325]. Der Auskunftsanspruch aus § 613a Abs. 5 BGB

1320 Willemsen, Festschrift für Wolfdieter Küttner, 427 ff.; Willemsen, NJW 2007, 2070 f.; WHSS/Willemsen, Rn. G 229; vgl. auch HWK/Willemsen/Müller-Bonanni, § 613a BGB Rn. 320a, 337. Ähnlich: Grosjean/Biester, DB 2007, 1468; Hanau, Festschrift für Wolfdieter Küttner, 373; MK/Müller-Glöge, § 613a BGB Rn. 120.

1321 Willemsen, NJW 2007, 2070 f.

1322 Hierzu sollen unerhebliche/geringfügige/nebensächliche (Schreib-)Fehler, die beispielsweise das Gründungsdatum oder das Stammkapital der Erwerbergesellschaft betreffen, gehören, soweit die Gesellschaft noch immer als älter bzw. ausreichend ausgestattet erkennbar sei.

1323 Willemsen, NJW 2007, 2071; WHSS/Willemsen, Rn. G 229. Hanau, Festschrift für Wolfdieter Küttner, 373, bezeichnet sie als „Bagatellmängel".

1324 Willemsen, Festschrift für Wolfdieter Küttner, 427 ff.; vgl. auch WHSS/Willemsen, Rn. G 230, Willemsen, NJW 2007, 2071 und HWK/Willemsen/Müller-Bonanni, § 613a BGB Rn. 320a.

1325 Willemsen, Festschrift für Wolfdieter Küttner, 425 f.; vgl. auch WHSS/Willemsen, Rn. G 230. Auch WHSS/Willemsen, Rn. G 224, verweist jedoch darauf, dass der

erlösche, wie jeder andere auch, nach allgemeinem Zivilrecht grundsätzlich auch bei einer inhaltlich fehlerhaften Information. Nur die unvollständige, nicht auch die unrichtige, Darstellung der Folgen des Betriebs(teil)übergangs verhindere das Erlöschen des Unterrichtungsanspruchs aus Abs. 5[1326]. Nach dieser Ansicht kommt für die Fälle einer unrichtigen Unterrichtung als Rechtsfolge nicht die Fristhemmung, sondern allein ein Schadensersatzanspruch wegen Schlechterfüllung nach § 280 Abs. 1 BGB in Frage[1327]. Die grundrechtlich geschützte Wahrung der Vermögensinteressen der Arbeitnehmer bei der Wahl des Arbeitgebers sei auch so hinreichend sichergestellt[1328]. Eine zusätzliche Sanktionierung in Form des Nichtbeginns der Widerspruchsfrist sei in Anlehnung an den Rechtsgedanken des § 123 BGB nur gerechtfertigt, wenn dem Arbeitgeber hinsichtlich der Relevanz der Information für das Widerspruchsrecht Arglist vorzuwerfen sei[1329]. Schließlich führe eine Auslegung nach dem Schutzzweck der Norm noch dazu, dass keine Information über Umstände gefordert werden könne, die der Arbeitnehmer „erst recht" zum Anlass genommen hätte, dem Übergang nicht zu widersprechen (als „überschießende[...] Negativtendenz" bezeichnet)[1330]. Den Überlegungen von *Lindemann/ Wolter-Roßteutscher* und *Willemsen* hat sich jüngst *Hofmann*[1331] angeschlossen.

Auch *Pröpper*[1332] unterscheidet die Fälle einer unterbliebenen Unterrichtung von den Fällen einer fehlerhaften Unterrichtung. Dabei soll nur bei einer unterbliebenen Unterrichtung die Widerspruchsfrist nicht beginnen. Bei einer fehlerhaften Unterrichtung soll hingegen die Frist „jedenfalls" in den Fällen beginnen, in denen die Unterrichtung den Maßstab der Rechtsprechung zu § 102 BetrVG (subjektive Determinierung) einhält und der Katalog aus § 613a Abs. 5 BGB „im Grundsatz" beachtet wurde. Zwar sei im Gesetzgebungsverfahren von einer „vollständigen" Unterrichtung die Rede gewesen, dieser Terminus habe aber nicht seinen Weg in

---

Arbeitnehmer hinsichtlich noch nicht erteilter Informationen Erfüllung verlangen könne.

1326 So jetzt HWK/Willemsen/Müller-Bonanni, § 613a BGB Rn. 337.

1327 Das „schadensrechtliche [...] Konzept [...]" ermögliche angemessenere und flexiblere Ergebnisse und ermögliche die Berücksichtigung der Kausalität zwischen Informationsfehler und Widerspruchsausübung, vgl. ausführlich Willemsen, Festschrift für Wolfdieter Küttner, 428 ff. Allerdings will der Autor nur dann eine Pflichtverletzung im Sinne des § 280 Abs. 1 BGB bejahen, wenn Informationsdefizite und -mängel (Fehlinformationen) abstrakt geeignet seien, die Widerspruchsentscheidung zu beeinflussen. Dies sei angesichts der gesetzgeberischen Entscheidung, Unterrichtungspflicht und Widerspruchsrecht miteinander zu verknüpfen „nur angemessen konsequent", Willemsen, Festschrift für Wolfdieter Küttner, 425.

1328 Willemsen, NJW 2007, 2070 f.; Willemsen, NZA-Beil. 2008, 160.

1329 Willemsen, NJW 2007, 2071.

1330 Willemsen, NJW 2007, 2071.

1331 Hofmann, Rechtsmissbrauch, 48 ff.

1332 Pröpper, DB 2003, 2012.

den Gesetzeswortlaut gefunden. Zudem genüge auch nach der bisherigen Rechtsprechung eine nur „ausreichende" Unterrichtung.

Am weitesten geht die Auffassung von *Giesen*[1333]. Für ihn soll die Widerspruchsfrist nur in den Fällen einer gänzlich fehlenden Unterrichtung bezüglich des konkret stattfindenden Betriebsübergangs gehemmt sein. Der Qualität der Unterrichtung soll dagegen für den Beginn der Frist keinerlei Bedeutung zukommen. Der Wortlaut des § 613a Abs. 6 S. 1 BGB spreche nicht von der Qualität der Unterrichtung. Danach wird die Frist auch bei erheblichen Fehlern in der Unterrichtung nicht gehemmt. Der Arbeitnehmer sei durch etwaige Schadensersatzansprüche oder Anfechtungsrechte hinreichend geschützt, da diese Rechte bei erheblichen Informationsfehlern auch dazu führten, dass der übergehende Arbeitnehmer bei dem Arbeitgeber verbleibt, den er im Falle einer ordnungsgemäßen Unterrichtung gewählt hätte.

Schließlich ist noch auf *Riebles*[1334] Auffassung hinzuweisen. Er knüpft für die Frage des Fristbeginns weder an den Inhalt des Unterrichtungsanspruchs noch an ein Kausalitätserfordernis an. Stattdessen beginne die Widerspruchsfrist seiner Ansicht nach jedenfalls mit der Verjährung des Anspruchs aus § 613a Abs. 5 BGB. Der Nichtbeginn der Frist habe die Funktion, Druck auf die Arbeitgeber auszuüben. Dieser Druck sei aber mit Eintritt der Verjährung entfallen.

Nach überwiegender Auffassung in der Literatur[1335] und auch nach Ansicht des BAG[1336] beginnt die Widerspruchsfrist erst und nur nach Zugang einer ordnungsgemäßen Unterrichtung nach § 613a Abs. 5 BGB. Der Wortlaut des § 613a Abs. 6 BGB („nach Zugang der Unterrichtung nach Absatz 5") und die Systematik von § 613a Abs. 5 und 6 BGB würden einer einschränkenden Auslegung nicht gerecht[1337]. Sie widerspräche zudem dem Sinn und Zweck der

1333 Giesen, JbArbR 46 (2008), 62 f.

1334 Rieble, Festschrift für Arbeitsgemeinschaft Arbeitsrecht, 702 f.; sich anschließend: Unfried, Betriebsübergang, 204 f.

1335 Vgl. u.a. APS/Steffan, § 613a BGB Rn. 215; KR/Treber, § 613a BGB, Rn. 108i; Berkowsky, NZI 2002, 416; Cohnen, in: Moll, Arbeitsrecht, § 55 Rn. 54; Düwell/Wichert, in: Arens/Düwell/Wichert, Umstrukturierung, § 7 Rn. 317; ErfK/Preis, § 613a BGB Rn. 93; Franzen, RdA 2002, 259; Gaul, Betriebs- und Unternehmensspaltung, § 11 Rn. 46, 74; Hauck, NZA 2004, Sonderbeil. 1, 43; Jaeger, ZIP 2004, 435, 443; Koller-van Delden, DStR 2008, 781; Krügermeyer-Kalthoff/Reutershan, MDR 2003, 544; Lembke/Oberwinter, ZIP 2007, 313; Maschmann, BB-Special 6 2006, 29; Mestwerdt, in: Kündigungsschutzrecht, § 613a BGB Rn. 148; Nehls, NZA 2003, 822, 824; Olbertz/Ungnad, BB 2004, 213; Reinhard, jurisPR-ArbR 50/2007 Anm. 1; Schnitker/Grau, BB 2005, 2238; Wank, in: Handbuch zum Arbeitsrecht, § 102 Rn. 94; Wulff, AiB 2002, 596.

1336 BAG, 24.5.2005 – 8 AZR 398/04, AP Nr. 284 zu § 613a BGB (II 2 c bb), wonach die Frist bei einer „unvollständige[n] Unterrichtung" nicht beginnt; BAG, 13.7.2006 – 8 AZR 305/05, AP Nr. 312 zu § 613a BGB (II 1 a), wonach eine „ordnungsgemäße Unterrichtung" die Frist in Gang setzt.

1337 Vgl. u.a. LAG Düsseldorf, 4.7.2007 – 7 (18) Sa 416/06, LAGE § 613a BGB 2002 Nr. 12 (A II 2 b); LAG Düsseldorf, 25.8.2006 – 7 (18) Sa 217/06, n.v. (II 2 a).

Unterrichtungspflicht[1338]. Schließlich entspräche sie auch nicht dem Willen des Gesetzgebers. In den Gesetzesmaterialien sei klargestellt worden, dass die Erklärungsfrist für den Widerspruch erst nach „vollständiger“ Unterrichtung in Gang gesetzt werde[1339]. Das (unbefristete) Widerspruchsrecht dieser Arbeitnehmer wird einerseits als effektive Sanktionierung der Arbeitgeber im Falle einer nicht ordnungsgemäßen Unterrichtung[1340] und andererseits als Möglichkeit für die beteiligten Arbeitgeber angesehen, das Widerspruchsrecht als eine Art Rückkehrrecht der Arbeitnehmer zu instrumentalisieren[1341].

2. *Stellungnahme*

Die gegen die herrschende Ansicht vorgebrachten Argumente lassen sich grob in zwei Begründungsstränge unterteilen. Zum einen wird auf ein Kausalitätserfordernis zwischen dem Unterrichtungsfehler und der Widerspruchsentscheidung abgestellt. Zum anderen soll der Grad des Unterrichtungsfehlers allein oder in Kombination mit der geforderten Kausalität über den Fristbeginn entscheiden.

a) Keine Verknüpfung des Fristbeginns mit einem Kausalitätskriterium

An der Kausalitätslösung ist problematisch, dass oftmals im Dunkeln bleibt, worauf das geforderte Kausalitätskriterium fußen soll. Nach *Lindemann/Wolter-Roßteutscher* soll der Informationsumfang selbst durch ein Kausalitätserfordernis zwischen der fraglichen Information und der Widerspruchsentscheidung begrenzt sein. Dieser Ansatz überzeugt jedoch nicht[1342]. Er hält der gebotenen (quasi-)richtlinienkonformen Auslegung des § 613a Abs. 5 BGB nicht stand. Die RL 2001/23/EG kennt kein Widerspruchsrecht. Diese deutsche Besonderheit kann allenfalls zu einem „Mehr“ der erforderlichen Informationen führen, taugt indes nicht zur Begrenzung des Informationsumfangs (vgl. § 2 B III). Will man nicht schon beim Informationsumfang ansetzen, läuft die Ansicht, die ein Kausalitätserfordernis zwischen Informationsfehler und Widerspruchsentscheidung für den Beginn der Widerspruchsfrist fordert, im Ergebnis darauf hinaus, in § 613a Abs. 6 BGB ein weiteres, ungeschriebenes Tatbestandsmerkmal hineinzulesen. Danach wäre die Vor-

1338 BAG, 13.7.2006 – 8 AZR 305/05, AP Nr. 312 zu § 613a BGB (II 1 a); LAG Köln, 4.6.2007 – 14 Sa 1225/06, BeckRS 2007, 47107 (II 1 a). Vgl. auch Mitsch, Gesetzliche Informationspflichten, 276, der darauf hinweist, dass das mit dem Betriebsübergang verbundene Risiko einer fehlerhaften Unterrichtung ansonsten zum großen Teil auf die betroffenen Arbeitnehmer übertragen würde.

1339 BT-Drucks. 14/7760, 19; BR-Drucks. 831/01, 41. Einen Satz später ist dann von „rechtzeitiger ordnungsgemäßer Unterrichtung“ die Rede.

1340 Franzen, RdA 2002, 263; Grau, Unterrichtung, 228; Sagan, ZIP 2011, 1647.

1341 Diehn, Rückkehrzusagen, 243 ff., 247: „Auf diesem Prinzip beruhen ‚gewollte Rückkehrrechte‘ aus § 613a Abs. 6 BGB.“

1342 Im Ergebnis wie hier: Waldenmaier/Pichler, NZA-RR 2008, 4.

schrift so zu lesen, dass die Widerspruchsfrist nicht nur im Falle des Zugangs der Unterrichtung nach Abs. 5 beginnt, sondern (für den Fall eines nachträglichen Widerspruchs) auch dann, wenn der Unterrichtungsfehler für die Nichtausübung des Widerspruchsrechts nicht kausal geworden ist. Dieser Ansicht ist zuzugeben, dass in Fällen eines nachträglichen Widerspruchs die Kausalität zwischen dem Unterrichtungsfehler und der Widerspruchsentscheidung nicht unberücksichtigt bleiben kann. Allerdings erscheint nach hier vertretener Ansicht der Beginn der Widerspruchsfrist hierfür nicht als der geeignete Anknüpfungspunkt. Der Gesetzgeber hat das auslösende Ereignis im Sinne des § 187 Abs. 1 BGB für den Widerspruchsfristbeginn in § 613a Abs. 6 BGB ausdrücklich und abschließend benannt. Die Anknüpfung an ein Kausalitätserfordernis als Kriterium für den Beginn einer Frist, ist dem Gesetz fremd. Richtiger Anknüpfungspunkt für das Kausalitätserfordernis sind die Voraussetzungen für den wirksamen Widerspruch selbst (vgl. § 3 G II).

b) Keine Unterscheidung nach dem Grad des Unterrichtungsfehlers

Neben dem Kausalitätskriterium wird auch der Grad des Unterrichtungsfehlers als Kriterium für den Widerspruchsfristbeginn genannt. Einig ist man sich dabei insoweit, dass eine gänzlich fehlende Unterrichtung (Nicht-Unterrichtung) dazu führt, dass die Widerspruchsfrist nicht in Gang gesetzt wird. Unter dieser Schwelle herrscht jedoch Uneinigkeit, und zwar sowohl hinsichtlich des Ergebnisses als auch dem Weg dorthin.

Die von *Pröpper* vorgeschlagene Orientierung am Maßstab der Rechtsprechung zu § 102 BetrVG überzeugt nicht. Beide Situationen sind zu verschieden, als dass sie miteinander verglichen werden könnten (vgl. § 2 I X 2), und selbst wenn man sie dennoch vergleichen wollte, spräche eine Orientierung an der Rechtsprechung zu fehlerhaften Betriebsratsanhörungen eher dafür, dass nur eine vollständige Unterrichtung die Widerspruchsfrist in Gang setzen kann[1343].

Sowohl *Willemsen* als auch *Giesen* konnten in überzeugender Weise nachweisen, dass den übergehenden und somit zum Widerspruch berechtigten Arbeitnehmern grundsätzlich mithilfe eines Schadensersatzanspruchs im Falle einer fehlerhaften Unterrichtung hinreichender Schutz in Bezug auf ihre grundrechtlich geschützten vermögensrechtlichen Interessen gewährt werden könnte und nach unserer Verfassung keine durchgreifenden Bedenken gegen einen rein schadensrechtlichen Lösungsansatz bestünden. Auch aus rechtspolitischer Sicht erscheint eine schadensersatzrechtliche Lösung als vorzugswürdig. Sie umgeht das Problem des Widerspruchsfristbeginns und löst damit die in der Praxis oftmals als besonders belastend empfundene Rechtsunsicherheit. Problematisch ist, dass die genannten Autoren ihre Sichtweise nicht etwa de lege ferenda verstanden wissen wollen, sondern für mit dem geltenden Recht vereinbar halten. Wie im Folgenden im Einzelnen zu

1343 Bei der Anhörung des Betriebsrats ist anerkannt, dass nicht nur ihr Fehlen, sondern auch die Unvollständigkeit zur Unwirksamkeit der Kündigung führt, vgl. Gaul, Betriebs- und Unternehmensspaltung, § 11 Rn. 74; Gaul/Otto, DB 2002, 638.

zeigen sein wird, können die hierfür vorgebrachten Argumente nicht überzeugen. Vorab sei daran erinnert, dass die Unterrichtungspflicht aus § 613a Abs. 5 BGB nach fast allgemeiner Meinung eine echte Rechtspflicht darstellt, die bei ihrer Verletzung zu einem Schadensersatzanspruch der Arbeitnehmer führen kann (vgl. § 2 C III). Es geht folglich nicht darum, ob eine fehlerhafte Unterrichtung auf Rechtsfolgenseite überhaupt zu einem Schadensersatzanspruch führen kann, dies ist (fast) unstrittig, sondern ob sie daneben zu der weiteren Sanktion führt, dass die einmonatige Widerspruchsfrist des § 613a Abs. 6 BGB nicht in Gang gesetzt wird.

Das hiergegen von *Giesen* vorgebrachte Wortlautargument vermag nicht zu überzeugen. Nur weil sich dem Wortlaut kein Hinweis auf irgendeine „Qualität" der Information entnehmen lässt, heißt das noch nicht, dass es darauf nicht ankommen soll. Mit dieser Argumentation könnte letztlich auch eine Unterrichtungspflichtverletzung nach § 613a Abs. 5 BGB abgelehnt werden, wenn der Arbeitgeber unvollständig oder unrichtig informiert. Schließlich ist auch in Abs. 5 nicht von einer bestimmten Qualität der Unterrichtung die Rede.

Entgegen *Pröpper* kann aus dem Umstand, dass eine Formulierung aus den Gesetzesmaterialien („vollständigen Unterrichtung") nicht in den Gesetzeswortlaut aufgenommen wurde, nicht einfach geschlossen werden, dass ihr für die Auslegung keine Bedeutung mehr zukommen sollte. Dies wäre nur dann der Fall, wenn der finale Gesetzeswortlaut einer Berücksichtigung der Gesetzesmaterialien entgegenstünde. Dem ist aber nicht so. Der geltende Wortlaut („Unterrichtung nach Absatz 5") kann ohne weiteres auch im Sinne einer vollständigen Unterrichtung verstanden werden.

Besondere Beachtung verlangt das von *Willemsen* angeführte Argument, wonach der Auskunftsanspruch aus § 613a Abs. 5 BGB nach allgemeinem Zivilrecht auch dann erlösche, wenn die erteilten Informationen inhaltlich fehlerhaft seien. Bei genauerem Hinsehen überzeugt allerdings auch dieses Argument nicht. In der Rechtswissenschaft wird die Frage, wann es zu einer Erfüllung des in § 260 Abs. 1 Alt. 2 BGB vorausgesetzten Anspruchs auf Auskunft[1344] kommt, nicht einheitlich beurteilt. Zum Teil wird für die Erfüllung eine formell und materiell (im Sinne von vollständig und gewissenhaft) ordnungsgemäße Information vorausgesetzt[1345]. Wurde zwar formell ordnungsgemäß informiert, inhaltlich aber unvollständig, bestehe der Erfüllungsanspruch hinsichtlich der noch ausstehenden Restinformationen in der „qualifizierten Form des eidesstattlichen Versicherungsanspruchs" fort. Nach anderer Meinung trete bereits durch eine formell ordnungsgemäße Information Erfüllung ein[1346]. Die inhaltliche Richtigkeit und

1344 Die nachstehenden Ausführungen gelten ebenso für den in § 259 BGB vorausgesetzten Anspruch auf Rechenschaftsablegung. Dabei stellt sich die Pflicht zur Rechenschaftsablegung als ein weiter gehender Unterfall der Auskunftspflicht dar.

1345 Winkler von Mohrenfels, Abgeleitete Informationsleistungspflichten, 125, 152 m.w.N.

1346 Vgl. OLG Frankfurt, 11.12.1995 – 6 U 221/94, BeckRS 1995, 12547 (I); OLG Frankfurt, 25.7.2005 – 6 W 6/05, BeckRS 2011, 02134.

Vollständigkeit der Auskunft sei für die Erfüllung des Auskunftsanspruchs nicht ausschlaggebend[1347]. Eine Ergänzung bzw. Berichtigung der Auskunft komme daher für inhaltliche Fehler nicht in Frage, sondern allenfalls ein Anspruch auf Abgabe einer eidesstattlichen Versicherung nach § 260 Abs. 2 BGB[1348]. Ein Anspruch auf Ergänzung komme dagegen bei einer „teilweisen Nichterfüllung“[1349] bzw. einer „offensichtlich[en]“ Lückenhaftigkeit[1350]/erkennbarer Unvollständigkeit[1351] der Auskunft in Betracht. Insoweit fehle es an einer formell ordnungsgemäßen Auskunft. Die höchstrichterliche Rechtsprechung vermeidet eine eindeutige Stellungnahme zu der Frage der Erfüllung des Auskunftsanspruchs und springt stattdessen gleich zu der Frage, ob ein Anspruch auf Ergänzung bzw. Berichtigung besteht oder nicht[1352]. Danach soll ein Anspruch aus § 260 Abs. 1 BGB auf Ergänzung einer unrichtigen oder unvollständigen Auskunft „wegen“ des Anspruchs auf eidesstattliche Versicherung nach § 260 Abs. 2 BGB nicht bestehen[1353]. Der Gesetzgeber habe die eidesstattliche Versicherung hier als alleiniges Zwangsmittel festgesetzt. Folglich gehöre die inhaltliche Unrichtigkeit oder Unvollständigkeit der Auskunft in den Streit über die Eidespflicht[1354] und ein Anspruch auf Ergänzung wird nur ausnahmsweise in Betracht gezogen[1355]. Mit anderen Worten wird eine Ergänzung bzw. Berichtigung nach der Rechtsprechung in den Fällen einer materiell nicht ordnungsgemäßen Auskunft nicht deshalb abgelehnt, weil es bereits zu einer Erfüllung gekommen ist, sondern weil der Anspruch auf eine eidesstattliche Versicherung der speziellere ist. Diese Feststellung impliziert, dass in den Fällen, in denen dem Gläubiger kein Anspruch auf eine eidesstattliche Versicherung zusteht, ein Anspruch auf Vervollständigung bzw. Berichtigung nicht zwangsläufig ausscheiden muss.

1347 MK/Krüger, § 259 BGB Rn. 24, § 260 BGB Rn. 43; Soergel/Wolf, § 259 BGB Rn. 32, § 260 BGB Rn. 59; vgl. auch Staudinger/Bittner, § 260 BGB Rn. 36.

1348 MK/Krüger, § 260 BGB Rn. 44, der insoweit von inhaltlicher Lückenhaftigkeit spricht; Soergel/Wolf, § 259 BGB Rn. 32, § 260 BGB Rn. 59.

1349 Soergel/Wolf, § 259 BGB Rn. 32.

1350 MK/Krüger, § 259 BGB Rn. 25, § 260 BGB Rn. 43.

1351 OLG Frankfurt, 25.7.2005 – 6 W 6/05, BeckRS 2011, 02134.

1352 In BAG, 29.7.1993 – 2 AZR 110/93, BAGE 74, 28 (II 1 c bb), wird lediglich bestätigt, dass eine in einzelnen Punkten unvollständige Auskunft „keine Nichterfüllung“ darstellt. Keine Nichterfüllung heißt aber nicht automatisch, dass eine Erfüllung gegeben ist. Es ist genauso gut denkbar, dass von einer Schlechterfüllung des Auskunftsanspruchs auszugehen ist.

1353 Zu § 260 Abs. 2 BGB: BGH, 29.10.1957 – I ZR 192/56, GRUR 1958, 149 (II); vgl. auch Soergel/Wolf, § 260 BGB Rn. 60.

1354 Zu § 259 Abs. 2 BGB: BGH, 8.5.1961 – II ZR 205/59, WM 1961, 749; BAG, 26.11.1971 – 3 AZR 220/71, WM 1972, 598 (III 1 a).

1355 Zu Rechnungen, die weitgehend auf Schätzungen beruhen und Lücken aufweisen: BGH, 3.7.1984 – X ZR 34/83, BGHZ 92, 62 (II). Vgl. auch die Rechtsprechungsnachweise bei: Ermann/Ebert, § 260 BGB Rn. 16; Unberath, in: BeckOK Bamberger/Roth, § 259 BGB Rn. 12; Winkler von Mohrenfels, Abgeleitete Informationsleistungspflichten, 152 f.

Letztlich führen alle Stimmen die gesetzlich angeordnete eidesstattliche Versicherung bei ihrer Argumentation ins Feld. Das § 260 Abs. 2 BGB direkt oder analog auf den Auskunftsanspruch aus § 613a Abs. 5 BGB anzuwenden ist, wird bisher – soweit ersichtlich – von niemandem vertreten. Unabhängig davon, ob eine Erfüllung des Auskunftsanspruchs bei inhaltlichen Fehlern abgelehnt oder bejaht wird, wäre dies aber die Voraussetzung, um im Falle einer inhaltlich fehlerhaften Information den Anspruch auf Ergänzung bzw. Berichtigung nur in qualifizierter Form zuzulassen oder abzulehnen. Für die hier interessierende Frage kommt es somit entscheidend darauf an, ob § 260 Abs. 2 BGB direkt oder analog auf § 613a Abs. 5 BGB angewendet werden kann. Eine direkte Anwendung des § 260 Abs. 2 BGB scheidet schon deshalb aus, weil es sich bei § 613a Abs. 5 BGB um keine Auskunftspflicht handelt, bei der es sich um einen Inbegriff von Gegenständen dreht[1356]. Auch die Auskunftspflicht nach § 613a Abs. 5 BGB selbst, sieht eine derartige Versicherung nicht vor. In Betracht käme somit allenfalls eine analoge Anwendung des § 260 Abs. 2 BGB. Zum Teil wird in der Literatur die These aufgestellt, dass „jeder wie immer geartete" Anspruch auf Auskunft mit einem Recht auf eidesstattliche Versicherung versehen sein soll[1357]. Auch in der Rechtsprechung finden sich Entscheidungen, die § 260 Abs. 2 BGB scheinbar pauschal auf sämtliche Auskunftspflichten analog anwenden wollen[1358]. Eine Begründung für eine derart weitreichende Analogie lässt sich weder den Gerichtsentscheidungen noch den genannten Literaturstimmen entnehmen. Tatsächlich enthalten §§ 259 Abs. 2, 260 Abs. 2 BGB keinen entsprechenden, allgemeinen zivilrechtlichen Rechtsgrundsatz[1359]. Eine Versicherung an Eides statt erlegt dem Verpflichteten eine schwere Bürde auf und ist auch strafrechtlich von Bedeutung (§ 156 StGB). Der Gesetzgeber hat sich bewusst gegen eine allgemeine Pflicht zur eidesstattlichen Versicherung entschieden und hat sie nur für bestimmte Auskunftspflichten vorgesehen[1360]. Eine analoge Anwendung kommt daher nur in Betracht, sofern es sich um eine vergleichbare Auskunftspflicht handelt[1361] und ihr Inhalt und Zweck einer eidesstattlichen Versicherung nicht entgegenstehen[1362]. Dies wurde für andere Auskunftspflichten

---

1356 Vgl. zum Begriff „Inbegriff von Gegenständen": MK/Krüger, § 260 BGB Rn. 5.

1357 So u.a. Palandt/Grüneberg, § 261 BGB Rn. 19.

1358 Für eine aus Treu und Glauben entwickelte Auskunftspflicht des kaufmännischen Angestellten: BAG, 12.5.1972 – 3 AZR 401/71, WM 1973, 25 (A I 5 b (2)). Zur Auskunftspflicht des Arbeitnehmers aus § 615 BGB: BAG, 27.3.1974 – 5 AZR 258/73, BAGE 26, 89 (IV 3 c).

1359 Bayerisches Oberstes Landesgericht, 17.7.2002 – 3Z BR 394/01, NJW-RR 2002, 1558 (III 3).

1360 Vgl. die Nachweise bei: Winkler von Mohrenfels, Abgeleitete Informationsleistungspflichten, 125 f.

1361 Zur Auskunftspflicht des Arbeitnehmers aus § 615 BGB i.V.m. § 74c Abs. 2 HGB analog: BAG, 29.7.1993 - 2 AZR 110/93, BAGE 74, 28 (II 3 a). Zur aktienrechtlichen Auskunftspflicht des Vorstands: Bayerisches Oberstes Landesgericht, 17.7.2002 – 3Z BR 394/01, NJW-RR 2002, 1558 (III 3).

1362 MK/Krüger, § 260 BGB Rn. 2, 10; Soergel/Wolf, § 260 BGB Rn. 20.

in der Vergangenheit bereits mehrmals verneint[1363]. Die Auskunftspflicht des Arbeitgebers nach § 613a Abs. 5 BGB und die durch §§ 259, 260 BGB sanktionierten Auskunftspflichten unterscheiden sich nach ihrem Sinn und Inhalt. Die von §§ 259 f. BGB erfassten Auskunftspflichten sind lediglich Hilfsansprüche zur Geltendmachung eines Hauptanspruchs gerichtet auf Zahlung oder Herausgabe[1364]. Zwar dient § 613a Abs. 5 BGB auch der Sicherung und Durchsetzung von Rechten der Arbeitnehmer im Falle eines Betriebsübergangs. Die Informationen dienen aber nicht der erleichterten Durchsetzung eines bestimmten Hauptanspruchs, der ohne sie nicht durchgesetzt werden könnte. Eine derartige Auskunftspflicht bedarf nicht der Vervollständigung durch eine eidesstattliche Versicherung. Die eidesstattliche Versicherung ist auch nicht nötig, um Wertvorstellungen durchzusetzen. Dem Arbeitnehmer stehen bei einer inhaltlich unrichtigen oder unvollständigen Auskunft Schadensersatzansprüche zu[1365]. Schließlich wäre ein Anspruch auf eidesstattliche Versicherung auch vor dem Hintergrund des besonderen, weil auf Vertrauen beruhenden, Verhältnisses zwischen Arbeitgeber und Arbeitnehmer zumindest zweifelhaft. Im Ergebnis kann damit festgehalten werden, dass eine eidesstattliche Versicherung nach § 260 Abs. 2 BGB (analog) für den Auskunftsanspruch aus § 613a Abs. 5 BGB nicht in Frage kommt. Hiermit wird der Argumentation, wonach der Anspruch aus § 613a Abs. 5 BGB auch bei einer inhaltlich unvollständigen Information erlöschen soll, der rechtliche Boden entzogen.

Überzeugende Argumente, wonach die Widerspruchsfrist auch bei einer mehr oder weniger unrichtigen oder unvollständigen Unterrichtung in Gang gesetzt wird, bestehen nach alledem nicht. Der herrschenden Meinung in Literatur und Rechtsprechung ist folglich darin zuzustimmen, dass die Frist erst mit Zugang einer ordnungsgemäßen Unterrichtung beginnt. Nach zutreffender Auffassung wird die Widerspruchsfrist auch durch eine erst nach dem Betriebsübergang erstmalig vorgenommene Unterrichtung nach § 613a Abs. 5 BGB[1366] bzw. eine die

1363 Zum Anspruch des Patienten auf Einsicht in die Behandlungsunterlagen des Arztes: OLG München, 16.11.2006 – 1 W 2713/06, NJW-RR 2007, 273 (II 2).

1364 Erman/Ebert, § 260 BGB Rn. 1; MK/Krüger, § 259 BGB Rn. 15; § 260 BGB Rn. 3, 40; Soergel/Wolf, § 259 BGB Rn. 2, 26, § 260 BGB Rn. 9; Staudinger/Bittner, § 260 BGB Rn. 1. In der Terminologie von Winkler von Mohrenfels, Abgeleitete Informationsleistungspflichten, 19, 30 ff., handelt es sich hierbei um präparatorische Informationspflichten.

1365 Vgl. insoweit auch Willemsen, Festschrift für Wolfdieter Küttner, 428.

1366 Hiervon geht bereits der Gesetzgeber aus, vgl. BT-Drucks. 14/7760, 20 (linke Spalte), noch zur dreiwöchigen Widerspruchsfrist. Vgl. auch BAG, 13.7.2006 – 8 AZR 305/05, AP Nr. 312 zu § 613a BGB (II 2 a); BAG, 13.7.2006 – 8 AZR 382/05, AP Nr. 1 zu § 613a BGB Widerspruch (II 1 b ee (1)); BAG, 23.7.2009 – 8 AZR 539/08, AP Nr. 11 zu § 613a BGB Unterrichtung (B II 3 a); APS/Steffan, § 613a BGB Rn. 221; Bauer/v. Steinau-Steinrück, Beil. NZA 16/2003, 75 (anders noch: Bauer/v. Steinau-Steinrück, ZIP 2002, 459, 464); Düwell, FA 2002, 108; ErfK/Preis, § 613a BGB Rn. 100; Grau, RdA 2005, 368; Grobys, BB 2002, 729; Hauck, NZA 2004, Sonderbeil. 1, 44 f.; Huke, FA 2002, 265 Fn. 16; Jaeger, ZIP 2004, 437; Krügermeyer-Kalthoff/

Erstunterrichtung vervollständigende oder berichtigende Zweitunterrichtung[1367] in Gang gesetzt.

c) Erfüllung der Unterrichtungspflicht als das fristauslösende Ereignis

Das den Fristlauf auslösende Ereignis im Sinne des § 187 Abs. 1 BGB stellt die Erfüllung der Unterrichtungspflicht nach § 613a Abs. 5 BGB dar. Die Erfüllung gemäß § 362 BGB und der Beginn der Widerspruchsfrist fallen zeitlich zusammen. Im Gesetz, insbesondere im Verbraucherprivatrecht, finden sich weitere Beispiele, in denen der Beginn einer Frist an die vorherige Erfüllung einer Informationspflicht geknüpft wurde. Beispielsweise hing bis zum 13.6.2014 bei einem Fernabsatzgeschäft der Beginn der Widerrufsfrist abweichend von § 355 Abs. 3 S. 1 BGB a.F. nach § 312d Abs. 2 BGB a.F. u.a. von der „Erfüllung der Informationspflichten“ ab[1368]. Ohne diese zusätzliche Voraussetzung griff weder die reguläre Widerrufs- bzw. Rückgabefrist von 14 Kalendertagen (§ 355 Abs. 2 S. 1 BGB a.F.) noch die verlängerte Frist von einem Monat (§ 355 Abs. 2 S. 3 BGB a.F.). Selbst die gesetzlich verankerte Höchstfrist von sechs Monaten (§ 355 Abs. 4 S. 1 BGB a.F.) griff hier nach § 355 Abs. 4 S. 2 Alt. 2 BGB a.F. nicht ein. Dabei ist mit Erfüllung im Interesse des Verbraucherschutzes die vollständige, inhaltlich und formell korrekte Information gemeint[1369]. Die Widerrufsfrist begann danach nicht nur bei einer Nichterfüllung, sondern bei jeder unvollständigen Erfüllung der Informationspflichten nicht zu laufen[1370].

Bloße Schreibfehler oder Falschbezeichnungen, z.B. Buchstaben- oder Zahlendreher, sind nicht geeignet, die Erfüllung der Unterrichtungspflicht zu verhindern, sofern die zutreffende Information für den Informationsempfänger unschwer durch Auslegung erkennbar ist, d.h. keinerlei (vernünftiger) Zweifel an dem wirklich Gemeinten besteht[1371]. Es liegt dann bereits kein Unterrichtungsmangel vor. Dies ist z.B. bei einem Buchstabendreher bei der Firmenbezeichnung des Betriebserwerbers anzunehmen, wenn die zutreffende Bezeichnung für die Arbeitnehmer gleichwohl ohne weiteres identifizierbar ist.

Die Unterscheidung in offensichtliche und nicht offensichtliche Mängel der Unterrichtung ist deshalb aber keineswegs bedeutungslos. In Anwendung der

---

Reutershan, MDR 2003, 542; Lembke/Oberwinter, ZIP 2007, 311; MK/Müller-Glöge, § 613a BGB Rn. 120; Sayatz/Wolff, DStR 2002, 2042; Willemsen, Festschrift für Wolfdieter Küttner, 425 f.

1367 BAG, 23.7.2009 – 8 AZR 538/08, AP Nr. 10 zu § 613a BGB Unterrichtung (B I 2); Leßmann, DB 2011, 2380.

1368 Im Falle eines im elektronischen Geschäftsverkehrs abgeschlossenen Vertrags kamen gemäß § 312e Abs. 3 S. 2 a.F. noch weitere nach § 312e Abs. 1 Nr. 1-4 BGB a.F., Art. 246, § 3 EGBGB a.F. zu erteilende Informationen hinzu.

1369 Erman/I. Saenger, § 312d BGB Rn. 8.

1370 Lütcke, Fernabsatzrecht, § 312d Rn. 30 f.; vgl. auch Bülow/Artz, Verbraucherprivatrecht, Rn. 211.

1371 Wie hier: Olbertz/Ungnad, BB 2004.

allgemeinen prozessrechtlichen Grundsätze zur sog. sekundären Behauptungslast genügen Veräußerer und Erwerber durch eine in formaler Hinsicht den Anforderungen des § 613a Abs. 5 BGB entsprechenden und nicht offensichtlich fehlerhaften Unterrichtung zunächst ihrer Darlegungs- und Beweislast (vgl. § 2 I XII).

Aus dem Umstand, dass der Beginn der Widerspruchsfrist parallel zu der Frage der Erfüllung der Unterrichtungspflicht zu beantworten ist, folgt weiter, dass die Widerspruchsfrist aus Sicht unterschiedlicher Arbeitnehmergruppen durchaus zu unterschiedlichen Zeitpunkten beginnen kann (vgl. § 2 I VI)[1372]. Beispielsweise beginnt die individuelle Widerspruchsfrist für einen nicht tarifgebundenen Arbeitnehmer auch dann, wenn das Unterrichtungsschreiben Fehlauskünfte über die kollektivrechtlichen Folgen des Übergangs für tarifgebundene Arbeitnehmer enthält und das betreffende kollektive Unterrichtungsschreiben eine eindeutige Abgrenzung beider Arbeitnehmergruppen ermöglicht[1373].

d) Die Frage der Verknüpfung des Fristbeginns mit der Verjährung des Informationsanspruchs

Es verbleibt die Entscheidung über die Frage, ob die Widerspruchsfrist, wie von *Rieble* vorgeschlagen, jedenfalls mit der Verjährung des Informationsanspruchs beginnt. Dies ist im Ergebnis abzulehnen. Hierfür fehlt es an einer Rechtsgrundlage[1374]. Der Gesetzgeber hielt es im Rahmen der Schuldrechtsreform für rechtspolitisch gerechtfertigt, dass der Gläubiger sein Rücktrittsrecht[1375] nicht mehr durchsetzen kann, wenn der (Nach-)Erfüllungsanspruch wegen Eintritts der Verjährung nicht mehr durchgesetzt werden kann[1376]. Dementsprechend bestimmt § 218 Abs. 1 S. 1 BGB, dass der Rücktritt wegen nicht oder nicht vertragsgemäß erbrachter Leistung unwirksam ist, wenn der Anspruch auf die Leistung oder der Nacherfüllungsanspruch verjährt ist und der Schuldner sich hierauf beruft. Obwohl der Gesetzgeber bei der Normierung der Unterrichtungspflicht und des Widerspruchsrechts davon ausging, dass die Informationspflicht des Arbeitgebers gegenüber den Arbeitnehmern und das Widerspruchsrecht des Arbeitnehmers in einem wechselseitigen Bezug zueinander stehen und folglich eine

---

1372 Im Ergebnis wie hier: APS/Steffan, § 613a BGB Rn. 221; Gaul/Niklas, DB 2009, 455; Gussen, in: BeckOK R/G/K/U, § 613a BGB Rn. 163a, 165b, nach denen Informationsfehler, die den jeweiligen Arbeitnehmer und sein Arbeitsverhältnis nicht betreffen, auch nicht den Beginn der Widerspruchsfrist hindern. Entgegen der hier vertretenen Ansicht wird dies aber nicht mit der adressatenbezogenen Erfüllung, sondern mit einer Kausalitätserwägung begründet. **Kritisch** hinsichtlich eines je nach Arbeitnehmer unterschiedlichen Fristbeginns: Hohner, Unternehmensumwandlung, 81 f.

1373 Ein weiteres Beispiel findet sich bei: Gaul/Niklas, DB 2009, 455.

1374 So auch Diehn, Rückkehrzusagen, 249.

1375 Auf das Recht zur Minderung findet § 218 BGB wegen §§ 438 Abs. 5, 634a Abs. 5 BGB entsprechende Anwendung.

1376 BT-Drucks. 14/6040, 124 (rechte Spalte).

zusammenhängende Regelung erforderlich machen[1377], fehlt es hier an einer dem Rücktrittsrecht entsprechenden Verknüpfung. Es kann daher die Situation entstehen, dass der Arbeitgeber die Informationsleistung aufgrund ihrer Verjährung verweigern kann, sich aber gleichzeitig eines Widerspruchs des übergehenden Arbeitnehmers wegen einer nicht ordnungsgemäßen Unterrichtung ausgesetzt sieht. Dennoch kommt hier eine analoge Anwendung der Ausnahmevorschrift des § 218 BGB – wie für alle anderen Gestaltungsrechte auch[1378] – nicht in Betracht. Wenn auch eine planwidrige Regelungslücke in § 613a BGB noch bejaht werden könnte, der Gesetzgeber hat nur über eine Höchstfrist nachgedacht, nicht aber über eine dem § 218 BGB entsprechende Regelung, so scheidet doch eine Vergleichbarkeit der verschiedenen Gestaltungsrechte aus. Der Rücktritt wandelt das bisherige Vertragsverhältnis in ein Rückgewähr- oder Abwicklungsschuldverhältnis um, wohingegen der Widerspruch die gesetzlich angeordnete Rechtsfolge des Übergangs der Arbeitsverhältnisse verhindert bzw. rückgängig macht. Zudem verliert die Unterrichtung auch nach ihrer Verjährung nichts von ihrer besonderen Funktion, den übergehenden Arbeitnehmern als Informationsgrundlage für ihr fortbestehendes Widerspruchsrecht zu dienen. Die Verjährung führt schließlich auch nicht zum Entfallen der Drucksituation. Im Gegenteil, durch die noch nicht in Gang gesetzte Widerspruchsfrist besteht aus Arbeitgebersicht noch immer eine beachtliche Drohkulisse.

e) Beginn der Widerspruchsfrist in den Fällen der Unmöglichkeit

In den Fällen der Unmöglichkeit der Leistungshandlung nach § 275 BGB sind die Arbeitgeber nicht in der Lage zu leisten bzw. sie können die Leistung verweigern (vgl. § 2 I XI 2 a). Hierher gehören auch die seltenen Fälle der Zweckerreichung, in denen die Unterrichtungspflicht nicht erfüllt werden kann, weil der Leistungserfolg bereits auf andere Weise eingetreten ist (vgl. § 2 I VII). Denkbar ist, in den Fällen der Unmöglichkeit einen Fristbeginn vollständig abzulehnen und hierfür auf die allgemeine Wortlautauslegung des § 613a Abs. 6 BGB zu verweisen, wonach nur eine Unterrichtung nach Abs. 5 die Frist in Gang setzen soll. Könne es keine Unterrichtung geben, könne eben auch die Widerspruchsfrist nicht in Gang gesetzt werden. Es erscheint allerdings unbillig, den Arbeitnehmern auch dann noch ein (bis zur Grenze der Verwirkung) zeitlich unbegrenztes Widerspruchsrecht einzuräumen, wenn ihnen die Tatsache der Falschinformation[1379] und die Tatsachen, aus denen sich die Unmöglichkeit der Bewirkung des Leistungserfolgs ergibt, bekannt sind. Aufgrund des in § 613a Abs. 5 BGB vorgeschriebenen Formerfordernisses, auf das auch Abs. 6 verweist, müssen diese Tatsachen dem Arbeitnehmer in Textform

---

1377 BT-Drucks. 14/7760, 20 (linke Spalte).

1378 MK/Grothe, § 218 BGB Rn. 3; speziell für das Widerrufsrecht nach § 355 BGB: Staudinger/Peters/Jacoby, § 218 BGB Rn. 12.

1379 Hierauf stellt auch BAG, 20.3.2008 – 8 AZR 1022/06, NZA 2008, 1297 (D II 3), für den Beginn der Widerspruchsfrist ab.

vorliegen. Danach beginnt die Widerspruchsfrist beispielsweise auch in Fällen, in denen der Arbeitgeber den Arbeitnehmern in Textform mitteilt, dass es für beide Arbeitgeber unmöglich ist, eine bestimmte mitteilungspflichtige Information zu verschaffen, und das Unterrichtungsschreiben im Übrigen in objektiver Hinsicht vollständig und richtig ist. Zweifelt der Arbeitnehmer an der Unmöglichkeit, steht es ihm frei, auf Erfüllung seines Unterrichtungsanspruchs zu klagen. Stellt sich sodann heraus, dass keine Unmöglichkeit vorgelegen hat, begann auch die Widerspruchsfrist nicht zu laufen.

IV. Zwischenergebnis

Auch nach der Rechtsprechung des BAG vor Normierung des Widerspruchsrechts war es theoretisch denkbar, dass der Widerspruch noch lange nach dem Betriebsübergang erklärt werden konnte. Diese Fälle waren jedoch relativ selten, genügte doch bereits eine ausreichende Unterrichtung, um die Erklärungsfrist für den Widerspruch in Gang zu setzen. Nach der Kodifizierung des Widerspruchsrechts stellt das den Lauf der Widerspruchsfrist auslösende Ereignis im Sinne des § 187 Abs. 1 BGB allein die Erfüllung der Unterrichtungspflicht nach § 613a Abs. 5 BGB dar. Dabei meint Erfüllung die vollständige und richtige Unterrichtung. Der (Nicht-)Beginn der Widerspruchsfrist kann daher weder daran geknüpft werden, ob die Unterrichtung nur unrichtig oder sogar unvollständig ist, noch ob der Unterrichtungsfehler für die Nichtausübung des Widerspruchsrechts kausal geworden ist.

G. Kausalität zwischen dem Nicht-Widerspruch innerhalb der fiktiven Widerspruchsfrist und dem Unterrichtungsfehler

Im Falle einer nicht oder nicht ordnungsgemäßen Unterrichtung wird die Widerspruchsfrist des § 613a Abs. 6 S. 1 BGB nicht in Gang gesetzt. Brechen nach dem Betriebsübergang „schlechte Zeiten“ für den Erwerberbetrieb oder für den auf ihn übergegangenen Arbeitnehmer an, besteht aus Arbeitnehmersicht ein gewisser Anreiz, im Informationsschreiben nach einem Fehler zu suchen und den Übergang des Arbeitsverhältnisses rückgängig zu machen. Das Widerspruchsrecht bietet dem Arbeitnehmer eine derartige „Rückkehroption“. Nach den bisherigen Ausführungen ist die Widerspruchserklärung bereits dann wirksam, wenn sie dem bisherigen Arbeitgeber oder dem neuen Inhaber formgerecht zugegangen ist. Es stellt sich die Frage, ob es hiermit sein Bewenden hat oder ob dieses Ergebnis einer gewissen Korrektur bedarf.

I. Meinungsspektrum

Die Rechtsprechung des BAG bietet hierauf eine eindeutige Antwort: Das Gesetz sehe keine weiteren Voraussetzungen für die Wirksamkeit des Widerspruchs vor.

Es verlange insbesondere keine Kausalität zwischen der fehlerhaften Information und dem nicht ausgeübten Widerspruchsrecht[1380]. Dies gelte auch dann, wenn der Widerspruch bei einer nicht ordnungsgemäßen Unterrichtung erst nachträglich ausgeübt wird[1381]. Offenbar sieht das Gericht in dem Umstand, dass der Widerspruch zu seiner Wirksamkeit keiner Begründung bedarf, ein taugliches Argument dafür, dass auch kein Kausalitätserfordernis bestehe[1382]. Dieser Ansicht haben sich Teile der Literatur angeschlossen[1383].

II. Stellungnahme

Entgegen dieser Ansicht hängt die Wirksamkeit eines nach Betriebsübergang und nach Ablauf einer fiktiven Widerspruchsfrist erklärten Widerspruchs davon ab, ob der Nicht-Widerspruch innerhalb der fiktiven Widerspruchsfrist kausal auf den Unterrichtungsfehler zurückgeht. Hierbei handelt es sich dann um eine ungeschriebene Tatbestandsvoraussetzung des Widerspruchsrechts.

Es ist zutreffend, dass die Wirksamkeit der Widerspruchserklärung grundsätzlich weder vor noch nach dem Betriebsübergang an das Vorliegen objektiv vernünftiger Gründe oder eine Begründung des Widerspruchs gebunden ist (vgl. § 3 E). Bei der Frage der Kausalität zwischen dem Unterrichtungsfehler und dem nicht ausgeübten Widerspruchsrecht geht es aber nicht um die Gründe für den nunmehr erklärten Widerspruch, sondern um die Gründe, warum der Arbeitnehmer nicht innerhalb der fiktiven Widerspruchsfrist widersprochen hat. Hätte der Arbeitnehmer im Falle einer ordnungsgemäßen Unterrichtung innerhalb der einmonatigen Frist widersprochen, ist der Unterrichtungsfehler für den Nicht-Widerspruch kausal geworden. Demgegenüber wurde der Unterrichtungsfehler nicht kausal, wenn der Arbeitnehmer auch im Falle einer von Anfang an ordnungsgemäßen Unterrichtung nicht innerhalb der Widerspruchsfrist widersprochen hätte. Wurden die Arbeitnehmer beispielsweise darüber informiert, dass sie auf einen Betrieb übergehen, auf den das Kündigungsschutzgesetz anwendbar ist, obwohl dies wegen einer zu kleinen Betriebsgröße tatsächlich nicht der Fall war, ist die Unterrichtung fehlerhaft. Hätte der Arbeitnehmer auch im Falle einer von Anfang an ordnungsgemäßen Unterrichtung nicht innerhalb

1380 BAG, 14.12.2006 – 8 AZR 763/05, AP Nr. 318 zu § 613a BGB (II 1 c); BAG, 20.3.2008 – 8 AZR 1016/06, NZA 2008, 1354 (B II 6); BAG, 22.1.2009 – 8 AZR 808/07, AP Nr. 4 zu § 613a BGB Unterrichtung (B I 2 c).

1381 BAG, 22.1.2009 – 8 AZR 808/07, AP Nr. 4 zu § 613a BGB Unterrichtung (B I 2 c).

1382 Vgl. BAG, 20.3.2008 – 8 AZR 1016/06, NZA 2008, 1354 (B II 6); vgl. auch LAG Düsseldorf, 4.7.2007 – 7 (18) Sa 416/06, LAGE § 613a BGB 2002 Nr. 12 (A II 2 a); Schnitker/Grau, BB 2007, 1343.

1383 Bayreuther, in: Dornbusch/Fischermeier/Löwisch, § 613a BGB Rn. 144; HWK/Willemsen/Müller-Bonanni, § 613a BGB Rn. 345; Mestwerdt, in: Kündigungsschutzrecht, § 613a BGB Rn. 148; Schmalenberg, AuR 2008, 166. Vgl. auch Schnitker/Grau, BB 2007, 1344, der allerdings in diesem Zusammenhang die Verhältnismäßigkeit des Rechtsfolgensystems des § 613a Abs. 5 und 6 BGB anzweifelt.

der Widerspruchsfrist widersprochen, fehlt es an der Kausalität zwischen dem Unterrichtungsfehler und dem Nicht-Widerspruch. Basiert der Nicht-Widerspruch innerhalb der fiktiven Widerspruchsfrist jedoch auf dem Unterrichtungsfehler, läge Kausalität vor. In der Zwischenzeit kann sich der Erwerberbetrieb derart vergrößert haben, dass das Kündigungsschutzgesetz mittlerweile anwendbar ist. Die Nichtanwendbarkeit des Kündigungsschutzgesetzes ist als Grund für den Widerspruch entfallen. Dem Arbeitnehmer steht es gleichsam frei z.B. wegen persönlicher Differenzen mit einem Arbeitskollegen nunmehr zu widersprechen. Der Widerspruch ist wirksam. Die Gründe, warum sich der Arbeitnehmer nunmehr dazu entschlossen hat, sein Arbeitsverhältnis nicht mehr mit dem neuen, sondern mit dem bisherigen Arbeitgeber fortzusetzen, sind und bleiben unerheblich. Es geht nicht um die Motivlage für den nunmehr erklärten Widerspruch, sondern um die Gründe, warum der Arbeitnehmer nicht innerhalb der fiktiven Widerspruchsfrist widersprochen hat. Hierbei handelt es sich um zwei verschiedene Prüfungsgegenstände.

Ferner ist es richtig, dass das Gesetz keine Regelung für die Fälle getroffen hat, in denen die Widerspruchsfrist wegen fehlerhafter Unterrichtung nicht anläuft. Das BAG macht es sich aber etwas zu leicht, wenn es für die Ablehnung eines Kausalitätserfordernisses schlicht auf das Fehlen einer entsprechenden Regelung im Gesetz verweist[1384]. Es kann auch nicht als Argument angesehen werden, dass der Gesetzgeber in Kenntnis der Rechtsprechung des BAG neben dem Schriftformerfordernis und der Frist keine weiteren Voraussetzungen für den Widerspruch geregelt hat. Vor Kodifizierung des Widerspruchsrechts bestand für das BAG gar kein Anlass, sich zu dieser Frage zu äußern[1385].

Der Literatur ist ein Kausalitätskriterium nicht fremd. Es wird bei der Bestimmung des Umfangs der Unterrichtungspflicht bzw. dem damit verbundenem Beginn der Widerspruchsfrist ins Feld geführt (vgl. § 3 F I). Naheliegender ist, in der Kausalität zwischen dem Nicht-Widerspruch innerhalb der fiktiven Widerspruchsfrist und dem Unterrichtungsfehler eine zusätzliche Wirksamkeitsvoraussetzung für die Erklärung des Widerspruchs nach Ablauf der fiktiven Widerspruchsfrist zu erkennen[1386]. Im Übrigen hat auch das BAG, in Widerspruch zu seiner anderslautenden Rechtsprechung, bereits im Rahmen der Prüfung der Wirksamkeit eines nachträglichen Widerspruchs darauf abgestellt, dass

1384 Grobys, NJW-Spezial 2007, 322, bezeichnet die Begründung als „etwas dürftig".

1385 Es hat lediglich darauf hingewiesen, dass der Widerspruch im Unterschied zur außerordentlichen Arbeitnehmerkündigung oder der Anfechtung wegen arglistiger Täuschung oder Drohung, von keinem dem Arbeitgeber zuzurechnenden Fehlverhalten abhängt, vgl. BAG, 22.4.1993 – 2 AZR 313/92, AP Nr. 102 zu § 613a BGB (B V 2 c bb).

1386 In diese Richtung auch: Grobys, NJW-Spezial 2007, 322, der die ablehnende Haltung des BAG zu einem Kausalitätserfordernis zwischen Unterrichtungsmangel und Willensentschluss des Arbeitnehmers kritisiert; Meyer, NZA-Beil. 2008, 174, nach dem ein Widerspruch, der nicht „tatsächlich" kausal auf einen Unterrichtungsfehler zurückgeht, nicht statthaft sein sollte.

„die fehlerhafte Unterrichtung [...] geeignet [war], die Entscheidung des Klägers, sein Widerspruchsrecht zunächst nicht auszuüben, zu beeinflussen."[1387]

Im Falle einer nicht ordnungsgemäßen Unterrichtung ist die Wirksamkeit eines Widerspruchs nicht an die Einhaltung der einmonatigen Widerspruchsfrist gebunden. Ein Widerspruch nach Ablauf der fiktiv angelaufenen Widerspruchsfrist ist nach hier vertretener Ansicht nur wirksam, wenn der Nicht-Widerspruch innerhalb der fiktiven Widerspruchsfrist auf die fehlerhafte Unterrichtung zurückzuführen ist. Das Kausalitätskriterium bildet gewissermaßen den „Preis" für das zeitlich (bis zur Grenze der Verwirkung) unbegrenzte Widerspruchsrecht. Hiergegen könnte man einwenden, dass es nicht recht einzusehen sei, warum der nicht ordnungsgemäß unterrichtende Arbeitgeber durch ein Kausalitätserfordernis „geschützt" werden sollte. Diese Überlegung verkennt jedoch, dass die Regelungen zur Unterrichtungspflicht und zum Widerspruchsrecht nicht allein den Arbeitnehmerinteressen, sondern auch den berechtigten Arbeitgeberinteressen an einer zügigen Rechtsklarheit hinsichtlich der mit ihnen bestehenden arbeitsvertraglichen Beziehungen dienen[1388].

Wird die Frist später durch eine Nachunterrichtung in Gang gesetzt, wird das Kausalitätserfordernis durch die Einhaltung der nunmehr beginnenden Widerspruchsfrist verdrängt. Vor der Nachunterrichtung und außerhalb der fiktiven Widerspruchsfrist liegende Widersprüche, können hierdurch jedoch nicht verhindert werden. Wurden die Arbeitnehmer überhaupt nicht unterrichtet, entfällt das Kausalitätserfordernis ebenfalls. In diesen Fällen fehlt es bereits an einer fiktiv angelaufenen Widerspruchsfrist.

Für das hier vorgeschlagene Kausalitätskriterium spricht zunächst die Überlegung, dass ein Arbeitnehmer, der nicht wegen eines Unterrichtungsfehlers, sondern aus anderen Gründen nicht innerhalb der fiktiven Widerspruchsfrist widersprochen hat, weniger schutzwürdig ist als ein Arbeitnehmer, dessen Nicht-Widerspruch auf den Unterrichtungsfehler zurückzuführen ist. Im Falle einer ordnungsgemäßen Unterrichtung wäre die Widerspruchsfrist bereits abgelaufen. Nach Ablauf der fiktiven Widerspruchsfrist kann der Arbeitnehmer grundsätzlich nicht mehr darauf vertrauen, dass er noch widersprechen kann. Nur wenn die Ursache für den Nicht-Widerspruch innerhalb der fiktiven Widerspruchsfrist auf den Unterrichtungsfehler zurückzuführen ist, erscheint es gerechtfertigt, dass der Arbeitnehmer noch wirksam widersprechen kann. Es ist nicht einzusehen, warum der Arbeitnehmer nach Ablauf der fiktiven Widerspruchsfrist noch wirksam widersprechen können soll, wenn er auch im Falle einer ordnungsgemäßen Unterrichtung nicht innerhalb der dann in Gang gesetzten Widerspruchsfrist widersprochen hätte. Ohne die Anerkennung des hier vorgeschlagenen Kausalitätserfordernisses bietet letztlich jeder beliebige Unterrichtungsfehler für die übergehenden Arbeitnehmer ein geeignetes Vehikel, zu ihrem bisherigen Arbeitgeber zurückzukehren.

1387 BAG, 24.7.2008 – 8 AZR 202/07, AP Nr. 352 zu § 613a BGB (B I 4).
1388 Vgl. BAG, 22.4.1993 – 2 AZR 313/92, AP Nr. 102 zu § 613a BGB (B V 1).

Ein derart weitreichendes Rückkehrrecht ist verfassungsrechtlich nicht geboten und benachteiligt die Arbeitgeberseite über Maß.

Das Erfordernis einer Kausalitätsprüfung verdeutlicht auch ein Blick auf den umgekehrten Fall, in dem der Arbeitnehmer bereits widersprochen hatte. Das Nichtanlaufen der Frist (§ 613a Abs. 6 BGB) schützt nur den Arbeitnehmer, der noch keinen Widerspruch erklärt hat. Dagegen ist der widersprechende Arbeitnehmer an seinen einmal erklärten Widerspruch grundsätzlich gebunden. Einseitig kann er sich von den Wirkungen seines Widerspruchs nur noch im Wege der Anfechtung nach §§ 119 ff. BGB befreien. Die wirksame Anfechtung setzt jedoch das Vorliegen einer Kausalität zwischen (im Falle des § 123 BGB einen durch Täuschung hervorgerufenen) Irrtum und Willenserklärung voraus[1389]. Geht der Irrtum auf die fehlerhafte Unterrichtung zurück, muss auch die Widerspruchserklärung kausal auf dem Unterrichtungsfehler beruhen. Der Arbeitnehmer muss darlegen und ggf. beweisen, dass er dem Übergang seines Arbeitsverhältnisses im Falle einer ordnungsgemäßen Unterrichtung nicht innerhalb der dann laufenden einmonatigen Widerspruchsfrist widersprochen hätte. Eine unterschiedliche Behandlung beider Fälle erscheint nicht gerechtfertigt[1390]. In beiden Konstellationen sind die Arbeitnehmer mit ihrem gegenwärtigen Arbeitgeber unzufrieden und begehren einen (erneuten) Arbeitgeberwechsel. Um den Arbeitnehmer, der innerhalb der fiktiven Widerspruchsfrist nicht widersprochen hat, nicht besser zu stellen, bedarf es einer spiegelbildlichen Prüfung, ob der Nicht-Widerspruch innerhalb der fiktiven Widerspruchsfrist kausal auf dem Unterrichtungsfehler beruht.

Zum gleichen Ergebnis führt auch der Vergleich mit der Konstellation, in der der Arbeitnehmer auf das Widerspruchsrecht wirksam durch eine Überleitungsvereinbarung (konkludent) verzichtet hat. In solch einem Fall müsste der Arbeitnehmer zunächst die Überleitungsvereinbarung z.B. wegen arglistiger Täuschung anfechten, bevor er wirksam widersprechen kann. Die Wirksamkeit dieser Anfechtung setzt aber wiederum voraus, dass der Arbeitnehmer darlegt und ggf. beweist, dass die fehlerhafte Unterrichtung für die Verzichtserklärung kausal war[1391].

Auch die Vergleichbarkeit des Widerspruchsrechts mit dem Anfechtungsrecht spricht für das Erfordernis eines Kausalitätskriteriums. Das LAG Düsseldorf hat zutreffend darauf hingewiesen, dass beide Gestaltungsrechte „rechtsähnlich" sind:

> *„Beide Tatbestände erfordern die Abgabe einer empfangsbedürftigen Willenserklärung des Berechtigten, der – bei der Anfechtung bezogen auf ein Rechtsgeschäft, beim Widerspruchsrecht bezogen auf einen gesetzlich vorgesehenen Vertragspartnerwechsel – rückwirkende*

1389 Vgl. MK/Armbrüster, § 119 BGB Rn. 137, § 123 BGB Rn. 20 ff.

1390 Vgl. Lindemann/Wolter-Roßteutscher, BB 2007, 941, die allerdings den Umfang der Informationsverpflichtung nach § 613a Abs. 5 BGB durch ein Kausalitätserfordernis begrenzt sehen. Vgl. auch Giesen, JbArbR 46 (2008), 62 f.

1391 Jacobsen/Menke, NZA-RR 2010, 398.

Kraft zukommt. In beiden Fällen bewirkt die Ausübung des Rechts die rückwirkende Vernichtung des bestehenden Vertragsverhältnisses.“[1392]

Genau genommen gilt die Vergleichbarkeit nur für den nachträglich, also nach dem Betriebsübergang, erklärten Widerspruch, weil es nur hier zu einer Rückwirkung kommt[1393]. Die wirksame Ausübung eines Gestaltungsrechts mit ex tunc Wirkung rechtfertigt im Vergleich zu lediglich ex nunc wirkenden Gestaltungsrechten, z.B. der Kündigung, höhere Wirksamkeitsanforderungen. Für die gemäß § 142 Abs. 1 BGB rückwirkende Anfechtung hat der Gesetzgeber die Wirksamkeit an das Erfordernis einer Kausalitätsprüfung zwischen Irrtum und Willenserklärung geknüpft. Vor diesem Hintergrund erscheint es gerechtfertigt, dass auch die Wirksamkeit eines nachträglichen Widerspruchs außerhalb der fiktiven Widerspruchsfrist einem Kausalitätskriterium unterliegt.

Schließlich entspricht das Kausalitätskriterium auch der Intention des Gesetzgebers, Widerspruchsrecht und Informationspflicht miteinander zu verknüpfen[1394]. Ausweislich der Gesetzesmaterialien nahm der Gesetzgeber zwischen der Informationspflicht und dem Widerspruchsrecht einen wechselseitigen Bezug an[1395]. Besser als durch ein Kausalitätskriterium kann dieser Rechtsgedanke nicht verkörpert werden.

III. Darlegungs- und Beweislast

Für das Vorliegen der Kausalität zwischen dem Nicht-Widerspruch innerhalb der fiktiven Widerspruchsfrist und dem Unterrichtungsfehler trifft den Arbeitnehmer die Darlegungs- und Beweislast. Der Arbeitnehmer muss darlegen und ggf. beweisen, dass er im Falle einer ordnungsgemäßen Unterrichtung innerhalb der sodann in Gang gesetzten einmonatigen Widerspruchsfrist widersprochen hätte. Allerdings kann nach allgemeinen Grundsätzen zu seinen Gunsten die Vermutung aufklärungsgerechten Verhaltens eingreifen[1396]. Danach wird vermutet, er hätte sich informationsgerecht verhalten, wenn er ordnungsgemäß informiert worden wäre. Die Anwendbarkeit dieser Vermutung setzt jedoch voraus, dass für den Informationsempfänger vernünftigerweise nur eine Handlungsmöglichkeit besteht (vgl. § 2 C III 3). Hieran wird es oftmals fehlen. Der Widerspruch ist keineswegs die einzig denkbare Folge einer fehlerhaften Unterrichtung. Der Arbeitnehmer hat neben dem Widerspruch auch die Möglichkeit, trotz des Unterrichtungsfehlers bei seinem neuen Arbeitgeber zu bleiben und den Fehler entweder zu akzeptieren oder

---

1392 Insoweit zutreffend: LAG Düsseldorf, 13.12.2006 – 7 (3) Sa 542/06, BeckRS 2007, 46864 (II 2 d); LAG Düsseldorf, 30.5.2007 – 7 Sa 158/07, BeckRS 2009, 57449 (II 2 a).

1393 Ein vor dem Übergang erklärter Widerspruch führt dazu, dass der Übergang des Betriebs von Anfang an nicht zu einem Mitübergang des Arbeitsverhältnisses führt.

1394 Vgl. Lindemann/Wolter-Roßteutscher, BB 2007, 941.

1395 BT-Drucks. 14/7760, 20 (linke Spalte); BR-Drucks. 831/01, 43.

1396 MK/Ernst, § 280 BGB Rn. 144.

für die Durchsetzung seiner Rechte einzustehen. Der Widerspruch birgt demgegenüber die Gefahr einer betriebsbedingten Kündigung durch den Veräußerer. Kommen mehrere sinnvolle Handlungsalternativen in Betracht, trifft den Arbeitnehmer wieder die volle Beweislast. Der Arbeitnehmer muss dann darlegen und ggf. beweisen, dass er trotz fehlender Weiterbeschäftigungsmöglichkeiten widersprochen hätte. Dies ist z.B. der Fall, wenn er ein anderweitiges Arbeitsplatzangebot bei einem Dritten in Aussicht hatte und der Widerspruch lediglich den Zweck verfolgt hätte, noch die Abfindung bei seinem bisherigen Arbeitgeber „mitzunehmen".

IV. Zwischenergebnis

Die Wirksamkeit eines nach Betriebsübergang und nach Ablauf einer fiktiven Widerspruchsfrist erklärten Widerspruchs hängt nach hier vertretener Ansicht davon ab, ob der Nicht-Widerspruch innerhalb der fiktiven Widerspruchsfrist kausal auf den Unterrichtungsfehler zurückgeht. Das Kausalitätskriterium tritt als Tatbestandsvoraussetzung an die Stelle der (nicht angelaufenen) einmonatigen Widerspruchsfrist und gewährleistet somit einen gerechten Ausgleich zwischen den beteiligten Arbeitnehmer- und Arbeitgeberinteressen. Für das Vorliegen der Kausalität trifft den Arbeitnehmer die Darlegungs- und Beweislast, wobei zu seinen Gunsten die Vermutung aufklärungsgerechten Verhaltens eingreifen kann.

H. Rechtsfolgen des Widerspruchs

Es wurde bereits darauf hingewiesen, dass durch einen vor dem Betriebsübergang erklärten Widerspruch die gesetzlich angeordnete Rechtsfolge des Übergangs des Arbeitsverhältnisses verhindert wird und ein nach dem Betriebsübergang erklärter Widerspruch diese Rechtsfolge wieder rückgängig macht (vgl. § 3 B). Diese Rechtswirkung des Widerspruchs führt zu einer Reihe von Folgeproblemen, die im Anschluss näher untersucht werden.

I. Rechtsfolgen des vor dem Betriebsübergang erklärten Widerspruchs

Ein wirksam erklärter Widerspruch des Arbeitnehmers vor dem Betriebsübergang führt zum Fortbestand des Arbeitsverhältnisses zum bisherigen Arbeitgeber. Die durch § 613a Abs. 1 S. 1 BGB angeordnete Rechtsfolge des Betriebsübergangs für das Arbeitsverhältnis tritt nicht ein[1397]. Das Arbeitsverhältnis bleibt mit dem bisherigen Arbeitgeber bestehen. Die vertraglichen Rechte und Pflichten der Arbeitsvertragsparteien gelten unverändert fort[1398]. Eine Rückwirkungsproblematik des Widerspruchs stellt sich bei einem vor dem Betriebsübergang erklärten Widerspruch nicht.

1397 BAG, 19.3.1998 – 8 AZR 139/97, AP Nr. 177 zu § 613a BGB (I 2 c).

1398 Cohnen, in: Moll, Arbeitsrecht, § 55 Rn. 107; Grau, MdR 2005, 491; Worzalla, NZA 2002, 357.

Das bedeutet, dass der Veräußerer Gläubiger und der widersprechende Arbeitnehmer Schuldner der Arbeitsleistung geblieben sind, ohne dass es hierfür einer gesetzlichen Fiktion bedurfte. Folglich kann der Veräußerer nach den allgemeinen Regeln der §§ 293 ff. BGB in Gläubigerverzug geraten. Für die vorliegende Untersuchung ist der Zeitraum nach dem Betriebsübergang von besonderem Interesse.

Der Veräußerer gerät bereits durch ein wörtliches Angebot des Arbeitnehmers in Gläubigerverzug, wenn der Veräußerer ihm erklärt hat, dass er die Leistung nicht annehmen werde[1399], oder wenn zur Bewirkung der Leistung eine Handlung des Veräußerers erforderlich ist, vgl. § 295 S. 1 BGB. Die erforderliche Mitwirkungshandlung des Veräußerers liegt hier darin, dem widersprechenden Arbeitnehmer einen funktionsfähigen Arbeitsplatz zur Verfügung zu stellen und ihm die Arbeit zuzuweisen[1400]. Zumindest wenn der Arbeitnehmer seine Arbeitskraft z.B. im Widerspruchsschreiben[1401] oder in einem sonstigen Schreiben[1402] ausdrücklich angeboten hat, liegt ein wörtliches Angebot nach § 295 BGB vor. Klar ist auch, dass die Erklärung des Widerspruchs gegenüber dem Erwerber nicht ausreichen kann, weil das wörtliche Angebot dem Arbeitgeber als geschäftsähnliche Handlung analog § 130 BGB zugehen muss. Ob bereits in der Erklärung des Widerspruchs gegenüber dem Betriebsveräußerer als solche ein wörtliches Angebot im Sinne des § 295 BGB zu sehen ist, ist noch nicht abschließend geklärt[1403]. Nach zutreffender Ansicht ist dies zu bejahen. Die Widerspruchserklärung hat den Inhalt, dass der Arbeitnehmer dem Übergang seines Arbeitsverhältnisses auf den Betriebserwerber widerspricht. Durch den Widerspruch kommt der Wille des Arbeitnehmers hinreichend deutlich zum Ausdruck, sein Arbeitsverhältnis mit dem Veräußerer weiter fortzuführen. Aus Sicht eines objektiven Dritten fordert der Arbeitnehmer hiermit den Arbeitgeber zugleich dazu auf, ihn weiter zu beschäftigen.

Das Angebot des Arbeitnehmers kann zudem nach § 296 S. 1 BGB entbehrlich sein[1404]. Die genannte Mitwirkungshandlung ist nach dem Kalender bestimmt, weil der Zeitpunkt durch den Übergang des Betriebs bzw. Betriebsteils festgelegt ist.

1399 So stellte sich der Fall dar bei: BAG, 19.3.1998 – 8 AZR 139/97, AP Nr. 177 zu § 613a BGB (II 1).

1400 BAG, 27.11.2008 – 8 AZR 230/07, AP Nr. 6 zu § 613a BGB Unterrichtung (B III 1); BAG, 27.11.2008 – 8 AZR 1021/06, AP Nr. 361 zu § 613a BGB (B III 2 b cc); BAG, 20.5.2010 – 8 AZR 734/08, AP Nr. 19 zu § 613a BGB Widerspruch (B II 1); Franzen, RdA 2002, 271; Klumpp/Jochums, JuS 2006, 689.

1401 BAG, 24.7.2008 – 8 AZR 1020/06, BeckRS 2009, 74821 (B III 1).

1402 Vgl. den Tatbestand bei: BAG, 19.3.1998 – 8 AZR 139/97, AP Nr. 177 zu § 613a BGB.

1403 Dafür: Bachner, in: Kittner/Zwanziger/Deinert, Arbeitsrecht, § 96 Rn. 22; Dahms, Widerspruchsrecht, 242 f.; Franzen, RdA 2002, 271; Gaul, Betriebs- und Unternehmensspaltung, § 11 Rn. 66; Grau, MdR 2005, 492; Menze, Widerspruchsrecht, 177; wohl auch Klumpp/Jochums, JuS 2006, 689 f. Ausdrücklich offen gelassen bei: BAG, 24.7.2008 – 8 AZR 1020/06, BeckRS 2009, 74821 (B III 1); BAG, 27.11.2008 – 8 AZR 230/07, AP Nr. 6 zu § 613a BGB Unterrichtung (B III 1).

1404 Vgl. das obiter dictum bei: BAG, 19.3.1998 – 8 AZR 139/97, AP Nr. 177 zu § 613a BGB (I 3 a).

Durch den bereits vor dem Übergang erklärten Widerspruch ist für den Veräußerer mangels anderer Anhaltspunkte zumindest erkennbar, dass der widersprechende Arbeitnehmer auch nach dem Betriebsübergang weiterhin bei ihm verbleiben will. Hat der Arbeitgeber vor dem Betriebsübergang den Willen zu erkennen gegeben, der ihm obliegenden Mitwirkungshandlung nicht nachkommen zu wollen, muss der Arbeitgeber den Arbeitnehmer erneut zur Arbeit auffordern, will er den automatischen Eintritt des Annahmeverzugs mit Vollzug des Betriebsübergangs noch verhindern[1405]. Ein derartiger Wille ist z.B. dann anzunehmen, wenn der Veräußerer dem Arbeitnehmer im Unterrichtungsschreiben sinngemäß erklärt hat, dass eine Weiterbeschäftigungsmöglichkeit nach dem Betriebsübergang wegen des Wegfalls des Arbeitsplatzes nicht mehr gegeben ist. Unter den genannten Voraussetzungen ist der Betriebsveräußerer verpflichtet, den widersprechenden Arbeitnehmern (jedenfalls für die Dauer der jeweiligen Kündigungsfrist) ihre vertragsgemäße Vergütung fortzuzahlen, ohne hierfür eine entsprechende Gegenleistung zu erhalten.

Allerdings sind die Ansprüche des Arbeitnehmers auf Annahmeverzugslohn unter den Voraussetzungen des § 615 S. 2 BGB zu kürzen[1406]. Es kommen grundsätzlich alle drei Varianten der Vorschrift in Betracht. Besondere Bedeutung erlangt dabei § 615 S. 2 Var. 3 BGB. Bietet nämlich der Betriebserwerber dem widersprechenden Arbeitnehmer eine (bis zum Ablauf der Kündigungsfrist) zeitlich befristete Weiterbeschäftigung auf seinem bisherigen Arbeitsplatz an und lehnt der Arbeitnehmer dieses Angebot ab, muss sich der Arbeitnehmer den Wert des nicht erworbenen Arbeitsentgelts unter den Voraussetzungen des § 615 S. 2 Var. 3 BGB anrechnen lassen[1407]. Damit es dazu kommt, bedarf es zweierlei. Zum einen muss der Erwerber sich dazu bereit erklären, den widersprechenden Arbeitnehmer auf seinem bisherigen und nunmehr übergegangenen Arbeitsplatz zeitlich (bis zum Ablauf der Kündigungsfrist) befristet oder auflösend bedingt weiter zu beschäftigen[1408]. Zum anderen bedarf es noch eines entsprechenden Vertragsänderungsangebots des Veräußerers als Rechtsgrundlage für die Weiterbeschäftigung[1409]. Alternativ kommt innerhalb der Grenzen des § 1 Abs. 3 AÜG, d.h. insbesondere innerhalb eines Kon-

1405 Vgl. für einen Annahmeverzug nach unberechtigter fristloser Arbeitgeberkündigung: BAG, 9.8.1984 – 2 AZR 374/83, AP Nr. 34 zu § 615 BGB (B II 5 b).

1406 BAG, 19.3.1998 – 8 AZR 139/97, AP Nr. 177 zu § 613a BGB (I 3 a). Erkrankt jedoch der Arbeitnehmer arbeitsunfähig, findet keine Anrechnung nach den Annahmeverzugsregeln statt, vgl. BAG, 24.3.2004 – 5 AZR 355/03, AP Nr. 22 zu § 3 EntgeltFG (I 3 a). Allerdings sind die Zeiten, in denen der Arbeitnehmer vor Widerspruchserklärung bereits beim Erwerber arbeitsunfähig erkrankt war, für die Sechswochenfrist des § 3 EntgFG anzurechnen, so auch D. Gaul, ZfA 1990, 105.

1407 ErfK/Preis, § 613a BGB Rn. 105; Franzen, RdA 2002, 272; Grau, MdR 2005, 492 f.; HWK/Willemsen/Müller-Bonanni, § 613a BGB Rn. 356; Mestwerdt, in: Kündigungsschutzrecht, § 613a BGB Rn. 195; Staudinger/Annuß, § 613a BGB Rn. 313; WHSS/Willemsen, Rn. G 166.

1408 Vgl. Gaul, Betriebs- und Unternehmensspaltung, § 11 Rn. 70, der von einem „neuen (befristeten) Arbeitsvertrag“ spricht.

1409 Klumpp/Jochums, JuS 2006, 690; Meyer, NZA-RR 2013, 231.

zerns, auch eine Beschäftigung im Wege einer Arbeitnehmerüberlassung an den Erwerber in Frage[1410] oder ein arbeitsvertragliches Weisungsrecht, welches auch den Einsatz bei anderen Arbeitgebern zulässt[1411].

§ 615 S. 2 Var. 3 BGB setzt weiter voraus, dass der Arbeitnehmer es böswillig unterlassen hat, beim Erwerber zu arbeiten, obwohl ihm diese Arbeit zumutbar war. Ein böswilliges Unterlassen liegt nach ständiger Rechtsprechung des BAG vor, sofern dem Arbeitnehmer ein Vorwurf dahingehend gemacht werden kann, dass er während des Annahmeverzugs trotz Kenntnis aller objektiven Umstände (Arbeitsmöglichkeit, Zumutbarkeit der Arbeit und Nachteilsfolge für den Arbeitgeber) dennoch vorsätzlich untätig geblieben ist oder die Aufnahme der Arbeit verhindert hat[1412]. In den hier interessierenden Widerspruchsfällen setzt dies jedenfalls die Kenntnis des Arbeitnehmers voraus, dass er trotz seines Widerspruchs vom Betriebserwerber beschäftigt werden würde[1413]. Die Widerspruchserklärung allein ist weder geeignet, den Ausschluss der Böswilligkeit zu verhindern[1414], noch dazu, die Böswilligkeit zu begründen[1415]. Die Zumutbarkeit der Aufnahme einer anderweitigen Arbeit bestimmt sich nach Treu und Glauben (§ 242 BGB) unter Beachtung des Grundrechts auf freie Arbeitsplatzwahl (Art. 12 GG)[1416]. Maßgebend sind die Umstände des Einzelfalls (Grund in der Person des Arbeitgebers, der Art der Arbeit oder den sonstigen Arbeitsbedingungen). Hierbei ist ein flexibler Maßstab anzusetzen, absolute Grenzen bestehen nicht. Aus § 615 S. 2 BGB folgt, dass der Umstand, dass die Arbeitsmöglichkeit nicht mehr beim bisherigen, sondern bei einem anderen Arbeitgeber bestand, grundsätzlich nicht zur Unzumutbarkeit der Arbeit führt. Die Arbeit beim Erwerber ist jedenfalls in den Fällen zumutbar, in denen der Arbeitnehmer dieselbe Arbeit wie bisher zu denselben Bedingungen verrichtet und er keinen berechtigten Anlass hat, anzunehmen, dass sich die Arbeitsbedingungen nachteilig ändern werden[1417]. Ist für

---

1410 Bauer, Unternehmensveräußerung und Arbeitsrecht, 87; D. Gaul, ZfA 1990, 96; Meyer Unterrichtung, § 3 Rn. 408; vgl. auch Tschöpe, Rechtsfolgen, 32, der allerdings keine Einschränkungen der „Leiharbeit" diskutiert. Zur Zulässigkeit einer Änderungskündigung mit dem Ziel, den widersprechenden Arbeitnehmer an den Erwerber gemäß § 1 Abs. 1 AÜG zu überlassen: BAG, 29.3.2007 – 2 AZR 31/06, NZA 2007, 855.

1411 Meyer, NZA-RR 2013, 231.

1412 BAG, 18.10.1958 – 2 AZR 291/58, AP Nr. 1 zu § 615 BGB Böswilligkeit (II); BAG, 19.3.1998 – 8 AZR 139/97, AP Nr. 177 zu § 613a BGB (II 2 b).

1413 BAG, 19.3.1998 – 8 AZR 139/97, AP Nr. 177 zu § 613a BGB (II 2 a); BAG, 20.3.2008 – 8 AZR 1016/06, NZA 2008, 1354 (B II 5 b).

1414 BAG, 19.3.1998 – 8 AZR 139/97, AP Nr. 177 zu § 613a BGB (II 2 a); Menze, Widerspruchsrecht, 179.

1415 BAG, 20.3.2008 – 8 AZR 1016/06, NZA 2008, 1354 (B II 5 b); Menze, Widerspruchsrecht, 178.

1416 BAG, 7.2.2007 – 5 AZR 422/06, BAGE 121, 133 (II 2 a).

1417 BAG, 19.3.1998 – 8 AZR 139/97, AP Nr. 177 zu § 613a BGB (II 2 c). Eine wirtschaftlich angespannte Lage des Erwerbers soll ebenfalls nicht genügen, vgl. WHSS/Willemsen, Rn. G 166.

den Arbeitnehmer ersichtlich, dass der Erwerber auf die Weiterarbeit des widersprechenden Arbeitnehmers angewiesen ist, wird ein solcher Anlass regelmäßig nicht bestehen[1418]. Die Widerspruchsgründe können für die Zumutbarkeitsfrage nicht fruchtbar gemacht werden[1419]. In seiner jüngst vollzogenen Rechtsprechungsänderung zur Berücksichtigung des Widerspruchs im Rahmen der Sozialauswahl stellt das BAG zutreffend fest:

> *„Das Widerspruchsrecht des Arbeitnehmers darf nicht dadurch entwertet werden, dass ihm über den Umweg einer späteren Kündigung bzw. anlässlich einer Sozialauswahl bei einer solchen Kündigung eine Begründung für sein vorheriges, auch begründungslos zulässiges Verhalten abverlangt wird. [...] Ist der Widerspruch rechtswirksam erfolgt, muss der Arbeitnehmer so gestellt werden, als habe der Betriebsübergang nicht stattgefunden.“*[1420]

Danach dürfen die widersprechenden und die von vornherein im „Restbetrieb“ des Veräußerers verbleibenden Arbeitnehmer nicht ungleich behandelt werden. Es verbleibt somit bei den allgemein für alle Arbeitnehmer gleichermaßen geltenden Anforderungen des § 615 S. 2 Var. 3 BGB.

Gegen die Rechtsprechung, dem widersprechenden Arbeitnehmer die Obliegenheit aufzuerlegen, für einen Arbeitgeber tätig zu werden, den er nicht frei gewählt hat, bestehen schließlich auch keine verfassungsrechtlichen Bedenken[1421]. Zwar ist auch hiermit ein Eingriff in die Berufsausübungsfreiheit des Arbeitnehmers verbunden. Die Obliegenheit für einen anderen Arbeitgeber zeitweilig zu arbeiten, wiegt aber weit weniger schwer, als ein gesetzlich aufgezwungener Vertragspartnerwechsel. Die Verhältnismäßigkeit eines solchen Eingriffs ist durch die vorzunehmende Zumutbarkeitsprüfung gewahrt. Dem Arbeitnehmer drohen lediglich finanzielle Einbußen, will er seiner Obliegenheit zu anderweitigem Erwerb beim Erwerber nicht nachkommen. Allerdings folgt aus der grundrechtlichen Relevanz der Obliegenheit für einen anderen Arbeitgeber zu arbeiten, dass dem Arbeitnehmer stets nur eine befristete Tätigkeit beim Erwerber zugemutet werden kann[1422]. Ein Vertragsänderungsangebot des Veräußerers gerichtet auf eine unbefristete Beschäftigung beim Erwerber kann der Arbeitnehmer daher ausschlagen, ohne damit die Voraussetzungen des § 615 S. 2 Var. 3 BGB zu erfüllen.

1418 BAG, 9.9.2010 – 2 AZR 582/09, ZTR 2011, 113 (II 2).

1419 **A.A.** Eichler, Widerspruchsrecht, 263 f.; Bachner, in: Kittner/Zwanziger/Deinert, Arbeitsrecht, § 96 Rn. 35. Vgl. auch BAG, 19.3.1998 – 8 AZR 139/97, AP Nr. 177 zu § 613a BGB (II 2 a).

1420 BAG, 31.5.2007 – 2 AZR 276/06, AP Nr. 94 zu § 1 KSchG 1969 Soziale Auswahl (B II 2 b bb (3)).

1421 **A.A.** Eichler, Widerspruchsrecht, 260 ff.; Pietzko, Tatbestand des § 613a BGB, 311.

1422 Im Ergebnis wie hier: Grau, Unterrichtung, 365; Meyer, Unterrichtung, § 3 Rn. 406.

II. Rechtsfolgen des nach dem Betriebsübergang erklärten Widerspruchs

Bereits nach der früheren Rechtsprechung bestand die Möglichkeit eines nachträglichen, d.h. nach dem Übergang erklärten, Widerspruchs (vgl. § 3 F I). Im Unterschied zur früheren Rechtslage häufen sich jedoch nach geltendem Recht die Fälle eines nachträglichen Widerspruchs, weil nach der Entscheidung des Gesetzgebers nur eine ordnungsgemäße Unterrichtung nach § 613a Abs. 5 BGB die Widerspruchsfrist in Gang setzt (vgl. § 3 F III 2).

1. Ex tunc Wirkung des Widerspruchs

Möglich ist, dass ein Arbeitnehmer zunächst für den Betriebserwerber an seinem übergegangenen Arbeitsplatz arbeitet und erst geraume Zeit nach dem Betriebsübergang widerspricht[1423].

Für die Fälle des nachträglichen Widerspruchs stellt sich die Frage, wer zwischen Betriebsübergang und Widerspruch Arbeitgeber des widersprechenden Arbeitnehmers war. Der Gesetzgeber hat es versäumt, diese Frage bei der Kodifizierung des Widerspruchsrechts zu beantworten[1424]. In § 613a Abs. 6 BGB ist von einem Widerspruch gegen den Übergang des Arbeitsverhältnisses die Rede. Ob der Widerspruch den Übergang des Arbeitsverhältnisses mit Wirkung ab dem Zeitpunkt der Erklärung (Vertragsrückübergang ex nunc) oder rückwirkend bis zum Zeitpunkt des Betriebsübergangs (Vertragsrückübergang ex tunc) rückgängig macht, ist offen geblieben.

a) Meinungsspektrum

Vor der Kodifikation des Widerspruchsrechts bestand Einigkeit darüber, dass der Widerspruch ex tunc Wirkung zukommen soll[1425]. Dies bedeutet, dass der Widerspruch den zeitgleich mit dem Betriebsübergang gesetzlich angeordneten Übergang der Arbeitsverhältnisse auf den neuen Inhaber rückwirkend bis zum Zeitpunkt des Betriebsübergangs rückgängig macht. Aus rechtlicher Sicht besteht vor und nach dem Betriebsübergang nur das Arbeitsverhältnis zum bisherigen Arbeitgeber.

Zwar haben *Seiter*[1426] und *Pietzko*[1427] schon früh auf Schwierigkeiten bei der ex tunc Wirkung des Widerspruchs hingewiesen, auch sie sahen aber in einer ex nunc Wirkung im Ergebnis keine Alternative.

1423 Löwisch, in: Festschrift für Rolf Birk, 542 ff., erblickt in der Anerkennung nachträglicher Widersprüche einen Verstoß gegen Art. 3 Abs. 1 RL 2001/23/EG. Diese Ansicht wurde im Rahmen der vorliegenden Arbeit bereits diskutiert und im Ergebnis abgelehnt (vgl. § 3 A I).

1424 Rieble, NZA 2004, 1, 3 f.

1425 BAG, 22.4.1993 – 2 AZR 50/92, AP Nr. 103 zu § 613a BGB (II 7); D. Gaul, ZfA 1990, 99.

1426 Seiter, Betriebsinhaberwechsel, 72 f.

1427 Pietzko, Tatbestand des § 613a BGB, 296 ff.

Allein *Annuß* vertrat ein von der Rückwirkungslehre abweichendes Konzept. Danach sollte das Arbeitsverhältnis nur unter der aufschiebenden Bedingung eines „Nicht-Widerspruchs" auf den Erwerber übergehen[1428]. Bis zum Ablauf der Widerspruchsfrist bzw. bis zum Eintritt der Bedingung bestehe das Arbeitsverhältnis zum bisherigen Arbeitgeber unverändert fort[1429]. Diese Ansicht erinnert an die in § 415 BGB getroffene Regelung, wonach die Wirksamkeit einer zwischen Schuldner und einem Dritten vereinbarten Schuldübernahme von der Genehmigung des Gläubigers abhängt. Dies hätte aber zur Folge, dass der Eintritt der Bedingung ebenso wie die Genehmigung auf den Zeitpunkt der Vornahme des Rechtsgeschäfts zurückwirkt, vgl. § 184 BGB. Zwischenzeitliche Verfügungen des Erwerbers (z.B. Kündigung) über das Arbeitsverhältnis wären dann wirksam[1430]. Auch das BAG stützte das Widerspruchsrecht ursprünglich u.a. auf den Rechtsgedanken des § 415 BGB[1431] und sprach anfangs noch von „dem Erfordernis einer Zustimmung des Arbeitnehmers zum Übergang des Arbeitsverhältnisses"[1432]. In der Folgezeit stellte der 2. Senat allerdings klar, dass die Annahme, der Übergang des Arbeitsverhältnisses setze eine Zustimmung des Arbeitnehmers voraus, nicht mit dem Grundsatz, dass § 613a Abs. 1 BGB den Übergang der Arbeitsverhältnisse auf den Erwerber kraft Gesetzes und ohne rechtsgeschäftliche Mitwirkung der Beteiligten anordnet, vereinbar sei[1433]. In späteren Entscheidungen des BAG wurde das genannte Erfordernis dann auch nicht mehr wiederholt. Auch die Literatur betont, dass sich das Modell der Schuldübernahme nicht mit dem Wortlaut des § 613a Abs. 1 S. 1 BGB und erst recht nicht mit dem Wortlaut des neu eingefügten Abs. 6 verträgt[1434]. Schließlich ist dann auch *Annuß* in seiner aktuellen Kommentierung von seiner zuvor vertretenen Auffassung abgerückt[1435].

Zur Begründung der Rückwirkung stellte der 2. Senat des BAG auf den Sinn und Zweck des Widerspruchsrechts ab:

1428 Staudinger/Annuß, 2005, § 613a BGB Rn. 186. Dieser Ansicht folgend: Hohner, Unternehmensumwandlung, 115.

1429 Widerspricht der Arbeitnehmer nach dem Übergang und vor Ablauf der Widerspruchsfrist, kann es somit auch nach dieser Ansicht zu Problemen bei der Rückabwicklung kommen, weil der Arbeitnehmer in der Zwischenzeit ohne Rechtsgrundlage beim Erwerber weitergearbeitet hat.

1430 **A.A.** LAG Düsseldorf, 1.8.2007 – 7 Sa 655/07, BeckRS 2007, 48391 (II 2 f); LAG Düsseldorf, 20.12.2006 – 7 (6) Sa 777/06, BeckRS 2007, 44822 (II 2); LAG Düsseldorf, 30.4.2008 – 7 Sa 1199/07, LAGE § 613a BGB 2002 Nr. 21 (II 2).

1431 BAG, 2.10.1974 – 5 AZR 504/73, AP Nr. 1 zu § 613a BGB (II 2); BAG, 21.7.1977 – 3 AZR 703/75, AP Nr. 8 zu § 613a BGB (II 2 b).

1432 BAG, 2.10.1974 – 5 AZR 504/73, AP Nr. 1 zu § 613a BGB (III 4 b).

1433 BAG, 30.10.1986 – 2 AZR 101/85, AP Nr. 55 zu § 613a BGB (II 1 a bb).

1434 Franzen, RdA 2002, 270 [„nur noch schwer"]; Neufeld/Beyer, NZA 2008, 1158; Rieble, NZA 2004, 2, 4.

1435 Staudinger/Annuß, § 613a BGB Rn. 308.

„Entsprechend dem Sinn und Zweck des Widerspruchsrechts kann dem Arbeitnehmer durch verspätete Unterrichtung über den Betriebsübergang auch nicht vorübergehend ein Arbeitgeberwechsel aufgezwungen werden.“[1436]

Nach der Kodifizierung bezieht sich der achte Senat des BAG auf diesen Gedanken, stellt jedoch nicht entscheidend auf eine teleologische Auslegung des § 613a Abs. 6 BGB ab, sondern wählt, gestützt auf die Gesetzesmaterialien[1437], einen verfassungsrechtlichen Begründungsansatz für die Rückwirkung des Widerspruchs[1438]. Die durch Art. 12 Abs. 1 GG geschützte freie Arbeitsplatzwahl garantiere neben der Entscheidung für eine konkrete Beschäftigung auch den Willen des Einzelnen, den Arbeitsplatz beizubehalten oder aufzugeben[1439]. Die Rückwirkung sei daher zum Schutze des Ausübungsbefugten des Widerspruchs geboten[1440].

Dem hat sich die überwiegende Literatur angeschlossen[1441]. Die Beziehung zum neuen Inhaber in der Schwebephase wird überwiegend als fehlerhaftes Arbeitsverhältnis eingestuft[1442].

1436 BAG, 22.4.1993 – 2 AZR 50/92, AP Nr. 103 zu § 613a BGB (II 7). Entgegen der Ansicht von Rieble, NZA 2004, 3, und Grau, Unterrichtung, 368, begründet das BAG die Rückwirkung nicht damit, dass es sich bei dem Widerspruch um ein Rechtsfolgenverweigerungsrecht handele. Im Gegenteil, das BAG war sich der Tatsache bewusst, dass aus dieser Begrifflichkeit die Rückwirkung nicht zwingend resultiert und stellte klar, dass es sich um ein Rechtsfolgenverweigerungsrecht handele, „dem Rückwirkung zukommt“. Sowohl der Widerspruch vor als auch nach dem Übergang werden als Rechtsfolgenverweigerungsrecht bezeichnet. Bei dem Widerspruch vor dem Übergang gibt es aber keine Rückwirkung. Vgl. hierzu auch § 3 B.

1437 BT-Drucks. 14/7760, 20. Der Gesetzgeber ging davon aus, dass die Verpflichtung für einen Arbeitgeber zu arbeiten, den der Arbeitnehmer nicht frei gewählt hat, gegen Art. 12 Abs. 1 GG verstoße.

1438 BAG, 13.7.2006 – 8 AZR 305/05, AP Nr. 312 zu § 613a BGB (II 2 b); BAG, 13.7.2006 – 8 AZR 382/05, AP Nr. 1 zu § 613a BGB Widerspruch (II 1 b ee (2)); BAG, 27.11.2008 – 8 AZR 230/07, AP Nr. 6 zu § 613a BGB Unterrichtung (B II).

1439 BAG, 2.3.2006 – 8 AZR 124/05, AP Nr. 25 zu § 419 BGB Funktionsnachfolge (II 3 c aa); BAG, 18.12.2008 – 8 AZR 660/07, AP Nr. 366 zu § 613a BGB (III 2 c aa); BAG, 13.7.2006 – 8 AZR 305/05, AP Nr. 312 zu § 613a BGB (II 2 b).

1440 BAG, 13.7.2006 – 8 AZR 305/05, AP Nr. 312 zu § 613a BGB (II 2 b).

1441 Nach Kodifizierung u.a.: APS/Steffan, § 613a BGB Rn. 224; Dahms, Widerspruchsrecht, 143 f.; ErfK/Preis, § 613a BGB Rn. 105; Franzen, RdA 2002, 270 f.; Gaul, Betriebs- und Unternehmensspaltung, § 11 Rn. 62 f.; Grau, Unterrichtung, 373 ff.; Hauck, NZA-Beil. 2009, 23; Krügermeyer-Kalthoff/Reutershan, MDR 2003, 544; KR/Treber, § 613a BGB Rn. 116; Kreitner, in: Küttner Personalbuch, Stichwort: Betriebsübergang Rn. 36; Lembke/Oberwinter, ZIP 2007, 313; MK/Müller-Glöge, § 613a BGB Rn. 122; Trittin, in: Bachner/Köstler/Matthießen/Trittin, § 6 Rn. 129; Wank, in: Handbuch zum Arbeitsrecht, § 102 Rn. 105; Worzalla, NZA 2002, 358.

1442 Eine höchstrichterliche Entscheidung steht bisher noch aus. Vgl. aber LAG Köln, 11.06.2004 – 12 Sa 374/04, ZIP 2005, 591 (2); APS/Steffan, § 613a BGB Rn. 215; Berkowsky, NZI 2002, 416; 157; Dahms, Widerspruchsrecht, 144; Cohnen, in: Moll,

Nach der Kodifizierung wurden erstmals hörbare Zweifel an der Richtigkeit der Rückwirkungslehre laut. Allen voran *Rieble*[1443], dessen Überlegungen sich mittlerweile weitere Autoren angeschlossen haben[1444], vertritt die Auffassung, dass das Widerspruchsrecht, wie es das BAG seinerzeit entwickelte und wie es in § 613a Abs. 6 BGB kodifiziert wurde, lediglich ex nunc Wirkung besitze. Die ex nunc Wirkung soll dazu führen, dass das Arbeitsverhältnis in dem Zustand auf den Erwerber „zurückspringt", den es im Zeitpunkt des Widerspruchs hat[1445]. Der Arbeitnehmer sei deshalb aber nicht schutzlos. Verletzt der Arbeitgeber seine Informationspflicht aus § 613a Abs. 5 BGB stünden dem Arbeitnehmer ja immerhin noch Ansprüche auf Schadensersatz zu[1446]. Zur Begründung führt *Rieble* aus: Die ex nunc Wirkung von Rechtsakten, insbesondere von Rechtsgeschäften und erst recht von einseitigen Gestaltungsrechten sei die Regel und die Rückwirkung die Ausnahme. Die Annahme einer Rückwirkung bedürfe daher einer eindeutigen gesetzlichen Anordnung, wie sie in §§ 142 Abs. 1, 184 BGB vorzufinden sei[1447]. Die

---

Arbeitsrecht, § 55 Rn. 108; ErfK/Preis, § 613a BGB Rn. 105; Gaul/Otto, DB 2002, 638; Grau, Unterrichtung, 373 ff.; KR/Treber, § 613a BGB Rn. 116; Kreitner, in: Küttner Personalbuch, Stichwort: Betriebsübergang Rn. 36; MK/Müller-Glöge, § 613a BGB Rn. 122; Worzalla, NZA 2002, 358. So bereits vor der Kodifizierung des Widerspruchsrechts u.a.: D. Gaul, ZfA 1990, 99 f.; Pietzko, Tatbestand des § 613a BGB, 310; Tschöpe, Rechtsfolgen, 39; **a.A.** Menze, Widerspruchsrecht, 200. Das fehlerhafte Arbeitsverhältnis wird teilweise auch als faktisches Arbeitsverhältnis bezeichnet, vgl. allgemein zu diesem Rechtsinstitut: ErfK/Preis, § 611 BGB Rn. 145; Joussen, in: BeckOK R/G/K/U, § 611 BGB Rn. 128.

1443 Rieble, NZA 2004, 3 ff.

1444 Schaub/Koch, Arbeitsrechts-Handbuch, § 118 Rn. 51; Staudinger/Annuß, § 613a BGB Rn. 309; vgl. auch Diehn, Rückkehrzusagen, 252 ff.

1445 Rieble, NZA 2004, 7. Fraglich ist, worauf dieses „Zurückspringen" des Arbeitsverhältnisses dogmatisch fußen soll. Man könnte daran denken, § 613a Abs. 1 S. 1 BGB analog heranzuziehen, vgl. Seiter, Betriebsinhaberwechsel, 73. Hiergegen wurde eingewandt, dass der Widerspruch kein rechtsgeschäftlicher (Rück-)Übergang vom Erwerber auf den Veräußerer darstelle, vgl. Tschöpe, Rechtsfolgen, 38 f. und Diehn, Rückkehrzusagen, 255 f. Der zuletzt genannte Autor geht deshalb davon aus, dass die ex nunc Wirkung nur dazu führt, dass das Arbeitsverhältnis zum Erwerber endet und zum Veräußerer zu den Bedingungen im Zeitpunkt des Betriebsübergangs fortgesetzt wird. Nach dem Betriebsübergang entstehe ein durch den Widerspruch auflösend bedingtes Arbeitsverhältnis zum Betriebserwerber (§ 158 Abs. 2 BGB analog). Diese Ansicht ist jedoch mit dem Wortlaut des § 613a Abs. 1 S. 1 und Abs. 6 BGB nicht vereinbar. Ebenso wenig wie der Übergang des Arbeitsverhältnisses unter der aufschiebenden Bedingung des Nicht-Widerspruchs steht, steht er auch nicht unter der auflösenden Bedingung des Widerspruchs. Die für Rechtsgeschäfte geltende Vorschrift des § 158 BGB kann nicht einfach auf einen Vertragsübergang kraft Gesetzes übertragen werden.

1446 Rieble, NZA 2004, 4, 8.

1447 Rieble, NZA 2004, 8, unter Aufzählung der Vorteile einer schadensrechtlichen Lösung.

Rückwirkung könne den faktischen Leistungsaustausch nach dem Übergang auch nicht verhindern, die Hilfe sei ebenso wie die Rückwirkung nur fiktiv. Überdies werde die ex tunc Wirkung des Widerspruchs durch das von der herrschenden Meinung geforderte fehlerhafte Arbeitsverhältnis zwischen Arbeitnehmer und neuem Inhaber in der Zeit nach Betriebsübergang und vor Widerspruchserklärung „rechtlich ad absurdum" geführt[1448]. Neben dem fehlerhaften Arbeitsverhältnis zum Erwerber habe der Arbeitnehmer durch die Rückwirkung „praktisch" ein zweites zusätzliches Arbeitsverhältnis zum Veräußerer inne („Verdoppelung des Arbeitsverhältnisses" bzw. „Verdoppelung der Rechtsverhältnisse")[1449]. Der „findige Arbeitnehmer" könne Entgeltbestandteile, die nicht von einer Arbeitsleistung abhängen, sondern vom Bestand des Arbeitsverhältnisses und der Betriebstreue (z.B. Weihnachtsgeld) doppelt einfordern, wenn er erst nach der Zahlung durch den Erwerber widerspricht[1450]. Schließlich trüge die ex tunc Wirkung noch dazu bei, dass der Arbeitnehmer beim Erwerber gefahrlos eigene Pflichten verletzen könne, weil eine verhaltensbedingte Kündigung nach Widerspruch ins Leere ginge, und der Widerspruch zu einem „Reuerecht des Arbeitnehmers gegenüber Eigenkündigung und Aufhebungsvertrag mutieren" könne[1451].

Willemsen[1452] betont zunächst, dass die Rückwirkung des ausgeübten Widerspruchs weder verfassungs- noch europarechtlich geboten sei. Zur Vereinbarkeit der Rückwirkung mit dem Europa- und dem Verfassungsrecht äußert sich der Autor aber nicht. Seiner Ansicht nach müsse jedenfalls nach dem Schutzzweck differenziert werden. Die Rückwirkung sei allenfalls in den Fällen gerechtfertigt, in denen Art. 12 GG im „Kernbereich" („personale Würde" des Arbeitnehmers) betroffen sei. Dies sei aber nur bei fehlender Unterrichtung über den Übergang des Betriebs und/oder unzutreffender Information über die Person des Erwerbers der Fall. Wurde der Arbeitnehmer dagegen lediglich über einzelne, nach § 613a Abs. 5 Nr. 1-4 BGB mitteilungspflichtige Details unrichtig informiert, soll dem Widerspruch nur ex nunc Wirkung zukommen. In diesen Fällen werde dem Arbeitnehmer kein Arbeitgeber aufgedrängt. Die Widerspruchsentscheidung basiere immerhin auf einer, wenn auch nicht ganz richtigen Unterrichtung. Für diese Fälle genüge es, wenn sich der Arbeitnehmer, der infolge einer fehlerhafter Unterrichtung nicht widersprochen hat, auf eine Naturalrestitution berufen könne, die ggf. zur Wiederaufnahme des Arbeitsverhältnisses zum bisherigen Arbeitgeber und zum Ausgleich weiterer Vermögensnachteile führen könne.

Schließlich hält *Löwisch*[1453] die Rückwirkung des Widerspruchsrechts für mit Art. 3 Abs. 1 RL 2001/23/EG unvereinbar. Sie führe dazu, dass der Arbeitnehmer

1448 Rieble, NZA 2004, 5 f.; vgl. insoweit auch Franzen, RdA 2002, 270 [„faktisch nicht unerheblich relativiert"] und Klumpp/Jochums, JuS 2006, 688.
1449 Rieble, NZA 2004, 6 ff.
1450 Rieble, NZA 2004, 7 f.
1451 Rieble, NZA 2004, 6.
1452 Willemsen, NJW 2007, 2072 f.; WHSS/Willemsen, Rn. G 154.
1453 Löwisch, in: Festschrift für Rolf Birk, 544 f.

beim Erwerber ohne Rechtsgrundlage gearbeitet hat. Dies führe zu Nachteilen für die Arbeitnehmer im Vergleich zur Richtlinie. Als Beispiel führt der Autor den Fall an, dass der Erwerber dem Arbeitnehmer wirksam gekündigt hat und dem Arbeitnehmer daraufhin ein Abfindungsanspruch zusteht. Diesem Anspruch entziehe sich der Arbeitnehmer durch einen rückwirkenden Widerspruch.

b) Stellungnahme

Die neuerdings aufgeflammten, verhältnismäßig zahlreichen Gegenstimmen zur bisher überwiegend vertretenen ex tunc Wirkung des nachträglichen Widerspruchs erfordern eine vertiefte Auseinandersetzung mit den vorgebrachten Argumenten. Im Ergebnis greifen die neuerlichen Bedenken gegen die ex tunc Wirkung des Widerspruchs aber nicht durch.

Vollkommen richtig ist, dass die gesetzlichen Gestaltungsrechte Kündigung, Rücktritt und Widerruf allesamt nur ex nunc Wirkung besitzen. Allein die Anfechtung wirkt nach § 142 Abs. 1 BGB ex tunc[1454]. Richtig ist aber auch, dass sich die Situation bei den verschiedenen Gestaltungsrechten erheblich voneinander unterscheidet und daher bei einem Vergleich der verschiedenen Gestaltungsrechte höchste Vorsicht geboten ist. Allgemeingültige Aussagen für alle Gestaltungsrechte lassen sich, wenn überhaupt, nur sehr schwer treffen. Kündigung, Rücktritt und Widerruf betreffen allesamt Situationen, in denen beim Vertragsschluss im Willensbildungsprozess keine Fehler aufgetreten sind. Dagegen betrifft die Anfechtung die Situation, dass bei Vertragsschluss der Willensbildungsprozess durch einen Irrtum oder eine arglistige Täuschung gestört wurde. Von den genannten Gestaltungsrechten ist die Anfechtung daher noch am ehesten mit dem Widerspruchsrecht vergleichbar. Beide Gestaltungsrechte dienen dem Schutz der negativen Vertragspartnerfreiheit[1455]. Kündigung, Rücktritt und Widerruf dienen hingegen nur dazu, ein Vertragsverhältnis für die Zukunft zu beenden. Dies spricht dann aber sogar für eine Rückwirkung des Widerspruchsrechts. Besonders viele Gemeinsamkeiten hat das Widerspruchsrecht mit der Situation inne, die hinter dem durch § 563 Abs. 3 BGB gewährten Ablehnungsrecht steht. Es handelt sich hierbei, ebenso wie bei § 613a Abs. 6 BGB, um ein Gestaltungsrecht gegen einen gesetzlichen Vertragsübergang. Nach § 563 Abs. 1 BGB tritt der Ehegatte des Mieters, der mit ihm einen gemeinsamen Haushalt führt, mit dem Tod des Mieters in das Mietverhältnis ein. Der Eintritt gilt jedoch als nicht erfolgt, wenn der Ehegatte innerhalb eines Monats, nachdem er vom Tod des Mieters Kenntnis erlangt hat, erklärt, dass er das Mietverhältnis nicht fortsetzen will, § 563 Abs. 3 BGB. Der automatische Eintritt kann, vergleichbar mit dem Betriebsübergang, nicht im Sinne des Eintretenden sein. Das Recht zur Ablehnung des Eintritts verhindert einen Schutz gegen seinen Willen und bewahrt ihm seine

1454 Vgl. aber für Gesellschafts- und Arbeitsverträge: Staudinger/Roth, § 142 BGB Rn. 32 ff.

1455 Klumpp/Jochums, JuS 2006, 688.

Dispositionsmöglichkeiten[1456]. Die vom Gesetzgeber ausdrücklich angeordnete Rückwirkung dient zumindest auch dem Schutz des automatisch Eintretenden, der ansonsten für die Vergangenheit verpflichtet wäre, Miete zu leisten, obwohl nach § 563 Abs. 2 BGB andere Personen in das Mietverhältnis eintreten könnten oder eine Gesamtrechtsnachfolge etwaiger Erben nach § 564 S. 1 BGB stattfinden könnte und folglich Personen die Miete schulden würden, die auch tatsächlich die Verpflichtungen übernehmen wollen[1457]. Angesichts dieser unverkennbaren Gemeinsamkeiten überrascht es nicht, dass sich das BAG bei der Begründung des Widerspruchsrechts seinerzeit an § 569a Abs. 1 und 2 BGB a.F. (heute: § 563 Abs. 1, 2 und 3 BGB) orientierte[1458].

Im Unterschied zu § 613a Abs. 6 BGB hatte der Gesetzgeber die Rückwirkung allerdings in § 563 Abs. 3 BGB ausdrücklich angeordnet. Es stellt sich daher die Frage, ob sich allein aus dem Umstand, dass die Rückwirkung des Widerspruchsrechts nicht gesondert gesetzlich angeordnet wurde, schließen lässt, dass das Widerspruchsrecht nur ex nunc Wirkung besitzt. Vor seiner Kodifikation ging eine solche Argumentation ins Leere. Das Widerspruchsrecht war in der Form, wie es das BAG geschaffen hat, ein richterrechtlich entwickeltes Gestaltungsrecht. Weder das Widerspruchsrecht selbst noch dessen Rückwirkung waren gesetzlich geregelt. Nach der Kodifikation des Widerspruchsrechts fehlt es allerdings noch immer an einer gesetzlichen Regelung der Rückwirkung. Die Annahme, wonach Gestaltungsrechten stets eine ex nunc Wirkung zukomme, sofern eine ex tunc Wirkung nicht gesetzlich angeordnet wurde, erscheint dennoch problematisch. Hätte der Gesetzgeber dies gewollt, hätte er eine entsprechende Auslegungsregel schaffen müssen. Eine derart zwingende Regel besteht jedoch nicht. Beim Widerspruchsrecht kommt hinzu, dass die Regelung des § 613a Abs. 6 BGB auf dem Hintergrund der Rechtslage vor dem Inkrafttreten dieser Vorschrift zu sehen ist. Vor seiner Kodifizierung kam dem nachträglichen Widerspruch rückwirkende Kraft zu. Der Gesetzgeber tendiert in den Gesetzesmaterialien dazu, die Rechtsprechung des BAG festzuschreiben[1459]. In den Gesetzesmaterialien wird u.a. auch das Urteil des BAG, in dem das Gericht die Rückwirkung des nachträglichen Widerspruchs erstmals klarstellte[1460], stellvertretend für die ständige Rechtsprechung zitiert. Eine gesetzgeberische Pflicht, die Rückwirkung ausdrücklich im Gesetz zu regeln, besteht nicht. Vielmehr kann sich die Rechtsfolge auch zwanglos aus der bisherigen Rechtsprechung ergeben, soweit der Gesetzgeber hiervon nicht ausdrücklich abweicht[1461].

1456 Schmidt-Futterer/Streyl, § 563 BGB Rn. 56.
1457 Vgl. Staudinger/Rolfs, § 563 BGB Rn. 43.
1458 BAG, 22.4.1993 – 2 AZR 50/92, AP Nr. 103 zu § 613a BGB (II 7); BAG, 13.7.2006 – 8 AZR 305/05, AP Nr. 312 zu § 613a BGB (II 2 b). **Kritisch** hierzu: Rieble, NZA 2004, 5.
1459 Vgl. BT-Drucks. 14/7760, 20.
1460 BAG, 22.4.1993 – 2 AZR 50/92, AP Nr. 103 zu § 613a BGB.
1461 Wie hier: Franzen, RdA 2002, 263, 271; vgl. auch Gaul, Betriebs- und Unternehmensspaltung, § 11 Rn. 62. **A.A.** Rieble, NZA 2004, 4, nach dem ein solcher Schluss „der Gedankenlosigkeit [des Gesetzgebers] zuviel Gehalt beigemessen wäre“.

Hätte der Gesetzgeber in einer solch wichtigen Frage wie der Rechtsfolge des Widerspruchs eine von der bisherigen Rechtslage abweichende Regelung schaffen wollen, hätte es eines entsprechenden Hinweises, zumindest in den Gesetzesmaterialen, bedurft. Die Argumentation, wonach allein aus einer Nichtkodifizierung der Rechtsfolge folgen soll, dass der Widerspruch nunmehr keine ex tunc, sondern eine ex nunc Wirkung haben solle, wird der historischen Entwicklung des Widerspruchsrechts nicht hinreichend gerecht. Aus aktuellem Blickwinkel, mehr als zehn Jahre nach Inkrafttreten des § 613a Abs. 6 BGB, kann auch die Untätigkeit des Gesetzgebers als Argument dafür herhalten, dass der Gesetzgeber die Rückwirkung des Widerspruchsrechts wollte. Das BAG hat auch nach der Kodifizierung des Widerspruchsrechts nie einen Zweifel daran gelassen, dass dem Widerspruchsrecht rückwirkende Kraft zukommt.

Rieble hat insoweit Recht, dass die Annahme einer Rückwirkung den faktischen Leistungsaustausch nicht wieder ungeschehen machen kann. Kein Rechtsinstitut wäre hierzu in der Lage. Die Rückwirkung auf der Rechtsebene ist aber immerhin das stärkste juristische Mittel, das unsere Rechtsordnung für solche Fälle zu bieten hat. Wenigstens rechtlich wird der übergehende Arbeitnehmer so gestellt, als wäre sein Arbeitsverhältnis nie auf den neuen Inhaber übergegangen. Hiermit wird sein Grundrecht auf freie Arbeitsplatzwahl aus Art. 12 Abs. 1 GG weitestmöglich geschützt.

Die Annahme eines fehlerhaften Arbeitsverhältnisses für den Zeitraum zwischen Betriebsübergang und Widerspruch ist auch kein Zeichen der Inkonsequenz. Im Gegenteil, dieses Rechtsinstitut dient ebenfalls dem Schutze der Arbeitnehmer. Normalerweise würden faktisch bereits erbrachte Leistungen nach bereicherungsrechtlichen Grundsätzen (§§ 812 ff. BGB) rückabgewickelt werden. Der Arbeitnehmer verlöre die entstandenen Vergütungsansprüche gegen den neuen Inhaber und hätte stattdessen gegen ihn lediglich einen Anspruch aus § 812 Abs. 1 S. 1 Alt. 1 BGB gerichtet auf Wertersatz für die tatsächlich erbrachte Arbeitsleistung nach § 818 Abs. 2 BGB[1462]. Dem neuen Inhaber stünden gegen den Arbeitnehmer Ansprüche aus § 812 Abs. 1 S. 1 Alt. 1 BGB wegen Zahlung auf eine nicht bestehende Schuld zu. Bei der Rückabwicklung käme es zu nicht überwindbaren Schwierigkeiten[1463], insbesondere die Regelung des § 818 Abs. 3 BGB hätte erhebliche Nachteile zulasten des Arbeitnehmers zur Folge[1464]. Zudem bestünde kein ausreichender Anknüpfungspunkt für Schutzpflichten des Arbeitgebers aus dem Arbeitsverhältnis[1465]. Daher erfolgt im Arbeitsrecht eine Abwicklung ausnahmsweise anhand der Grundsätze des fehlerhaften Arbeitsverhältnisses. So auch im Falle des Widerspruchs nach Betriebsübergang. Es erscheint als gerechtfertigt, die Fälle eines unwirksam zustande gekommenen

1462 Cohnen, in: Moll, Arbeitsrecht, § 55 Rn. 108.
1463 Berkowsky, NZI 2002, 416.
1464 Joussen, in: BeckOK R/G/K/U, § 611 BGB Rn. 128.
1465 Zöllner/Loritz/Hergenröder, Arbeitsrecht, 130.

Vertrags, mit der Rückgängigmachung eines gesetzlich angeordneten Vertragsübergangs gleichzustellen[1466]. Die rückwirkende Vernichtung des Arbeitsvertrags zum neuen Inhaber ist eine notwendige Voraussetzung für die Anwendung der Lehre vom fehlerhaften Arbeitsverhältnis[1467]. Die Rückwirkung wird folglich durch die Annahme eines fehlerhaften Arbeitsverhältnisses nicht ad absurdum geführt, sondern sie wird lediglich im Sinne des Arbeitnehmerschutzes sinnvoll zu Ende gedacht. Demnach kann die Kritik von *Rieble* an der von der herrschenden Ansicht vorgenommenen Kombination aus dem rückwirkenden Widerspruch und der Lehre des fehlerhaften Arbeitsverhältnisses im Ergebnis nur als allgemeine Kritik an der Lehre des fehlerhaften Arbeitsverhältnisses an sich verstanden werden.

Auch eröffnet die ex tunc Wirkung des Widerspruchs entgegen *Rieble* nicht notwendigerweise die Möglichkeit der Verdoppelung nicht leistungsbezogener Vergütungsbestandteile. Auch die Annahme einer ex tunc Wirkung des Widerspruchs bietet Möglichkeiten, eine derartige, ungerechtfertigte Besserstellung des Arbeitnehmers wirksam zu vermeiden[1468].

Schließlich steht einer Rückwirkung auch nicht die Überlegung entgegen, dass eine verhaltensbedingte Arbeitgeberkündigung des Arbeitnehmers oder eine Eigenkündigung bzw. ein mit dem Erwerber geschlossener Aufhebungsvertrag rückgängig gemacht werden können. Eine Folge der Rückwirkung des Widerspruchsrechts liegt darin, dass sämtliche rechtserheblichen Erklärungen des übergehenden Arbeitnehmers und des neuen Inhabers im fehlerhaften Arbeitsverhältnis, unabhängig davon, ob diese aus Sicht des Arbeitnehmers positiv (positive Beurteilungen, Zusagen, Beförderungen) oder negativ (Abmahnungen, Kündigungen) sind, für das rechtliche Arbeitsverhältnis zum bisherigen Arbeitgeber rechtlich unerheblich sind[1469]. Darin liegt nicht etwa ein Nachteil der Rückwirkung, sondern ihr entscheidender Vorteil gegenüber der Annahme, der Widerspruch wirke lediglich ex nunc. Die ex nunc Wirkung hätte zur Folge, dass der Erwerber im Zeitraum nach dem Betriebsübergang und vor der Widerspruchserklärung rechtserheblichen Einfluss auf das Arbeitsverhältnis nehmen könnte. Kündigt der Erwerber dem Arbeitnehmer beispielsweise betriebsbedingt und widerspricht daraufhin der Arbeitnehmer innerhalb der Kündigungsfrist, würde das Arbeitsverhältnis nach Widerspruch in gekündigtem Zustand auf den Veräußerer zurückgehen[1470]. Sagt er dem Arbeitnehmer verbesserte Arbeitsbedingungen zu, könnte sie der Arbeitnehmer nach dem Widerspruch auch gegenüber dem Betriebsveräußerer durchsetzen. Selbst wenn man im Widerspruchsrecht lediglich

---

1466 Vgl. Pietzko, Tatbestand des § 613a BGB, 310.

1467 Vgl. ErfK/Preis, § 611 BGB Rn. 145.

1468 Dies räumt Rieble auch selbst ein, vgl. die Vorschläge bei: Rieble, NZA 2004, 8.

1469 D. Gaul, ZfA 1990, 103 f., 105 f.; Gaul, Betriebs- und Unternehmensspaltung, § 11 Rn. 63.

1470 Rieble, NZA 2004, 6.

ein Abwehrrecht gegen einen aufgedrängten Vertragspartner erblickt, leuchtet es ein, dass es inkonsequent wäre, dem Arbeitnehmer zwar das Recht einzuräumen, einen aufgedrängten Arbeitgeber abzulehnen, den Arbeitnehmer aber gleichzeitig an dessen Erklärungen rechtlich binden zu wollen[1471]. Dagegen beseitigt die ex tunc Wirkung jeglichen Einfluss des Erwerbers. Der Betriebserwerber ist rechtlich nie Vertragspartner des Arbeitnehmers geworden. Das Arbeitsverhältnis fällt auf den Veräußerer in dem Zustand zurück, in dem es auf den Erwerber übergegangen ist.

Hinzu kommt noch die Überlegung, dass allein die ex tunc Wirkung des Widerspruchs dazu führt, dass der vor dem Betriebsübergang widersprechende Arbeitnehmer und der nach dem Betriebsübergang widersprechende Arbeitnehmer in Bezug auf ihr rechtliches Arbeitsverhältnis gleichgestellt werden. Ein Widerspruch vor dem Übergang führt dazu, dass der Erwerber nie der Arbeitgeber der sonst übergehenden Arbeitnehmer wird. Das ist unstrittig. Um das gleiche Ergebnis für einen nach Übergang widersprechenden Arbeitnehmer zu erreichen, muss der Widerspruch dazu führen, dass das Arbeitsverhältnis rückwirkend betrachtet niemals auf den Erwerber übergegangen ist. Es ist nicht einzusehen, warum ein vor dem Übergang widersprechender Arbeitnehmer anders gestellt werden sollte als ein nach dem Übergang widersprechender Arbeitnehmer. Zumal die Arbeitnehmer mangels Unterrichtung nicht selten von dem Übergang ihres Betriebs oder Betriebsteils vorab keinerlei Kenntnis erhalten.

Willemsen und *Löwisch* kann hier insoweit gefolgt werden, das die Rückwirkung des Widerspruchsrechts weder europarechtlich noch verfassungsrechtlich geboten ist[1472]. Wie bereits an anderer Stelle ausgeführt (vgl. § 3 A), folgt nach der Rechtsprechung des EuGH aus den europäischen Grundrechten lediglich das Recht des Arbeitnehmers, sich gegen die durch den Betriebsübergang bewirkte Begründung einer arbeitsvertraglichen Beziehung mit dem Betriebserwerber zu entscheiden. Ihm ist ein Abwehrrecht einzuräumen. Dagegen erkennt das BVerfG zusätzlich ein durch Art. 12 Abs. 1 GG verfassungsrechtlich gewährleistetes Bestandsschutzinteresse der einmal getroffenen Wahl des konkreten Vertragspartners an. Diesem Interesse kann durch ein Kündigungsrecht allein nicht entsprochen werden. Vielmehr erfordert die aus Art. 12 Abs. 1 GG resultierende Schutzpflicht vom Gesetzgeber die Schaffung einer Rückkehrmöglichkeit des Arbeitnehmers zu seinem bisheri-

1471 So auch Klumpp/Jochums, JuS 2006, 688. **A.A.** Staudinger/Annuß, § 613a BGB Rn. 309, unter Verweis auf das Recht zur außerordentlichen fristlosen Kündigung. Aus Sicht des bisherigen Arbeitgebers handelt es sich um eine „legitimationslose Fremdbestimmung des übertragenden Rechtsträgers hinsichtlich der Vertragskonditionen des widersprechenden Arbeitnehmers“, vgl. Grau, Unterrichtung, 377; Grau, RdA 2007, 372. Vgl. zu weiteren Nachteilen der ex nunc Wirkung des Widerspruchs bei der gesetzlichen Insolvenzsicherung der betrieblichen Altersversorgung: Neufeld/Beyer, NZA 2008, 1162.

1472 **A.A.** Grau, Unterrichtung, 373 f., der die Rückwirkung mit der verfassungsrechtlichen Fundierung des Widerspruchsrechts rechtfertigt.

gen Arbeitgeber. Das Widerspruchsrecht bildet neben einem Rückkehrrecht nur eine mögliche Regelungsalternative zur Sicherstellung des verfassungsrechtlich geforderten Schutzumfangs für die Arbeitnehmer. Das BVerfG geht von einer Rückwirkung des deutschen Widerspruchs aus. Ein Widerspruch mit ex nunc Wirkung wäre letztlich nur ein reines Rückkehrrecht. Dann aber würde die Aufzählung eines Rückkehrrechts neben dem Widerspruchsrecht keinen Sinn ergeben[1473]. Im Umkehrschluss folgt daraus, dass die Rückwirkung weder verfassungsrechtlich geboten ist noch gegen unsere Verfassung verstößt. Die Ansicht, wonach nur die Rückwirkung des Widerspruchs auf den Zeitpunkt des Betriebsübergangs die durch Art. 12 Abs. 1 GG grundrechtlich geschützte negative Vertragspartnerwahlfreiheit gewährleistet, ist unzutreffend. Zutreffend spricht *Willemsen* von der verfehlten These des achten Senats von einer verfassungsrechtlich gebotenen Rückwirkung[1474]. Vielmehr ist auf den vom 2. Senat seinerzeit eingeführten Begründungsansatz abzustellen, wonach die Rückwirkung dem Sinn und Zweck des Widerspruchsrechts entspricht. Nur die Rückwirkung ist in der Lage, den Arbeitnehmer vor für ihn ungünstigen rechtserheblichen Erklärungen des neuen Inhabers hinreichend zu beschützen.

Wenn sich aber aus Art. 12 Abs. 1 GG keine Anforderungen hinsichtlich einer ex nunc oder ex tunc Wirkung des Widerspruchs herleiten lassen, kann auch der von *Willemsen* vorgeschlagene Weg über ein „janusköpfiges" Gestaltungsrecht Widerspruch nicht auf das Verfassungsrecht gestützt werden[1475]. Zudem wäre ein Gestaltungsrecht, das je nachdem, worin der Unterrichtungsfehler liegt, entweder zu einer bis zum Zeitpunkt des Betriebsübergangs rückwirkenden Wiederherstellung des Arbeitsverhältnisses zum bisherigen Arbeitgeber oder zu einer Wiederherstellung ab dem Zeitpunkt der Widerspruchserklärung führt, mit nicht unerheblichen Bedenken bezüglich der rechtssicheren Anwendung verbunden und ist auch deshalb abzulehnen.

Das Bestehenbleiben des Arbeitsverhältnisses mit dem Veräußerer ist eine mögliche Rechtsfolge des europarechtlichen „Widerspruchs" (vgl. § 3 A I). Die Rückwirkung des nachträglichen Widerspruchs im deutschen Recht verstößt nicht gegen Art. 3 Abs. 1 RL 2001/23/EG. Entgegen der Ansicht von *Löwisch* führt die Kombination aus Rückwirkung und fehlerhaftem Arbeitsverhältnis für die Zeit, in der der übergehende Arbeitnehmer tatsächlich für den Erwerber gearbeitet hat, zu keiner Abweichung von der Richtlinie zum Nachteil des Arbeitnehmers. Das angeführte Beispiel überzeugt nicht. Selbst wenn man – entgegen der hier vertretenen Ansicht (vgl. § 3 I II) – einen Widerspruch auch noch nach wirksamer

---

1473 BVerfG, 25.1.2011 – 1 BvR 1741/09, BVerfGE 128, 157 (B I 3 c bb und C); vgl. auch die Formulierung unter B II 2 a bb.

1474 Willemsen, NJW 2007, 2073.

1475 Vgl. insoweit Staudinger/Annuß, § 613a BGB Rn. 309, der zu Recht darauf hinweist, dass die Rückwirkung auch in Fällen, in denen den Arbeitnehmern der Übergang unbekannt geblieben ist, nicht verfassungsrechtlich begründet werden kann.

Beendigung des Arbeitsverhältnisses für zulässig erachtet, betrifft die Abfindung einen Anspruch für den Fall der Beendigung des Arbeitsverhältnisses. Art. 3 Abs. 1 RL 2001/23/EG bezweckt aber nicht, Ansprüche für den Fall der Beendigung des Arbeitsverhältnisses zu sichern, sondern die Aufrechterhaltung des Arbeitsverhältnisses. Durch die ex tunc Wirkung büßen Rechtshandlungen von oder mit dem Erwerber ihre rechtliche Erheblichkeit ein. Das bedeutet, dass es beispielsweise zu keiner wirksamen Kündigung gekommen ist. Dem Arbeitnehmer, der es auf den Abfindungsanspruch abgesehen hat, steht es frei, nicht zu widersprechen und folglich die Rechtswirkungen aufrechtzuerhalten. Widerspricht er dennoch, ist es auch gerechtfertigt, ihn dazu zu verpflichten, bereits erhaltene Zahlungen wieder herauszugeben, weil es ihm in diesem Falle gar nicht darum ging, sein Arbeitsverhältnis zu beenden.

2. Zwischen Betriebserwerber und Arbeitnehmer

Durch die ex tunc Wirkung des Widerspruchs bestand in der Rückschau in der Zeit nach dem Betriebsübergang und vor dem Zugang der Widerspruchserklärung (Schwebephase) kein wirksames Arbeitsverhältnis zum neuen Inhaber. Das Arbeitsverhältnis bestand zum bisherigen Arbeitgeber fort. Hat der übergegangene Arbeitnehmer seine Arbeit beim neuen Inhaber fortgesetzt und der neue Inhaber für die Arbeit ein Entgelt erbracht, fand in tatsächlicher Hinsicht ein Austausch von Arbeit gegen Entgelt statt. Die Arbeitsleistung und die Entgeltzahlung einerseits und das Arbeitsverhältnis als Rechtsgrundlage andererseits fielen auseinander.

Wie bereits gesehen, wendet die herrschende Ansicht für diese Schwebephase vollkommen zu Recht die Grundsätze des fehlerhaften Arbeitsverhältnisses an (vgl. § 3 H II 1 b). Danach ist das tatsächliche Arbeitsverhältnis wie ein fehlerfrei zustande gekommenes Arbeitsverhältnis zu behandeln[1476]. Der Arbeitnehmer erhält für die Arbeit während der Schwebephase beim Erwerber das vermeintlich vertragliche Arbeitsentgelt[1477] einschließlich etwaiger dienstzeitabhängiger Sonderleistungen. Die Höhe der Leistungen bemisst sich auf der Grundlage des gemäß § 613a Abs. 1 S. 1 BGB fiktiv übergeleiteten Arbeitsvertrags und der nach den Regeln der § 613a Abs. 1 S. 2 und 3 BGB beim neuen Inhaber anzuwendenden kollektivrechtlichen Vergütungsregelungen, ggf. ergänzt durch Gesamtzusagen oder betriebliche Übungen. Die Verpflichtung zur Vergütung der tatsächlich erbrachten Leistungen trifft allein den neuen Inhaber als „Vertragspartner" des faktischen Arbeitsverhältnisses[1478].

1476 BAG, 7.6.1972 – 5 AZR 512/71, AP Nr. 18 zu § 611 BGB Faktisches Arbeitsverhältnis (2).

1477 Franzen, RdA 2002, 270; D. Gaul, ZfA 1990, 102; Grau, Unterrichtung, 378; Grau, MdR 2005, 494; vgl. insoweit auch Rieble, NZA 2004, 7.

1478 D. Gaul, ZfA 1990, 103.

3. *Zwischen Betriebsveräußerer und Arbeitnehmer*

a) Zeitraum zwischen Betriebsübergang und Widerspruch

aa) Anspruch auf Vergütung

Aufgrund der ex tunc Wirkung des Widerspruchs bestand in der Rückschau in der Zeit nach Betriebsübergang und vor Zugang des Widerspruchs ein ununterbrochenes Arbeitsverhältnis zum Betriebsveräußerer fort. Folglich sind auch die Anspruchsvoraussetzungen aus § 611 BGB gegenüber dem Betriebsveräußerer rückwirkend begründet. Ein Anspruch des Arbeitnehmers auf Lohnzahlung aus dem Arbeitsvertrag zum Betriebsveräußerer scheidet jedoch regelmäßig aus, weil der widersprechende Arbeitnehmer in der Zwischenzeit nicht für den Veräußerer gearbeitet hat[1479]. Neben einem Schadensersatzanspruch wegen schuldhafter Verletzung der Unterrichtungspflicht nach § 613a Abs. 5 BGB i.V.m. § 280 Abs. 1 BGB (vgl. § 2 C III 3) kommt nach § 615 S. 1 BGB auch ein Anspruch des Arbeitnehmers aus Annahmeverzug des Betriebsveräußerers in Betracht[1480]. Hat der widersprechende Arbeitnehmer in der Zwischenzeit für den Betriebserwerber gearbeitet, ist allgemein anerkannt, dass seine insoweit erhaltene Vergütung bei einem möglichen Annahmeverzugsanspruch anzurechnen wäre (§ 615 S. 2 Var. 2 BGB)[1481]. Sind die Vergütungsansprüche betragsmäßig gleich, entfällt der Anspruch des widersprechenden Arbeitnehmers auf Gehaltsfortzahlung aus § 615 S. 1 BGB. Auf den nachfolgend dargestellten Streit kommt es dann gar nicht mehr an. Ein Anspruch aus § 615 S. 1 BGB setzt voraus, dass der Betriebsveräußerer in Annahmeverzug geraten ist.

(1) Meinungsspektrum

Von einigen Autoren wird der Annahmeverzug für einen nach dem Betriebsübergang erklärten Widerspruch ganz allgemein mit der Begründung abgelehnt, dass die Rückwirkung als Fiktion keine Leistungsstörungen und somit auch keinen Leistungsverzug in der Vergangenheit auslösen könne[1482].

Andere lehnen, jedenfalls für die Fälle, in denen der Arbeitnehmer in der Zwischenzeit für den Betriebserwerber gearbeitet hat, einen Annahmeverzug mit der Begründung ab, dass der Arbeitnehmer im Hinblick auf die beim Betriebserwerber geleistete Arbeit schon rein tatsächlich gar nicht imstande gewesen sei, für

---

1479 D. Gaul, ZfA 1990, 101 f.; Grau, Unterrichtung, 379; Grau, MdR 2005, 495.

1480 HWK/Willemsen/Müller-Bonanni, § 613a BGB Rn. 355; MK/Müller-Glöge, § 613a BGB Rn. 123.

1481 BAG, 19.3.1998 – 8 AZR 139/97, AP Nr. 177 zu § 613a BGB (II 2 c); Franzen, RdA 2002, 271; D. Gaul, ZfA 1990, 102; Gaul, Betriebs- und Unternehmensspaltung, § 11 Rn. 66 ff.; Klumpp/Jochums, JuS 2006, 688; Neufeld/Beyer, NZA 2008, 1159; MK/Müller-Glöge, § 613a BGB Rn. 123; Olbertz/Ungnad, BB 2004, 217.

1482 Klumpp/Jochums, JuS 2006, 689; Rieble, NZA 2004, 7. Gegen einen Annahmeverzug auch: Cohnen, in: Moll, Arbeitsrecht, § 55 Rn. 113; Düwell/Wichert, in: Arens/Düwell/Wichert, Umstrukturierung, § 7 Rn. 338; KR/Treber, § 613a BGB Rn. 116.

den Veräußerer zu arbeiten[1483]. Dem Arbeitnehmer sei eine Leistungserbringung unmöglich gewesen. Hiergegen wendet das BAG ein, dass die gesetzlichen Regelungen des Annahmeverzugs, insbesondere § 615 S. 2 BGB, davon ausgingen, dass durch die Arbeitsleistung des Arbeitnehmers bei einem anderen Arbeitgeber nicht zwangsläufig ein Unvermögen des Arbeitnehmers zur Arbeitsleistung im Sinne des § 297 BGB eintritt, welches einen Annahmeverzug ausschließt[1484].

Überwiegend wird die Ablehnung bzw. Zustimmung des Annahmeverzugs des Veräußerers am grundsätzlich erforderlichen (vgl. §§ 293 ff. BGB) Angebot des Schuldners, hier des Arbeitnehmers, festgemacht. Jene Stimmen sind sich insoweit einig, als dass in der Fortsetzung der Arbeit des Arbeitnehmers an seinem übergegangenen Arbeitsplatz beim Betriebserwerber allein kein wörtliches Angebot im Sinne des § 295 BGB erblickt werden kann. Als geschäftsähnliche Handlung finden auf das wörtliche Angebot die Vorschriften über Willenserklärungen (§§ 130 ff. BGB) analog Anwendung[1485]. Hier fehle es aber bereits in aller Regel am Zugang des Angebots beim Betriebsveräußerer[1486]. Das tatsächliche Angebot im Sinne des § 294 BGB unterliegt als Realakt nicht den Vorschriften der Willenserklärung. Insoweit besteht Uneinigkeit über die Frage, ob bereits in der Fortsetzung der Arbeit des Arbeitnehmers an seinem übergegangenen Arbeitsplatz beim Betriebserwerber ein tatsächliches Angebot im Sinne des § 294 BGB gegenüber dem Veräußerer erblickt werden kann. Dies wird zum Teil bejaht[1487]. Wie ein Vergleich mit den Grundsätzen bei der Leiharbeit zeige, könne ein tatsächliches Angebot auch einem Dritten gegenüber gemacht werden, wenn ihm gegenüber die Leistung nach der vertraglichen Abrede zu erbringen ist[1488]. Andere begründen es damit, dass sich der Veräußerer bei Ausübung des Widerspruchsrechts annahmeverzugsbegründende Handlungen gegenüber dem Erwerber zurechnen lassen muss, weil dasselbe umgekehrt auch für den Erwerber hinsichtlich eines vor dem Betriebsübergang eingetretenen Annahmeverzugs des Veräußerers gelte[1489]. Der Umstand, dass der Arbeitnehmer in der Zeit zwischen dem Betriebsübergang und dem Widerspruch beim Erwerber gearbeitet hat, stehe dem nicht entgegen, weil auf der Grundlage eines fehlerhaften Arbeitsverhältnisses nicht die notwendige Entgegennahme als Erfüllung aus einem bestehenden Arbeitsverhältnis angenommen

1483 Grau, Unterrichtung, 381 [Unmöglichkeit unter dem Gesichtspunkt des absoluten Fixschuldcharakters der Arbeitsleistung]; Klumpp/Jochums, JuS 2006, 688; Schneider/Sittard, BB 2007, 2231; Worzalla, NZA 2002, 358.

1484 BAG, 27.11.2008 – 8 AZR 1021/06, AP Nr. 361 zu § 613a BGB (B III 2 b bb); BAG, 20.5.2010 – 8 AZR 734/08, AP Nr. 19 zu § 613a BGB Widerspruch (B II 1).

1485 MK/Ernst, § 295 Rn. 2.

1486 Franzen, RdA 2002, 271; Menze, Widerspruchsrecht, 204.

1487 Franzen, RdA 2002, 271; Meyer, Unterrichtung, § 3 Rn. 355, 405; wohl auch Gaul, Betriebs- und Unternehmensspaltung, § 11 Rn. 66; Neufeld/Beyer, NZA 2008, 1159.

1488 Franzen, RdA 2002, 271.

1489 Neufeld/Beyer, NZA 2008, 1159.

werden könne[1490]. Wieder andere Teile der Literatur verneinen ein Angebot der Arbeitsleistung des widersprechenden Arbeitnehmers gegenüber dem Veräußerer. Es fehle an einem nach § 294 BGB notwendigen tatsächlichen Angebot der Arbeitsleistung am richtigen Ort (Betriebssitz des Veräußerers) und gegenüber dem richtigen Arbeitgeber als dem richtigen Leistungsschuldner (Veräußerer)[1491].

Hinsichtlich der Fälle des § 296 BGB besteht Einigkeit insoweit, dass dieser in einem laufenden Arbeitsverhältnis grundsätzlich nicht angenommen werden kann. Das BAG überträgt allerdings die Rechtsprechung zum Annahmeverzug bei einer ordentlichen[1492] bzw. außerordentlichen[1493] Kündigung auf den Fall eines erst nach dem Betriebsübergang erklärten Widerspruchs[1494]. Erklärt der Veräußerer vor dem Betriebsübergang z.B. im Unterrichtungsschreiben, dass er für widersprechende Arbeitnehmer keine Möglichkeit zur Weiterbeschäftigung habe, er also seine Mitwirkungshandlung nicht erbringen wird, soll es keines Angebots des Arbeitnehmers bedürfen.

Darüber hinaus bejaht das BAG noch in weiteren Fällen einen Annahmeverzug[1495]. Die nicht ordnungsgemäße Unterrichtung könne ein treuwidriges Verhalten des Veräußerers gemäß § 162 BGB beinhalten. Wird die fehlerhafte Unterrichtung ursächlich für die verspätete Ausübung des Widerspruchs gegenüber dem Veräußerer und das Unterlassen des Angebots gegenüber diesem, könne die Erklärung des Angebots entbehrlich sein[1496]. Der Veräußerer kommt dann automatisch auch für die Zeit vor dem Widerspruch in Annahmeverzug. Allerdings treffe den Arbeitnehmer in solch einem Falle die Darlegungs- und Beweislast für die Ursächlichkeit der treuwidrigen Handlung für den Bedingungseintritt. Gelingt dem widersprechenden Arbeitnehmer nicht der Nachweis, dass die fehlerhafte Unterrichtung zur verspäteten Ausübung seines Widerspruchs gegenüber der Beklagten und zum Unterlassen des Arbeitsangebots geführt hat, war das Angebot nicht entbehrlich[1497].

1490 Franzen, RdA 2002, 271; vgl. auch Neufeld/Beyer, NZA 2008, 1159, die hieraus ableiten wollen, dass kein Unvermögen nach § 297 BGB vorliege.

1491 Grau, Unterrichtung, 380 f.; Grau, MdR 2005, 495; Menze, Widerspruchsrecht, 203 f. Gegen ein Angebot im Ergebnis auch: D. Gaul, ZfA 1990, 102; Klumpp/Jochums, JuS 2006, 688 f.; Worzalla, NZA 2002, 358.

1492 BAG, 21.3.1985 – 2 AZR 201/84, AP Nr. 35 zu § 615 BGB (B I).

1493 BAG, 9.8.1984 – 2 AZR 374/83, AP Nr. 34 zu § 615 BGB (B II 5).

1494 BAG, 24.7.2008 – 8 AZR 1020/06, BeckRS 2009, 74821 (B III 2 b); BAG, 27.11.2008 – 8 AZR 230/07, AP Nr. 6 zu § 613a BGB Unterrichtung (B III 2 c); BAG, 27.11.2008 – 8 AZR 1021/06, AP Nr. 361 zu § 613a BGB (B III 2 b); BAG, 20.5.2010 – 8 AZR 734/08, AP Nr. 19 zu § 613a BGB Widerspruch (B II 1); ErfK/Preis, § 613a BGB Rn. 105; WHSS/Willemsen, Rn. G 166.

1495 BAG, 13.7.2006 – 8 AZR 382/05, AP Nr. 1 zu § 613a BGB Widerspruch (II 2 a).

1496 In diese Richtung zuvor schon: Gaul, Betriebs- und Unternehmensspaltung, § 11 Rn. 66; vgl. auch Pietzko, Tatbestand des § 613a BGB, 297 f.

1497 LAG Düsseldorf, 18.8.2008 – 17 Sa 1546/07, LAGE § 613a BGB 2002 Nr. 21a (C II 1 f).

(2) Stellungnahme

Nach hier vertretener Ansicht scheidet ein Annahmeverzug des Betriebsveräußerers gegenüber einem nach dem Betriebsübergang widersprechenden Arbeitnehmer für die Zeit zwischen Betriebsübergang und Widerspruch komplett aus.

In der tatsächlichen Arbeit des übergehenden Arbeitnehmers für den Betriebserwerber kann weder ein tatsächliches (§ 294 BGB) noch ein wörtliches (§ 295 BGB) Arbeitsangebot gegenüber dem Veräußerer erblickt werden. Zwar sind Fälle denkbar, in denen auch ein Angebot gegenüber einem Dritten genügen kann. Dies setzt aber voraus, dass der Schuldner auch dem Dritten gegenüber zu einer Leistung verpflichtet ist. Dementsprechend genügt bei der Leiharbeit das Arbeitsangebot gegenüber dem Entleiher, um die Voraussetzung des § 294 BGB gegenüber dem Verleiher zu erfüllen, weil der Leiharbeitnehmer verpflichtet ist, seine Arbeitskraft dem Entleiher zur Verfügung zu stellen. Genau an einer solchen Verpflichtung fehlt es aber hier. Die Rückwirkung des Widerspruchs hat gerade dazu geführt, dass zu keinem Zeitpunkt eine Pflicht des übergehenden Arbeitnehmers zur Arbeit beim Betriebserwerber bestand[1498]. Der Grund, warum ein gegenüber dem Veräußerer begründeter Annahmeverzugsanspruch nach dem Betriebsübergang nicht verloren geht, liegt in der gesetzlich angeordneten Überleitung der Rechte und Pflichten gemäß § 613a Abs. 1 S. 1 BGB. Nach dem Widerspruch findet eine derartige Rücküberleitung nicht statt. Folglich muss sich der Veräußerer auch keine annahmeverzugsbegründenden Handlungen gegenüber dem Erwerber zurechnen lassen.

Dem BAG kann folglich insoweit gefolgt werden, dass ein Annahmeverzug allenfalls in den Fällen des § 296 BGB in Betracht kommt. Nach § 296 BGB bedarf es keines Angebotes, wenn für die vom Gläubiger zu erbringende Mitwirkungshandlung eine Zeit nach dem Kalender bestimmt ist und diese Handlung nicht rechtzeitig vorgenommen wird. Vorliegend könnte den Veräußerer im Zeitpunkt des Betriebsübergangs die Obliegenheit treffen, dem übergehenden Arbeitnehmer Arbeit zuzuweisen und einen funktionsfähigen Arbeitsplatz bereitzuhalten. Gegen einen Annahmeverzug spricht auch nicht, dass der Gläubiger dann nicht in Verzug gerät, wenn der Schuldner zur Zeit des Angebots oder im Falle des § 296 BGB zu der für die Handlung des Gläubigers bestimmten Zeit außerstande ist, die Leistung zu bewirken, vgl. § 297 BGB. Unmöglichkeit der Leistung durch den Arbeitnehmer und Annahmeverzug schließen sich gegenseitig aus[1499]. Bietet der Erwerber dem Arbeitnehmer in der Zeit zwischen Betriebsübergang und Widerspruchserklärung Arbeit an, kann in der Annahme dieses Arbeitsangebots durch den Arbeitnehmer aber nicht auf die Unmöglichkeit der Arbeitsleistung für den Veräußerer geschlossen werden. Die Annahme einer Unmöglichkeit in diesen Fällen widerspräche der gesetzlichen Wertung hinter § 615 S. 2 Var. 3 BGB. Um sich seinen

---

1498 Insoweit wie hier: LAG Köln, 11.6.2004 – 12Sa 374/04, LAGReport 2004, 331 ff. (2 c); Schneider/Sittard, BB 2007, 2231.

1499 BAG, 18.12.1986 – 2 AZR 34/86, AP Nr. 2 zu § 297 BGB (B II 2).

Anspruch auf Annahmeverzugslohn zu erhalten, müsste der Arbeitnehmer nach der Gegenansicht die Arbeit beim Erwerber ablehnen. Verweigert er allerdings die Arbeit beim Betriebserwerber, müsste er sich gemäß § 615 S. 2 Var. 3 BGB den Wert desjenigen anrechnen lassen, was er durch anderweitige Verwendung seiner Dienste zu erwerben böswillig unterlässt.

Im Ergebnis ist allerdings auch der Weg über § 296 BGB nicht überzeugend. Für eine Genehmigung nach § 184 BGB ist anerkannt, dass ein Gläubiger nicht rückwirkend in Annahmeverzug geraten kann[1500]. Bis zur Erteilung der Genehmigung ist das Rechtsgeschäft ohne Zustimmung schwebend unwirksam. Zwischen den Parteien konnte kein Verzug eintreten, weil sie in der Zwischenzeit nicht leistungspflichtig waren[1501]. Im Falle des Betriebsübergangs geht das Arbeitsverhältnis mit dem Betrieb auf den Erwerber gemäß § 613a Abs. 1 S. 1 BGB über. Bis zum Widerspruch kann das Arbeitsverhältnis zwischen Betriebsveräußerer und dem übergegangenen Arbeitnehmer rechtsdogmatisch ebenfalls als schwebend unwirksam angesehen werden. Für die Zeit bis zum Widerspruch bestanden zwischen Betriebsveräußerer und dem übergegangenen Arbeitnehmer keine Leistungspflichten. Der Betriebsveräußerer konnte nicht in Gläubigerverzug geraten, weil er in der Zwischenzeit vom übergegangenen Arbeitnehmer auch keine Arbeitsleistungen verlangen konnte. Zwar gilt der Betriebsveräußerer durch den nach dem Betriebsübergang erklärten Widerspruch im und nach dem Zeitpunkt des Betriebsübergangs als Gläubiger der Arbeitsleistungen aus einem fortbestehenden Arbeitsverhältnis. Die ex tunc Wirkung des Widerspruchs kann aber nicht dazu führen, dass den Veräußerer die rückwirkende Obliegenheit trifft, dem übergegangenen Arbeitnehmer ab dem Übergangszeitpunkt einen Arbeitsplatz anzubieten, obwohl er zu diesem Zeitpunkt mangels Widerspruchs noch keinerlei Veranlassung hatte, dem Arbeitnehmer einen funktionsfähigen Arbeitsplatz zur Verfügung zu stellen[1502]. Im Endeffekt führt die Rechtsprechung zu dem absurden Ergebnis, dass der Betriebsveräußerer, will er nicht automatisch mit dem Betriebsübergang in Annahmeverzug geraten, jedem übergehenden Arbeitnehmer für den Zeitraum ab dem Betriebsübergang vorsorglich einen Arbeitsplatz zuweisen muss, nur weil abstrakt die Möglichkeit zum Widerspruch besteht.

Die rückwirkende Kraft eines erst nach dem Betriebsübergang erklärten Widerspruchs übersieht das BAG, wenn es die Rechtsprechung zum Annahmeverzug bei einer unberechtigten Kündigung auf die Fälle eines nachträglichen Widerspruchs überträgt. In den Kündigungsfällen kommt es zum Gläubigerverzug, wenn der Arbeitgeber (rechtsirrtümlich) davon ausging, dem Arbeitnehmer wirksam gekündigt zu haben, er in der Folge seinem Arbeitnehmer keinen Arbeitsplatz zuweist und sich anschließend die Unwirksamkeit der Kündigung herausstellt. Eine Rückwirkung spielt hier für die Begründung eines Annahmeverzugs keine Rolle.

1500 Vgl. MK/Bayreuther, § 184 Rn. 13; Staudinger/Gursky, § 184 BGB Rn. 38.
1501 Vgl. Staudinger/Gursky, § 184 BGB Rn. 15.
1502 Vgl. Franzen, RdA 2002, 271; Grau, Unterrichtung, 380 Fn. 152; Klumpp/Jochums, JuS 2006, 689; Rieble, NZA 2004, 7.

Das Arbeitsverhältnis und mithin die fortwährende Obliegenheit, dem Arbeitnehmer Arbeit zuzuweisen und einen Arbeitsplatz bereitzuhalten, wurde durch eine unberechtigte Kündigung nie unterbrochen. Folgerichtig hatte das BAG ursprünglich auch auf die Rechtsprechung zum Annahmeverzug bei einer unberechtigten Kündigung in einem Fall hingewiesen, in dem der Widerspruch vor dem Betriebsübergang erklärt wurde[1503]. Wird der Widerspruch aber bereits vor dem Betriebsübergang erklärt, stellt sich die beschriebene Rückwirkungsproblematik von vornherein nicht (vgl. § 3 H I).

Soweit das BAG in einer nicht ordnungsgemäßen Unterrichtung ein treuwidriges Verhalten des Veräußerers erkennt und über § 162 BGB zur Bejahung eines Annahmeverzugs gelangt, kann dem hier ebenfalls nicht zugestimmt werden[1504]. Die Fälle der Entbehrlichkeit eines Angebots wurden in § 296 BGB abschließend geregelt und basieren auf einer umfangreichen gesetzgeberischen Abwägung. Die Entbehrlichkeit eines Angebots über den Umweg des (Rechtsgedanken des) § 162 BGB zu konstruieren, ist dem System des Gläubigerverzugs fremd und folglich abzulehnen. Hat ein Arbeitnehmer durch die formell (verspätete) und ggf. materiell nicht ordnungsgemäße Unterrichtung einen Schaden erlitten, kann er sich unter den Voraussetzungen der §§ 280 ff. BGB an den Betriebsveräußerer halten. Gerät der Betriebserwerber in die Insolvenz, kann der Arbeitnehmer vom Erwerber nicht gewährte Entgeltleistungen vom Veräußerer ersetzt verlangen. Der Schadensersatzanspruch ist hierfür der dogmatisch richtige Weg, nicht die Annahmeverzugsregeln. Bei der Prüfung des Schadensersatzanspruchs kommt es sodann u.a. auch auf die vom BAG systemwidrig im Rahmen des Annahmeverzugs geforderte Kausalität zwischen Informationsfehler und verspäteter Ausübung des Widerspruchsrechts an[1505].

Hält man es nach alledem – entgegen der hier vertretenen Ansicht – gleichwohl für möglich, dass der Arbeitgeber in den Fällen eines nachträglichen Widerspruchs in Annahmeverzug geraten kann, ist Folgendes zu beachten: Bisher nicht diskutiert, aber zumindest theoretisch denkbar ist der Fall, dass ein Arbeitnehmer nach dem Betriebsübergang widerspricht, in der Zwischenzeit aber weder für den Erwerber noch für den Veräußerer gearbeitet hat, dem Veräußerer aber ab dem Übergangszeitpunkt seine Arbeitsleistung wörtlich angeboten hat. Hält man einen Annahmeverzug des Betriebsveräußerers grundsätzlich für möglich, genügt das wörtliche Angebot in den in § 295 BGB abschließend aufgezählten Fällen, z.B. die Ablehnung des Angebots zur Weiterarbeit durch den Veräußerer.

In der Regel wird der erst später widersprechende Arbeitnehmer nach dem Übergang zunächst beim Erwerber arbeiten und dem Veräußerer seine Arbeitsleistung nicht anbieten. In diesen Fällen, weiß der Veräußerer nicht, ob und ab wann er dem Arbeitnehmer Arbeit zuweisen und einen Arbeitsplatz bereithalten muss, weil er nicht weiß, ob und ab wann der Arbeitnehmer leistungsbereit und -willig

1503 BAG, 19.3.1998 – 8 AZR 139/97, AP Nr. 177 zu § 613a BGB (II 1).
1504 Im Ergebnis wie hier: Schneider/Sittard, BB 2007, 2231 ff.
1505 BAG, 13.7.2006 – 8 AZR 382/05, AP Nr. 1 zu § 613a BGB Widerspruch (II 2 b).

ist. Hält man einen Annahmeverzug des Betriebsveräußerers gleichwohl für möglich, ist der Rechtsprechung des BAG – insoweit folgerichtig – zuzustimmen, dass auch dann ein Fall des § 296 BGB anzunehmen ist, wenn dem Arbeitnehmer im Unterrichtungsschreiben mitgeteilt wird, dass sein Arbeitsplatz beim bisherigen Arbeitgeber weggefallen und auch eine anderweitige Weiterbeschäftigung bei ihm nicht möglich ist. Zwar bedarf es grundsätzlich eines Leistungsangebots des Arbeitnehmers, sofern der Beginn des Annahmeverzugs für den Arbeitgeber nicht erkennbar ist[1506]. Ein erneutes Leistungsangebot ist aber ausnahmsweise dann entbehrlich, wenn der Veräußerer zu erkennen gegeben hat, dass ihn diese Informationen nicht interessieren. Das Verlangen eines Angebots wäre dann reine Formalität[1507]. Der Zweck des tatsächlichen bzw. wörtlichen Angebots nach §§ 294 f. BGB liegt darin, die Leistungsbereitschaft des Schuldners und den Beginn des Annahmeverzugs klarzustellen. Aus Sicht des Veräußerers bedeutet die bisherige Rechtsprechung des BAG, dass er eine Weiterbeschäftigungsmöglichkeit nach dem Betriebsübergang im Unterrichtungsschreiben offen lassen sollte, um nicht von vornherein in eine mögliche „Verzugsfalle“ zu tappen.

bb) Anspruch auf dienstzeitunabhängige Leistungen

Die Frage, ob einem nachträglich widersprechenden Arbeitnehmer ein Anspruch auf dienstzeitunabhängige Leistungen zusteht, ist noch weitgehend ungeklärt. Beispielsweise handelt es sich bei einer Treueprämie für vergangene Betriebszugehörigkeit um eine Sondervergütung mit der ausschließlich die Betriebstreue belohnt wird[1508]. Voraussetzung für den Anspruch ist dann nicht die im Bezugsjahr tatsächlich erbrachte Arbeitsleistung, sondern allein die arbeitsrechtliche Bindung an den Veräußererbetrieb. Man könnte daran denken, dass zumindest im Falle eines Übergangs des gesamten Betriebs mangels verbliebenen „Restes“ auch kein Anknüpfungspunkt für rein betriebsbezogene Sonderleistungen bestehe. Im Kern handelt es sich bei der „Betriebstreue“ jedoch zumeist um eine „Arbeitsvertragspartnertreue“.

Die ex tunc Wirkung des Widerspruchs führt nun dazu, dass ein ununterbrochen fortbestehendes Arbeitsverhältnis des widersprechenden Arbeitnehmers zum

---

1506 Vgl. LAG Düsseldorf, 18.8.2008 – 17 Sa 1546/07, LAGE § 613a BGB 2002 Nr. 21a (C I 1). Für einen Annahmeverzug nach unberechtigter fristloser Arbeitgeberkündigung: BAG, 9.8.1984 – 2 AZR 374/83, AP Nr. 34 zu § 615 BGB (B II 5 d).

1507 Vgl. für einen Annahmeverzug nach unberechtigter fristloser Arbeitgeberkündigung: BAG, 9.8.1984 – 2 AZR 374/83, AP Nr. 34 zu § 615 BGB (B II 5 d). Im Ergebnis auch: LAG Düsseldorf, 15.11.2006 – 7 (18) Sa 287/06, BeckRS 2007, 46860 (II 2 d bb), wonach es gegen das sich aus Treu und Glauben ergebende Verbot widersprüchlichen Verhaltens verstößt, wenn der Veräußerer dem Arbeitnehmer einerseits erklärt, er könne die Arbeitskraft eines widersprechenden Arbeitnehmers mangels Beschäftigungsmöglichkeit nicht annehmen und sich andererseits später auf ein fehlendes Arbeitsangebot des widersprechenden Arbeitnehmers beruft.

1508 Bei Weihnachtsgeld handelt es sich im Zweifel um eine arbeitsleistungsbezogene Sondervergütung, vgl. ErfK/Preis, § 611 Rn. 528a.

bisherigen Betriebsinhaber besteht. Danach hat der widersprechende Arbeitnehmer eigentlich einen Anspruch auf dienstzeitunabhängige Leistungen[1509]. Daraus folgt aber auch, dass es theoretisch zu einer Verdoppelung der Treueprämie zugunsten des im richtigen Zeitpunkt widersprechenden Arbeitnehmers kommen kann. Die ex nunc Wirkung des Widerspruchs hätte den Vorteil, dass sich der Veräußerer für die Zeit nach dem Betriebsübergang und vor der Widerspruchserklärung mangels einer arbeitsvertraglichen Beziehung zum Arbeitnehmer keiner Ansprüche auf dienstzeitunabhängige Leistungen ausgesetzt sähe. Die Zwischenzeit beim Erwerber wäre für auf die Betriebszugehörigkeit abstellende Leistungen irrelevant. Für diejenigen Stimmen, die von einer ex tunc Wirkung des Widerspruchs ausgehen und dem Arbeitnehmer für die Zeit nach dem Betriebsübergang und vor dem Widerspruch einen Annahmeverzugsanspruch gemäß § 615 S. 1 BGB zusprechen, kommt hier eine analoge Anwendung des § 615 S. 2 BGB in Betracht[1510]. Eine direkte Anwendung des § 615 S. 2 BGB scheidet aus. Bei der Treueprämie handelt es sich nicht um eine Vergütung im Sinne der genannten Vorschrift. Den Fall, dass ein im Wege des Betriebsübergangs übergehender Arbeitnehmer seine Arbeitsleistung tatsächlich in einem fehlerhaften Arbeitsverhältnis zum Erwerber erbracht hat und seine Pflichten aus dem rückwirkend fortbestehenden rechtlichen Arbeitsverhältnis zum Veräußerer nicht mehr erfüllen kann, hat der Gesetzgeber nicht gesehen. Um den gesetzgeberischen Willen des § 615 S. 2 BGB, der darin liegt, dass der Arbeitnehmer durch den Annahmeverzug weder finanzielle Vor- noch Nachteile hat[1511], gerecht zu werden, könnte die Rechtsfolge des § 615 S. 2 BGB auf den hier interessierenden Fall übertragen werden. Gerade der Umstand, dass es sich beim fehlerhaften Arbeitsverhältnis „praktisch" um ein zweites Arbeitsverhältnis handelt, spräche hier für eine analoge Anwendung des § 615 S. 2 BGB.

Nach hier vertretener Ansicht scheidet ein Annahmeverzugsanspruch des widersprechenden Arbeitnehmers jedoch von vornherein aus (vgl. § 3 H II 3 a aa (2)). Dies führt dazu, dass zur Verhinderung einer Verdoppelung der Treueprämie nicht auf eine analoge Anwendung der Annahmeverzugsregeln zurückgegriffen werden kann, wenngleich der Vorschrift des § 615 S. 2 BGB durchaus der allgemeine Rechtsgedanke entnommen werden könnte, dass anderweitig erlangte Leistungen nicht zu einer Verdoppelung zugunsten des Arbeitnehmers führen sollen. Zumindest in den Fällen, in denen die Treueprämie seine Grundlage im Arbeitsvertrag zwischen dem Veräußerer und dem widersprechenden Arbeitnehmer findet, kommt eine Anrechnung der bereits vom Erwerber erhaltenen Treueprämie nach den Regeln einer ergänzenden Vertragsauslegung in Betracht[1512]. Gegen diesen

1509 So Bayreuther, in: Dornbusch/Fischermeier/Löwisch, § 613a BGB Rn. 149.

1510 Vgl. Neufeld/Beyer, NZA 2008, 1160, der allerdings nicht von einer analogen Anwendung des § 615 S. 2 BGB spricht, sondern von einem „erhöhten Begründungsaufwand" und einer „extensive[n] Auslegung von § 615 BGB".

1511 MK/Henssler, § 615 BGB Rn. 62.

1512 Vgl. Grau, Unterrichtung, 381 f.; Grau, MdR 2005, 495.

Ansatz spricht jedoch, dass die ergänzende Vertragsauslegung für tarifvertragliche Sonderleistungen von vornherein ausscheidet[1513]. Überzeugender ist gagegen die Konstruktion einer Gesamtschuld zwischen dem bisherigen und dem neuen Arbeitgeber[1514]. Die Gesamtschuld hat den Vorteil, dass sich der Veräußerer auf § 422 Abs. 1 BGB stützen könnte, so dass der Arbeitnehmer die Treueprämie nicht doppelt einfordern könnte. Eine direkte Anwendung des § 613a Abs. 2 S. 1 BGB scheidet jedoch aus[1515]. Im Falle eines Widerspruchs findet keine Rückübertragung des Arbeitsverhältnisses nach § 613a Abs. 1 BGB statt. Denkbar erscheint eine analoge Heranziehung[1516]. Der Gesetzgeber sah, wie sich Abs. 2 entnehmen lässt, die gesamtschuldnerische Haftung für Verbindlichkeiten aus dem übergehenden Arbeitsverhältnis als sachgerechte Lösung zum Ausgleich der widerstreitenden Interessen an.

Nicht nur bestimmte Vergütungsbestandteile sind unabhängig von einer bestimmten Arbeitsleistung, sondern auch Urlaubsansprüche[1517]. Im Gegensatz zu den Vergütungsansprüchen existiert für diese Ansprüche mit § 6 Abs. 1 BUrlG eine Anrechnungsvorschrift, die für die hier interessierenden Fälle analog herangezogen werden kann[1518]. Eine direkte Anwendung scheidet aus, weil der Erwerber nicht als früherer Arbeitgeber eingestuft werden kann[1519]. Die Rückwirkung des Widerspruchs führt gerade dazu, dass der Erwerber rechtlich niemals Arbeitgeber des Arbeitnehmers gewesen ist. Andererseits wird hieran deutlich, dass allein die Rückwirkung eine direkte Anwendung des § 6 Abs. 1 BUrlG verhindert, denn in tatsächlicher Hinsicht war der Arbeitnehmer nacheinander für zwei verschiedene Arbeitgeber tätig. Den Fall, dass ein im Wege des Betriebsübergangs übergehender Arbeitnehmer in einem fehlerhaften Arbeitsverhältnis zum Erwerber und durch den Widerspruch fiktiv in einem rechtlichen Arbeitsverhältnis zum Veräußerer stand, hat der Gesetzgeber nicht gesehen.

Die betriebsrentenrechtliche Betriebszugehörigkeit ist ebenfalls unabhängig von einer tatsächlichen Arbeitsleistung[1520]. Für die Betriebsrente besteht aber keine Gefahr einer verdoppelten Anwartschaft für die Zeit nach dem Betriebsübergang und vor dem Widerspruch[1521]. Aufgrund der ex tunc Wirkung des Widerspruchs hat der widersprechende Arbeitnehmer für die Zwischenzeit keine Ansprüche gegenüber dem Erwerber, sondern allein gegenüber dem Veräußerer erlangt. Im Falle einer Di-

1513 Rieble, NZA 2004, 8.

1514 Vgl. Pietzko, Tatbestand des § 613a BGB, 299; Rieble, NZA 2004, 8; für den Lohnanspruch so auch: Eichler, Widerspruchsrecht, 255.

1515 **A.A.** Eichler, Widerspruchsrecht, 255; vgl. auch Pietzko, Tatbestand des § 613a BGB, 299, der hier auf eine Entscheidung des BAG zu § 613a Abs. 2 BGB verweist.

1516 **A.A.** Grau, Unterrichtung, 380.

1517 BAG, 28.1.1982 – 6 AZR 571/79, AP Nr. 11 zu § 3 BUrlG Rechtsmißbrauch (II 2 b).

1518 Grau, Unterrichtung, 381; Grau, MdR 2005, 495; Neufeld/Beyer, NZA 2008, 1161.

1519 **A.A.** D. Gaul, ZfA 1990, 105.

1520 Neufeld/Beyer, NZA 2008, 1162.

1521 So aber Rieble, NZA 2004, 8.

rektzusage sind die gebildeten Pensionsrückstellungenen von dem Betriebserwerber nach dem Widerspruch buchhalterisch wieder aufzulösen[1522]. Bei den externen Durchführungswegen (Unterstützungskasse, Pensionskasse und Pensionsfonds), ist den am Übergang beteiligten Arbeitgebern zu empfehlen, eine Regelung in den Unternehmenskaufvertrag aufzunehmen, wonach der Veräußerer verpflichtet ist, dem Erwerber die zwischenzeitlich geleisteten Beiträge zurückzuerstatten.

b) Zeitraum nach Widerspruch

Für den Zeitraum ab Zugang der Widerspruchserklärung kommt wiederum ein Anspruch des Arbeitnehmers aus § 615 S. 1 BGB gegenüber dem Betriebsveräußerer in Betracht[1523]. Dieser Anspruch setzt voraus, dass der Betriebsveräußerer in Annahmeverzug (§§ 293 ff. BGB) geraten ist. An dieser Stelle kann auf die Ausführungen für einen vor dem Betriebsübergang erklärten Widerspruch, insbesondere hinsichtlich einer möglichen Anrechnung nach § 615 S. 2 Var. 3 BGB, verwiesen werden (vgl. § 3 H I).

III. Ausgewählte Folgefragen des Widerspruchs

Der Widerspruch wirft zahlreiche Folgefragen auf[1524]. Der Verfasser konzentriert sich auf die Fragen, unter welchen Voraussetzungen dem widersprechenden Arbeitnehmer durch den Veräußerer betriebsbedingt gekündigt werden kann, inwieweit dem widersprechenden Arbeitnehmer Sozialplanansprüche zustehen und ob die Widerspruchserklärung zu einer sozialversicherungsrechtlichen Sperrfrist führt.

1. Betriebsbedingte Kündigung

Der Widerspruch macht den Übergang des Arbeitsverhältnisses rückgängig. Der Übergang des Arbeitsplatzes auf den neuen Betriebsinhaber bleibt hiervon jedoch unberührt. Die Ausübung des Widerspruchsrechts ist selbst kein Grund für eine verhaltensbedingte Kündigung[1525]. Allerdings ist das Arbeitsverhältnis nach Übergang des Arbeitsplatzes und nach Widerspruch des übergehenden Arbeitnehmers häufig ohne Sinn[1526]. Dem bisherigen Arbeitgeber mangelt es regelmäßig an einer Weiterbeschäftigungsmöglichkeit für die widersprechenden Arbeitnehmer. Das Bedürfnis

1522 Neufeld/Beyer, NZA 2008, 1162.

1523 ErfK/Preis, § 613a BGB Rn. 105; Mestwerdt, in: Kündigungsschutzrecht, § 613a BGB Rn. 195; Cohnen, in: Moll, Arbeitsrecht, § 55 Rn. 112.

1524 Vgl. z.B. zu dem hier nicht behandelten Problemkreis der arbeitnehmererfindungsrechtlichen und arbeitnehmerurheberrechtlichen Rechtspositionen: Leinhas, IT-Outsourcing, 63 ff., 225 ff.

1525 Dies würde gegen das Maßregelungsverbot aus § 612a BGB verstoßen, vgl. KR/Treber, § 613a BGB Rn. 116a; im Ergebnis auch: Bauer, Unternehmensveräußerung und Arbeitsrecht, 84.

1526 Rieble, NZA 2004, 2; vgl. auch Sayatz/Wolff, DStR 2002, 2043.

für die Weiterbeschäftigung ist entfallen. Der entstandene Personalüberhang stellt sich somit als ein dringendes betriebliches Erfordernis dar, das einer Weiterbeschäftigung des Arbeitnehmers im Betrieb des Veräußerers entgegensteht. Der bisherige Arbeitgeber kann dem widersprechenden Arbeitnehmer sodann unter Einhaltung der individuellen Kündigungsfrist ordentlich[1527] betriebsbedingt kündigen.

Einer solchen Kündigung steht § 613a Abs. 4 S. 1 BGB nicht entgegen[1528]. Nach dem Schutzzweck des Abs. 4 werden nur Kündigungen erfasst, die unmittelbar auf den Betriebsübergang zurückzuführen sind[1529]. Die unmittelbare Ursache für die Kündigung liegt hier aber nicht in dem Betriebsübergang als solchem, sondern in dem sich anschließenden Widerspruch des Arbeitnehmers, mit dem der Übergang des Arbeitsverhältnisses auf den neuen Inhaber rückgängig gemacht wurde und dem daraus entstandenen Personalkräfteüberhangs beim Veräußerer.

Dabei führt die Verletzung der Unterrichtungspflicht nach § 613a Abs. 5 BGB selbst nicht zur Unwirksamkeit einer betriebsbedingten Kündigung nach Ausübung des Widerspruchsrechts. Einer derartigen Kündigungssperre fehlt es an einer gesetzlichen Grundlage und auch der Grundsatz von Treu und Glauben (§ 242 BGB) führt hier zu keinem anderen Ergebnis[1530].

Die betriebsbedingte Kündigung ist sozial gerechtfertigt, sofern der bisherige Arbeitgeber keine anderweitige Beschäftigungsmöglichkeit für den widersprechenden Arbeitnehmer hat und eine ordnungsgemäße Sozialauswahl durchgeführt wurde.

1527 Vgl. zu der besonderen Situation eines ordentlich unkündbaren Arbeitnehmers (tarifvertraglich oder Sonderkündigungsschutz): BAG, 17.9.1998 – 2 AZR 419/97, AP Nr. 148 zu § 626 BGB (II 5); BAG, 29.3.2007 – 8 AZR 538/06, AP Nr. 4 zu § 613a BGB Widerspruch (II 2 d). Einen kurzen Überblick bieten: APS/Steffan, § 613a BGB Rn. 228; Düwell/Wichert, in: Arens/Düwell/Wichert, Umstrukturierung, § 7 Rn. 346 f.; Nicolai, BB 2006, 1163 f.; Staudinger/Annuß, § 613a BGB Rn. 319; Wank, in: Handbuch zum Arbeitsrecht, § 102 Rn. 111 f.; WHSS/Willemsen, Rn. G 165. Eine ausführliche Darstellung u.a. zu finden bei: Dahms, Widerspruchsrecht, 201 ff. (inklusive besonderer umwandlungsrechtlicher Einflüsse); Hohner, Unternehmensumwandlung, 145 ff.; Menze, Widerspruchsrecht, 139 ff.

1528 BAG, 21.3.1996 – 2 AZR 559/95, AP Nr. 81 zu § 102 BetrVG 1972 (III IV 1); BAG, 18.3.1999 – 8 AZR 190/98, AP Nr. 41 zu § 1 KSchG 1969 Soziale Auswahl (B II 1); APS/Steffan, § 613a BGB Rn. 225; ErfK/Preis, § 613a BGB Rn. 106; Franzen, RdA 2002, 268; D. Gaul, ZfA 1990, 97; HWK/Willemsen/Müller-Bonanni, § 613a BGB Rn. 357; Klumpp/Jochums, JuS 2006, 690; KR/Treber, § 613a BGB Rn. 117; Lunk/Möller, NZA 2004, 9; Mestwerdt, in: Kündigungsschutzrecht, § 613a BGB Rn. 189; MK/Müller-Glöge, § 613a BGB Rn. 124; Nehls, NZA 2003, 826; Schlachter, NZA 1995, 706; Staudinger/Annuß, § 613a BGB Rn. 313; Wank, in: Handbuch zum Arbeitsrecht, § 102 Rn. 107, § 103 Rn. 20; WHSS/Willemsen, Rn. G 162; Wulff, AiB 2002, 595; **a.A.** Trittin, in: Bachner/Köstler/Matthießen/Trittin, § 6 Rn. 135.

1529 D. Gaul, ZfA 1990, 97.

1530 BAG, 24.5.2005 – 8 AZR 398/04, AP Nr. 284 zu § 613a BGB (II 2 c dd); Schnitker/Grau, BB 2006, 111 f.; WHSS/Willemsen, Rn. G 162; **a.A.** LAG Berlin, 29.4.2004 – 18 Sa 2424/03, NZA-RR 2005, 125; Trittin, in: Bachner/Köstler/Matthießen/Trittin, § 6 Rn. 110.

a) Fehlende Weiterbeschäftigungsmöglichkeit

Zunächst darf dem bisherigen Arbeitgeber kein freier Arbeitsplatz im selben Betrieb oder in einem anderen Betrieb desselben Unternehmens zur Verfügung stehen, vgl. § 1 Abs. 2 S. 2, 3 KSchG[1531]. Besteht eine Weiterbeschäftigungsmöglichkeit des widersprechenden Arbeitnehmers, ist der Kündigungsgrund entfallen[1532]. Freie Arbeitsplätze sind dem widersprechenden Arbeitnehmer anzubieten. Der bisherige Arbeitgeber ist aber nicht verpflichtet, für den widersprechenden Arbeitnehmer neue Arbeitsplätze zu schaffen[1533]. Daraus folgt, dass der seinen einzigen Betrieb im Ganzen veräußernde Arbeitgeber einem widersprechenden Arbeitnehmer mangels Arbeitsplatzes auch kein entsprechendes Angebot unterbreiten muss.

Nach der restriktiven Rechtsprechung des 2. Senats des BAG muss der bisherige Arbeitgeber im Falle eines konkret geplanten Teilbetriebsübergangs jedenfalls[1534] ab dem Zeitpunkt der Unterrichtung nach § 613a Abs. 5 BGB freie oder frei werdende Arbeitsplätze den übergehenden Arbeitnehmern – gegebenenfalls zu geänderten Arbeitsbedingungen (§ 1 Abs. 2 S. 3) – anbieten und darf diese nicht anderweitig besetzen[1535]. Ab diesem Zeitpunkt müsse er damit rechnen, der Arbeitnehmer werde dem Übergang seines Arbeitsverhältnisses widersprechen. Zur Begründung verweist das Gericht auf den Rechtsgedanken des § 162 BGB, wonach sich der Arbeitgeber auf eine fehlende Weiterbeschäftigungsmöglichkeit dann nicht berufen können soll, sofern er diesen Zustand selbst treuwidrig herbeigeführt hat. Diese Rechtsprechung geht zu weit. Allein die abstrakte Möglichkeit eines Widerspruchs bietet noch keine hinreichende Veranlassung für den Arbeitgeber, frei werdende Arbeitsplätze nicht erneut zu besetzen. Überzeugend ist stattdessen, zumindest die konkrete Ankündigung des Widerspruchs durch den Arbeitnehmer zu verlangen[1536].

Darüber hinaus kann sich der Veräußerer nach Auffassung des BAG auch dann nicht auf eine fehlende Weiterbeschäftigungsmöglichkeit berufen, wenn

---

1531 BAG, 25.4.2002 – 2 AZR 260/01, AP Nr. 121 zu § 1 KSchG 1969 Betriebsbedingte Kündigung (B III 1); APS/Steffan, § 613a BGB Rn. 225; Franzen, RdA 2002, 268; Gaul, NZA 2005, 730 f.; Lunk/Möller, NZA 2004, 9; Nicolai, BB 2006, 1162 f.; Staudinger/Annuß, § 613a BGB Rn. 314; WHSS/Willemsen, Rn. G 162; **a.A.** Pietzko, Tatbestand des § 613a BGB, 300 ff.

1532 Franzen, RdA 2002, 268; Sayatz/Wolff, DStR 2002, 2043.

1533 MK/Müller-Glöge, § 613a BGB Rn. 124; Meyer, Unterrichtung, § 3 Rn. 361.

1534 Was für den Zeitraum vor bzw. mehr als einen Monat nach der Unterrichtung gelten soll, ließ das Gericht ausdrücklich offen. Tendenziell für eine Koppelung an die Widerspruchsfrist: Nicolai, BB 2006, 1163.

1535 BAG, 15.8.2002 – 2 AZR 195/01, AP Nr. 241 zu § 613a BGB (II 1 d); vgl. auch ErfK/Preis, § 613a BGB Rn. 106; Hauck, Beil. NZA 18/2004, 20; KR/Treber, § 613a BGB Rn. 117.

1536 HWK/Willemsen/Müller-Bonanni, § 613a BGB Rn. 357; Mestwerdt, in: Kündigungsschutzrecht, § 613a BGB Rn. 192. Sogar den Zugang des Widerspruchs verlangend: Diehn, Rückkehrzusagen, 258; Lunk/Möller, NZA 2004, 11, 14; Meyer Unterrichtung Rn. 358 f.; Staudinger/Annuß, § 613a BGB Rn. 315. Vgl. auch Klumpp/Jochums, JuS 2006, 690.

dem Betriebsteilübergang eine Umstrukturierung vorausging und er, obwohl der Übergang bereits im Zeitpunkt der Umstrukturierung absehbar war, nicht mittels Sozialauswahl nach § 1 Abs. 3 S. 1 KSchG darüber entschieden hat, welcher von der Organisationsmaßnahme betroffene Arbeitnehmer weiterbeschäftigt wird[1537].

b) Ordnungsgemäße Sozialauswahl

Die Sozialauswahl ist nicht unternehmens-, sondern grundsätzlich betriebsbezogen durchzuführen[1538]. Dies folgt aus einem Umkehrschluss: Im Gegensatz zu § 1 Abs. 2 KSchG enthält der Wortlaut des Abs. 3 keinen unternehmensweiten Bezug. Geht der gesamte Betrieb auf den Erwerber über, fehlt es beim Veräußerer an einem Betrieb im allgemeinen Sinne, so dass eine Sozialauswahl nicht in Frage kommt[1539]. Besitzt der Veräußerer mehrere Betriebe, wird der widersprechende Arbeitnehmer auch nicht „automatisch“ einem anderen Betrieb des Veräußerers zugeordnet. Es besteht auch keine Pflicht des Veräußerers, den widersprechenden Arbeitnehmer einem anderen Betrieb zuzuordnen[1540]. Die Annahme einer derartigen Pflicht, unterliefe letztlich den Grundsatz der Betriebsbezogenheit der Sozialauswahl. Zudem ist anerkannt, dass dem widersprechenden Arbeitnehmer auch Rechtsnachteile aus seinem Widerspruch erwachsen können[1541]. Der Arbeitnehmer ist dann nur noch durch sein Arbeitsverhältnis mit dem Veräußerer verbunden[1542].

Im Falle eines Betriebsteilübergangs[1543], bei dem nur noch ein Betriebsteil beim Veräußerer verblieben ist, ist der widersprechende Arbeitnehmer nach dem Über-

---

1537 BAG, 25.4.2002 – 2 AZR 260/01, AP Nr. 121 zu § 1 KSchG 1969 Betriebsbedingte Kündigung (B III 2 b bb).

1538 BAG, 22.5.1986 – 2 AZR 612/85, AP Nr. 4 zu § 1 KSchG 1969 Konzern (B I 5 b bb); BAG, 2.6.2005 – 2 AZR 158/04, AP Nr. 73 zu § 1 KSchG 1969 Soziale Auswahl (II 2); Bauer, Unternehmensveräußerung und Arbeitsrecht, 86. Bei einem Gemeinschaftsbetrieb ist dagegen grundsätzlich eine unternehmensbezogene Sozialauswahl durchzuführen, vgl. hierzu BAG, 13.9.1995 – 2 AZR 954/94, AP Nr. 72 zu § 1 KSchG 1969 Betriebsbedingte Kündigung (II 1); BAG, 24.2.2005 – 2 AZR 214/04, AP Nr. 4 zu § 1 KSchG 1969 Gemeinschaftsbetrieb (B II 2); BAG, 14.8.2007 – 8 AZR 1043/06, AP Nr. 325 zu § 613a BGB (B IV 2).

1539 Vgl. u.a. APS/Steffan, § 613a BGB Rn. 226; Bauer, Unternehmensveräußerung und Arbeitsrecht, 86; Cohnen, in: Moll, Arbeitsrecht, § 55 Rn. 109; Eylert/Spinner, BB 2008, 52; ErfK/Preis, § 613a BGB Rn. 107; Gaul, NZA 2005, 731; Klumpp/Jochums, JuS 2006, 691; MK/Müller-Glöge, § 613a BGB Rn. 127; Nicolai, BB 2006, 1164.

1540 Vgl. Nicolai, BB 2006, 1164; Meyer, NZA 2005, 11; Meyer, Unterrichtung, § 3 Rn. 362.

1541 BAG, 19.3.1998 – 8 AZR 139/97, AP Nr. 177 zu § 613a BGB (I 2 b); BAG, 30.10.2003 – 8 AZR 491/02, AP Nr. 262 zu § 613a BGB (II 1 b).

1542 Vgl. aber Löwisch, in: Festschrift für Klaus Bepler, 409, der von einer zwischen dem Veräußerer und den widersprechenden Arbeitnehmern bestehenden „Betriebsgemeinschaft“ ausgeht.

1543 Führt die dem Betriebsteilübergang notwendig vorgeschaltete Auf- oder Abspaltung zum Entstehen zweier nach dem kündigungsschutzrechtlichen

gang dem noch verbliebenen „Restbetrieb“ zuzuordnen[1544]. Setzt sich der „Restbetrieb“ beim Veräußerer aus mehreren Teilbetrieben zusammen, gehören die widersprechenden Arbeitnehmer aber nicht „automatisch“ einem bestimmten Betriebsteil des „Restbetriebs“ an. Wird einer der Teilbetriebe Gegenstand eines späteren Betriebsteilübergangs auf einen anderen Rechtsträger, fällt der dem Übergang „seines“ Teilbetriebs widersprechende Arbeitnehmer also nicht automatisch in den später übergegangenen Betriebsteil. Dies hängt vielmehr von einer zumindest konkludenten[1545] Zuordnungsentscheidung des Veräußerers bezogen auf einen bestimmten Betriebsteil ab[1546]. Jene Zuordnung kann und muss der Veräußerer im Rahmen seines Direktionsrechts vornehmen[1547]. Stünde es in seinem Belieben, ob er den widersprechenden Arbeitnehmer einem Teilbetrieb zuordnet, läge es letztlich in seinen Händen, ob es zu einer Sozialauswahl kommt.

In Fällen, in denen bei dem Veräußerer zur Bewältigung der administrativen Aufgaben bei der Abwicklung der Arbeitsverhältnisse der widersprechenden Arbeitnehmer eine Verwaltungseinheit bestehen bleibt, handelt es sich im Ergebnis auch „nur“ um einen Betriebsteilübergang. Ob der verbleibende „Restbetrieb“ als wirtschaftliche Einheit fortgesetzt werden kann, d.h. überlebensfähig ist, ist für die Prüfung eines Betriebsteilübergangs irrelevant[1548]. Dieser „Restbetrieb“ kann insbesondere auch Gegenstand einer Stilllegungsentscheidung des Veräußerers sein.

Betriebsbegriff selbständiger Betriebe mit eigener Organisation, insbesondere in personeller Hinsicht, liegt im anschließenden Übergang eines oder beider Betriebe kündigungsschutzrechtlich kein Betriebsteilübergang, sondern (jeweils) ein Betriebsübergang. Zum Betriebsbegriff im Kündigungsrecht: APS/Preis, 1. Teil, C Rn. 82 ff.

1544 Vgl. Schumacher-Mohr/Urban, NZA 2008, 515. **A.A.** Lipinski, DB 2002, 1216 f., der im Falle eines Betriebsteilübergangs vom Entstehen eines eigenständigen Veräußererrestbetriebs ausgeht, zu dem der widersprechende Arbeitnehmer nur durch den Veräußerer zugeordnet werden könne.

1545 Beispielsweise durch Zuweisung von Tätigkeiten aus diesem Bereich oder durch Anhörung des für diesen Teil zuständigen Betriebsrats.

1546 BAG, 13.2.2003 – 8 AZR 102/02, AP Nr. 245 zu § 613a BGB (II 2 c bb (2)).

1547 BAG, 24.5.2005 – 8 AZR 398/04, AP Nr. 284 zu § 613a BGB (III 3 a); APS/Kiel, § 1 KSchG Rn. 679; KR, 9. Aufl./Pfeiffer, § 613a BGB, Rn. 116a; differenzierend: Meyer, Unterrichtung, § 3 Rn. 363; Meyer, NZA 2005, 11. Wird der Betrieb vorab in zwei eigenständige Betriebe aufgespalten, die an verschiedene Übernehmer zeitgleich übertragen werden, hat der vor den Übergängen widersprechende Arbeitnehmer keinen Anspruch darauf, dem anderen, ebenfalls übergehenden Betrieb zugeordnet zu werden, vgl. BAG, 21.2.2013 – 8 AZR 877/11, NZA 2013, 617 (B I 5). Dies folgt nach hier vertretener Ansicht bereits daraus, dass es sich in diesem Fall um einen Betriebsübergang und nicht um einen Betriebsteilübergang handelt.

1548 BAG, 13.11.1997 – 8 AZR 375/96, AP Nr. 170 zu § 613a BGB (II 2 g); BAG, 18.4.2002 – 8 AZR 346/01, AP Nr. 232 zu § 613a BGB (I 1 b); BAG, 24.8.2006 – 8 AZR 556/05, AP Nr. 315 zu § 613a BGB (B II 1 a); BAG, 7.4.2011 – 8 AZR 730/09, AP Nr. 406 zu § 613a BGB (B II).

Eine Sozialauswahl ist dann entbehrlich. Soweit die Anzahl der Kündigungen die Schwellenwerte für Betriebsänderungen[1549] erreicht (einschließlich der widersprechenden Arbeitnehmer), kommen allerdings Interessenausgleich- und Sozialplan in Betracht[1550].

Fraglich ist, ob bei einem Betriebsteilübergang widersprechende Arbeitnehmer die Arbeitnehmer im verbleibenden Betriebsteil über die Sozialauswahl gemäß § 1 Abs. 3 KSchG verdrängen können[1551]. Dies hätte zur Folge, dass ein Arbeitnehmer, der nicht dem übergehenden Betriebsteil zugeordnet war, seinen Arbeitsplatz an einen widersprechenden Arbeitnehmer ersatzlos verliert, obwohl dieser eigentlich durch die von § 613a Abs. 1 S. 1 BGB als Wohltat verstandene Rechtsfolge geschützt wird. Hier zeigt sich erneut, dass vom Übergang eines Betriebsteils keineswegs nur die übergehenden Arbeitnehmer betroffen sein können (vgl. § 2 D I 2 b). Der Übergang zeitigt nicht nur Rechtsfolgen für den widersprechenden Arbeitnehmer selbst, sondern kann mittelbar auch die anderen Arbeitnehmer treffen und diese sogar noch härter, weil sie im Gegensatz zum widersprechenden Arbeitnehmer i.d.R. keinen Anspruch auf einen Arbeitsplatz beim Erwerber erlangen. Zwar besteht gemäß § 1 Abs. 2 Nr. 1b KSchG die Verpflichtung, dem vom widersprechenden Arbeitnehmer unter Abwägung der sozialen Gesichtspunkte „verdrängten" Arbeitnehmer den nunmehr im übergegangenen Betriebsteil unbesetzten Arbeitsplatz des widersprechenden Arbeitnehmers anzubieten. Diese Verpflichtung besteht aber nur, wenn der Betriebsübergang innerhalb eines Gemeinschaftsbetriebs (gemeinsamer Betrieb mehrerer Unternehmen)[1552] erfolgt[1553]. Handelt es sich hingegen nicht um einen Betriebsübergang bei dem auf Veräußerer- und Erwerberseite derselbe Rechtsträger steht, haben die „verdrängten" Arbeitnehmer keinen Rechtsanspruch, z.B. im Wege der Arbeitnehmerüberlassung oder einer sonstigen Form der Personalgestellung, auf dem frei gewordenen Arbeitsplatz beim Erwerber eingesetzt zu werden. Hierfür fehlt es an einer entsprechenden Rechtsgrundlage[1554].

1549 Dies setzt das Vorliegen der Größenordnungen des § 111 S. 3 Nr. 1 i.V.m. § 17 KSchG voraus. Betriebsteilstilllegungen unterhalb dieser Grenze werden nicht von § 111 S. 3 Nr. 3 BetrVG erfasst, vgl. BAG, 18.3.2008 – 1 ABR 77/06, AP Nr. 66 zu § 111 BetrVG 1972 (B II 1 b bb): „Wäre jede Stilllegung auch eines nicht wesentlichen Betriebsteils eine nach § 111 Satz 3 Nr. 3 BetrVG sozialplanpflichtige Spaltung, verlöre das Erfordernis der Wesentlichkeit in § 111 Satz 3 Nr. 1 BetrVG seinen Sinn."

1550 Für einen Interessenausgleich: BAG, 10.12.1996 – 1 AZR 290/96, AP Nr. 32 zu § 113 BetrVG 1972 (A I 1).

1551 Kurzer Überblick über das Meinungsspektrum vor Neuregelung des § 1 Abs. 3 KSchG bei: Hoffmeister, AuR 1995, 134 f.; Lipinski, DB 2002, 1214 ff.; Schlachter, NZA 1995, 707 ff.

1552 BAG, 14.8.2007 – 8 AZR 1043/06, AP Nr. 325 zu § 613a BGB (B IV 2 a).

1553 So auch Schumacher-Mohr/Urban, NZA 2008, 517. Entsprechendes gilt für die Fälle des § 322 UmwG, vgl. Wank, in: Handbuch zum Arbeitsrecht, § 102 Rn. 208.

1554 Gaul, NZA 2005, 731; Schlachter, NZA 1995, 707.

Nach der Neuregelung des § 1 Abs. 3 KSchG hat der Gesetzgeber die seit langem umstrittene Frage beantwortet. Die Ansichten, wonach die Einbeziehung widersprechender Arbeitnehmer in die Sozialauswahl vollständig abzulehnen sei[1555] bzw. wonach mittels der jeweiligen Widerspruchsgründe zu differenzieren sei[1556], sind nach geltender Rechtslage abzulehnen. Sie sind contra legem[1557].

Die widersprechenden Arbeitnehmer sind ohne Einschränkungen in die Sozialauswahl einzubeziehen[1558]. Indem der Gesetzgeber unter Kenntnis des langjährigen Streits die Sozialauswahlkriterien abschließend auf die Dauer der Betriebszugehörigkeit, das Alter, Unterhaltspflichten und eine mögliche Schwerbehinderung beschränkt

1555 Zum früheren Recht: Ingelfinger, ZfA 1996, 608 ff.; Lipinski, DB 2002, 1216 ff. Zum neuen Recht: Pauly, ZTR 2009, 64 f.; Quecke, ZIP 2007, 1847 ff., nach dem der Schutzzweck des Art. 3 Abs. 1 RL 2001/23/EG und des § 613a Abs. 1 BGB der Einbeziehung widersprechender Arbeitnehmer in die Sozialauswahl entgegensteht (vgl. insoweit auch schon Commandeur, NJW 1996, 2539). Diese Ansicht verkennt, dass der Schutzzweck dieser Vorschriften nicht den Erhalt der Arbeitsverhältnisse im „Restbetrieb" des Veräußerers erfasst, sondern allein auf die übergehenden Arbeitnehmer gerichtet ist. Hierzu passt auch die Entscheidung des EuGH, 16.12.1992 – C-132/91, C-138/91, C-139/91 (Katsikas), AP Nr. 97 zu § 613a BGB (Rn. 36), wonach das Bestehenbleiben des Arbeitsverhältnisses mit dem Veräußerer ausdrücklich als eine mögliche Rechtsfolge des Widerspruchs anerkannt wurde. Ablehnend auch: Eylert/Spinner, BB 2008, 53.

1556 Zum früheren Recht u.a.: Kreitner, Kündigungsrechtliche Probleme beim Betriebsinhaberwechsel, 162 ff.; Hoffmeister, AuR 1995, 135 f.; Tschöpe, Rechtsfolgen, 55 ff. Auch die frühere ständige Rechtsprechung des BAG beschritt einen Mittelweg, wonach der widersprechende Arbeitnehmer zwar grundsätzlich in eine Sozialauswahl einbezogen werden musste, bei der Prüfung der sozialen Gesichtspunkte allerdings die objektiv vertretbaren Sachgründe für den Widerspruch als zusätzliches Auswahlkriterium zu berücksichtigen waren: grundlegend: BAG, 7.4.1993 – 2 AZR 449/91, AP Nr. 22 zu § 1 KSchG 1969 Soziale Auswahl (II 5 b); zuletzt: BAG, 24.5.2005 – 8 AZR 398/04, AP Nr. 284 zu § 613a BGB (III 2 b). Zum neuen Recht u.a.: APS/Steffan, § 613a BGB Rn. 228; Einfeld, in: EG-Arbeitsrecht, 190; ErfK/Oetker, § 1 KSchG Rn. 317; Meyer, Unterrichtung, § 3 Rn. 374; Nicolai, BB 2006, 1165; Staudinger/Annuß, § 613a BGB Rn. 317; Wank, in: Handbuch zum Arbeitsrecht, § 102 Rn. 109.

1557 Grau, Unterrichtung, 407; WHSS/Willemsen, Rn. G 164.

1558 Berkowsky, NZA 2004, 1376 f.; Eylert/Spinner, BB 2008, 51 ff.; Gaul, NZA 2005, 733; HWK/Willemsen/Müller-Bonanni, § 613a BGB Rn. 358; Klumpp/Jochums, JuS 2006, 691; KR/Treber, § 613a BGB Rn. 119 f.; Mestwerdt, in: Kündigungsschutzrecht, § 613a BGB Rn. 194; MK/Müller-Glöge, § 613a BGB Rn. 126, 128; Trittin, in: Bachner/Köstler/Matthießen/Trittin, § 6 Rn. 133; WHSS/Willemsen, Rn. G 164. Vgl. auch Löwisch, SAE 2008, 330 f., nach dem allerdings das Recht des nachträglich widersprechenden Arbeitnehmers, sich im Verhältnis zu den anderen vergleichbaren Arbeitnehmern auf eine höhere soziale Schutzbedürftigkeit zu berufen, der Verwirkung unterliegen soll. Zum Teil wird bereits die Ausübung des Widerspruchsrechts einer (Rechtsmissbrauchs)Kontrolle unterzogen, vgl. hierzu § 3 I IV 1.

hat, hat er der Berücksichtigung der Gründe für den Widerspruch im Rahmen der Sozialauswahl den rechtlichen Boden entzogen[1559]. Eine gesetzgeberische Klarstellung ist auch im Wege des später eingefügten § 613a Abs. 6 BGB nicht erfolgt. Zu Recht nahm daher auch das BAG die Änderung des § 1 Abs. 3 KSchG zum Anlass, seine bisherige Rechtsprechung entsprechend zu ändern[1560]. Die im „Restbetrieb" des Veräußerers von vornherein verbleibenden Arbeitnehmer können somit nur unter den allgemeinen Voraussetzungen des § 1 Abs. 3 S. 2 KSchG geschützt werden[1561]. Beispielsweise können Massenwidersprüche eine Umorganisation im „Restbetrieb" des Veräußerers erforderlich machen. Zur Abwehr schwerer Ablaufstörungen kann der Arbeitgeber sodann gewisse Arbeitnehmer aus der Sozialauswahl herausnehmen[1562].

Vor Durchführung der Sozialauswahl ist noch darauf zu achten, dass nicht alle Arbeitnehmer des Betriebs, sondern nur alle vergleichbaren Arbeitnehmer in die Sozialauswahl einzubeziehen sind[1563]. Befinden sich z.B. nach einem Betriebsteilübergang im „Restbetrieb" des Veräußerers keine vergleichbaren Arbeitnehmer, kann auch keine Sozialauswahl stattfinden[1564]. Der Umstand, dass der Widerspruch den Wegfall der Beschäftigungsmöglichkeit und somit die Kündigung verursachte, ist für die Vergleichbarkeit der Arbeitnehmer irrelevant[1565]. Die Vergleichbarkeit bestimmt sich allein nach arbeitsplatzbezogenen Merkmalen[1566]. Sie hängt davon ab, ob der widersprechende Arbeitnehmer aufgrund seiner Tätigkeit und Ausbildung „aus tatsächlichen Gründen in der Lage" wäre, die Tätigkeit anderer Arbeitnehmer zu übernehmen und ob dieser Arbeit keine rechtlichen Hinderungsgründe

---

1559 Eylert/Spinner, BB 2008, 52; Gaul, NZA 2005, 732; Klumpp/Jochums, JuS 2006, 691; MK/Müller-Glöge, § 613a BGB Rn. 128.

1560 BAG, 31.5.2007 – 2 AZR 276/06, AP Nr. 94 zu § 1 KSchG 1969 Soziale Auswahl (B II 2 b).

1561 Teilweise soll das Fehlen eines sachlichen Grundes für den Widerspruch beim Veräußerer (quasi automatisch) ein berechtigtes betriebliches Interesse im Sinne des § 1 Abs. 3 S. 2 KSchG begründen: Lunk, NZA 1995, 714 f.; Lunk/Möller, NZA 2004, 13 f.; Meyer, Unterrichtung, § 3 Rn. 376; v. Steinau-Steinrück/Hurek, NJW-Spezial 2005, 418; vgl. auch Helml, JuS 2006, 523 f. Diese Ansicht verkennt, dass § 1 Abs. 3 S. 2 KSchG auf die Leistungsfähigkeit des Betriebs abzielt, die Gründe für den Widerspruch aber keinen Einfluss auf etwaige Ablaufstörungen im Betrieb haben, vgl. Schumacher-Mohr/Urban, NZA 2008, 515 f. Ablehnend auch: BAG, 31.5.2007 – 2 AZR 276/06, AP Nr. 94 zu § 1 KSchG 1969 Soziale Auswahl (B II 2 b (4)); Berkowsky, NZA 2004, 1374 ff.; Gaul, NZA 2005, 733.

1562 BAG, 31.5.2007 – 2 AZR 276/06, AP Nr. 94 zu § 1 KSchG 1969 Soziale Auswahl (B II 2 b bb (5)).

1563 Vgl. zur Vergleichbarkeit: BAG, 31.5.2007 – 2 AZR 276/06, AP Nr. 94 zu § 1 KSchG 1969 Soziale Auswahl (B II 2 b); MK/Hergenröder, § 1 KSchG Rn. 340 ff.

1564 Vgl. im Einzelnen: Berkowsky, in: Handbuch zum Arbeitsrecht, § 117 Rn. 13.

1565 Wie hier: Schumacher-Mohr/Urban, NZA 2008, 515. **A.A.** Ingelfinger, ZfA 1996, 610; Lipinski, DB 2002, 1217; Pauly, ZTR 2009, 64 f.

1566 BAG, 31.5.2007 – 2 AZR 276/06, AP Nr. 94 zu § 1 KSchG 1969 Soziale Auswahl (B II 2 b).

(Einsatz auf anderem Arbeitsplatz von Reichweite des Direktionsrechts erfasst, ohne dass es einer Änderung des Arbeitsvertrags bedarf) entgegenstehen[1567].

c) Anhörung des Betriebsrats

Gemäß § 102 Abs. 1 BetrVG ist die Anhörung des Betriebsrats vor Ausspruch der betriebsbedingten Kündigung Wirksamkeitsvoraussetzung. Personelle Einzelmaßnahmen wie die hier interessierende Kündigung fallen grundsätzlich nicht in den Zuständigkeitsbereich (§ 50 BetrVG) eines eventuell bestehenden Gesamtbetriebsrats[1568]. Im Regelfall ist der Betriebsrat zuständig, dessen Belegschaft der Arbeitnehmer im Kündigungszeitpunkt angehört[1569]. Widerspricht der Arbeitnehmer noch vor dem Betriebsübergang, ist der beim bisherigen Arbeitgeber bestehende Betriebsrat zuständig. Fraglich ist, welcher Betriebsrat für Kündigungen im Anschluss an einen nach Betriebs(teil)übergang erklärten Widerspruchs zuständig ist. Um diese Frage zu beantworten, ist erneut zwischen einem Betriebsteilübergang und dem Übergang eines gesamten Betriebs zu differenzieren.

Einem Betriebsteilübergang geht notwendig eine Auf- oder Abspaltung des Betriebs voraus. Im Falle der Aufspaltung wird der Ursprungsbetrieb aufgelöst; der bisherige Betriebsrat behält ein Übergangsmandat nach § 21a Abs. 1 S. 1 BetrVG und ggf. noch ein Restmandat nach § 21b BetrVG für den Ursprungsbetrieb. Bei der Abspaltung besteht der Ursprungsbetrieb fort und der bisherige Betriebsrat ist weiter voll mandatiert, sofern der Ursprungsbetrieb seine Identität behält. Hinsichtlich der abgespaltenen Betriebsteile behält er ein Übergangsmandat nach § 21a Abs. 1 S. 1 BetrVG[1570]. Existiert danach im „Restbetrieb“ ein voll mandatierter Betriebsrat, ist dieser für die Kündigung der widersprechenden Arbeitnehmer zuständig[1571]. Handelt es sich bei dem „Restbetrieb“ um einen abgespaltenen Betriebsteil oder ging dem Betriebsteilübergang eine Aufspaltung voraus, ist der bisherige Betriebsrat im Rahmen eines Übergangsmandats für die Kündigung der widersprechenden Arbeitnehmer zuständig[1572]. Das BAG hat klargestellt, dass dem bloßen Wechsel des Betriebsinhabers kein Einfluss auf die betriebsverfassungsrechtliche Stellung des Betriebsrats zukommt[1573]. Dies muss auch für einen

1567 BAG, 24.5.2005 – 8 AZR 398/04, AP Nr. 284 zu § 613a BGB (III 3); BAG, 31.5.2007 – 2 AZR 276/06, AP Nr. 94 zu § 1 KSchG 1969 Soziale Auswahl (B II 2 b).

1568 Vgl. BAG, 21.3.1996 – 2 AZR 559/95, AP Nr. 81 zu § 102 BetrVG 1972 (II 1).

1569 BAG, 12.5.2005 – 2 AZR 149/04, AP Nr. 145 zu § 102 BetrVG 1972 (B I 1).

1570 Vgl. zu den soeben skizzierten Folgen der Auf- bzw. Abspaltung: BAG, 18.3.2008 – 1 ABR 77/06, AP Nr. 66 zu § 111 BetrVG 1972 (B I 1 a). Im Falle einer sich tatsächlich als Betriebsteilstilllegung darstellenden Konstellation liegt keine Spaltung vor; das Substrat des abgespaltenen Betriebsteils muss beim Arbeitgeber oder bei einem Betriebsteilerwerber erhalten bleiben.

1571 Vgl. Pietzko, Tatbestand des § 613a BGB, 308; Seiter, Betriebsinhaberwechsel, 115; Wank, in: Handbuch zum Arbeitsrecht, § 102 Rn. 110.

1572 Im Ergebnis wie hier: Löwisch, in: Festschrift für Klaus Bepler, 404.

1573 BAG, 11.10.1995 – 7 ABR 17/95, AP Nr. 2 zu § 21 BetrVG 1972 (B 2 a); BAG, 24.5.2012 – 2 AZR 62/11, NZA 2013, 277 (II 4 b bb).

Betriebsteilübergang nach vorausgegangener Spaltung gelten. Der Betriebsrat behält das ihm im Zeitpunkt des Übergangs zustehende Übergangsmandat. Dieses umfasst auch die Kompetenz zur Anhörung im Falle einer Kündigung nach § 102 BetrVG. Erlischt jedoch dieses Übergangsmandat mangels Bestellung eines Wahlvorstands (§ 21a Abs. 1 S. 3, 4 BetrVG), stellt sich die Frage, ob ein Restmandat nach § 21b BetrVG für die Kündigungen widersprechender Arbeitnehmer eingreift. Zum Teil wird angenommen, dass betriebsbedingte Kündigungen nach Widerspruch wegen der mangelnden Weiterbeschäftigungsmöglichkeit im „Restbetrieb" von einem Restmandat erfasst seien[1574]. Dem kann hier jedoch nicht gefolgt werden. Das BAG hat zu Recht den Charakter des Restmandats als nachwirkendes Teilmandat betont und fordert einen funktionalen Bezug zu den durch die Stilllegung, Spaltung oder Zusammenlegung ausgelösten Aufgaben des Betriebsrats[1575]. Die Kündigung des Veräußerers beruht aber nicht auf der Spaltung, sondern auf dem Widerspruch des Arbeitnehmers und dem daraus resultierenden Personalüberhang. Zutreffend ist weiter die Feststellung des BAG, wonach der Widerspruch des Arbeitnehmers auch nicht geeignet ist, eine Stilllegung, Spaltung oder Zusammenlegung auszulösen. Arbeitnehmer sind gar nicht in der Lage, derartige Umstrukturierungen vorzunehmen.

Im Falle des Übergangs des gesamten Betriebs entfällt beim Veräußerer die Grundlage für einen Betriebsrat, vgl. § 1 Abs. 1 S. 1 BetrVG. Die Anhörung eventuell vorhandener anderer Betriebsräte in anderen Betrieben des Veräußerers kommt mangels Betriebszugehörigkeit des widersprechenden Arbeitnehmers zu diesen Betrieben nicht in Betracht[1576]. Es stellt sich somit die Frage, ob der bisherige Betriebsrat, der zusammen mit dem Betrieb auf den Erwerber übergegangen ist, für die widersprechenden Arbeitnehmer zuständig sein kann. Hiergegen wird eingewendet, dass der widersprechende Arbeitnehmer dem übergehenden Betrieb nicht mehr angehört[1577]. Nach Einfügung der §§ 21a und 21b BetrVG wurde dieser Grundsatz jedoch nicht unerheblich durchbrochen. Einige Autoren wollen daher für den hier interessierenden Fall die Regeln des Übergangsmandats anwenden[1578]. Jene Stimmen sehen in der Gruppe der widersprechenden Arbeitnehmer eine sich abspaltende Rumpfabteilung. Dies ist jedoch abzulehnen. Im Falle des Übergangs des gesamten Betriebs fehlt es gerade an der von § 21a Abs. 1 S. 1 BetrVG vorausgesetzten Spaltung[1579]. Arbeitnehmer können eine Spaltung eines Betriebs nicht selbst herbeiführen. Hierin liegt eine originäre arbeitgeberseitige Organisationsentscheidung. Andere bejahen die Voraussetzungen eines Restmandats des

1574 Löwisch, in: Festschrift für Klaus Bepler, 404.
1575 BAG, 24.5.2012 – 2 AZR 62/11, NZA 2013, 277 (II 4 b ee).
1576 BAG, 21.3.1996 – 2 AZR 559/95, AP Nr. 81 zu § 102 BetrVG 1972 (II 2 b und c).
1577 BAG, 21.3.1996 – 2 AZR 559/95, AP Nr. 81 zu § 102 BetrVG 1972 (II 2 a); vgl. auch Bauer, Unternehmensveräußerung und Arbeitsrecht, 84; Pietzko, Tatbestand des § 613a BGB, 308; Seiter, Betriebsinhaberwechsel, 115.
1578 Vgl. Löw, AuR 2007, 194 f. m.w.N.
1579 So auch Löwisch, in: Festschrift für Klaus Bepler, 406.

bisherigen Betriebsrats nach § 21b BetrVG[1580]. Im Falle der Veräußerung des gesamten Betriebs liege eine Stilllegung vor, weil sich der Veräußerer dafür entschieden habe, „die bei ihm bislang bestehende Betriebs- und Produktionsgemeinschaft aufzulösen“. Auch dieser Ansicht kann jedoch vorliegend nicht gefolgt werden[1581]. Eine Betriebsstilllegung und ein Betriebsübergang schließen einander systematisch aus[1582]. Zugegebenermaßen kann sich eine Betriebsvollveräußerung aus Sicht der Arbeitnehmer oder aus Sicht des Veräußerers faktisch wie eine Stilllegung darstellen. Rechtlich handelt es sich gleichwohl nicht um eine Stilllegung, sondern um eine Betriebsveräußerung. Die Absicht, den Betrieb zu veräußern, und die Stilllegungsabsicht sind nicht identisch. Im Falle der Veräußerung soll der Betrieb bei einem anderen Rechtsträger erhalten bleiben. Bei einer Stilllegung soll der Betrieb dagegen untergehen.

Im Ergebnis kann festgehalten werden, dass durchaus Situationen eintreten können, in denen die widersprechenden und im Anschluss durch den Veräußerer mangels Weiterbeschäftigungsmöglichkeit betriebsbedingt gekündigten Arbeitnehmer ihren betriebsverfassungsrechtlichen Kündigungsschutz verlieren. Hierin ist aber keine ausfüllungsbedürftige Schutzlücke zu sehen. Auch das BAG geht davon aus, dass dem widersprechenden Arbeitnehmer aus seinem Widerspruch nicht nur Vorteile, sondern auch Rechtsnachteile erwachsen können[1583].

2. *Ausschluss widersprechender Arbeitnehmer von Abfindungsansprüchen*

Gegen den Ausschluss widersprechender Arbeitnehmer aus dem personalen Geltungsbereich eines Sozialplans bestehen keine grundsätzlichen Bedenken. Dies kann bereits aus dem hinter § 112 Abs. 5 S. 2 Nr. 2 BetrVG liegenden Rechtsgedanken abgelesen werden[1584]. Auch vor dem Hintergrund der RL 2001/23/EG bestehen keine Bedenken gegen den Ausschluss widersprechender Arbeitnehmer[1585]. Sowohl der bereits vor dem Betriebsübergang bestehende Sozialplan beim Veräußerer als auch der infolge zahlreicher Widersprüche erst nachträglich aufzustellende[1586] Sozialplan kann eine ausdrückliche Regelung beinhalten, wonach

---

1580 Vgl. u.a. Löwisch, in: Festschrift für Klaus Bepler, 406 f.; ohne Begründung auch: Kreitner, in: Küttner Personalbuch, Stichwort: Betriebsübergang Rn. 42. Ausdrücklich offengelassen bei: BAG, 21.3.1996 – 2 AZR 559/95, AP Nr. 81 zu § 102 BetrVG 1972 (II 2 a); Wank, in: Handbuch zum Arbeitsrecht, § 102 Rn. 110 Fn. 352.

1581 Im Ergebnis wie hier: Nicolai, BB 2006, 1162; Meyer, NZA 2005, 14.

1582 BAG, 6.4.2006 – 8 AZR 222/04, AP Nr. 299 zu § 613a BGB (B I 2) m.w.N.

1583 BAG, 19.3.1998 – 8 AZR 139/97, AP Nr. 177 zu § 613a BGB (I 2 b); BAG, 30.10.2003 – 8 AZR 491/02, AP Nr. 262 zu § 613a BGB (II 1 b).

1584 BAG, 5.2.1997 – 10 AZR 553/96, AP Nr. 112 zu § 112 BetrVG 1972 (I); KR/Treber, § 613a BGB Rn. 121; WHSS/Willemsen, Rn. G 167.

1585 Vgl. anschaulich hierzu: BAG, 24.5.2012 – 2 AZR 62/11, NZA 2013, 277 (IV 4).

1586 Vgl. Cohnen, in: Moll, Arbeitsrecht, § 55 Rn. 103; vgl. insoweit auch Staudinger/Annuß, § 613a BGB Rn. 323 und WHSS/Willemsen, Rn. G 167.

Arbeitnehmer, die dem Übergang ihres Arbeitsverhältnisses auf einen Betriebserwerber widersprochen haben, bei anschließender betriebsbedingter Kündigung durch den Betriebsveräußerer von einem Abfindungsanspruch ausgeschlossen werden. Eine Einschränkung dergestalt, dass nur die ohne einen sachlichen Grund widersprechenden Arbeitnehmer wirksam vom Sozialplan ausgeschlossen werden können, besteht nicht[1587]. Die Annahme der Betriebsparteien, den übergehenden Arbeitnehmern entstünden durch den Betriebsübergang keine einschneidenden Nachteile, wird von ihrem Beurteilungsspielraum gedeckt[1588].

Schwieriger sind die Fälle, in denen ein bereits beim Veräußerer bestehender Sozialplan hinsichtlich widersprechender Arbeitnehmer keine ausdrückliche Regelung beinhaltet. Es stellt sich die Frage, ob die widersprechenden Arbeitnehmer schlechter gestellt werden können, als die von vornherein im „Restbetrieb" des Veräußerers verbliebenen Arbeitnehmer. Enthält der Sozialplan keine entgegenstehenden Hinweise, partizipieren an ihm auch die widersprechenden Arbeitnehmer[1589]. Allein die Tatsache, dass der Sozialplan für nicht widersprechende Arbeitnehmer besondere Leistungen vorsieht, genügt nicht für die Annahme, widersprechende Arbeitnehmer seien ausgeschlossen[1590]. Ob von einem Sozialplan[1591] des Veräußerers, der Abfindungen für den Fall betriebsbedingter Kündigungen vorsieht, auch die widersprechenden Arbeitnehmer erfasst werden, ist durch Auslegung zu ermitteln[1592]. Nach § 112 Abs. 5 S. 2 Nr. 2 BetrVG hat die Einigungsstelle u.a. die Aussichten der betroffenen Arbeitnehmer auf dem Arbeitsmarkt zu berücksichtigen. Daraus folgt, dass jedenfalls bei einem Sozialplan, der auf einem

---

1587 Eichler, Widerspruchsrecht, 243. Vgl. auch den Tatbestand bei: BAG, 24.5.2012 – 2 AZR 62/11, NZA 2013, 277, wo ein bestehender Sozialplan, der Arbeitnehmer, die einen ihnen angebotenen und in den wesentlichen Arbeitsbedingungen gleichwertigen und zumutbaren Arbeitsplatz ohne stichhaltige Begründung ablehnen, von Abfindungen ausschließt, durch eine Überleitungsvereinbarung dergestalt abgeändert wurde, dass der Betriebserwerber als in den wesentlichen Arbeitsbedingungen gleichwertig und zumutbar gilt und Abfindungsansprüche für sämtliche widersprechende Arbeitnehmer ausschließt, ohne dass es auf einen sachlichen Grund ankommt. **A.A.** u.a. Dahms, Widerspruchsrecht, 251; Hohner, Unternehmensumwandlung, 175 f.; Menze, Widerspruchsrecht, 176; wohl auch Staudinger/Annuß, § 613a BGB Rn. 323 und WHSS/Willemsen, Rn. G 167.

1588 BAG, 24.5.2012 – 2 AZR 62/11, NZA 2013, 277 (IV 1 d).

1589 KR/Treber, § 613a BGB Rn. 129.

1590 BAG, 15.12.1998 – 1 AZR 332/98, NZA 1999, 667 (2 c bb).

1591 Vgl. für die parallele Problematik eines tarifvertraglichen Ausschlusses: BAG, 10.11.1993 – 4 AZR 184/93, AP Nr. 43 zu § 1 TVG Tarifverträge Einzelhandel (B II und III); BAG, 19.2.1998 – 6 AZR 367/96, AP Nr. 25 zu § 4 TVG Rationalisierungsschutz (II); APS/Steffan, § 613a BGB Rn. 229 a.E., 230.

1592 BAG, 5.2.1997 – 10 AZR 553/96, AP Nr. 112 zu § 112 BetrVG 1972 (II 1); Bachner, in: Kittner/Zwanziger/Deinert, Arbeitsrecht, § 96 Rn. 33; Bayreuther, in: Dornbusch/Fischermeier/Löwisch, § 613a BGB Rn. 153; KR/Treber, § 613a BGB Rn. 121; WHSS/Willemsen, Rn. G 167.

Spruch der Einigungsstelle beruht, der Ausschluss solcher Mitarbeiter, die einen angebotenen zumutbaren[1593] Arbeitsplatz ablehnen, auch für den Fall gelten soll, dass Arbeitnehmer dem Übergang ihres Arbeitsverhältnisses ohne triftigen Grund widersprechen[1594].

Nach der bisherigen Rechtsprechung des BAG bestimmt sich die Zumutbarkeitsfrage maßgeblich anhand der Widerspruchsgründe[1595]. Dieser Sichtweise haben sich Teile der Literatur angeschlossen[1596]. Danach sei von der Zumutbarkeit auszugehen, sofern keine sachlichen Gründe im Betrieb, in der Person oder in einem Verhalten des neuen Arbeitgebers für den Widerspruch bestehen. Zur Begründung beruft sich das BAG auf die frühere Rechtsprechung zur Berücksichtigung des Widerspruchs im Rahmen der Sozialauswahl bei einer aufgrund des Widerspruchs erfolgten Kündigung durch den Betriebsveräußerer (vgl. § 3 H III 1 b)[1597].

Nach der jüngst vollzogenen Rechtsprechungsänderung zur Nichtberücksichtigung der Widerspruchsgründe im Rahmen der Sozialauswahl[1598] kann hieran künftig nicht mehr festgehalten werden. Eine Anknüpfung an die Widerspruchsgründe zur Bestimmung der Zumutbarkeit ist abzulehnen. Aus der Beschränkung der Sozialauswahlkriterien in § 1 Abs. 3 S. 1 KSchG wird deutlich, dass der Gesetzgeber einen ohne sachlichen Grund widersprechenden Arbeitnehmer nicht schlechter

---

1593 Allein aus dem Wechsel der Person des Arbeitgebers folgt jedenfalls keine Unzumutbarkeit. Die Weiterarbeit beim Betriebserwerber soll auch nicht deshalb unzumutbar sein, wenn Kollektivnormen nach § 613a Abs. 1. S. 3 BGB abgelöst werden oder der Betriebserwerber wirtschaftlich schwach oder gemäß § 112a Abs. 2 BetrVG in den ersten vier Jahren nach seiner Gründung von der Sozialplanpflicht ausgenommen ist, weil der Sozialplan nicht zum Ausgleich oder zur Milderung dieser Nachteile bestimmt ist, vgl. BAG, 5.2.1997 – 10 AZR 553/96, AP Nr. 112 zu § 112 BetrVG 1972 (II 1).

1594 BAG, 5.2.1997 – 10 AZR 553/96, AP Nr. 112 zu § 112 BetrVG 1972 (II 1). HWK/Willemsen/Müller-Bonanni, § 613a BGB Rn. 361, hält die Einigungsstelle sogar für verpflichtet, widersprechende Arbeitnehmer nach § 112 Abs. 5 S. 2 Nr. 2 BetrVG analog vom Sozialplan auszuschließen.

1595 So für den tariflichen Ausschluss eines Abfindungsanspruchs: BAG, 10.11.1993 – 4 AZR 184/93, AP Nr. 43 zu § 1 TVG Tarifverträge Einzelhandel (B III 1 c); BAG, 19.2.1998 – 6 AZR 367/96, AP Nr. 25 zu § 4 TVG Rationalisierungsschutz (II 3). Vgl. aber auch für einen Sozialplanausschluss: BAG, 5.2.1997 – 10 AZR 553/96, AP Nr. 112 zu § 112 BetrVG 1972 (II 1), wo das Gericht den Fall, dass ein Arbeitnehmer einen ihm angebotenen zumutbaren Arbeitsplatz ablehnt, mit dem Fall gleichsetzt, dass ein Arbeitnehmer ohne triftigen Grund widerspricht.

1596 Vgl. u.a. Dahms, Widerspruchsrecht, 249 f.; Eichler, Widerspruchsrecht, 246; Hohner, Unternehmensumwandlung, 174 f.; Kreitner, in: Küttner Personalbuch, Stichwort: Betriebsübergang Rn. 38; Menze, Widerspruchsrecht, 175 f.; Staudinger/Annuß, § 613a BGB Rn. 323; WHSS/Willemsen, Rn. G 167.

1597 BAG, 19.2.1998 – 6 AZR 367/96, AP Nr. 25 zu § 4 TVG Rationalisierungsschutz (II 3).

1598 BAG, 31.5.2007 – 2 AZR 276/06, AP Nr. 94 zu § 1 KSchG 1969 Soziale Auswahl (B II 2 b bb (3)).

stellen will, als die übrigen im „Restbetrieb" des Veräußerers beschäftigten Arbeitnehmer. Dies wäre aber der Fall, wenn er seinen Abfindungsanspruch verlöre. Nach § 613a Abs. 6 BGB soll den Gründen des Widerspruchs keine Bedeutung zukommen. Das Widerspruchsrecht würde nicht unerheblich entwertet, würde man für die Entscheidung, ob dem widersprechenden Arbeitnehmer ein Abfindungsanspruch zusteht, maßgeblich auf das Vorliegen eines sachlichen Grundes abstellen.

3. *Sozialversicherungsrechtliche Folgen*

Nach einer Entscheidung des LSG Baden-Württemberg vom 11.5.2007[1599] sind etwaige sozialversicherungsrechtliche Folgen des Widerspruchs bei Betriebsübergang, wieder verstärkt in den Fokus der Rechtsliteratur gerückt[1600]. Es stellt sich die Frage, ob ein Widerspruch zur Verhängung einer Sperrzeit nach § 159 Abs. 1 S. 2 Nr. 1 SGB III führen darf, wenn dem widersprechenden Arbeitnehmer betriebsbedingt gekündigt wurde und er im Anschluss keine Beschäftigung findet.

Die frühere Arbeitsverwaltungspraxis verhängte für einen widersprechenden und sodann betriebsbedingt gekündigten Arbeitnehmer eine Sperrfrist beim Arbeitslosengeld. Dies kam jedenfalls dann in Frage, wenn der Arbeitnehmer keinen sachlichen Grund für den Widerspruch vorzuweisen hatte[1601]. Dieser bisher gängigen Verwaltungspraxis hat das BSG mittlerweile eine Abfuhr erteilt[1602]. Das Gericht argumentiert, dass der Widerspruch selbst keinen Lösungssachverhalt begründet, weil er gerade auf den Erhalt des Arbeitsverhältnisses mit dem Veräußerer gerichtet sei[1603]. Selbst wenn dem Widerspruch ein mittelbarer Beitrag an der anschließenden Beendigung des Arbeitsverhältnisses zukommen sollte, verhindere der Zweck des Widerspruchs (der „Schutz des Arbeitnehmers vor einem Zwangsverkauf seiner Person") und der Sinn der Sperrzeitregelung (die Verhinderung einer manipulativen Herbeiführung der Arbeitslosigkeit) dem Widerspruch eine beachtliche kausale Relevanz beizumessen[1604].

1599 LSG Baden-Württemberg, 11.05.2007 – L 8 AL 271/05, BeckRS 2007, 45157.

1600 Vgl. zu § 144 Abs. 1 S. 2 Nr. 1 SGB III a.F. einerseits: Engesser Means/Klebeck, NZA 2008, 143 ff.; und andererseits: Klumpp, NZA 2009, 354 ff. Noch zu § 119 Abs. 1 Nr. 1 Alt. 1 AFG einerseits: Commandeur, NJW 1996, 2544 ff.; und andererseits: Bauer, Unternehmensveräußerung und Arbeitsrecht, 60; D. Gaul, ZfA 1990, 98; Pietzko, Tatbestand des § 613a BGB, 312.

1601 Bachner, in: Kittner/Zwanziger/Deinert, Arbeitsrecht, § 96 Rn. 34; WHSS/Willemsen, Rn. G 168; vgl. auch Düwell/Wichert, in: Arens/Düwell/Wichert, Umstrukturierung, § 7 Rn. 348.

1602 Noch zu § 144 Abs. 1 S. 2 Nr. 1 Alt. 1 SGB III a.F.: BSG, 8.7.2009 – B 11 AL 17/08 R, BSGE 104, 57 unter Verweis auf Klumpp, NZA 2009, 356 f.

1603 BSG, 8.7.2009 – B 11 AL 17/08 R, BSGE 104, 57 (1 a), mit umfangreichen Nachweisen auch zur Gegenansicht.

1604 BSG, 8.7.2009 – B 11 AL 17/08 R, BSGE 104, 57 (1 a); vgl. auch Eichler, Widerspruchsrecht, 249 f.; HWK/Willemsen/Müller-Bonanni, § 613a BGB Rn. 360; MK/Müller-Glöge, § 613a BGB Rn. 128.

Des Weiteren sind die Widerspruchsgründe für die Frage, ob ein wichtiger Grund im Sinne des § 159 Abs. 1 S. 2 SGB III vorliegt, nicht (mehr) relevant[1605]. Das BSG zieht insoweit die zutreffende Konsequenz aus der Neufassung des § 1 Abs. 3 KSchG und der daraufhin geänderten Rechtsprechung des BAG zur Berücksichtigung der Widerspruchsgründe im Rahmen der Sozialauswahl[1606]. Schließt der Arbeitnehmer im Anschluss an den Widerspruch einen Aufhebungsvertrag mit dem Veräußerer, kommt es somit allein darauf an, ob eine rechtmäßige betriebsbedingte Kündigung des Veräußerers gedroht hätte. Die Gründe für den Widerspruch sind, ebenso wie der Widerspruch selbst, sperrzeitneutral.

IV. Zwischenergebnis

Ein vor dem Übergang erklärter Widerspruch führt zum Fortbestand des Arbeitsverhältnisses zum bisherigen Arbeitgeber. Insbesondere im Zeitraum nach dem Betriebsübergang kann der bisherige Arbeitgeber in Gläubigerverzug geraten. Allerdings sind die Ansprüche des Arbeitnehmers auf Annahmeverzugslohn unter den Voraussetzungen des § 615 S. 2 BGB, insbesondere Var. 3, zu kürzen.

Der nach dem Übergang erklärte Widerspruch macht den Übergang des Arbeitsverhältnisses mit rückwirkender Kraft bis zum Zeitpunkt des Betriebsübergangs rückgängig. Die neuerlich geäußerten Bedenken gegen die ex tunc Wirkung des Widerspruchs greifen nicht durch. Für die Zeit zwischen Betriebsübergang und Widerspruch bestand zum neuen Inhaber kein wirksames Arbeitsverhältnis. In diesem Verhältnis finden die Grundsätze des fehlerhaften Arbeitsverhältnisses Anwendung. Im Verhältnis zum bisherigen Arbeitgeber bestand hingegen ein ununterbrochenes Arbeitsverhältnis fort. Ein Anspruch auf Vergütung aus § 611 BGB scheidet jedoch aus. Insoweit gilt der Grundsatz: „Ohne Arbeit kein Lohn". Nach hier vertretener Ansicht scheidet auch ein Anspruch auf Annahmeverzugslohn aus. In der tatsächlichen Arbeit des übergehenden Arbeitnehmers für den neuen Inhaber liegt weder ein tatsächliches (§ 294 BGB) noch ein wörtliches (§ 295 BGB) Arbeitsangebot gegenüber dem Veräußerer. Auch die Anwendung des § 296 BGB scheidet im Ergebnis aus. Ein Gläubigerverzug kann nicht rückwirkend konstruiert werden. Die widersprechenden Arbeitnehmer haben gegenüber dem bisherigen Arbeitgeber auch keinen Anspruch auf dienstzeitunabhängige Leistungen, wenn sie diese bereits vom neuen Inhaber erhalten haben. Für dienstzeitunabhängige Sondervergütungen folgt dieses Ergebnis aus der Konstruktion einer Gesamtschuld zwischen den Arbeitgebern und für Urlaubsansprüche aus einer analogen Anwendung des § 6 Abs. 1 BUrlG.

1605 Für einen im Anschluss an den Widerspruch mit dem Veräußerer geschlossenen Aufhebungsvertrag und noch zu § 144 Abs. 1 S. 2 SGB III a.F.: BSG, 8.7.2009 – B 11 AL 17/08 R, BSGE 104, 57 (2).

1606 Der konkrete Fall spielte in der Zeit vor der Neufassung des § 1 Abs. 3 KSchG. Folglich waren ausnahmsweise noch die Widerspruchsgründe zu berücksichtigen.

Durch die Neuregelung des § 1 Abs. 3 KSchG hat der Gesetzgeber die seit langem umstrittene Frage, ob bei einem Betriebsteilübergang widersprechende Arbeitnehmer die Arbeitnehmer im verbleibenden Betriebsteil über die Sozialauswahl verdrängen können, mit „ja" beantwortet. Der Neuregelung lässt sich der allgemeine Rechtsgedanke entnehmen, dass ein widersprechender Arbeitnehmer so gestellt werden muss, als habe kein Betriebs(teil)übergang stattgefunden. Danach darf auch ein ohne sachlichen Grund widersprechender Arbeitnehmer nicht schlechter gestellt werden, als die übrigen im „Restbetrieb" des Veräußerers beschäftigten Arbeitnehmer. Dieser Befund wirkt sich auch auf weitere Folgefragen des Widerspruchs bei sich anschließender betriebsbedingter Kündigung, z.B. den Ausschluss von Abfindungsansprüchen oder die Verhängung einer sozialversicherungsrechtlichen Sperrfrist, aus.

I. Grenzen des Widerspruchsrechts

Vor dem Hintergrund der inhaltlichen Weite der Unterrichtungspflicht nach § 613a Abs. 5 BGB und den soeben dargestellten Rechtsfolgen, insbesondere eines nachträglich erklärten Widerspruchs, wird leicht verständlich, warum die Suche nach den Grenzen des Widerspruchsrechts aktuell die Diskussionen über das Widerspruchsrecht beherrscht. Jene Grenzen herauszuarbeiten, bildet den Gegenstand der nachfolgenden Untersuchung.

I. Keine gesetzliche Höchstfrist und keine Analogie mit anderen Rechtsvorschriften

Im Falle einer formell oder materiell nicht ordnungsgemäßen Unterrichtung wird die einmonatige Widerspruchsfrist nicht in Gang gesetzt (vgl. § 3 F III 2). Der Wortlaut des § 613a Abs. 6 BGB enthält keine gesetzliche Höchstfrist. Danach steht dem Arbeitnehmer grundsätzlich ein zeitlich unbegrenztes Widerspruchsrecht zu.

Einige Stimmen in der Literatur wollen im Wege einer Analogie mit anderen Vorschriften gleichwohl zu einer Höchstfrist kommen. Vor der Kodifizierung des Widerspruchsrechts wurde z.B. § 626 Abs. 2 BGB analog herangezogen und eine Frist von zwei Wochen ab der ordnungsgemäßen Information über den bevorstehenden Betriebsübergang vorgeschlagen[1607]. Eine derart kurze Frist ist nach der gesetzgeberischen Entscheidung, dem Arbeitnehmer eine einmonatige Frist ab Zugang der Unterrichtung einzuräumen, heute nicht mehr vertretbar. Es finden sich jedoch zahlreiche weitere Vorschriften, die für die hier interessierende Konstellation fruchtbar gemacht werden könnten. Man könnte z.B. daran denken, § 5 Abs. 3 S. 2 KSchG entsprechend heranzuziehen. Danach wäre das Widerspruchsrecht, je nachdem, ob man die einmonatige Widerspruchsfrist mitzählt oder nicht, sechs[1608] bzw. sieben[1609]

1607 Pietzko, Tatbestand des § 613a BGB, 288.
1608 So Wulff, AiB 2002, 596.
1609 So Worzalla, NZA 2002, 357.

Monate nach (Kenntnis von) dem Betriebsübergang verfristet. Noch bezogen auf § 355 Abs. 3 BGB a.F. wurde auch die aus dem Widerrufsrecht der Verbraucherverträge herrührende sechsmonatige Frist entsprechend herangezogen[1610]. Andere orientieren sich an der einjährigen Frist des § 124 Abs. 1 BGB[1611] oder wollen wenigstens die regelmäßige dreijährige Verjährungsfrist (§ 195 BGB) fruchtbar zu machen. Schließlich wird zum Teil in Anlehnung an §§ 121 Abs. 2, 124 Abs. 3 BGB vorgeschlagen, dass das Widerspruchsrecht spiegelbildlich zu der Situation der Anfechung einer Widerspruchserklärung stets nach zehn Jahren beginnend ab Kenntnis des Arbeitnehmers von den Tatsachen, die den Betriebsübergang ausmachen, verwirkt sei[1612]. Auch hierbei handelt es sich im Ergebnis um eine absolute Höchstfrist.

Die weit überwiegende Ansicht lehnt eine Analogie mit anderen Rechtsvorschriften zu Recht ab[1613]. Für eine Analogie fehlt es bereits an einer planwidrigen Regelungslücke. Der Gesetzgeber hat sich trotz entsprechender Anregungen im[1614] und nach[1615] dem Gesetzgebungsverfahren bisher immer gegen eine gesetzliche Höchstfrist für die Ausübung des Widerspruchsrechts nach Betriebsübergang ausgesprochen. Der so erkennbar gewordene gesetzgeberische Wille lässt schon die Annahme einer Planwidrigkeit nicht zu. De lege lata kommt daher keine gesetzliche Höchstfirst in Betracht.

Diese gesetzgeberische Entscheidung ist in der Literatur schon früh auf deutlich hörbare Kritik gestoßen[1616]. Diese Kritik ist berechtigt, widerspricht doch das Fehlen einer gesetzlichen Höchstfrist dem Wesen der Gestaltungsrechte, die weit überwiegend einer Ausschlussfrist unterliegen (vgl. z.B. §§ 121, 124, 626 Abs. 2, 1954,

---

1610 Franzen, RdA 2002, 266.

1611 So Rudkowski, NZA 2010, 742, die eine einjährige Höchstgrenze nach Betriebsübergang bzw. ab Ablauf des ersten Monats nach Erhalt der Unterrichtung annimmt und zur Begründung neben § 124 Abs. 1 BGB auf Fristen innerhalb des § 613a BGB abstellt und – dogmatisch fragwürdig – Elemente der Verwirkungsprüfung mit der Frage der zeitlichen Höchstgrenze vermengt.

1612 Schmalenberg, AuR 2008, 166; sich anschließend: Hofmann, Rechtsmissbrauch, 199.

1613 Vgl. u.a. ErfK/Preis, § 613a BGB Rn. 101; Müller, AuR 2007, 344; Staudinger/Annuß, § 613a BGB Rn. 301.

1614 Der Rechtsausschuss im Bundesrat empfahl eine maximale Fristobergrenze von drei Monaten nach Betriebsübergang (BR-Drucks. 831/1/01, 2). Die CDU/CSU- und die FDP-Bundestagsfraktion schlugen in ihren Änderungsanträgen eine Obergrenze von sechs Monaten nach Betriebsübergang vor (BT-Drucks. 14/8128, 4 f.; BT-Drucks. 14/8496, 3, 5; BT-Drucks. 15/406, 17).

1615 Im Gesetzesantrag des Landes Niedersachsen für mehr Wachstum und Beschäftigung durch nachhaltige Reformen am Arbeitsmarkt wurde eine Fristobergrenze von drei Monaten nach Betriebsübergang (BR-Drucks. 456/03, 16) und im Gesetzesantrag der Freistaaten Bayern und Sachsen zur Modernisierung des Arbeitsrechts (BR-Drucks. 464/03, 11) und in einem Gesetzentwurf der CDU/CSU-Fraktion (BT-Drucks. 15/1182, 9) wurde eine Frist von sechs Monaten nach Betriebsübergang vorgeschlagen.

1616 Berkowsky, NZI 2002, 416; Sayatz/Wolff, DStR 2002, 2039.

2082 BGB). Die fehlende gesetzliche Höchstfrist führt aus Sicht der Arbeitgeber zu einer unzumutbaren Rechtsunsicherheit hinsichtlich der Frage, welche Arbeitnehmer übergehen und welche nicht. De lege ferenda sprechen daher beachtliche Gründe für die Festsetzung einer gesetzlichen Höchstfrist[1617]. Sie könnte z.B. sechs Monate nach dem Betriebsübergang betragen (vgl. § 5 Abs. 3 S. 2 KSchG). Das Unionsrecht hindert den deutschen Gesetzgeber jedenfalls nicht daran, eine gesetzliche Höchstfrist einzuführen[1618]. Das europarechtliche Widerspruchsrecht leitet sich aus den Unionsgrundrechten ab. Auch auf europarechtlicher Ebene sind die widerstreitenden, grundrechtlich gewährleisteten Interessen des Arbeitnehmers an einer möglichst fundierten Entscheidung über den Verbleib bei seinem Arbeitgeber und das Interesse des Arbeitgebers an Rechtssicherheit zu einem gerechten Ausgleich zu bringen. Die Bestimmung einer gesetzlichen Höchstfrist bietet hierfür einen einfachen und effizienten Weg und sollte endlich eingeführt werden.

II. Beendigung des Arbeitsverhältnisses als absolute zeitliche Grenze des Widerspruchsrechts

Nach zum Teil vertretener Ansicht sollen zwischen Arbeitnehmer und Veräußerer einerseits und Arbeitnehmer und Erwerber andererseits verschiedene Rechtsbeziehungen bestehen[1619]. Die Kündigung des Erwerbers bzw. der Aufhebungsvertrag zwischen dem Erwerber und dem Arbeitnehmer wirke allein in der Rechtsbeziehung zum Erwerber, wohingegen der Widerspruch des Arbeitnehmers allein die Rechtsbeziehung zum Veräußerer betreffe und ohne Rücksicht auf die Rechtsbeziehung zum Erwerber mit rückwirkender Kraft zum Fortbestand des Arbeitsverhältnisses mit dem Veräußerer führe.

Andere Stimmen greifen den Gedanken unterschiedlicher Rechtsbeziehungen nicht auf, gehen aber aufgrund der Rückwirkung des Widerspruchs davon aus, dass eine Verfügung des übergehenden Arbeitnehmers über sein Arbeitsverhältnis „eigentlich' auch nicht zu dessen Beendigung führen"[1620] bzw. Erklärungen des Erwerbers (z.B. Kündigung) „ihre Rechtserheblichkeit einbüßen" und das mit dem Veräußerer fortbestehende Arbeitsverhältnis nicht wirksam beenden können[1621].

Die Ansicht, wonach der Arbeitnehmer sowohl in einer Rechtsbeziehung zum Erwerber als auch zum Veräußerer stehe, und die daraus abgeleitete Annahme, dass Handlungen im Verhältnis zum Erwerber keine Auswirkungen auf das Verhältnis mit dem Veräußerer haben sollen, überzeugt nicht. Selbst in Anbetracht eines noch fortbestehenden Widerspruchrechts steht der übergehende

---

1617 Hierfür u.a. auch: Bauer, NZA-Beil. 2009, 12; Gaul/Niklas, DB 2009, 458; Koller-van Delden, DStR 2008, 781; Mestwerdt, in: Kündigungsschutzrecht, § 613a BGB Rn. 175.

1618 So auch Löwisch/Göpfert/Siegrist, DB 2007, 2539.

1619 D. Gaul, ZfA 1990, 105 f.; sich anschließend: Eichler, Widerspruchsrecht, 265.

1620 Gehlhaar, BB 2009, 1183.

1621 Grau, Unterrichtung, 378 f.; vgl. auch Hofmann, Rechtsmissbrauch, 204 f.

Arbeitnehmer stets nur in einem einzigen Arbeitsverhältnis[1622]. Mit dem Übergang des Betriebs geht auch das Arbeitsverhältnis gemäß § 613a Abs. 1 S. 1 BGB auf den Erwerber über. Ein nach dem Übergang erklärter Widerspruch macht diesen Übergang des Arbeitsverhältnisses rückgängig, so dass in rechtlicher Hinsicht nur ein ununterbrochenes Arbeitsverhältnis zum Veräußerer bestand. Dispositionen des Arbeitnehmers über die Beendigung des einen Arbeitsverhältnisses entfalten somit sowohl im Verhältnis zum Erwerber als auch zum Veräußerer Wirkung.

Auch die Rückwirkung des Widerspruchs auf den Zeitpunkt des Betriebsübergangs führt nicht dazu, dass der Widerspruch noch nach wirksamer Beendigung des Arbeitsverhältnisses ausgeübt werden kann. Die Rechtsfolge des Gestaltungsrechts Widerspruch kann nicht eintreten, wenn die Voraussetzungen für seine wirksame Ausübung nicht mehr vorlagen. Die Rückwirkung ist lediglich die Rechtsfolge der Widerspruchserklärung. Sie hat aber keinen Einfluss auf die tatbestandlichen Voraussetzungen des Widerspruchsrechts[1623]. Voraussetzung für seine Ausübung ist die Verfügungsbefugnis über das Arbeitsverhältnis im Zeitpunkt der Widerspruchserklärung[1624]. Durch die wirksame Beendigung des Arbeitsverhältnisses verliert der Arbeitnehmer die Gestaltungs- und Verfügungsbefugnis über sein Arbeitsverhältnis. Nach Beendigung des Arbeitsverhältnisses besteht kein Rechtsverhältnis mehr, das per Widerspruch noch gestaltet werden kann[1625]. Auf den Punkt gebracht heißt das: ohne Arbeitsverhältnis keine Verfügungsbefugnis und somit auch kein wirksamer Widerspruch.

Größere Teile der Literatur[1626] und Teile der Rechtsprechung[1627] sehen daher zu Recht in der Beendigung des Arbeitsverhältnisses auch das Ende des

---

1622 BAG, 12.11.2009 – 8 AZR 718/07, AP Nr. 11 zu § 613a BGB Widerspruch (B III 4); vgl. insoweit auch Gehlhaar, BB 2009, 1182.

1623 Rieble/Wiebauer, NZA 2009, 403; WHSS/Willemsen, Rn. G 151.

1624 Rieble/Wiebauer, NZA 2009, 403. Widersprüchlich: Diehn, Rückkehrzusagen, 250, der einerseits betont, dass das Widerspruchsrecht ohne vertragliche Grundlage keinen Bestand haben könne und andererseits einen Widerspruch auch unabhängig vom Bestehen eines Arbeitsverhältnisses für denkbar hält.

1625 HWK/Willemsen/Müller-Bonanni, § 613a BGB Rn. 348; WHSS/Willemsen, Rn. G 151.

1626 Bauer/Göpfert/Haußmann/Krieger, Umstrukturierung, Teil 3 B Rn. 31; Cohnen, in: Moll, Arbeitsrecht, § 55 Rn. 68; Grau, AE 2010, 138; Grau, RdA 2007, 372; HWK/Willemsen/Müller-Bonanni, § 613a BGB Rn. 348; Kreitner, in: Küttner Personalbuch, Stichwort: Betriebsübergang Rn. 36; Neufeld/Beyer, NZA 2008, 1163; Rieble, NZA 2004, 6 f.; Rieble/Wiebauer, NZA 2009, 403; Willemsen, NJW 2007, 2073; Willemsen, NZA-Beil. 2008, 161; Willemsen, Festschrift für Wolfdieter Küttner, 432; WHSS/Willemsen, Rn. G 151; Rudkowski, NZA 2010, 740; vgl. auch Staudinger/Annuß, § 613a BGB Rn. 300, 303, der dieses Ergebnis allerdings mit der – nach hier vertretener Auffassung unzutreffenden – ex nunc Wirkung des Widerspruchs begründet; zweifelnd auch: Evers, FD-ArbR 2008, 266040; Meyer, SAE 2009, 214; Meyer, SAE 2011, 92.

1627 LAG Berlin-Brandenburg, 20.7.2007 – 6 Sa 680/07, NZA-RR 2007, 626 (1.2.2.2).

Widerspruchsrechts. Nach dessen Beendigung ist das Widerspruchsrecht erloschen. Ein gleichwohl erklärter Widerspruch ist dann unwirksam. Das BAG geht zwar zutreffend davon aus, dass das Arbeitsverhältnis durch die Disposition des Arbeitnehmers über die Beendigung seines Arbeitsverhältnisses wirksam enden kann. In einem zweiten Schritt räumt das Gericht dem Arbeitnehmer jedoch eine „nachvertraglich" fortbestehende Gestaltungs- und Verfügungsbefugnis zur Ausübung des Widerspruchsrechts ein[1628]. Woraus sich diese ergeben soll, bleibt unklar.

Hinter der Behauptung des BAG, es bestehe eine nachvertragliche Verfügungs- und Gestaltungsbefugnis, mag das Bestreben liegen, dass ein Arbeitnehmer solange nach § 613a Abs. 6 BGB widersprechen können soll, bis er nach § 613a Abs. 5 BGB ordnungsgemäß unterrichtet wurde, „koste es, was es wolle". Anderenfalls könnten sich die Arbeitgeber der Rechtsfolge, die mit einer fehlerhaften Unterrichtung verbunden ist, ein (bis zur Grenze der Verwirkung) zeitlich unbefristetes Widerspruchsrecht, durch die Beendigung des Arbeitsverhältnisses entziehen. Bei einer außerordentlichen fristlosen Kündigung seitens des Erwerbers wäre das Widerspruchsrecht sofort entzogen und in den übrigen Fällen einer Kündigung bliebe dem Arbeitnehmer nichts anderes übrig, als bis zum Ablauf der Kündigungsfrist zu widersprechen, will er nicht sein Recht zum Widerspruch verlieren, obwohl die Widerspruchsfrist nach § 613a Abs. 6 S. 1 BGB mangels ordnungsgemäßer Unterrichtung jeweils noch nicht einmal in Gang gesetzt sein könnte.

Diese durchaus nachvollziehbaren Überlegungen dürfen aber nicht darüber hinwegtäuschen, dass sich eine nachvertragliche Verfügungs- und Gestaltungsbefugnis dogmatisch nicht begründen lässt. Als Rechtsgrundlage für eine „nachvertragliche" Gestaltungs- und Verfügungsbefugnis käme allenfalls ein aus § 613a Abs. 6 BGB resultierendes gesetzliches Schuldverhältnis in Betracht. Die Annahme einer Gestaltungs- und Verfügungsbefugnis aus einem durch § 613a Abs. 6 BGB konstruierten gesetzlichen Schuldverhältnis überschreitet jedoch die noch zulässige Wortlautgrenze und ist daher abzulehnen. Nach Abs. 6 steht dem „Arbeitnehmer" das Recht zu, dem Übergang seines Arbeitsverhältnisses zu widersprechen. Zwar behauptet das BAG, dass der Wortlaut des § 613a Abs. 6 S. 1 BGB der Wirksamkeit eines nach Beendigung des Arbeitsverhältnisses erklärten Widerspruchs nicht entgegenstehe[1629]. Die hierfür angebrachte Begründung überzeugt jedoch nicht. Selbst wenn man dem BAG darin folgen möchte, dass allen mit ihrem Arbeitsverhältnis vom Betriebsübergang betroffenen Arbeitnehmern ein Widerspruchsrecht zusteht und das hiermit – entgegen der hier vertretenen Ansicht (vgl. § 2 D I 2) – alle

1628 BAG, 20.3.2008 – 8 AZR 1016/06 (B II 7), NZA 2008, 1354; BAG, 21.01.2010 – 8 AZR 870/07 (B II); BAG, 21.1.2010 – 8 AZR 977/07 (B I 2); sich anschließend: APS/Steffan, § 613a BGB Rn. 222; ErfK/Preis, § 613a BGB Rn. 101; Hauck, NZA-Beil. 2009, 23; KR/Treber, § 613a BGB Rn. 114; Trittin, in: Bachner/Köstler/Matthießen/Trittin, § 6 Rn. 114.

1629 BAG, 20.3.2008 – 8 AZR 1016/06 (B II 7), NZA 2008, 1354; BAG, 21.01.2010 – 8 AZR 870/07 (B II); BAG, 21.1.2010 – 8 AZR 977/07 (B I 2); sich anschließend: ErfK/Preis, § 613a BGB Rn. 101.

zum Zeitpunkt des geplanten Betriebsübergangs noch in einem Arbeitsverhältnis mit dem bisherigen Betriebsinhaber stehenden Arbeitnehmer gemeint sein sollen, ergibt sich hieraus noch keine Lösung des Wortlautproblems. Das Gesetz knüpft die Berechtigung zum Widerspruch an eine im Zeitpunkt der Ausübung des Widerspruchsrechts bestehende Arbeitnehmereigenschaft[1630]. Eine im Zeitpunkt des Betriebsübergangs bestehende Arbeitnehmereigenschaft genügt nicht. Die Eigenschaft als Arbeitnehmer kann seit dem Zeitpunkt des Betriebsübergangs durch wirksame Beendigung des Arbeitsverhältnisses verloren gegangen sein. Dem Umstand einer fehlenden bzw. nicht ordnungsgemäßen Unterrichtung kommt nicht die Wirkung zu, dass die Arbeitnehmereigenschaft fiktiv bestehen bleibt. Das Widerspruchsrecht teilt nach Beendigung des Arbeitsverhältnisses lediglich das rechtliche Schicksal aller sonstigen aus dem Arbeitsverhältnis resultierenden Arbeitnehmerrechte (z.B. das Kündigungsrecht). Mit Beendigung des Arbeitsverhältnisses erlöschen auch die Arbeitnehmerrechte.

Abseits dieser eher formalistischen Argumentation am Wortlaut ist zu bedenken, dass die Zulassung eines Widerspruchs nach Beendigung des Arbeitsverhältnisses faktisch einer „Beendigungssperre" gleichkommt. Erst einen Monat nach einer fehlerfreien Unterrichtung wäre die Beendigung „rechtskräftig". Davor könnte der übergegangene Arbeitnehmer die Beendigung seines Arbeitsverhältnisses mittels Widerspruchs jederzeit rückgängig machen und zu seinem bisherigen Arbeitgeber zurückkehren. Dieses Ergebnis ist mit den Wertungen des Kündigungsrechts nicht zu vereinbaren. Unterlässt es der Arbeitnehmer, Kündigungsschutzklage zu erheben, gilt die Kündigung nach §§ 7, 4 S. 1 KSchG als von Anfang an rechtswirksam. Erhebt der Arbeitnehmer mit Erfolg Kündigungsschutzklage steht fest, dass das Arbeitsverhältnis fortbesteht. Bei einem Misserfolg steht dagegen fest, dass die Kündigung das Arbeitsverhältnis aufgelöst hat. Nach der punktuellen Streitgegenstandstheorie wurde somit verbindlich festgestellt, ob das Arbeitsverhältnis des übergehenden Arbeitnehmers durch die Kündigung des Betriebserwerbers fortbesteht oder beendet ist. Wurde das Arbeitsverhältnis danach wirksam beendet, geht ein gleichwohl erklärter Widerspruch ins Leere[1631]. Warum einem im Wege des Betriebsübergangs übergehenden Arbeitnehmer im Unterschied zu den sonstigen Arbeitnehmern nicht die Obliegenheit treffen soll, zur Wahrung seiner Rechte eine Kündigungsschutzklage zu erheben, ist nicht ersichtlich. An dieser Stelle soll nicht unerwähnt bleiben, dass das BAG über den Umweg der Verwirkungsregeln oftmals zum gleichen Ergebnis gelangt. Das Widerspruchsrecht könne verwirkt sein, wenn der Arbeitnehmer nicht innerhalb der Frist zur Erhebung der Kündigungsschutzklage widerspricht und auch nicht in sonstiger Weise gegen die Kündigung vorgeht[1632]. Nach der hier vertretenen Ansicht käme es in diesen Fällen auf die Frage der Verwirkung des Widerspruchsrechts gar nicht mehr an.

1630 So auch Rudkowski, NZA 2010, 740.

1631 So auch Löwisch, BB 2009, 347 f.

1632 Vgl. z.B. BAG, 24.2.2011 – 8 AZR 935/08, AP Nr. 400 zu § 613a BGB (II 2 d dd).

Eine nach Beendigung des Arbeitsverhältnisses einzuräumende Widerspruchsmöglichkeit, die dazu führt, dass das Arbeitsverhältnis zum Veräußerer fortbesteht, ist schließlich auch aus verfassungsrechtlicher Sicht nicht geboten. Richtig ist, dass dem übergehenden Arbeitnehmer bei einem Betriebsübergang aus Art. 12 Abs. 1 GG ein Rückkehrrecht zu seinem bisherigen Arbeitgeber zusteht (vgl. § 3 A II). Der Widerspruch dient der Wiederherstellung der Vertragsbeziehung zum alten Arbeitgeber und somit auch dem Bestandsschutz. Mit dem Grundrecht auf freie Wahl des Arbeitsplatzes ist aber keine Bestandsgarantie für den einmal gewählten Arbeitsplatz verbunden und es gewährt auch keinen unmittelbaren Schutz gegen den Verlust des Arbeitsplatzes aufgrund privater Dispositionen[1633]. Zur Beachtung des durch Art. 12 Abs. 1 GG geschützten Arbeitnehmerinteresses auf Achtung der ausgeübten Arbeitsplatzwahl obliegt dem Staat lediglich eine Schutzpflicht, der er insbesondere mit dem Kündigungsrecht nachgekommen ist. Eine wirksame Beendigung des Arbeitsverhältnisses widerspricht somit keineswegs Art. 12 Abs. 1 GG. Der Arbeitnehmer kann gegen die Arbeitgeberkündigung eine Kündigungsschutzklage erheben und sich hierdurch seine Rechte bewahren. Ist die Kündigung danach unwirksam, wurde das Arbeitsverhältnis nie unterbrochen und der später erklärte Widerspruch ist wirksam. Davon abgesehen steht es dem Arbeitnehmer sogar frei, bis zur Grenze der Beendigung des Arbeitsverhältnisses sein Widerspruchsrecht noch auszuüben. Ein gekündigtes bzw. in Zukunft aufgehobenes Arbeitsverhältnis genügt grundsätzlich als Grundlage für das Widerspruchsrecht aus § 613a Abs. 6 BGB. Während der gesetzlichen Kündigungsfrist oder der vertraglich vereinbarten Auslauffrist besteht auch noch das Recht zum Widerspruch. Ist das Arbeitsverhältnis aber erst einmal wirksam beendet, besteht auch kein Widerspruchsrecht mehr.

Trotz aller Bedenken bleibt für die Praxis gleichwohl festzuhalten, dass die Beendigung des Arbeitsverhältnisses nach derzeitiger Rechtsprechung des BAG keine absolute zeitliche Grenze des Widerspruchsrechts bildet. Eine zeitnahe Korrektur dieser Rechtsprechung erscheint unwahrscheinlich.

III. Ausschluss des Widerspruchsrechts durch Verzicht

Hat der Arbeitnehmer wirksam auf sein Widerspruchsrecht verzichtet, ist ein danach erklärter Widerspruch unwirksam[1634]. Die grundsätzliche Zulässigkeit des Verzichts des Arbeitnehmers auf sein Widerspruchsrecht entspricht der heute fast einhelligen Ansicht[1635]. Die geforderten Voraussetzungen werden jedoch noch immer sehr kontrovers diskutiert.

1633 BVerfG, 25.1.2011 – 1 BvR 1741/09, BVerfGE 128, 157 (B I 2 a).

1634 BAG, 19.3.1998 – 8 AZR 139/97, AP Nr. 177 zu § 613a BGB (I 3 a); Gaul/Otto, DB 2002, 638; vgl. auch Worzalla, NZA 2002, 357 [„unbeachtlich"].

1635 BAG, 19.3.1998 – 8 AZR 139/97, AP Nr. 177 zu § 613a BGB (I 3 a); BAG, 15.2.2007 – 8 AZR 431/06, AP Nr. 320 zu § 613a BGB (II 3 b (3)); Bauer/v. Steinau-Steinrück,

1. Verhältnis des Verzichts zur Bestätigung

Nach Ansicht von *Rieble*[1636] könne der Arbeitnehmer den Übergang seines Arbeitsverhältnisses bestätigen. Diese Bestätigungserklärung sei von einer Verzichtserklärung zu unterscheiden. Die Bestätigung sei die negative Ausübung eines Wahlrechts über die Person des Arbeitgebers, wohingegen der Berechtigte bei einem Verzicht sein Wahlrecht einbüße bzw. dieses aufgebe. Der Autor überträgt insoweit seine eigene Auffassung[1637] zum Verhältnis von Bestätigung und Verzicht bei Gestaltungsrechten auf das hier interessierende Widerspruchsrecht und kann sich insoweit auf weitere Stimmen in der Literatur zu § 144 BGB stützen[1638].

Das Gesetz spricht im Zusammenhang mit dem Gestaltungsrecht der Anfechtung nicht von einem Verzicht, sondern von der Bestätigung eines anfechtbaren Rechtsgeschäfts, vgl. § 144 Abs. 1 BGB. Gleichwohl geht die überwiegende Ansicht davon aus, dass zwischen der Bestätigung nach § 144 BGB und dem Verzicht auf das Anfechtungsrecht sachlich keinerlei Unterschiede bestehen[1639]. Bei der Bestätigung des anfechtbaren Rechtsgeschäfts handelt es sich in der Sache um den Verzicht auf das Anfechtungsrecht[1640].

Der überwiegenden Ansicht ist hier der Vorzug einzuräumen. Zutreffend ist, dass der Berechtigte eines Gestaltungsrechts zwischen mehreren Rechtszuständen wählen kann[1641]. Es bestehen jedoch keine durchgreifenden Bedenken gegen die Annahme, im Verzicht auf das Gestaltungsrecht liege zugleich die negative Ausübung dieses Wahlrechts. Dies wird anhand eines Blicks auf die Rechtsfolgenseite deutlich. Der Verzicht auf das Gestaltungsrecht hat den Untergang des Wahlrechts zur Folge. Auch für *Rieble*, der zwischen ausüben und aufgeben dieses Wahlrechts unterscheidet, sei das Gestaltungsrecht nach der negativen Ausübung

---

ZIP 2002, 464 f.; Düwell/Wichert, in: Arens/Düwell/Wichert, Umstrukturierung, § 7 Rn. 327 ff.; ErfK/Preis, § 613a BGB Rn. 102; Franzen, RdA 2002, 268; Gaul/Otto, DB 2002, 638; Grobys, BB 2002, 730; Hauck, NZA 2004, Sonderbeil. 1, 47; Meyer, BB 2003, 1113; MK/Müller-Glöge, § 613a BGB Rn. 115; Nehls, NZA 2003, 826 f.; Willemsen/Lembke, NJW 2002, 1165; Worzalla, NZA 2002, 357; Wulff, AiB 2002, 595; **a.A.** Tschöpe, Rechtsfolgen, 40.

1636 Rieble/Wiebauer, NZA 2009, 404 ff.; Rieble, Festschrift für Arbeitsgemeinschaft Arbeitsrecht, 704; sich anschließend: Gussen, in: BeckOK R/G/K/U, § 613a BGB Rn. 165a.

1637 Staudinger/Rieble, § 397 BGB Rn. 66 ff., 71.

1638 MK/Busche, § 144 BGB Rn. 3 m.w.N. In der Bestätigung nach § 144 BGB liege lediglich die Entscheidung des Berechtigten darüber, dass das anfechtbare Rechtsgeschäft gelten soll.

1639 LAG Düsseldorf, 13.12.2006 – 7 (3) Sa 542/06, BeckRS 2007, 46864 (II 2 d); LAG Düsseldorf, 30.4.2008 – 7 Sa 1199/07, LAGE § 613a BGB 2002 Nr. 21 (II 2); Staudinger/Roth, § 144 BGB Rn. 2 m.w.N.

1640 Palandt/Ellenberger, § 144 BGB Rn. 1.

1641 Staudinger/Rieble, § 397 BGB Rn. 66 ff.; Rieble/Wiebauer, NZA 2009, 404 ff.

„verbraucht" und könne nicht erneut ausgeübt werden[1642]. Wenn aber die negative Ausübung letztlich auch nur dazu führt, dass das Wahlrecht nicht mehr besteht, ist ein qualitativer Unterschied zu der Situation, dass das Wahlrecht aufgegeben wurde, nicht feststellbar. Die negative Ausübung des Wahlrechts führt dann zum selben Rechtszustand wie der Verzicht auf dieses Recht[1643]. Bei dem hier interessierenden Gestaltungsrecht kann der Arbeitnehmer in zeitlichem Zusammenhang mit dem konkreten Betriebs(teil)übergang (vgl. § 3 I III 3 e) frei wählen, ob er die gesetzlich angeordnete Rechtsfolge des Übergangs seines Arbeitsverhältnisses verhindern/rückgängig machen will oder nicht. Das Widerspruchsrecht stellt sich als Wahlrecht zwischen zwei Arbeitgebern dar. Verzichtet der Arbeitnehmer auf sein Wahlrecht, liegt darin zugleich die Bestätigung des Übergangs seines Arbeitsverhältnisses auf den Erwerber. Zwischen dem Verzicht auf das Widerspruchsrecht und seiner negativen Ausübung bestehen in der Sache keine Unterschiede[1644].

2. *Erkenntnisse aus § 144 BGB*

Eine andere Frage ist, ob für die Fälle des Verzichts auf das Widerspruchsrecht § 144 BGB (analog) herangezogen werden kann. Eine direkte Anwendung des § 144 BGB kommt schon deshalb nicht in Betracht, weil sich Wortlaut und Systematik ausdrücklich auf das spezifische Gestaltungsrecht Anfechtung beziehen. Die siebte Kammer des LAG Düsseldorf beurteilt den konkludenten Verzicht auf das Widerspruchsrecht, soweit die Voraussetzungen einer Bestätigung festgestellt werden können, in analoger Anwendung des § 144 BGB[1645]. Das BAG hat diese Frage ausdrücklich offen gelassen[1646]. Nach hier vertretener Ansicht bedarf

---

1642 Staudinger/Rieble, § 397 BGB Rn. 72; Rieble/Wiebauer, NZA 2009, 406; Rieble, Festschrift für Arbeitsgemeinschaft Arbeitsrecht, 704; vgl. auch Unfried, Betriebsübergang, 205.

1643 Kein Verzicht im vorgenannten Sinne liegt vor, wenn der Berechtigte nur darauf „verzichtet" das Wahlrecht in eigener Person auszuüben und stattdessen seine Entscheidung einem Dritten überlässt. In dieser Konstellation geht das Gestaltungsrecht nicht durch Rechtsverzicht unter, sondern besteht (in anderer Person) fort.

1644 Vgl. Bayreuther, in: Dornbusch/Fischermeier/Löwisch, § 613a BGB Rn. 143; Burkard, Sanierungs- und Insolvenzklauseln, 166; Diehn, Rückkehrzusagen, 249; Eichler, Widerspruchsrecht, 152; Grau, Unterrichtung, 352, 355; Menze, Widerspruchsrecht, 83; Nehls, NZA 2003, 826; Rudkowski, NZA 2010, 741.

1645 LAG Düsseldorf, 13.12.2006 – 7 (3) Sa 542/06, BeckRS 2007, 46864 (II 2 d). Sich anschließend: Gehlhaar, BB 2009, 1184. Aus seiner Sicht zu Unrecht wirft der Autor dem LAG Düsseldorf allerdings vor, nicht die Möglichkeit in Betracht zu ziehen, dass die konkludente Bestätigung ausnahmsweise auch ohne Erklärungsbewusstsein angenommen werden könne, vgl. LAG Düsseldorf, 30.4.2008 – 7 Sa 1199/07, LAGE § 613a BGB 2002 Nr. 21 (II 2).

1646 BAG, 12.11.2009 – 8 AZR 530/07, AP Nr. 382 zu § 613a BGB (B III).

es einer derartigen Analogiebildung nicht[1647]. § 144 BGB gibt nur den allgemeinen Rechtsgedanken wieder, dass jedes Gestaltungsrecht positiv oder negativ ausgeübt werden kann. Abgesehen von einer Analogiebildung liegt es gleichwohl nahe, die Voraussetzungen, in denen eine Bestätigung im Sinne des § 144 BGB angenommen wird, für den hier interessierenden Verzicht auf das Widerspruchsrecht fruchtbar zu machen[1648]. Hierbei gilt es jedoch, die für das Widerspruchsrecht aus § 613a Abs. 6 BGB resultierenden Besonderheiten zu beachten.

3. Voraussetzungen des Verzichts auf das Widerspruchsrecht

a) Empfangsbedürftige Willenserklärung

Im Rahmen des Anfechtungsrechts wird die Empfangsbedürftigkeit der Bestätigungserklärung nicht einheitlich beurteilt[1649]. Sieht man in der Bestätigung eine nicht empfangsbedürftige Willenserklärung und überträgt diesen Befund in analoger Anwendung des § 144 BGB auf den konkludenten Verzicht auf das Widerspruchsrecht, muss der Verzicht weder gegenüber dem Veräußerer noch gegenüber dem Erwerber erklärt werden[1650].

Nach hier vertretener Ansicht kann der Arbeitnehmer nur durch eine empfangsbedürftige Willenserklärung verzichten, wobei es ausreicht, wenn die Erklärung entweder dem Veräußerer oder dem Erwerber zugeht. Für dieses Ergebnis bedarf es keiner Analogiebildung zu § 144 BGB. Es ergibt sich vielmehr aus § 613a Abs. 6 S. 2 BGB selbst. Die positive Ausübung des Widerspruchsrechts ist eine empfangsbedürftige Willenserklärung, die entweder gegenüber dem bisherigen Arbeitgeber oder dem neuen Inhaber erklärt werden kann. Der Verzicht auf das Widerspruchsrecht bildet der Sache nach dessen negative Ausübung. Für ihn können insoweit keine anderen Maßstäbe gelten. § 613a Abs. 6 S. 2 BGB ist auf den Fall des Verzichts entsprechend anzuwenden.

b) Kenntnis vom Widerspruchsrecht

Die wirksame Bestätigung eines anfechtbaren Rechtsgeschäfts nach § 144 Abs. 1 BGB setzt voraus, dass der Berechtigte im Zeitpunkt der Erklärung, die Anfechtbarkeit des Rechtsgeschäfts kannte oder zumindest mit ihr rechnete[1651]

1647 Insoweit wie hier: Rieble/Wiebauer, NZA 2009, 404 ff.

1648 Vgl. für den konkludenten Verzicht auf das Rücktrittsrecht: Palandt/Grüneberg, § 350 BGB Rn. 3.

1649 Gegen die Empfangsbedürftigkeit u.a.: Palandt/Ellenberger, § 144 BGB Rn. 2. Für die Empfangsbedürftigkeit u.a.: Staudinger/Roth, § 144 BGB Rn. 4; MK/Busche, § 144 BGB Rn. 4; Rieble/Wiebauer, NZA 2009, 404.

1650 LAG Düsseldorf, 20.12.2006 – 7 (6) Sa 777/06, BeckRS 2007, 44822 (II 2); LAG Düsseldorf, 30.4.2008 – 7 Sa 1199/07, LAGE § 613a BGB 2002 Nr. 21 (II 2); Gehlhaar, BB 2009, 1184.

1651 BGH, 22.11.1995 – XII ZR 227/94, NJW-RR 1996, 1281 (5); BAG, 12.11.2009 – 8 AZR 530/07, AP Nr. 382 zu § 613a BGB (B III); MK/Busche, § 144 BGB Rn. 7.

und das Wissen, dass sich daraus für ihn ein Anfechtungsrecht ergibt[1652]. Wollte man § 144 BGB auf das Widerspruchsrecht analog anwenden, bedürfe es der Kenntnis der fortdauernden Widerspruchsberechtigung[1653] bzw. zumindest ein damit rechnen[1654].

Aber auch ohne die analoge Anwendung des § 144 BGB geht das BAG zutreffend davon aus, dass der wirksame Verzicht das Bewusstsein des Arbeitnehmers von seinem Widerspruchsrecht voraussetzt[1655]. Dies folgt aus der Überlegung, dass die positive Ausübung oder die negative Ausübung eines Gestaltungsrechts notwendig die Kenntnis des Berechtigten von seinem Recht voraussetzt und der Verzicht auf das Gestaltungsrecht in der Sache dessen negative Ausübung darstellt. Der Arbeitnehmer muss also zumindest Kenntnis von der Tatsache besitzen, dass ein konkreter Betriebsübergang (kurz) bevorsteht[1656]. Dies ist z.B. zu verneinen, wenn der Arbeitnehmer glaubt, dass überhaupt kein Betriebsübergang vorliegt oder ein „geheimer" Betriebsübergang stattfindet. Von einer Kenntnis des Arbeitnehmers kann auch dann nicht ausgegangen werden, wenn keine Unterrichtung über das Widerspruchsrecht erfolgt ist und dem Arbeitnehmer sein Recht auch auf anderem Wege nicht bewusst wird. Gleiches gilt, wenn der Arbeitnehmer mangels entgegenstehender Anhaltspunkte irrig davon ausgeht, dass die Unterrichtung ordnungsgemäß erteilt wurde und die einmonatige Widerspruchsfrist bereits abgelaufen ist.

c) Verzichtswille

Von der Kenntnis des Widerspruchsrechts ist der Wille des Rechteinhabers, hier des Arbeitnehmers, zu trennen, auf sein Recht zu verzichten. Der Verzichtswille muss aus Sicht des objektiven Empfängerhorizonts unter Berücksichtigung der konkreten Begleitumstände eindeutig festgestellt werden können[1657]. Ein Verzichtswille darf

---

1652 So jedenfalls im Falle einer arglistigen Täuschung: BGH, 14.3.1990 – VIII ZR 18/89, NJW-RR 1990, 817 (II 3 e cc). **A.A.** Staudinger/Roth, § 144 BGB Rn. 8, für den es ausreicht, dass die Gegenpartei aus dem äußeren Erscheinungsbild darauf schließen kann, der Berechtigte wolle am Geschäft trotz erkannter Zweifel festhalten. Nach Rieble/Wiebauer, NZA 2009, 406, sei entscheidend, ob der Erklärungsadressat von der Kenntnis ausgehen kann.

1653 Vgl. BAG, 12.11.2009 – 8 AZR 530/07, AP Nr. 382 zu § 613a BGB (B III). Die Frage einer analogen Anwendung wurde jedoch im Ergebnis ausdrücklich offen gelassen.

1654 Vgl. LAG Düsseldorf, 13.12.2006 – 7 (3) Sa 542/06, BeckRS 2007, 46864 (II 2 d).

1655 BAG, 15.2.2007 – 8 AZR 431/06, AP Nr. 320 zu § 613a BGB (II 3 b (3)); BAG, 20.5.2010 – 8 AZR 114/09, AP Nr. 27 zu § 613a BGB Widerspruch (B I 1 cc (2)); sich anschließend: APS/Steffan, § 613a BGB Rn. 232; Rudkowski, NZA 2010, 741.

1656 Burkard, Sanierungs- und Insolvenzklauseln, 167 f.; Düwell/Wichert, in: Arens/Düwell/Wichert, Umstrukturierung, § 7 Rn. 329.

1657 Staudinger/Rieble, § 397 BGB Rn. 109 m.w.N; bezogen auf das Rücktrittsrecht: Staudinger/Kaiser, § 349 BGB Rn. 57.

nicht vorschnell bejaht werden. Im Zweifel kann nicht von einem Verzichtswillen ausgegangen werden. Da sich das Verhalten des Rechteinhabers jedoch nach dem objektiven Erklärungstatbestand richtet, kann er sich nicht mit Erfolg darauf berufen, dass er den Verzicht subjektiv gar nicht wollte oder dass ihm ein entsprechendes Erklärungsbewusstsein fehlte[1658]. Das Erklärungsbewusstsein ist nach den allgemeinen Grundsätzen keine zwingende Voraussetzung einer wirksamen Willenserklärung. Entscheidend ist, dass der Arbeitnehmer unter Beachtung der erforderlichen Sorgfalt erkennen konnte, dass sein Verhalten als Willenserklärung aufgefasst würde, und der jeweilige Erklärungsempfänger auch schutzbedürftig ist[1659].

Wie gesehen, soll die Bestätigungs- mitunter von der Verzichtserklärung unterschieden werden. Für die Bestätigung bedürfe es insbesondere nicht den nur unter strengen Anforderungen anzunehmenden Verzichtswillen[1660]. Folgt man der hier vertretenen Ansicht, dass Bestätigungs- und Verzichtserklärung in der Sache auf dieselbe Rechtsfolge gerichtet sind, können an den Bestätigungswillen keine geringeren Anforderungen geknüpft werden, als an den Verzichtswillen.

d) Schriftformerfordernis

Ähnliche Überlegungen greifen auch für die Frage des Schriftformerfordernisses. Der Verzicht auf das Widerspruchsrecht bedarf in analoger Anwendung des § 613a Abs. 6 S. 1 BGB der gesetzlichen Schriftform[1661]. Auch die Beachtung des besonderen Zwecks der gesetzlich angeordneten Schriftform führt hier zu keinem anderen Ergebnis. Die Schriftform erfüllt im Rahmen des Verzichts auf das Widerspruchsrecht eine Warn- und Beweisfunktion[1662]. Der Verzicht auf sein Recht soll dem Arbeitnehmer deutlich vor Augen geführt werden[1663]. Selbst wenn man berücksichtigt, dass die (unmittelbare) Gefährdung des Arbeitsverhältnisses im Falle des Verzichts die Ausnahme darstellen wird[1664], sind dennoch genügend Konstella-

1658 Staudinger/Rieble, § 397 BGB Rn. 122.

1659 Palandt/Ellenberger, vor § 116 BGB Rn. 17.

1660 Rieble/Wiebauer, NZA 2009, 406: „Die Bestätigung ist gerade kein Verzicht, weswegen auch kein ‚Verzichtswille' festgestellt werden müsste, für den in der Tat strenge Anforderungen gelten."

1661 APS/Steffan, § 613a BGB Rn. 232; Diehn, Rückkehrzusagen, 249; ErfK/Preis, § 613a BGB Rn. 102; Franzen, RdA 2002, 268; Gaul/Otto, DB 2002, 638; Hauck, NZA 2004, Sonderbeil. 1, 47; Hohner, Unternehmenswandlung, 96; MK/Müller-Glöge, § 613a BGB Rn. 115; Olbertz/Ungnad, BB 2004, 218; Jaeger, ZIP 2004, 443; Gussen, in: BeckOK R/G/K/U, § 613a BGB Rn. 165 [„erst recht"]; Trittin, in: Bachner/Köstler/Matthießen/Trittin, § 6 Rn. 115.

1662 ErfK/Preis, § 613a BGB Rn. 102; Grau, Unterrichtung, 355 f.; Franzen, RdA 2002, 268; **a.A.** HWK/Willemsen/Müller-Bonanni, § 613a BGB Rn. 362; Staudinger/Annuß, § 613a BGB Rn. 329; vgl. auch Rieble/Wiebauer, NZA 2009, 405 f., für die „Bestätigungslösung".

1663 LAG Düsseldorf, 1.8.2007 – 7 Sa 655/07, BeckRS 2007, 48391 (II 2 e).

1664 HWK/Willemsen/Müller-Bonanni, § 613a BGB Rn. 362; Staudinger/Annuß, § 613a BGB Rn. 329.

tionen denkbar, in denen der Arbeitnehmer durch die Schriftform davor gewarnt werden muss, übereilt auf sein Widerspruchsrecht durch unüberlegte Handlungen zu verzichten. Beispielsweise kann der Erwerber kurze Zeit nach Betriebsübergang in wirtschaftliche Schieflage geraten. Hat der Arbeitnehmer bereits wirksam auf sein Widerspruchsrecht verzichtet, hat er (mit Ausnahme einer ggf. noch möglichen Anfechtung der Verzichtserklärung nach §§ 119 ff. BGB) keine Möglichkeit mehr, zu seinem bisherigen, solventen Arbeitgeber zurückzukehren. Zudem stellt die Schriftform sicher, dass der Übergang des Arbeitsverhältnisses zu Beweiszwecken rechtssicher dokumentiert wird.

Zum Teil wird die Formfreiheit aus einer analogen Anwendung des § 144 Abs. 2 BGB hergeleitet[1665]. Selbst wenn man – entgegen der hier vertretenen Ansicht – von einer analogen Anwendung des § 144 Abs. 2 BGB ausgehen wollte, folgt daraus vorliegend keine Formfreiheit. Nach dieser Vorschrift bedarf die Bestätigung nicht der für das Rechtsgeschäft bestimmten Form. Das Gesetz trifft keine Aussage zu der Frage, ob die Bestätigung der für die Anfechtungserklärung bestimmten Form genügen muss. Dies liegt daran, dass die positive Anfechtungserklärung selbst auch an keinerlei Formvorschriften gebunden ist. Im Gegensatz hierzu ordnete der Gesetzgeber für die Gestaltungserklärung im Rahmen des Widerspruchsrechts die Schriftform ausdrücklich an, § 613a Abs. 6 S. 1 BGB. Dies führt dazu, dass der hinter § 144 Abs. 2 BGB stehende Rechtsgedanke, die Formfreiheit zu erhalten, nicht einfach auf das Widerspruchsrecht übertragen werden kann[1666].

Die Zulässigkeit eines formularmäßigen Verzichtsvertrags richtet sich nach den §§ 305 ff. BGB. Der Verzicht auf das Widerspruchsrecht kann zu einer unangemessenen Benachteiligung des Arbeitnehmers nach §§ 310 Abs. 3 Nr. 2, Abs. 4 S. 2, 307 Abs. 1 S. 1, Abs. 2 Nr. 1 BGB führen[1667]. Dies gilt jedenfalls, solange der Verzicht nicht durch einen angemessenen Ausgleich „entlohnt“ wurde. In der Praxis kommt es häufig vor, dass die Arbeitgeber dem Arbeitnehmer als Gegenleistung für den Verzicht auf das Widerspruchsrecht finanzielle Vergünstigungen (z.B. „Treueprämie“, „Begrüßungsgeld“), Qualifikationsmöglichkeiten, Einsätze im Ausland o.ä. vertraglich zusichern. In solch einem Fall kann sich auch ein formularvertraglich vereinbarter Verzichtsvertrag als wirksam herausstellen.

Der Verzicht kann auch durch einseitige Gestaltungserklärung des Arbeitnehmers erklärt werden. In der Praxis kommt es häufig vor, dass die Arbeitnehmer im Unterrichtungsschreiben dazu aufgefordert werden, ihr Einverständnis mit dem Übergang ihres Arbeitsverhältnisses unter Verwendung eines vorgefertigten

---

1665 LAG Düsseldorf, 1.8.2007 – 7 Sa 655/07, BeckRS 2007, 48391 (II 2 e); Gehlhaar, BB 2009, 1184 f.

1666 Vgl. insoweit Rieble/Wiebauer, NZA 2009, 405, allerdings für seine „Bestätigungslösung“.

1667 Staudinger/Annuß, § 613a BGB Rn. 328; **a.A.** Cohnen, in: Moll, Arbeitsrecht, § 55 Rn. 84. Für einen Verstoß gegen § 309 Nr. 10 BGB direkt: Dahms, Widerspruchsrecht, 128; bzw. analog: Grau, Unterrichtung, 353 f.; insoweit **a.A.** Burkard, Sanierungs- und Insolvenzklauseln,168; Staudinger/Annuß, § 613a BGB Rn. 328.

und dem Unterrichtungsschreiben beigefügten Formulars zu erklären[1668]. In dieser Erklärung kann dann ggf. eine konkludente Verzichtserklärung auf das Widerspruchsrecht erblickt werden. Dazu sogleich.

e) Anlässlich eines konkreten Betriebsübergangs

Zu Recht geht die fast einhellige Ansicht davon aus, dass der Verzicht nicht abstrakt im Voraus, sondern nur in zeitlichem Zusammenhang und anlässlich eines konkreten Betriebs(teil)übergangs erklärt werden kann[1669]. Eine abstrakt-generelle Globalverzichtsklausel (sog. „blinder Verzicht“[1670] bzw. „Blankoverzicht“), z.B. im Anstellungsvertrag[1671], wonach der Arbeitnehmer auf das Widerspruchsrecht für den Fall irgendeines Betriebsübergangs verzichtet, ist unzulässig. Der maßgebliche Zeitpunkt, ab wann von einem konkreten Betriebsübergang gesprochen werden kann, ist objektiv zu bestimmen. Nach hier vertretener Terminologie müssen hierfür die Grunddaten des Betriebsübergangs (Identität des Betriebsveräußerers und des Betriebserwerbers sowie Gegenstand, Zeitpunkt bzw. geplanter Zeitpunkt und Grund) bereits feststehen (vgl. § 2 F II 2). Das Widerspruchsrecht dient dem grundrechtlich gewährleisteten Recht auf freie Arbeitgeberwahl im Falle einer konkreten Betriebsübergangssituation. Der Arbeitnehmer soll im Falle des Arbeitgeberwechsels durch einen Betriebsübergang eine aktuelle Wahlentscheidung hinsichtlich seines zukünftigen Arbeitgebers treffen können. Die Zulässigkeit eines pauschalen Präventiv-Verzichts würde dieses Ziel konterkarieren und das Recht zur freien Arbeitgeberwahl über Maß beschneiden.

Um sich für oder gegen den Übergang des Arbeitsverhältnisses auf einen neuen Arbeitgeber entscheiden zu können, bedarf es jedoch, entgegen teilweiser Behauptung[1672], nicht der positiven Kenntnis des Arbeitnehmers (zumindest) von der Person des Erwerbers. Dies folgt aus der Überlegung, dass auch die positive Ausübung des Widerspruchsrechts nicht davon abhängt, ob dem Arbeitnehmer die Person des Erwerbers bereits bekannt ist oder nicht. Anderenfalls könnten die beteiligten

1668 Vgl. u.a. Fuhlrott/Ritz, BB 2012, 2694; Göpfert/Meyer, NZA 2011, 491.

1669 BAG, 30.10.2003 – 8 AZR 491/02, AP Nr. 262 zu § 613a BGB (II 2 b bb (3)); Burkard, Sanierungs- und Insolvenzklauseln, 165 f.; Eichler, Widerspruchsrecht, 150 ff.; Bauer/v. Steinau-Steinrück, ZIP 2002, 464 f.; Franzen, RdA 2002, 268; Gaul/Otto, DB 2002, 638; Grau, Unterrichtung, 352 f.; Grobys, BB 2002, 730; Hauck, NZA 2004, Sonderbeil. 1, 47; HWK/Willemsen/Müller-Bonanni, § 613a BGB Rn. 362; Mestwerdt, in: Kündigungsschutzrecht, § 613a BGB Rn. 183; Pietzko, Tatbestand des § 613a BGB, 295; Rudkowski, NZA 2010, 740 f.; Staudinger/Annuß, § 613a BGB Rn. 326; WHSS/Willemsen, Rn. G 152; Worzalla, NZA 2002, 357; **a.A.** Bauer, Unternehmensveräußerung und Arbeitsrecht, 57; Pröpper, DB 2000, 2324 ff.

1670 Pietzko, Tatbestand des § 613a BGB, 295.

1671 Vgl. zur besonderen Drucksituation bei Vertragsschluss: Menze, Widerspruchsrecht, 78 ff.; Pietzko, Tatbestand des § 613a BGB, 295.

1672 Grau, Unterrichtung, 357; Menze, Widerspruchsrecht, 83 ff., 88 f.; vgl. auch Pietzko, Tatbestand des § 613a BGB, 295.

Arbeitgeber einen wirksamen Widerspruch vor dem Übergang des Arbeitsverhältnisses auf den Erwerber dadurch verhindern, dass sie die Person des Erwerbers möglichst lange geheim halten.

f) Ordnungsgemäße Unterrichtung nicht erforderlich

Aus der gesetzlich angeordneten Verknüpfung der Unterrichtungspflicht mit dem Widerspruchsrecht wird zum Teil geschlussfolgert, dass der wirksame Verzicht eine gewisse Unterrichtung des Arbeitnehmers voraussetze. Einige Autoren fordern, dass die Arbeitnehmer ausreichend informiert wurden[1673]. Andere verlangen für den wirksamen Verzicht, dass der Arbeitnehmer ordnungsgemäß nach § 613a Abs. 5 BGB unterrichtet wurde[1674].

Nach zutreffender Ansicht ist die ordnungsgemäße Unterrichtung keine Wirksamkeitsvoraussetzung des Verzichts auf das Widerspruchsrecht[1675]. Der Gesetzgeber hat allein den Beginn der Widerspruchsfrist an die ordnungsgemäße Unterrichtung nach Abs. 5 geknüpft. Von der Wirksamkeit der Widerspruchserklärung ist dagegen selbst dann auszugehen, wenn der Arbeitnehmer überhaupt nicht oder nur fehlerhaft unterrichtet wurde[1676]. Wenn aber der Arbeitnehmer sein Widerspruchsrecht in positiver Hinsicht wirksam ausüben kann, ohne dass er ordnungsgemäß unterrichtet wurde, muss dies auch für die negative Ausübung durch Verzicht gelten. Zwar soll die Arbeitgeberunterrichtung nach dem

---

1673 Bayreuther, in: Dornbusch/Fischermeier/Löwisch, § 613a BGB Rn. 143; Franzen, RdA 2002, 268; Grobys, BB 2002, 730. Vgl. auch Meyer, Unterrichtung, § 3 Rn. 389 und Meyer, SAE 2009, 215, der eine „Basisunterrichtung" verlangt.

1674 Bauer/Göpfert/Haußmann/Krieger, Umstrukturierung, Teil 3 B Rn. 32; Göpfert/Siegrist, ArbRAktuell 2010, 60; Hauck, NZA-Beil. 2009, 22; Hohner, Unternehmenswandlung, 96; Nehls, NZA 2003, 826; wohl auch APS/Steffan, § 613a BGB Rn. 232. Trittin, in: Bachner/Köstler/Matthießen/Trittin, § 6 Rn. 115, setzt für einen wirksamen Verzicht gar eine vollständige und formgerechte Unterrichtung und eine Erklärung innerhalb der dann laufenden Widerspruchsfrist voraus. Vgl. für das frühere Recht: Menze, Widerspruchsrecht, 83 ff.; Pietzko, Tatbestand des § 613a BGB, 295.

1675 Burkard, Sanierungs- und Insolvenzklauseln, 167; Göpfert/Buschbaum, ZIP 2011, 65; Grau, Unterrichtung, 356 f.; HWK/Willemsen/Müller-Bonanni, § 613a BGB Rn. 362; MK/Müller-Glöge, § 613a BGB Rn. 121; WHSS/Willemsen, Rn. G 152. Im Ergebnis auch: Bauer/v. Steinau-Steinrück, ZIP 2002, 464 und Cohnen, in: Moll, Arbeitsrecht, § 55 Rn. 85, die allerdings entgegen der hier vertretenen Ansicht im Verzicht auf das Widerspruchsrecht zugleich einen Verzicht auf den Unterrichtungsanspruch erblicken. Der Verzicht auf einen Anspruch folgt aber anderen Regeln als der Verzicht auf ein Gestaltungsrecht. Ein Automatismus, wonach der Verzicht auf das Gestaltungsrecht zugleich den Verzicht auf den Anspruch beinhaltet, besteht nicht. Im Einzelfall kommt jedoch dann ein Gleichlauf in Betracht, wenn der Verzichtsvertrag so ausgelegt werden kann, dass der Arbeitnehmer auf beide Rechte verzichten wollte.

1676 Grobys, BB 2002, 727; Hergenröder, RdA 2007, 224.

gesetzgeberischen Leitbild die Entscheidungsgrundlage für die Ausübung des Widerspruchsrechts bilden, sie muss es aber nicht. Der Arbeitnehmer ist und bleibt im Rahmen seiner Privatautonomie frei, über sein Widerspruchsrecht auch ohne (ordnungsgemäße) Unterrichtung zu befinden.

4. *Erscheinungsformen des Verzichts*

Ein kollektiv-rechtlicher Verzicht auf das Widerspruchsrecht durch Tarifvertrag oder Betriebsvereinbarung ist unwirksam[1677]. Das Widerspruchsrecht ist ein individuelles Recht des Arbeitnehmers und kann daher ausschließlich durch den Arbeitnehmer selbst ausgeübt werden. Weder dem Betriebsrat noch den Tarifvertragsparteien kommt eine Verfügungs- bzw. Regelungsbefugnis hinsichtlich des hier betrachteten Arbeitnehmerwahlrechts zu.

Es kommen somit von vornherein nur individual-rechtliche Erscheinungsformen des Verzichts in Betracht. Nach allgemeiner Meinung kann der Berechtigte eines Gestaltungsrechts auf dieses Recht einseitig verzichten, so wie er es auch durch einseitige Willenserklärung ausüben kann[1678]. Dies gilt auch für das Widerspruchsrecht nach § 613a Abs. 6 BGB. Das heißt aber nicht, dass der Arbeitnehmer nicht auch einen Verzichtsvertrag entsprechenden Inhalts mit dem Veräußerer oder dem Erwerber des Betriebs(teils) abschließen kann. Der Verzicht auf das Widerspruchsrecht kann demnach ein- oder mehrseitig ausgeübt werden[1679].

a) Ausdrücklicher Verzicht auf das Widerspruchsrecht

Eine wirksame ausdrückliche einseitige Verzichtserklärung liegt vor, wenn der Arbeitnehmer schriftlich den „Verzicht" oder das „Erlöschen" seines Widerspruchsrechts erklärt. In der Praxis ist es beispielsweise üblich, dass bereits dem Unterrichtungsschreiben eine vorformulierte Verzichtserklärung beiliegt.

Neben der einseitigen schriftlichen Verzichtserklärung kann der Arbeitnehmer auch einen Verzichtsvertrag mit mindestens einem der beteiligten Arbeitgeber abschließen. Eines dreiseitigen Vertrags mit Veräußerer und Erwerber bedarf es nicht[1680]. Ein zweiseitiger Vertrag stellt aus Sicht des unbeteiligten Arbeitgebers kein Vertrag zulasten Dritter dar. Inhalt des Verzichtsvertrags ist lediglich die

---

1677 Für eine Betriebsvereinbarung: BAG, 2.10.1974 – 5 AZR 504/73, AP Nr. 1 zu § 613a BGB (IV 2 b). Auch für Tarifverträge: APS/Steffan, § 613a BGB Rn. 234; Gaul/Otto, DB 2002, 638; Dahms, Widerspruchsrecht, 129; Eichler, Widerspruchsrecht, 150 f.; Hohner, Unternehmenswandlung, 97 f.; Menze, Widerspruchsrecht, 86 ff.; Seiter, Betriebsinhaberwechsel, 73; Staudinger/Annuß, § 613a BGB Rn. 325.

1678 MK/Schlüter, § 397 BGB Rn. 1, 19; Staudinger/Rieble, § 397 BGB Rn. 65. Die Vorschrift des § 397 Abs. 1 BGB greift hierfür nicht ein.

1679 APS/Steffan, § 613a BGB Rn. 232; Meyer, Unterrichtung, § 3 Rn. 391.

1680 BAG, 19.3.1998 – 8 AZR 139/97, AP Nr. 177 zu § 613a BGB (I 3 a); BAG, 30.10.2003 – 8 AZR 491/02, AP Nr. 262 zu § 613a BGB (II 2 b bb (3)); Gaul/Otto, DB 2002, 638; MK/Müller-Glöge, § 613a BGB Rn. 115; Staudinger/Annuß, § 613a BGB Rn. 330.

gesetzlich angeordnete Rechtsfolge aus § 613a Abs. 1 BGB, der Übergang des Arbeitsverhältnisses auf den Erwerber. Der jeweils andere Arbeitgeber wird folglich nicht mehr belastet, als er es ohnehin durch das Gesetz wäre.

b) Konkludenter Verzicht auf das Widerspruchsrecht

Teilweise wird aus dem Schriftformerfordernis geschlussfolgert, dass ein konkludenter Verzicht nicht möglich sei[1681]. Wie schon bei der Widerspruchserklärung selbst (vgl. § 3 B), kann dieser Aussage hier nur bedingt zugestimmt werden. Zutreffend ist, dass ein Verzicht allein durch konkludentes Handeln (formloser oder in Textform abgefasster konkludenter Verzicht) nicht in Betracht kommt. Die Rechtsprechung zur formlos möglichen Bestätigungserklärung (§ 144 Abs. 2 BGB)[1682] kann demnach vorliegend nicht auf das Widerspruchsrecht übertragen werden. Hierzu gehört insbesondere die bloße widerspruchslose Weiterarbeit beim Erwerber in Kenntnis des Betriebsübergangs[1683]. Davon abgesehen kann eine die Schriftform wahrende Erklärung des Arbeitnehmers im konkreten Fall aber durchaus nach den allgemeinen Auslegungsgrundsätzen (§§ 133, 157 BGB) als konkludenter Verzicht ausgelegt werden (schriftlicher konkludenter Verzicht)[1684]. Der Arbeitnehmer muss hierfür die Worte „Verzicht“ oder „verzichten“ nicht gebrauchen. Nach der auch hier einschlägigen Andeutungstheorie muss jedoch der Wille, auf das Widerspruchsrecht zu verzichten, im Schriftstück einen zumindest andeutungsweisen Ausdruck gefunden haben. Ein konkludenter Verzicht scheidet aber aus, wenn der Arbeitnehmer den Übergang seines Arbeitsverhältnisses auf den Erwerber erkennbar anzweifelt, lediglich „zur Sicherheit“ für den Fall des Übergangs tätig wird oder sich sein Widerspruchsrecht ausdrücklich[1685] vorbehält.

Eine einseitige Verzichtserklärung liegt beispielsweise in der schriftlichen Zusage des Arbeitnehmers gegenüber einem der beteiligten Arbeitgeber, den

1681 Burkard, Sanierungs- und Insolvenzklauseln, 165; Gaul/Otto, DB 2002, 638; Hauck, NZA 2004, Sonderbeil. 1, 47; Hofmann, Rechtsmissbrauch, 226; Rieble, NZA 2004, 4; Rieble/Wiebauer, NZA 2009, 404; Rudkowski, NZA 2010, 741; wohl auch Diehn, Rückkehrzusagen, 249. Zum Teil wird auch umgekehrt die Möglichkeit eines konkludenten Verzichts damit begründet, dass der Verzicht nicht der Schriftform bedarf: Bayreuther, in: Dornbusch/Fischermeier/Löwisch, § 613a BGB Rn. 143; HWK/Willemsen/Müller-Bonanni, § 613a BGB Rn. 362.

1682 BGH, 2.2.1990 – V ZR 266/88, BGHZ 110, 220 (II 1): „Es genügt ein Verhalten, das den Willen offenbart, trotz Kenntnis der Anfechtbarkeit an dem Rechtsgeschäft festzuhalten [...], wenn jede andere den Umständen nach einigermaßen verständliche Deutung dieses Verhaltens ausscheidet“.

1683 Cohnen, in: Moll, Arbeitsrecht, § 55 Rn. 87; Gaul/Otto, DB 2002, 638.

1684 Cohnen, in: Moll, Arbeitsrecht, § 55 Rn. 87.

1685 Ein „geheimer“ Vorbehalt ist dagegen nach § 116 S. 1 BGB als unbeachtlich anzusehen, vgl. insoweit LAG Düsseldorf, 20.12.2006 – 7 (6) Sa 777/06, BeckRS 2007, 44822 (II 2); LAG Düsseldorf, 30.4.2008 – 7 Sa 1199/07, LAGE § 613a BGB 2002 Nr. 21 (II 2); Rieble/Wiebauer, NZA 2009, 406.

Widerspruch nicht mehr auszuüben[1686] oder dem in Schriftform erteilten Einverständnis des Übergangs des Arbeitsverhältnisses auf den Erwerber. In diesen Erklärungen findet der Wille, das Widerspruchsrecht auszuschließen, zumindest einen andeutungsweisen Ausdruck.

Wird jene Erklärung Gegenstand eines Vertrags mit dem Erwerber oder dem Veräußerer, kann auch auf diesem Wege das Widerspruchsrecht wirksam ausgeschlossen werden[1687]. Ein konkludenter Verzichtsvertrag liegt auch in der Vereinbarung zwischen dem übergehenden Arbeitnehmer und dem Veräußerer oder Erwerber, das Arbeitsverhältnis entsprechend der in § 613a Abs. 1 BGB vorgesehenen Rechtsfolge auf den Erwerber übergehen zu lassen bzw. mit diesem nach dem Betriebsübergang fortzusetzen (Überleitungsvereinbarung)[1688]. Eine derartige Vereinbarung kann gemäß §§ 133, 157 BGB als Verzichtserklärung ausgelegt werden. Davon ist eine nach bereits erklärtem Widerspruch getroffene Abrede zu unterscheiden, wonach der widersprechende Arbeitnehmer trotz Widerspruchs doch noch auf den Erwerber übergehen soll. Eine solche Überleitungsvereinbarung umfasst stets auch die Rücknahme des bereits erklärten Widerspruchs. Die Rücknahme bedarf zu ihrer Wirksamkeit aber einer dreiseitigen Vereinbarung zwischen Arbeitnehmer, bisherigem Arbeitgeber und neuem Inhaber (vgl. § 4 D).

Schließlich kommt in vielen Fällen, in denen die Rechtsprechung die Voraussetzungen für die Verwirkung geprüft und bejaht hat (vgl. § 3 I V 2 a bb), auch ein konkludenter Verzicht der Arbeitnehmer auf ihr Widerspruchsrecht in Betracht[1689]. In einer Disposition des Arbeitnehmers über die Beendigung seines Arbeitsverhältnisses liegt aus Sicht des maßgeblichen objektiven Empfängerhorizonts oftmals das Zugeständnis, dass sein Arbeitsverhältnis beim Erwerber verbleiben soll und er nicht mehr zum Veräußerer zurückkehren will. Hieraus lässt sich zumindest andeutungsweise die Erklärung entnehmen, dass der Arbeitnehmer von seinem Widerspruchsrecht keinen Gebrauch mehr machen will, auf dieses also verzichtet. Dem Arbeitnehmer kann es zugemutet werden, sich vorab über die Auswirkungen einer Disposition über die Beendigung seines Arbeitsverhältnisses zu informieren. Unter Beachtung dieser Sorgfalt hätte er erkannt, dass sein Verhalten vom jeweiligen Erklärungsempfänger als Verzicht auf das Widerspruchsrecht aufgefasst werden könnte.

1686 KR/Treber, § 613a BGB Rn. 115. Nach BAG, 15.2.1984 – 5 AZR 123/82, AP Nr. 37 zu § 613a BGB (III 2 a), käme hier ein Verstoß gegen § 242 BGB in Betracht.

1687 BAG, 19.3.1998 – 8 AZR 139/97, AP Nr. 177 zu § 613a BGB (I 3 a).

1688 Noch in BAG, 15.2.1984 – 5 AZR 123/82, AP Nr. 37 zu § 613a BGB (III 2 a), stützte das Gericht seine Gedanken allein auf § 242 BGB. In BAG, 19.3.1998 – 8 AZR 139/97, AP Nr. 177 zu § 613a BGB (I 3 a), bejahte das Gericht allerdings ausdrücklich die Möglichkeit, das Widerspruchsrecht mittels Vertrags zwischen Arbeitnehmer und Veräußerer oder Erwerber auszuschließen.

1689 WHSS/Willemsen, Rn. G 152; vgl. auch MK/Müller-Glöge, § 613a BGB Rn. 121, der allerdings allgemein von „Verzicht" spricht.

Beispiele sind: schriftliche **Eigenkündigung** gegenüber dem Erwerber als Arbeitgeber[1690]; Abschluss eines nach § 623 BGB schriftlichen **Aufhebungsvertrags**, in dem der Erwerber als Arbeitgeber bezeichnet wird[1691]; Abschluss eines schriftlichen **dreiseitigen Vertrags**, der u.a. einen Aufhebungsvertrag mit dem als Arbeitgeber bezeichneten Erwerber beinhaltet[1692]; Abschluss eines schriftlichen **Beendigungsvergleichs** mit dem als Arbeitgeber bezeichneten Erwerber[1693]. Die bloße Hinnahme einer Kündigung des Betriebserwerbers durch Nichterhebung einer Kündigungsschutzklage genügt allerdings mangels Schriftform nicht den Anforderungen an einen konkludenten Verzicht[1694].

Mit den vorgenannten Fällen ist eine Vereinbarung des Arbeitnehmers mit dem Betriebsübernehmer, durch die das Arbeitsverhältnis auf eine völlig neue rechtliche Grundlage gestellt wird, vergleichbar. Mit dieser Erklärung gibt der Arbeitnehmer i.d.R. zu erkennen, dass er nicht mehr zum Veräußerer zurückkehren will und auch in Zukunft beim Erwerber weiterarbeiten will. Darin liegt zumindest andeutungsweise die Erklärung, auf das Widerspruchsrecht zu verzichten.

Beispiele sind: Vereinbarung eines **Altersteilzeitarbeitsverhältnisses** mit dem Erwerber als Arbeitgeber; Abschluss eines **neuen Arbeitsvertrags** zwischen dem Erwerber und dem übergegangenen Arbeitnehmer (zur Harmonisierung mit den Arbeitsvertragsbedingungen der beim Erwerber beschäftigten Arbeitnehmer)[1695]; Wechsel in ein **sachgrundbefristetes Arbeitsverhältnis** beim Erwerber als Arbeitgeber.

In Einzelfällen kann sogar in einer schriftlichen Vereinbarung des Arbeitnehmers mit dem Erwerber über inhaltliche Veränderungen des übergegangenen Arbeitsverhältnisses ein konkludenter Verzicht erblickt werden[1696]. Auf den zu fordernden eindeutigen Verzichtswillen kann jedoch nicht einfach aus jeder im

---

1690 Rudkowski, NZA 2010, 741 und Fn. 43; **a.A.** LAG Düsseldorf, 1.8.2007 – 7 Sa 655/07, BeckRS 2007, 48391 (II 2 e).

1691 Cohnen, in: Moll, Arbeitsrecht, § 55 Rn. 87; D. Gaul, ZfA 1990, 106; MK/Müller-Glöge, § 613a BGB Rn. 121; Rudkowski, NZA 2010, 741 und Fn. 43.

1692 Vgl. LAG Düsseldorf, 20.12.2006 – 7 (6) Sa 777/06, BeckRS 2007, 44822 (II 2); LAG Düsseldorf, 30.5.2007 – 7 Sa 158/07, BeckRS 2009, 57449 (II 2 a); LAG Düsseldorf, 30.4.2008 – 7 Sa 1199/07, LAGE § 613a BGB 2002 Nr. 21 (II 2), in denen der dreiseitige Vertrag an verschiedener Stelle auf das Bestehen eines Arbeitsverhältnisses abstellt, die Erwerberin als Arbeitgeberin bezeichnet wird und eine Klausel enthält, wonach der Arbeitnehmer mit seiner Unterschrift auf das Führen von Bestandsstreitigkeiten „gegen seinen Arbeitgeber" verzichtet.

1693 Vgl. LAG Düsseldorf, 4.4.2007 – 7 (11) Sa 783/06, BeckRS 2007, 46853 (II 2 d).

1694 Im Ergebnis wie hier: LAG Köln, 5.10.2007 – 11 Sa 257/07, NZA-RR 2008, 5 (II 1 e). Für die Bestätigungserklärung: Rieble/Wiebauer, NZA 2009, 406; **a.A.** LAG Düsseldorf, 30.4.2008 – 7 Sa 586/07, BeckRS 2008, 57215 (II 2 d) und Gehlhaar, BB 2009, 1184, die allerdings in analoger Anwendung des § 144 Abs. 2 BGB auf die Schriftform verzichten wollen.

1695 Vgl. BAG, 19.3.1998 – 8 AZR 139/97, AP Nr. 177 zu § 613a BGB (I 3 a).

1696 Vgl. für die Bestätigung: Rieble/Wiebauer, NZA 2009, 403, 406.

Zeitablauf des Arbeitsverhältnisses üblichen Veränderung geschlossen werden. Die Annahme eines Verzichtswillens setzt vielmehr voraus, dass die vereinbarten Veränderungen nicht mehr als Fortführung des bisherigen Vertrags angesehen werden können, sondern objektiv als unüblich erscheinen. Dies kommt insbesondere dann in Betracht, wenn das Arbeitsverhältnis in mehr als einem Kernbestandteil (Art der Tätigkeit, Höhe der Arbeitsvergütung, Dauer der Arbeitszeit) dauerhaft verändert werden soll[1697]. Die einvernehmliche Vereinbarung derart weitreichender Veränderungen des übergegangenen Arbeitsverhältnisses spricht für das Einverständnis des Arbeitnehmers in den Übergang seines Arbeitsverhältnisses und seinen Willen, nicht mehr zum Veräußerer zurückzukehren. Sie weist zumindest andeutungsweise darauf hin, dass der Arbeitnehmer auf sein noch bestehendes Widerspruchsrecht verzichten will. Danach kommt beispielsweise ein konkludenter Verzicht in Betracht, wenn sich der Arbeitnehmer mit dem Erwerber als Arbeitgeber in Schriftform über die dauerhafte Erweiterung seines Aufgabenkreises bei einer gleichzeitigen Erhöhung der geschuldeten Vergütung verständigt.

IV. Rechtsmissbrauch

Über den Wortlaut des § 242 BGB hinaus, werden alle Rechte und Pflichten unserer Rechtsordnung durch den Grundsatz von Treu und Glauben begrenzt. Auch das Widerspruchsrecht nach § 613a Abs. 6 BGB unterliegt als Gestaltungsrecht des Arbeitnehmers dieser allgemeinen Schranke.

Im Grundsatz von Treu und Glauben fußt der Einwand der missbräuchlichen und unzulässigen individuellen oder institutionellen Ausübung eines Rechts (Rechtsmissbrauch oder unzulässige Rechtsausübung). Die Ausübung des Widerspruchsrechts unterliegt damit einer Rechtsmissbrauchskontrolle[1698]. Wird das Widerspruchsrecht unter Berücksichtigung der Umstände des Einzelfalls ausnahmsweise unzulässig ausgeübt, ist der an sich erklärte Widerspruch unbeachtlich, so dass das Arbeitsverhältnis trotz Widerspruchserklärung auf den Erwerber

---

1697 Vgl. für die Prüfung des Umstandsmoments im Rahmen der Verwirkung: Dzida, DB 2010, 169 f.

1698 So zutreffend die weit überwiegende Auffassung, vgl. u.a.: BAG, 19.3.1998 – 8 AZR 139/97, AP Nr. 177 zu § 613a BGB (I 3 a); BAG, 30.9.2004 – 8 AZR 462/03, AP Nr. 275 zu § 613a BGB (II 1 b dd (2)) m.w.N.; ErfK/Preis, § 613a BGB Rn. 110; D. Gaul, ZfA 1990, 90; Gussen, in: BeckOK R/G/K/U, § 613a BGB Rn. 165; HWK/Willemsen/Müller-Bonanni, § 613a BGB Rn. 352; Ingelfinger, ZfA 1996, 599; MK/Müller-Glöge, § 613a BGB Rn. 115; Menze, Widerspruchsrecht, 95; Pietzko, Tatbestand des § 613a BGB, 292; Staudinger/Annuß, § 613a BGB Rn. 331. **A.A.** Rieble, NZA 2005, 3 ff., der die Anwendung der Rechtsmissbrauchsregeln für das Widerspruchsrecht ablehnt; hiergegen zu Recht **kritisch**: Krause, RdA 2006, 231. Anfangs wurde der Ausschluss des Widerspruchsrechts wegen Rechtsmissbrauchs auch als „nicht denkbar“ bezeichnet: Tschöpe, Rechtsfolgen, 40.

übergegangen ist. Im Folgenden ist der Frage nachzugehen, welche Anforderungen an die Zulässigkeit der Widerspruchsrechtsausübung aus dem Grundsatz von Treu und Glauben im Einzelnen abgeleitet werden können.

1. Kein sachlicher Grund erforderlich

Einige Stimmen in der Literatur halten einen ohne sachlichen/vernünftigen/objektiv vertretbaren Grund ausgeübten Widerspruch stets für rechtsmissbräuchlich und somit für unbeachtlich[1699]. Eine Stimme erkennt im Vorliegen eines sachlichen Grundes gar ein ungeschriebenes Tatbestandsmerkmal des Widerspruchs[1700]. Das Widerspruchsrecht ermögliche einen Verdrängungswettbewerb mit den von vornherein beim Veräußerer verbleibenden Arbeitnehmern. Zur Auflösung dieses Konflikts sei bereits bei der Einräumung des Widerspruchsrechts selbst, eine Interessenabwägung vorzunehmen, und nicht erst im Rahmen einer Sozialauswahl; dies ergebe sich aus dem „Schutzzweck des § 613a BGB“[1701]. Anderenfalls käme es zu schwer beherrschbaren kündigungsrechtlichen Unzuträglichkeiten, weil im Rahmen der Sozialauswahl nicht vergleichbare Größen abzuwägen wären[1702].

Dieser Ansicht kann vorliegend nicht gefolgt werden[1703]. Zum einem kann es zu einem kündigungsrechtlichen Konflikt nur kommen, wenn für den widersprechenden Arbeitnehmer beim Betriebsveräußerer eine Weiterbeschäftigungsmöglichkeit besteht und eine Sozialauswahl nicht mangels vergleichbarer Arbeitnehmer im „Restbetrieb“ ohnehin ausscheidet[1704]. Zum anderen kann allein aus dem Fehlen eines sachlichen Grundes nicht geschlussfolgert werden, dass die Ausübung des Widerspruchsrechts rechtsmissbräuchlich ist. Die Annahme, ein ohne sachlichen Grund erklärter Widerspruch sei rechtsmissbräuchlich und somit unbeachtlich, unterläuft die gesetzgeberische Wertung, wonach der Widerspruch zu seiner Wirksamkeit

---

1699 Zu § 1 Abs. 3 KSchG a.F.: Preis/Steffan, EzA Nr. 30 zu § 1 KSchG Soziale Auswahl (III 2); Eichler, Widerspruchsrecht, 167, 201 ff.; Schlachter, NZA 1995, 707 ff.; vgl. auch Commandeur, NJW 1996, 2541 ff., der diese Ansicht hilfsweise vertritt, jedoch das Vorliegen eines sachlichen Grundes grundsätzlich davon abhängig machen will, ob beim Veräußerer ein freier Arbeitsplatz besteht oder nicht. Zu § 1 Abs. 3 KSchG n.F.: ErfK/Preis, § 613a BGB Rn. 108; KR/Treber, § 613a BGB Rn. 121.

1700 Commandeur, NJW 1996, 2541 ff.

1701 Vgl. Schlachter, NZA 1995, 707 ff.

1702 Preis/Steffan, EzA Nr. 30 zu § 1 KSchG Soziale Auswahl (III 2 a). Vgl. insoweit auch MK/Müller-Glöge, § 613a BGB Rn. 128: „ein abwägender Vergleich der für den Widerspruch sprechenden Gründe mit den Sozialdaten anderer Arbeitnehmer ist undurchführbar“.

1703 Wie hier: BAG, 30.9.2004 – 8 AZR 462/03, AP Nr. 275 zu § 613a BGB (II 1 b dd (2)); BAG, 19.2.2009 – 8 AZR 176/08, AP Nr. 368 zu § 613a BGB (B III 3 b); Franzen, RdA 2002, 263 f.; Ingelfinger, ZfA 1996, 598; Krause, RdA 2006, 229; Menze, Widerspruchsrecht, 117.

1704 Ingelfinger, ZfA 1996, 598; Menze, Widerspruchsrecht, 117.

gerade nicht das Vorliegen eines sachlichen Grundes bedarf (vgl. § 3 E). Die Rechtsordnung akzeptiert den Widerspruch auch ohne sachlichen Grund. Die Annahme eines Rechtsmissbrauchs führte dagegen dazu, dass das Widerspruchsrecht seine eigentliche Rechtswirkung, das verhindern bzw. rückgängig machen der gesetzlich angeordneten Rechtsfolge des Übergangs des Arbeitsverhältnisses, für den Fall des Nicht-Vorliegens eines sachlichen Grundes genommen würde, obwohl dem Arbeitnehmer „an sich" das Recht zustünde. Das Widerspruchsrecht wäre über den Umweg des Rechtsmissbrauchs entwertet. Schließlich liegt der Zweck des Widerspruchsrechts darin, die freie Wahl des Arbeitgebers im Falle eines Betriebs(teil)übergangs sicher zu stellen. Ob der Übergang des Arbeitsverhältnisses auf den Betriebserwerber für den Arbeitnehmer Nachteile mit sich bringt, ist irrelevant[1705].

Danach kann aus dem Nicht-Vorliegen eines sachlichen Grundes nicht auf den Rechtsmissbrauch geschlossen werden. Das schließt aber nicht aus, dass umgekehrt aus den in Rechtsprechung und Literatur diskutierten Sachgründen wertvolle Anhaltspunkte für die Ablehnung des Rechtsmissbrauchs im Rahmen einer Abwägung im Einzelfall gewonnen werden können[1706]. Zu der Frage des Vorliegens eines sachlichen Grundes hat sich im Zusammenhang mit der lebhaft geführten Diskussion über die Frage, ob bei einem Betriebsteilübergang widersprechende Arbeitnehmer die Arbeitnehmer im beim Veräußerer verbleibenden Betriebsteil über die Sozialauswahl gemäß § 1 Abs. 3 KSchG verdrängen können sollen (vgl. § 3 H III 1 b), eine beachtliche Dogmatik entwickelt. Dabei kommen rechtliche, wirtschaftliche und soziale Gründe, die auch in der Person des Betriebserwerbers liegen können, in Betracht[1707]. Beispielsweise sah das BAG einen Widerspruch gegen den Übergang des Arbeitsverhältnisses von einem Bundesland auf eine GmbH schon deshalb als nicht rechtsmissbräuchlich an, weil das Land im Gegensatz zu

1705 Vgl. BAG, 6.2.1980 – 5 AZR 275/78, AP Nr. 21 zu § 613a BGB (IV). Vgl. insoweit auch Ingelfinger, ZfA 1996, 599, der zu Recht darauf hinweist, dass ein „Recht auf Nachteilsabwehr" mit den Grundrechten auch gar nicht legitimierbar sei.

1706 Ähnlich: Schumacher-Mohr/Urban, NZA 2008, 516 f.; vgl. auch ErfK/Preis, § 613a BGB Rn. 110 a.E.; Schlachter, NZA 1995, 709.

1707 Vgl. zu den nachfolgenden Beispielen: Staudinger/Annuß, § 613a BGB Rn. 317, einschließlich der dort genannten Nachweise. Sachlicher Grund bejaht für: Kündigungsschutzgesetz im Erwerberbetrieb wegen zu kleiner Betriebsgröße nicht anwendbar; Arbeitsplatz konkret gefährdet durch z.B. Insolvenz bzw. drohende Insolvenz des Erwerbers oder eine konkret geplante Betriebsänderung (insbesondere eine feststehende Stilllegungsabsicht); Erwerber ist gewerberechtlich bekannt unzuverlässig. Uneinigkeit besteht hinsichtlich: kein Betriebsrat im Erwerberbetrieb (obwohl er gebildet werden könnte); keine Sozialplanpflicht im Erwerberunternehmen wegen zu kleiner Betriebsgröße; geringere Kapitalausstattung des Erwerberunternehmens; geringere Basis für die Sozialauswahl im Erwerberbetrieb; (unzumutbar) verlängerte Anfahrtswege durch neuen Standort des Erwerberbetriebs, Reputation des Erwerbers durch z.B. frühere Konkurse. Verneint für Umstände, die abschließend durch § 613a BGB geregelt werden, z.B. die Geltung eines aus Sicht des Arbeitnehmers ungünstigeren Tarifvertrags, vgl. § 613a Abs. 1 S. 3 BGB.

der Handelsgesellschaft nicht aufgelöst werden könne und weil das beim Land geltende Personalvertretungsrecht zum Teil günstiger sei als das bei der GmbH anzuwendende Betriebsverfassungsrecht[1708]. In einem anderen Fall sah das BAG u.a. die fehlende Sozialplanpflichtigkeit bei einer erst noch zu gründenden Betriebserwerberin und einen verschlechterten Firmentarifvertrag als Umstände an, die gegen die Annahme des Rechtsmissbrauchs sprechen[1709]. Schließlich hat das BAG auch die Insolvenz des Betriebserwerbers gegen das Vorliegen einer rechtsmissbräuchlichen Ausübung des Widerspruchsrechts angeführt[1710].

2. *Kollektiver Widerspruch*

Schon früh wurde darauf hingewiesen, dass das Widerspruchsrecht auch als (kollektives) „Druckmittel" der übergehenden Arbeitnehmer zur Durchsetzung von Forderungen gegenüber den am Betriebsübergang beteiligten Arbeitgebern, zur Verhinderung des (sanierenden) Betriebsübergangs oder mit dem Ziel, eine sozialplanpflichtige Betriebsänderung zu erreichen, missbraucht werden könne[1711]. Tatsächlich kann in der Praxis mitunter beobachtet werden, dass alle oder eine Vielzahl der übergehenden Arbeitnehmer ihr Widerspruchsrecht zeitgleich, abgestimmt und/oder zufällig kollektiv ausüben. Widersprechen mehrere „Schlüsselarbeitnehmer" oder ein Großteil der Belegschaft (insbesondere bei betriebsmittelarmen Dienstleistungsunternehmen), kann dies den Wert des übergehenden Betriebs(teils) erheblich reduzieren und im Extremfall das Scheitern des Betriebs(teil)übergangs bedeuten. Diese Gefahr allein, rechtfertigt es jedoch nicht, kollektiv ausgeübte Widersprüche als von vornherein unzulässig zu erachten. Allerdings unterliegt auch der kollektive Widerspruch den allgemeinen Schranken aus Treu und Glauben, darf also nicht rechtsmissbräuchlich sein.

a) Meinungsspektrum

Welchen Zulässigkeitsanforderungen der kollektive Widerspruch nach den Grundsätzen von Treu und Glauben konkret unterliegt, wird nicht einheitlich beurteilt. Einige Stimmen in der Literatur halten den kollektiven Widerspruch einschränkungslos für zulässig[1712]. Zum Teil wird ein sachlicher Grund vorausgesetzt[1713].

1708 BAG, 6.2.1980 – 5 AZR 275/78, AP Nr. 21 zu § 613a BGB (IV).

1709 BAG, 30.9.2004 – 8 AZR 462/03, AP Nr. 275 zu § 613a BGB (II 1 b dd (3)).

1710 BAG, 23.7.2009 – 8 AZR 538/08, AP Nr. 10 zu § 613a BGB Unterrichtung (B IV 1).

1711 Borngräber, Arbeitsverhältnis bei Betriebsübergang, 112 f.; Seiter, Betriebsinhaberwechsel, 74 f.; Bauer, Unternehmensveräußerung und Arbeitsrecht, 58 f., der das Vorliegen eines Rechtsmissbrauchs in diesen Fällen aber ausdrücklich offen lässt – insoweit unzutreffende Darstellung bei: BAG, 30.9.2004 – 8 AZR 462/03, AP Nr. 275 zu § 613a BGB (II 1 b dd (1)).

1712 Vgl. u.a. Gaul, Betriebs- und Unternehmensspaltung, § 11 Rn. 59.

1713 Diesen explizit für einen Kollektivwiderspruch fordernd: Eichler, Widerspruchsrecht, 164 ff.

Andere wollen den kollektiven Widerspruch zum Zwecke der Druckausübung den „allgemeinen Kampfgrenzen" des Arbeitskampfrechts unterwerfen[1714]. Der überwiegende Teil der Literatur[1715] und nunmehr auch das BAG[1716] stellen dagegen auf die Zweckrichtung bzw. die Zielsetzung des kollektiven Widerspruchs ab. Danach sei der kollektive Widerspruch zulässig, wenn er das Ziel verfolgt, den Arbeitgeberwechsel zu verhindern, d.h. den bisherigen Arbeitgeber beizubehalten und die arbeitsvertraglichen Rechte zu sichern. Rechtsmissbrauch könne dagegen vorliegen, wenn andere Zwecke verfolgt würden, z.B. wenn der kollektive Widerspruch den Zweck habe, den Betriebsübergang insgesamt zu verhindern oder Vergünstigungen zu erreichen, auf die die Arbeitnehmer keinen Rechtsanspruch haben.

b) Stellungnahme

Die herrschende Ansicht überzeugt. Zur Voraussetzung eines sachlichen Grundes wurde bereits im vorigen Abschnitt Stellung bezogen. Danach verstößt ein ohne sachlichen Grund ausgeübter Widerspruch nicht automatisch gegen den Grundsatz von Treu und Glauben. Die kollektive Ausübung des Widerspruchsrechts ändert nichts an diesem Befund.

Im Ergebnis zutreffend führt das BAG[1717] aus, dass der kollektive Widerspruch der Arbeitnehmer grundsätzlich keine Arbeitskampfmaßnahme darstellt und

---

1714 Seiter, Betriebsinhaberwechsel, 75. Nach Rieble, NZA 2005, 3 ff., soll ein Arbeitskampf oder Boykott vorliegen, wenn das individuelle Widerspruchsverhalten „zentral gesteuert" werde und dem „erkennbaren Zweck, den Arbeitgeber [...] zu einem bestimmten konkreten Verhalten zu bewegen" diene. Die Rechtmäßigkeit kollektiven Handels sei dann durch das Boykottverbot, die Friedenspflicht und die Willensfreiheit auf Seiten des Arbeitgebers begrenzt. Vgl. auch Hofmann, Rechtsmissbrauch, 215 ff.

1715 Vgl. u.a. APS/Steffan, § 613a BGB Rn. 231; D. Gaul, ZfA 1990, 91; HWK/Willemsen/Müller-Bonanni, § 613a BGB Rn. 352; Grau, Unterrichtung, 359 f.; Hohner, Unternehmenswandlung, 102 ff.; Menze, Widerspruchsrecht, 219 ff.; Staudinger/Annuß, § 613a BGB Rn. 331; vgl. auch Pietzko, Tatbestand des § 613a BGB, 316 ff., der jedoch in Fällen, in denen der kollektive Widerspruch die Vereitelung des Betriebsübergangs zur Folge hat, nach dem Grundsatz der Verhältnismäßigkeit einen sachlichen Grund für die Zulässigkeit des kollektiven Widerspruchs verlangt und in Fällen, in denen sich eine anschließende Betriebsstilllegung nicht verhindern lässt, den kollektiven Widerspruch gar für grundsätzlich unzulässig erachtet. **Kritisch**: KR/Treber, § 613a BGB Rn. 115. Unklar: von Koppenfels-Spies, RdA 2010, 75 f., nach deren Ansicht das Widerspruchsrecht einerseits kein zweckgebundenes Recht darstellt und daher eine Zweck- bzw. Sachgrundkontrolle dogmatisch nicht legitimierbar sei, andererseits aber im Rahmen einer Interessenabwägung auf Seiten der Widersprechenden auf den Schutzzweck des § 613a Abs. 6 BGB abzustellen sei.

1716 BAG, 30.9.2004 – 8 AZR 462/03, AP Nr. 275 zu § 613a BGB (II 1 b dd (2)); BAG, 23.7.2009 – 8 AZR 538/08, AP Nr. 10 zu § 613a BGB Unterrichtung (B IV 1).

1717 BAG, 30.9.2004 – 8 AZR 462/03, AP Nr. 275 zu § 613a BGB (II 1 b dd (2)).

folglich die Regeln des Arbeitskampfrechts keine Anwendung finden können[1718]. Arbeitskampfmaßnahmen werden von der Gewerkschaft oder dem Betriebsrat durchgeführt, nicht von Arbeitnehmern oder einer Gruppe von Arbeitnehmern. Zudem führte die Annahme, der kollektive Widerspruch sei eine Arbeitskampfmaßnahme, zu praktisch kaum lösbaren Abgrenzungsproblemen zwischen individuellem und kollektivem Handeln[1719]. Nicht jeder kollektiv widersprechende Arbeitnehmer muss zwangsläufig dasselbe Ziel verfolgen. Beispielsweise können einige Arbeitnehmer mit dem kollektiven Widerspruch das Scheitern des Betriebsübergangs bezweckt haben, wohingegen andere Arbeitnehmer lediglich die Fortsetzung ihres Arbeitsverhältnisses zu ihrem bisherigen Arbeitgeber erreichen wollten. Die Anwendung der Arbeitskampfregeln ließe eine derartige Differenzierung nicht zu.

Der Rechtsmissbrauch kann in zwei Kategorien aufgeteilt werden: dem individuellen und dem institutionellen Rechtsmissbrauch. Verstößt der Rechteinhaber mit seinem individuellen Verhalten nach einer für jeden Einzelfall durchzuführenden Abwägung gegen den Grundsatz von Treu und Glauben, spricht man von einem individuellen Rechtsmissbrauch[1720]. Allein aus der Tatsache, dass das individuelle Widerspruchsrecht von mehreren Rechtssubjekten zur gleichen Zeit gemeinschaftlich ausgeübt wird, kann aber noch kein Verstoß gegen Treu und Glauben erblickt werden[1721]. Der einzelne Arbeitnehmer verhält sich nicht treuwidrig, nur weil er das ihm zustehende Recht nicht allein, sondern zusammen mit anderen zum Widerspruch berechtigten Arbeitnehmern ausübt.

Beim institutionellen Rechtsmissbrauch ist der Ansatzpunkt für die Überprüfung nach dem Grundsatz von Treu und Glauben nicht das Verhalten des Rechteinhabers, sondern der Sinn und Zweck des jeweils in Rede stehenden Rechtsinstituts[1722]. Ein Verstoß gegen Treu und Glauben liegt vor, wenn die Rechtsfolge des Rechtsinstituts im Einzelfall zu einem „schlechthin untragbar[en]“ Ergebnis führt[1723]. Beim

---

1718 Allerdings wäre eine Abgrenzung zur Rechtsprechung des BAG zu Massen(änderungs)kündigungen zur Erzwingung tariflich regelbarer Ziele, die vom BAG bereits bei „natürlicher Auffassung“ als Arbeitskampfmaßnahme angesehen wurde, vgl. BAG, 28.4.1966 – 2 AZR 176/65, AP Nr. 37 zu Art 9 GG Arbeitskampf (5), wünschenswert gewesen, vgl. die **Kritik** bei: Melot de Beauregard, BB 2005, 827 m.w.N., der dem BAG im Ergebnis aber zustimmt. Die Nichtbeachtung dieser Rechtsprechung wird man so deuten können, dass das BAG seine frühere These in Übereinkunft mit großen Teilen der Literatur nicht weiter aufrechterhält, so auch Krause, RdA 2006, 234.

1719 Melot de Beauregard, BB 2005, 828; von Koppenfels-Spies, RdA 2010, 74.

1720 Staudinger/Looschelders/Olzen, § 242 BGB Rn. 218; Palandt/Grüneberg, § 242 BGB Rn. 40; vgl. auch MK/Roth/Schubert, § 242 BGB Rn. 205.

1721 Vgl. Kreitner, Kündigungsrechtliche Probleme beim Betriebsinhaberwechsel, 158 Rn. 292; Krause, RdA 2006, 230. Zum Teil wird zur Begründung auch auf Art. 9 Abs. 3 GG verwiesen, vgl. Rieble, NZA 2005, 2.

1722 Staudinger/Looschelders/Olzen, § 242 BGB Rn. 218.

1723 BGH, 3.12.1958 – V ZR 28/57, NJW 1959, 626 (2); Staudinger/Looschelders/Olzen, § 242 BGB Rn. 218; Sutschet, in: BeckOK Bamberger/Roth, § 242 BGB Rn. 51.

institutionellen Rechtsmissbrauch werden die Voraussetzungen und die Grenzen im Wesentlichen durch das jeweils in Rede stehende Rechtsinstitut bestimmt[1724]. Der institutionelle Rechtsmissbrauch weist nicht zu übersehende Überschneidungen mit der Fallgruppe des Verbots der unzulässigen Rechtsausübung auf, in denen es dem Rechteinhaber an einem schutzwürdigen Eigeninteresse fehlt. Zu dieser Fallgruppe zählen insbesondere die Fälle der nutzlosen Rechtsausübung, die Verfolgung vertragsfremder oder unlauterer Zwecke sowie die Fälle des Schikaneverbots nach § 226 BGB[1725]. Es verwundert daher nicht, wenn das BAG jene Fallgruppe und den institutionellen Rechtsmissbrauch nebeneinander diskutiert, ohne eine genauere Abgrenzung vorzunehmen[1726].

Das Rechtsinstitut Widerspruchsrecht bezweckt im Rahmen des Betriebs(teil)übergangs die Verhinderung bzw. die Rückgängigmachung des gesetzlich angeordneten Übergangs des Arbeitsverhältnisses auf den Betriebserwerber und dient somit allein der aus Art. 12 Abs. 1 GG folgenden Arbeitgeberwahlfreiheit der übergehenden Arbeitnehmer. Das Widerspruchsrecht dient nicht dazu, dass der übergehende Arbeitnehmer durch den Widerspruch oder deren Androhung auf eine Absicherung seines bis zum Betriebs(teil)übergang erreichten sozialen Besitzstands beim Erwerber drängt. Es dient nicht dem Bestandsschutz[1727]. Bestandsschutz genießt der Arbeitnehmer beim Betriebs(teil)übergang allein nach Maßgabe des § 613a Abs. 1 bis 4 BGB. Im Rahmen dieser Vorschriften eintretende Verschlechterungen ihrer in Tarifverträgen oder Betriebsvereinbarungen geregelten Rechte hat der Gesetzgeber ausdrücklich in Kauf genommen. Das Widerspruchsrecht kann nicht dazu missbraucht werden, diese gesetzgeberische Wertung einfach zu unterlaufen. Auch aus dem Freiheitsgrundrecht des Art. 12 Abs. 1 GG kann eine bestandsschützende Funktion nicht hergeleitet werden[1728]. Von der Erhaltung des sozialen Besitzstands auf Seiten des Erwerbers ist die Sicherung des vertragsrechtlichen Status quo auf Seiten des Veräußerers strikt zu unterscheiden. Jene Absicherung wird von der aus Art. 12 Abs. 1 GG folgenden Arbeitgeberwahlfreiheit erfasst. Der Entschluss gegen den nach Maßgabe des § 613a BGB durchgeführten Arbeitgeberwechsel umschließt auch den Wunsch, den bisherigen Betriebsinhaber als Arbeitgeber zu behalten und den bei ihm bis zum Übergang bestehenden sozialen Besitzstand zu erhalten. Danach haben die übergehenden Arbeitnehmer zwar das Recht, beim bisherigen Arbeitgeber zu bleiben, weil dieser günstigere

---

1724 BAG, 30.9.2004 – 8 AZR 462/03, AP Nr. 275 zu § 613a BGB (II 1 b dd (2)); Sutschet, in: BeckOK Bamberger/Roth, § 242 BGB Rn. 51.

1725 Palandt/Grüneberg, § 242 BGB Rn. 50; Sutschet, in: BeckOK Bamberger/Roth, § 242 BGB Rn. 80.

1726 Vgl. BAG, 30.9.2004 – 8 AZR 462/03, AP Nr. 275 zu § 613a BGB (II 1 b dd (2)); BAG, 23.7.2009 – 8 AZR 538/08, AP Nr. 10 zu § 613a BGB Unterrichtung (B IV 1).

1727 Ingelfinger, ZfA 1996, 598 f.; **a.A.** Krause, RdA 2006, 232, der den vom Widerspruchsrecht geschützten status quo „auf den gesamten bis zum Betriebs(teil)übergang erreichten Besitzstand“ beziehen will.

1728 Vgl. Ingelfinger, ZfA 1996, 599.

Arbeits- und Vertragsbedingungen bietet, ihnen kommt aber nicht das Recht zu, mittels Widerspruchs dieselben Bedingungen auch vom Erwerber einzufordern.

Das Widerspruchsrecht soll das Grundrecht des Arbeitnehmers auf freie Arbeitgeberwahl schützen, ohne dabei die in Art. 12 Abs. 1 und 14 Abs. 1 GG grundrechtlich geschützte Unternehmer- und Dispositionsfreiheit des Arbeitgebers über Maß zu beeinträchtigen[1729]. Dem Widerspruchsrecht kommt nicht die Funktion zu, mittelbaren Einfluss auf unternehmerische Entscheidungen der Arbeitgeber zu nehmen. Sie sollen weder eine unternehmerische Maßnahme verhindern (z.B. dem Betriebsübergang als solchen) noch erzwingen (z.B. einen Sozialplan) können. Der Rekurs auf die grundrechtlich geschützte unternehmerische Entscheidungsfreiheit dient mithin als Mittel zur näheren Beschreibung der zulässigen Widerspruchszwecke[1730].

Danach wird das Widerspruchsrecht als Rechtsinstitut institutionell missbraucht (Fallgruppe des institutionellen Rechtsmissbrauchs), wenn mit ihm ein von Gesetzes wegen nicht vorgesehener Zweck verfolgt wird. Es wird zweckwidrig missbraucht, wenn es primär zu anderen Zwecken als der Verhinderung des Arbeitgeberwechsels genutzt wird, insbesondere um den Betriebsübergang als solchen zu vereiteln oder um Vergünstigungen auf Seiten des Veräußerers oder Erwerbers zu erreichen, auf die ohne den kollektiven Widerspruch kein Rechtsanspruch bestünde (z.B. ein im Wege des kollektiven Widerspruchs und anschließender betriebsbedingter Kündigungen erzwungener Sozialplan beim Betriebsveräußerer nach §§ 111 S. 3 Nr. 1, 112a BetrVG mit möglichen Abfindungsansprüchen[1731], sonstige finanzielle Ansprüche, Standortgarantie, längerfristige Beschäftigungszusagen, sonstige Verbesserung arbeitsvertraglicher Vereinbarungen)[1732]. Jene Vergünstigungen beruhen zwar nicht unmittelbar auf den Widersprüchen der Arbeitnehmer oder deren Androhung, sondern auf den sich hieran anschließenden Maßnahmen der Arbeitgeber. Wird der kollektive Widerspruch jedoch als notwendiger Zwischenschritt betrachtet, um an diese Vergünstigung zu gelangen, wird das Widerspruchsrecht institutionell missbraucht. Beispielsweise käme es ohne den

---

1729 Vgl. BAG, 30.9.2004 – 8 AZR 462/03, AP Nr. 275 zu § 613a BGB (II 1 b dd (2)); Menze, Widerspruchsrecht, 223; Pietzko, Tatbestand des § 613a BGB, 323; vgl. insoweit auch von Koppenfels-Spies, RdA 2010, 75, wonach der grundsätzlich zulässige kollektive Widerspruch dort seine Grenze findet, wo die unternehmerische Entscheidungsfreiheit betroffen ist.

1730 Vgl. Krause, RdA 2006, 231 f.

1731 Vgl. Ingelfinger, ZfA 1996, 599; vgl. auch Menze, Widerspruchsrecht, 221 f., die die Erzwingung eines Sozialplans jedoch als eigene, von der Erlangung materieller Vergünstigungen verschiedene, Zielsetzung des kollektiven Widerspruchs behandelt.

1732 Vgl. zu den Beispielen auch: Pietzko, Tatbestand des § 613a BGB, 318; WHSS/Willemsen, Rn. G 153. Teilweise soll die Verhinderung des Betriebsübergangs nicht erfasst werden: Hohner, Unternehmenswandlung, 102 ff.; vgl. auch D. Gaul, ZfA 1990, 91.

kollektiven Widerspruch nicht zu Massenkündigungen und somit auch nicht zum Erreichen der von § 112a BetrVG geforderten Schwellenwerte[1733]. Es ist zwar zulässig, widersprechende Arbeitnehmer von einem aufzustellenden Sozialplan auszuschließen (vgl. § 3 H III 2), der Abfindungsausschluss entbindet den Veräußerer jedoch nicht von seiner Pflicht, vor der Kündigung das nach § 112 Abs. 1 BetrVG vorgesehene Verfahren durchzuführen. Kündigt er den widersprechenden Arbeitnehmern, ohne zuvor einen Interessenausgleich mit dem Betriebsrat versucht zu haben, kommen Nachteilsausgleichsansprüche nach § 113 Abs. 3 i.V.m. Abs. 1 BetrVG in Betracht[1734].

Zutreffend führt das BAG aus, dass der kollektive Widerspruch „im Schwerpunkt auf die Verhinderung des Arbeitgeberwechsels" gerichtet sein muss, d.h. dass daneben auch andere Ziele mit dem Widerspruch mitverfolgt werden können, ohne dass hieraus zwingend die Rechtsmissbräuchlichkeit resultiert[1735]. Nach hier vertretener Auffassung kann sich der kollektive Widerspruch selbst in Fällen, in denen das Nebenziel, für sich genommen, als gesetzesfremd einzustufen ist, nach einer für den Einzelfall vorzunehmenden Abwägung als nicht rechtsmissbräuchlich erweisen, wenn das Interesse der Arbeitnehmer an der Rückkehr zu ihrem bisherigen Arbeitgeber überwiegt. Dies ist vor allem in Fällen denkbar, in denen im Zeitpunkt der Widerspruchserklärung aus objektiver Sicht sachliche Gründe für den Widerspruch vorlagen. Wird der kollektive Widerspruch beispielsweise auch mit dem Ziel verfolgt, eine Sozialplanabfindung beim Veräußerer zu erzwingen, kann das objektive Vorliegen eines sachlichen Grundes für das Widerspruchsrecht, z.B. die Insolvenz des Betriebserwerbers, dazu führen, dass sich die Rechtsausübung im Ergebnis der für den Einzelfall vorzunehmenden Abwägung als nicht rechtsmissbräuchlich herausstellt[1736].

Die Orientierung an dem mit dem kollektiven Widerspruch verfolgten Zweck steht auch nicht im Widerspruch zu der Annahme, dass die Wirksamkeit des Widerspruchs nicht vom Vorliegen eines sachlichen Grundes oder einer Begründung abhängt[1737]. Der Verstoß gegen Treu und Glauben resultiert in diesen Fällen aus dem Missbrauch des Rechtsinstituts Widerspruch. Hierfür kommt es nicht darauf an, ob sachliche Gründe vorlagen, sondern ob keine offensichtlich unsachlichen und somit verwerfliche Gründe für den Widerspruch vorlagen. Die Gründe für den Widerspruch sind auch nach der Rechtsprechung des BAG nicht völlig bedeutungslos. Das BAG hat darauf hingewiesen, dass die Gründe, warum sich der

---

1733 Widersprechende Arbeitnehmer zählen mit, vgl. BAG, 10.12.1996 – 1 AZR 290/96, AP Nr. 32 zu § 113 BetrVG 1972 (A I 1 b bb).

1734 Vgl. BAG, 10.12.1996 – 1 AZR 290/96, AP Nr. 32 zu § 113 BetrVG 1972. Die Bemessung der Höhe richtet sich nicht nach (der Wertung hinter) § 112 Abs. 5 S. 2 Nr. 2 BetrVG.

1735 BAG, 30.9.2004 – 8 AZR 462/03, AP Nr. 275 zu § 613a BGB (II 1 b dd (2)).

1736 In diese Richtung auch: Schlachter, NZA 1995, 709.

1737 **A.A.** Bayreuther, in: Dornbusch/Fischermeier/Löwisch, § 613a BGB Rn. 142; Schmalenberg AuR 2008, 168 f.; von Koppenfels-Spies, RdA 2010, 74.

Arbeitnehmer weigert, das Arbeitsverhältnis mit dem neuen Arbeitgeber fortzusetzen, „grundsätzlich unerheblich" sind[1738]. Daraus folgt, dass auch das BAG davon ausgeht, dass die Gründe für den Widerspruch nicht gänzlich unbeachtlich sind, sondern ausnahmsweise nach den Grundsätzen von Treu und Glauben Relevanz erlangen können. Dies ist der Fall, wenn mit dem Widerspruch gesetzesfremde Ziele verfolgt werden.

Wird der Widerspruch im Wege des kollektiven Vorgehens institutionell missbraucht, ist er nach den Grundsätzen von Treu und Glauben unzulässig und somit unbeachtlich[1739]. Kann bereits die Ausübung des Widerspruchsrechts als treuwidrig eingestuft werden, ist dies aus dogmatischer Sicht vorrangig gegenüber der Überprüfung, ob z.B. der Geltendmachung eines Sozialplananspruchs der Einwand des Verstoßes gegen Treu und Glauben entgegengehalten werden kann. Etwas anderes gilt für die Fälle, in denen das Widerspruchsrecht lediglich angedroht wird, um eine sonst nicht geschuldete Vergünstigung zu erreichen, und im Anschluss an die Erreichung dieses Ziels nicht mehr ausgeübt wird. In diesen Fällen kann sich die Geltendmachung des so erzwungenen Anspruchs im Einzelfall als treuwidrig erweisen[1740].

c) Darlegungs- und Beweislast

Die Darlegungs- und Beweislast für das gesetzesfremde Ziel der Arbeitnehmer trägt der Arbeitgeber, der sich auf die Treuwidrigkeit des kollektiven Widerspruchs beruft[1741]. Dieser Beweis wird den Arbeitgebern regelmäßig nicht gelingen. Weder

---

1738 BAG, 21.11.1996 – 8 AZR 265/95, BeckRS 1996, 30922805 (I 3 a); BAG, 30.10.2003 – 8 AZR 491/02, AP Nr. 262 zu § 613a BGB (II 1 b).

1739 Ob dem Arbeitgeber im Falle einer kollektiven Druckausübung ein Schadensersatzanspruch gegenüber den Arbeitnehmern zusteht, musste das BAG bisher nicht entscheiden. Es ist daher durchaus denkbar, dass der kollektive Widerspruch rechtsmissbräuchlich ist und der Arbeitgeber zusätzlich den durch kollektive Druckausübung entstandenen Schaden ersetzt verlangen kann, vgl. insoweit Rieble, NZA 2005, 8. Zudem kommen im Falle eines Kollektivwiderspruchs neben den individualrechtlichen weitere kollektivrechtliche Folgen gegenüber der Gewerkschaft (Verstoß gegen Friedenspflicht) oder dem Betriebsrat (Verstoß gegen § 74 Abs. 1 und 2 BetrVG) in Betracht, wenn die Gewerkschaft oder der Betriebsrat die kollektive Ausübung des Widerspruchsrechts organisiert hat, vgl. insoweit Krause, RdA 2006, 234.

1740 Nach Krause, RdA 2006, 234, sollen sich die Arbeitgeber von den Ansprüchen durch Anfechtung wegen widerrechtlicher Drohung nach § 123 Abs. 1 Alt. 2 BGB befreien können.

1741 BAG, 30.9.2004 – 8 AZR 462/03, AP Nr. 275 zu § 613a BGB (II 1 b dd (3)); vgl. auch BAG, 23.7.2009 – 8 AZR 538/08, AP Nr. 10 zu § 613a BGB Unterrichtung (B IV 2); Krause, RdA 2006, 232; WHSS/Willemsen, Rn. G 153. **A.A.** Melot de Beauregard, BB 2005, 829, der im Falle eines Eingriffs in die Grundrechte des Arbeitgebers (insbesondere aus Art. 14 und 2 Abs. 1 GG) verlangt, dass der Arbeitnehmer darlegt, dass sein Widerspruch dem Schutz seiner grundrechtlichen Positionen dient.

aus einer zeitgleichen Abgabe der Widerspruchsschreiben noch aus einem einheitlichen Wortlaut können zwingende Rückschlüsse auf den mit dem kollektiven Widerspruch verfolgten Zweck gewonnen werden. Auch die Grundsätze des Anscheinsbeweises können nach Ansicht des BAG aufgrund des Ausnahmecharakters des Rechtsmissbrauchs hier nicht herangezogen werden[1742]. Einer gemeinsamen Übermittlung mehrerer Widerspruchserklärungen, einer Unterschriftenliste unter einem Standardwiderspruch oder der Verwendung eines von der Gewerkschaft verfassten Musterwiderspruchsschreibens stehen daher aus Sicht der Arbeitnehmer keine grundsätzlichen Bedenken gegenüber. Der Arbeitgeber muss vielmehr Indizien zusammentragen, aus denen sich auf eine gesetzesfremde Zielsetzung rückschließen lässt[1743]. Denkbar sind Fälle, in denen die Arbeitnehmer nach kollektiver Widerspruchserklärung ebenso kollektiv eine Rücknahme desselbigen anbieten bzw. vor dem kollektiven Widerspruch einen kollektiven Verzicht in Aussicht stellen, wenn der Veräußerer den Betriebsübergang wieder rückgängig macht bzw. davon absieht oder einer der Arbeitgeber für diese „Gegenleistung" der Arbeitnehmer eine Vergünstigung verspricht, auf die die Arbeitnehmer sonst keinen Anspruch haben[1744].

3. Individueller Widerspruch

Im „Normalfall" übt der übergehende Arbeitnehmer sein Widerspruchsrecht nicht gemeinschaftlich mit anderen, sondern individuell aus.

a) Institutioneller Rechtsmissbrauch

Ein institutioneller Rechtsmissbrauch liegt vor, wenn der individuelle Widerspruch einen vom Gesetz nicht vorgesehenen Zweck verfolgt. Der Widerspruch soll nach der Vorstellung des Gesetzgebers die durch Art. 12 Abs. 1 GG geschützte Arbeitgeberwahlfreiheit im Falle des Übergangs eines Betriebs(teils) gewährleisten. Gesetzeskonforme Widerspruchsziele sind daher die Beibehaltung des bisherigen Arbeitgebers sowie die Sicherung der arbeitsvertraglichen Rechte. Überwiegen andere gesetzesfremde Ziele, wird das Rechtsinstitut Widerspruchsrecht missbraucht bzw. unterliegt keinem schutzwürdigen Eigeninteresse des Rechteinhabers. Der individuelle Widerspruch ist dann nach den Grundsätzen von Treu und Glauben unzulässig.

1742 BAG, 30.9.2004 – 8 AZR 462/03, AP Nr. 275 zu § 613a BGB (II 1 b dd (3)); zustimmend: Krause, RdA 2006, 232; **kritisch** hingegen: Melot de Beauregard, BB 2005, 828; Meyer, Unterrichtung, § 3 Rn. 350. Teilweise wird auch vorgeschlagen, an die Grundsätze der abgestuften Darlegungs- und Beweislast zu denken: von Koppenfels-Spies, RdA 2010, 76 f.

1743 Auf die Schwierigkeiten des Nachweises des Rechtsmissbrauchs aus Sicht des Arbeitgebers hinweisend: Düwell/Wichert, in: Arens/Düwell/Wichert, Umstrukturierung, § 7 Rn. 335; Pietzko, Tatbestand des § 613a BGB, 323.

1744 Vgl. Krause, RdA 2006, 232; Rieble, NZA 2005, 7; WHSS/Willemsen, Rn. G 153.

Ein institutioneller Rechtsmissbrauch kommt insbesondere in Betracht, wenn das Widerspruchsrecht als notwendiger Zwischenschritt dienen soll, um das gesetzesfremde Ziel einer Vergünstigung (z.B. finanzielle Ansprüche oder sonstige Verbesserungen der arbeitsvertraglichen Vereinbarungen) zu erreichen, auf die der Arbeitnehmer keinen Anspruch hat[1745]. Das mittelbare Erzwingen eines noch nicht bestehenden Sozialplans oder gar die Verhinderung des Betriebsübergangs sind in der Regel keine individuell verfolgbaren Ziele. Will der Arbeitnehmer derart gesetzesfremde Widerspruchsziele durchsetzen, muss er sich normalerweise mit anderen widerspruchsberechtigten Arbeitnehmern zusammentun und sein Widerspruchsrecht im Kollektiv mit anderen ausüben. Ihm allein fehlt regelmäßig die „Macht", solche Ziele zu verfolgen. Eine Ausnahme gilt für die Sonderfälle, in denen bereits der Widerspruch eines oder weniger „Schlüsselarbeitnehmer(s)" mit Spezialkenntnissen, die für die sinnvolle Fortsetzung des ordnungsgemäßen Betriebsablaufs beim Erwerber unerlässlich sind, die Gefahr des Scheiterns der gesamten Transaktion in sich trägt[1746].

Will der Arbeitnehmer mit seinem Widerspruch lediglich schon bestehende und ihm grundsätzlich zustehende Vergünstigungen beim Veräußerer (z.B. Abfindungsanspruch aus einem beim Veräußerer bereits bestehenden Sozialplan, der auch widersprechende Arbeitnehmer erfasst) „mitnehmen", liegt dagegen kein Missbrauch des Widerspruchsrechts vor[1747]. Das Widerspruchsrecht erfüllt in diesen Fällen genau den Zweck, wofür es dem Arbeitnehmer eingeräumt wurde: Der widersprechende Arbeitnehmer entscheidet sich bewusst gegen den Übergang seines Arbeitsverhältnisses auf den Erwerber und für seinen bisherigen Arbeitgeber und die bei ihm bestehenden Arbeits- und Vertragsbedingungen, einschließlich etwaiger Vergünstigungen im Falle einer betriebsbedingten Kündigung.

Nach Ansicht des BAG soll auch dann kein unlauteres Widerspruchsziel vorliegen, wenn der widersprechende Arbeitnehmer bereits im Zeitpunkt des Widerspruchs erwogen hat, dem Betriebsveräußerer einen Aufhebungsvertrag verbunden mit einer Abfindungszahlung und dem Betriebserwerber einen aus seiner Sicht günstigeren Arbeitsvertrag anzubieten[1748]. Der Zielsetzung des Widerspruchsrechts entspreche es auch, ein neues Arbeitsverhältnis mit einem anderen

1745 Vgl. Krause, RdA 2006, 232 f.; Melot de Beauregard, BB 2005, 829. Vgl. für eine rechtsmissbräuchliche aktienrechtliche Anfechtungsklage: BGH, 22.5.1989 – II ZR 206/88, BGHZ 107, 296 (IV 2 a).

1746 Vgl. Borngräber, Arbeitsverhältnis bei Betriebsübergang, 112; D. Gaul, ZfA 1990, 91; Krause, RdA 2006, 232; Melot de Beauregard, BB 2005, 829.

1747 Vgl. KR/Treber, § 613a BGB Rn. 121, der das Vorliegen eines Rechtsmissbrauchs in diesen Fällen als „zweifelhaft" ansieht; **a.A.** Meyer, NZA 2005, 10. Nach teilweise vertretener Ansicht könne allerdings der Anspruch auf Abfindung nach Treu und Glauben ausgeschlossen sein, wenn der Arbeitnehmer nur wegen ihm widersprochen hat, vgl. hierzu: APS/Steffan, § 613a BGB Rn. 229; Berkowsky, NZI 2002, 416; ErfK/Preis, § 613a BGB Rn. 109; Grau, Unterrichtung, 358; Hanau, Festschrift für Dieter Gaul, 292; Worzalla, NZA 2002, 357.

1748 BAG, 19.2.2009 – 8 AZR 176/08, AP Nr. 368 zu § 613a BGB (B III 3 b).

Arbeitgeber, der auch der Betriebserwerber sein könne, einzugehen. Zudem stehe es den beteiligten Arbeitgebern frei, die Angebote abzulehnen[1749].

Dieser Ansicht kann in dieser Allgemeinheit vorliegend nicht gefolgt werden. Im Ausgangspunkt ist dem BAG darin zuzustimmen, dass der Arbeitnehmer auch nach seinem Widerspruch nicht sein Recht verliert, seinen Arbeitgeber frei zu wählen, einen neuen Arbeitgeber zu suchen und für ihn günstigere Konditionen auszuhandeln. Jene Vertrags- und Arbeitgeberwahlfreiheit wird durch Art. 12 Abs. 1 GG sichergestellt. Wäre allein danach zu fragen, ob die Vertragsangebote gegenüber dem Veräußerer und dem Erwerber mit dem Grundsatz von Treu und Glauben vereinbar sind, wäre dies folglich zu bejahen. Vorliegend ist jedoch die Ausübung des Widerspruchsrechts auf ihre Treuwidrigkeit zu untersuchen. Das Widerspruchsrecht ist darauf gerichtet, das bestehende Arbeitsverhältnis mit dem bisherigen Arbeitgeber fortzusetzen, und dient gerade nicht dazu, ein neues Arbeitsverhältnis zu begründen oder einen anderen Arbeitgeber zu wählen. Nur weil das Widerspruchsrecht in der Arbeitgeberwahlfreiheit fußt, heißt das noch nicht, dass es mit dieser einfach gleichgesetzt werden kann. Bei einem individuellen Widerspruch haben die beteiligten Arbeitgeber in der Regel die Wahl, ob sie den Vorstellungen des Arbeitnehmers nachkommen oder nicht. Der Arbeitnehmer trägt ein hohes Risiko, dass sein Plan misslingt. Befinden sich die Arbeitgeber im konkreten Fall jedoch in einer dem kollektiven Widerspruch vergleichbaren Drucksituation, z.B. weil der Arbeitnehmer aufgrund seiner Spezialkenntnisse zur Fortsetzung des ordnungsgemäßen Betriebsablaufs unersetzbar ist, haben sie letztlich keine andere Wahl, als auf die Angebote des Arbeitnehmers einzugehen. In solch einem Fall beeinträchtigt der Widerspruch mittelbar die grundrechtlich geschützte unternehmerische Entscheidungsfreiheit der Arbeitgeber und kann entgegen den Ausführungen des BAG durchaus geeignet sein, gegen den Grundsatz von Treu und Glauben zu verstoßen.

Schließlich kommt auch dann ein zweckwidriger Gebrauch des Widerspruchsrechts in Betracht, wenn sich der Arbeitnehmer nach Ausspruch einer ordentlichen verhaltensbedingten Kündigung des Betriebserwerbers mit dem Widerspruch aus seiner Verantwortung für die von ihm begangenen Pflichtverletzungen entziehen will[1750]. Auf diesem Wege können die insoweit von *Rieble*[1751] angeführten Bedenken gegen die ex tunc Wirkung des Widerspruchs ausgeräumt werden. Der Arbeitnehmer trägt dann weiterhin die Konsequenzen seines pflichtwidrigen Verhaltens. Für den Fall einer außerordentlichen verhaltensbedingten Arbeitgeberkündigung kommt es auf die Frage des Rechtsmissbrauchs nach hier vertretener Ansicht nicht an, weil mit dem Arbeitsverhältnis ohnehin auch das Recht zum Widerspruch endet (vgl. § 3 I II).

1749 BAG, 19.2.2009 – 8 AZR 176/08, AP Nr. 368 zu § 613a BGB (B III 3 c).
1750 Vgl. Evers, FD-ArbR 2008, 266040.
1751 Rieble, NZA 2004, 6.

b) Individueller Rechtsmissbrauch

Der einzelne Arbeitnehmer kann auch mit seinem individuellen Verhalten im Einzelfall gegen den Grundsatz von Treu und Glauben verstoßen. Hierzu zählt die Fallgruppe des venire contra factum proprium. Dabei erkennt unsere Rechtsordnung grundsätzlich auch widersprüchliches Verhalten an. Hat der Gläubiger jedoch durch sein früheres Verhalten beim Schuldner einen schützenswerten Vertrauenstatbestand geschaffen oder erscheint die spätere Geltendmachung des Rechts nach den konkreten Umständen des Einzelfalls als missbräuchlich, verstößt das widersprüchliche Verhalten gegen den Grundsatz von Treu und Glauben[1752].

Die reine Nichtausübung des Gestaltungsrechts ist ebenso wie die widerspruchslose Weiterarbeit des Arbeitnehmers beim Betriebserwerber nach dem Betriebsübergang für sich genommen nicht geeignet, einen schützenswerten Vertrauenstatbestand zu begründen.

Erklärt der Arbeitnehmer aber einseitig gegenüber dem Arbeitgeber seine Zusage, dem Übergang seines Arbeitsverhältnisses nicht zu widersprechen, ist ein gleichwohl erklärter Widerspruch rechtsmissbräuchlich, wenn sich der Arbeitgeber auf die Zusage verlassen durfte und sich darauf eingerichtet hatte[1753]. In Fällen einer derartigen „Zusageerklärung“ ist jedoch stets vorrangig zu prüfen, ob der Arbeitnehmer überhaupt noch widersprechen konnte. Dies wäre zu verneinen, wenn die Erklärung des Arbeitnehmers im konkreten Fall nach den allgemeinen Auslegungsgrundsätzen (§§ 133, 157 BGB) als einseitiger Verzicht auf das Gestaltungsrecht aus § 613a Abs. 6 BGB ausgelegt werden kann (vgl. § 3 I III 4 b). Denkbar ist auch, dass der widerspruchsberechtigte Arbeitnehmer mit dem Betriebserwerber eine Überleitungsvereinbarung abschließt. Kann diese nicht ohnehin als Verzicht auf das Widerspruchsrecht ausgelegt werden, wäre ein dennoch erklärter Widerspruch jedenfalls in aller Regel rechtsmissbräuchlich. Allein aus der Tatsache, dass der Arbeitnehmer vor seinem Widerspruch mit dem Betriebserwerber Verhandlungen über künftige Arbeitsbedingungen führt, kann allerdings weder auf eine rechtsgeschäftliche Verzichtserklärung noch auf einen entsprechenden Vertrauenstatbestand beim Erwerber geschlossen werden[1754].

Nimmt der Arbeitnehmer erst nach dem Widerspruch Verhandlungen mit dem Betriebserwerber über den Abschluss eines neuen Arbeitsvertrags auf, mangelt es bereits an einem vor Ausübung des Widerspruchsrechts bestehenden Vertrauenstatbestand beim Arbeitgeber. Auch aus den sonstigen konkreten Umständen resultiert kein verwerfliches widersprüchliches Verhalten, jedenfalls sofern der Arbeitnehmer im neuen Arbeitsvertrag günstigere Arbeitsbedingungen aushandeln wollte[1755]. Im Angebot des Arbeitnehmers nach dem Widerspruch für den Erwerber in Personalgestellung zu arbeiten, liegt kein widersprüchliches

1752 Sutschet, in: BeckOK Bamberger/Roth, § 242 BGB Rn. 106.
1753 BAG, 15.2.1984 – 5 AZR 123/82, AP Nr. 37 zu § 613a BGB (III 2 a).
1754 BAG, 19.3.1998 – 8 AZR 139/97, AP Nr. 177 zu § 613a BGB (I 3 b).
1755 BAG, 19.2.2009 – 8 AZR 176/08, AP Nr. 368 zu § 613a BGB (B III 3 d).

Verhalten[1756]. Der Arbeitnehmer behält in diesen Fällen den Arbeitgeber, für den er sich mit dem Widerspruch entschieden hat. Zudem verhindert auch die Wertung des § 615 S. 2 Var. 3 BGB, wonach den Arbeitnehmer sogar die Obliegenheit treffen kann, befristet für den Betriebserwerber zu arbeiten, um nicht seinen Annahmeverzugsanspruch gegenüber dem Betriebsveräußerer einzubüßen, dass dieses Verhalten einen individuellen Rechtsmissbrauch begründen kann.

Ein Verstoß gegen Treu und Glauben kommt nach zutreffender Ansicht des BAG auch dann in Betracht, wenn der Arbeitnehmer für Fehler im Unterrichtungsschreiben, auf die er sich nunmehr beruft, selbst überwiegend verantwortlich ist; eine nur irgendwie geartete Beteiligung am Verfassen des Unterrichtungsschreibens genügt allerdings nicht[1757]. Hielte man in den zuletzt genannten Fällen einen Widerspruch für zulässig, hätte es der Arbeitnehmer letztlich selbst in der Hand, sich ein zeitlich unbefristetes Widerspruchsrecht zu kreieren, obwohl dem Gesetzgeber nach Abwägung der widerstreitenden Interessen nur ein zeitlich befristetes Widerspruchsrecht vorschwebte.

In der Literatur werden zum Teil weitere Zusammenhänge zwischen Unterrichtungsfehler und Treuwidrigkeit der Ausübung des Widerspruchsrechts angenommen. Erlangt der Arbeitnehmer von nicht mitgeteilten Informationen (z.B. zu den wirtschaftlichen Folgen) kurz nach dem Betriebsübergang Kenntnis und arbeitet trotzdem beim Erwerber weiter, sei der später erklärte Widerspruch rechtsmissbräuchlich[1758]. Zudem soll in Fällen, in denen der Informationsfehler darin liegt, dass die Situation für den übergehenden Arbeitnehmer schlechter dargestellt wird, als sie tatsächlich ist („überschießende Negativtendenz") „jedenfalls" auch eine rechtsmissbräuchliche Ausübung des Widerspruchsrechts liegen[1759].

Diesen Ausführungen kann vorliegend nicht gefolgt werden. Nach dem Willen des Gesetzgebers beginnt die Frist zur Ausübung des Widerspruchsrechts erst mit einer ordnungsgemäßen Unterrichtung. Aus dieser gesetzgeberischen Entscheidung wird erkennbar, dass Arbeitgeber, die ihrer Unterrichtungspflicht nicht vollständig nachgekommen sind, grundsätzlich auch nicht vor nachträglichen Widersprüchen geschützt werden sollen. Genau hierzu käme es aber, wenn der nachträgliche Widerspruch ohne weitere Voraussetzungen als rechtsmissbräuchlich angesehen wird. Die Annahme eines Rechtsmissbrauchs ist vielmehr erst dann

1756 BAG, 19.2.2009 – 8 AZR 176/08, AP Nr. 368 zu § 613a BGB (B III 3 d).

1757 BAG, 20.5.2010 – 8 AZR 734/08, AP Nr. 19 zu § 613a BGB Widerspruch (B I 2 a). Diese Entscheidung ist jedoch aufgrund der Besonderheiten des Einzelfalls nur sehr begrenzt der Verallgemeinerung fähig.

1758 Willemsen, Festschrift für Wolfdieter Küttner, 432.

1759 Willemsen, NJW 2007, 2071: „Dies vor allem auch deshalb, weil er den Übernehmer gegebenenfalls auf Behandlung nach der ‚wahren' Rechtslage in Anspruch nehmen kann."; vgl. auch Düwell/Wichert, in: Arens/Düwell/Wichert, Umstrukturierung, § 7 Rn. 302.

gerechtfertigt, wenn der Arbeitnehmer beim Arbeitgeber ein schützenswertes Vertrauen geschaffen hat.

V. Verwirkung

Das BAG hat schon früh[1760] darauf hingewiesen, dass das Widerspruchsrecht nach den Grundsätzen der Verwirkung ausgeschlossen sein kann und hielt auch nach seiner gesetzlichen Regelung und der nunmehr vorgesehenen Widerspruchsfrist daran fest[1761]. Dies entspricht zu Recht der weit überwiegenden Ansicht in der Literatur[1762]. Die Ausübung des Widerspruchrechts unterliegt, wie grundsätzlich jedes andere Recht auch, den allgemeinen Grenzen aus Treu und Glauben. Eine von diesem Grundsatz abweichende gesetzliche Regelung (vgl. z.B. § 4 Abs. 4 S. 2 TVG für Ansprüche aus Tarifvertrag oder § 77 IV S. 2 BetrVG für Ansprüche aus Betriebsvereinbarung) ist nicht erfolgt.

Die Verknüpfung des Fristbeginns mit der „Unterrichtung nach Absatz 5" in § 613a Abs. 6 BGB führt dazu, dass die übergehenden Arbeitnehmer häufiger als nach früherem Recht, auch noch nach Betriebsübergang widersprechen. Umso drängender stellt sich die Frage nach einer eventuellen zeitlichen Begrenzung des Widerspruchsrechts. Das BAG lehnt eine absolute zeitliche Höchstfrist für den Widerspruch ab und erkennt – insoweit unzutreffend – auch die Beendigung des Arbeitsverhältnisses nicht als eine absolute Zeitgrenze des Widerspruchsrechts an. Die Verwirkung bildet demnach aus Sicht des BAG die einzige zeitliche Grenze des Widerspruchsrechts.

Auch sie kommt aber nur in besonders gelagerten Ausnahmefällen in Betracht und setzt das Vorhandensein besonderer Umstände voraus, die die späte Geltendmachung eines Rechts als eine gegen Treu und Glauben verstoßende Illoyalität erscheinen lässt[1763]. Nach den allgemeinen zivilrechtlichen Grundsätzen bedarf es für die Verwirkung eines Zeit- und eines Umstandsmoments.

Die nachfolgenden Ausführungen verstehen sich als eine Art Leitfaden für den Rechtsanwender. Letztlich beurteilt sich das Vorliegen der Verwirkung stets nach den Umständen des jeweiligen Einzelfalls. Eine abstrakte Prognose, wann die Voraussetzungen der Verwirkung erfüllt sind, kann nicht gegeben werden.

1760 BAG, 19.3.1998 – 8 AZR 139/97, AP Nr. 177 zu § 613a BGB (I 3 a).

1761 BAG, 13.7.2006 – 8 AZR 382/05, AP Nr. 1 zu § 613a BGB Widerspruch (II 1 b dd (1)).

1762 Vgl. u.a. Bauer/v. Steinau-Steinrück, ZIP 2002, 464; Berkowsky, NZI 2002, 416; ErfK/Preis, § 613a BGB Rn. 101a; Franzen, RdA 2002, 266 f.; Gaul/Otto, DB 2002, 637; Grau, RdA 2005, 369 f.; Grobys, BB 2002, 730; Hauck, NZA 2004, Sonderbeil. 1, 44, 47; Lembke/Oberwinter, ZIP 2007, 314; Nehls, NZA 2003, 824; Olbertz/Ungnad, BB 2004, 214; Sayatz/Wolff, DStR 2002, 2044; Willemsen/Lembke, NJW 2002, 1160. **Kritisch**: Rieble, NZA 2004, 4; Rieble/Wiebauer, NZA 2009, 402 f.; Unfried, Betriebsübergang, 204.

1763 Vgl. BGH, 27.6.1957 – II ZR 15/56, BGHZ 25, 47 (II 1); vgl. auch BAG, 13.7.2006 – 8 AZR 382/05, AP Nr. 1 zu § 613a BGB Widerspruch (II 1 b dd (1)).

1. *Zeitmoment*

Das Zeitmoment bemisst den Zeitraum, in dem die zur Verwirkung führenden Vertrauensumstände gesetzt wurden[1764]. Das Zeitmoment darf nicht mit einer gesetzlichen, gerichtlichen oder vertraglichen Verjährungs- oder Ausschlussfrist im Rechtssinne verwechselt werden. Anfangs- und Endzeitpunkt können daher nicht einfach nach den §§ 186 ff. BGB bestimmt werden[1765]. Sein Vorliegen setzt voraus, dass zwischen der erstmaligen Möglichkeit der Geltendmachung des Rechts und seiner tatsächlichen Ausübung eine längere Zeitspanne verstrichen ist und der Berechtigte das Recht zwischenzeitlich in keiner Weise geltend gemacht hat[1766].

a) Beginn des Zeitmoments

Das Zeitmoment beginnt in dem Moment, in dem das Recht erstmals hätte ausgeübt werden können[1767]. Danach ist grundsätzlich der gesamte Zeitraum seit der Entstehung des Rechts von Bedeutung[1768]. Das Widerspruchsrecht nach § 613a Abs. 6 BGB entsteht zu dem Zeitpunkt, zu der der konkret geplante Betriebsübergang selbst, also die Tatsache, dass ein Betriebsübergang stattfinden soll, und die Grunddaten, die den konkreten Betriebsübergang als solchen charakterisieren (Identität des Betriebsveräußerers und des Betriebserwerbers sowie Gegenstand, Zeitpunkt bzw. geplanter Zeitpunkt und Grund des Übergangs) feststehen. Das Widerspruchsrecht entsteht somit zur selben Zeit, zu der auch die zur Unterrichtung verpflichteten Arbeitgeber die Arbeitnehmer erstmals ordnungsgemäß unterrichten können (vgl. § 2 F II 2). Der Beginn des Zeitmoments ist unabhängig von der Kenntnis des Arbeitnehmers von der Fehlerhaftigkeit der Unterrichtung[1769] oder vom Betriebsübergang und dessen Folgen[1770]. Es mag sein, dass mit positiver Kenntnis des Arbeitnehmers von den tatsächlichen Umständen, die den Betriebsübergang ausmachen, das Zeitmoment für die Verwirkung seines Anspruchs, sich auf den Übergang des Arbeitsverhältnisses gemäß § 613a Abs. 1 BGB zu berufen, beginnt[1771]. Dieser Anspruch kann aber nicht einfach mit dem hier betrachteten Widerspruchsrecht gleichgesetzt werden[1772].

1764 BAG, 20.3.2008 – 8 AZR 1016/06, NZA 2008, 1354 (B I 8 b).
1765 BAG, 24.7.2008 – 8 AZR 175/07, AP Nr. 347 zu § 613a BGB (II 2 a).
1766 Jauernig/Mansel, § 242 BGB Rn. 59 f.
1767 MK/Roth/Schubert, § 242 BGB Rn. 353; Staudinger/Looschelders/Olzen, § 242 BGB Rn. 307.
1768 BAG, 27.11.2008 – 8 AZR 174/07, AP Nr. 363 zu § 613a BGB (B II 2 a); Sagan, ZIP 2011, 1648.
1769 BAG, 2.4.2009 – 8 AZR 220/07, AP Nr. 6 zu § 613a BGB Widerspruch (B II 3 b); **a.A.** noch die Vorinstanz: LAG Düsseldorf, 13.12.2006 – 7 (3) Sa 542/06 (II 2 c), n.v.
1770 BAG, 24.2.2011 – 8 AZR 469/09, AP Nr. 401 zu § 613a BGB (B II 3 b).
1771 So BAG, 27.1.2000 – 8 AZR 106/99, BeckRS 2000, 30782776 (II 3 b).
1772 So aber LAG München, 12.10.2006 – 2 Sa 990/05, BB 2007, 502 (II 2); Schmalenberg, AuR 2008, 166.

Die erstmalige Möglichkeit zur Ausübung des Widerspruchsrechts nach Abs. 6 richtet sich nicht nach der Kenntnis von den genannten Tatsachen. Der Beginn des Zeitmoments für die Verwirkung des Widerspruchsrechts hängt auch nicht vom Bestehen einer umfassenden Unterrichtung des Arbeitnehmers über den Betriebsübergang und seine Folgen ab[1773]. Der Beginn der Widerspruchsfrist ist gemäß § 613a Abs. 6 BGB an das Vorliegen einer ordnungsgemäßen Unterrichtung nach Abs. 5 geknüpft. Die Möglichkeit zu einer (vorherigen) Ausübung des Widerspruchsrechts bleibt hiervon unberührt. Würde man die Ordnungsgemäßheit der Unterrichtung als Voraussetzung für den Beginn des Zeitmoments ansehen, könnte das Widerspruchsrecht im Falle einer fehlerhaften Unterrichtung niemals verwirken, obwohl grundsätzlich jedes Recht den Grenzen der Verwirkung unterliegt[1774].

Nach Ansicht des BAG beginnt das Zeitmoment

> *„grundsätzlich einen Monat nach einer Unterrichtung über den Betriebsübergang in Textform, wenn diese auch unvollständig oder fehlerhaft war. Denn dadurch gibt der Arbeitgeber zu erkennen, dass er mit der Unterrichtung die Monatsfrist für den Widerspruch in Gang setzen will und danach die Erklärung von Widersprüchen nicht mehr erwartet."*[1775]

Diese Rechtsprechung ist dem Grunde nach zu begrüßen, weil sie in der Praxis leicht handhabbar ist. Das BAG schuf einen objektiv bestimmbaren Zeitpunkt, auf den man sich in der Praxis zur Orientierung stützen kann. Zudem bildet der Ablauf der fiktiv angelaufenen Monatsfrist im Normalfall den entscheidenden Zeitpunkt, ab welchem die Arbeitgeber nicht mehr mit Widersprüchen rechnen. Diese Rechtsprechung darf jedoch nicht darüber hinwegtäuschen, dass zwischen dem fiktiven Ablauf der Widerspruchsfrist und der erstmaligen Möglichkeit zur Widerspruchsrechtsausübung kein Zusammenhang ersichtlich ist[1776]. Sie darf auch nicht dazu führen, dass letztlich doch der fiktive Ablauf der Widerspruchsfrist als starrer Fixpunkt für den Beginn des Zeitmoments herangezogen wird. Der fiktive Ablauf der Widerspruchsfrist kann daher nur als Anhaltspunkt für das Vorliegen des Zeitmoments dienen. Wenn „jedenfalls" seit dem fiktiven Ablauf der gesetzlichen einmonatigen Widerspruchsfrist ein erheblicher Zeitraum bis zur tatsächlichen Ausübung des Widerspruchsrechts vergangen ist, ist die Bestimmung des noch davor liegenden Fristbeginns entbehrlich, wenn und soweit bereits dieser Zeitraum

---

1773 BAG, 24.7.2008 – 8 AZR 175/07, AP Nr. 347 zu § 613a BGB (II 2 a); MK/Roth/Schubert, § 242 BGB Rn. 375; Staudinger/Annuß, § 613a BGB Rn. 302.

1774 Vgl. BAG, 27.11.2008 – 8 AZR 225/07, AP Nr. 364 zu § 613a BGB (B II 2 d cc); BAG, 24.2.2011 – 8 AZR 469/09, AP Nr. 401 zu § 613a BGB (B IV); MK/Roth/Schubert, § 242 BGB Rn. 375.

1775 BAG, 20.3.2008 – 8 AZR 1016/06, NZA 2008, 1354 (B I 8 b); sich anschließend: APS/Steffan, § 613a BGB Rn. 222; Grau, AE 2010, 136; HWK/Willemsen/Müller-Bonanni, § 613a BGB Rn. 347; Meyer, SAE 2011, 92; Nebeling/Kille, NZA-RR 2013, 2.

1776 Vgl. auch Sagan, ZIP 2011, 1649.

für sich genommen das Zeitmoment erfüllt[1777]. Im Umkehrschluss bedeutet das aber auch, dass, sollte die Hilfestellung des BAG nicht zur Bejahung des Zeitmoments führen, es dabei bleibt, dass allein auf den Zeitpunkt der Entstehung des Widerspruchsrechts abzustellen ist.

Das Zeitmoment kann vor dem Eintreten der Verwirkung auch unterbrochen werden, indem der Arbeitnehmer in irgendeiner Form von seinem Widerspruchsrecht Gebrauch macht, z.B. durch Mitteilung an einen der Arbeitgeber (vgl. § 613a Abs. 6 S. 2 BGB), sich erst nach der geforderten Nachunterrichtung über den Widerspruch zu entscheiden. Ab diesem Zeitpunkt beginnt ein neuer Zeitraum, in dem das Widerspruchsrecht verwirken kann[1778].

b) Dauer des Zeitmoments

Das Ende der Zeitspanne für das Zeitmoment wird durch die Ausübung des Widerspruchsrechts bestimmt[1779]. Unklar ist, welche Zeitspanne seit der Entstehung des Widerspruchsrechts vergangen sein muss, um das Zeitmoment zu bejahen. Eine positive Bestimmung der Dauer kommt nicht in Betracht. Sie kann allerdings negativ bestimmt werden. Danach ist das Zeitmoment gegeben, wenn vernünftigerweise nicht mehr damit gerechnet werden kann, dass der Berechtigte sein Recht ausüben wird[1780]. Aus dem Umstand, dass es sich vorliegend um ein Gestaltungsrecht des Arbeitnehmers handelt, resultieren einige Besonderheiten. Aufgrund der Nicht-Verjährbarkeit von Gestaltungsrechten können Verjährungsfristen nicht als Orientierungshilfe zur Bestimmung der Dauer herangezogen werden[1781]. Zudem ist die Gegenpartei, hier also die Arbeitgeber, bei Gestaltungsrechten daran interessiert, alsbald Rechtsklarheit zu erhalten[1782]. Eine dauerhafte Ungewissheit ist der Gegenseite in der Regel unzumutbar. Dieser Abwägungsgesichtspunkt zugunsten des Arbeitgebers wird vorliegend jedoch durch einen zugunsten des Berechtigten bestehenden Gesichtspunkt wieder relativiert. Das Widerspruchsrecht ist ein Arbeitnehmerrecht. Dies führt dazu, dass die besondere Schutzwürdigkeit des Arbeitnehmers bei der Frage nach der Verwirkung des Rechts nicht außer Acht gelassen werden kann. Rechte des Arbeitnehmers verwirken entweder gar nicht oder nur unter engeren Voraussetzungen[1783].

Für das Widerspruchsrecht schlagen Teile der Literatur eine starre Höchst- oder Regelfrist bzw. einen Zeitrahmen für das Zeitmoment vor. Danach soll das Widerspruchsrecht des Arbeitnehmers „spätestens“ nach Ablauf von drei Monaten[1784] bzw.

1777 In diesem Sinne u.a.: BAG, 27.11.2008 – 8 AZR 174/07, AP Nr. 363 zu § 613a BGB (B II 2 a); vgl. auch Cohnen, in: Moll, Arbeitsrecht, § 55 Rn. 90.

1778 BAG, 24.7.2008 – 8 AZR 755/07, AP Nr. 349 zu § 613a BGB (B I 6 b); vgl. zuvor bereits: Löwisch/Göpfert/Siegrist, DB 2007, 2539.

1779 Sagan, ZIP 2011, 1648.

1780 MK/Roth/Schubert, § 242 BGB Rn. 338.

1781 MK/Roth/Schubert, § 242 BGB Rn. 339.

1782 Vgl. MK/Roth/Schubert, § 242 BGB Rn. 339, 355.

1783 Vgl. MK/Roth/Schubert, § 242 BGB Rn. 339, 344, 355, 374.

1784 Bauer/v. Steinau-Steinrück, ZIP 2002, 464; Eckert, DStR 2003, 945.

„frühestens“ nach vier Monaten, wenn die Widerspruchsfrist mitgerechnet wird[1785], nach dem Übergang des Betriebs oder Betriebsteils verwirkt sein. Nach Ablauf dieser Zeitspanne seien dem übergehenden Arbeitnehmer aus seiner täglichen Erfahrung beim Betriebserwerber entweder die nach § 613a Abs. 5 BGB geforderten Inhalte oder die für eine bewusste Arbeitsplatzwahl „wesentlichen Umstände“ bekannt[1786]. Andere schlagen eine entsprechende Anwendung des § 5 Abs. 3 S. 2 KSchG und somit eine Dauer von sechs Monaten seit dem Übergang vor[1787]. Wieder andere wollen auf einen zeitlichen Orientierungsrahmen von drei Monaten bis zu einem Jahr ab Kenntnis vom Betriebsinhaberwechsel abstellen[1788]. Zum Teil soll nach einem Jahr regelmäßig das Zeitmoment erfüllt sein[1789]. Teile der Rechtsprechung nehmen schließlich unter Verweis auf § 124 BGB tendenziell die Verwirkung des Widerspruchsrechts an, wenn ab Kenntnis der Umstände, die bei der Unterrichtung nicht berücksichtigt wurden, mehr als ein Jahr vergangen ist[1790]. Das BAG[1791] lehnt in Übereinstimmung mit der überwiegenden Literatur[1792] einen starren Zeitraum ab und nimmt stattdessen eine einzelfallbezogene Interessenabwägung vor[1793].

Die herrschende Ansicht überzeugt. Eine Höchstfrist oder ein Zeitrahmen, deren Grenzen ebenfalls fest sind, sind abzulehnen. Nach der gesetzgeberischen Wertung unterliegt das Widerspruchsrecht gerade keiner starren Höchstfrist (vgl. § 3 I I). Eine solche Frist kann auch nicht über den Umweg der Verwirkung durch die „Hintertür“ eingeführt werden. Vielmehr ist das Zeitmoment unter Abwägung der Umstände des Einzelfalls zu bestimmen, insbesondere wie schwierig sich der Sachverhalt konkret darstellt[1794]. Zudem stehen Zeit- und Umstandsmoment in

---

1785 Franzen, RdA 2002, 266.

1786 Bauer/v. Steinau-Steinrück, ZIP 2002, 464.

1787 Gaul/Otto, DB 2002, 637; Gaul, Betriebs- und Unternehmensspaltung, § 11 Rn. 56; sich anschließend: Krügermeyer-Kalthoff/Reutershan, MDR 2003, 544; vgl. auch LAG München, 12.10.2006 – 2 Sa 990/05, BB 2007, 502 (II 2).

1788 Grau, Unterrichtung, 300 f. und Grau, RdA 2005, 369 f., unter Verweis auf die Rechtsprechung des BAG hinsichtlich der Verwirkung des Rechts des Arbeitnehmers, sich auf den Übergang des Arbeitsverhältnisses nach § 613a Abs. 1 BGB zu berufen, vgl. BAG, 27.1.2000 – 8 AZR 106/99, BeckRS 2000, 30782776 (II 3); BAG, 18.12.2003 – 8 AZR 621/02, AP Nr. 263 zu § 613a BGB (II 1 a).

1789 Löwisch/Göpfert/Siegrist, DB 2007, 2539 [ab dem Unterrichtungszeitpunkt]; Maschmann, BB-Special 6 2006, 35 [ab der erstmaligen Möglichkeit, das Recht auszuüben].

1790 LAG Nürnberg, 10.10.2006 – 6 Sa 53/06, BeckRS 2007, 44013 (II).

1791 BAG, 20.5.1988 – 2 AZR 711/87, AP Nr. 5 zu § 242 BGB (II 2); BAG, 13.7.2006 – 8 AZR 382/05, AP Nr. 1 zu § 613a BGB Widerspruch (II 1 b dd (1)).

1792 Vgl. u.a. APS/Steffan, § 613a BGB Rn. 222; Kittner, NJW 2012, 1185; Olbertz/Ungnad, BB 2004, 215; Lembke/Oberwinter, ZIP 2007, 314; Sayatz/Wolff, DStR 2002, 2044; Staudinger/Annuß, § 613a BGB Rn. 302; Willemsen/Lembke, NJW 2002, 1160.

1793 Als unverbindlicher Richtwert für die Verwirklichung des Zeitmoments kann nach Auswertung der bisherigen BAG-Rechtsprechung ein Zeitraum von 12 bis 17 Monaten angegeben werden, vgl. Hofmann, Rechtsmissbrauch, 112 ff., 197.

1794 BAG, 13.7.2006 – 8 AZR 382/05, AP Nr. 1 zu § 613a BGB Widerspruch (II 1 b dd (1)), unter Verweis auf BAG, 27.1.2000 – 8 AZR 106/99, BeckRS 2000, 30782776 (II 3 b).

einer Wechselwirkung zueinander. Dies entspricht den allgemeinen Grundsätzen der Verwirkung eines Rechts[1795]. Das BAG führt hierzu zutreffend aus, dass sich

> *„Zeitmoment und Umstandsmoment [...] wechselseitig [beeinflussen], dh. beide Elemente sind bildhaft im Sinne ‚kommunizierender Röhren' miteinander verbunden. Je stärker das gesetzte Vertrauen oder die Umstände, die eine Geltendmachung für den Anspruchsgegner unzumutbar machen, sind, desto schneller kann ein Anspruch verwirken [...]. Umgekehrt gilt, je mehr Zeit seit dem Zeitpunkt des Betriebsübergangs verstrichen ist und je länger der Arbeitnehmer bereits für den Erwerber gearbeitet hat, desto geringer sind die Anforderungen an das Umstandsmoment."*[1796]

Wie sich Art. 9 RL 2001/23/EG entnehmen lässt, verlangt der europäische Richtliniengeber eine effektive und angemessene Sanktionierung der Unterrichtungspflicht. Dieser Vorgabe hat der deutsche Gesetzgeber durch das Nichtanlaufen der Widerspruchsfrist hinreichend entsprochen. Das Unionsrecht fordert kein zeitlich unbegrenztes Widerspruchsrecht[1797]. Andererseits kann die genannte unionsrechtliche Vorgabe bei der Bemessung der Dauer des Zeitmoments nicht gänzlich außer Acht bleiben. Im Einzelfall ist daher stets zu überprüfen, ob die konkrete Zeitspanne auch als geeignet angesehen werden kann, den jeweiligen Unterrichtungsfehler effektiv zu sanktionieren.

2. *Umstandsmoment*

Im Unterschied zu normalen Verjährungs- und Ausschlussfristen genügt der reine Zeitablauf nicht, um eine Verwirkung anzunehmen. Stattdessen müssen weitere Umstände hinzutreten. In den Worten des achten Senats des BAG ist das Umstandsmoment erfüllt,

> *„wenn der Arbeitgeber davon ausgehen durfte, der Widerspruch werde nicht mehr ausgeübt. Dies ist dann der Fall, wenn er aufgrund des Verhaltens des Arbeitnehmers annehmen durfte, dieser habe den Übergang seines Arbeitsverhältnisses auf den Betriebserwerber und diesen damit als seinen neuen Arbeitgeber akzeptiert"*[1798].

1795 Vgl. u.a. Jauernig/Mansel, § 242 BGB Rn. 59; MK/Roth/Schubert, § 242 BGB Rn. 336; Staudinger/Looschelders/Olzen, § 242 BGB Rn. 308; Olbertz/Ungnad, BB 2004, 215. Vgl. für Beispiele zu dieser Wechselwirkung aus der BAG-Rechtsprechung: HWK/Willemsen/Müller-Bonanni, § 613a BGB Rn. 347 Fn. 8 und 9; MK/Müller-Glöge, § 613a BGB Rn. 121 Fn. 632.

1796 BAG, 22.6.2011 – 8 AZR 752/09, DB 2011, 2385 (II 3 c).

1797 BAG, 15.3.2012 – 8 AZR 700/10, AP Nr. 29 zu § 613a BGB Widerspruch (B II 1), im Anschluss an Sagan, ZIP 2011, 1647 f.; zustimmend auch: ErfK/Preis, § 613a BGB Rn. 101a.

1798 BAG, 23.7.2009 – 8 AZR 357/08, AP Nr. 10 zu § 613a BGB Widerspruch (B I 2 c bb (4)); vgl. auch Cohnen, in: Moll, Arbeitsrecht, § 55 Rn. 95: „wenn sich der widersprechende Arbeitnehmer eindeutig, wenn auch nur konkludent, mit dem Übergang seines Arbeitsverhältnisses einverstanden erklärt"; ähnlich: Löwisch/Göpfert/Siegrist, DB 2007, 2540.

a) Vertrauensbildende Umstände

Die Verwirkung bildet einen Sonderfall der Fallgruppe der unzulässigen Rechtsausübung wegen widersprüchlichen Verhaltens[1799]. Vertrauensbildende Umstände sind daher in erster Linie in der Verhaltensweise des Berechtigten zu suchen[1800]. Die Beurteilung des Verhaltens des Berechtigten erfolgt aus einer objektiven Perspektive. Die subjektive Willensrichtung des Berechtigten spielt keine Rolle, so dass die Verwirkung auch gegen seinen Willen eintreten kann[1801]. Zudem werden durch die objektive Beurteilung subjektive Fehlinterpretationen der Gegenpartei von vornherein ausgeschlossen[1802].

Das Verhalten des Berechtigten muss beim Verpflichteten in zurechenbarer Weise ein schutzwürdiges Vertrauen geschaffen haben. Ein Verschulden des Berechtigten ist hierfür nicht erforderlich. Es genügt, dass der Berechtigte die Umstände beherrscht oder wenigstens vermeiden konnte[1803]. Zudem muss das vertrauensbildende Verhalten des Berechtigten zeitlich vor der Rechtsausübung liegen[1804].

aa) Weiterarbeit beim Betriebserwerber

(1) Schlichte Weiterarbeit genügt nicht

Teilweise wird vertreten, dass allein aus dem Umstand der widerspruchslosen Weiterarbeit auf dem übergegangenen Arbeitsplatz die Verwirkung des Widerspruchsrechts eintreten könne[1805]. Nach ständiger Rechtsprechung des BAG[1806] und großen

1799 BGH, 17.11.2010 – XII ZR 124/09, NJW 2011, 445 (II 2); MK/Roth/Schubert, § 242 BGB Rn. 329; Staudinger/Looschelders/Olzen, § 242 BGB Rn. 302; Sutschet, in: BeckOK Bamberger/Roth, § 242 BGB Rn. 106.

1800 BGH, 27.6.1957 – II ZR 15/56, BGHZ 25, 47 (II 1); vgl. auch Staudinger/Looschelders/Olzen, § 242 BGB Rn. 306.

1801 BGH, 27.6.1957 – II ZR 15/56, BGHZ 25, 47 (II 1).

1802 Gehlhaar, BB 2009, 1183.

1803 Staudinger/Looschelders/Olzen, § 242 BGB Rn. 293, 310, mit Nachweisen auch zur Gegenansicht.

1804 BAG, 24.7.2008 – 8 AZR 202/07, AP Nr. 352 zu § 613a BGB (B I 5 b ff): „Nach seiner Ausübung kann das Widerspruchsrecht nicht mehr verwirken."

1805 LAG München, 12.10.2006 – 2 Sa 990/05, BB 2007, 502 (II 2) [nach mehr als sechs Monaten]; Burgmer/Richter, Betriebsübergang, 73 f. [„eineinhalb Jahre"]; Düwell/Wichert, in: Arens/Düwell/Wichert, Umstrukturierung, § 7 Rn. 300 [„acht Monate, 14 Monate"]; Dzida, NZA 2009, 645 [„nach sehr langer, möglicherweise mehrjähriger Tätigkeit"]; Eckert, DStR 2003, 945 [„spätestens nach drei Monaten"]; Grau, Unterrichtung, 302 [„Zeitmoment allerdings nicht zu kurzfristig"]; Hofmann, Rechtsmissbrauch, 66, 101 ff., 119 Fn. 482, 198 f. [„bei einem Zeitmoment von beinahe 10 Jahren"]; wohl auch Sayatz/Wolff, DStR 2002, 2044.

1806 Noch ohne Begründung: BAG, 14.12.2006 – 8 AZR 763/05, AP Nr. 318 zu § 613a BGB (II 1 d bb); BAG, 20.3.2008 – 8 AZR 1016/06, NZA 2008, 1354 (B II 8 b); mit Begründung: BAG, 24.7.2008 – 8 AZR 205/07, AP Nr. 346 zu § 613a BGB (B I 1 b).

Teilen der Literatur[1807] ist die widerspruchslose Fortsetzung des Arbeitsverhältnisses mit dem Betriebserwerber allein nicht geeignet, die Verwirkung des Widerspruchsrechts zu begründen.

Der zuletzt genannten Auffassung ist zuzustimmen. Zwar trifft es zu, dass sich grundsätzlich auch aus der reinen Untätigkeit des Berechtigten ein widersprüchliches Verhalten ergeben kann[1808], eine Ausnahme wird jedoch zugunsten des Arbeitnehmers während eines Arbeitsverhältnisses angenommen. Danach genügt die Untätigkeit des Arbeitnehmers nicht, um Verwirkung anzunehmen[1809]. Vorliegend kommt noch hinzu, dass die Weiterarbeit beim Betriebserwerber bereits im Übergang des Arbeitsverhältnisses auf den Erwerber angelegt ist. Der Arbeitnehmer erfüllt durch seine Weiterarbeit lediglich seine ohnehin bestehenden arbeitsvertraglichen Pflichten. Ihn trifft nach § 615 S. 2 BGB oftmals sogar die Obliegenheit, seine Arbeit beim Erwerber fortzusetzen, will er nicht seiner Ansprüche auf Annahmeverzugslohn gegenüber dem Veräußerer verlustig werden. Allein aufgrund der Dauer der Tätigkeit beim Erwerber kann daher beim Veräußerer noch kein berechtigtes Vertrauen auf die Nichtausübung des Widerspruchsrechts entstehen[1810].

Zur widerspruchslosen Weiterarbeit des Arbeitnehmers müssen weitere Umstände hinzutreten, die im Rahmen der vorzunehmenden Gesamtabwägung die Annahme einer Verwirkung des Widerspruchsrechts rechtfertigen können. Der übergehende Arbeitnehmer muss vor dem Widerspruch deutlich zu erkennen gegeben haben, dass er den Betriebserwerber als seinen neuen und endgültigen Vertragspartner akzeptiert[1811].

(2) Weiterarbeit nach Kenntnis vom Betriebsübergang genügt nicht

Für einige Autoren soll hierfür bereits die Kenntnis des Betriebsübergangs bzw. von den Umständen, die den Betriebsübergang ausmachen, genügen[1812]. Kenntnis von den Umständen des Betriebsübergangs kann der Arbeitnehmer durch eine entsprechende Arbeitgeberinformation, eine konkrete Veränderung der Arbeitsbedingungen oder einen Auftritt des Erwerbers als Arbeitgeber im Schriftverkehr mit dem Arbeitnehmer bzw. auf einer Betriebsversammlung o.ä. erlangt haben oder hätte er erlangen können.

1807 Vgl. u.a. APS/Steffan, § 613a BGB Rn. 222; ErfK/Preis, § 613a BGB Rn. 101b; Hergenröder, RdA 2007, 225; Maschmann, BB-Special 6 2006, 35; MK/Roth/Schubert, § 242 BGB Rn. 376; Olbertz/Ungnad, BB 2004, 215; Schmalenberg, AuR 2008, 167.

1808 MK/Roth/Schubert, § 242 BGB Rn. 357.

1809 MK/Roth/Schubert, § 242 BGB Rn. 374.

1810 **A.A.** Dzida, NZA 2009, 645.

1811 Franzen, RdA 2002, 267; Grau, RdA 2005, 370; Düwell/Wichert, in: Arens/Düwell/Wichert, Umstrukturierung, § 7 Rn. 300.

1812 Gaul, Betriebs- und Unternehmensspaltung, § 11 Rn. 55; Grobys, BB 2002, 730; Hauck, NZA 2004, Sonderbeil. 1, 47; Meyer, Unterrichtung, § 3 Rn. 396; Sagan, ZIP 2011, 1647 f.; wohl auch Grau, RdA 2005, 369 f. Vgl. zum früheren Recht: Menze, Widerspruchsrecht, 97.

Richtig ist, dass die schlichte Weiterarbeit in Kenntnis von den Umständen, die den Betriebsübergang ausmachen, genügt, um die Verwirkung des Anspruchs des Arbeitnehmers, sich auf den Übergang des Arbeitsverhältnisses gemäß § 613a Abs. 1 BGB zu berufen, zu begründen[1813]. Dieser Anspruch kann aber nicht einfach mit dem hier betrachteten Widerspruchsrecht gleichgesetzt werden. Im Gegensatz zum Anspruch aus Abs. 1 ist das Widerspruchsrecht nach Abs. 6 mit der Unterrichtung nach Abs. 5 verknüpft worden. Dahinter steht die gesetzgeberische Wertung, dass die übergehenden Arbeitnehmer ihr Widerspruchsrecht auf einer hinreichenden Informationsbasis ausüben sollen. Allein die Kenntnis vom Betriebsübergang reicht hierfür nicht aus[1814].

(3) Einmonatige Weiterarbeit in Kenntnis von den für die Geltendmachung des Widerspruchsrechts bedeutsamen Tatsachen genügt

Erst die Kenntnis bzw. Unkenntnis von den für die Geltendmachung des Widerspruchsrechts bedeutsamen Tatsachen stellt einen Umstand dar, der bei der vorzunehmenden Gesamtabwägung, ob im Einzelfall eine Verwirkung vorliegt, zu berücksichtigen ist[1815]. Setzt der Arbeitnehmer seine Arbeit beim Betriebserwerber über eine gewisse Zeitspanne fort, obwohl ihm alle maßgeblichen Umstände für seine Widerspruchsentscheidung bekannt waren, spricht eine derartige Kenntnis für die Verwirklichung des Umstandsmoments. Woher der übergehende Arbeitnehmer Kenntnis von den für die Geltendmachung seines Widerspruchsrechts bedeutsamen Tatsachen erlangt, spielt im Rahmen der Verwirkung dieses Rechts keine Rolle. Die Informationen können ihm deshalb z.B. auch durch einen Betriebsaushang oder durch eine mündliche Unterrichtung auf einer Betriebsversammlung bekannt geworden sein[1816]. Im Falle einer ordnungsgemäßen Vervollständigung bzw. Berichtigung der fehlerhaften Erstunterrichtung (Nachunterrichtung) würde ohnehin die einmonatige Widerspruchsfrist in Gang gesetzt werden.

Der positiven Kenntnis von den für den Widerspruch relevanten Tatsachen kann die vorsätzliche bzw. grob fahrlässige Unkenntnis dieser Tatsachen wertungsmäßig gleichgestellt werden. Eine vorsätzliche Unkenntnis ist anzunehmen, wenn sich der Arbeitnehmer absichtlich den vom Arbeitgeber oder von anderen Quellen

---

1813 BAG, 27.1.2000 – 8 AZR 106/99, BeckRS 2000, 30782776 (II 3 b).

1814 Wie hier: Franzen, RdA 2002, 267.

1815 So bezogen auf die Unkenntnis: BAG, 24.7.2008 – 8 AZR 175/07, AP Nr. 347 zu § 613a BGB (II 2 a); BAG, 2.4.2009 – 8 AZR 178/07, AP Nr. 9 zu § 613a BGB Widerspruch (B II 5 b). Vgl. auch Staudinger/Annuß, § 613a BGB Rn. 302, wonach die schlichte Weiterarbeit in Kenntnis des Arbeitnehmers „von den für seine Widerspruchsentscheidung bei wertender Betrachtung relevanten Tatsachen" das Umstandsmoment begründen kann. Müller, AuR 2007, 344, verlangt für die Verwirkung u.a. einen Informationsstand im Sinne von § 613a Abs. 5 BGB beim Arbeitnehmer.

1816 Vgl. Dzida, NZA 2009, 645; Hauck, in: Festschrift für Hellmut Wissmann, 550; Hauck, NZA-Beil. 2009, 22.

angebotenen Informationen verschließt. Eine grob fahrlässige Unkenntnis kommt insbesondere dann in Betracht, wenn es der Arbeitnehmer trotz ausdrücklicher Aufforderung (z.B. im Unterrichtungsschreiben) und hinreichender Gelegenheit hierzu (z.B. in zusätzlichen Informationsveranstaltungen, Mitarbeiterversammlungen oder Einzelgesprächen mit anderen Ansprechpersonen) unterlässt, ihm bekannte oder erkennbare Unterrichtungsmängel zu rügen[1817]. Den Arbeitnehmer trifft die Obliegenheit, die Arbeitgeber bei erkannten oder erkennbaren Fehlern der Unterrichtung zur Nachunterrichtung aufzufordern.

In einem Fall, in dem eine Arbeitnehmerin schriftlich über die „prekäre" Situation bei der Erwerberin und die Absicht, den „nicht existenzfähig[en]" Erwerberbetrieb stillzulegen, informiert wurde, kannte sie nach Ansicht des BAG alle maßgeblichen Umstände für ihre Widerspruchsentscheidung. Durch ihre Weiterarbeit habe sie den Eindruck erweckt, dass sie trotz der prekären Situation nicht widersprechen werde[1818]. Allerdings kann in der widerspruchslosen Weiterarbeit des Arbeitnehmers nach Kenntnis von einem Insolvenzantrag über das Vermögen des Betriebserwerbers[1819] bzw. über die Beantragung und Eröffnung des Insolvenzverfahrens über das Vermögen eines Konzernunternehmens und engen Wirtschaftspartners des Erwerbers[1820] für sich genommen noch kein Umstandsmoment erblickt werden. Allein aus der Beantragung der Insolvenz folgt nicht die fehlerhafte Unterrichtung hinsichtlich der wirtschaftlichen Situation des Erwerbers. Wieder anders liegt der Fall, wenn dem Arbeitnehmer sowohl der Insolvenzantrag, also die prekäre wirtschaftliche Situation, als auch die Tatsache der Falschunterrichtung bekannt geworden sind, und er trotzdem weiter arbeitet, ohne auf die Ausübung seines Widerspruchsrechts zu verzichten. Jene Umstände stärken nach zutreffender Ansicht des BAG die Vertrauensbildung beim Arbeitgeber in die Nichtgeltendmachung des Widerspruchsrechts[1821]. Wenn der Arbeitnehmer einen Informationsfehler erkennt

1817 Ähnlich: Bauer/Göpfert/Haußmann/Krieger, Umstrukturierung, Teil 3 B Rn. 39; Grau, RdA 2005, 370; Grau, Unterrichtung, 302 f.; Hohner, Unternehmenswandlung, 99; Löwisch/Göpfert/Siegrist, DB 2007, 2539; Maschmann, BB-Special 6 2006, 35; Mestwerdt, in: Kündigungsschutzrecht, § 613a BGB Rn. 168; Meyer, NZA 2005, 9 f.; Meyer, Unterrichtung, § 3 Rn. 320, 356, 394, 397, 435, § 4 Rn. 444; Meyer, DB 2007, 859; Meyer, SAE 2010, 173; Schnitker/Grau, BB 2005, 2242; Willemsen/Lembke, NJW 2002, 1160; vgl. auch Gaul, Betriebs- und Unternehmensspaltung, § 11 Rn. 56; Düwell/Wichert, in: Arens/Düwell/Wichert, Umstrukturierung, § 7 Rn. 301. **Kritisch**: Hofmann, Rechtsmissbrauch,132.

1818 BAG, 22.6.2011 – 8 AZR 752/09, DB 2011, 2385 (II 3 e). In diesem Fall sah das BAG in der Untätigkeit ein „besonderes Gewicht", weil die Arbeitnehmerin zuvor eine Nachunterrichtung verlangte, „also zunächst für ihr Recht eingetreten war, dann aber – widersprüchlich – über einen sehr langen Zeitraum untätig blieb". Vgl. zu dieser zutreffenden Erwägung des BAG: MK/Roth/Schubert, § 242 BGB Rn. 358; Staudinger/Looschelders/Olzen, § 242 BGB Rn. 309.

1819 BAG, 24.7.2008 – 8 AZR 73/07, AP Nr. 345 zu § 613a BGB (B II 6 b).

1820 BAG, 2.4.2009 – 8 AZR 178/07, AP Nr. 9 zu § 613a BGB Widerspruch (B II 5 c).

1821 BAG, 27.11.2008 – 8 AZR 174/07, AP Nr. 363 zu § 613a BGB (B II 2 b bb und cc).

bzw. dieser für ihn erkennbar wurde und er es gleichfalls unterlässt mit den zur Unterrichtung verpflichteten Arbeitgebern Kontakt aufzunehmen und Rückfragen über die erteilten Informationen zu stellen, liegt hierin aus Arbeitgebersicht ein „starkes Indiz" dafür, dass der Arbeitnehmer den Erwerber als seinen neuen Arbeitgeber akzeptiert[1822]. Dem Arbeitnehmer kann daher auch nicht geraten werden, die Arbeitgeber nicht zur Nachunterrichtung aufzufordern[1823]. Im Gegenteil, der Arbeitnehmer gewinnt durch die Aufforderung zur Nachunterrichtung Zeit. Die Verwirkung seines Widerspruchsrechts kommt dann erst wieder in Betracht, wenn er trotz fehlender Reaktion des Arbeitgebers auf seine Aufforderung über einen „erheblichen Zeitraum" widerspruchslos weiterarbeitet[1824].

In der Literatur wird angenommen, dass dem Arbeitnehmer grundsätzlich „spätestens" nach dreimonatiger Arbeit beim Erwerber nach dem Betriebsübergang aus seiner täglichen Erfahrung die für seine Widerspruchsentscheidung relevanten Informationen bekannt sind[1825]. Diese Annahme ist nicht mehr als eine bloße Fiktion[1826]. Sie führt im Ergebnis dazu, dass das Widerspruchsrecht bereits nach drei Monaten und einer bestimmten Erklärungsfrist (z.B. einem Monat) verwirkt werden kann. Danach käme eine Verwirkung bereits vier Monate nach widerspruchsloser Weiterarbeit beim Erwerber im Anschluss an den Betriebsübergang in Betracht, ohne dass es weiterer Umstände bedürfe[1827].

Dem kann vor dem Hintergrund der Argumente, die gegen die bloße Weiterarbeit als taugliches Umstandsmoment sprechen, hier nicht gefolgt werden. Die Kenntnis bzw. die vorsätzliche oder grob fahrlässige Unkenntnis von für den Widerspruch relevanten Tatsachen muss stets eindeutig festgestellt werden. Ist diese Hürde genommen, schließt sich hieran die Frage an, ob der Arbeitnehmer unverzüglich im Sinne des § 121 Abs. 1 S. 1 BGB nach Kenntniserlangung der widerspruchsrelevanten Umstände oder innerhalb eines bestimmten, angemessenen Zeitrahmens widersprechen muss, um die Verwirkung des Widerspruchsrechts zu verhindern. Das BAG konnte diese Frage offen lassen, da es dem Arbeitnehmer jedenfalls in einem Zeitraum von mehr als vier Monaten zuzubilligen sei, ggf. Rechtsrat einzuholen und sich über die Ausübung seines Widerspruchsrechts Klarheit zu verschaffen[1828]. In der Literatur wird dem Arbeitnehmer die Obliegenheit auferlegt, dass er grundsätzlich innerhalb einer dreimonatigen Frist ab Kenntnis von den widerspruchsrelevanten

1822 BAG, 24.7.2008 – 8 AZR 175/07, AP Nr. 347 zu § 613a BGB (B II 2 b).

1823 **A.A.** Grau, AE 2010, 138, der den Arbeitnehmern „jedenfalls bei einem offensichtlichen Mangel der Unterrichtung" empfiehlt, keine Nachbesserung zu fordern, wenn sie nicht beabsichtigen, „zeitnah" zu widersprechen.

1824 In BAG, 2.4.2009 – 8 AZR 178/07, AP Nr. 9 zu § 613a BGB Widerspruch (B II 5 d), genügten zwei Monate weiterarbeiten nach der Aufforderung zur Nachunterrichtung noch nicht.

1825 Bauer/v. Steinau-Steinrück, ZIP 2002, 464; zustimmend: Franzen, RdA 2002, 266.

1826 **Kritisch** auch: Grau, RdA 2005, 369; Grau, Unterrichtung, 299 f.

1827 So Franzen, RdA 2002, 266 f.

1828 BAG, 22.6.2011 – 8 AZR 752/09, DB 2011, 2385 (II 3 e).

Umständen widersprechen muss, will er die Verwirkung seines Widerspruchsrechts noch verhindern[1829]. Andere halten sogar eine „wohl nicht länger als eine Woche" zu bemessende Frist für grundsätzlich ausreichend, wobei es letztlich auf den Einzelfall ankommen soll[1830]. Naheliegender als eine neue Frist zu kreieren oder auf den Einzelfall abzustellen, ist es jedoch, sich zur Bemessung des Zeitrahmens an der Vorschrift des § 613a Abs. 6 BGB zu orientieren und eine einmonatige Erklärungsfrist anzunehmen[1831]. Der Gesetzgeber hielt einen Zeitrahmen von einem Monat für angemessen, damit sich der Arbeitnehmer, ggf. nach Einholung entsprechenden Rechtsrats, Klarheit über alle widerspruchsrelevanten Informationen verschaffen kann. Auf diese Wertung kann hier zurückgegriffen werden.

bb) Disposition über das Arbeitsverhältnis

Neben der Weiterarbeit trotz Kenntnis von den für die Geltendmachung des Widerspruchsrechts bedeutsamen Tatsachen kommen weitere Umstände in Betracht, die darauf schließen lassen, dass der Arbeitnehmer den Übergang seines Arbeitsverhältnisses auf den Betriebserwerber und diesen somit als seinen neuen Arbeitgeber akzeptiert.

(1) Rechtsprechung des BAG

Nach der Rechtsprechung des BAG ist das für die Annahme einer Verwirkung erforderliche Umstandsmoment an sich regelmäßig begründet, wenn der Arbeitnehmer über den Bestand bzw. die Beendigung seines übergegangenen Arbeitsverhältnisses gegenüber dem Betriebserwerber disponiert hat[1832].

> *„Als Dispositionen über den Bestand des Arbeitsverhältnisses sind nur solche Vereinbarungen oder Verhaltensweisen des Arbeitnehmers anzusehen, durch die es zu einer Beendigung des Arbeitsverhältnisses kommt."*[1833]

Beispiele sind: **Eigenkündigung** des Arbeitnehmers gegenüber dem Betriebserwerber und anschließende Aufnahme eines neuen Arbeitsverhältnisses zu einem Dritten[1834]; Vereinbarung eines **Aufhebungsvertrags** mit dem Betriebserwerber[1835];

1829 Staudinger/Annuß, § 613a BGB Rn. 302. Auch Willemsen, NJW 2007, 2073, geht bei Informationsfehlern, die „im ‚gelebten' Arbeitsverhältnis offenbar [...]" werden, von einer regelmäßigen Verwirkung „maximal drei Monate nach Offenkundigwerden" aus.

1830 Kittner, NJW 2012, 1184 f.

1831 So wohl auch Franzen, RdA 2002, 266.

1832 Erstmals: BAG, 20.3.2008 – 8 AZR 1016/06, NZA 2008, 1354 (B II 8 b).

1833 BAG, 26.5.2011 – 8 AZR 18/10, AP Nr. 407 zu § 613a BGB (II 2 c aa).

1834 BAG, 12.11.2009 – 8 AZR 718/07, AP Nr. 11 zu § 613a BGB Widerspruch (B III 3 c); BAG, 20.5.2010 – 8 AZR 872/08, AP Nr. 20 zu § 613a BGB Widerspruch (B I 3 c bb); zuvor schon: Löwisch/Göpfert/Siegrist, DB 2007, 2540.

1835 BAG, 20.3.2008 – 8 AZR 1016/06, NZA 2008, 1354 (B II 8 b), obiter; BAG, 27.11.2008 – 8 AZR 174/07, AP Nr. 363 zu § 613a BGB (B II 2 b); BAG, 2.4.2009 – 8

Abschluss einer **Abwicklungsvereinbarung** mit dem Betriebserwerber[1836]; Abschluss eines **dreiseitigen Vertrags**, der das Arbeitsverhältnis zum Betriebserwerber beendet und ein neues Arbeitsverhältnis mit einem Dritten begründet[1837], auch wenn der Dritte eine Beschäftigungs- und Qualifizierungsgesellschaft ist[1838]; Abschluss eines **Beendigungsvergleichs** mit dem Betriebserwerber[1839], auch der seitens des Arbeitnehmers nicht widerrufene gerichtliche Vergleich über die Beendigung des Arbeitsverhältnisses[1840]; **Hinnahme der Kündigung** des Betriebserwerbers[1841], d.h. weder Kündigungsschutzklage erhoben noch in sonstiger Weise

---

AZR 220/07, AP Nr. 6 zu § 613a BGB Widerspruch (B II 4) [mit Anspruch auf Abfindungszahlung]; BAG, 23.7.2009 – 8 AZR 357/08, AP Nr. 10 zu § 613a BGB Widerspruch (B I 2 c bb (4)); BAG, 25.2.2010 – 8 AZR 740/08, AP Nr. 384 zu § 613a BGB (II 2 b dd); zuvor schon: Löwisch/Göpfert/Siegrist, DB 2007, 2540; zustimmend: Kittner, NJW 2012, 1183. Ein nach Ausübung des Widerspruchsrechts vereinbarter Aufhebungsvertrag geht jedoch ins Leere, vgl. BAG, 2.4.2009 – 8 AZR 318/07, AP Nr. 8 zu § 613a BGB Widerspruch (B IV 2 d). Ein ausdrücklich im Aufhebungsvertrag vereinbarter **Widerspruchsvorbehalt** steht zwar der Annahme eines (konkludenten) Verzichts auf das Widerspruchsrecht entgegen, ist i.d.R. aber nicht geeignet, das Vertrauen des Arbeitgebers in die Nichtausübung des Widerspruchsrechts (das Umstandsmoment) zu zerstören. Der Arbeitnehmer verhält sich widersprüchlich, wenn er einerseits einen Aufhebungsvertrag abschließt und sich andererseits sein Widerspruchsrecht vorbehält, vgl. BAG, 27.11.2008 – 8 AZR 174/07, AP Nr. 363 zu § 613a BGB (B II 2 b dd); Grau, AE 2010, 138.

1836 BAG, 12.11.2009 – 8 AZR 751/07, AP Nr. 12 zu § 613a BGB Widerspruch (B I 2 b dd). Keine Disposition liegt dagegen vor, wenn die Vereinbarung vor dem Betriebsübergang mit dem Veräußerer abgesprochen wurde und der Erwerber diese nur noch rechtlich umsetzt, vgl. BAG, 24.2.2011 – 8 AZR 469/09, AP Nr. 401 zu § 613a BGB (B II 4).

1837 BAG, 2.4.2009 – 8 AZR 262/07, AP Nr. 7 zu § 613a BGB Widerspruch (B II 6 b bb); Dzida, NZA 2009, 645; Dzida, DB 2010, 168.

1838 BAG, 12.11.2009 – 8 AZR 530/07, AP Nr. 382 zu § 613a BGB (B II 3 b); BAG, 21.1.2010 – 8 AZR 63/08, AP Nr. 385 zu § 613a BGB (B II 3 b).

1839 BAG, 12.11.2009 – 8 AZR 370/07, AP Nr. 381 zu § 613a BGB (B II 3 c); BAG, 22.4.2010 – 8 AZR 872/07, AP Nr. 16 zu § 613a BGB Widerspruch (B II 2 e); Jacobsen/Menke, NZA-RR 2010, 397.

1840 BAG, 24.2.2011 – 8 AZR 699/09, AP Nr. 398 zu § 613a BGB (II 1 b dd).

1841 BAG, 20.3.2008 – 8 AZR 1016/06, NZA 2008, 1354 (B II 8 b), obiter; BAG, 27.11.2008 – 8 AZR 225/07, AP Nr. 364 zu § 613a BGB (B II 2 d cc). Auch wenn durch den Insolvenzverwalter erklärt, jedenfalls wenn sie dem Betriebsveräußerer bekannt wird, vgl. BAG, 24.7.2008 – 8 AZR 175/07, AP Nr. 347 zu § 613a BGB (B II 2 b). Hinnahme der Kündigung, um ersichtlich auf ein vom Betriebserwerber vorgeschlagenes Auflösungsmodell mit Abfindungszahlungen einzugehen: BAG, 21.1.2010 – 8 AZR 870/07, AP Nr. 385 zu § 613a BGB (B III 3 c); BAG, 9.12.2010 – 8 AZR 592/08, AP Nr. 393 zu § 613a BGB (B III 4). Gleiches gilt für die Rücknahme einer Kündigungsschutzklage mit dem Ziel, sich auf dieses Modell einzulassen: BAG, 21.1.2010 – 8 AZR 977/07, AP Nr. 13 zu § 613a BGB Widerspruch (B II 3 c).

(z.B. durch Erklärung des Widerspruchs[1842]) binnen der Frist des § 4 S. 1 KSchG die Unwirksamkeit der Kündigung geltend gemacht[1843].

Darüber hinaus geht das BAG davon aus, dass eine Disposition über das Arbeitsverhältnis auch in einer Vereinbarung mit dem Betriebserwerber über eine Vertragsänderung liegen kann[1844]. In einer jüngeren Entscheidung führt das BAG aus:

> *„Auch eine Vereinbarung mit dem Betriebsübernehmer, durch die das Arbeitsverhältnis auf eine völlig neue rechtliche Grundlage gestellt wird, die nicht mehr als Fortführung des bisherigen Vertrags angesehen werden kann, stellt eine Disposition über das Arbeitsverhältnis dar.“*[1845]

Als Beispiel wird die Vereinbarung eines **Altersteilzeitarbeitsverhältnisses** genannt[1846], reine Verhandlungen sollen nicht genügen[1847]. Letztlich handelt es sich hierbei auch um eine Disposition über die Beendigung des Arbeitsverhältnisses, weil das vormals unbefristete Arbeitsverhältnis mit Ablauf der nunmehr vereinbarten Befristung automatisch endet[1848]. Es ist daher nicht ganz klar, ob das BAG in der Vereinbarung mit dem Betriebserwerber, durch die das Arbeitsverhältnis auf eine völlig neue rechtliche Grundlage gestellt wird, eine eigenständige Fallgruppe neben der Disposition über die Beendigung des Arbeitsverhältnisses erblickt. Nach hiesigem Verständnis wollte das BAG die Fälle, in denen das Arbeitsverhältnis durch eine Disposition des Arbeitnehmers endet mit den Fällen, in denen das „alte“ Arbeitsverhältnis durch eine Vereinbarung des Arbeitnehmers mit dem Erwerber auf eine neue Rechtsgrundlage gestellt wird und somit als „neues“ Arbeitsverhältnis angesehen werden kann, gleichsetzen. Hiernach wird das Arbeitsverhältnis auch durch den Abschluss eines **neuen Arbeitsvertrags** zwischen dem Erwerber und dem übergegangenen Arbeitnehmer (zur Harmonisierung mit den

---

1842 BAG, 9.12.2010 – 8 AZR 152/08, AP Nr. 395 zu § 613a BGB (B II 3 b). Die Kündigung geht dann ins Leere.

1843 BAG, 24.2.2011 – 8 AZR 935/08, AP Nr. 400 zu § 613a BGB (II 2 d dd). Auch in der Unterlassung einer Handlung kann begrifflich eine Disposition über die Beendigung des Arbeitsverhältnisses erblickt werden, **a.A.** Reinecke, DB 2012, 52 f. Auch die Überlegung, dass der Arbeitnehmer durch diese Rechtsprechung dazu gezwungen wird, innerhalb der Frist des § 4 S. 1 KSchG zu entscheiden, ob er Kündigungsschutzklage erhebt oder sein Widerspruchsrecht ausübt, führt zu keinem anderen Ergebnis, **a.A.** Kittner, NJW 2012, 1183. Es ist nicht einzusehen, warum ein widerspruchsberechtigter Arbeitnehmer insoweit besser gestellt werden sollte, als jeder andere gekündigte Arbeitnehmer, der auch rechtzeitig Kündigungsschutzklage erheben muss, um sich seine Rechte zu erhalten.

1844 BAG, 24.7.2008 – 8 AZR 755/07, AP Nr. 349 zu § 613a BGB (B I 6 b cc), obiter.

1845 BAG, 26.5.2011 – 8 AZR 18/10, AP Nr. 407 zu § 613a BGB (II 2 c aa).

1846 BAG, 23.7.2009 – 8 AZR 357/08, AP Nr. 10 zu § 613a BGB Widerspruch (B I 2 c bb (4)); zuvor schon: Dzida, NZA 2009, 645.

1847 BAG, 27.11.2008 – 8 AZR 230/07, AP Nr. 6 zu § 613a BGB Unterrichtung (B I 7 d).

1848 Dzida, DB 2010, 168 m.w.N.

Arbeitsvertragsbedingungen der beim Erwerber beschäftigten Arbeitnehmer)[1849] oder durch den Wechsel in ein **sachgrundbefristetes Arbeitsverhältnis**[1850] auf eine völlig neue rechtliche Grundlage gestellt.

Das Arbeitsverhältnis begleitende, im Rahmen einer normalen Fortführung erfolgende Veränderungen oder Vereinbarungen des Arbeitnehmers mit dem Erwerber werden vom BAG im Rahmen des Umstandsmoments nicht berücksichtigt.

Beispiele sind: Widerspruchslose **Weiterarbeit** beim Betriebserwerber[1851], auch als freigestelltes Betriebsratsmitglied und unter Zuordnung zu einer neuen Kostenstelle[1852]; Fortführung des **Betriebsratsamts** und Kandidatur für die Arbeitnehmer des Erwerbers, sofern Veräußerer und Erwerber einen gemeinsamen Betrieb unterhalten[1853]; Entgegennahme der **Arbeitsvergütung** vom Betriebserwerber[1854], auch bei höherer Vergütung[1855]; Annahme einer **Bonuszahlung**[1856]; Entgegennahme eines **Zwischenzeugnisses**[1857]; Erhalt von **Bildungsurlaub**[1858]; Entgegennahme einer **Handlungsvollmacht** vom Betriebserwerber, um den beim Veräußerer bestehenden Handlungsspielraum zu erhalten[1859]; die durch den vorläufigen Insolvenzverwalter erfolgte und vom Arbeitnehmer akzeptierte **Freistellung**[1860]; Befolgung von **Weisungen**[1861]; Eintragung der Arbeitgeberfunktion in **Behördenformulare**[1862]; Vereinbarungen mit dem Betriebserwerber zur **Altersversorgung** nach dem Arbeitsverhältnis[1863]; Anzeige der **Wiederherstellung** nach längerer Arbeitsunfähigkeit[1864]; Beantragung einer **Wiedereingliederungsmaßnahme** durch den Arzt des Arbeitnehmers[1865]; Beantragung eines neuen **Dienstwagens**[1866]; Erhebung der **Kündigungsschutzklage** gegen

1849 Dzida, DB 2010, 169; Meyer, SAE 2010, 176; Nebeling/Kille, NZA-RR 2013, 3; offen lassend: Jacobsen/Menke, NZA-RR 2010, 397.

1850 Kittner, NJW 2012, 1184.

1851 BAG, 23.7.2009 – 8 AZR 357/08, AP Nr. 10 zu § 613a BGB Widerspruch (B I 2 c bb (4)).

1852 BAG, 23.7.2009 – 8 AZR 538/08, AP Nr. 10 zu § 613a BGB Unterrichtung (B V 2 b).

1853 BAG, 15.3.2012 – 8 AZR 700/10, AP Nr. 29 zu § 613a BGB Widerspruch (B II 6 a).

1854 BAG, 23.7.2009 – 8 AZR 357/08, AP Nr. 10 zu § 613a BGB Widerspruch (B I 2 c bb (4)).

1855 BAG, 23.7.2009 – 8 AZR 541/08, AP Nr. 12 zu § 613a BGB Unterrichtung (B IV 3).

1856 BAG, 27.11.2008 – 8 AZR 230/07, AP Nr. 6 zu § 613a BGB Unterrichtung (B I 7 d).

1857 BAG, 27.11.2008 – 8 AZR 230/07, AP Nr. 6 zu § 613a BGB Unterrichtung (B I 7 d).

1858 BAG, 23.7.2009 – 8 AZR 540/08, n.v. (B V 2 b).

1859 BAG, 23.7.2009 – 8 AZR 558/08, AP Nr. 13 zu § 613a BGB Unterrichtung (B III 2 b).

1860 BAG, 9.12.2010 – 8 AZR 592/08, AP Nr. 393 zu § 613a BGB (B III 3). Wer allerdings nach der Freistellung für einen Dritten arbeitet, soll das Umstandsmoment erfüllt haben, auch ohne dass das Arbeitsverhältnis zum Erwerber formal beendet wurde, so jedenfalls Dzida, NZA 2009, 645 und Dzida, DB 2010, 168.

1861 BAG, 27.11.2008 – 8 AZR 188/07, BeckRS 2009, 61704 (B II 8 b).

1862 BAG, 27.11.2008 – 8 AZR 188/07, BeckRS 2009, 61704 (B II 8 b).

1863 BAG, 15.3.2012 – 8 AZR 700/10, AP Nr. 29 zu § 613a BGB Widerspruch (B II 6 b).

1864 BAG, 15.3.2012 – 8 AZR 700/10, AP Nr. 29 zu § 613a BGB Widerspruch (B II 6 b).

1865 BAG, 15.3.2012 – 8 AZR 700/10, AP Nr. 29 zu § 613a BGB Widerspruch (B II 6 b).

1866 BAG, 15.3.2012 – 8 AZR 700/10, AP Nr. 29 zu § 613a BGB Widerspruch (B II 6 b).

eine vom Erwerber ausgesprochene Kündigung[1867]; gleiches gilt, wenn der Arbeitnehmer bei zwei zeitlich aufeinander folgenden Betriebsübergängen zunächst dem **Zweitübergang** seines Arbeitsverhältnisses auf den Zweiterwerber widerspricht[1868]; Vereinbarungen mit dem Betriebserwerber über die **Änderung einzelner Arbeitsbedingungen** aus dem laufenden Arbeitsverhältnis, z.B. Art und Umfang der zu erbringenden Arbeitsleistung oder die Höhe der Arbeitsvergütung[1869]; **Versetzung** auf einen anderen Arbeitsplatz, selbst wenn vom Arbeitnehmer gewünscht, wenn hiermit keine Veränderungen der Vertragsbedingungen einhergehen[1870]; erfolgreiche[1871] bzw. erfolglose[1872] **Bewerbung** auf eine intern ausgeschriebene höherwertige Stelle.

(2) Ansichten in der Literatur

Die Bandbreite der in der Literatur vertretenen Ansichten ist sehr weit. *Reinecke*[1873] lehnt eine Regel des Inhalts, dass die Disposition über die Beendigung des Arbeitsverhältnisses (z.B. Aufhebungsvertrag mit dem Erwerber) oder die Hinnahme einer Erwerberkündigung stets zur Bejahung des Umstandsmoments führe, ab. Auf der anderen Seite des Spektrums lassen *Gaul/Niklas*[1874] sogar die Geltendmachung von Zahlungsansprüchen, von Urlaub oder der Entgeltfortzahlung im Krankheitsfall beim Erwerber[1875] genügen, um das Umstandsmoment zu begründen. Nach Ansicht

1867 BAG, 2.4.2009 – 8 AZR 178/07, AP Nr. 9 zu § 613a BGB Widerspruch (B II 5 e); ausführlich: BAG, 22.6.2011 – 8 AZR 204/10, BeckRS 2011, 77462 (B II 5 c bb); zustimmend: Nebeling/Kille, NZA-RR 2013, 3. Sie dient grundsätzlich allein der Fortsetzung des Arbeitsverhältnisses. Nach **a.A.** wird die Erhebung der Kündigungsschutzklage offenbar als geeignet angesehen, das Umstandsmoment zu begründen: Kittner, NJW 2012, 1183 f.; Reinecke, DB 2012, 52; Sagan, ZIP 2011, 1648.

1868 BAG, 26.5.2011 – 8 AZR 18/10, AP Nr. 407 zu § 613a BGB (II 2 c bb). Widerspricht der Arbeitnehmer aber auch dem Zweitübergang nicht, ist das Widerspruchsrecht in Bezug auf den Erstübergang nach Ablauf der Frist für das Widerspruchsrecht gegen den Zweitübergang verwirkt, vgl. Löwisch/Göpfert/Siegrist, DB 2007, 2540. Genauso wie durch Nicht-Erhebung der Kündigungsschutzklage gibt der Arbeitnehmer durch den Nicht-Widerspruch gegen den Zweitübergang zu erkennen, dass er den Ersterwerber als seinen Arbeitgeber akzeptiert hat.

1869 BAG, 23.7.2009 – 8 AZR 357/08, AP Nr. 10 zu § 613a BGB Widerspruch (B I 2 c bb (4)), obiter; Bachner, in: Kittner/Zwanziger/Deinert, Arbeitsrecht, § 96 Rn. 25a; vgl. auch Staudinger/Annuß, § 613a BGB Rn. 303, der allerdings die Einschränkung macht, dass dies nur solange gelte, wie der Arbeitnehmer „keine Kenntnis von den für seine Widerspruchsentscheidung relevanten Umständen hat".

1870 BAG, 20.5.2010 – 8 AZR 114/09, AP Nr. 27 zu § 613a BGB Widerspruch (B I 1 cc (2)); Bayreuther, in: Dornbusch/Fischermeier/Löwisch, § 613a BGB Rn. 146.

1871 BAG, 23.7.2009 – 8 AZR 541/08, AP Nr. 12 zu § 613a BGB Unterrichtung (B IV 3).

1872 BAG, 23.7.2009 – 8 AZR 539/08, AP Nr. 11 zu § 613a BGB Unterrichtung (B IV 3).

1873 Reinecke, DB 2012, 52 f.

1874 Gaul/Niklas, DB 2009, 456.

1875 Gaul, Betriebs- und Unternehmensspaltung, § 11 Rn. 55.

von *Löwisch/Göpfert/Siegrist*[1876] können neben der Vereinbarung mit dem Erwerber über die Beendigung des Arbeitsverhältnisses auch Vereinbarungen über die Änderung des Arbeitsvertrags ausreichen. Eine aktive, an das Arbeitsverhältnis zum Erwerber anknüpfende, rechtlich relevante Handlung des Arbeitnehmers erfülle regelmäßig das Umstandsmoment. Danach genügen zur Annahme des Umstandsmoments auch die mit Einverständnis des Arbeitnehmers erfolgte Versetzung auf eine andere Stelle oder die Bestellung zum Datenschutzbeauftragten oder die Erteilung einer Handlungsvollmacht sowie die Beantragung einer Versetzung[1877], von Elternzeit, von Bildungsurlaub oder einer Nebentätigkeit. Selbst auf Initiative des Arbeitnehmers zurückgehende Gehaltserhöhungen[1878], sonstige Zahlungen, Statusgespräche, Zwischen- oder Endzeugnisse[1879] sollen genügen können. Lediglich wenn die Veränderungen im Arbeitsverhältnis zum Erwerber nicht auf ein aktives Tun des Arbeitnehmers zurückgehen, sondern im Rahmen des Direktionsrechts des Arbeitgebers erfolgen, soll in der bloßen Hinnahme kein vertrauensbildendes Arbeitnehmerverhalten liegen. Insoweit handele es sich lediglich um „Weiterarbeit in geänderter Form". Auch nach Ansicht von *Rieble/Wiebauer*[1880] und *Dzida*[1881] können einvernehmliche Vertragsänderungen genügen, um das Umstandsmoment zu bejahen. Ergänzend wird noch die einvernehmliche Veränderung des Tätigkeitsbereichs bzw. der Abschluss einer Zielvereinbarung oder ein Antrag auf Arbeitszeitverkürzung nach § 8 TzBfG[1882] bzw. Pflegezeit genannt. *Dzida*[1883] will darüber hinaus auch die bloße Entgegennahme von Gehaltserhöhungen, einer Jubiläumszahlung oder einer Treueprämie erfasst sehen. In einem neueren Beitrag ergänzt *Dzida*[1884] seine Auffassung dergestalt, dass einvernehmliche Änderungen des Arbeitsvertrags, die nicht den Bestand des Arbeitsverhältnisses berühren (als „‚einfache' Disposition" bezeichnet), nur bei einem entsprechend ausgeprägten Zeitmoment (z.B. 24 Monate) angenommen werden können. Zum anderen soll eine Disposition über den Bestand des Arbeitsverhältnisses (als „‚qualifizierte' Disposition" bezeichnet) auch dann vorliegen, wenn die Vereinbarung des Arbeitnehmers mit dem Erwerber mindestens zwei Kernbestandteile des Arbeitsverhältnisses

---

1876 Löwisch/Göpfert/Siegrist, DB 2007, 2540 f.; sich anschließend: MK/Roth/Schubert, § 242 BGB Rn. 376. Vgl. aber auch Göpfert/Siegrist, ArbRAktuell 2010, 60, wonach „erhebliche Zweifel" bestehen, dass Vertragsänderungen in der Praxis zur Verwirkung führen werden.

1877 Vgl. insoweit auch MK/Roth/Schubert, § 242 BGB Rn. 376.

1878 Vgl. insoweit auch Cohnen, in: Moll, Arbeitsrecht, § 55 Rn. 94; Nebeling/Kille, NZA-RR 2013, 2.

1879 Vgl. insoweit auch WHSS/Willemsen, Rn. G 150.

1880 Rieble/Wiebauer, NZA 2009, 403.

1881 Dzida, NZA 2009, 645.

1882 **A.A.** für den Wechsel in ein Teilzeitarbeitsverhältnis: Bayreuther, in: Dornbusch/Fischermeier/Löwisch, § 613a BGB Rn. 146; Kittner, NJW 2012, 1184.

1883 Dzida, NZA 2009, 645; Dzida, DB 2010, 170.

1884 Dzida, DB 2010, 169 f.

(z.B. Art der Tätigkeit, Vergütung, Arbeitszeit) verändert (z.B. Wechsel von Voll- in Teilzeit oder eine Beförderung). Der Ansatz von Dzida hat einigen Zuspruch in der Literatur erfahren[1885]. Auch *Hofmann*[1886] schließt sich den Überlegungen von *Dzida* weitestgehend[1887] an und konkretisiert sie für eine Vielzahl denkbarer Verhaltensweisen des Arbeitnehmers. Der Autor schafft dabei eine umfangreiche Kasuistik, indem er dem jeweiligen Arbeitnehmerverhalten nach dem Grad des hierdurch beim Arbeitgeber hervorgerufenen Vertrauenstatbestandes ein (Mindest)Maß für das geforderte Zeitmoment von 15 Monaten (bei qualifizierter Disposition) bzw. 24 Monaten (bei einfacher Disposition oder in Unterlassensfällen) zuordnet. In eine ähnliche Richtung geht schließlich auch der Vorschlag von *Sagan*[1888], der die Stärke des Umstandsmoments in Abhängigkeit vom Inhalt der jeweiligen Vertragsänderung bestimmen will.

(3) Stellungnahme

In Fällen der Disposition des Arbeitnehmers über sein Arbeitsverhältnis kommt es regelmäßig nicht auf die Frage der Verwirkung des Widerspruchsrechts an, weil das Widerspruchsrecht bereits aus anderen Gründen erloschen ist. Disponiert der Arbeitnehmer über die Beendigung seines Arbeitsverhältnisses und wird es daraufhin wirksam beendet, ist das Widerspruchsrecht nach hier vertretener Ansicht ohnehin bereits erloschen (vgl. § 3 I II). Auf die Verwirkung kommt es daher nur an, wenn das Arbeitsverhältnis aufgrund gesetzlicher oder vertraglicher Fristen erst nach der Disposition des Arbeitnehmers über die Beendigung seines Arbeitsverhältnisses wirksam beendet wird und der Arbeitnehmer noch vor Beendigung aber nach seiner hierauf gerichteten Disposition widerspricht. Darüber hinaus gebührt dem Verzicht dogmatisch der Vorrang vor den Verwirkungsregeln[1889]. Erst wenn die Voraussetzungen eines Verzichts verneint werden (vgl. § 3 I III 3), kann auf einer nächsten Stufe geprüft werden, ob der Arbeitnehmer sein Widerspruchsrecht möglicherweise im Wege der Verwirkung eingebüßt hat. Bedeutung erlangt die Frage der Verwirkung somit (nur) in Fällen, in denen die Disposition über die Beendigung des Arbeitsverhältnisses, die Vereinbarung, mit der das Arbeitsverhältnis auf eine völlig neue Rechtsgrundlage gestellt wird, oder die Vereinbarung über

1885 Nebeling/Kille, NZA-RR 2013, 4; tendenziell auch: Jacobsen/Menke, NZA-RR 2010, 398; ErfK/Preis, § 613a BGB Rn. 101b.

1886 Hofmann, Rechtsmissbrauch, 111 ff.

1887 Soweit Dzida jedoch auch bei passiven Arbeitnehmerverhalten die Verwirklichung des Umstandmoments bejaht, ist Hofmann anderer Ansicht; z.B. soll die Nichterhebung einer Kündigungsschutzklage nach Kündigung durch den Betriebserwerber oder die bloße Annahme einer vom Arbeitgeber angebotenen Gehaltserhöhung nicht genügen, um das Umstandsmoment zu begründen, vgl. Hofmann, Rechtsmissbrauch, 158 f. und 170 ff. Insoweit finden sich einige Überschneidungen mit den Überlegungen von Löwisch/Göpfert/Siegrist, DB 2007, 2540 f.

1888 Sagan, ZIP 2011, 1648.

1889 Vgl. MK/Roth/Schubert, § 242 BGB Rn. 292.

Veränderungen des Vertragsinhalts des übergegangenen Arbeitsverhältnisses selbst nicht die Wirksamkeitsvoraussetzungen für einen (konkludenten) Verzicht auf das Widerspruchsrecht erfüllen. Dies ist vor allem dann der Fall, wenn der Arbeitnehmer sein Widerspruchsrecht weder kannte noch damit rechnete oder die für den Verzicht notwendige Schriftform nicht gewahrt wurde.

Disponiert der Arbeitnehmer gegenüber dem Erwerber über das Ende seines Arbeitsverhältnisses, gibt er damit zugleich zu erkennen, dass er den Erwerber als seinen Vertragspartner akzeptiert. Beispielsweise kann ein Aufhebungsvertrag nur zwischen den Vertragsparteien geschlossen werden. Der Abschluss impliziert somit die Akzeptanz des neuen Inhabers als Vertragspartner aus dem Arbeitsverhältnis. Der Arbeitgeber kann deshalb berechtigt darauf vertrauen, dass der Arbeitnehmer sein Widerspruchsrecht nicht mehr ausüben will. Ein gleichwohl erklärter Widerspruch stellt sich dann als widersprüchliches Verhalten dar. Auf eine ausdrückliche Erklärung hinsichtlich des Widerspruchsrechts kommt es für die Frage der Verwirkung dieses Rechts nicht an[1890]. Ähnlich stellt sich die Situation in Fällen dar, in denen das Arbeitsverhältnis durch Vereinbarung des Arbeitnehmers mit dem Erwerber auf eine völlig neue Rechtsgrundlage gestellt wurde. Der Arbeitnehmer bringt hiermit erkennbar zum Ausdruck, dass er seine berufliche Zukunft beim Erwerber sieht[1891].

Unterhalb der Schwelle, in denen das Arbeitsverhältnis durch Vereinbarungen zwischen Arbeitnehmer und Erwerber auf eine völlig neue Rechtsgrundlage gestellt wird, ist bei der Bejahung des Umstandsmoments Vorsicht geboten. Auf der einen Seite darf das Umstandsmoment nicht überstrapaziert werden. Die Verwirkung eines Rechts, insbesondere eines Arbeitnehmerschutzrechts wie das hier betrachtete Widerspruchsrecht, muss die Ausnahme bleiben. Es sind daher besondere Verhaltensweisen zu verlangen, die sich deutlich von „übliche[n] Vorgänge[n] im Rahmen der Weiterarbeit“ abgrenzen lassen[1892]. Aus der bloßen Inanspruchnahme bzw. Entgegennahme von Leistungen aus einem unveränderten Arbeitsverhältnis oder aus einem Tarifvertrag kann deshalb nicht darauf geschlossen werden, dass der Arbeitnehmer den Erwerber als seinen neuen Arbeitgeber akzeptiert. Gleiches gilt für die Inanspruchnahme gesetzlicher Ansprüche der Arbeitnehmer auf Bildungsurlaub[1893], Entgeltfortzahlung im Krankheitsfall (§ 3 EntgFG), Teilzeit (§ 8 TzBfG), Pflegezeit (§ 3 PflegeZG) oder Elternzeit (§ 15 BEEG)[1894]. Insoweit

---

1890 **A.A.** offenbar Reinecke, DB 2012, 52 f.

1891 Bauer/Göpfert/Haußmann/Krieger, Umstrukturierung, Teil 3 B Rn. 41; Rieble/Wiebauer, NZA 2009, 406. **A.A.** Staudinger/Annuß, § 613a BGB Rn. 303, der stets eine Einzelfallprüfung verlangt, ob der Disposition durch eine nachträgliche Kenntniserlangung der widerspruchsrelevanten Informationen „die Grundlage entzogen wird“.

1892 BAG, 15.3.2012 – 8 AZR 700/10, AP Nr. 29 zu § 613a BGB Widerspruch (B II 6 b).

1893 BAG, 23.7.2009 – 8 AZR 540/08, n.v. (B V 2 b).

1894 **A.A.** für die Inanspruchnahme von Elternzeit: Kittner, NJW 2012, 1184; für die Vereinbarung von Pflegezeit oder die Verringerung der Arbeitszeit nach

handelt es sich lediglich um den normalen Ablauf bzw. die normale Entwicklung des übergegangenen Arbeitsverhältnisses unter Anpassung an die jeweils aktuellen Bedürfnisse des Arbeitnehmers im Zeitablauf. Der Arbeitnehmer erbringt seine Arbeitsleistung und erhält dafür im Gegenzug vertragliche oder gesetzliche Ansprüche. Einer Geltendmachung dieser Rechte kann nicht mehr Gewicht für die Verwirklichung des Umstandsmoments beigemessen werden, als der bloßen widerspruchslosen Weiterarbeit für den Betriebserwerber. Auch Veränderungen, die auf der Ausübung des Direktionsrechts des Arbeitgebers und nicht auf die Initiative des Arbeitnehmers zurückzuführen sind, z.B. die bloße Entgegennahme einer Gehaltserhöhung, zeugen nicht von der Akzeptanz des Erwerbers als den neuen Arbeitgeber. Dass hierin formaljuristisch eine Vertragsänderung erblickt werden kann, ändert daran nichts[1895]. Würde man hierin einen vertrauensbildenden Umstand erblicken, hätte es der Arbeitgeber letztlich selbst in der Hand, eine Verwirkung herbeizuführen[1896]. Übliche Vereinbarungen zwischen dem übergegangenen Arbeitnehmer und dem Erwerber zur Anpassung des Arbeitsverhältnisses im Zeitablauf zeugen ebenfalls nicht mehr von der Akzeptanz des Arbeitnehmers in den Übergang seines Arbeitsverhältnisses als die bloße Weiterarbeit[1897]. Andererseits können Vereinbarungen des Arbeitnehmers über den Inhalt des übergegangenen Arbeitsverhältnisses, die zwar nicht zu einer Veränderung der Rechtsgrundlage, wohl aber zu Veränderungen der Vertragsbedingungen führen und sich nicht mehr als übliche Vereinbarungen im Zeitablauf des Arbeitsverhältnisses darstellen, durchaus geeignet sein, ein (schwaches) Umstandsmoment zu begründen, das bei entsprechend langem Zeitmoment zur Verwirkung des Widerspruchsrechts führen kann. Es kommt somit entscheidend darauf an, wann noch von einer üblichen und wann bereits von einer unüblichen Vertragsänderung auszugehen ist. Die Veränderung nur eines Kernbestandteils des Arbeitsverhältnisses (Art der Tätigkeit, Höhe der Arbeitsvergütung, Dauer der Arbeitszeit) wird regelmäßig nicht genügen, um bereits von einer unüblichen Vereinbarung auszugehen. In Anlehnung an den Vorschlag von *Dzida* kann jedoch eine Vereinbarung, die gleich mehrere Kernbestandteile des Arbeitsverhältnisses betrifft, als eher unüblich angesehen werden. Derart weitreichende Vereinbarungen spielen sich i.d.R. nicht mehr im Rahmen einer normalen Fortführung des Arbeitsverhältnisses ab und stärken daher das Vertrauen des Arbeitgebers in die Nichtgeltendmachung des Widerspruchsrechts. Eine unübliche Vereinbarung im vorgenannten Sinne kann beispielsweise in einer einvernehmlichen Versetzung bzw. Beförderung des Arbeitnehmers auf einen

---

§ 8 TzBfG: Nebeling/Kille, NZA-RR 2013, 3. Jene Autoren gehen davon aus, dass das Arbeitsverhältnis in den genannten Fällen auf eine völlig neue rechtliche Grundlage gestellt werde.

1895 Jacobsen/Menke, NZA-RR 2010, 396; **a.A.** Dzida, NZA 2009, 645; Nebeling/Kille, NZA-RR 2013, 4.

1896 Nebeling/Kille, NZA-RR 2013, 4, empfiehlt den Arbeitgebern ein derartiges Verhalten.

1897 BAG, 15.3.2012 – 8 AZR 700/10, AP Nr. 29 zu § 613a BGB Widerspruch (B II 6 b).

anderen Arbeitsplatz erblickt werden, jedenfalls soweit hierdurch zugleich mindestens zwei Kernbestandteile des Arbeitsverhältnisses, z.B. anderer Tätigkeitsbereich und Gehaltserhöhung, berührt werden.

cc) Sonstige Verhaltensweisen

Auch abseits einer Disposition über das übergegangene Arbeitsverhältnis kommen Verhaltensweisen des Arbeitnehmers in Betracht, die in ihrer Gesamtschau geeignet sein können, das Umstandsmoment zu begründen.

Die Aufforderung des Arbeitnehmers an den Arbeitgeber, die als fehlerhaft erkannte Unterrichtung zu berichtigen bzw. zu vervollständigen und die Ankündigung, nach Erhalt der Informationen zu widersprechen, schließt für sich allein die Verwirkung weder aus[1898] noch stellt dieses Verhalten einen Umstand im Sinne der Verwirkung dar[1899]. Etwas anderes gilt jedoch, wenn dem Arbeitgeber zur Nachunterrichtung eine **Frist gesetzt** wurde **und**[1900] ihm **angekündigt** wurde, nach Ablauf dieser Frist auf der Grundlage der unvollständigen Informationen über das Widerspruchsrecht zu entscheiden[1901]. Die **Aufforderung zur Nachunterrichtung** erlangt zudem Bedeutung für die Frage der Verwirkung, wenn dem Arbeitnehmer neben der Fehlerhaftigkeit der Unterrichtung auch die prekäre wirtschaftliche Situation des Betriebserwerbers bekannt geworden ist **und** er trotz fehlender Reaktion des Arbeitgebers auf die Aufforderung zur Nachunterrichtung über einen „erheblichen Zeitraum“ widerspruchslos **weiterarbeitet**[1902].

Mitteilungen an Dritte, von denen der Arbeitgeber Kenntnis erhält, sind unter Berücksichtigung des besonderen sozialen Kontexts der Erklärung zu verstehen, z.B. ist eine Verabschiedung von den bisherigen Kollegen via E-Mail nicht notwendigerweise geeignet, Vertrauen in die Nichtausübung des Widerspruchsrechts zu stiften[1903].

1898 Die Arbeitgeber können weiter auf die Nichtausübung des Widerspruchsrechts vertrauen, vgl. BAG, 27.11.2008 – 8 AZR 230/07, AP Nr. 6 zu § 613a BGB Unterrichtung (B I 7 c).

1899 BAG, 2.4.2009 – 8 AZR 178/07, AP Nr. 9 zu § 613a BGB Widerspruch (B II 5 d); vgl. auch WHSS/Willemsen, Rn. G 150.

1900 Wird aus dem Schreiben erkennbar, dass der Arbeitnehmer nicht unmittelbar nach Ablauf der Frist seine Widerspruchsentscheidung treffen will, wird auch kein entsprechendes Vertrauen begründet und der Arbeitnehmer kann auch noch danach widersprechen, vgl. BAG, 24.7.2008 – 8 AZR 202/07, AP Nr. 352 zu § 613a BGB (B I 5 b cc) [ca. zwei Monate danach]; BAG, 24.7.2008 – 8 AZR 755/07, AP Nr. 349 zu § 613a BGB (B I 6 b bb) [mehr als zwei Wochen danach].

1901 BAG, 2.4.2009 – 8 AZR 262/07, AP Nr. 7 zu § 613a BGB Widerspruch (B II 6 b aa).

1902 Zwei Monate weiterarbeiten nach Aufforderung zur Nachunterrichtung sollen nicht genügten, vgl. BAG, 2.4.2009 – 8 AZR 178/07, AP Nr. 9 zu § 613a BGB Widerspruch (B II 5 d).

1903 BAG, 24.7.2008 – 8 AZR 202/07, AP Nr. 352 zu § 613a BGB (B I 5 b gg). Das Gericht ließ dabei ausdrücklich offen, ob Mitteilungen an Dritte überhaupt vertrauensstiftend sein können.

In einem Fall mit einem besonders schwerwiegenden Zeitmoment (zwischen Unterrichtung und Widerspruch lagen sechseinhalb Jahre) genügte dem BAG bereits der Umstand, dass sich der Arbeitnehmer über Jahre hinweg mit der Betriebserwerberin über die Weitergeltung einer Tarifdynamik **„kollektiv“ stritt**, anstatt einfach zu widersprechen, und auf diese Weise die von ihm begehrten Tariflohnerhöhungen gegenüber dem solventen Veräußerer durchzusetzten[1904].

Schließlich erkennt das BAG „eine gesteigerte Bedeutung“ hinsichtlich des Erklärungswerts einer inner- bzw. außergerichtlichen **anwaltlichen Erklärung**, z.B. den Betriebsveräußerer für eine Sozialplanabfindung nur im Wege der Nachhaftung gemäß § 613a Abs. 2 S. 1 BGB und nicht vorbehaltlich[1905] auch als Arbeitgeberin in Anspruch zu nehmen[1906] oder die Erklärung des anwaltlich vertretenen Klägers im Gütetermin, dass er „einem Betriebsübergang nicht widersprochen habe“, wenn er keinen späteren Widerspruch ankündigt und auch die Ordnungsmäßigkeit der Unterrichtung nicht anzweifelt[1907].

Als weiteres vertrauensbildendes Vorverhalten wird in der Literatur die Entgegenahme eines **finanziellen Vorteils** (z.B. „Treueprämie“), der dafür gezahlt wird, dass der Arbeitnehmer nicht widerspricht, angesehen[1908]. In diesen Fällen „erkaufen“ sich der bisherige Arbeitgeber bzw. der neue Inhaber den Umstand, der ihr gerechtfertigtes Vertrauen begründet. Wird die Zahlung der Prämie – wie üblich – an die Bedingung geknüpft, dass der Arbeitnehmer auf sein Widerspruchsrecht verzichtet, bedarf es keines Rückgriffs auf die Verwirkung mehr. In solch einem Fall ist das Widerspruchsrecht bereits kraft Verzichts ausgeschlossen (vgl. § 3 I III 4 a).

b) Wissenszurechnung

Die Verwirklichung des Umstandsmoments stellt grundsätzlich weder eine ausdrückliche noch eine konkludente Willenserklärung dar[1909]. Auf die Prüfung, ob und wenn ja mit welchem Inhalt eine Willenserklärung wirksam geworden ist, kommt es daher nicht an. Es bedarf insbesondere keines Zugangs des vertrauensstiftenden Vorverhaltens des Schuldners beim Gläubiger. Für das Umstandsmoment kommt es nur darauf an, ob gegenüber dem Schuldner Umstände verwirklicht wurden,

---

1904 BAG, 15.3.2012 – 8 AZR 700/10, AP Nr. 29 zu § 613a BGB Widerspruch (B II 6 c). Eine weitere Besonderheit des Falles lag darin, dass der Arbeitsplatz des Arbeitnehmers nach dem Betriebsübergang zum vom Veräußerer und Erwerber unterhaltenen gemeinsamen Betrieb gehörte.

1905 WHSS/Willemsen, Rn. G 150.

1906 BAG, 24.7.2008 – 8 AZR 205/07, AP Nr. 346 zu § 613a BGB (B I 1 b); zustimmend: Kittner, NJW 2012, 1185. Entsprechendes ist anzunehmen, wenn der (anwaltlich vertretene) Arbeitnehmer den Betriebserwerber wegen einer Sozialplanabfindung in Anspruch nimmt, vgl. Gaul/Niklas, DB 2009, 456. **A.A.** Bayreuther, in: Dornbusch/Fischermeier/Löwisch, § 613a BGB Rn. 146.

1907 BAG, 15.2.2007 – 8 AZR 431/06, AP Nr. 320 zu § 613a BGB (II 3 b (3)).

1908 Dzida, NZA 2009, 645; Grobys, BB 2002, 730; Hauck, NZA 2004, Sonderbeil. 1, 47.

1909 BAG, 12.11.2009 – 8 AZR 718/07, AP Nr. 11 zu § 613a BGB Widerspruch (B III 4).

die sein Vertrauen rechtfertigen, dass der Gläubiger sein Recht nicht mehr geltend machen werde. Allerdings setzt die Bildung von Vertrauen durch das Verhalten einer Person grundsätzlich voraus, dass der Person, bei der Vertrauen entstehen soll, das Verhalten der anderen Person bekannt wird. Wer nicht weiß, wie sich jemand verhalten hat, kann auch keine Rückschlüsse auf dessen zukünftiges Verhalten ziehen[1910]. Danach kann vorliegend allein bei dem Arbeitgeber Vertrauen in die Nichtausübung des Widerspruchsrechts entstehen, dem das vertrauensbildende Vorverhalten des widerspruchsberechtigten Arbeitnehmers tatsächlich bekannt wurde. Dies ist in der Regel der Betriebserwerber, weil der Arbeitnehmer mit dem Veräußerer nach dem Übergang keinen Kontakt mehr hat. Danach könnte sich der Veräußerer, auf den das Arbeitsverhältnis nach Ausübung des Widerspruchsrechts mit rückwirkender Kraft zurückfällt, eigentlich nicht bzw. frühestens nachdem auch ihm das Verhalten des Arbeitnehmers bekannt wurde, auf den Verwirkungseinwand berufen. Seine Kenntnis hängt aber oftmals vom Zufall ab[1911].

Teile der Literatur[1912] und Teile der Rechtsprechung[1913] wollen es hierbei bewenden lassen. In der Person des Betriebsveräußerers könne mangels tatsächlicher Kenntnis von den vertrauensbildenden Umständen kein schutzwürdiges Vertrauen entstehen.

Dagegen weicht das BAG von den genannten Grundsätzen ab und geht bei der Verwirkung des Widerspruchsrechts im Zusammenhang mit einem Betriebsübergang davon aus, dass sich

> *„neuer und alter Arbeitgeber [...] wechselseitig auf die Kenntnis des anderen vom Arbeitnehmerverhalten berufen [können], eine nachgewiesene subjektive Kenntnis des in Anspruch genommenen Verpflichteten von einem bestimmten Arbeitnehmerverhalten ist nicht erforderlich, wenn feststeht, dass dieses Verhalten wenigstens dem anderen Verpflichteten bekannt geworden ist.“*[1914]

1910 Nach BGH, 17.2.2006 – V ZR 236/03, NJW-RR 2006, 736, ist es für die Verwirkung nicht erforderlich, „dass der Schuldner von dem Bestehen des Rechts weiß“. Ob auch die Kenntnis der vertrauensbildenden Umstände irrelevant sein soll, hat das Gericht nicht entschieden. Ein Erst-Recht-Schluss ist abzulehnen. Dem Schuldner kann das Bestehen eines Rechts des Gläubigers unbekannt sein, dieses aber zumindest für möglich halten, und gleichzeitig darauf vertrauen, der Schuldner werde es nicht mehr ausüben. Im Ergebnis wie hier: Gehlhaar, BB 2009, 1183. **A.A.** Löwisch/Göpfert/Siegrist, DB 2007, 2539; Gaul/Niklas, DB 2009, 456, nach denen es für die Verwirkung nicht auf die Kenntnis der Arbeitgeber vom widersprüchlichen Verhalten des Arbeitnehmers ankommen soll.

1911 Gehlhaar, BB 2009, 1183; Löwisch/Göpfert/Siegrist, DB 2007, 2539.

1912 Gehlhaar, BB 2009, 1183; Schmalenberg, AuR 2008, 167 f. Vgl. auch ErfK/Preis, § 613a BGB Rn. 101a, der die Behauptung aufstellt, dass es an einer Interessengemeinschaft zwischen Veräußerer und Erwerber fehle und nach dessen Ansicht aufgrund von Dispositionen zwischen dem Erwerber und dem Arbeitnehmer kein Vertrauen beim Veräußerer entstehen könne.

1913 LAG Düsseldorf, 20.12.2006 – 7 (6) Sa 777/06, BeckRS 2007, 44822 (II 2).

1914 BAG, 27.11.2008 – 8 AZR 174/07, AP Nr. 363 zu § 613a BGB (B II 3 a).

Wenn sich ein Arbeitgeber auf Verwirkungsumstände berufen kann, kann sich auch der andere Arbeitgeber darauf berufen, unabhängig davon, ob und wann ihm alle vom Arbeitnehmer verwirklichten Umstandsmomente bekannt geworden sind. Zwischen Betriebserwerber und Betriebsveräußerer findet eine Wissenszurechnung statt[1915]. Betriebserwerber und Betriebsveräußerer werden bei der Beurteilung des Umstandsmoments als Einheit begriffen[1916]. Der Rechtsprechung des BAG haben sich Teile der Literatur angeschlossen[1917]. Zur Begründung verweist das BAG auf den Umstand, dass das Gesetz grundsätzlich eine gemeinsame Verpflichtung und Berechtigung beider Arbeitgeber aus dem Arbeitsverhältnis vorsieht[1918]. Dies zeige sich an § 613a Abs. 5 BGB, wonach die Arbeitgeber als Gesamtschuldner zur Unterrichtung verpflichtet werden. Dies allein genügte jedoch nicht. Grundsätzlich wirken Tatsachen nur für und gegen den Schuldner, bei dem sie eintreten, vgl. § 425 Abs. 1 BGB. Für die Arbeitgeber sei aber insbesondere in § 613a Abs. 6 BGB „ein anderes" normiert worden, so dass dem einen Gesamtschuldner ausnahmsweise die Kenntnisse des anderen Gesamtschuldners zuzurechnen sind[1919]. Entscheidend sei, dass der Arbeitnehmer nach § 613a Abs. 6 S. 2 BGB den Widerspruch gegenüber Veräußerer und Erwerber erklären könne. Würden die Arbeitgeber hinsichtlich ihres Kenntnisstands unterschiedlich behandelt, käme es dazu, dass das Widerspruchsrecht gegenüber dem einen Arbeitgeber verwirkt wäre, während es gegenüber dem anderen noch ausgeübt werden könnte. Zu Recht nimmt das BAG an, dass dies nicht sein könne. Die Frage der Verwirkung des Widerspruchsrechts kann nur einheitlich gegenüber dem Veräußerer und dem Erwerber beurteilt werden[1920]. Der nachträgliche Widerspruch gestaltet sowohl das Verhältnis zum Veräußerer als auch zum Erwerber neu. Widerspricht der Arbeitnehmer nach dem Betriebsübergang, gilt das Arbeitsverhältnis rechtlich als niemals auf den Erwerber übergangen, wohingegen das Arbeitsverhältnis zum Veräußerer als ununterbrochen fortbestehend gilt. Der Gesetzgeber ging in § 613a Abs. 6 S. 1 BGB folglich davon aus, dass der Arbeitnehmer entweder beim bisherigen Arbeitgeber oder beim neuen Inhaber in einem Arbeitsverhältnis steht. Die Annahme einer relativen Verwirkung des Widerspruchsrechts stünde hierzu im Widerspruch. Sie hätte zur Folge, dass das Arbeitsverhältnis zum Erwerber aufgrund des ihm gegenüber verwirkten Widerspruchsrechts fortbesteht, während es gleichzeitig zum Veräußerer

1915 Jacobsen/Menke, NZA-RR 2010, 396; WHSS/Willemsen, Rn. G 150.

1916 HWK/Willemsen/Müller-Bonanni, § 613a BGB Rn. 347a; WHSS/Willemsen, Rn. G 150.

1917 Vgl. u.a. APS/Steffan, § 613a BGB Rn. 222; Grau, AE 2010, 136 f.; MK/Roth/Schubert, § 242 BGB Rn. 376; hilfsweise so auch: Gaul/Niklas, DB 2009, 456.

1918 BAG, 27.11.2008 – 8 AZR 174/07, AP Nr. 363 zu § 613a BGB (B II 3).

1919 Dies übersieht Schmalenberg, AuR 2008, 167, wenn er auf BGH, 6.12.2001 – IX ZR 158/00, NJW-RR 2002, 478 (II 4 b), verweist. Jene Entscheidung betraf lediglich den Regelfall.

1920 **A.A.** Reinecke, DB 2012, 52, der für die Frage der Verwirkung des Widerspruchsrechts allein auf das Arbeitsverhältnis zum Betriebsveräußerer abstellen will.

aufgrund des ihm gegenüber nicht verwirkten Widerspruchs als ununterbrochen fortbestehend gilt.

Letztlich auf derselben Überlegung beruht auch der Begründungsansatz von *Roth/Schubert*[1921]. Danach ergebe sich die Notwendigkeit für eine Wissenszurechnung aus dem Gesetzeszweck des § 613a Abs. 2 BGB. Diese Vorschrift will möglichen Haftungsausfällen beim Erwerber entgegenwirken, indem sie zu einem gewissen Umfang auch den Veräußerer haften lässt. Wäre der Anspruch gegenüber dem Veräußerer verwirkt, bevor der Anspruch gegenüber dem Erwerber verwirkt wäre, würde dieser Zweck unterlaufen.

Zu Recht zieht das BAG zur Begründung der Wissenszurechnung auch die RL 2001/23/EG heran[1922]. Aus der Richtlinie 2001/23/EG folgt, dass zwischen den Arbeitgebern im Außenverhältnis eine Wissenszurechnung stattfindet (vgl. § 2 D III). Jene Wissenszurechnung kann sowohl zulasten des jeweils anderen Arbeitgebers, insbesondere hinsichtlich der Erfüllung der Unterrichtungspflicht, die auf den kumulativen Kenntnisstand von Veräußerer und Erwerber abstellt, als auch zugunsten des Arbeitgebers wirken. Im Rahmen des Umstandsmoments ist letzteres anzunehmen. Durch die Fiktion eines einheitlichen Informationsstands bezüglich des Verhaltens der Arbeitnehmer genügt die tatsächliche Kenntnis eines Arbeitgebers, für die Verwirkung des Widerspruchsrechts gegenüber beiden Arbeitgebern.

Schließlich kann gegen eine einheitliche Behandlung der Arbeitgeber im Rahmen des Umstandsmoments auch nicht angeführt werden, dass die Bejahung des Umstandsmoments in erster Linie von Vertrauen und nicht von der Kenntnis gewisser Umstände abhängt. Wenn nach § 425 Abs. 1 BGB ausnahmsweise die Kenntnis eines anderen fiktiv zugerechnet werden kann, kann dies auch für das Vertrauen in die Nichtausübung eines Rechts gelten.

Rückt ein Dritter, z.B. ein Insolvenzverwalter, in die Stellung des Arbeitgebers ein, findet zwischen dem ein- und dem ausrückenden Arbeitgeber mangels einer Rechtsgrundlage keine Wissenszurechnung statt. Wurde das vertrauensbildende Arbeitnehmerverhalten noch gegenüber einem Vorgänger ausgeübt, kommt eine Verwirkung somit erst dann in Betracht, wenn dem Nachfolger die vertrauensbildenden Umstände bekannt werden. Sind sie ihm bekannt, sind sie dem anderen am Übergang beteiligten Arbeitgeber wiederum zuzurechnen[1923]. Der neue Arbeitgeber rückt u.a. in die Rechte und Pflichten aus § 613a BGB ein und schuldet somit auch die Erfüllung der Unterrichtungspflicht nach Abs. 5 zusammen mit dem

---

1921 MK/Roth/Schubert, § 242 BGB Rn. 376.

1922 BAG, 27.11.2008 – 8 AZR 174/07, AP Nr. 363 zu § 613a BGB (B II 3 a); **a.A.** MK/Roth/Schubert, § 242 BGB Rn. 376, nach denen die RL 2001/23/EG nicht dazu zwinge, vom Grundsatz des § 425 Abs. 1 BGB abzuweichen. Richtig ist, dass den Mitgliedstaaten freigestellt ist, ob sie eine Gesamtschuld regeln. Hieraus folgt aber nicht, dass es ihnen auch freigestellt ist, eine Wissenszurechnung im Außenverhältnis zu regeln.

1923 Ausdrücklich offen lassend: BAG, 27.11.2008 – 8 AZR 174/07, AP Nr. 363 zu § 613a BGB (B II 3 b).

anderen Arbeitgeber als Gesamtschuldner und wird zum Adressaten des Widerspruchs gemäß § 613a Abs. 6 S. 2 BGB.

Kommt es zu einem weiteren Betriebsübergang wird nach § 613a BGB, insbesondere nach Abs. 6, das Wissen des Veräußerers des Zweitübergangs (= Erwerber des Erstübergangs) dem Erwerber des Zweitübergangs zugerechnet. Das Verhalten der Arbeitnehmer nach dem Erst- und vor dem Zweitübergang ist jedoch nicht geeignet, Vertrauen darin zu begründen, dass der Arbeitnehmer (auch) dem erneuten Übergang nicht widersprechen werde. Ein neuer Betriebsübergang führt zu einem neuen Widerspruchsrecht.

c) Schutzwürdiges Vertrauen

aa) Berücksichtigung des treuwidrigen Verhaltens der Gegenpartei

In erster Linie kommt es beim Rechtsgedanken der Verwirkung als Sonderfall des widersprüchlichen Verhaltens auf das Verhalten des Berechtigten an. Allerdings kann das Verhalten der Gegenpartei im Rahmen des Tatbestands der Verwirkung nicht vollkommen unberücksichtigt bleiben. Auch sein Verhalten bedarf der Überprüfung anhand der Grundsätze von Treu und Glauben. Wer sich selbst unredlich verhält und dadurch die verspätete Geltendmachung des Rechts erst verursacht, dem ist es verwehrt, sich zur Abwehr des gegen ihn gerichteten Rechts auf die Grundsätze von Treu und Glauben zu berufen[1924]. Bildlich gesprochen: Wer sich auf Treu und Glauben berufen will, muss selbst mit „sauberen Händen“ kommen. Eine Verwirkung des Widerspruchsrechts kommt danach nicht in Betracht, wenn einer der Arbeitgeber bzw. die für ihn handelnden Personen das Umstandsmoment selbst unter Verstoß gegen Treu und Glauben herbeigeführt haben[1925].

Veranlasst beispielsweise einer der Arbeitgeber den Arbeitnehmer treuwidrig zum Abschluss eines Aufhebungsvertrags, scheidet eine Berufung auf die Verwirkung des Widerspruchsrechts aus. Wie schon bei der Wissenszurechnung sind die Arbeitgeber auch bei der Frage der Schutzwürdigkeit ihres Vertrauens aus denselben Gründen als Einheit anzusehen. Das treuwidrige Verhalten des einen Arbeitgebers wird dem gesamtschuldnerisch mitverpflichteten Arbeitgeber ausnahmsweise zugerechnet. Beide Arbeitgeber bilden zusammen als Einheit die Gegenpartei des widerspruchsberechtigten Arbeitnehmers.

1924 Vgl. BGH, 27.6.1957 – II ZR 15/56, BGHZ 25, 47 (II 1); Sutschet, in: BeckOK Bamberger/Roth, § 242 BGB Rn. 141. Für das Widerspruchsrecht: BAG, 12.11.2009 – 8 AZR 370/07, AP Nr. 381 zu § 613a BGB (B II 5); BAG, 22.4.2010 – 8 AZR 872/07, AP Nr. 16 zu § 613a BGB Widerspruch (B II 5); Staudinger/Annuß, § 613a BGB Rn. 301.

1925 BAG, 25.2.2010 – 8 AZR 740/08, AP Nr. 384 zu § 613a BGB (II 2 b ff); BAG, 20.5.2010 – 8 AZR 585/08, AP Nr. 23 zu § 613a BGB Widerspruch (II 2 b gg). Will sich der Berechtigte, hier der Arbeitnehmer, auf die Nicht-Verwirkung des Widerspruchsrechts berufen, trägt er die Darlegungs- und Beweislast für das treuwidrige Verhalten der Gegenpartei, hier des Arbeitgebers.

Dabei ist nicht jedes Verhalten, das für die Verwirklichung des Umstandsmoments ursächlich wurde, zugleich treuwidrig. Die Annahme eines treuwidrigen Verhaltens setzt zusätzlich ein besonders schwerwiegendes Fehlverhalten der Gegenpartei voraus. In Betracht kommt etwa eine arglistige Täuschung (§ 123 Abs. 1 BGB), ein Handeln in Schädigungsabsicht (§ 226 BGB) oder ein Handeln in Schädigungsabsicht, das gegen die guten Sitten verstößt (§ 826 BGB). Beispielsweise kann der Arbeitgeber den Arbeitnehmer im Wege einer arglistigen Täuschung im Sinne des § 123 Abs. 1 BGB dazu veranlasst haben, einen Aufhebungsvertrag abzuschließen. Selbst wenn durch das tatsächliche Verhalten des Arbeitnehmers beim Arbeitgeber Vertrauen geschaffen wurde, ist dieses Vertrauen aufgrund des eigenen treuwidrigen Verhaltens des Arbeitgebers nicht schutzwürdig[1926]. Der Arbeitgeber täuscht den Arbeitnehmer arglistig, wenn er den unzutreffenden Eindruck vermittelt, das vertragsschließende Unternehmen verfüge über hinreichende Bonität, obwohl ihm bereits bei Vertragsabschluss bekannt war, dass sein Unternehmen aufgrund einer sich abzeichnenden Insolvenz nicht in der Lage sein wird, die sich aus dem Aufhebungsvertrag ergebenden Verpflichtungen zu erfüllen[1927].

bb) Berücksichtigung der Unkenntnis des Arbeitnehmers vom Widerspruchsrecht

Zwar schließt die Unkenntnis des Berechtigten vom Bestehen seines Rechts den Einwand der Verwirkung nicht schlechthin aus[1928], gleichwohl spricht eine mangelnde oder gar unverschuldete Unkenntnis grundsätzlich gegen die Schutzwürdigkeit der Gegenpartei, es sei denn, andere Umstände begründen eine erhöhte Schutzwürdigkeit der Gegenpartei[1929]. Der Berechtigte ist dann nicht in der Lage, sein Recht auszuüben[1930]. Besonders in Fällen, in denen die Gegenpartei die Unkenntnis durch sein unredliches Verhalten (Verheimlichung des Rechts) verursacht hat, stellt sich der verspätet ausgeübte Widerspruch bei objektiver Betrachtung nicht als Verstoß gegen Treu und Glauben dar[1931]. Das Vertrauen der Gegenpartei ist dann nicht schutzwürdig[1932]. Zur Beurteilung der Redlichkeit ist insbesondere relevant, ob die Gegenpartei verpflichtet gewesen ist, den Berechtigten über sein

---

1926 **A.A.** Dzida, DB 2010, 169.

1927 Vgl. BAG, 25.2.2010 – 8 AZR 740/08, AP Nr. 384 zu § 613a BGB (II 2 b ff); BAG, 20.5.2010 – 8 AZR 585/08, AP Nr. 23 zu § 613a BGB Widerspruch (II 2 b gg).

1928 BGH, 27.6.1957 – II ZR 15/56, BGHZ 25, 47 (II 1); BAG, 20.5.2010 – 8 AZR 114/09, AP Nr. 27 zu § 613a BGB Widerspruch (B I 1 cc (2)); Cohnen, in: Moll, Arbeitsrecht, § 55 Rn. 91; MK/Roth/Schubert, § 242 BGB Rn. 375.

1929 MK/Roth/Schubert, § 242 BGB Rn. 342 f.

1930 Staudinger/Looschelders/Olzen, § 242 BGB Rn. 311.

1931 Vgl. für einen Schadensersatzanspruch: BGH, 27.6.1957 – II ZR 15/56, BGHZ 25, 47 (II 1).

1932 Jauernig/Mansel, § 242 BGB Rn. 61; MK/Roth/Schubert, § 242 BGB Rn. 360, 362; Staudinger/Looschelders/Olzen, § 242 BGB Rn. 311; Sutschet, in: BeckOK Bamberger/Roth, § 242 BGB Rn. 141.

Recht zu informieren[1933]. Das Vertrauen ist ebenso wenig schutzwürdig, wenn die Gegenpartei von der Unkenntnis des Berechtigten positive Kenntnis hat, oder davon ausgehen muss, dass der Berechtigte sein Recht nicht geltend macht, weil er es nicht kennt[1934].

Vorliegend sind die Arbeitgeber verpflichtet, die Arbeitnehmer über ihr Widerspruchsrecht als Rechtsfolge des Übergangs zu unterrichten (vgl. § 2 J VII 1 e). Sind die Arbeitgeber ihrer Pflicht nicht nachgekommen und haben somit beim Arbeitnehmer erst für die Unkenntnis vom Widerspruchsrecht gesorgt, ist ihr Vertrauen in die Nichtausübung des Widerspruchsrechts nicht schutzwürdig.

Der Auffassung, dass allein aufgrund der Tatsache der Nicht-Unterrichtung eine Verwirkung des Widerspruchsrechts ausscheiden soll[1935], kann hier jedoch nicht gefolgt werden. Diese Annahme übersieht, dass die Verwirkung auch dann in Betracht kommt, wenn der übergehende Arbeitnehmer Kenntnis auf anderem Wege als durch eine Unterrichtung nach § 613a Abs. 5 BGB (z.B. durch einen Betriebsaushang oder durch eine mündliche Unterrichtung auf einer Betriebsversammlung) erlangt hat[1936]. Allerdings folgt aus der Verknüpfung des Widerspruchsrechts nach Abs. 6 mit der Unterrichtung nach Abs. 5, dass eine Verwirkung erst dann in Betracht gezogen werden kann, wenn der Arbeitnehmer neben dem Widerspruchsrecht auch Kenntnis von den für seine Geltendmachung bedeutsamen Tatsachen erlangt hat. Setzt der Arbeitnehmer seine Tätigkeit beim Erwerber in diesem Bewusstsein für mehr als einen Monat fort, kann das Widerspruchsrecht nach hier vertretener Ansicht verwirkt sein (vgl. § 3 I V 2 a aa (3)).

cc) Berücksichtigung einer nicht ordnungsgemäßen Unterrichtung

Umstritten ist, inwieweit eine nicht ordnungsgemäße Unterrichtung nach § 613a Abs. 5 BGB ein treuwidriges Verhalten der Gegenpartei darstellen kann, welches es dem Arbeitgeber verwehrt, sich auf die Verwirkung des Widerspruchsrechts nach Abs. 6 zu berufen. Zum Teil wird eine „hinreichende [...] Information" nach § 613a Abs. 5 BGB gefordert, damit sich der Arbeitgeber auf die Verwirkung des Widerspruchsrechts berufen kann[1937]. Andere wollen, dass über „die wesentlichen Auswirkungen des Betriebsübergangs" informiert wird und sich die tägliche Erfahrung der Arbeitnehmer mit den getätigten Ankündigungen „im

1933 MK/Roth/Schubert, § 242 BGB Rn. 362.

1934 BGH, 15.9.1999 – I ZR 57/97 (II 4); MK/Roth/Schubert, § 242 BGB Rn. 343; Sutschet, in: BeckOK Bamberger/Roth, § 242 BGB Rn. 141.

1935 Vgl. Kittner, NJW 2012, 1182; Maschmann, BB-Special 6 2006, 35; Olbertz/Ungnad, BB 2004, 215 f.; Sayatz, DStR 2002, 2044; Schmalenberg, AuR 2008, 166. Nach Grau, RdA 2005, 369, könne eine Schutzwürdigkeit bei fehlender Unterrichtung nur „schwerlich angenommen werden"; ähnlich: Schielke, MDR 2007, 1056.

1936 Vgl. Dzida, NZA 2009, 645; Hauck, in: Festschrift für Hellmut Wissmann, 550; Hauck, NZA-Beil. 2009, 22.

1937 Rieble, NZA 2004, 4; vgl. auch Gaul, Betriebs- und Unternehmensspaltung, § 11 Rn. 55.

Wesentlichen" deckt[1938]. Zahlreiche Stimmen in der Literatur schlagen eine abstrakte Abstufung nach dem Maße der Unterrichtungspflichtverletzung vor[1939]. Zum Teil soll dabei auch die beachtete Sorgfalt der Arbeitgeberseite zu berücksichtigen sein[1940]. Schließlich wird vorgeschlagen, dass eine Verwirkung des Widerspruchsrechts nur angenommen werden könne, wenn nachgewiesen wird, dass die fehlerhafte Unterrichtung für den Nicht-Widerspruch bzw. die Weiterarbeit nicht kausal geworden ist[1941]. Das BAG geht in ständiger Rechtsprechung davon aus, dass (allein) eine nicht ordnungsgemäße Unterrichtung nicht dazu führen könne, dass sich Veräußerer und Erwerber nicht darauf verlassen durften, dass der Arbeitnehmer sein Widerspruchsrecht nicht mehr geltend macht[1942]. Durch die nicht ordnungsgemäße Unterrichtung verstoße der Arbeitgeber nicht seinerseits gegen Treu und Glauben, wodurch eine Berufung auf die Verwirkung ausscheiden würde[1943]. Die entgegengesetzte Annahme führe zu dem „widersinnigen Ergebnis", dass einerseits die Widerspruchsfrist nicht in Gang gesetzt wird und andererseits das Widerspruchsrecht im Falle einer fehlerhaften Unterrichtung durch den alten Arbeitgeber regelmäßig nicht verwirken könne, obwohl jedes Recht den Grenzen der Verwirkung unterliegt. Ein treuwidriges Verhalten komme jedoch in Betracht, wenn der Arbeitgeber den Arbeitnehmer in einer gegen die guten Sitten verstoßenden Weise mit Schädigungsabsicht (§ 826 BGB) fehlerhaft unterrichtet hat[1944]. In einem anderen Urteil hätte es dem BAG wohl genügt, wenn der Arbeitgeber dem Arbeitnehmer bewusst und zielgerichtet Falschinformationen weitergegeben

1938 Sayatz/Wolff, DStR 2002, 2044, wobei eine Ausnahme für die „schuldhaft unzureichende Information" anzunehmen sei.

1939 Erstmals: Olbertz/Ungnad, BB 2004, 215 f.; vgl. auch ErfK/Preis, § 613a BGB Rn. 101a; Maschmann, BB-Special 6 2006, 35; vgl. auch Müller, AuR 2007, 344 f. Zum Teil wird die Schwere des Unterrichtungsfehlers bei der Dauer des Zeitmoments berücksichtigt: Grau, RdA 2005, 369; Grau, Unterrichtung, 300; Grosjean/Biester, DB 2007, 1467; Löwisch/Göpfert/Siegrist, DB 2007, 2539; wohl auch Meyer, Unterrichtung, § 3 Rn. 397; Schmalenberg, AuR 2008, 166. Auch Reinecke, DB 2012, 53, fordert die Beachtung der Art des konkreten Unterrichtungsfehlers und will zudem danach unterscheiden, wer den Fehler zu verantworten hat. **Kritisch**: Hofmann, Rechtsmissbrauch, 201 f.

1940 Hohenstatt/Grau, NZA 2007, 18, will zudem die Sorgfalt des Arbeitgebers bei der Erstellung des Informationsschreibens berücksichtigen. Sagan, ZIP 2011, 1649, sieht im Verschuldensgrad der Arbeitgeberseite einen Faktor bei der Feststellung der Schwere des Unterrichtungsfehlers. Vgl. auch Rieble/Wiebauer, NZA 2009, 402; Nebeling/Kille, NZA-RR 2013, 5.

1941 Vgl. Franzen, RdA 2002, 267; Grobys, BB 2002, 730; Kittner, NJW 2012, 1182 f.

1942 Vgl. u.a. BAG, 24.7.2008 – 8 AZR 175/07, AP Nr. 347 zu § 613a BGB (II 2 a); BAG, 27.11.2008 – 8 AZR 225/07, AP Nr. 364 zu § 613a BGB (B II 2 d cc); BAG, 20.5.2010 – 8 AZR 68/09, AP Nr. 26 zu § 613a BGB Widerspruch (B I 1 c dd); BAG, 24.2.2011 – 8 AZR 469/09, AP Nr. 401 zu § 613a BGB (B IV).

1943 BAG, 20.5.2010 – 8 AZR 68/09, AP Nr. 26 zu § 613a BGB Widerspruch (B I 1 c dd).

1944 BAG, 20.5.2010 – 8 AZR 585/08, AP Nr. 23 zu § 613a BGB Widerspruch (II 2 b ff).

hätte, um ihn so von seinem Widerspruch abzuhalten[1945]. Der Arbeitnehmer dürfe nicht durch arglistige Täuschung im Sinne des § 123 Abs. 1 BGB im Unterrichtungsschreiben davon abgehalten worden sein, Widerspruch einzulegen.

Eine in jeder Hinsicht ordnungsgemäße Unterrichtung kann nicht verlangt werden. Jene Unterrichtung würde bereits die Widerspruchsfrist auslösen. Innerhalb der einmonatigen Frist kommt die Verwirkung des Widerspruchsrechts aber nicht in Betracht[1946] und danach ist das Widerspruchsrecht ohnehin ausgeschlossen, so dass für eine Verwirkung im Rahmen des Widerspruchsrechts keinerlei Anwendungsbereich verbliebe. Zutreffend ist dagegen die Feststellung, dass eine nicht ordnungsgemäße Unterrichtung eher zu einer Verwirkung führen kann als eine fehlende Unterrichtung[1947]. Allerdings handelt der Arbeitgeber nicht bei jeder fehlerhaften Unterrichtung zugleich auch treuwidrig. Die von Gesetzes wegen vorgesehene Sanktion für eine nicht ordnungsgemäße Unterrichtung besteht im Nichtanlaufen der Widerspruchsfrist. Würde die fehlerhafte Unterrichtung per se die Verwirkung ausschließen, wäre das Widerspruchsrecht in diesen Fällen weder durch eine Frist noch durch die Grundsätze der Verwirkung zeitlich begrenzt. Für eine solch weitgehende Rechtsfolge hätte es einer Klarstellung des Gesetzgebers bedurft. Durch ihr Fehlen verbleibt es bei dem Grundsatz, dass das Widerspruchsrecht, wie jedes andere Recht auch, verwirken kann. Auch das Unionsrecht fordert kein zeitlich unbegrenztes Widerspruchsrecht[1948]. Die RL 2001/23/EG fordert lediglich eine effektive und verhältnismäßige Sanktionierung des Unterrichtungsfehlers. Dies ist aber durch das Nichtanlaufen der Widerspruchsfrist hinreichend gesichert. Einer zusätzlichen „Verwirkungssperre" bedarf es nicht.

Etwas anderes gilt nach den oben beschriebenen Grundsätzen, wenn der Gegenpartei, hier den Arbeitgebern, ein besonders schwerwiegendes Fehlverhalten, etwa eine arglistige Täuschung (§ 123 Abs. 1 BGB)[1949], ein Handeln in Schädigungsabsicht (§ 226 BGB) oder ein Handeln in Schädigungsabsicht, das gegen die guten Sitten verstößt (§ 826 BGB), vorzuwerfen ist. Die nicht ordnungsgemäße Unterrichtung dient dann als Mittel für das treuwidrige Verhalten der Arbeitgeber und schließt eine Berufung auf die Verwirkung des Widerspruchsrechts aus.

1945 BAG, 20.5.2010 – 8 AZR 872/08, AP Nr. 20 zu § 613a BGB Widerspruch (B I 5 a).

1946 MK/Roth/Schubert, § 242 BGB Rn. 375.

1947 LAG München, 12.10.2006 – 2 Sa 990/05, BB 2007, 502; Fuchs, in: BeckOK Bamberger/Roth, § 613a BGB Rn. 82; Grau, RdA 2005, 369; Schielke, MDR 2007, 1054.

1948 BAG, 15.3.2012 – 8 AZR 700/10, AP Nr. 29 zu § 613a BGB Widerspruch (B II 1), im Anschluss an Sagan, ZIP 2011, 1647; zustimmend auch: ErfK/Preis, § 613a BGB Rn. 101a.

1949 Im Ergebnis so auch: ErfK/Preis, § 613a BGB Rn. 101a; MK/Roth/Schubert, § 242 BGB Rn. 375; Schmalenberg, AuR 2008, 167. Vgl. auch Sagan, ZIP 2011, 1649, der jedoch vor dem Hintergrund der gesetzlichen Wertung des § 124 Abs. 2 BGB eine Verwirkung gleichwohl für möglich hält, sofern dem Arbeitnehmer der Unterrichtungsfehler bekannt wird.

Das BAG hat zu Recht darauf hingewiesen, dass die Unkenntnis des Berechtigten von für die Geltendmachung seines Rechts bedeutsamen Tatsachen ein Umstand darstellt, der bei der Gesamtabwägung, ob im Einzelfall eine Verwirkung vorliegt oder nicht, zu berücksichtigen ist[1950]. Dies lässt erkennen, dass auch das BAG davon ausgeht, dass die Kenntnis von für die Widerspruchsentscheidung relevanten Umständen ein Faktor bei der aufzustellenden Verwirkungsgleichung darstellt, wenngleich dieser Faktor nicht bereits das Ergebnis der Gleichung vorwegnimmt[1951].

Die Frage, ob die Schwere des Unterrichtungsfehlers im Einzelfall Einfluss auf den Grad der Schutzwürdigkeit des Vertrauens der Arbeitgeber in die Nichtgeltendmachung des Widerspruchsrechts haben kann, hat das BAG bisher nicht entschieden[1952]. Sie ist zu bejahen. Zwar ist eine nicht ordnungsgemäße Unterrichtung für sich genommen ungeeignet, den Arbeitgebern die Berufung auf die Verwirkung des Widerspruchsrechts per se zu verwehren. Das hindert aber nicht daran, den Grad der Unterrichtungspflichtverletzung bei der Bestimmung des Ausmaßes der Schutzwürdigkeit der Gegenpartei zu berücksichtigen. Die Schutzwürdigkeit des Vertrauens der Gegenpartei in das vertrauensbildende Verhalten kann nicht einfach nur bejaht oder verneint werden. Auch hier gibt es Abstufungen. Je schwerwiegender der Unterrichtungsfehler ist, desto geringer ist die Schutzwürdigkeit des Arbeitgebers und desto höher sind die Anforderungen an das Umstandsmoment. Umgekehrt gilt, je unbedeutender der Unterrichtungsfehler ist, desto höher ist die Schutzwürdigkeit des Arbeitgebers und desto geringer sind die Anforderungen an das Umstandsmoment[1953]. Die Schwere eines materiellen Unterrichtungsfehlers richtet sich nach dem objektiv zu beurteilenden Gewicht des Informationsinteresses des Arbeitnehmers im Unterrichtungszeitpunkt[1954] im Hinblick auf die Ausübung seines Widerspruchsrechts. Beispielsweise wird der übergehende Arbeitnehmer regelmäßig ein besonderes Interesse an der Mitteilung der Identität des Betriebserwerbers und den rechtlichen, wirtschaftlichen und sozialen Folgen des Übergangs haben[1955]. Hat der Arbeitgeber lediglich mündlich informiert, ist sein Vertrauen in die Nicht-Ausübung des Widerspruchsrechts durch den Arbeitnehmer regelmäßig nicht schutzwürdig[1956]. Dem Textformerfordernis kommt die Funktion zu, dem Arbeitnehmer das Nachlesen der Informationen und weitergehende Nachforschungen und Beratungen zu ermöglichen (vgl. § 2 I IV).

1950 BAG, 24.7.2008 – 8 AZR 175/07, AP Nr. 347 zu § 613a BGB (II 2 a).

1951 So aber Staudinger/Annuß, § 613a BGB Rn. 302.

1952 **A.A.** Sagan, ZIP 2011, 1649, nach dem „das BAG das Vertrauen fehlerhaft unterrichtender Arbeitgeber pauschal für schutzwürdig erklärt".

1953 Vgl. zu der hier vorgeschlagenen „je-desto-Formel": Olbertz/Ungnad, BB 2004, 215; ErfK/Preis, § 613a BGB Rn. 101a; Grau, RdA 2005, 369; Sagan, ZIP 2011, 1649 f.

1954 Vgl. ErfK/Preis, § 613a BGB Rn. 101a; Grau, RdA 2005, 369; Sagan, ZIP 2011, 1649.

1955 Vgl. Löwisch/Göpfert/Siegrist, DB 2007, 2539; Sagan, ZIP 2011, 1649.

1956 Olbertz/Ungnad, BB 2004, 216; Sagan, ZIP 2011, 1649; **a.A.** wohl Müller-Bonanni/Grau, ArbRB 2007, 150.

In diesen Fällen muss der Arbeitgeber davon ausgehen, dass der Arbeitnehmer in Unkenntnis von für die Geltendmachung seines Rechts bedeutsamen Tatsachen untätig geblieben ist. Andere formelle Unterrichtungsfehler gehen in die Gesamtabwägung wiederum nach der jeweiligen Schwere im Einzelfall ein[1957].

Um einen Sonderfall handelt es sich, wenn der Arbeitgeber durch eine fehlende oder eine fehlerhafte Unterrichtung die Widerspruchsfrist bewusst nicht in Gang setzen wollte, um das Widerspruchsrecht als zeitlich unbefristetes Rückkehrrecht der Arbeitnehmer im Falle eines Betriebsübergangs zu instrumentalisieren. In solch einem Fall könnte sich der Arbeitgeber nicht nachträglich auf die Verwirkung des Widerspruchsrechts berufen, weil er sich hiermit widersprüchlich verhielte und somit selbst gegen Treu und Glauben verstieße[1958].

d) Unzumutbarkeit der Rechtsausübung

Neben der Schutzwürdigkeit seines Vertrauens hat das Verhalten des Verpflichteten auch Bedeutung bei der Beurteilung, ob die verspätete Geltendmachung des Rechts für den Verpflichteten als unzumutbar anzusehen ist[1959]. Zum Teil wird hierin ein eigenständiges „Zumutbarkeitsmoment“ gesehen, dass neben Zeit- und Umstandsmoment tritt[1960]. Andere sehen die Zumutbarkeit als Bestandteil des Umstandsmoments[1961]. Aus der historischen Entwicklung des Rechtsgedankens der Verwirkung spricht vieles für die zuletzt genannte Ansicht. Nach den Worten des achten Senats des BAG

> *„muss das Erfordernis des Vertrauensschutzes auf Seiten des Verpflichteten das Interesse des Berechtigten derart überwiegen, dass ihm die Erfüllung des Anspruchs nicht mehr zuzumuten ist [...].“*[1962]

Hierfür muss sich die Gegenpartei auch tatsächlich darauf eingerichtet haben, dass der Berechtigte sein Recht nicht mehr geltend machen wird[1963]. Dies ist insbesondere dann der Fall, wenn die Gegenpartei im Vertrauen auf die Nichtgeltendmachung des Rechts wirtschaftliche Dispositionen getroffen hat[1964]. Aus dieser Formulierung lässt sich zugleich ablesen, dass sich die Gegenpartei auch auf andere Weise auf die

---

1957 Beispiele für kleinere Formfehler sind: Person des Erklärenden oder Abschluss der Erklärung nicht erkennbar, vgl. Olbertz/Ungnad, BB 2004, 216.

1958 Vgl. Diehn, Rückkehrzusagen, 249.

1959 Vgl. BAG, 15.2.2007 – 8 AZR 431/06, AP Nr. 320 zu § 613a BGB (II 3 b (2)).

1960 Vgl. u.a. BAG, 22.2.2012 – 4 AZR 579/10, BeckRS 2012, 71097 (III 5 a); Bauer/v. Steinau-Steinrück, ZIP 2002, 464; Hauck, NZA 2004, Sonderbeil. 1, 47; KR/Treber, § 613a BGB Rn. 114.

1961 Olbertz/Ungnad, BB 2004, 216; wohl auch BAG, 13.7.2006 – 8 AZR 382/05, AP Nr. 1 zu § 613a BGB Widerspruch (II 1 b dd (1)).

1962 BAG, 13.7.2006 – 8 AZR 382/05, AP Nr. 1 zu § 613a BGB Widerspruch (II 1 b dd (1)).

1963 Vgl. BGH, 27.6.1957 – II ZR 15/56, BGHZ 25, 47 (II 1).

1964 BGH, 17.3.1994 – X ZR 16/93, BGHZ 125, 303 (C III 2); MK/Roth/Schubert, § 242 BGB Rn. 366.

Nichtgeltendmachung des Rechts eingerichtet haben kann. Die Vornahme einer Vermögensdisposition stellt daher keine notwendige Voraussetzung für den Tatbestand der Verwirkung dar[1965].

Das BAG wendet vorliegend eine typisierende Betrachtungsweise an und verzichtet auf den konkreten Nachweis einer Vermögensdisposition des Arbeitgebers[1966]. Hieran übt *Reinecke*[1967] Kritik: Eine konkrete Abwägung der Interessen des Verpflichteten (dem Betriebsveräußerer) und des widersprechenden Arbeitnehmers werde vernachlässigt und der Ausnahmecharakter der Verwirkung werde nicht hinreichend gewürdigt. Die Kritik ist nicht völlig von der Hand zu weisen. Von einer Prüfung der Unzumutbarkeit im konkreten Fall fehlt in den bisherigen Entscheidungen jede Spur. Hieran wird eine Schwäche der vom BAG favorisierten Verwirkungslösung deutlich. Andererseits spricht das schützenswerte Interesse der beteiligten Arbeitgeber an einer möglichst raschen Klärung der Rechtslage über die bei ihm beschäftigten Arbeitnehmer[1968] durchaus für eine lebensnahe, typisierende Herangehensweise. Man wird folglich davon ausgehen dürfen, dass sich die Arbeitgeber mit fortschreitender Zeit nach dem Betriebsübergang auch tatsächlich darauf eingestellt haben, dass es zu keinen Widersprüchen mehr kommt. Der Erwerber wird regelmäßig bereits in die Aus- und Weiterbildung des faktisch übergegangenen Arbeitnehmers investiert haben[1969] und der Veräußerer wird mit fortschreitendem Zeitablauf eine eventuelle Rückstellung für Kosten, die durch die Ausübung des Widerspruchsrechts auf ihn zukommen würden, wieder aufgelöst haben[1970].

3. Bewertung des Rechtsinstituts Verwirkung als Grenze des Widerspruchsrechts

Die enorme Fülle höchstrichterlicher Entscheidungen zeugt nicht zuletzt von der praktischen Notwendigkeit, das Widerspruchsrecht des Arbeitnehmers sinnvoll zu

---

1965 BAG, 22.6.2011 – 8 AZR 752/09, DB 2011, 2385 (II 3 e); **a.A.** Olbertz/Ungnad, BB 2004, 216, der allerdings auch das Unterlassen wirtschaftlicher Investitionen genügen lässt.

1966 BAG, 22.6.2011 – 8 AZR 752/09, DB 2011, 2385 (II 3 e).

1967 Reinecke, DB 2012, 52 f.

1968 Vgl. bereits BAG, 22.4.1993 – 2 AZR 313/92, AP Nr. 102 zu § 613a BGB (B V 2 c bb).

1969 **A.A.** Rieble/Wiebauer, NZA 2009, 402, nach deren Ansicht aus Erwerbersicht eine Unzumutbarkeit nur in Betracht kommen soll, wenn das Arbeitsverhältnis über einen längeren Zeitraum unkündbar ist. Jene Ansicht geht offenbar davon aus, dass Widerspruch und Kündigung dieselben Rechtsfolgen mit sich bringen. Nach hier vertretener Auffassung führt der Widerspruch aber im Unterschied zur Kündigung dazu, dass der gesetzlich angeordnete Übergang der Arbeitsverhältnisse auf den neuen Inhaber rückwirkend bis zum Zeitpunkt des Betriebsübergangs rückgängig gemacht wird (vgl. § 3 H II 1 b). Das Vertrauen in eine Nicht-Kündigung kann somit nicht einfach mit dem Vertrauen in einen Nicht-Widerspruch gleichgesetzt werden.

1970 Vgl. Olbertz/Ungnad, BB 2004, 216 f.

begrenzen. Dabei wird das BAG nicht müde zu betonen, dass es sich bei der Frage der Verwirkung stets um Einzelfallentscheidungen handele. Greifbare Kriterien für eine abstrakte Vorhersage der Verwirkung sind daher nur schwer feststellbar. Daraus folgt zugleich der begrenzte Nutzen der Verwirkungsrechtsprechung für die Beratungspraxis, die gewillt ist, das mit nachträglichen Widersprüchen verbundene Risiko für den Betriebsveräußerer möglichst gering zu halten. Einzelfallentscheidungen können die von der Arbeitgeberseite sehnlichst erwünschte Rechtssicherheit nicht bieten[1971]. Zudem kann das BAG jederzeit von seiner zum Teil sehr großzügigen Anerkennung der Verwirkungsvoraussetzungen wieder abrücken. Vor diesem Hintergrund wurde die Verwirkung in der Literatur bereits als „stumpfes Schwert“ zur Begrenzung nachträglicher Widersprüche bezeichnet[1972]. Andere urteilen weit weniger pessimistisch und sehen die Rechtsprechung des BAG als geeigneten „Leitfaden für die Praxis“ an[1973]. Auch die Möglichkeit mittels der Verwirkungsregeln flexible Entscheidungen zu treffen, wird lobend hervorgehoben[1974]. Andere erkennen in der Verwirkungsrechtsprechung des BAG gar die Tendenz zur Korrektur der strengen Anforderungen an eine ordnungsgemäße Unterrichtung und empfehlen dem Veräußerer ausdrücklich, Tatbestände zu kreieren, die die Verwirkung des Widerspruchsrechts „gezielt“ herbeiführen[1975]. Der Arbeitnehmer könne z.B. durch einen finanziellen Beitrag zur Beschäftigung bei einer Transfergesellschaft des Betriebserwerbers bewegt werden[1976]. Wieder andere beurteilen die Rechtsprechung zur Verwirkung weitaus weniger euphorisch und glauben nicht an die Möglichkeit einer gezielten Herbeiführung[1977].

Der zuletzt genannten Ansicht ist hier zuzustimmen. Dies folgt bereits aus dem Grundsatz, dass sich nur derjenige auf die Grundsätze von Treu und Glauben

1971 Willemsen, Festschrift für Wolfdieter Küttner, 430, will darin gar einen „juristischen Offenbarungseid“ erkennen; vgl. auch WHSS/Willemsen, Rn. G 151, 230.

1972 Bittmann/Rosemann, BB 2008 II, 2076; vgl. auch Willemsen, NJW 2007, 2074.

1973 Mestwerdt, in: Kündigungsschutzrecht, § 613a BGB Rn. 152.

1974 Bayreuther, in: Dornbusch/Fischermeier/Löwisch, § 613a BGB Rn. 146.

1975 Dzida, NZA 2009, 642, 644 ff.; WHSS/Willemsen, Rn. G 151. Als Beispiele werden genannt: Aufforderung an die übergehenden Arbeitnehmer, den Wechsel ihres Arbeitgebers im Unterrichtungszeitpunkt ausdrücklich zu bestätigen; Hinnahme einer aufgrund der nicht erfolgten Bestätigung vom Veräußerer ausgesprochenen Kündigung; Verpflichtung des Erwerbers im Unternehmenskaufvertrag, Veränderungen an den übergehenden Arbeitsverträgen vorzunehmen. Auch Gaul/Niklas, DB 2009, 458, beobachten jene Tendenz in der BAG-Rechtsprechung.

1976 Nebeling/Kille, NZA-RR 2013, 4.

1977 Göpfert/Siegrist, ArbRAktuell 2010, 60. Widersprüchlich: Nebeling/Kille, NZA-RR 2013, 3 f., 6, die einerseits dazu raten, die Arbeitnehmer „zeitnah zu einer Disposition über das Arbeitsverhältnis zu ‚drängen‘“ und verlangen, dass das Umstandsmoment vom Arbeitgeber irgendwie „provozierbar“ sein muss, andererseits aber darauf verweisen, dass es dem Arbeitgeber nach Treu und Glauben verwehrt sein muss, sich auf ein bewusst provoziertes Umstandsmoment zu berufen.

berufen kann, der sich selbst nicht treuwidrig verhält. Führt der Arbeitgeber das Umstandsmoment selbst vorsätzlich herbei, ist er in seinem Vertrauen auf die Nichtausübung des Rechts nicht schutzwürdig. Jedenfalls bestehen erhebliche Zweifel, ob die Rechtsprechung sich einer derart „gelenkten" Verwirkungslösung anschließen wird.

Der Ansatz der Verwirkung als Grenze des Widerspruchsrechts hat noch eine weitere, mitunter entscheidende Schwäche. Die Verwirkung setzt stets das Vorliegen sowohl eines Umstands- als auch eines Zeitmoments voraus. Selbst bei einem eindeutigen Umstandsmoment kann das Widerspruchsrecht mangels Ablaufs einer gewissen Zeitspanne nicht verwirken[1978].

Folgt man der hier vertretenen Ansicht, wonach in der Beendigung des Arbeitsverhältnisses eine absolute zeitliche Grenze für das Widerspruchsrecht liegt und vor Ablauf der Kündigungsfrist bzw. der im Aufhebungsvertrag vereinbarten Auslauffrist in der Disposition des Arbeitnehmers über die Beendigung seines Arbeitsverhältnisses ggf. ein (konkludenter) Verzicht auf das Widerspruchsrecht erblickt werden kann, wird es zumeist auf das Vorliegen eines Zeitmoments gar nicht mehr ankommen.

VI. Zwischenergebnis

De lege lata steht das Widerspruchsrecht unter keiner gesetzlichen Höchstfrist. Eine Analogie mit anderen Rechtsvorschriften scheitert am Fehlen einer planwidrigen Regelungslücke. De lege ferenda sprechen jedoch beachtliche Gründe für die Einführung einer gesetzlichen Höchstfrist. Eine absolute zeitliche Grenze erfährt das Widerspruchsrecht durch die rechtswirksame Beendigung des Arbeitsverhältnisses. Ein danach erklärter Widerspruch ist unwirksam. Der Arbeitnehmer kann auf sein Widerspruchsrecht auch verzichten. Bei der Verzichtserklärung handelt es sich in entsprechender Anwendung des § 613a Abs. 6 S. 2 BGB um eine empfangsbedürftige Willenserklärung. Der wirksame Verzicht setzt das Bewusstsein des Arbeitnehmers von seinem Widerspruchsrecht voraus. Zudem muss der Verzichtswille aus Sicht des objektiven Empfängerhorizonts eindeutig festgestellt werden können. Die Verzichtserklärung muss entsprechend § 613a Abs. 6 S. 2 BGB in Schriftform abgegeben werden. Der Verzicht kann ferner nur in zeitlichem Zusammenhang und anlässlich eines konkreten Betriebs(teil)übergangs erklärt werden. Vom Vorhandensein einer ordnungsgemäßen Unterrichtung ist der wirksame Verzicht aber nicht abhängig. Der Verzicht auf das Widerspruchsrecht kann ausdrücklich oder konkludent, einseitig oder durch Vertrag erhoben werden. Ein schriftlicher konkludenter Verzicht kann auch in einer Disposition des Arbeitnehmers über die Beendigung seines Arbeitsverhältnisses bzw. durch Vereinbarungen des Arbeitnehmers mit dem Betriebserwerber, mit der das Arbeitsverhältnis

1978 Vgl. zu dieser „Schwäche" des Verwirkungsansatzes: Gehlhaar, BB 2009, 1184; Rolf, BB 2009, 1424.

entweder auf eine völlig neue rechtliche Grundlage gestellt wird oder in seinem Inhalt unüblich verändert wird, gesehen werden. Insbesondere eine dauerhafte Veränderung des Arbeitsverhältnisses in mehr als einem seiner Kernbestandteile (Art der Tätigkeit, Höhe der Arbeitsvergütung, Dauer der Arbeitszeit) kann nicht mehr als üblich angesehen werden. Die Ausübung des Widerspruchsrechts unterliegt einer Rechtsmissbrauchskontrolle. Allein aus dem Fehlen eines sachlichen Grundes für den Widerspruch kann jedoch nicht auf den Missbrauch des Widerspruchsrechts geschlossen werden. Das Widerspruchsrecht wird als Rechtsinstitut institutionell missbraucht, wenn der Widerspruch nicht hauptsächlich der Verhinderung des Arbeitgeberwechsels dienen soll, sondern anderen gesetzesfremden Zielen, insbesondere der Erlangung einer Vergünstigung, auf die der Arbeitnehmer sonst keinen Anspruch hätte. Dieses Phänomen kann vor allem, aber nicht nur, in Fällen der kollektiven Ausübung des Widerspruchsrechts beobachtet werden. Die Fälle des individuellen Rechtsmissbrauchs betreffen ein treuwidriges individuelles Verhalten des Rechteinhabers. Allein durch die kollektive Ausübung des Widerspruchsrechts handelt der einzelne Arbeitnehmer nicht treuwidrig. Der Widerspruch kann sich jedoch im Einzelfall als ein treuwidriges Verhalten des Arbeitnehmers darstellen und somit individuell missbraucht werden. Einen Sonderfall der unzulässigen Rechtsausübung wegen widersprüchlichen Verhaltens bildet die Verwirkung des Widerspruchsrechts. Das Zeitmoment beginnt mit der Entstehung des Widerspruchsrechts, also ab dem Zeitpunkt, zu dem der konkrete Betriebsübergang feststeht. Hinsichtlich der Dauer des Zeitmoments ist eine einzelfallbezogene Interessenabwägung vorzunehmen. Dabei stehen Zeit- und Umstandsmoment in Wechselwirkung zueinander. Die widerspruchslose Weiterarbeit beim Betriebserwerber, auch in Kenntnis des Betriebsübergangs, genügt für die Annahme des Umstandsmoments noch nicht. Setzt der Arbeitnehmer seine Arbeit beim Erwerber jedoch trotz Kenntnis bzw. vorsätzlicher oder grob fahrlässiger Unkenntnis von den für die Geltendmachung des Widerspruchsrechts bedeutsamen Tatsachen länger als einen Monat fort, ohne sein Widerspruchsrecht in der Zwischenzeit in irgendeiner Weise auszuüben, genügt dies für die Annahme des Umstandsmoments. Auch andere Verhaltensweisen sind geeignet, das Umstandsmoment zu begründen. Disponiert der Arbeitnehmer gegenüber dem Erwerber über das Ende seines Arbeitsverhältnisses oder trifft er mit dem Erwerber eine Vereinbarung, die sein Arbeitsverhältnis auf eine neue Rechtsgrundlage stellt, ist das Umstandsmoment begründet. Dagegen sind Vereinbarungen des Arbeitnehmers über den Inhalt des übergegangenen Arbeitsverhältnisses nur dann geeignet, das Umstandsmoment zu begründen, wenn sie sich nicht mehr als übliche Vereinbarungen im Zeitablauf des Arbeitsverhältnisses darstellen. Dies ist anzunehmen, wenn mit der Vereinbarung gleich mehrere Kernbestandteile des Arbeitsverhältnisses verändert werden. Das Wissen des einen Arbeitgebers vom Umstandsmoment wird dem anderen zugerechnet, so dass sich beide Arbeitgeber darauf berufen können. Ein treuwidriges Verhalten der Arbeitgeber schließt die Schutzwürdigkeit des Vertrauens der Arbeitgeber in den Nicht-Widerspruch aus. Auch die Unkenntnis des Arbeitnehmers von seinem Widerspruchsrecht schließt die

Schutzwürdigkeit regelmäßig aus, insbesondere wenn die Arbeitgeber hierfür verantwortlich sind. Das nicht ordnungsgemäße Unterrichtungsschreiben kann, muss aber nicht, ein treuwidriges Verhalten der Arbeitgeber darstellen. Fehlt es an der Treuwidrigkeit, wirkt sich die Schwere des Unterrichtungsfehlers aber jedenfalls auf den Grad der Schutzwürdigkeit aus, der sich wiederum auf die Anforderungen an das zu fordernde Umstandsmoment auswirkt. Das BAG geht bei Vorliegen der übrigen Voraussetzungen davon aus, dass die Rechtsausübung typischerweise auch unzumutbar für die Arbeitgeber ist.

Es empfiehlt sich danach folgende Prüfungsreihenfolge der Grenzen des Widerspruchsrechts nach § 613a Abs. 6 BGB: Bestand im Zeitpunkt der Widerspruchserklärung ein Arbeitsverhältnis zum Erwerber oder ist das Arbeitsverhältnis bereits wirksam beendet worden? Wenn verneint: Hat der Arbeitnehmer wirksam ausdrücklich oder konkludent auf sein Widerspruchsrecht verzichtet? Wenn verneint: Ist das Widerspruchsrecht nach Treu und Glauben, insbesondere nach den Verwirkungsregeln, untergegangen?

§ 4 Strategien zur Eindämmung von Risiken aus Arbeitgebersicht

Wie die vorgehende Untersuchung gezeigt hat, gehen von den Abs. 5 und 6 des § 613a BGB erhebliche Risiken für die am Übergang beteiligten Arbeitgeber aus. Der nachfolgende Abschnitt beschäftigt sich mit praktischen Reaktionsmöglichkeiten und Strategien zur Risikominimierung aus Arbeitgebersicht. Dabei stehen dem Rechtsanwender sowohl im Vertragsverhältnis zwischen Betriebsveräußerer und Betriebserwerber als auch in den Rechtsbeziehungen zu den Arbeitnehmern verschiedene Gestaltungsmittel zur Verfügung.

A. Allgemeine zivilrechtliche Gestaltungsmittel zur Bewältigung eines Widerspruchs nach Beendigungstatbestand auf Seiten des Betriebserwerbers

Zunächst werden einige rechtsgestalterische Möglichkeiten des Betriebsveräußerers aufgezeigt, das Risiko nachträglicher Widersprüche auch für den Fall einzugrenzen, dass weder die Beendigung des Arbeitsverhältnisses noch die Regeln des Verzichts oder die Grundsätze von Treu und Glauben, insbesondere die Verwirkungsregeln, bereits zum Erlöschen des Widerspruchsrechts geführt haben.

Nach Ansicht des BAG kann der Arbeitnehmer auch noch nach Beendigung seines Arbeitsverhältnisses wirksam widersprechen. Danach führt die Rückwirkung des Widerspruchs auf den Zeitpunkt des Betriebsübergangs dazu, dass ein zwischenzeitlicher Beendigungstatbestand beim Erwerber als dem vermeintlichen Arbeitgeber (Arbeitgeberkündigung, Eigenkündigung, Aufhebungsvertrag etc.) ins Leere geht[1979]. Der Betriebserwerber wurde rechtlich nie Arbeitgeber des nach dem Betriebsübergang widersprechenden Arbeitnehmers. Zwischen Betriebsveräußerer und Arbeitnehmer besteht ein ununterbrochenes Arbeitsverhältnis fort. Zwar erlischt nach hier vertretener Ansicht mit Beendigung des Arbeitsverhältnisses auch das Widerspruchsrecht, so dass es keiner zusätzlichen Beendigung im Verhältnis zum Veräußerer bedarf. Aber auch nach dieser Ansicht kann der Arbeitnehmer vor Ablauf der Kündigungsfrist oder der im Aufhebungsvertrag vereinbarten Auslauffrist noch wirksam mit der Folge widersprechen, dass der beim Erwerber gesetzte Beendigungstatbestand leerläuft.

Um dem (schwebend unwirksamen) Aufhebungsvertrag zwischen Betriebserwerber und Arbeitnehmer bzw. der (gegenstandslosen) Kündigung doch noch zur

1979 Gehlhaar, BB 2009, 1183; Willemsen, NZA-Beil. 2008, 161.

Wirksamkeit im Verhältnis zum Veräußerer zu verhelfen, kann sich die Beratungspraxis auf die allgemeinen zivilrechtlichen Gestaltungsmittel der Stellvertretung und der Zustimmung besinnen. Eine auf diesem Wege hergestellte Wirksamkeit führt dazu, dass der Arbeitnehmer trotz Widerspruchserklärung nicht (dauerhaft) bei seinem bisherigen Arbeitgeber verbleiben kann. Die allgemeinen zivilrechtlichen Rechtsinstitute begrenzen zwar nicht das Widerspruchsrecht des Arbeitnehmers an sich, sind aber im Ergebnis auf dasselbe Ziel gerichtet.

Wurde eine auch im Verhältnis zum Veräußerer geltende Kündigung des Erwerbers nicht innerhalb von drei Wochen nach Zugang der Kündigung angegriffen, gilt sie gemäß §§ 7, 4 S. 1 KSchG als von Anfang an rechtswirksam[1980]. Im Verhältnis zum Veräußerer gilt dasselbe, wenn der Arbeitnehmer die Kündigungsschutzklage nicht auch hilfsweise im Sinne einer objektiven eventuellen Klagehäufung gegen die Kündigung des Veräußerers richtet[1981]. Bei einem auch im Verhältnis zum Veräußerer geltenden Aufhebungsvertrag endet das Arbeitsverhältnis sofort oder nach Ablauf der vereinbarten Auslauffrist.

I. Regeln der Zustimmung

Der erste Weg führt über die Regeln der Zustimmung, §§ 182 ff. BGB. Wegen der rückwirkenden Kraft des Widerspruchs war der Betriebserwerber als Nicht-Vertragspartner nicht berechtigt, das Arbeitsverhältnis zum Arbeitnehmer aufzulösen. Zur Lösung wird vorgeschlagen, dass der Betriebsveräußerer in den Abschluss des Auflösungsvertrags durch den Betriebserwerber von vornherein (z.B. im Unternehmenskaufvertrag) gemäß § 185 Abs. 1 BGB einwilligt oder den Abschluss nachträglich gemäß § 185 Abs. 2 BGB genehmigt[1982]. Die Zustimmung des Betriebsveräußerers kann gegenüber dem Arbeitnehmer oder dem Betriebserwerber erfolgen (§ 182 Abs. 1 BGB). Eine ausdrückliche Zustimmung ist nicht gefordert. Sie kann auch konkludent erfolgen[1983]. Beispielsweise liegt im Berufen des Veräußerers auf die Beendigung des Arbeitsverhältnisses durch den zwischen Erwerber und Arbeitnehmer abgeschlossenen Aufhebungsvertrag eine konkludente Genehmigung des Aufhebungsvertrags. Formprobleme bestehen nicht. Die Zustimmung bedarf nach § 182 Abs. 2 BGB nicht der für das Rechtsgeschäft, hier des Aufhebungsvertrags (§ 623 BGB), bestimmten Form.

1980 Obwohl beim Veräußerer die materiellen Voraussetzungen für eine Kündigung (z.B. kein freier Arbeitsplatz) möglicherweise gar nicht vorlagen und obwohl eine Zurechnung der beim Erwerber vorliegenden Voraussetzungen auf den Veräußerer grundsätzlich nicht in Betracht kommt. Etwas anderes könnte allenfalls für ein die Kündigung rechtfertigendes Verhalten des Arbeitnehmers beim Erwerber vor seiner Widerspruchserklärung gelten. In diese Richtung: Eichler, Widerspruchsrecht, 265; Grau, Unterrichtung, 379 Fn. 145; D. Gaul, ZfA 1990, 106. Dagegen: Rieble/Wiebauer, NZA 2009, 404 und Fn. 34.

1981 Löwisch, BB 2009, 327.

1982 Löwisch, BB 2009, 326; für die Genehmigung so auch: Grau, AE 2010, 139.

1983 Für die Genehmigung: ErfK/Preis, § 613a BGB Rn. 105; Löwisch, BB 2009, 326.

Diese Rechtskonstruktion begegnet keinen Bedenken, soweit der Aufhebungsvertrag keinerlei Verpflichtungselemente beinhaltet. Es ist weitgehend anerkannt, dass § 185 BGB auch die Verfügung eines Rechtsverhältnisses im Ganzen zum Gegenstand haben kann[1984]. Bedenken hinsichtlich der Konstruktion über die Zustimmungsregeln bestehen jedoch, soweit der Aufhebungsvertrag, wie üblich, auch schuldrechtliche Elemente beinhaltet. Ein Aufhebungsvertrag, der z.B. eine Abfindungsregelung beinhaltet, ist nicht einfach „nur" Verfügung im Sinne des § 185 BGB, sondern „zumindest auch" ein Verpflichtungsgeschäft[1985]. Eine Verpflichtungsermächtigung ist der deutschen Rechtsordnung im Wesentlichen fremd[1986]. Eine Verpflichtung des Veräußerers zur Zahlung der Abfindung im Wege des § 185 BGB scheidet somit aus. Für sie besteht rechtlich auch kein Bedürfnis. Insoweit kann auf die Rechtsinstitute der Stellvertretung, der Schuldübernahme oder des Schuldbeitritts zurückgegriffen werden. Geschieht dies nicht, ist das Verpflichtungsgeschäft als Teil des Aufhebungsvertrags[1987] nichtig. Nach § 139 BGB ist das ganze Rechtsgeschäft, hier also der Aufhebungsvertrag, nichtig, sofern nicht anzunehmen ist, dass das Rechtsgeschäft auch ohne den nichtigen Teil Bestand haben sollte. Der Arbeitnehmer wird jedoch regelmäßig kein Interesse daran haben, dass der Aufhebungsvertrag auch im Verhältnis zum Veräußerer zustande kommt, wenn dieser nicht wirksam an die Abfindungsregelung gebunden werden konnte[1988].

Die Kündigung eines Dauerschuldverhältnisses ist eine Verfügung im Sinne des § 185 BGB[1989]. Grundsätzlich steht dem Betriebsveräußerer aber nur die Möglichkeit der vorherigen Einwilligung (§ 185 Abs. 1 BGB) in die spätere Kündigung des Betriebserwerbers offen. Die Kündigung des Betriebserwerbers muss dann vorsorglich für den Fall des Widerspruchs auch in Bezug auf das zum Betriebsveräußerer bestehende Arbeitsverhältnis erstreckt werden[1990]. Der Grund-

---

1984 MK/Bayreuther, § 185 BGB Rn. 7; Löwisch, BB 2009, 326. Deswegen kann nach einer unwirksamen Vertragsübernahme der vermeintliche neue Vertragspartner das Vertragsverhältnis durch Vertrag aufheben und der wahre Vertragspartner kann diese Verfügung über das Rechtsverhältnis im Ganzen nach § 185 Abs. 2 BGB genehmigen. **A.A.** Rudkowski, NZA 2010, 741.

1985 Rieble/Wiebauer, NZA 2009, 408; Rudkowski, NZA 2010, 741.

1986 MK/Bayreuther, § 185 BGB Rn. 31 m.w.N.

1987 Der Aufhebungsvertrag kann als Einheit aus Verfügungs- und Verpflichtungsgeschäft angesehen werden, so tendenziell auch Rieble/Wiebauer, NZA 2009, 408 m.w.N.

1988 Vgl. aber Grau, AE 2010, 139, der auch dann von einer Wirksamkeit des Aufhebungsvertrags ausgehen will, wenn sich der Veräußerer bereit erklärt, die Abfindungsregelung gegen sich gelten zu lassen; ähnlich: Meyer, SAE 2011, 94.

1989 MK/Bayreuther, § 185 BGB Rn. 7 m.w.N.; Löwisch, BB 2009, 326; Rudkowski, NZA 2010, 741. Nach Bub, in: BeckOK Bamberger/Roth, § 185 BGB Rn. 3, sind Gestaltungsrechte lediglich verfügungsähnlich; § 185 BGB könne aber entsprechend herangezogen werden.

1990 Löwisch, BB 2009, 327; Grau, AE 2010, 139.

satz von der Bedingungsfeindlichkeit einer Gestaltungserklärung steht vorliegend ausnahmsweise nicht entgegen, weil die aufschiebende Bedingung, also die Widerspruchserklärung, allein vom Willen des Arbeitnehmers abhängt (sog. Potestativbedingung)[1991]. Allerdings gilt es zu beachten, dass der Betriebserwerber die Einwilligung in schriftlicher Form vorzulegen hat oder der Betriebsveräußerer den Arbeitnehmer von der Einwilligung in Kenntnis setzt, vgl. § 182 Abs. 3 i.V.m. § 111 S. 2, 3 BGB[1992].

Eine nachträgliche Genehmigung (§ 185 Abs. 2 BGB) kommt für einseitige Verfügungen, wozu auch die Kündigung zählt, grundsätzlich nicht in Betracht[1993]. Bei einem Gestaltungsrecht ist der Gegenpartei ein Schwebezustand i.d.R. nicht zumutbar. Man könnte jedoch in Analogie zu § 180 S. 2 BGB an eine Ausnahme denken, wenn der Gegenpartei die Nichtberechtigung bekannt war und sie gleichwohl gegen die behauptete Einwilligung keine Einwände erhoben hat oder mit der Gestaltungserklärung des Verfügenden auch ohne Zustimmung einverstanden war[1994]. In diesen Fällen kann nur noch schwerlich von einer Unzumutbarkeit auf Seiten der Gegenpartei gesprochen werden. Sie ist aber der Grund dafür, warum eine nachträgliche Zustimmung bei Gestaltungsrechten ausscheidet.

II. Regeln der Stellvertretung

Der zweite Weg führt über die Regeln der Stellvertretung, §§ 164 ff. BGB. Hinsichtlich des Aufhebungsvertrags kann der Betriebsveräußerer entweder dem Betriebserwerber die Vollmacht erteilen, mit dem Arbeitnehmer den Aufhebungsvertrag für den Fall des Widerspruchs auch in seinem Namen abzuschließen, oder er genehmigt den ohne Vollmacht auch im Namen des Betriebsveräußerers geschlossenen Aufhebungsvertrag ausdrücklich oder konkludent gemäß §§ 177 Abs. 1, 184 Abs. 1 BGB[1995]. Bei der Gestaltung der Aufhebungsverträge ist zu beachten, dass der Offenheitsgrundsatz nur gewahrt ist, wenn der Erwerber beim Abschluss des Aufhebungsvertrags zu erkennen gibt, dass er den Vertrag für den Fall, dass der Arbeitnehmer später noch dem Übergang seines Arbeitsverhältnisses widersprechen sollte, hilfsweise auch im Namen des Veräußerers abschließt[1996]. Das sich nach den Regeln der Zustimmung stellende Wirksamkeitsproblem im Falle einer Abfindungsregelung stellt sich im Rahmen der Stellvertretung dann nicht, wenn

1991 MK/Westermann, § 158 BGB Rn. 30; Wank, in: Handbuch zum Arbeitsrecht, § 96 Rn. 35; Grau, AE 2010, 139; Löwisch, BB 2009, 327.

1992 MK/Bayreuther, § 182 BGB Rn. 33; Grau, AE 2010, 139.

1993 MK/Bayreuther, § 182 BGB Rn. 32; Grau, AE 2010, 139; Löwisch, BB 2009, 327; Rudkowski, NZA 2010, 741.

1994 Vgl. MK/Bayreuther, § 182 BGB Rn. 32; § 185 BGB Rn. 17.

1995 Löwisch, BB 2009, 327; Gussen, in: BeckOK R/G/K/U, § 613a BGB Rn. 165b; Grau, AE 2010, 138; Rudkowski, NZA 2010, 742.

1996 Gussen, in: BeckOK R/G/K/U, § 613a BGB Rn. 165b; Grau, AE 2010, 139; Rudkowski, NZA 2010, 742.

der Veräußerer bezogen auf eine eventuelle Abfindung von vornherein mitverpflichtet wird.

Hinsichtlich der Kündigung des Betriebserwerbers besteht die Möglichkeit, dass der Betriebsveräußerer dem Betriebserwerber die Vollmacht erteilt, Kündigungen auch in seinem Namen abzuschließen[1997]. Der Erwerber erklärt dann die Kündigung in seinem Namen und hilfsweise, für den Fall des Widerspruchs, auch im Namen des Veräußerers. Dabei hängt die aufschiebende Bedingung der Widerspruchserklärung wiederum allein vom Willen des Arbeitnehmers ab, so dass auch hier die grundsätzliche Bedingungsfeindlichkeit der Kündigung als Gestaltungsrecht ausnahmsweise nicht entgegensteht. Allerdings ist daran zu denken, dass der Betriebserwerber dem Arbeitnehmer die Vollmacht in schriftlicher Form vorlegt oder der Betriebsveräußerer den Arbeitnehmer von der Einwilligung in Kenntnis setzt, § 174 BGB.

Eine Genehmigung des Veräußerers einer ohne Vertretungsmacht auch im Namen des Betriebsveräußerers erklärten Kündigung des Betriebserwerbers kommt als einseitiges Rechtsgeschäft grundsätzlich nicht in Betracht (§ 180 S. 1 BGB). Nur unter den Voraussetzungen des § 180 S. 2 BGB kann das ohne Vertretungsmacht abgegebene einseitige Rechtsgeschäft ausnahmsweise entsprechend §§ 177 Abs. 1, 184 Abs. 1 BGB ausdrücklich oder konkludent[1998] genehmigt werden. Die Genehmigung kommt jedoch dann nicht mehr in Betracht, wenn der Betriebserwerber die Kündigung ausschließlich im eigenen Namen erklärte[1999]. Nach dem Offenkundigkeitsprinzip setzt eine wirksame Stellvertretung voraus, dass die Willenserklärung erkennbar im Namen des Vertretenen abgegeben wird.

Hinsichtlich einer Eigenkündigung des Arbeitnehmers könnte der Veräußerer dem Erwerber vorab z.B. im Übernahmevertrag eine Empfangsvollmacht (§ 164 Abs. 3 BGB) erteilen, die ihn dazu ermächtigt, Eigenkündigungen auch mit Wirkung gegenüber dem Veräußerer entgegen zu nehmen[2000]. Eine solche passive Stellvertretung setzt allerdings voraus, dass es sich um eine an den Vertretenen (Veräußerer) gerichtete Willenserklärung handelt, die der Vertreter (Erwerber) für den Fall des Widerspruchs hilfsweise auch in seinem Namen entgegennimmt. Selbst wenn der Erwerber nicht Empfangsvertreter, sondern nur Empfangsbote des Veräußerers sein sollte, gehen die Erklärungen dem Veräußerer nur dann wirksam zu, wenn der Arbeitnehmer die Eigenkündigung zumindest auch an den Veräußerer richten wollte[2001].

1997 Gussen, in: BeckOK R/G/K/U, § 613a BGB Rn. 165b; Grau, AE 2010, 139; Löwisch, BB 2009, 327; Rudkowski, NZA 2010, 741.

1998 Beispielsweise durch Berufen auf die Beendigung des Arbeitsverhältnisses durch die Kündigung des Erwerbers in der Klageerwiderung, vgl. LAG Köln, 5.10.2007 – 11 Sa 257/07, NZA-RR 2008, 5 (II 2 c).

1999 Grau, AE 2010, 139; MK/Müller-Glöge, § 613a BGB Rn. 122 Fn. 653; insoweit unklar: LAG Köln, 5.10.2007 – 11 Sa 257/07, NZA-RR 2008, 5 (II 2); ErfK/Preis, § 613a BGB Rn. 105.

2000 Gussen, in: BeckOK R/G/K/U, § 613a BGB Rn. 165b; Rudkowski, NZA 2010, 742.

2001 Löwisch, BB 2009, 328. Bei einem Empfangsboten ist zudem daran zu denken, dass – im Unterschied zum Empfangsvertreter – der Zugang nicht sofort, sondern

Ob die Eigenkündigung auch gegenüber dem Veräußerer gelten soll, ist durch Auslegung zu ermitteln. Für die Empfangsvollmacht ist auf die Verständnismöglichkeit des Vertreters, hier des Erwerbers, abzustellen (§ 166 Abs. 1 BGB), wohingegen sich die Auslegung bei einem Empfangsboten nach dem Empfängerhorizont des Geschäftsherrn, hier des Veräußerers, richtet[2002]. Wenngleich die Überlegung, dass der kündigende Arbeitnehmer regelmäßig daran interessiert sein wird, sich von seinen Verpflichtungen aus dem Arbeitsverhältnis zu befreien, nicht von der Hand zu weisen ist, schießt die Annahme, dass der Arbeitnehmer die Eigenkündigung „stets an denjenigen richten will, der sein Arbeitgeber ist"[2003] über das Ziel hinaus. Sie ist nichts anderes als eine Willensfiktion[2004]. Stattdessen muss der Wille des Arbeitnehmers für jeden Einzelfall konkret ermittelt werden. Hat der Erwerber keine Empfangsvollmacht inne, kommt eine Genehmigung des Veräußerers der ihm gegenüber schwebend unwirksamen Eigenkündigung grundsätzlich nicht in Betracht. Allerdings kann der Veräußerer die Eigenkündigung unter den Voraussetzungen des § 180 S. 3, 2 BGB ausnahmsweise entsprechend §§ 177 Abs. 1, 184 Abs. 1 BGB genehmigen, wenn die Abgabe der Willenserklärung, hier der Eigenkündigung gegenüber dem Veräußerer, mit dem ausdrücklichen oder konkludenten Einverständnis des Vertreters ohne Vertretungsmacht, hier dem Erwerber, erfolgt.

B. Aufschiebend bedingte Kündigung des bisherigen Arbeitgebers

Der bisherige Arbeitgeber ist nicht darauf beschränkt, die Wirksamkeit einer Kündigung des neuen Inhabers nach den Regeln der Stellvertretung oder der Zustimmung herzustellen.

Damit zwischen Widerspruch und Beendigung des Arbeitsverhältnisses eine möglichst kurze Zeitspanne liegt, kann er dem übergehenden Arbeitnehmer vor oder nach dem Betriebsübergang auch in eigener Person unter der aufschiebenden Bedingung der Widerspruchserklärung kündigen[2005]. Zwar ist die Kündigung als Gestaltungserklärung grundsätzlich bedingungsfeindlich. Eine Ausnahme wird jedoch für sog. Potestativbedingungen anerkannt, bei denen der Eintritt des zukünftigen Ereignisses allein vom Willen des Erklärungsempfängers abhängt[2006].

---

erst, wenn mit der Weiterleitung nach dem regelmäßigen Lauf der Dinge zu rechnen ist, eintritt, vgl. Palandt/Ellenberger, § 130 BGB Rn. 9. Bis dahin kann der Arbeitnehmer seine Erklärung noch nach § 130 Abs. 1 S. 2 BGB widerrufen, wobei eine zwischenzeitliche Widerspruchserklärung als Widerruf ausgelegt werden könnte, vgl. Rudkowski, NZA 2010, 742.

2002 Palandt/Ellenberger, vor § 164 BGB Rn. 12.

2003 Löwisch, BB 2009, 328.

2004 **Kritisch** auch: Rudkowski, NZA 2010, 742.

2005 Vgl. Schnitker/Grau, BB 2005, 2243.

2006 MK/Westermann, § 158 BGB Rn. 30; Wank, in: Handbuch zum Arbeitsrecht, § 96 Rn. 35.

Der Eintritt der Bedingung, hier die Widerspruchserklärung, ist allein vom Willen des Kündigungsempfängers, hier des Arbeitnehmers, abhängig und ist somit für ihn ohne weiteres erkennbar.

Zwar wird einer vor dem Übergang des Betriebs erklärten Kündigung der Schutzzweck des § 613a Abs. 1 BGB entgegen gehalten[2007], wird die Kündigung jedoch unter der aufschiebenden Bedingung der Widerspruchserklärung ausgesprochen, greifen diese Überlegungen nicht durch. In solch einem Fall entfaltet die Kündigung erst mit Widerspruch ihre rechtsgestaltende Wirkungskraft, vgl. § 158 Abs. 1 BGB. Der gekündigte Arbeitnehmer hat es letztlich selbst in der Hand, ob die Kündigung wirksam wird oder nicht. Der Gesetzgeber sieht in § 613a Abs. 6 BGB ausdrücklich die Möglichkeit vor, dass der Arbeitnehmer auf den durch § 613a Abs. 1 BGB gewährten Bestandsschutz verzichten kann. Wenn aber der Arbeitnehmer mit seinem Widerspruch auf seinen Bestandsschutz verzichten kann, kann die sodann eingreifende Kündigung des Veräußerers auch nicht mehr gegen § 613a Abs. 1 BGB verstoßen.

Gegen eine nach dem Betriebsübergang erklärte Kündigung wird zum einen eingewandt, dass dem bisherigen Arbeitgeber hierfür die Kündigungsbefugnis fehle[2008] bzw. dieser nicht mehr Partei des Arbeitsverhältnisses sei[2009]. Nimmt man jedoch die rückwirkende Kraft des Widerspruchs ernst, ist der bisherige Arbeitgeber in rechtlicher Hinsicht ununterbrochener Arbeitsvertragspartner des übergehenden Arbeitnehmers geblieben, so dass ihm rückwirkend betrachtet auch eine entsprechende Befugnis für den Ausspruch einer (aufschiebend bedingten) Kündigung zustand. Zum anderen soll der Fortbestand des Arbeitsverhältnisses nach dem Betriebsübergang unzweifelhaft sein, so dass eine vorsorgliche Kündigung nicht in Frage komme[2010]. Diese Argumentation übersieht, dass der Fortbestand des Arbeitsverhältnisses mit dem Veräußerer oder dem Erwerber davon abhängt, ob der Arbeitnehmer noch dem Übergang seines Arbeitsverhältnisses widerspricht. Hierin liegt aus Sicht des Veräußerers die Ungewissheit über den Fortbestand des Arbeitsverhältnisses, und zwar im Verhältnis zu ihm selbst. Es erscheint somit gerechtfertigt, dass er dem Arbeitnehmer für den Fall des Widerspruchs vorsorglich und aufschiebend bedingt kündigen kann.

Erhebt der Arbeitnehmer nicht innerhalb von drei Wochen nach Zugang der schriftlichen Kündigung eine Kündigungsschutzklage gegen die Kündigung des Veräußerers und widerspricht er daraufhin dem Übergang seines Arbeitsverhältnisses, bleibt der Veräußerer zwar (rückwirkend) sein Vertragspartner, die aufschiebend bedingte Kündigung gilt jedoch gemäß §§ 7, 4 S. 1 KSchG als von Anfang an rechtswirksam[2011]. Das gekündigte Arbeitsverhältnis endet mit Ablauf der Kündigungsfrist.

2007 Meyer, Unterrichtung, § 3 Rn. 357; Meyer, NZA 2005, 10.

2008 Meyer, Unterrichtung, § 3 Rn. 357; Meyer, NZA 2005, 10.

2009 Nehls, NZA 2003, 826.

2010 Meyer, Unterrichtung, § 3 Rn. 357; Meyer, NZA 2005, 10; Nehls, NZA 2003, 826.

2011 Vgl. Dzida, NZA 2009, 646, der im Zusammenhang mit der Herbeiführung des Umstandsmoments bei der Verwirkungsprüfung davon ausgeht, dass sich der

Hat der Arbeitnehmer rechtzeitig Kündigungsschutzklage erhoben, ist die Kündigung nach den allgemeinen Vorschriften und unter Zugrundelegung der beim Veräußerer gegebenen Verhältnisse auf ihre Wirksamkeit hin zu überprüfen. Die Kündigung ist wirksam, wenn sie sozial gerechtfertigt ist und ihr auch sonst keine Unwirksamkeitsgründe entgegenstehen. Dabei sind grundsätzlich die objektiven Verhältnisse im Zeitpunkt des Zugangs der Kündigungserklärung für die Beurteilung der sozialen Rechtfertigung maßgeblich, vgl. § 130 Abs. 1 S. 1 BGB[2012]. Als Kündigungsgrund kommen dringende betriebliche Erfordernisse in Betracht. Hieran wird es bei einer vor dem Übergang zugegangenen Kündigung des Veräußerers regelmäßig fehlen, weil für den Arbeitnehmer zu diesem Zeitpunkt noch eine Weiterbeschäftigungsmöglichkeit bestand. Geht dem Arbeitnehmer aber nach dem Betriebsübergang eine unter der aufschiebenden Bedingung der Widerspruchserklärung stehende Kündigung zu, liegt aus Sicht des Veräußerers ein betriebsbedingter Grund zur Kündigung vor. Im Falle eines Widerspruchs des Arbeitnehmers, entsteht beim Veräußerer ein Überhang an Arbeitskräften, der das Bedürfnis zur Weiterbeschäftigung entfallen lässt. Das Kündigungsverbot des § 613a Abs. 4 BGB steht dieser betriebsbedingten Kündigung nicht entgegen, weil die unmittelbare Ursache der Kündigung nicht der Betriebsübergang als solcher, sondern der Personalkräfteüberhang im Falle einer Widerspruchserklärung des Arbeitnehmers darstellt. Die betriebsbedingte Kündigung setzt weiter voraus, dass dem Veräußerer kein freier Arbeitsplatz zur Verfügung steht (§ 1 Abs. 2 S. 2, 3 KSchG) und eine ordnungsgemäße Sozialauswahl durchgeführt wurde (§ 1 Abs. 3 KSchG). Zudem darf auch die unter einer Potestativbedingung ausgesprochene Kündigung nicht wegen sonstiger Gründe unwirksam sein[2013]. Insbesondere muss grundsätzlich der Betriebsrat angehört worden sein, § 102 Abs. 1 BetrVG. Der Kündigungsschutzklage des Arbeitnehmers fehlt vor der Widerspruchserklärung auch nicht das Rechtsschutzbedürfnis. Dies hat zur Folge, dass sich das zum Teil gesehene Problem, wonach der Arbeitnehmer keine Rechtsschutzmöglichkeit gegen eine vorsorgliche Kündigung hat[2014], im Ergebnis gar nicht stellt. Der Arbeitnehmer hat ein Bedürfnis die aufschiebend bedingte Kündigung sofort auf ihre Rechtswirksamkeit überprüfen zu lassen, weil ihm ansonsten die Fiktionswirkung nach §§ 7, 4 S. 1 KSchG droht.

Hinsichtlich des Beginns der Kündigungsfrist besteht Einigkeit, dass nicht auf den Zugang der bedingten Kündigungserklärung abgestellt werden kann. Zum Teil wird angenommen, dass die Frist nach Ablauf einer – nicht näher umrissenen – „Entscheidungsfrist“ beginne[2015]. Neben Rechtssicherheitsbedenken spricht hiergegen aber vor allem die Überlegung, dass die Kündigung erst mit Eintritt der

---

Veräußerer darauf „berufen kann“, dass der Arbeitnehmer eine von ihm erklärte Kündigung nicht innerhalb der Frist des § 4 S. 1 KSchG angegriffen hat.

2012 BAG, 2.6.2005 – 2 AZR 480/04, AP Nr. 75 zu § 1 KSchG 1969 Soziale Auswahl (B I 2 b).

2013 Wank, in: Handbuch zum Arbeitsrecht, § 96 Rn. 35.

2014 Nehls, NZA 2003, 826.

2015 Wank, in: Handbuch zum Arbeitsrecht, § 96 Rn. 35.

Bedingung wirksam wird. Überzeugender ist es daher, dass die Kündigungsfrist erst mit Bedingungseintritt, also der Widerspruchserklärung, anläuft[2016].

C. Gestaltungsmöglichkeiten im Übernahmevertrag

Regelungsbedürftige Vertragsgegenstände betreffen insbesondere Absprachen zur Erfüllung der Unterrichtungspflicht nach § 613a Abs. 5 BGB und den gemeinsamen Umgang mit Risiken der Unterrichtungspflicht und des Widerspruchsrechts. Die Verletzung einer Pflicht aus dem Betriebsübernahmevertrag kann gegenseitige vertragliche Schadensersatzansprüche nach § 280 BGB im Innenverhältnis zwischen Betriebsveräußerer und Betriebserwerber nach sich ziehen. Die sich anschließenden Ausführungen betreffen erkannte Betriebsübergänge, bei denen zwischen Veräußerer und Erwerber unmittelbare vertragliche Beziehungen bestehen. Kommt es ohne Mitwirkung und ohne den Willen des Veräußerers zu einem Betriebsübergang[2017], können erst nach Erkennen des Vorliegens eines Betriebsübergangs vergleichbare Vereinbarungen getroffen werden[2018].

I. Regelungen zur Erfüllung der Unterrichtungspflicht

Die ordnungsgemäße Erfüllung der Unterrichtungspflicht nach § 613a Abs. 5 BGB ist für die arbeitsrechtliche Beratung bei Unternehmenstransaktionen, Restrukturierungen und Outsourcing-Maßnahmen von herausragender rechtlicher und wirtschaftlicher Bedeutung. Dabei können zwischen Veräußerer und Erwerber unterschiedliche, oftmals gegenläufige Interessen hinsichtlich der Frage bestehen, welche Arbeitnehmer mit dem Betrieb(steil) übergehen sollen und welche nicht. Dieser Interessenkonflikt kann sich auch im Inhalt bzw. in dem, was gerade nicht Inhalt des Unterrichtungsschreibens wurde, niederschlagen. Beispielsweise kann der Erwerber daran interessiert sein, dass die übergehenden Arbeitnehmer widersprechen, weil er die zusätzliche Arbeitskraft nicht benötigt und Personalkosten einsparen will. Umgekehrt kann es auch so sein, dass der Veräußerer bestimmte Leistungsträger durch fehlerhafte Angaben im Unterrichtungsschreiben

---

2016 APS/Preis, 1. Teil D Rn. 16.

2017 Beispielsweise kann es bei einer „Auftragsnachfolge“ betriebsmittelarmer Betriebe (z.B. Kantine) bereits dann zu einem Betriebsübergang kommen, wenn die Aufgabe von einem Dritten fortgeführt wird, der zur Fortsetzung dieser Aufgabe die Hauptbelegschaft des bisherigen Arbeitgebers einstellt, vgl. EuGH, 20.11.2003 – C-340/01 (Abler), Slg. 2003, I-14023 (Rn. 27 ff.). Die Übernahme der Hauptbelegschaft kann auch schrittweise erfolgen, so dass es zu einem „schleichenden“ Betriebsübergang kommt.

2018 Für den Fall einer öffentlichen Auftragsvergabe ist denkbar, dass bereits in den Ausschreibungsunterlagen darauf hingewiesen wird, dass ein Betriebsübergang stattfinden soll und dieser bei Zuschlagserteilung durch Verwaltungsakt angeordnet wird, vgl. Bayreuther, NZA 2009, 583.

zum Widerspruch animieren will, weil er auf deren Kenntnisse und Fähigkeiten nicht verzichten will. Die am Übergang beteiligten Parteien sind daher gut beraten, wenn sie ihre Kommunikation gegenüber den vom Übergang betroffenen Arbeitnehmern sorgsam koordinieren und im arbeitsrechtlichen Teil des Übernahmevertrags absichern[2019]. Hierzu gehören neben Regelungen zum Absender, zum Inhalt und zur Erneuerung der Unterrichtung bzw. einer Nachunterrichtung auch eine Regelung des genauen Zeitpunkts der Unterrichtung der Arbeitnehmer[2020] und der Zugangsmodalitäten[2021]. Bei der Festlegung des Unterrichtungszeitpunkts können auch taktische Überlegungen eine Rolle spielen (vgl. § 2 F III).

1. *Zum Absender des Unterrichtungsschreibens*

Im Außenverhältnis zu den vom Übergang betroffenen Arbeitnehmern hat der deutsche Gesetzgeber für die Erfüllung der Unterrichtungspflicht eine Gesamtschuldnerschaft des bisherigen Arbeitgebers und des neuen Inhabers angeordnet (vgl. § 2 D II 2 b). Dies hindert die Arbeitgeber jedoch nicht, im Innenverhältnis vertraglich zu vereinbaren, wer von beiden unterrichtet bzw. wer welchen Teil der Unterrichtung übernimmt[2022]. Dabei empfiehlt sich eine gemeinsame Unterrichtung, bestenfalls durch ein gemeinsam verfasstes oder wenigstens durch zwei eng aufeinander abgestimmte Informationsschreiben[2023]. Eine strikte Aufteilung der Durchführung der Informationspflicht nach einzelnen Unterrichtungsgegenständen[2024] hätte zwar den Vorteil, dass hiermit eine Zuordnung des Unterrichtungsfehlers ohne weiteres möglich wäre. Allerdings begünstigt dieses Vorgehen unvollständige und somit fehlerhafte Informationen. Die gemeinsame Unterrichtung bietet dagegen den Vorteil, unvollständige oder inhaltlich divergierende Informationen durch weitreichende Absprachen entgegen zu wirken[2025]. Jedenfalls sollte sich der Veräußerer bei der Erstellung des Informationsschreibens einen maßgeblichen Einfluss sichern und die Ordnungsgemäßheit der Unterrichtung

2019 Bauer/v. Steinau-Steinrück, ZIP 2002, 465; Gaul, FA 2002, 302; Grau, Unterrichtung, 212 ff.; Grobys, BB 2002, 726, 728; Hohenstatt/Grau, NZA 2007, 13 f.; Schnitker/Grau, BB 2005, 2243; Kuckuk, ArbRB 2008, 62.

2020 Grobys, BB 2002, 728; Hausch, BB 2008, 1402 f.; Schnitker/Grau, BB 2005, 2241.

2021 Kleinebrink/Commandeur, ArbRB 2007, 368.

2022 Bauer/v. Steinau-Steinrück, ZIP 2002, 465; Grobys, BB 2002, 728; Hauck, Beil. NZA 18/2004, 23; Hausch, BB 2008, 1401 f.; Krügermeyer-Kalthoff/Reutershan, MDR 2003, 542; Nehls, NZA 2003, 822; Schielke, MDR 2007, 1053; Schnitker/Grau, BB 2005, 2241; WHSS/Willemsen, Rn. G 214.

2023 Huke, FA 2002, 264.

2024 Vgl. Jaeger, ZIP 2004, 434 f.; Meyer, Unterrichtung, § 2 Rn. 22.

2025 Huke, FA 2002, 264; Meyer, BB 2003, 1011; Meyer, Unterrichtung, § 2 Rn. 16; Sayatz/Wolff, DStR 2002, 2040; WHSS/Willemsen, Rn. G 214; vgl. allgemein zum Problem sich widersprechender Informationen: Rieble, Festschrift für Arbeitsgemeinschaft Arbeitsrecht 698 f.

sorgsam überwachen[2026]. Hierzu dient auch eine Klausel im Übernahmevertrag, wonach sich der Erwerber verpflichtet, den Veräußerer bei der Erstellung des Unterrichtungsschreibens zu unterstützen und ihn über die aus seiner Sphäre stammenden Informationen umfassend und zutreffend zu informieren[2027]. Alternativ oder kumulativ hierzu kann es sich empfehlen, vom Erwerber die Beantwortung eines Fragenkatalogs[2028] oder wenigstens eine schriftliche Bestätigung der von ihm erteilten Auskünfte einzuholen[2029]. Zumindest für den Fall, dass sich der Erwerber weigert, sollte der Veräußerer darauf drängen, entsprechende Gewährleistungs-/ Garantie- oder Freistellungsklauseln in den Übernahmevertrag aufzunehmen[2030].

2. *Zum Inhalt des Unterrichtungsschreibens*

Aus dem Gesamtschuldverhältnis zwischen Veräußerer und Erwerber folgt ein wechselseitiger Auskunftsanspruch (vgl. § 2 D III 2). Jene Pflicht zum Informationsaustausch ist jedoch weitgehend konturenlos und sollte daher im Übernahmevertrag eine nähere Konkretisierung erfahren. Die Arbeitgeber sollten dazu das Verfahren zur Ermittlung des Unterrichtungsinhalts im Übernahmevertrag im Einzelnen ausgestalten[2031]. Hierbei haben sie die Wahl: Sie können das Unterrichtungsschreiben entweder bereits in einer Vertragsanlage im Einzelnen festlegen oder sie können sich darauf beschränken, die einzelnen Verfahrensschritte für die Erstellung der Unterrichtung vorab zu bestimmen und einen entsprechenden Zeitplan aufzustellen. Vorzugswürdig erscheint ein Vorgehen in drei Schritten. Der Veräußerer erstellt zunächst nach seinem aktuellen Kenntnis- und Planungsstand einen ersten Entwurf des Informationsschreibens und stellt diesen anschließend dem Erwerber zu. Der Erwerber ergänzt, berichtigt und überarbeitet den Entwurf entsprechend seines aktuellen Kenntnis- und Planungsstands. Hierzu bietet es sich aus Veräußerersicht an, dem Erwerber zusammen mit dem Erstentwurf einen entsprechenden Fragenkatalog zu übermitteln. Dieses Hin und Her kann sich in der Praxis mehrmals wiederholen. Im letzten Arbeitsschritt wird – bestenfalls durch beide Arbeitgeber gemeinsam – die endgültige Fassung des Unterrichtungsschreibens

---

2026 Gussen, in: BeckOK R/G/K/U, § 613a BGB Rn. 165b; Jacobsen/Menke, NZA-RR 2010, 398.

2027 Bauer/Göpfert/Haußmann/Krieger, Umstrukturierung, Teil 3 B Rn. 16; Göpfert/ Winzer, ZIP 2008, 766.

2028 Vgl. Cohnen, in: Moll, Arbeitsrecht, § 55 Rn. 9.

2029 WHSS/Willemsen, Rn. G 228.

2030 Cohnen, in: Moll, Arbeitsrecht, § 55 Rn. 9 f.; vgl. auch Jaeger, ZIP 2004, 434.

2031 Jaeger, ZIP 2004, 434; Krügermeyer-Kalthoff/Reutershan, MDR 2003, 542; Meyer, Unterrichtung, § 2 Rn. 18, 27; Müller-Bonanni/Grau, ArbRB 2007, 146; Schnitker/ Grau, BB 2005, 2241. Regelungen zum Inhalt der Unterrichtung im Übernahmevertrag empfehlen auch: Bauer/v. Steinau-Steinrück, ZIP 2002, 465; Grobys, BB 2002, 728; Hauck, Beil. NZA 18/2004, 23; Nehls, NZA 2003, 822; Sayatz/Wolff, DStR 2002, 2040; WHSS/Willemsen, Rn. G 214.

unter Beachtung eventueller zwischenzeitlich eingetretener Änderungen erarbeitet („Schlussredaktion“). Schließlich erfolgt der Freigabeprozess, bei dem alle Betroffenen das Unterrichtungsschreiben abzeichnen müssen.

In jedem Fall ist den beteiligten Arbeitgebern dringend zu raten, in den Unternehmenskaufvertrag eine Regelung aufzunehmen, die sicherstellt, dass die einzelnen Beiträge von Veräußerer und Erwerber sowie die Grundlagen (Beschlüsse, Vorstandvorlagen etc.) und der aktuelle Planungsstand, einschließlich der zugrunde liegenden Erwägungen, sorgsam dokumentiert werden[2032]. Eine sorgfältige Dokumentation hat Bedeutung für mögliche Regressansprüche der Arbeitgeber im Innenverhältnis zueinander, indem sie es ermöglicht, die Herkunft des Fehlers einem der beteiligten Arbeitgeber zuzuordnen und somit die Fehlerursache zu lokalisieren. Im Außenverhältnis gegenüber den Arbeitnehmern befähigt sie die Arbeitgeber, die Erfüllung ihrer Unterrichtungspflicht darzulegen und ggf. zu beweisen. Beispielsweise werden die betroffenen Arbeitnehmer kritisch hinterfragen, ob es sich bei dem Personalabbau aufgrund eines Restrukturierungsprogramms tatsächlich um eine „neue“ Maßnahme handelt oder ob diese nicht eventuell bereits im Zeitpunkt der Unterrichtung in Aussicht genommen wurde[2033]. Einzig die sorgsame Dokumentation des seinerzeit aktuellen Planungsstands ist geeignet, derartigen Beweisproblemen wirksam vorzubeugen.

Die Arbeitgeber sollten zudem verpflichtet werden, Namenslisten über die jeweils bei ihnen beschäftigten und vom Übergang betroffenen Arbeitnehmer zu führen, die dem Übernahmevertrag als Anlage beigefügt werden[2034]. Weiter sollte der Vertrag eine Regelung enthalten, für welche Arbeitnehmergruppe, welche Informationen bestimmt sind[2035]. Hierzu könnten die Namenslisten bereits in entsprechende Gruppen aufgegliedert werden.

Auch der Umgang mit komplexen Rechtsfragen sollte vorab geregelt werden. Das BAG stellt hierbei gewisse Anforderungen (vgl. § 2 I XI 1), für die bereits im Übernahmevertrag eine vorsorgliche Regelung getroffen werden kann. Die Arbeitgeber sollten sich verpflichten, komplexe Rechtsfragen einer intensiven Prüfung zuzuführen, die ggf. auch die Einholung von Rechtsrat beinhaltet, und diese Anstrengungen sorgsam zu dokumentieren[2036]. Für den Fall, dass sich die Arbeitgeber z.B. bei einer umstrittenen Rechtsfrage nicht einigen können, empfiehlt es sich, bereits im Übernahmevertrag entsprechende Mechanismen zur Konfliktlösung zu installieren[2037]. Denkbar sind insbesondere Methoden der alternativen Konfliktlösung.

2032 Jaeger, ZIP 2004, 434; Meyer, SAE 2008, 145 f.; vgl. auch Göpfert/Winzer, ZIP 2008, 765; Hohenstatt/Grau, NZA 2007, 14; Müller-Bonanni/Grau, ArbRB 2007, 150.

2033 Göpfert/Winzer, ZIP 2008, 765.

2034 Beschränkt auf die übergehenden Arbeitnehmer: Jaeger, ZIP 2004, 435; Meyer, Unterrichtung, § 2 Rn. 30.

2035 Meyer, Unterrichtung, § 2 Rn. 38.

2036 Meyer, Unterrichtung, § 2 Rn. 28.

2037 Meyer, Unterrichtung, § 2 Rn. 18; WHSS/Willemsen, Rn. G 214; Willemsen/Lembke, NJW 2002, 1162.

Um die übergehenden Arbeitnehmer von einem Widerspruch abzuhalten, wird mitunter die Aufnahme gewisser Informationen in das Informationsschreiben empfohlen, die gesetzlich nicht vorgesehen sind. Unschädlich ist der Hinweis, dass der einmal erklärte Widerspruch nur noch nach Maßgabe des § 130 Abs. 1 S. 2 BGB einseitig widerrufbar ist[2038]. Von der Aufnahme eines Passus, wonach die Arbeitgeber unter Verzicht auf die Erklärung der Annahme durch den Arbeitnehmer (§ 151 S. 1 Alt. 2 BGB) davon ausgehen, dass sich der Arbeitnehmer im Falle eines Nicht-Widerspruchs während einer im Unterrichtungsschreiben mitgeteilten Frist mit dem Übergang seines Arbeitsverhältnisses für einverstanden erklärt bzw. ihm zustimmt[2039], ist dagegen dringend abzuraten. Sie ist rechtsfehlerhaft und führt somit zur Fehlerhaftigkeit der Unterrichtung insgesamt. Dem bloßen Schweigen des Arbeitnehmers kommt grundsätzlich kein Erklärungswert zu. Auch die Annahme eines konkludenten Verzichts oder der Verwirkung des Widerspruchsrechts scheidet aus. Jene Rechtsinstitute fordern mehr als das bloße Verstreichenlassen einer vom Arbeitgeber einseitig im Unterrichtungsschreiben aufoktroyierten Erklärungsfrist. Hiervon zu unterscheiden, ist die Aufforderung an den Arbeitnehmer, offenkundige Unterrichtungsmängel (schriftlich) zu rügen und offene Fragen oder Unklarheiten in zusätzlich angebotenen Informationsveranstaltungen oder gegenüber einer gemeinsam bestimmten Ansprechperson zu stellen. Sie kann für den Verwirkungseinwand des Arbeitgebers Bedeutung erlangen (vgl. § 3 I V 2 a aa (3)).

Hinsichtlich der allgemeinen Darstellungstiefe des Unterrichtungsschreibens können allgemeingültige Aussagen nur schwer getroffen werden. Einerseits sollten die Arbeitgeber ihre Formulierungen mit Bedacht wählen und eher vorsichtig vorgehen. Beispielsweise sollten die Arbeitgeber bei der prognostizierten wirtschaftlichen Entwicklung des Betriebserwerbers nach dem Vorsichtsprinzip vorgehen, um sich nicht dem Vorwurf auszusetzen, dass die Arbeitnehmer durch eine zu positive Darstellung von Widersprüchen abgehalten werden sollten[2040]. Andererseits sollte die Unterrichtung ein möglichst vollständiges und individuell auf die Interessen der Arbeitnehmer abgestimmtes Bild zeichnen. Hierfür können die Arbeitgeber im Übernahmevertrag sog. Q&A-Prozesse („Questions and Answers") vorsehen. Nach Unterzeichnung des Übernahmevertrags und noch vor dem eigentlichen Unterrichtungsschreiben sammeln die Arbeitgeber z.B. im Intranet alle Fragen der Arbeitnehmer[2041]. Das Unterrichtungsschreiben kann diese später aufgreifen und somit besser auf die Fragen der Arbeitnehmer eingehen.

2038 Meyer, Unterrichtung, § 3 Rn. 390; Meyer, SAE 2009, 216.

2039 Meyer, AuA 2002, 164; Meyer, BB 2003, 1013; Meyer, Unterrichtung, § 3 Rn. 388, 393, 403, § 4 Rn. 444; Meyer, SAE 2009, 216; vgl. auch Bauer/v. Steinau-Steinrück, ZIP 2002, 466.

2040 Göpfert/Siegrist, ArbRAktuell 2010, 107.

2041 Göpfert/Siegrist, ArbRAktuell 2010, 107.

3. *Zur Nachunterrichtung bzw. zur Erneuerung der Unterrichtung*

Für den Fall, dass dem Veräußerer oder dem Erwerber nach erfolgter Erstunterrichtung auffällt, dass die erteilten Informationen nicht ordnungsgemäß waren, sollten die Arbeitgeber zur Verringerung des Risikos nachträglicher Widersprüche bereits im Übernahmevertrag eine (gemeinsame) Nachunterrichtung vereinbaren. Die Nachunterrichtung führt dann zum Anlaufen der einmonatigen Widerspruchsfrist (vgl. § 2 H I). Das Nachholen ist ein geeignetes Mittel zur Vermeidung des Risikos nachträglicher Widersprüche[2042]. Im Zweifelsfall sollte daher die Nachunterrichtung immer das Mittel erster Wahl sein. Ein Rückgriff auf die Verwirkungsregeln zur Begrenzung des Widerspruchsrechts wird dann entbehrlich. Entsprechendes gilt für den Fall, dass die Erstunterrichtung nicht lediglich berichtigt oder vervollständigt werden muss, sondern eine komplett neue Unterrichtung durchzuführen ist (vgl. § 2 H III).

II. Regelungen zum gemeinsamen Umgang mit Risiken der Unterrichtungspflicht und des Widerspruchsrechts

1. *Zur wechselseitigen Benachrichtigung über die Ausübung des Widerspruchsrechts*

Dem Arbeitnehmer steht es nach § 613a Abs. 6 S. 2 BGB frei, sein Widerspruchsrecht gegenüber dem bisherigen Arbeitgeber oder dem neuen Inhaber zu erklären. Das gilt nicht nur für die positive, sondern auch für die negative Ausübung des Widerspruchsrechts durch Verzicht (vgl. § 3 I 1). Damit auch der jeweils andere Arbeitgeber von möglichen Widerspruchs- bzw. ausdrücklichen oder konkludenten Verzichtserklärungen Kenntnis erlangt, sollten sich die Arbeitgeber im Übernahmevertrag sicherheitshalber (vgl. § 3 C) zu einer sofortigen gegenseitigen Benachrichtigung verpflichten[2043]. Zur späteren (gerichtlichen) Überprüfung der Wirksamkeit eines nachträglich erklärten Widerspruchs ist es zudem sinnvoll, den Erwerber zu verpflichten, dem Veräußerer die Personalakte des widersprechenden Arbeitnehmers (vorübergehend) zu übermitteln[2044]. Auf diesem Wege kann sichergestellt werden, dass der Veräußerer nicht nur rechtlich (vgl. § 3 I V 2 b), sondern auch tatsächlich Kenntnis des Arbeitnehmerverhaltens beim Erwerber erlangt, welches geeignet sein kann, das Umstandsmoment im Rahmen der Verwirkung des Widerspruchsrechts zu begründen.

2042 Vgl. Gaul/Niklas, DB 2009, 457; Fuhlrott/Ritz, BB 2012, 2693; Olbertz/Ungnad, BB 2004, 218.

2043 Hausch, BB 2008, 1402; HWK/Willemsen/Müller-Bonanni, § 613a BGB Rn. 318; Meyer, Unterrichtung, § 2 Rn. 17; Nehls, NZA 2003, 825.

2044 Vgl. Göpfert/Siegrist, ArbRAktuell 2010, 60.

2. Zur Verhinderung von Widersprüchen

Darüber hinaus können sich die Parteien auf Regelungen im Übernahmevertrag verständigen, die darauf abzielen, die Arbeitnehmer von einem Widerspruch abzuhalten. Die Arbeitgeber können sich dazu verpflichten, auf den Verzicht der Arbeitnehmer auf ihren Informationsanspruch aus § 613a Abs. 5 BGB und/oder auf ihr Widerspruchsrecht hinzuwirken[2045] und alles zu unterlassen, was den Arbeitnehmer zum Widerspruch verleiten könnte. Beispielsweise können die Arbeitgeber verbindlich verabreden, mit den übergehenden Arbeitnehmern möglichst eine Überleitungsvereinbarung abzuschließen, mit der entweder ausdrücklich oder konkludent auf das noch nicht ausgeübte Widerspruchsrecht verzichtet wird (vgl. § 3 I III 4)[2046]. Den Verzicht kann der Arbeitnehmer entweder mit dem Erwerber und/ oder mit dem Veräußerer vereinbaren (vgl. § 3 I III 3 a). Der Nachteil umfangreicher ausdrücklicher Verzichtsregelungen liegt aus Sicht des Unternehmens in den negativen tatsächlichen Folgen in der Öffentlichkeitswahrnehmung des Unternehmens.

Die Parteien des Übernahmevertrags können sich auch darauf verständigen, den übergehenden Arbeitnehmern verbindliche Zusagen zu unterbreiten, die geeignet sind, bestehende Bedenken der Arbeitnehmer gegen den Übergang ihrer Arbeitsverhältnisse auf einen neuen Arbeitgeber auszuräumen. Gerade in Fällen, in denen die Arbeitnehmer von einem konzernangehörigen Betrieb in ein mittelständisches Unternehmen wechseln sollen, bietet es sich an, gewisse Maßnahmen zur Steigerung der Attraktivität des Übergangs der Arbeitsverhältnisse zu schaffen. Der bisherige Arbeitgeber kann sich z.B. im Unterrichtungsschreiben dazu verpflichten, den Arbeitnehmern eine zeitlich befristete Rückkehrzusage, für den Fall, dass es nach dem Übergang zu einem Personalabbau beim Erwerber kommen sollte, anzubieten[2047]. An den Kosten der Rückkehr sollte dann aber der Erwerber beteiligt werden. Anderenfalls könnte der Erwerber die Rückkehrzusage zu seinen Gunsten ausnutzen, indem er die übergehenden Arbeitnehmer absichtlich zur Rückkehr zu ihrem bisherigen Arbeitgeber animiert[2048]. Der neue Inhaber kann seinerseits in einem beschäftigungssichernden Überleitungshaustarifvertrag/Überleitungsbetriebsvereinbarung eine Standortsicherung abgeben oder Beschäftigungszusagen erteilen. Letztere können individueller (z.B. Zusage, auf betriebsbedingte Kündigungen für einen bestimmten Zeitraum grundsätzlich zu verzichten) oder kollektiver (z.B. Zusage, den Betrieb für einen gewissen Zeitraum fortzuführen) Natur sein[2049].

2045 Für den Verzicht auf das Widerspruchsrecht: Hausch, BB 2008, 1402; Kleinebrink/ Commandeur, ArbRB 2007, 368; Meyer, BB 2003, 1013; Meyer, Unterrichtung, § 2 Rn. 20, § 3 Rn. 403; Meyer, SAE 2011, 93.

2046 Vgl. zur Ausgestaltung: Burgmer/Richter, Betriebsübergang, 64 f.

2047 Meyer, Unterrichtung, § 2 Rn. 77 ff., § 3 Rn. 400, mit weiteren Details zur Ausgestaltung; vgl. auch Meyer, BB 2003, 1013.

2048 Meyer, Unterrichtung, § 2 Rn. 94 f.

2049 Meyer, Unterrichtung, § 3 Rn. 400 ff., 404.

Schließlich sind über das Unterrichtungsschreiben hinausgehende Informationsangebote (z.B. Q&A-Anfragestelle oder Infoveranstaltung), die spezielle Passagen des Unterrichtungsschreibens erklären und den Arbeitnehmern die Möglichkeit geben, Fragen zu stellen, geeignet, bestehende Ängste bei den Arbeitnehmern abzubauen und eine erhöhte Akzeptanz in den Übergang der Arbeitsverhältnisse herzustellen. Hinsichtlich ihrer Ausgestaltung ist darauf zu achten, dass auch insoweit ein Gleichlauf der Informationen sichergestellt werden sollte, um sich widersprechende Informationen von vornherein auszuschließen. Die Kanäle, über die der Arbeitnehmer neben der Unterrichtung nach § 613a Abs. 5 BGB zusätzliche Informationen beziehen kann, sollten daher im Übernahmevertrag abschließend aufgezählt werden[2050].

3. Zur Schadenskompensation und zur Schadensgeringhaltung

An eine nicht ordnungsgemäße Unterrichtung knüpft das Gesetz verschiedene Rechtsfolgen. Zum einen können die informationsberechtigten Arbeitnehmer ggf. den Schaden, den sie infolge einer fehlerhaften Unterrichtung erleiden, ersetzt verlangen (vgl. § 2 C III 3). Die Arbeitgeber können z.B. im Innenverhältnis vereinbaren, dass jeweils nur derjenige Arbeitgeber haftet, den ein eigenes Verschulden am Informationsfehler trifft. Wird dem konkret in Anspruch genommenen Arbeitgeber ausnahmsweise das fremde Verschulden des anderen Arbeitgebers im Außenverhältnis zugerechnet (vgl. § 2 D IV), kann er dann im Innenverhältnis Freistellung verlangen. Haben beide Arbeitgeber den Informationsfehler zu verantworten, bietet sich eine Kostenteilung entsprechend des in § 426 Abs. 1 S. 1 BGB vorgeschlagenen Modells an. Zudem könnte eine außergerichtliche und gerichtliche Zusammenarbeit bei der Abwehr von Schadensersatzbegehren der Arbeitnehmer vereinbart werden[2051].

Zum anderen, hier liegen in der Praxis die größten Probleme, führt die nicht ordnungsgemäße Unterrichtung dazu, dass die einmonatige Widerspruchsfrist nicht in Gang gesetzt wird (vgl. § 3 F III 2). Die übergehenden Arbeitnehmer können daher mitunter auch noch lange nach dem Betriebsübergang wirksam widersprechen. Für nachträgliche Widersprüche trifft in erster Linie den bisherigen Arbeitgeber das wirtschaftliche Risiko. Zu den Lohnkosten bis zum Ablauf der individuellen Kündigungsfrist kommen auf ihn insbesondere Personalabbaukosten, einschließlich eines etwaigen Interessenausgleichs oder Sozialplans[2052], und rückwirkend wiederbelebte Pensionsverbindlichkeiten[2053] zu. Aber auch den Erwerber können durch die Suche nach geeignetem Ersatzpersonal beachtliche Kosten entstehen. Der Erwerber wird daher ebenfalls an einer Kompensationsvereinbarung interessiert sein, wonach der Veräußerer an den Kosten für die Personalsuche zu beteiligen

2050 Meyer, BB 2003, 1011; Meyer, Unterrichtung, § 2 Rn. 18, § 3 Rn. 320 f.
2051 Meyer, BB 2003, 1014; Meyer, Unterrichtung, § 3 Rn. 437.
2052 Meyer, Unterrichtung, § 3 Rn. 383.
2053 Göpfert/Buschbaum, ZIP 2011, 64.

ist. Diese Ausgangslage erfordert einigen Regelungsbedarf im Übernahmevertrag. Zunächst sollten die beteiligten Arbeitgeber ihr Verhalten im Falle eines Prozesses über die Wirksamkeit eines nachträglichen Widerspruchs aufeinander abstimmen[2054]. Daneben ist eine vertragliche Abrede zur Verteilung der Kostenlast im Falle nachträglicher Widersprüche zwischen Veräußerer und Erwerber von herausragender praktischer Bedeutung[2055]. Hierbei ist letztlich von einer vollständigen Freistellung des Veräußerers im Innenverhältnis durch den Erwerber[2056], über eine Regelung, wonach jeder selbst für seine Schäden aufzukommen hat, bis hin zu der Vereinbarung der vollständigen Kostentragungslast des Veräußerers unter entsprechender Berücksichtigung beim Unternehmenskaufpreis vieles denkbar. Es kommt auch eine Haftungsaufteilung der durch nachträgliche Widersprüche bei den Arbeitgebern entstandenen Schäden entsprechend des Verschuldens für den fristhemmenden Informationsfehler in Betracht. Klar ist aber auch, dass eine Regelung, wonach der Erwerber an den durch nachträgliche Widersprüche beim Veräußerer entstandenen Kosten partizipiert, im Falle der Insolvenz des Erwerbers nur von begrenztem Nutzen ist. Daneben kann es hilfreich sein, für den Fall, dass eine bestimmte Anzahl bzw. besonders qualifizierte Arbeitnehmer widersprechen[2057] oder dass der Erwerber nicht zu einem vorab im Übernahmevertrag vereinbarten Übergangsstichtag die tatsächliche Leitungsmacht übernimmt[2058], eine vom Erwerber an den Veräußerer zu leistende Schadensersatzpauschale zu vereinbaren. Diese hat den Vorteil, dass es erst gar nicht zum Streit über die Höhe des beim Veräußerer entstandenen Schadens kommen kann.

Generell empfiehlt es sich, sowohl aus Veräußerer- als auch aus Erwerbersicht, im Übernahmevertrag Haftungsobergrenzen zu vereinbaren. Beispielsweise können sich die Parteien des Übernahmevertrags darauf verständigen, dass die Haftung des Betriebserwerbers auf das Gehalt bis zum Ablauf der Kündigungsfrist und einer vorab bestimmten Abfindung begrenzt ist[2059].

Neben der Schadenskompensation sollten auch Regelungen zur Schadensgeringhaltung getroffen werden. Hinsichtlich § 615 S. 2 Var. 3 BGB ist empfehlenswert, den Betriebserwerber zu verpflichten, dem widersprechenden Arbeitnehmer das Angebot zu unterbreiten, dass er auf seinem bisherigen und

2054 Meyer, SAE 2011, 94.

2055 Bauer/v. Steinau-Steinrück, ZIP 2002, 465; Grau, MdR 2005, 495; Grobys, BB 2002, 728; Gussen, in: BeckOK R/G/K/U, § 613a BGB Rn. 165b; Hausch, BB 2008, 1402 f.; Jacobsen/Menke, NZA-RR 2010, 389; Krügermeyer-Kalthoff/Reutershan, MDR 2003, 542; Meyer, SAE 2008, 148; Müller-Bonanni/Grau, ArbRB 2007, 146.

2056 Eine derartige Freistellungsklausel zugunsten des Veräußerers, sofern denn durchsetzbar, empfehlend: Göpfert/Winzer, ZIP 2008, 766, einschließlich eines Formulierungsvorschlags; Göpfert/Siegrist, ArbRAktuell 2010, 107. Vgl. auch Jaeger, ZIP 2004, 435; Meyer, SAE 2009, 217.

2057 Meyer, Unterrichtung, § 3 Rn. 437.

2058 Kleinebrink/Commandeur, ArbRB 2007, 367; Meyer, Unterrichtung, § 2 Rn. 302.

2059 Jaeger, ZIP 2004, 435.

nunmehr übergegangenen Arbeitsplatz befristet (bis zum Ablauf der Kündigungsfrist) oder auflösend bedingt weiter arbeiten kann[2060]. Der Betriebsveräußerer ist sodann zu verpflichten, den Arbeitnehmern ein entsprechendes Vertragsänderungsangebot zu unterbreiten (vgl. § 3 H I). Umgedreht sind auch Regelungen denkbar, wonach sich der Veräußerer dazu verpflichtet, die durch widersprechende Arbeitnehmer bei einem Teilbetriebsübergang im Rahmen einer Sozialauswahl verdrängten Arbeitnehmer oder andere Arbeitnehmer an den Erwerber zu vermitteln versucht[2061]. Darüber hinaus können ggf. auch andere Formen der (befristeten) Arbeitnehmerüberlassung oder sogar die Gründung eines Gemeinschaftsbetriebs durch Veräußerer und Erwerber in Frage kommen[2062].

4. *Zu den Möglichkeiten bei Interessefortfall*

Im Falle des Widerspruchs eines Großteils der vom Betriebsübergang betroffenen Arbeitnehmer oder des Übergangs von „Schlüsselmitarbeitern" kann sowohl auf Seiten des Veräußerers als auch des Erwerbers das Interesse an der Transaktion insgesamt entfallen sein. Die Arbeitgeber sollten sich im Übernahmevertrag auch auf ein solches Worst-Case-Szenario vorbereiten. Hierzu kann es insbesondere kommen, wenn beim Erwerber aufgrund der wirtschaftlichen Lage kurz nach dem Betriebs(teil)übergang ein umfangreicher Personalabbau oder gar die Insolvenz droht. Zwar wird darauf hingewiesen, dass zahlreiche Widersprüche im Einzelfall geeignet sein können, die Geschäftsgrundlage des Unternehmenskaufvertrags gemäß § 313 BGB entfallen zu lassen[2063]. Zudem kann eine erhebliche Anzahl widersprechender Arbeitnehmer beim Übergang eines betriebsmittelarmen Betriebs außerhalb des Umwandlungsrechts dazu führen, dass die Hauptbelegschaft nicht mitübertragen wird und somit der Betriebsübergang als solcher scheitert[2064]. Gleichwohl sind die Parteien des Übernahmevertrags gut beraten, eigene Regelungen vorzusehen, die das Ziehen der sprichwörtlichen „Reißleine" ermöglichen. Die Arbeitgeber haben z.B. die Möglichkeit, ein vertragliches Rücktrittsrecht

---

2060 Cohnen, in: Moll, Arbeitsrecht, § 55 Rn. 112; Grau, MdR 2005, 492 f.; HWK/Willemsen/Müller-Bonanni, § 613a BGB Rn. 356; Meyer, Unterrichtung, § 3 Rn. 406 ff., 412; Meyer, NZA 2005; 15; Meyer, SAE 2008, 148; Meyer, SAE 2011, 94; Schneider/Sittard, BB 2007, 2234; WHSS/Willemsen, Rn. G 166. Für eine wirksame Befristung außerhalb der Kündigungsfrist sind die Voraussetzungen des TzBfG zu beachten.

2061 Meyer, BB 2003, 1013; Meyer, Unterrichtung, § 3 Rn. 382 f., 409, 411 f.

2062 WHSS/Willemsen, Rn. G 166.

2063 Staudinger/Annuß, § 613a BGB Rn. 324; **a.A.** Pietzko, Tatbestand des § 613a BGB, 314 f.; vgl. auch Tschöpe, Rechtsfolgen, 87 f., der allerdings – wenig überzeugend – eine Lösung über die analoge Anwendung des Sachmängelgewährleistungsrechts vorschlägt.

2064 Vgl. insbesondere WHSS/Willemsen, Rn. G 154a f.; vgl. auch Bauer/Göpfert/Haußmann/Krieger, Umstrukturierung, Teil 3 B Rn. 35; MK/Müller-Glöge, § 613a BGB Rn. 122.

vom Übernahmevertrag vorzusehen, das unter der aufschiebenden Bedingung (§ 158 Abs. 1 BGB) steht, dass eine vorab bestimmte Arbeitnehmeranzahl übergeht oder eine vorab bestimmte Anzahl nicht widerspricht oder gewisse besonders qualifizierte Mitarbeiter nicht widersprechen[2065]. Alternativ können die Parteien auch schon den Vollzug des Übernahmevertrags („closing") selbst unter dieser aufschiebenden Bedingung abschließen[2066]. Der Nachteil dieser Gestaltung ist, dass nachträgliche Widersprüche hiervon nicht erfasst werden können. Möglich ist auch, dass die Parteien vereinbaren, dass der Kaufpreis oder gewisse Teile hiervon erst dann fällig werden, wenn feststeht, dass eine vorab bestimmte Arbeitnehmeranzahl übergeht oder eine vorab bestimmte Anzahl nicht widerspricht oder gewisse, besonders qualifizierte Mitarbeiter nicht widersprechen[2067]. Denkbar ist schließlich, einen pauschalierten Schadensersatz für den Fall, dass nicht eine Mindestanzahl an Arbeitnehmern auf den Erwerber übergeht, zu vereinbaren. Eine solche Klausel ist insbesondere aus Veräußerersicht interessant, weil der Erwerber pauschal Schadensersatz an ihn leisten muss, wenn zu wenige Arbeitnehmer auf den Erwerber übergehen und stattdessen widersprechen. Diese Gestaltung hat zudem den Vorteil, dass hiervon auch nachträgliche Widersprüche erfasst werden können.

D. Unterstützung beim Wiedereintritt ins Arbeitsleben

Aus Sicht des Veräußerers stellt sich die Frage, wie ein Arbeitnehmer, der bereits widersprochen hat, davon überzeugt werden kann, seinen Widerspruch wieder zurückzunehmen. Dies gilt insbesondere für Arbeitnehmer, die nach der Rücknahme ihres Widerspruchs aller Wahrscheinlichkeit nach arbeitslos werden und – anders als beim solventen Veräußerer – beim mittlerweile insolventen Erwerber auch keine Aussichten auf eine finanzielle Abfindung haben. Der Veräußerer kann versuchen, die Rücknahme des Widerspruchs zu erreichen, indem er die Arbeitnehmer im Gegenzug zu ihrer Rücknahme beim Wiedereintritt ins Arbeitsleben unterstützt. Die Unterstützung kann entweder durch die Vermittlung der Arbeitnehmer in ein neues Arbeitsverhältnis (im Veräußererbetrieb, in einem anderen Betrieb des Unternehmens oder in einer Beschäftigungs- und Qualifizierungsgesellschaft) oder rein finanziell erfolgen[2068]. Bestenfalls stellt sich eine derartige Unterstützung als Win-win-Situation für beide Seiten heraus: Dem Veräußerer

2065 Bauer/v. Steinau-Steinrück, ZIP 2002, 465; Gaul, Betriebs- und Unternehmensspaltung, § 11 Rn. 27; Hausch, BB 2008, 1402 f.; Menze, Widerspruchsrecht, 217; Meyer, AuA 2002, 160; Tschöpe, Rechtsfolgen, 80; vgl. auch Pietzko, Tatbestand des § 613a BGB, 313.

2066 Hausch, BB 2008, 1402; Kleinebrink/Commandeur, ArbRB 2007, 368; Menze, Widerspruchsrecht, 216 f.; Meyer, Unterrichtung, § 3 Rn. 387, 414; ähnlich bereits: D. Gaul, ZfA 1990, 110.

2067 Nebeling/Brauch, BB 2010, 1477.

2068 Göpfert/Siegrist, ArbRAktuell 2010, 60; Göpfert/Siegrist, ArbRAktuell 2010, 107; Göpfert/Buschbaum, ZIP 2011, 64.

entstehen hierdurch geringere Kosten, als ihm durch die normalen Folgen eines Widerspruchs entstünden, und der Arbeitnehmer profitiert entweder durch eine neue Arbeitsstelle oder wenigstens in finanzieller Hinsicht.

Zumindest in größeren Unternehmen empfiehlt es sich, für die Vermittlung der widersprechenden Arbeitnehmer auf einen freien Arbeitsplatz im Veräußererbetrieb oder in einem anderen konzernangehörigen Unternehmen, eine zentrale Stelle einzurichten[2069]. Sollen die Arbeitnehmer in eine Beschäftigungs- und Qualifizierungsgesellschaft wechseln, sind hiermit aus Arbeitgebersicht zunächst gewisse Investitionen verbunden. Der Veräußerer muss für eine ausreichende finanzielle Ausstattung der Gesellschaft sorgen. Anstelle dieser mittelbaren finanziellen Unterstützung der Arbeitnehmer, kann es sich im Einzelfall auch anbieten, die Arbeitnehmer unmittelbar finanziell zu unterstützen. Es besteht die Gefahr, dass sich die Organmitglieder auf Seiten des Veräußerers durch die finanzielle Unterstützung der Arbeitnehmer gegenüber ihrer Gesellschaft schadensersatzpflichtig machen, wenn sie Zahlungen tätigen, bevor die Wirksamkeit des Widerspruchs rechtskräftig festgestellt wurde[2070]. Die Organmitglieder sind zum sorgsamen Umgang mit den Vermögensinteressen der Gesellschaft verpflichtet. Dieser Gefahr kann dadurch entgegengewirkt werden, dass zunächst die Wirksamkeit des Widerspruchs vertraglich festgestellt wird (ggf. in Form eines Vergleichs nach § 779 BGB) und sodann die Rücknahme des Widerspruchs vereinbart wird.

Der Vertrag über die Rücknahme der Widerspruchserklärung bedarf zu seiner Wirksamkeit einer dreiseitigen Vereinbarung zwischen Arbeitnehmer, bisherigem Arbeitgeber und neuem Inhaber (bzw. dessen Insolvenzverwalter)[2071]. Ab ihrem Zugang entfaltet die Widerspruchserklärung Rechtswirkungen im Dreiecksverhältnis der am Übergang Beteiligten. Ein vor dem Übergang erklärter Widerspruch verhindert die Rechtsfolge des § 613a Abs. 1 BGB, ein nach dem Übergang erklärter Widerspruch hebt diese Rechtsfolge wieder auf. Vereinbart der Arbeitnehmer mit dem bisherigen Arbeitgeber die Rücknahme des Widerspruchs, tritt die Rechtsfolge doch noch ein. Hierbei handelt es sich um einen Vertrag zulasten Dritter, hier des Erwerbers, der nach den allgemeinen Grundsätzen unzulässig ist[2072]. Dem Erwerber steht es allerdings frei, den schwebend unwirksamen Vertrag gemäß §§ 182 Abs. 1, 184 Abs. 1 BGB zu genehmigen. Ein verspäteter, d.h. nach Zugang der Widerspruchserklärung erklärter, Widerruf, kann als Angebot zum Abschluss

---

2069 Göpfert/Siegrist, ArbRAktuell 2010, 107.

2070 Göpfert/Siegrist, ArbRAktuell 2010, 107.

2071 BAG, 30.10.2003 – 8 AZR 491/02, AP Nr. 262 zu § 613a BGB (II 2 b aa); APS/Steffan, § 613a BGB Rn. 224; v. Steinau-Steinrück, NJW-Spezial 2004, 33; ErfK/Preis, § 613a BGB Rn. 97; HWK/Willemsen/Müller-Bonanni, § 613a BGB Rn. 342; MK/Müller-Glöge, § 613a BGB Rn. 115; WHSS/Willemsen, Rn. G 152. **A.A.** für die vor dem Betriebsübergang vereinbarte Rücknahme: Staudinger/Annuß, § 613a BGB Rn. 332.

2072 BAG, 30.10.2003 – 8 AZR 491/02, AP Nr. 262 zu § 613a BGB (II 2 b bb).

eines dreiseitigen Vertrags umgedeutet werden[2073]. Ist die Rücknahme des Widerspruchs technisch eine Klausel in einem Vertrag, der das Arbeitsverhältnis zum Betriebserwerber aufhebt und ein neues Arbeitsverhältnis mit einem Dritten, z.B. der Beschäftigungs- und Qualifizierungsgesellschaft, begründet, sind sogar vier Parteien am Vertragsschluss beteiligt[2074]. Der Dritte tritt als neuer Arbeitgeber noch hinzu. Aufgrund des für den Aufhebungsvertrag vorgesehenen Formerfordernisses (§ 623 BGB) bedarf dieser Vertrag zu seiner Wirksamkeit insgesamt der Schriftform.

E. Zwischenergebnis

Insbesondere der Veräußerer trägt im Falle von nach dem Übergang erklärten Widersprüchen ein hohes wirtschaftliches Risiko. Zur Verringerung dieses Risikos stehen aus Arbeitgebersicht verschiedene Strategien zur Verfügung. Zunächst kommen die allgemeinen zivilrechtlichen Gestaltungsmittel der Stellvertretung und der Zustimmung in Betracht. Mit ihrer Hilfe kann der Veräußerer in die Wirkungen eines auf Seiten des Betriebserwerbers verwirklichten Beendigungstatbestands (Aufhebungsvertrag oder Kündigung) eintreten. Alternativ kann der Veräußerer den übergehenden Arbeitnehmern auch selbst unter der aufschiebenden Bedingung der Widerspruchserklärung kündigen. Die wohl wichtigste Strategie zur Risikominimierung stellen vertragliche Absprachen zwischen Betriebsveräußerer und Betriebserwerber im Unternehmenskaufvertrag dar. Einer Regelung bedürfen insbesondere der Absender und der Inhalt des Unterrichtungsschreibens, die wechselseitige Mitteilung der Widerspruchsrechtsausübung, die Maßnahmen zur Verhinderung von Widersprüchen, die Kompensation und die Geringhaltung der insbesondere durch nachträgliche Widersprüche entstandenen Schäden und die Möglichkeiten bei Fortfall des Interesses am Betriebs(teil)übergang. Schließlich kann der Veräußerer die Strategie verfolgen, die widersprechenden Arbeitnehmer beim Wiedereintritt ins Arbeitsleben durch Arbeitsplatzangebote oder rein finanziell zu unterstützen, um sie doch noch von der Rücknahme ihres Widerspruchs zu überzeugen.

2073 Bauer, Unternehmensveräußerung und Arbeitsrecht, 59; Seiter, Betriebsinhaberwechsel 74; Tschöpe, Rechtsfolgen, 41. Pietzko, Tatbestand des § 613a BGB, 292, sieht hierin in entsprechender Anwendung des § 150 BGB den Antrag zur vertraglichen Übertragung des Arbeitsverhältnisses.

2074 Göpfert/Buschbaum, ZIP 2011, 65 f.

§ 5 Zusammenfassung in Thesen und Schlussbemerkungen

A. Thesen

Zur Unterrichtung nach § 613a Abs. 5 BGB

1. Unabhängig von der Betriebsgröße sind nach § 613a Abs. 5 BGB „die von einem Übergang betroffenen Arbeitnehmer" stets selbst zu unterrichten. Insoweit überschießt die deutsche Umsetzung die europarechtlichen Vorgaben aus Art. 7 RL 2001/23/EG auf individualrechtlicher Ebene. Innerhalb des personellen Anwendungsbereichs der Richtlinie ist § 613a Abs. 5 BGB richtlinienkonform auszulegen und die deutschen Gerichte trifft nach Maßgabe des Art. 267 AEUV eine Vorlagepflicht. Außerhalb ihres personellen Anwendungsbereichs ist § 613a Abs. 5 BGB quasi-richtlinienkonform auszulegen und den deutschen Gerichten ist eine Vorlagebefugnis eingeräumt.
2. Der europarechtliche Zweck der individuellen Unterrichtung nach Art. 7 Abs. 6 RL 2001/23/EG liegt zum einen darin, den Arbeitnehmern eine Entscheidungsgrundlage für ihre weitere berufliche Planung zu liefern und zum anderen darin, ihnen zumindest in faktischer Hinsicht Einfluss auf die arbeitgeberseitigen Entscheidungen zu ermöglichen. Im deutschen Recht kommt als zusätzlicher Zweck hinzu, den übergehenden Arbeitnehmern eine ausreichende Wissensgrundlage für ihre sachgerechte Widerspruchsentscheidung zu verschaffen.
3. Die Unterrichtung ist eine Leistungspflicht nach § 241 Abs. 1 BGB und somit eine echte Rechtspflicht. Leistungsstörungen können nach den allgemeinen Grundsätzen Schadensersatzansprüche der informationsberechtigten Arbeitnehmer nach §§ 280 ff. BGB auslösen, wobei es häufig an der haftungsausfüllenden Kausalität fehlen wird.
4. Die Pflicht zur Unterrichtung besteht nicht nur gegenüber den übergehenden Arbeitnehmern, sondern auch gegenüber den eventuell beim Veräußerer in einem „Restbetrieb" zurückgebliebenen bzw. den eventuell von vornherein beim Erwerber in einem aufnehmenden Betrieb beschäftigten Arbeitnehmern, soweit auch diese Arbeitnehmer vom Übergang betroffen sind. Dies folgt aus einer (quasi-)richtlinienkonformen Auslegung des § 613a Abs. 5 BGB. Eine Auslegung contra legem besteht hierin nicht.

   Betriebsveräußerer und Betriebserwerber sind als Gesamtschuldner zur Unterrichtung verpflichtet. Das Wissen des einen wird dem anderen zugerechnet. Im Gegensatz hierzu, kommt eine Zurechnung fremden Verschuldens zulasten des/der informierenden Arbeitgeber(s) nur in Betracht, wenn sie auch den berechtigten Interessen und Erwartungen der Arbeitnehmer entspricht.

5. Die Unterrichtungserklärung muss den Arbeitnehmern als empfangsbedürftige Wissenserklärung in Textform entsprechend § 126b BGB zugehen. Ist der Arbeitnehmer aufgrund fehlender Deutschkenntnis außerstande, die Unterrichtung zu verstehen, trifft ihn die Obliegenheit, das Unterrichtungsschreiben in eine andere Sprache übersetzen zu lassen. Der Arbeitgeber schuldet die Übersetzung allenfalls in Ausnahmefällen nach Treu und Glauben.
6. Nach einer (quasi-)richtlinienkonformen Auslegung des § 613a Abs. 5 BGB muss die Unterrichtung rechtzeitig vor dem Betriebsübergang erfolgen. In Anlehnung an § 613a Abs. 6 S. 1 BGB ist eine einmonatige Vorlauffrist i.d.R. angemessen. Der frühestmögliche Zeitpunkt der Unterrichtung ist erreicht, wenn die Arbeitnehmer erstmals sinnvoll, d.h. vollständig und richtig, über den konkreten Betriebsübergang informiert werden können.
7. In materieller Hinsicht verlangt das BAG eine zutreffende, vollständige und aus sich heraus verständliche Unterrichtung.
8. Ist die Erstunterrichtung unrichtig oder unvollständig, besteht die Unterrichtungspflicht nach § 613a Abs. 5 BGB als Pflicht zur Berichtigung bzw. Vervollständigung der Informationen fort. Über zwischenzeitlich eingetretene neue oder geänderte unterrichtungsrelevante Tatsachen sind die Arbeitnehmer i.d.R. ebenfalls aufzuklären. Das verfälschen bzw. verunklaren einer zunächst ordnungsgemäßen Erstunterrichtung führt nicht dazu, dass die im Wege der Erfüllung erloschene Unterrichtungspflicht erneut auflebt. § 613a Abs. 5 BGB enthält auch keinen Anspruch auf ergänzende Unterrichtung über nach ordnungsgemäßer Unterrichtung eingetretene neue oder geänderte unterrichtungsrelevante Tatsachen. Hiervon ist der Anspruch auf erneute Unterrichtung zu unterscheiden. Soll ein anderer als der ursprünglich geplante Betriebsübergang durchgeführt werden, sind die Arbeitnehmer von einem neuen Übergang betroffen, über den sie erstmals ordnungsgemäß nach § 613a Abs. 5 BGB zu unterrichten sind. Ein neuer Betriebsübergang liegt vor, wenn sich Planungsänderungen hinsichtlich der Grunddaten des Betriebsübergangs (Identität des Betriebsveräußerers und des Betriebserwerbers sowie Gegenstand, Zeitpunkt bzw. geplanter Zeitpunkt und Grund) ergeben. Veränderungen bezogen auf die Auswirkungen des Übergangs für die Arbeitnehmer (§ 613a Abs. 5 Nr. 3 und 4 BGB) genügen dafür nicht.
9. Inhaltlich wird die Unterrichtungspflicht nach § 613a Abs. 5 BGB zunächst durch das europarechtliche Effektivitätsgebot und einer objektiven Wesentlichkeitsschwelle begrenzt. Eine Beschränkung der Unterrichtungspflicht ergibt sich zudem aus den allgemeinen Grenzen des Rechtsmissbrauchs, insbesondere der Verwirkung. Über das Einfallstor des § 242 BGB sind bei der Auslegung des § 613a Abs. 5 BGB auch die berechtigten Geheimhaltungsinteressen der Arbeitgeber zu berücksichtigen. Schließlich folgt aus § 242 BGB, dass die Anforderungen an eine ordnungsgemäße Unterrichtung, insbesondere an deren Verständlichkeit, nicht überspannt werden dürfen. Hiermit korrespondiert die Obliegenheit der Arbeitnehmer nach Erhalt des Unterrichtungsschreibens, eigene Nachforschungen anzustellen. Der Arbeitgeber kann

seiner Unterrichtungspflicht bereits durch ein abstraktes, generalisierendes Standardschreiben genügen. Dies ändert aber nichts an der Rechtsnatur der Unterrichtung als individualrechtlicher Anspruch des einzelnen Arbeitnehmers. Fehler im Unterrichtungsschreiben, die das Arbeitsverhältnis zum informationsberechtigten Arbeitnehmer nicht betreffen, stehen der Erfüllung seines individuellen Informationsanspruchs nicht entgegen (adressatenbezogene Erfüllungswirkung). Der Begrenzung der Unterrichtungspflicht durch das Rechtsinstitut der Zweckerreichung kommt wohl nur eine theoretische Bedeutung zu. Höhere praktische Relevanz besitzt die Möglichkeit der Arbeitnehmer, auf die Unterrichtung nach § 397 BGB (konkludent) zu verzichten, sowie die Verjährung des Unterrichtungsanspruchs nach § 195 BGB. Keine Begrenzung erfährt die Unterrichtungspflicht durch den positiven Kenntnisstand der Arbeitgeber im Zeitpunkt der Unterrichtung. Eine Befreiung von der Informationsleistungspflicht erfolgt nur nach Maßgabe des § 275 BGB. Hiervon ist die Frage der Haftung wegen schuldhafter Pflichtverletzung zu trennen. Hinsichtlich zukunftsbezogener Informationen werden von den Arbeitgebern nur Prognosen verlangt. Zu Spekulationen sind die Arbeitgeber nicht verpflichtet. Keine inhaltliche, wohl aber eine faktische Grenze der Unterrichtungspflicht bildet schließlich die sekundäre Behauptungslast des Arbeitnehmers, einen konkreten Mangel der Unterrichtung substantiiert darzulegen.

10. Die Bestimmung des Inhalts der Unterrichtung richtet sich primär nach ihrem europarechtlichen Zweck. Eine Orientierung am nationalen Umwandlungs- oder Betriebsverfassungsrecht scheidet normhierarchisch aus. Zulässig ist dagegen eine Orientierung an den hinter Art. 2 Abs. 2 RL 91/533/EWG stehenden Wertungen.

    Neben den ausdrücklich in § 613a Abs. 5 Nr. 1 bis 4 BGB genannten Informationsgegenständen ist zudem über die Identität des Betriebsveräußerers und des Betriebserwerbers und den Gegenstand des Betriebsübergangs als ungeschriebene Informationsgegenstände zu unterrichten. Der „Grund für den Übergang" nach Nr. 2 meint die schlagwortartige Information über die Motive des Veräußerers und des Erwerbers für den Betriebsübergang. Unter „Folgen" nach Nr. 3 fallen sowohl die unmittelbar aus dem Übergang des Betriebs(teils) resultierenden Primärfolgen als auch die nur mittelbar auf den Übergang zurückzuführenden Sekundärfolgen. Sekundärfolgen beruhen auf einem im Zusammenhang mit dem Übergang stehenden objektiven Umstand wie z.B. die Veränderung der Solvenz der am Übergang beteiligten Arbeitgeber. Die Solvenz selbst bildet keinen Informationsgegenstand. Allerdings sind die Arbeitnehmer über die infolge des Übergangs veränderte wirtschaftliche Absicherung zu informieren. Ist diese im Zeitpunkt der Unterrichtung noch ungewiss, erfüllen die Arbeitgeber ihre Unterrichtungspflicht durch eine ordnungsgemäße Prognoseinformation. Die Information über die Rechtsfolgen umfasst insbesondere das gesetzliche Haftungssystem nach § 613a Abs. 1 S. 1 i.V.m. Abs. 2 BGB, das Kündigungsverbot nach Abs. 4 S. 1, die Auswirkungen des Betriebsübergangs auf Tarifverträge und Betriebsvereinbarungen insbesondere nach Abs. 1 S. 2 bis 4 und das Widerspruchsrecht nach Abs. 6. Mitteilungsrelevante „Maßnahmen“ nach § 613a Abs. 5 Nr. 4 BGB sind alle Handlungen des Veräußerers oder Erwerbers, die zumindest auch Änderungen in der wirtschaftlichen, rechtlichen oder sozialen Situation der vom Übergang betroffenen Arbeitnehmer herbeiführen. Die Maßnahme ist „in Aussicht genommen[...]“, wenn sie konkret geplant ist. Über Planungen des Veräußerers oder des Erwerbers im Zusammenhang mit dem Übergang ist allein nach Nr. 4 zu informieren.

Zum Widerspruch nach § 613a Abs. 6 BGB

11. Das in § 613a Abs. 6 BGB kodifizierte Widerspruchsrecht bildet eine zulässige Ausprägung des Rechts auf freie Wahl des Arbeitgebers, Art. 12 Abs. 1 GG. Dem Arbeitnehmer ist eine Rückkehrmöglichkeit zu seinem bisherigen Arbeitgeber einzuräumen. Dies folgt aus dem verfassungsrechtlich gewährleisteten Bestandsschutzinteresse des Arbeitnehmers bezogen auf die einmal getroffene Wahl seines Vertragspartners.
    Aus Sicht des Arbeitgebers folgt aus seiner in Art. 12 Abs. 1 und 14 Abs. 1 GG verankerten Unternehmerfreiheit das Recht, seinen Betrieb nach eigenem Ermessen zu veräußern und alle Arbeitsplätze bei sich entfallen zu lassen. Kehrt der Arbeitnehmer zu seinem bisherigen Arbeitgeber zurück und verfügt dieser über keinerlei Weiterbeschäftigungsmöglichkeiten, liegt darin ein dringendes betriebliches Erfordernis i.S.v. § 1 Abs. 2 S. 1 KSchG, das zu einer ordentlichen betriebsbedingten Kündigung berechtigt. Eine außerordentliche Kündigung kommt nur ausnahmsweise in Betracht.
12. Nach seiner Rechtsnatur ist das Widerspruchsrecht ein Gestaltungsrecht in Form eines Rechtsfolgenverweigerungsrechts. Berechtigte sind die Arbeitnehmer, deren Arbeitsverhältnisse nach § 613a Abs. 1 S. 1 BGB auf den neuen Inhaber übergehen. Als einseitige, empfangsbedürftige Willenserklärung muss der Widerspruch innerhalb der Frist schriftlich gegenüber dem bisherigen Arbeitgeber oder dem neuen Inhaber erklärt werden. Eine Begründung oder das Vorliegen sachlicher Gründe ist nicht gefordert.
13. Die einmonatige Widerspruchsfrist beginnt mit der Erfüllung der Unterrichtungspflicht nach § 613a Abs. 5 BGB, d.h. mit vollständiger und richtiger Unterrichtung.
14. Die Wirksamkeit eines nach Betriebsübergang und nach Ablauf der fiktiven Widerspruchsfrist erklärten Widerspruchs hängt davon ab, ob der Nicht-Widerspruch innerhalb der fiktiven Widerspruchsfrist kausal auf den Unterrichtungsfehler zurückgeht.
15. Der vor dem Übergang erklärte Widerspruch führt zum Fortbestand des Arbeitsverhältnisses mit dem bisherigen Arbeitgeber. Gerät der Arbeitgeber in der Folge in Gläubigerverzug, hat der Arbeitnehmer in den Grenzen des § 615 S. 2 BGB einen Anspruch auf Annahmeverzugslohn. Der nach dem

Betriebsübergang erklärte Widerspruch macht den Übergang des Arbeitsverhältnisses mit ex tunc Wirkung bis zum Zeitpunkt des Betriebsübergangs rückgängig. Für die Zeit zwischen Betriebsübergang und Widerspruch steht dem widersprechenden Arbeitnehmer gegenüber dem bisherigen Arbeitgeber weder ein Anspruch auf Vergütung noch ein Anspruch auf Annahmeverzugslohn zu. Auch dienstzeitunabhängige Leistungen scheiden aus, soweit der Arbeitnehmer diese bereits vom neuen Inhaber erhalten hatte.
Aus § 1 Abs. 3 KSchG folgt, dass ein ohne sachlichen Grund widersprechender Arbeitnehmer die Arbeitnehmer im verbleibenden Betriebsteil über die Sozialauswahl verdrängen kann. Der widersprechende Arbeitnehmer darf nicht schlechter gestellt werden, als die übrigen im „Restbetrieb" des Veräußerers beschäftigten Arbeitnehmer.

16. Eine gesetzliche Höchstfrist für die Ausübung des Widerspruchsrechts besteht nicht. Analogien mit anderen Rechtsvorschriften scheiden aus. Eine absolute zeitliche Grenze erfährt das Widerspruchsrecht jedoch durch die rechtswirksame Beendigung des Arbeitsverhältnisses.
Der Arbeitnehmer kann auf sein Widerspruchsrecht unter bestimmten Voraussetzungen ausdrücklich oder konkludent, einseitig oder durch Vertrag verzichten.
Die Ausübung des Widerspruchsrechts unterliegt einer Rechtsmissbrauchskontrolle. Insbesondere bei kollektiver Ausübung des Widerspruchsrechts besteht die Gefahr, dass das Widerspruchsrecht als Rechtsinstitut zur Erlangung gesetzesfremder Ziele institutionell missbraucht wird. Wichtigster Anwendungsfall der rechtsmissbräulichen Ausübung des Widerspruchsrechts ist die Verwirkung. Das Zeitmoment beginnt mit Entstehung des Widerspruchsrechts. Die Dauer kann nur für den Einzelfall bestimmt werden und hängt maßgeblich vom jeweiligen Umstandsmoment ab. Die widerspruchslose Weiterarbeit beim Betriebserwerber kann erst dann das Umstandsmoment begründen, wenn der Arbeitnehmer seine Arbeit beim Erwerber nach Kenntnis von den für die Geltendmachung des Widerspruchsrechts bedeutsamen Tatsachen länger als einen Monat fortsetzt. Die Schwere des Unterrichtungsfehlers wirkt sich auf den Grad der Schutzwürdigkeit des Arbeitgebers aus und somit auf die Anforderungen an das Umstandsmoment. Ein treuwidrig handelnder Arbeitgeber ist überhaupt nicht schutzwürdig. Weitere Verhaltensweisen des Arbeitnehmers, die in der Rechtsprechung nach den Verwirkungsregeln behandelt werden, können häufig als schriftlicher konkludenter Verzicht auf das Widerspruchsrecht angesehen werden. Dies gilt für die Fälle, in denen der Arbeitnehmer über die Beendigung seines Arbeitsverhältnisses disponiert hat oder in denen er das Arbeitsverhältnis durch Vereinbarungen mit dem Betriebserwerber entweder auf eine völlig neue rechtliche Grundlage gestellt oder in seinem Inhalt unüblich verändert hat. Der Verzicht ist vorrangig vor der Frage der Verwirkung zu prüfen.

Zu den Strategien zur Eindämmung von Risiken aus Arbeitgebersicht

17. Durch die allgemeinen zivilrechtlichen Gestaltungsmittel der Stellvertretung und der Zustimmung kann der Veräußerer in die Wirkungen eines auf Seiten des Betriebserwerbers verwirklichten Beendigungstatbestands (Aufhebungsvertrag oder Kündigung) eintreten.
18. Alternativ kann der Veräußerer selbst den übergehenden Arbeitnehmern vorsorglich unter der aufschiebenden Bedingung der Widerspruchserklärung kündigen.
19. Vertragliche Absprachen zwischen Betriebsveräußerer und Betriebserwerber im Unternehmenskaufvertrag sind vor allem bezüglich des Absenders und des Inhalts des Unterrichtungsschreibens, der wechselseitigen Mitteilung der Widerspruchsrechtsausübung, der Maßnahmen zur Verhinderung von Widersprüchen, der Kompensation und der Geringhaltung der insbesondere durch nachträgliche Widersprüche entstandenen Schäden sowie der Konsequenzen bei Fortfall des Interesses am Betriebs(teil)übergang zu treffen.
20. Im Gegenzug zur Rücknahme des Widerspruchs kann der Veräußerer die widersprechenden Arbeitnehmer beim Wiedereintritt ins Arbeitsleben durch Arbeitsplatzangebote oder rein finanziell unterstützen.

B. Schlussbemerkungen

Schon früh hat *Willemsen* die Tragweite der zum 1. April 2002 in § 613a BGB eingefügten Abs. 5 und 6 treffend prophezeit:

> *„Der Gesetzgeber hat mit der Einfügung von § 613a Abs. 5 und 6 BGB eine neue juristische ‚Spielwiese' geschaffen, die den Theoretikern des Rechts zur Freude, den Normunterworfenen indes häufig zur Verzweiflung gereichen wird."*[2075]

Eigentlich erscheinen die zum 1. April 2002 in § 613a BGB eingefügten Abs. 5 und 6 auf den ersten Blick recht harmlos, ist doch Abs. 5 lediglich das Abbild seiner unionsrechtlichen Vorlage und Abs. 6 die Kodifikation des ohnehin seit langem richterrechtlich anerkannten Widerspruchsrechts. Die vorliegende Untersuchung hat allerdings gezeigt, dass dieser Schein trügt. Tatsächlich bildet die Unterrichtungspflicht nach Abs. 5 die wohl größte Gefahr bei der arbeitsrechtlichen Gestaltung eines Betriebs(teil)übergangs. Auch nach mehr als einem Jahrzehnt besteht noch immer eine erhebliche Rechtsunsicherheit über die Frage, wann eine ordnungsgemäße „Unterrichtung nach Abs. 5" vorliegt. Durch die in Abs. 6 angeordnete Verknüpfung überträgt sich diese Unsicherheit auf die Frage des Beginns der Widerspruchsfrist. Gerade letzteres ist jedoch für die Planungssicherheit der am Übergang beteiligten Arbeitgeber von herausragender Bedeutung.

2075 Willemsen, Festschrift für Wolfdieter Küttner, 433.

Der europarechtliche Ursprung der Unterrichtungspflicht wird in der bisherigen Diskussion weitgehend ignoriert. Die Unterrichtung wird oftmals nur im Zusammenhang mit dem deutschen Widerspruchsrecht gesehen. Diese Sichtweise hat u.a. dazu geführt, dass im deutschen Recht allein die übergehenden Arbeitnehmer als Berechtigte des Unterrichtungsanspruchs angesehen werden. Eine (quasi-) richtlinienkonforme Auslegung des Abs. 5 führt jedoch dazu, dass auch die nicht-übergehenden, vom Übergang betroffenen Arbeitnehmer zu informieren sind.

Inhaltlich unterliegt die Unterrichtungspflicht, wie jede andere Pflicht auch, Grenzen. Unter Berücksichtigung dieser Grenzen ist eine ordnungsgemäße Unterrichtung der vom Betriebsübergang betroffenen Arbeitnehmer möglich, wenn auch nur unter gewissen Anstrengungen.

Die Bedenken, dass die Verknüpfung des Beginns der Widerspruchsfrist mit einer ordnungsgemäßen Unterrichtung dazu führen können, dass die übergehenden Arbeitnehmer auch noch Jahre nach Vollzug des Betriebs(teil)übergangs dem Übergang ihres Arbeitsverhältnisses widersprechen, haben sich bewahrheitet. Dabei führt die Zulassung nachträglicher Widersprüche zu erheblichen rechtlichen und ökonomischen Problemen, insbesondere auf Seiten des Veräußerers. Im Rahmen dieser Untersuchung wurde u.a. dargestellt, dass für einen nach Betriebsübergang und nach Ablauf einer fiktiven Widerspruchsfrist erklärten Widerspruch in Abs. 6 ein weiteres Tatbestandsmerkmal hineinzulesen ist. Ein solcher Widerspruch ist nur wirksam, wenn der Nicht-Widerspruch innerhalb der fiktiven Widerspruchsfrist kausal auf den Unterrichtungsfehler zurückgeht. Aber auch wenn sämtliche Tatbestandsvoraussetzungen des Widerspruchsrechts vorliegen, ist stets zu prüfen, ob das Widerspruchsrecht nicht bereits aus anderen Gründen untergegangen ist. Das Widerspruchsrecht besteht nicht grenzenlos.

Die am Übergang beteiligten Arbeitgeber sind aufgerufen, ihrer Unterrichtungspflicht mit größtmöglicher Sorgfalt nachzugehen und die hier vorgeschlagenen Strategien zur Risikominimierung bei ihren unternehmerischen Planungen zu berücksichtigen. Die vom Übergang betroffenen Arbeitnehmer sind gehalten, ihre Obliegenheit zu eigenen Nachforschungen ernst zu nehmen und enge Rücksprache mit den beteiligten Arbeitgebern zu halten. Der Gesetzgeber sollte dem vielfach geäußerten Wunsch nachgehen und im Interesse der Rechtssicherheit eine gesetzliche Höchstfrist für das Widerspruchsrecht einführen. Schließlich ist die Rechtsprechung berufen, in Zweifelsfragen über die Reichweite der Unterrichtungspflicht von ihrer Vorlagebefugnis an den EuGH Gebrauch zu machen und sich nicht darauf zu beschränken, dass Widerspruchsrecht allein mit den Regeln der Verwirkung zu begrenzen.

Literaturverzeichnis

Ahouzaridi, Irini: Informationspflicht nach § 613a Abs. 5 BGB: Die deutsche Regelung im europäischen Vergleich, in: Festschrift für Wienand Meilicke, hrsg. von Andreas Herlinghaus/Thomas Heidel/Heribert Hirte/Rainer Hüttemann, Baden-Baden, 2010, S. 13-32 (zit.: Ahouzaridi, in: Festschrift für Wienand Meilicke)

Altenburg, Stephan/Leister, Thomas: Der Widerspruch des Arbeitnehmers beim umwandlungsbedingten Betriebsübergang und seine Folgen, NZA 2005, S. 15-24 (zit.: Altenburg/Leister, NZA 2005)

Annuß, Georg: Informationspflicht und Widerspruchsrecht beim Betriebsübergang, in: Arbeitsgemeinschaft Arbeitsrecht im Deutschen Anwaltverein. Festschrift zum 25-jährigen Bestehen, hrsg. von Jobst-Hubertus Bauer, Bonn, 2006, S. 563-593 (zit.: Annuß, Festschrift für Arbeitsgemeinschaft Arbeitsrecht)

Arens, Wolfgang/Düwell, Franz Josef/Wichert, Joachim: Handbuch Umstrukturierung und Arbeitsrecht, Bonn, 2008 (zit.: Bearbeiter, in: Arens/Düwell/Wichert, Umstrukturierung)

Ascheid, Reiner/Preis, Ulrich/Schmidt, Ingrid: Kündigungsrecht. Großkommentar zum gesamten Recht der Beendigung von Arbeitsverhältnissen, 4. Aufl., München, 2012 (zit.: APS/Bearbeiter)

Assmann, Heinz-Dieter/Schütze, Rolf A.: Handbuch des Kapitalanlagerechts, 3. Aufl., München, 2007 (zit.: Hdb. KapitalanlageR/Bearbeiter)

Bachner, Michael/Gerhardt, Peter: Betriebsübergang. Basiskommentar zu § 613a BGB mit den Folgen für die Mitbestimmung, 2. Aufl., Frankfurt am Main, 2012 (zit.: Bachner/Gerhardt, Betriebsübergang)

Bachner, Michael/Köstler, Roland/Matthießen, Volker/Trittin, Wolfgang: Arbeitsrecht bei Unternehmensumwandlung und Betriebsübergang, 4. Aufl., Baden-Baden, 2012 (zit.: Bearbeiter, in: Bachner/Köstler/Matthießen/Trittin)

Bamberger, Heinz Georg/Roth, Herbert: Beck'scher Online-Kommentar BGB, 27. Edition, München, 2013 (zit.: Bearbeiter, in: BeckOK Bamberger/Roth)

Bärenz, Christian: Die Auslegung der überschießenden Umsetzung von Richtlinien am Beispiel des Gesetzes zur Modernisierung des Schuldrechts, DB 2003, S. 375 -376 (zit.: Bärenz, DB 2003)

Bassenge, Peter: Bürgerliches Gesetzbuch. mit Nebengesetzen, insbesondere mit Einführungsgesetz (Auszug) einschließlich Rom I-, Rom II- und Rom III-

Verordnungen sowie dem Haager Unterhaltsprotokoll, allgemeines Gleichbehandlungsgesetz (Auszug), Wohn- und Betreuungsvertragsgesetz, BGB-Informationspflichten-Verordnung, Unterlassungsklagengesetz, Produkthaftungsgesetz, Erbbaurechtsgesetz, Wohnungseigentumsgesetz, Versorgungsausgleichsgesetz, Lebenspartnerschaftsgesetz, Gewaltschutzgesetz, 72. Aufl., München, 2013 (zit.: Palandt/Bearbeiter)

Bauer, Jobst-Hubertus: Unternehmensveräußerung und Arbeitsrecht, Arbeitsrechtliche Probleme bei der Übertragung von Unternehmen, Betrieben, Betriebsteilen und Gesellschaftsanteilen, Heidelberg, 1983 (zit.: Bauer, Unternehmensveräußerung und Arbeitsrecht)

– Arbeitsrechtliche Chancen und Risiken bei Umstrukturierungen aus anwaltlicher Sicht, NZA-Beil. 2009, S. 5-12 (zit.: Bauer, NZA-Beil. 2009)

Bauer, Jobst-Hubertus/Göpfert, Burkard/Haußmann, Katrin/Krieger, Steffen: Umstrukturierung. Handbuch für die arbeitsrechtliche Praxis, 2. Aufl., Köln, 2009 (zit.: Bauer/Göpfert/Haußmann/Krieger, Umstrukturierung)

Bauer, Jobst-Hubertus/von Medem, Andreas: § 613 a BGB: Übergang von Leiharbeitsverhältnissen bei Übertragung des Entleiherbetriebs?, NZA 2011, S. 20-23 (zit.: Bauer/von Medem, NZA 2011)

Bauer, Jobst-Hubertus/von Steinau-Steinrück, Robert: Neuregelung des Betriebsübergangs: Erhebliche Risiken und viel mehr Bürokratie!, ZIP 2002, S. 457-466 (zit.: Bauer/v. Steinau-Steinrück, ZIP 2002)

– Betriebsübergang: Haftungsrisiken und Handlungsvorschläge, NZA 2003, Sonderbeilage zu Heft 16, S. 72-76 (zit.: Bauer/v. Steinau-Steinrück, Beil. NZA 16/2003)

Baur, Jürgen F.: Bürgerliches Gesetzbuch mit Einführungsgesetz und Nebengesetzen, Band 2, Schuldrecht I (§§ 241 – 432), 12. Aufl., Stuttgart, 1990 (zit.: Soergel/Bearbeiter)

Bayreuther, Frank: Konzessionsvergabe im öffentlichen Personenverkehr – Betriebsübergang durch behördliche Anordnung?, NZA 2009, S. 582-584 (zit.: Bayreuther, NZA 2009)

Beck, Siegfried/Depré, Peter: Praxis der Insolvenz. Ein Handbuch für die Beteiligten und ihre Berater, 2. Aufl., München, 2010 (zit.: Bearbeiter, in: Praxis der Insolvenz)

Becker, Friedrich/Bader, Peter/Etzel, Gerhard: KR. Gemeinschaftskommentar zum Kündigungsschutzgesetz und zu sonstigen kündigungsschutzrechtlichen Vorschriften, 9. Aufl., Köln, 2009 (zit.: KR, 9. Aufl./Bearbeiter)

– KR. Gemeinschaftskommentar zum Kündigungsschutzgesetz und zu sonstigen kündigungsschutzrechtlichen Vorschriften, 10. Aufl., Köln, 2013 (zit.: KR/Bearbeiter)

Bepler, Klaus: Tarifverträge im Betriebsübergang, RdA 2009, S. 65-76 (zit.: Bepler, RdA 2009)

Berkowsky, Wilfried: Das Seemannsgesetz und der Betriebsübergang, NZI 2002, S. 415-417 (zit.: Berkowsky, NZI 2002)

– Betriebsübergang und Sozialauswahl widersprechender Arbeitnehmer – Zugleich eine Erwiderung auf Lunk/Möller, NZA 2004, 9, NZA 2004, S. 1374-1377 (zit.: Berkowsky, NZA 2004)

Bernsau, Georg/Dreher, Daniel/Hauck, Friedrich: Betriebsübergang. Kommentar zu § 613a BGB unter Einschluss von betriebsverfassungsrechtlichen und insolvenzrechtlichen Vorschriften, 3. Aufl., Köln, 2010 (zit.: Bearbeiter, in: Bernsau/Dreher/Hauck)

Bittmann, Barbara/Mujan, Susanne: BB-Kommentar zu BAG, Urteil vom 23.7.2009 – 8 AZR 538/08: „Unterrichtungsschreiben bei Betriebsübergang: Weitere Mosaiksteine auf dem Weg zu mehr Rechtssicherheit", BB 2010, S. 577-578 (zit.: Bittmann/Mujan, BB 2010)

Bittmann, Barbara/Rosemann, Julia: BB-Kommentar zu BAG, Urteil vom 31.1.2008 – 8 AZR 1116/06: „Reichweite der Unterrichtungspflicht weiterhin unklar", BB 2008, S. 1346-1348 (zit.: Bittmann/Rosemann, BB 2008)

– BB-Kommentar zu BAG, Urteil vom 20.3.2008 – 8 AZR 1016/06: „Unterrichtung kann weiterhin nicht sorgfältig genug sein", BB 2008, S. 2075-2076 (zit.: Bittmann/Rosemann, BB 2008 II)

Blank, Hubert: Schmidt-Futterer. Mietrecht. Großkommentar des Wohn- und Gewerberaummietrechts, 11. Aufl., München, 2013 (zit.: Schmidt-Futterer/Bearbeiter)

Boemke, Burkhard: Anmerkung zu BAG, Urteil vom 15.2.2007 – 8 AZR 397/06, jurisPR-ArbR 39/2007 Anm. 2 (zit.: Boemke, jurisPR-ArbR 39/2007 Anm. 2)

Borngräber, Helmut: Arbeitsverhältnis bei Betriebsübergang. der Eintritt des neuen Betriebsinhabers in die Rechte und Pflichten aus den Arbeitsverhältnissen beim Betriebsübergang durch Rechtsgeschäft (§ 613a Abs. 1 BGB), Düsseldorf, 1977 (zit.: Borngräber, Arbeitsverhältnis bei Betriebsübergang)

Brandner, Gert: Die überschießende Umsetzung von Richtlinien. Tatbestand und Rechtsfolgen der autonomen Erstreckung des Regelungsgehalts einer Richtlinie auf Sachverhalte außerhalb ihres Anwendungsbereichs durch den nationalen Gesetzgeber, Frankfurt am Main u.a., 2003 (zit.: Brandner, Die überschießende Umsetzung von Richtlinien)

Braun, Eberhard: Insolvenzordnung, 5. Aufl., München, 2012 (zit.: Braun/Bearbeiter)

Breidenbach, Stephan: Die Voraussetzungen von Informationspflichten beim Vertragsschluss, München, 1989 (zit.: Breidenbach, Informationspflichten)

Bron, Christian M.: Rechtsangleichung des Privatrechts auf Ebene der Europäischen Union. Genese, Gestaltung und Vision, Baden-Baden, 2011 (zit.: Bron, Rechtsangleichung des Privatrechts auf Ebene der Europäischen Union)

Büchting, Hans-Ulrich/Heussen, Benno: Beck'sches Rechtsanwalts-Handbuch, 10. Aufl., München, 2011 (zit.: Bearbeiter, in: Beck'sches Rechtsanwalts-Handbuch)

Bülow, Peter/Artz, Markus: Verbraucherprivatrecht, 3. Aufl., Heidelberg u.a., 2011 (zit.: Bülow/Artz, Verbraucherprivatrecht)

Burgmer, Christoph/Richter, Stefan: Der Betriebsübergang im Arbeitsrecht. Überblick über die Rechtslage und die Rechtsentwicklung, Schriftenreihe Das Recht der Wirtschaft, Band 238, Januar 2008 (zit.: Burgmer/Richter, Betriebsübergang)

Burkard, Julia: Sanierungs- und Insolvenzklauseln im Arbeitsvertrag, Marburg, 2009 (zit.: Burkard, Sanierungs- und Insolvenzklauseln)

Canaris, Claus-Wilhelm: Bankvertragsrecht, 2. Aufl., Berlin u.a., 1981 (zit.: Canaris, Bankvertragsrecht)

– Die richtlinienkonforme Auslegung und Rechtsfortbildung im System der juristischen Methodenlehre, in: Im Dienste der Gerechtigkeit. Festschrift für Franz Bydlinski, hrsg. von Helmut Koziol/Peter Rummel, Wien, 2002, S. 47-103 (zit.: Canaris, in: Festschrift für Franz Bydlinski)

Chwalisz, Patrizia: Fehlerhafte Unterrichtung gem. § 613a V, VI BGB – Reaktionsmöglichkeiten von Arbeitnehmern, Veräußerer und Erwerber, ArbRAktuell 2009, S. 57 (zit.: Chwalisz, ArbRAktuell 2009)

Commandeur, Gert: Individualrechtliche Probleme des Widerspruchs des Arbeitnehmers beim Betriebsübergang, NJW 1996, S. 2537-2546 (zit.: Commandeur, NJW 1996)

Cranshaw, Friedrich L.: Anmerkung zu LAG Köln, Urteil vom 4.6.2007 – 14 Sa 1225/06, jurisPR-InsR 1/2008, Anm. 6 (zit.: Cranshaw, jurisPR-InsR 1/2008, Anm. 6)

Dahms, Axel: Das Widerspruchsrecht der Arbeitnehmer im Rahmen des Umwandlungsrechts, Berlin, 2003 (zit.: Dahms, Widerspruchsrecht)

Däubler, Wolfgang/Hjort, Jens Peter/Schubert, Michael/Wolmerath, Martin: Arbeitsrecht. Individualarbeitsrecht mit kollektivrechtlichen Bezügen. Handkommentar, 3. Aufl., Baden-Baden, 2013 (zit.: HK-ArbR/Bearbeiter)

Debong, Bernhard: Die EG-Richtlinie über die Wahrung der Arbeitnehmeransprüche beim Betriebsübergang. Ein Vergleich ihrer Umsetzung in der Bundesrepublik Deutschland und Frankreich, Pfaffenweiler, 1988 (zit.: Debong, EG-Richtlinie)

Diehn, Thomas: Rückkehrzusagen beim Betriebsübergang, Berlin, 2009 (zit.: Diehn, Rückkehrzusagen)

Dornbusch, Gregor/Fischermeier, Ernst/Löwisch, Manfred: Fachanwaltskommentar Arbeitsrecht, 4. Aufl., Köln, 2011 (zit.: Bearbeiter, in: Dornbusch/Fischermeier/Löwisch)

Doublet, Thorsten: Arbeitsrechtliche Auswirkungen der Verschmelzung von Unternehmen, Marburg, 2008 (zit.: Doublet, Verschmelzung von Unternehmen)

Dreier, Horst: Grundgesetz. Kommentar, Band I. Präambel, Artikel 1-19, 3. Aufl., Tübingen, 2013 (zit.: Dreier/Bearbeiter, GG)

Dudenredaktion: Duden. Richtiges und gutes Deutsch. Wörterbuch der sprachlichen Zweifelsfälle, Band 9, 6. Aufl., Mannheim u.a., 2007 (zit.: Duden, Richtiges und gutes Deutsch)

Düwell, Franz Josef: Unterrichtungspflicht und Widerspruchsrecht bei Betriebsübergängen, FA 2002, S. 107-110 (zit.: Düwell, FA 2002)

Dzida, Boris: Die Verwirkung des Widerspruchsrechts als Korrektiv zur uferlosen Unterrichtungspflicht beim Betriebsübergang?, NZA 2009, S. 641-646 (zit.: Dzida, NZA 2009)

– Verwirkung des Widerspruchsrechts beim Betriebsübergang. Zugleich Besprechung des BAG-Urteils vom 23.7.2009 – 8 AZR 538/08, DB 2010 S. 58, DB 2010, S. 167-170 (zit.: Dzida, DB 2010)

Dzida, Boris/Wagner, Tobias: Vertragsänderungen nach Betriebsübergang, NZA 2008, S. 571-574 (zit.: Dzida/Wagner, NZA 2008)

Eckert, Michael: Blick ins Arbeitsrecht, DStR 2003, S. 944-946 (zit.: Eckert, DStR 2003)

Eichler, Manuel: Das Widerspruchsrecht des Arbeitnehmers beim Betriebsübergang nach § 613 a BGB. Bestehen – Rechtsnatur – Ausübung – Rechtsfolgen, Berlin, 2002 (zit.: Eichler, Widerspruchsrecht)

Eisele, Birgit: Die Richtlinie zum Betriebsübergang und ihre Umsetzung im englischen Recht. eine rechtsvergleichende Analyse, Tübingen, 2003 (zit.: Eisele, Umsetzung im englischen Recht)

Engesser Means, Nicole/Klebeck, Ulf: Sperrzeit durch Widerspruch bei Betriebsübergang, NZA 2008, S. 143-147 (zit.: Engesser Means/Klebeck, NZA 2008)

Evers, Malte: Anmerkung zu BAG, Urteil vom 20.3.2008 – 8 AZR 1016/06, FD-ArbR 2008, 266040 (zit.: Evers, FD-ArbR 2008, 266040)

Eylert, Mario/Spinner, Günter: Sozialauswahl nach Widerspruch des Arbeitnehmers gegen einen (Teil-)Betriebsübergang – Zugleich Besprechung der Urteile des BAG vom 31.5.2007 – 2 AZR 218/06 und 2 AZR 276/06, BB 2008, S. 50-53 (zit.: Eylert/Spinner, BB 2008)

Fiebig, Stefan/Gallner, Inken/Mestwerdt, Wilhelm/Nägele, Stefan: Kündigungsschutzrecht. Handkommentar, 4. Aufl., Baden-Baden, 2012 (zit.: Bearbeiter, in: Kündigungsschutzrecht)

Fitting, Karl/Engels, Gerd/Schmidt, Ingrid/Trebinger, Yvonne/Linsenmaier, Wolfgang/Auffarth, Fritz /Kaiser, Heinrich/Heither, Friedrich: Betriebsverfassungsgesetz. mit Wahlordnung. Handkommentar, 26. Aufl., München, 2012 (zit.: Fitting)

Fleischer, Holger: Informationsasymmetrie im Vertragsrecht eine rechtsvergleichende und interdisziplinäre Abhandlung zu Reichweite und Grenzen vertragsschlußbezogener Aufklärungspflichten, München, 2001 (zit.: Fleischer, Informationsasymmetrie)

– Prognoseberichterstattung im Kapitalmarktrecht und Haftung für fehlerhafte Prognosen, AG 2006, S. 2-16 (zit.: Fleischer, AG 2006)

– Reichweite und Grenzen der Unterrichtungspflicht des Unternehmens gegenüber dem Wirtschaftsausschuss nach §§ 106 Abs. 2 Satz 2, Abs. 3 Nr. 9a, 109a BetrVG, ZfA 2009, S. 787-824 (zit.: Fleischer, ZfA 2009)

Fleischer, Holger/Goette, Wulf: Münchener Kommentar zum GmbHG, München, 2010 (zit.: MK-GmbHG/Bearbeiter)

Forst, Gerrit: Leiharbeitnehmer im Betriebsübergang, RdA 2011, S. 228-236 (zit.: Forst, RdA 2011)

Franzen, Martin: Privatrechtsangleichung durch die Europäische Gemeinschaft, Berlin u.a., 1999 (zit.: Franzen, Privatrechtsangleichung)

– Die Richtlinie 98/50/EG zur Änderung der Betriebsübergangsrichtlinie 77/187/EWG und ihre Auswirkungen auf das deutsche Arbeitsrecht, RdA 1999, S. 361-374 (zit.: Franzen, RdA 1999)

– Informationspflichten und Widerspruchsrecht beim Betriebsübergang nach § 613a Abs. 5 und 6 BGB, RdA 2002, S. 258-272 (zit.: Franzen, RdA 2002)

– Europarecht und betriebliche Mitbestimmung. Überlegungen zur Umsetzung der Rahmen-Richtlinie 2002/14/EG über die Unterrichtung und Anhörung der Arbeitnehmer in Deutschland, in: Festschrift für Rolf Birk zum siebzigsten Geburtstag, hrsg. von Horst Konzen, Tübingen, 2008, S. 97-113 (zit.: Franzen, in: Festschrift für Rolf Birk)

– Vorgaben des Europäischen Gemeinschaftsrechts für die arbeitsrechtliche Regulierung des Betriebsübergangs, NZA-Beil. 2008, S. 139-145 (zit.: Franzen, NZA-Beil. 2008)

Fuchs, Maximilian/Marhold, Franz: Europäisches Arbeitsrecht, 3. Aufl., Wien u.a., 2010 (zit.: Fuchs/Marhold, Europäisches Arbeitsrecht)

Fuhlrott, Michael/Ritz, Sebastian: Anforderungen an Unterrichtungsschreiben bei Betriebsübergängen, BB 2012, S. 2689-2694 (zit.: Fuhlrott/Ritz, BB 2012)

Gaul, Björn: Das Arbeitsrecht der Betriebs- und Unternehmensspaltung: Gestaltung von Betriebsübergang, Outsourcing, Umwandlung, Köln, 2002 (zit.: Gaul, Betriebs- und Unternehmensspaltung)

– Unterrichtungspflicht und Widerspruchsrecht in § 613a BGB, FA 2002, S. 299-302 (zit.: Gaul, FA 2002)

– Sozialauswahl nach Widerspruch gegen Betriebsübergang, NZA 2005, S. 730-733 (zit.: Gaul, NZA 2005)

Gaul, Björn/Hiebert, Tanja: Das Phantom lebt. Die ordnungsgemäße Unterrichtung über den Betriebsübergang, ArbRB 2012, S. 183-186 (zit.: Gaul/Hiebert, ArbRB 2012)

Gaul, Björn/Krause, Daniel: Sorgfalt wird (endlich) belohnt: Zur ordnungsgemäßen Unterrichtung über den Betriebsübergang nach § 613a Abs. 5 BGB. Zugleich Besprechung des Urteils des BAG v. 10.11.2011 – 8 AZR 430/10, RdA 2013, S. 39-47 (zit.: Gaul/Krause, RdA 2013)

Gaul, Björn/Ludwig, Daniel: Wird § 613a BGB jetzt uferlos? Neues von EuGH und BAG zu Leiharbeitnehmern beim Betriebsübergang, DB 2011, S. 298-303 (zit.: Gaul/Ludwig, DB 2011)

Gaul, Björn/Niklas, Thomas: Wie gewonnen, so zerronnen: Unterrichtung, Widerspruch und Verwirkung bei § 613a BGB, DB 2009, S. 452-458 (zit.: Gaul/Niklas, DB 2009)

Gaul, Björn/Otto, Björn: Unterrichtungsanspruch und Widerspruchsrecht bei Betriebsübergang und Umwandlung. Ergänzung von § 613a BGB, DB 2002, S. 634-640 (zit.: Gaul/Otto, DB 2002)

– Rechtsfolgen einer fehlenden oder fehlerhaften Unterrichtung bei Betriebsübergang und Umwandlung, DB 2005, S. 2465-2471 (zit.: Gaul/Otto, DB 2005)

Gaul, Dieter: Das Widerspruchsrecht des Arbeitnehmers beim Betriebsübergang und seine Rechtswirkungen, ZfA 1990, S. 87-110 (zit.: D. Gaul, ZfA 1990)

Gehlhaar, Daniel: Widerspruch gegen Betriebsübergang nach Verfügung über das Arbeitsverhältnis, BB 2009, S. 1182-1185 (zit.: Gehlhaar, BB 2009)

Gerdom, Thomas: Gemeinschaftsrechtliche Unterrichtungs- und Anhörungspflichten und ihre Auswirkungen auf das Betriebsverfassungs-, Personalvertretungs- und Mitarbeitervertretungsrecht – Zum Umsetzungsbedarf der Richtlinie

2002/14/EG, Frankfurt am Main u.a., 2009 (zit.: Gerdom, Unterrichtungs- und Anhörungspflichten)

Giesen, Richard: Die Unterrichtung über den Betriebsübergang nach § 613a Abs. 5 BGB, JbArbR 46 (2008), S. 41-68 (zit.: Giesen, JbArbR 46 (2008))

Göpfert, Burkard/Buschbaum, Jörg: „Vierseitiger Vertrag" zur Abwehr von Widerspruchsrisiken bei Insolvenz des Betriebserwerbers, ZIP 2011, S. 64-67 (zit.: Göpfert/Buschbaum, ZIP 2011)

Göpfert, Burkard/Meyer, Stephan T.: Datenschutz bei Unternehmenskauf: Due Diligence und Betriebsübergang, NZA 2011, S. 486-493 (zit.: Göpfert/Meyer, NZA 2011)

Göpfert, Burkard/Siegrist, Carolin: Betriebsübergänge – ein unkalkulierbares Risiko – Vier Jahre nach Agfa und BenQ, ArbRAktuell 2010, S. 60 (zit.: Göpfert/Siegrist, ArbRAktuell 2010, 60)

– Betriebsübergänge – ein unkalkulierbares Risiko – Strategien zur künftigen Risikominimierung, ArbRAktuell 2010, S. 107 (zit.: Göpfert/Siegrist, ArbRAktuell 2010, 107)

Göpfert, Burkard/Winzer, Thomas: Nach-Unterrichtungspflicht beim Betriebsübergang?, ZIP 2008, S. 761-766 (zit.: Göpfert/Winzer, ZIP 2008)

Granetzny, Thomas: Die Informationspflichten von Arbeitgebern gegenüber Arbeitnehmern in der betrieblichen Altersversorgung, Berlin, 2011 (zit.: Granetzny, Informationspflichten)

Grau, Timon: Unterrichtung und Widerspruchsrecht der Arbeitnehmer bei Betriebsübergang gem. § 613a Abs. 5 und 6 BGB, Köln, 2005 (zit.: Grau, Unterrichtung)

– Rechtsbeziehungen nach Widerspruch gegen den Übergang des Arbeitsverhältnisses bei Betriebsübergang, MdR 2005, S. 491-495 (zit.: Grau, MdR 2005)

– Rechtsfolgen von Verstößen gegen die Unterrichtungspflicht bei Betriebsübergang gemäß § 613a Abs. 5 BGB, RdA 2005, S. 367-376 (zit.: Grau, RdA 2005)

– Arbeitnehmerunterrichtung beim Betriebsübergang. Besprechung der Urteile, BAG v. 13.7.2006 – 8 AZR 303/05 und 305/05, RdA 2007, S. 367-372 (zit.: Grau, RdA 2007)

– Unterrichtung und Widerspruchsrecht beim Betriebsübergang – Aktuelle Gestaltungsfragen und Verwirkung, AE 2010, S. 130-140 (zit.: Grau, AE 2010)

Gravenhorst, Anna Caroline: Anmerkung zu BAG, Urteil vom 13.7.2006 – 8 AZR 305/05, jurisPR-ArbR 47/2006 Anm. 2 (zit.: Gravenhorst, jurisPR-ArbR 47/2006 Anm. 2)

Grigoleit, Hans Christoph: Vorvertragliche Informationshaftung. Vorsatzdogma, Rechtsfolgen, Schranken, München, 1997 (zit.: Grigoleit, Vorvertragliche Informationshaftung)

Grobys, Marcel: Die Neuregelung des Betriebsübergangs in § 613a BGB, BB 2002, S. 726-731 (zit.: Grobys, BB 2002)

– Unterrichtung und Widerspruchsrecht bei Betriebsübergang, NJW-Spezial 2007, S. 321-322 (zit.: Grobys, NJW-Spezial 2007)

Grosjean, Sascha R./Biester, Frauke: Betriebsübergang: Offene Fragen zur Informationspflicht nach § 613a Abs. 5 BGB – Zugleich Besprechung des BAG-Urteils vom 14.12.2006 – 8 AZR 763/05 –, DB 2007, S. 1466-1468 (zit.: Grosjean/Biester, DB 2007)

Günther, Jens/Falter, Kira: Die Unterrichtung fremdsprachiger Arbeitnehmer über einen Betriebsübergang, ArbRAktuell 2011, S. 164 (zit.: Günther/Falter, ArbRAktuell 2011)

Haas, Hermann H./Salamon, Erwin/Hoppe, Christian: Beseitigung des Widerspruchs gegen den Betriebsübergang, Auswirkungen der Verletzung von Informationspflichten des Arbeitgebers, NZA 2011, S. 128-132 (zit.: Haas/Salamon/Hoppe, NZA 2011)

Haeffs, Julia Aya: Der Auskunftsanspruch im Zivilrecht zur Kodifikation des allgemeinen Auskunftsanspruchs aus Treu und Glauben (§ 242 BGB), Baden-Baden, 2010 (zit.: Haeffs, Auskunftsanspruch)

Hanau, Peter: Brennpunkte der Rechtsprechung zum Betriebsübergang, in: Personalrecht im Wandel. Arbeitsrecht, Lohnsteuerrecht, Sozialversicherungsrecht. Festschrift für Wolfdieter Küttner zum 70. Geburtstag, hrsg. von Peter Hanau, München, 2006, S. 357-381 (zit.: Hanau, Festschrift für Wolfdieter Küttner)

Hanau, Peter/Steinmeyer, Heinz-Dietrich/Wank, Rolf: Handbuch des europäischen Arbeits- und Sozialrechts, München, 2002 (zit.: Bearbeiter, in: Handbuch des europäischen Arbeits- und Sozialrechts)

Hauck, Friedrich: Der Widerspruch beim Betriebsübergang, NZA 2004, Sonderbeilage 1, S. 43-48 (zit.: Hauck, NZA 2004, Sonderbeil. 1)

– Neueste Entwicklung der Rechtsprechung zu § 613a BGB, NZA 2004, Sonderbeilage zu Heft 18, S. 17-27 (zit.: Hauck, Beil. NZA 18/2004)

– Die Umsetzung der EG-Richtlinie 2001/23/EG des Rates vom 12. März 2001 zur Angleichung der Rechtsvorschriften der Mitgliedstaaten über die Wahrung von Ansprüchen der Arbeitnehmer beim Übergang von Unternehmen, Betrieben oder Unternehmens- oder Betriebsteilen in Absatz 5 des § 613a BGB, in: Arbeitsrecht im sozialen Dialog. Festschrift für Hellmut Wissmann zum 65.

Geburtstag, hrsg. von Wolfhard Kohte/Hans-Jürgen Dörner/Rudolf Anzinger, München, 2005, S. 546-557 (zit.: Hauck, in: Festschrift für Hellmut Wissmann)

– Information über einen Betriebsübergang nach § 613a V BGB und Widerspruch nach § 613a VI BGB, NZA-Beil. 2009, S. 18-23 (zit.: Hauck, NZA-Beil. 2009)

Hausch, Tobias: Gestaltungsmittel im Asset Deal-Unternehmenskaufvertrag im Hinblick auf § 613 a BGB, BB 2008, S. 1392-1403 (zit.: Hausch, BB 2008)

Helml, Ewald: Aus der Praxis: Widerspruch nach Teilbetriebsübergang und Sozialauswahl, JuS 2006, S. 521-524 (zit.: Helml, JuS 2006)

Henssler, Martin: Risiko als Vertragsgegenstand, Tübingen, 1994 (zit.: Henssler, Risiko als Vertragsgegenstand)

Henssler, Martin/Braun, Axel: Arbeitsrecht in Europa, 3. Aufl., Köln, 2011 (zit.: Henssler, in: Arbeitsrecht in Europa)

Henssler, Martin/Willemsen, Heinz Josef/Kalb, Heinz-Jürgen: Arbeitsrecht Kommentar, 5. Aufl., Köln, 2012 (zit.: HWK/Bearbeiter)

Hergenröder, Curt Wolfgang: Dezentralisierung der Produktion und Arbeitsrecht, RdA 2007, S. 218-231 (zit.: Hergenröder, RdA 2007)

Hilgenstock, Christopher: Ordnungsgemäße Unterrichtung beim Betriebsübergang doch möglich?, ArbRAktuell 2012, S. 303 (zit.: Hilgenstock, ArbRAktuell 2012)

Hirte, Heribert/von Bülow, Christoph: Kölner Kommentar zum WpÜG. mit AngebVO und §§ 327a – 327f AktG, 2. Aufl., Köln, 2010 (zit.: KK-WpÜG/Bearbeiter)

Hoffmeister, Karl-Heinz: Soziale Auswahl nach Widerspruch bei Betriebs(teil) übergang, AuR 1995, S. 132-136 (zit.: Hoffmeister, AuR 1995)

Hofmann, Joël Philipp: Rechtsmissbrauch und Verwirkung bei Widerspruch gegen den Übergang des Arbeitsverhältnisses nach § 613a BGB, Frankfurt am Main, 2013 (zit.: Hofmann, Rechtsmissbrauch)

Hohenstatt, Klaus-Stefan: Anmerkung zu BAG, Urteil vom 23.7.2009 – 8 AZR 538/08, AP Nr. 10 zu § 613 a BGB Unterrichtung (zit.: Hohenstatt, AP Nr. 10 zu § 613a BGB Unterrichtung)

Hohenstatt, Klaus-Stefan/Grau, Timon: Arbeitnehmerunterrichtung beim Betriebsübergang, NZA 2007, S. 13-19 (zit.: Hohenstatt/Grau, NZA 2007)

Hohner, Margret: Der Übergang von Arbeitsverhältnissen wider Willen bei einer Unternehmensumwandlung, Frankfurt am Main u.a., 2004 (zit.: Hohner, Unternehmensumwandlung)

Hommelhoff, Peter: Die Rolle der nationalen Gerichte bei der Europäisierung des Privatrechts, in: 50 Jahre Bundesgerichtshof. Festgabe aus der Wissenschaft.

Band II. Handels- und Wirtschaftsrecht. Europäisches und Internationales Recht, hrsg. von Andreas Heldrich/Klaus J. Hopt, München, 2000, S. 889-925 (zit.: Hommelhoff, in: 50 Jahre Bundesgerichtshof)

Hopt, Klaus J.: Der Kapitalanlegerschutz im Recht der Banken. Gesellschafts-, bank- und börsenrechtliche Anforderungen an das Beratungs- und Verwaltungsverhalten der Kreditinstitute, München, 1975 (zit.: Hopt, Kapitalanlegerschutz)

– Die Verantwortlichkeit der Banken bei Emissionen. Recht und Praxis in der EG, in Deutschland und in der Schweiz, München, 1991 (zit.: Hopt, Verantwortlichkeit)

Huke, Reiner: Die Unterrichtung der von einem Betriebsübergang betroffenen Arbeitnehmer gem. § 613a Abs. 5 BGB, FA 2002, S. 263-268 (zit.: Huke, FA 2002)

Ingelfinger, Helmar: Widerspruch des Arbeitnehmers beim Betriebsübergang und soziale Auswahl bei anschließender betriebsbedingter Kündigung, ZfA 1996, S. 591-613 (zit.: Ingelfinger, ZfA 1996)

Jacobsen, Kay/Menke, Johan-Michel: Arbeitgeber auf Abruf? Zum Inhalt von Unterrichtungsschreiben nach § 613 a BGB und zur Verwirkung des Widerspruchsrechts beim Betriebsübergang, NZA-RR 2010, S. 393-398 (zit.: Jacobsen/Menke, NZA-RR 2010)

Jacoby, Jacob/Speller, Donald E./Kohn, Carol A.: Brand Choise Behavior as a Function of Information load, JMR Vol. 11, 1974, S. 63-69 (zit.: Jacoby/Speller/Kohn, JMR Vol. 11, 1974)

Jaeger, Georg: Die Unterrichtungspflicht nach § 613a Abs. 5 BGB in der Praxis der Betriebsübernahme, ZIP 2004, S. 433-445 (zit.: Jaeger, ZIP 2004)

Jauernig, Othmar: Bürgerliches Gesetzbuch, 14. Aufl., München, 2011 (zit.: Jauernig/Bearbeiter)

Joost, Detlev/Strohn, Lutz: Handelsgesetzbuch. Band 2. §§ 343-475h. Transportrecht. Bank- und Börsenrecht, 2. Aufl., München, 2009 (zit.: Bearbeiter, in: Ebenroth/Boujong/Joost/Strohn)

Junker, Markus/Beckmann, Roland Michael/Rüßmann, Helmut: juris Praxiskommentar BGB. Band 2 – Schuldrecht, 6. Aufl., 2012 (Bearbeiter, in: jurisPK-BGB)

Kania, Thomas/Joppich, Tim: Informationspflicht über die wirtschaftlichen Bedingungen eines Betriebsübergangs nach § 613a Abs. 5 BGB, in: Personalrecht im Wandel. Arbeitsrecht, Lohnsteuerrecht, Sozialversicherungsrecht. Festschrift für Wolfdieter Küttner zum 70. Geburtstag, hrsg. von Peter Hanau, München, 2006, S. 383-398 (zit.: Kania/Joppich, Festschrift für Wolfdieter Küttner)

Kittner, Michael/Däubler, Wolfgang/Zwanziger, Bertram: KSchR. Kündigungsschutzrecht. Kündigungen und andere Formen der Beendigung des

Arbeitsverhältnisses, 8. Aufl., Frankfurt am Main, 2011 (zit.: Bearbeiter, in: Kittner/Däubler/Zwanziger, KSchR)

Kittner, Michael/Zwanziger, Bertram/Deinert, Olaf: Arbeitsrecht. Handbuch für die Praxis, 6. Aufl., Frankfurt am Main, 2011 (zit.: Bearbeiter, in: Kittner/Zwanziger/Deinert, Arbeitsrecht)

Kittner, Oliver...: Die Verwirkung des Widerspruchsrechts beim Betriebsübergang Rechtsanwalt, NJW 2012, S. 1180-1185 (zit.: Kittner, NJW 2012)

Kleinebrink, Wolfgang/Commandeur, Gert: „Feindliche" Einflussnahme auf Betriebsübergänge, ArbRB 2007, S. 366-369 (zit.: Kleinebrink/Commandeur, ArbRB 2007)

Kliemt, Michael/Teusch, Jan L.: Die wirtschaftlichen und sozialen Folgen des Betriebsübergangs – Umfang und Grenzen der Unterrichtungspflicht nach § 613a Abs. 5 Nr. 3 BGB, in: Festschrift für Jobst-Hubertus Bauer zum 65. Geburtstag, hrsg. von Ulrich Baeck, München, 2010, S. 537-548 (zit.: Kliemt/Teusch, Festschrift für Jobst-Hubertus Bauer)

Klumpp, Steffen: Widerspruch bei Betriebsübergang und Sperrzeit nach § 144 I 2 Nr. 1 SGB III, NZA 2009, S. 354-357 (zit.: Klumpp, NZA 2009)

Klumpp, Steffen/Jochums, Dominik: Die Rechtsfolgen des Widerspruchsrechts bei Betriebsübergang, JuS 2006, S. 687-691 (zit.: Klumpp/Jochums, JuS 2006)

Köhler, Matthias/Pinkwart, Julian: Ordnungsgemäße Unterrichtung bei Betriebsübergang – Besprechungsaufsatz zum BAG-Urteil vom 10.11.2011 – 8 AZR 277/10 –, SAE 2012, S. 96-99 (zit.: Köhler/Pinkwart, SAE 2012)

Koller-van Delden, Martin: Unterrichtungspflichten und Widerspruchsrecht beim Betriebsübergang, DStR 2008, S. 776-782 (zit.: Koller-van Delden, DStR 2008)

Kossens, Michael: Informationspflichten und Widerspruchsrechte normiert, AuA 2002, S. 158-159 (zit.: Kossens, AuA 2002)

Krause, Rüdiger: Kollektiver Widerspruch beim Betriebsübergang – Rechtsmissbrauch wegen zu Grunde liegender Zweckverfolgung – Besprechung des Urteils BAG v. 30. 9. 2004 – 8 AZR 462/03, RdA 2006, S. 228-235 (zit.: Krause, RdA 2006)

Kreitner, Jochen: Kündigungsrechtliche Probleme beim Betriebsinhaberwechsel, Heidelberg, 1989 (zit.: Kreitner, Kündigungsrechtliche Probleme beim Betriebsinhaberwechsel)

Krügermeyer-Kalthoff, Rolf/Reutershan, Simon: Betriebsübergang – Unterrichtungspflichten des Arbeitgebers nach § 613a Abs. 5 BGB n. F., MDR 2003, S. 541-546 (zit.: Krügermeyer-Kalthoff/Reutershan, MDR 2003)

Krügermeyer-Kalthoff, Rolf/Schlegel, Uwe/Feucker, Jörg: Der Betriebsübergang nach § 613a BGB: Fragen und Antworten für die Praxis, WPg 2007, S. 920-928 (zit.: Krügermeyer-Kalthoff/Schlegel/Feucker, WPg 2007)

Kuckuk, Meike: Der Auskunftsanspruch gegen den Betriebserwerber, ArbRB 2008, S. 62-65 (zit.: Kuckuk, ArbRB 2008)

Langner, Sören: Betriebsübergang: Form und Sprache der Unterrichtung gem. § 613a Abs. 5 BGB, DB 2008, S. 2082-2084 (zit.: Langner, DB 2008)

Laumen, Hans-Willi/Prütting, Hanns: Handbuch der Beweislast, Grundlagen, 2. Aufl., Köln u.a., 2009 (zit.: Baumgärtel/Bearbeiter, Handbuch der Beweislast, Grundlagen)

Leinhas, Sabrina: IT-Outsourcing und Betriebsübergang im Sinne des § 613a BGB. arbeitnehmererfindungsrechtliche und arbeitnehmerurheberrechtliche Problemlösungen, Köln, 2009 (zit.: Leinhas, IT-Outsourcing)

Leister, Thomas/Fischer, Petra: Arbeitsrechtliche Empfehlungen für eine Umstrukturierung mittels einer Beschäftigungs- und Qualifizierungsgesellschaft in der Insolvenz, ZInsO 2009, S. 985-989 (zit.: Leister/Fischer, ZInsO 2009)

Lembke, Mark: Umstrukturierung in der Insolvenz unter Einschaltung einer Beschäftigungs- und Qualifizierungsgesellschaft. Rechtliche Rahmenbedingungen unter Berücksichtigung der aktuellen Arbeitsmarktreformen, BB 2004, S. 773-782 (zit.: Lembke, BB 2004)

– Anmerkung zu BAG, Urteil vom 14.12.2006 – 8 AZR 763/05, NJW 2007, S. 2138-2139 (zit.: Lembke, NJW 2007)

Lembke, Mark/Oberwinter, Jens-Wilhelm: Unterrichtungspflicht und Widerspruchsrecht beim Betriebsübergang im Lichte der neuesten Rechtsprechung, ZIP 2007, S. 310-314 (zit.: Lembke/Oberwinter, ZIP 2007)

Leßmann, Jochen: Nachunterrichtung beim Betriebsübergang, DB 2011, S. 2378-2381 (zit.: Leßmann, DB 2011)

Linde, Klaus/Lindemann, Viola: Der Nachweis tarifvertraglicher Ausschlussfristen, NZA 2003, S. 649-656 (zit.: Linde/Lindemann, NZA 2003)

Lindemann, Achim/Wolter-Roßteutscher, Nargisa: Die Informationsverpflichtung nach § 613 a Abs. 5 BGB – Rechtsgutachten oder plausible Entscheidungshilfe für den Arbeitnehmer?, BB 2007, S. 938-942 (zit.: Lindemann/Wolter-Roßteutscher, BB 2007)

Lingemann, Stefan: Richtig unterrichtet beim Betriebsübergang – neue Hilfestellungen des BAG, NZA 2012, S. 546-549 (zit.: Lingemann, NZA 2012)

Lipinski, Wolfgang: Sozialauswahl bei Betriebsübergang zugunsten eines widersprechenden Arbeitnehmers?, DB 2002, S. 1214-1218 (zit.: Lipinski, DB 2002)

Lorenz, Stephan: Der Schutz vor dem unerwünschten Vertrag. eine Untersuchung von Möglichkeiten und Grenzen der Abschlußkontrolle im geltenden Recht, München, 1997 (zit.: Lorenz, Der Schutz vor dem unerwünschten Vertrag)

Loritz, Karl-Georg: Aufklärungs- und Informationsbeschaffungspflichten über Presseberichte beim Vertrieb von Kapitalanlagen, NZG 2002, S. 889-898 (zit.: Loritz, NZG 2002)

– Aufklärungspflichten und Haftungsfragen der Arbeitgeberseite bei Unternehmensbeteiligungen und arbeitnehmerfinanzierten Altersversorgungen, in: Festschrift für Reinhard Richardi zum 70. Geburtstag, hrsg. von Georg Annuß, München, 2007, S. 287-304 (zit.: Loritz, Festschrift für Richardi)

Löw, Friederike: Die Betriebsveräußerung im europäischen Arbeitsrecht. die EG -Richtlinie 77/187 und ihre Umsetzung in Deutschland und Großbritannien, Frankfurt am Main u.a., 1992 (zit.: Löw, Betriebsveräußerung)

Löw, Stefan: Übergangs- oder Restmandat bei Widerspruch gegen den Betriebsübergang?, AuR 2007, S. 194-195 (zit.: Löw, AuR 2007)

Löwisch, Manfred: Unvereinbarkeit von Nachträglichkeit und Rückwirkung des Widerspruchs nach § 613a Abs. 6 BGB mit der Richtlinie 01/23/EG, in: Festschrift für Rolf Birk zum siebzigsten Geburtstag, hrsg. von Horst Konzen, Tübingen, 2008, S. 541-545. (zit.: Löwisch, in: Festschrift für Rolf Birk)

– Die Einbeziehung widersprechender Arbeitnehmer in die Sozialauswahl im Veräußererbetrieb, SAE 2008, S. 329-331 (zit.: Löwisch, SAE 2008)

– Bewältigung eines nach Beendigung des Arbeitsverhältnisses beim Betriebserwerber erhobenen Widerspruchs mit allgemeinen zivilrechtlichen Gestaltungsmitteln, BB 2009, S. 326-328 (zit.: Löwisch, BB 2009)

– Betriebsübergang: Betriebliche Stellung widersprechender Arbeitnehmer, in: Arbeitsgerichtsbarkeit und Wissenschaft. Festschrift für Klaus Bepler zum 65. Geburtstag, hrsg. von Malte Creutzfeldt, München, 2012, S. 403-410 (zit.: Löwisch, in: Festschrift für Klaus Bepler)

Löwisch, Manfred/Göpfert, Burkard/Siegrist, Carolin: Verwirkung des Widerspruchsrechts beim Betriebsübergang, DB 2007, S. 2538-2541 (zit.: Löwisch/Göpfert/Siegrist, DB 2007)

Löwisch, Manfred/Kaiser, Dagmar: Betriebsverfassungsgesetz. Kommentar, 6. Aufl., Frankfurt am Main, 2010 (zit.: Löwisch/Kaiser)

Lunk, Stefan: Widerspruch gegen Betriebsübergang und Sozialauswahl, NZA 1995, S. 711-717 (zit.: Lunk, NZA 1995)

– Schadensersatz wegen Verstoßes gegen die Unterrichtungspflicht bei einem Betriebsübergang gemäß § 613a Abs. 5 BGB, RdA 2009, S. 48-54 (zit.: Lunk, RdA 2009)

Lunk, Stefan/Möller, Berenice: Folgeprobleme nach Widerspruch gegen einen Betriebsteilübergang, NZA 2004, S. 9-14 (zit.: Lunk/Möller, NZA 2004)

Lütcke, Jens: Fernabsatzrecht. Kommentar zu den §§ 312b-312f BGB, München, 2002 (zit.: Lütcke, Fernabsatzrecht)

Lutter, Marcus: Zur überschießenden Umsetzung von Richtlinien der EU, in: Gedächtnisschrift für Meinhard Heinze, hrsg. von Alfred Söllner, München, 2005, S. 571-584 (zit.: Lutter, in: Gedächtnisschrift Heinze)

Martinek, Michael: Unsystematische Überregulierung und kontraintentionale Effekte im Europäischen Verbraucherschutzrecht oder: Weniger wäre mehr, in: Systembildung und Systemlücken in Kerngebieten des Europäischen Privatrechts. Gesellschafts-, Arbeits- und Schuldvertragsrecht, hrsg. von Stefan Grundmann, Tübingen, 2000 (zit.: Martinek, in: Grundmann, Systembildung und Systemlücken)

Maschmann, Frank: Die Unterrichtungspflicht beim Betriebsübergang nach § 613a BGB, BB-Special 6 2006, S. 29-35 (zit.: Maschmann, BB-Special 6 2006)

Habersack, Mathias/Mayer, Christian: Die überschießende Umsetzung von Richtlinien. Normauslegung und Rechtsweg im Grenzbereich zwischen deutschem und europäischen Privatrecht, JZ 1999, S. 913-921 (zit.: Habersack/Mayer, JZ 1999)

Hanau, Peter: Aktuelle Fragen zu § 613a BGB, in: Festschrift für Dieter Gaul zum 70. Geburtstag, hrsg. von Dietrich Boewer/Björn Gaul, Neuwied u.a., 1992, S. 287-304 (zit.: Hanau, Festschrift für Dieter Gaul)

Mayer, Christian/Schürnbrand, Jan: Einheitlich oder gespalten? – Zur Auslegung nationalen Rechts bei überschießender Umsetzung von Richtlinien, JZ 2004, S. 545-552 (zit.: Mayer/Schürnbrand, JZ 2004)

Meier, Olaf: Informationspflichten des Arbeitgebers gegenüber den einzelnen Arbeitnehmern bei einem Betriebsübergang unter europarechtlichen Gesichtspunkten, Frankfurt am Main u.a., 2003 (zit.: Meier, Informationspflichten)

Melms, Christopher/Weck, Peter: Rechtsprechungsübersicht zum Nachweisgesetz, RdA 2006, S. 171-176 (zit.: Melms/Weck, RdA 2006)

Melot de Beauregard, Paul: Der kollektive Widerspruch der Arbeitnehmer beim Betriebsübergang. Gleichzeitig Besprechung des BAG-Urteils vom 30.9.2004 – 8 AZR 462/03, BB 2005, 605, BB 2005, S. 826-829 (zit.: Melot de Beauregard, BB 2005)

– BB-Kommentar zu BAG, Urteil vom 13.7.2006 – 8 AZR 305/05: Fristgemäßer Widerspruch gegen den Übergang des Arbeitsverhältnisses bei fehlerhafter Unterrichtung, BB 2006, S. 2586-2588 (zit.: Melot de Beauregard, BB 2006)

Menze, Sandra: Das Widerspruchsrecht der Arbeitnehmer beim Betriebsübergang. Bestehen, Voraussetzungen und individualrechtliche Rechtsfolgen, Frankfurt am Main u.a., 2000 (zit.: Menze, Widerspruchsrecht)

Meyer, Cord: Die Novelle zum Betriebsübergang im Praktikerblick, AuA 2002, S. 159-164 (zit.: Meyer, AuA 2002)

– Unterrichtungspflicht und Widerspruchsrecht beim Betriebsübergang. Gestaltungsfolgen für Übertragungs- und Umwandlungsverträge, BB 2003, S. 1010-1014 (zit.: Meyer, BB 2003)

– Neue Fragen einer Kündigung bei Widerspruch gegen „Betriebsübergang", NZA 2005, S. 9-15 (zit.: Meyer, NZA 2005)

– Die Unterrichtung der Arbeitnehmer vor Betriebsübergang, Baden-Baden, 2007 (zit.: Meyer, Unterrichtung)

– Inhalt einer Unterrichtung bei Betriebsübergang, DB 2007, S. 858-860 (zit.: Meyer, DB 2007)

– Inhalt der Unterrichtung gemäß § 613a Abs. 5 BGB, SAE 2007, S. 315-318 (zit.: Meyer, SAE 2007)

– Unterrichtungspflichten des Arbeitgebers und Widerspruch des Arbeitnehmers – Erfahrungen aus der Praxis und Rechtsprechung, NZA-Beil. 2008, S. 173-176 (zit.: Meyer, NZA-Beil. 2008)

– Unterrichtung und Widerspruch bei Betriebsübergang, SAE 2008, S. 145-148 (zit.: Meyer, SAE 2008)

– Neues zu Unterrichtung und Widerspruch bei Betriebsübergang, SAE 2009, S. 212-218 (zit.: Meyer, SAE 2009)

– Die Unterrichtung über den Betriebsübergang – Ein Sonderfall gefahrgeneigter Arbeit, SAE 2010, S. 173-176 (zit.: Meyer, SAE 2010)

– Widerspruch nach Arbeitsvertragsende?, SAE 2011, S. 91-95 (zit.: Meyer, SAE 2011)

– Aktuelle Gestaltungsfragen beim Betriebsübergang, NZA-RR 2013, S. 225-231 (zit.: Meyer, NZA-RR 2013)

Mitsch, Jürgen: Gesetzliche Informationspflichten des Arbeitgebers als Konkretisierung seiner allgemeinen Fürsorgepflicht, Hamburg, 2008 (zit.: Gesetzliche Informationspflichten)

Mohnke, Lars/Betz, Christoph: Unterrichtung der Mitarbeiter über die Fortgeltung von Betriebsvereinbarungen bei einem Betriebs(teil)übergang, BB 2008, S. 498-504 (zit.: Mohnke/Betz, BB 2008)

Moll, Wilhelm: Münchener Anwaltshandbuch Arbeitsrecht, 3. Aufl., München, 2012 (zit.: Bearbeiter, in: Moll, Arbeitsrecht)

Mückl, Patrick: Rechtsfolgen einer fehlerhaften Unterrichtung des Arbeitnehmers bei Betriebsübergang – BAG, NZA 2005, 1302, JuS 2006, S. 395-397 (zit.: Mückl, JuS 2006)

– Das Problem mangelnder Kooperationsbereitschaft der beteiligten Rechtsträger im Rahmen der Unterrichtung nach § 613a Abs. 5 BGB, RdA 2008, S. 343-346 (zit.: Mückl, RdA 2008)

Mues, Werner M.: Das rechtliche Schicksal einer Betriebsvereinbarung nach dem Übergang eines Betriebsteils, ArbRB 2009, S. 245-247 (zit.: Mues, ArbRB 2009)

Müller, Stefan: Widerspruchsrecht bei Betriebsübergang (§ 613a Abs. 6 Satz 1 BGB) und Verwirkung nach § 242 Abs. 1 BGB, AuR 2007, S. 343-345 (zit.: Müller, AuR 2007)

Müller-Bonanni, Thomas/Grau, Timon: Neues zum Widerspruchsrecht (§ 613a BGB), ArbRB 2007, S. 146-150 (zit.: Müller-Bonanni/Grau, ArbRB 2007)

Müller-Glöge, Rudi/Preis, Ulrich/Schmidt, Ingrid: Erfurter Kommentar zum Arbeitsrecht, 14. Aufl., München, 2014 (zit.: ErfK/Bearbeiter)

Nägele, Stefan: EG-Arbeitsrecht in der deutschen Praxis, Frankfurt am Main, 2007 (zit.: Bearbeiter, in: EG-Arbeitsrecht)

Nebeling, Martin/Brauch, Florence: § 613a Abs. 5 BGB: Es ist niemals zu spät... oder manchmal doch? – Zum richtigen Zeitpunkt der Übergabe des Informationsschreibens bei einem Betriebsübergang –, BB 2010, S. 1474-1477 (zit.: Nebeling/Brauch, BB 2010)

Nebeling, Martin/Kille, Sarah-Denise: Verwirkung des Widerspruchsrechts bei fehlerhafter Unterrichtung über den Betriebsübergang, NZA-RR 2013, S. 1-6 (zit.: Nebeling/Kille, NZA-RR 2013)

Nehls, Albrecht: Die Neufassung des § 613a BGB – Bewertung und Gestaltungsmöglichkeiten, NZA 2003, S. 822-827 (zit.: Nehls, NZA 2003)

Neufeld, Tobias/Beyer, Ulrich: Der nachträgliche Widerspruch nach § 613a VI BGB und seine Folgen für das Arbeitsverhältnis, die betriebliche Altersversorgung und deren Insolvenzsicherung, NZA 2008, S. 1157-1164 (zit.: Neufeld/Beyer, NZA 2008)

Nicolai, Andrea: Die Kündigung widersprechender Arbeitnehmer nach Betriebsübergang, BB 2006, S. 1162-1166 (zit.: Nicolai, BB 2006)

Nowak, Alfons: Die EWG-Richtlinie über die Unterrichtung und Anhörung der Arbeitnehmer (sogenannte Vredeling-Richtlinie) und ihr Verhältnis zum

Arbeitsrecht der Bundesrepublik Deutschland, Heidelberg, 1985 (zit.: Nowak, EWG-Richtlinie)

Oetker, Hartmut: Die Vorgaben der Betriebsübergangsrichtlinie für die Beteiligungsrechte des Betriebsrats, NZA 1998, S. 1193-1201 (zit.: Oetker, NZA 1998)

Olbertz, Klaus/Ungnad, Simone: Zeitliche Grenze des Widerspruchsrechts nach § 613 a Abs. 6 BGB im Falle fehlerhafter Unterrichtung der Arbeitnehmer, BB 2004, S. 213-218 (zit.: Olbertz/Ungnad, BB 2004)

Pauly, Holger: Zur Sozialauswahl nach Widerspruch des Gekündigten gegen den Betriebsübergang – Neue Rechtsprechung des BAG, ZTR 2009, S. 63-65 (zit.: Pauly, ZTR 2009)

Pietzko, Joachim: Der Tatbestand des § 613a BGB, Berlin, 1988 (zit.: Pietzko, Tatbestand des § 613a BGB)

Potacs, Michael: Effet utile als Auslegungsgrundsatz, EuR 2009, S. 465-488 (zit.: Potacs, EuR 2009)

Powietzka, Arnim: Die Unterstützungskasse bei Betriebsübergang und Unternehmenskauf, DB 2008, S. 2593-2598 (zit.: Powietzka, DB 2008)

Preis, Ulrich/Steffan, Ralf: Anmerkung zu BAG, 7.4.1993 – 2 AZR 449/91, EzA Nr. 30 zu § 1 KSchG Soziale Auswahl (zit.: Preis/Steffan, EzA Nr. 30 zu § 1 KSchG Soziale Auswahl)

Pröpper, Martin: Präventive Vereinbarungen zwischen Arbeitgeber und Arbeitnehmer über das Widerspruchsrecht für den Fall eines Betriebsübergangs, DB 2000, S. 2322-2326 (zit.: Pröpper, DB 2000)

– Unbefristetes Widerspruchsrecht bei Unterrichtungsfehlern über den Betriebsübergang nach § 613a BGB?, DB 2003, S. 2011-2012 (zit.: Pröpper, DB 2003)

Prütting, Hans/Wegen, Gerhard/Weinreich, Gerd: BGB. Kommentar, 8. Aufl., Köln, 2013 (zit.: PWW/Bearbeiter)

Quecke, Martin: Sozialauswahl nach Widerspruch gegen Teilbetriebsübergang?, ZIP 2007, S. 1846-1849 (zit.: Quecke, ZIP 2007)

Rademacher, Ulf: Der Europäische Betriebsrat. Die Richtlinie 94/45/EG des Rates vom 22.9.1994 und ihre Umsetzung in nationales Recht, Baden-Baden, 1996 (zit.: Rademacher, Der Europäische Betriebsrat)

Reinecke, Gerhard: Betriebsübergang: Rettungsanker Verwirkung des Widerspruchsrechts?, DB 2012, S. 50-53 (zit.: Reinecke, DB 2012)

Reinhard, Barbara: Anmerkung zu LAG Berlin-Brandenburg, Urteil vom 20.7.2007 – 6 Sa 680/07, jurisPR-ArbR 50/2007 Anm. 1 (zit.: Reinhard, jurisPR-ArbR 50/2007 Anm. 1)

– Die Pflicht zur Unterrichtung über wirtschaftliche Folgen eines Betriebsübergangs – ein weites Feld, NZA 2009, S. 63-69 (zit.: Reinhard, NZA 2009)

Richardi, Reinhard: Betriebsverfassungsgesetz mit Wahlordnung. Kommentar, 13. Aufl., München, 2012 (zit.: Bearbeiter, in: Richardi)

Richardi, Reinhard/Wißmann, Hellmut/Wlotzke, Otfried/Oetker, Hartmut: Münchener Handbuch zum Arbeitsrecht. Band 1. Individualarbeitsrecht, 3. Aufl., München, 2009 (zit.: Bearbeiter, in: Handbuch zum Arbeitsrecht)

Rieble, Volker: Widerspruch nach § 613a VI BGB – die (ungeregelte) Rechtsfolge, NZA 2004, S. 1-9 (zit.: Rieble, NZA 2004)

– Kollektivwiderspruch nach § 613a VI BGB, NZA 2005, S. 1-8 (zit.: Rieble, NZA 2005)

– § 613a Abs. 5 BGB: Informationspflicht und Verstoß, in: Arbeitsgemeinschaft Arbeitsrecht im Deutschen Anwaltverein. Festschrift zum 25-jährigen Bestehen, hrsg. von Jobst-Hubertus Bauer, Bonn, 2006, S. 687-719 (zit.: Rieble, Festschrift für Arbeitsgemeinschaft Arbeitsrecht)

Rieble, Volker/Wiebauer, Bernd: Widerspruch (§ 613a VI BGB) nach Aufhebungsvertrag, NZA 2009, S. 401-408 (zit.: Rieble/Wiebauer, NZA 2009)

Riesenhuber, Karl: Informationspflichten beim Betriebsübergang: Fehler bei der Umsetzung der Richtlinie und Anlass für eine grundsätzliche Neuordnung, RdA 2004, S. 340-352 (zit.: Riesenhuber, RdA 2004)

– Arbeitnehmerschutz durch Information beim Betriebsübergang: die Information von Arbeitnehmervertretern und Arbeitnehmern durch Veräußerer und Erwerber nach der Betriebsübergangsrichtlinie, in: Recht der Wirtschaft und der Arbeit in Europa. Gedächtnisschrift für Wolfgang Blomeyer, hrsg. von Rüdiger Krause, 2004, S. 195-215 (zit.: Riesenhuber, Gedächtnisschrift für Wolfgang Blomeyer)

– Europäisches Arbeitsrecht. Eine systematische Darstellung, Heidelberg, München u.a., 2009 (zit.: Riesenhuber, Europäisches Arbeitsrecht)

– Europäische Methodenlehre. Handbuch für Ausbildung und Praxis, 2. Aufl., 2010 (zit.: Bearbeiter, in: Europäische Methodenlehre)

Ritter, Tanja: Der Wirtschaftsausschuss nach dem Betriebsverfassungsgesetz und die Rahmenrichtlinie 2002/14/EG, Baden-Baden, 2006 (zit.: Ritter, Wirtschaftsausschuss)

Rolfs, Christian/Giesen, Richard/Kreikebohm, Ralf/Udsching, Peter: Beck'scher Online-Kommentar Arbeitsrecht, 28. Edition, München, 2013 (zit.: Bearbeiter, in: BeckOK R/G/K/U)

Röller, Jürgen: Personalbuch 2013: Arbeitsrecht, Lohnsteuerrecht, Sozialversicherungsrecht, 20. Aufl., München, 2013 (zit.: Bearbeiter, in: Küttner Personalbuch)

Roth, Wulf-Henning: Europäisches Recht und nationales Recht, in: 50 Jahre Bundesgerichtshof. Festgabe aus der Wissenschaft. Band II. Handels- und Wirtschaftsrecht. Europäisches und Internationales Recht, hrsg. von Andreas Heldrich und Klaus J. Hopt, München, 2000, S. 847-888 (zit.: Roth, in: 50 Jahre Bundesgerichtshof)

Rudkowski, Lena: Das „ewige" Widerspruchsrecht des Arbeitnehmers nach § 613a VI BGB und seine Grenzen, NZA 2010, S. 739-743 (zit.: Rudkowski, NZA 2010)

Rumpff, Klaus/Boewer, Dietrich: Mitbestimmung in wirtschaftlichen Angelegenheiten und bei der Unternehmens- und Personalplanung, 3. Aufl., 1990 (zit.: Rumpff/Boewer, Mitbestimmung in wirtschaftlichen Angelegenheiten)

Rupp, Hans-Jürgen: Das Problem widersprüchlicher Unterrichtungen bei § 613a V BGB, NZA 2007, S. 301-305 (zit.: Rupp, NZA 2007)

Säcker, Jürgen/Rixecker, Roland: Münchener Kommentar zum Bürgerlichen Gesetzbuch. Band 1, Allgemeiner Teil, §§ 1-240. ProstG. AGG, 6. Aufl., München 2012 (zit.: MK/Bearbeiter)

– Münchener Kommentar zum Bürgerlichen Gesetzbuch. Band 2, Schuldrecht. Allgemeiner Teil, §§ 241-432, 6. Aufl., München 2012 (zit.: MK/Bearbeiter)

– Münchener Kommentar zum Bürgerlichen Gesetzbuch. Band 4, Schuldrecht. Besonderer Teil II, §§ 611-704. EFZG. TzBfG. KSchG, 6. Aufl., München, 2012 (zit.: MK/Bearbeiter)

Sagan, Adam: Unterrichtung und Widerspruch beim Betriebsübergang aus deutscher und europäischer Sicht, ZIP 2011, S. 1641-1650 (zit.: Sagan, ZIP 2011)

Sayatz, Andre/Wolff, Alexander: Neuregelungen beim Betriebsübergang nach § 613a BGB – Unterrichtungspflicht und Widerspruchsrecht, DStR 2002, S. 2039-2046 (zit.: Sayatz/Wolff, DStR 2002)

Schaub, Günter: Arbeitsrechts-Handbuch. Systematische Darstellung und Nachschlagewerk für die Praxis, 15. Aufl., München, 2013 (zit.: Schaub/Bearbeiter, Arbeitsrechts-Handbuch)

Schiefer, Bernd/Worzalla, Michael: Unterrichtungspflicht bei Betriebsübergang nach § 613a V BGB – Eine Bestandsaufnahme, NJW 2009, S. 558-563 (zit.: Schiefer/Worzalla, NJW 2009)

Schiek, Dagmar: Europäisches Arbeitsrecht, 3. Aufl., Baden-Baden, 2007 (zit.: Schiek, Europäisches Arbeitsrecht)

Schielke, Christian: Betriebsübergang – Unterrichtungspflicht und Widerspruchsrecht in der Rechtsprechung, MDR 2007, S. 1052-1056 (zit.: Schielke, MDR 2007)

Schimansky, Herbert/Bunte, Hermann-Josef/Lwowski, Hans-Jürgen: Bankrechts-Handbuch, Band 2, 4. Auflage, München, 2011 (zit.: Bearbeiter, in: Schimansky/Bunte/Lwowski)

Schlachter, Monika: Die Rechtsstellung des widersprechenden Arbeitnehmers bei Betriebsübergang, NZA 1995, S. 705-711 (zit.: Schlachter, NZA 1995)

Schmalenberg, Florian: Kollektiver Widerspruch und Verwirkung – der Einfluss von Treu und Glauben auf § 613a Abs. 6 BGB, AuR 2008, S. 165-169 (zit.: Schmalenberg, AuR 2008)

Schmid, Martina: Die Grenzen der Auslegungskompetenz des EuGH im Vorabentscheidungsverfahren nach Art. 234 EG. dargestellt am Beispiel der überschießenden Richtlinienumsetzung, Frankfurt am Main u.a., 2005 (zit.: Schmid, Grenzen der Auslegungskompetenz des EuGH)

Schmidt, Karsten: Münchener Kommentar zum Handelsgesetzbuch. Band 5. Viertes Buch. Handelsgeschäfte. Erster Abschnitt. Allgemeine Vorschrift §§ 343-372. Recht des Zahlungsverkehrs, Effektengeschäft, Depotgeschäft, Ottawa Übereinkommen über Internationales Factoring, 2. Aufl., München 2009 (zit.: MK-HGB/Bearbeiter)

Schneider, David/Sittard, Ulrich: Annahmeverzug des Arbeitgebers bei Widerspruch gegen den Betriebsübergang, BB 2007, S. 2230-2235 (zit.: Schneider/Sittard, BB 2007)

Schnitker, Elmar/Grau, Timon: Unterrichtung der Arbeitnehmer gemäß § 613 a Abs. 5 BGB im Spiegel der Betriebsübernahmepraxis, BB 2005, S. 2238-2243 (zit.: Schnitker/Grau, BB 2005)

– BB-Kommentar zu BAG, Urteil vom 24.5.2005 – 8 AZR 398/04: Betriebsübergang – keine Unwirksamkeit einer nach Widerspruch ausgesprochenen Kündigung bei Verletzung der Unterrichtungspflicht über einen Betriebsübergang, BB 2006, S. 110-112 (zit.: Schnitker/Grau, BB 2006)

– BB-Kommentar zu BAG, Urteil vom 14.12.2006 – 8 AZR 763/05: Widerspruch nach § 613a Abs. 6 BGB und Unterrichtung nach § 613a Abs. 5, BB 2007, S. 1343-1344 (zit.: Schnitker/Grau, BB 2007)

Schulze, Reiner: Auslegung europäischen Privatrechts und angeglichenen Rechts, Baden-Baden, 1999 (zit.: Bearbeiter, in: Schulze, Auslegung europäischen Privatrechts)

Schumacher-Mohr, Marion/Urban, Nele: Sozialauswahl im Veräußererbetrieb nach Widerspruch gegen Betriebsübergang, NZA 2008, S. 513-518 (zit.: Schumacher-Mohr/Urban, NZA 2008)

Schwarze, Roland: Vorvertragliche Verständigungspflichten, Tübingen, 2001 (zit.: Schwarze, Vorvertragliche Verständigungspflichten)

Seiter, Hugo: Betriebsinhaberwechsel. arbeitsrechtliche Auswirkungen eines Betriebsübergangs unter besonderer Berücksichtigung des § 613 a BGB i.d.F. vom 13. August 1980, Stuttgart u.a., 1980 (zit.: Seiter, Betriebsinhaberwechsel)

Simon, Stefan/Weninger, Heike: Betriebsübergang und Gesamtrechtsnachfolge, Kein Widerspruch – keine Unterrichtung?, BB 2010, S. 117-120 (zit.: Fitting, BB 2010)

Spreer, Bernadette: Die Richtlinie 2002/14/EG zur Festlegung eines allgemeinen Rahmens für die Unterrichtung und Anhörung der Arbeitnehmer in der Europäischen Gemeinschaft, Berlin, 2005 (zit.: Spreer, Richtlinie 2002/14/EG)

Stiefel, Peter: Betriebsbedingte Kündigung. Neue Probleme des § 613a Abs. 6 BGB, Tübingen, 2009 (zit.: Stiefel, Betriebsbedingte Kündigung. Neue Probleme des § 613a Abs. 6 BGB)

Stuntz, Christina: Anmerkung zu LAG Düsseldorf, Urteil vom 6.10.2005 – 15 Sa 355/05, jurisPR-ArbR 9/2006 Anm. 1 (zit.: Stuntz, jurisPR-ArbR 9/2006 Anm. 1)

Teichmann, Christoph: Haftung für fehlerhafte Informationen am Kapitalmarkt, Jus 2006, S. 953-960 (zit.: Teichmann, Jus 2006)

Thüsing, Gregor: Europäisches Arbeitsrecht, 2. Aufl., München, 2011 (zit.: Thüsing, Europäisches Arbeitsrecht)

Tschöpe, Ulrich: Rechtsfolgen eines arbeitnehmerseitigen Widerspruchsrechts beim Betriebsinhaberwechsel, Frankfurt am Main, 1984 (zit.: Tschöpe, Rechtsfolgen)

Unfried, Tobias A.: Betriebsübergang und Sanierung in der Insolvenz, Bayreuth, 2007 (zit.: Unfried, Betriebsübergang)

von Alvensleben, Constantin: Die Rechte der Arbeitnehmer bei Betriebsübergang im europäischen Gemeinschaftsrecht. Eine Studie zu den gemeinschaftsrechtlichen Grundlagen des § 613 a BGB, Baden-Baden, 1992 (zit.: von Alvensleben, Betriebsübergang)

von Koppenfels-Spies, Katharina: Die Kollektivierung individueller Rechte im Arbeitsrecht – Zulässigkeit, Grenzen und Folgen von Kollektivwidersprüchen gem. § 613a Abs. 6 BGB, RdA 2010, S. 72-78 (zit.: von Koppenfels-Spies, RdA 2010)

von Roetteken, Torsten: Anmerkung zu LAG München, Urteil vom 12.5.2005 – 2 Sa 1098/04, jurisPR-ArbR 37/2005 Anm. 6 (zit.: von Roetteken, jurisPR-ArbR 37/2005 Anm. 6)

von Staudinger, Julius: Kommentar zum Bürgerlichen Gesetzbuch mit Einführungsgesetz und Nebengesetzen.

– Buch 1, Allgemeiner Teil:

§§ 90-124; 130-133 (Allgemeiner Teil 3), Berlin, 2012 (zit.: Staudinger/Bearbeiter)

§§ 139-163 (Allgemeiner Teil 4 b), Berlin, 2010 (zit.: Staudinger/Bearbeiter)

§§ 164-240 (Allgemeiner Teil 5), Berlin, 2009 (zit.: Staudinger/Bearbeiter)

– Buch 2, Recht der Schuldverhältnisse:

Einleitung zum Schuldrecht; §§ 241-243 (Treu und Glauben), Berlin, 2009 (zit.: Staudinger/Bearbeiter)

§§ 255-304 (Leistungsstörungsrecht 1), Berlin, 2009 (zit.: Staudinger/Bearbeiter)

§§ 311, 311a, 312, 312a-i (Vertragsschluss), Berlin, 2013 (zit.: Staudinger/Bearbeiter)

§§ 346-361 (Rücktritt und Widerruf), Berlin, 2012 (zit.: Staudinger/Bearbeiter)

§§ 362-396 (Erfüllung, Hinterlegung, Aufrechnung), Berlin, 2011 (zit.: Staudinger/Bearbeiter)

§§ 397-432 (Erlass, Abtretung, Schuldübernahme, Mehrheit von Schuldnern und Gläubigern), Berlin, 2012 (zit.: Staudinger/Bearbeiter)

§§ 563-580a; Anh zum Mietrecht: AGG (Mietrecht 2), Berlin, 2011 (zit.: Staudinger/Bearbeiter)

§§ 611-615 (Dienstvertragsrecht 1), Berlin, 2005 (zit.: Staudinger/Bearbeiter, 2005)

§§ 611-613 (Dienstvertragsrecht 1), Berlin, 2011 (zit.: Staudinger/Bearbeiter)

§§ 613a-619a (Dienstvertragsrecht 2), Berlin, 2011 (zit.: Staudinger/Bearbeiter)

von Steinau-Steinrück, Robert: Neues zum Betriebsübergang, NJW-Spezial 2004, S. 33-34 (zit.: v. Steinau-Steinrück, NJW-Spezial 2004)

von Steinau-Steinrück, Robert/Hurek, Christoph: Widerspruch nach § 613a BGB und Sozialauswahl?, NJW-Spezial 2005, S. 417-418 (zit.: v. Steinau-Steinrück/Hurek, NJW-Spezial 2005)

Wagner, Klaus-R.: Die Pflichten von Kapitalanlegern zur eigenverantwortlichen Prüfung und sachgerechten Entscheidung. Chancen und Risiken der Mandantenbetreuung durch Steuerberater, BB 2002, S. 172-177 (zit.: Wagner, BB 2002)

Waldenmaier, Marianne/Pichler, Marion: Tarifverträge und Betriebsvereinbarungen im Rahmen des Unterrichtungsschreibens nach § 613a V BGB, NZA-RR 2008, S. 1-4 (zit.: Waldenmaier/Pichler, NZA-RR 2008)

Westermann, Peter/Grunewald, Barbara/Maier-Reimer, Georg: Bürgerliches Gesetzbuch. Handkommentar mit AGG, EGBGB (Auszug), ErbbauRG, LPartG,

ProdHaftG, UKlaG, VBVG, VersAusglG und WEG, Band 1, 13. Aufl., Köln, 2011 (zit.: Erman/Bearbeiter)

Wiese, Günther/Kreutz, Peter/Oetker, Hartmut/Raab, Thomas/Weber, Christoph/ Franzen, Martin: GK-BetrVG. Betriebsverfassungsgesetz. Gemeinschaftskommentar, Band II: §§ 74 – 132 mit Wahlordnungen, 9. Aufl., Köln, 2010 (zit.: Bearbeiter, in: GK-BetrVG)

Willemsen, Heinz Josef: Rechtsunsicherheit als Gesetzgebungsziel? Einige Anmerkungen zu § 613a Abs. 5 und 6 BGB, in: Personalrecht im Wandel. Arbeitsrecht, Lohnsteuerrecht, Sozialversicherungsrecht. Festschrift für Wolfdieter Küttner zum 70. Geburtstag, hrsg. von Peter Hanau, München, 2006, S. 417-434 (zit.: Willemsen, Festschrift für Wolfdieter Küttner)

– Aktuelles zum Betriebsübergang – § 613a BGB im Spannungsfeld von deutschem und europäischem Recht, NJW 2007, S. 2065-2075 (zit.: Willemsen, NJW 2007)

– Europäisches und deutsches Arbeitsrecht im Widerstreit? – Aktuelle „Baustellen" im Recht des Betriebsübergangs, NZA-Beil. 2008, S. 155-164 (zit.: Willemsen, NZA-Beil. 2008)

Willemsen, Heinz Josef/Annuß, Georg: Neue Betriebsübergangsrichtlinie – Anpassungsbedarf im deutschen Recht?, NJW 1999, S. 2073-2080 (zit.: Willemsen/ Annuß, NJW 1999)

Willemsen, Heinz Josef/Hohenstatt, Klaus-Stefan/Schweibert, Ulrike/Seibt, Christoph H.: Umstrukturierung und Übertragung von Unternehmen – Arbeitsrechtliches Handbuch –, 4. Aufl., München, 2011 (zit.: WHSS/Bearbeiter)

Willemsen, Heinz Josef/Lembke, Mark: Die Neuregelung von Unterrichtung und Widerspruchsrecht der Arbeitnehmer beim Betriebsübergang, NJW 2002, S. 1159-1165 (zit.: Willemsen/Lembke, NJW 2002)

Winkler von Mohrenfels, Peter: Abgeleitete Informationsleistungspflichten im deutschen Zivilrecht, Berlin, 1986 (zit.: Winkler von Mohrenfels, Abgeleitete Informationsleistungspflichten)

Wissenschaftlicher Rat der Dudenredaktion ...: Duden. Das große Wörterbuch der deutschen Sprache in zehn Bänden, 3. Aufl., 1999 (zit.: Duden)

Wlotzke, Otfried/Preis, Ulrich/Kreft, Burghard: Betriebsverfassungsgesetz. Kommentar, 4. Aufl., München, 2009 (zit.: Bearbeiter, in: Wlotzke/Preis/Kreft)

Worzalla, Michael: Neue Spielregeln bei Betriebsübergang – Die Änderungen des § 613a BGB, NZA 2002, S. 353-358 (zit.: Worzalla, NZA 2002)

Wulff, Manfred: Betriebsübergang nach § 613a BGB, AiB 2002, S. 594-596 (zit.: Wulff, AiB 2002)

Zäh, Jonas: Die arbeitsrechtlichen Aspekte des § 11 Wertpapiererwerbs- und Übernahmegesetz. unter Berücksichtigung der Frage, unter welchen Voraussetzungen der Bieter bei einem öffentlichen Angebot i.S.d. WpÜG verpflichtet ist, Angaben zu seinen Absichten zu machen, Frankfurt am Main u.a., 2011 (zit.: Zäh, § 11 Wertpapiererwerbs- und Übernahmegesetz)

Zöller, Richard: Zivilprozessordnung mit FamFG (§§ 1-185, 200-270, 433-484) und Gerichtsverfassungsgesetz, den Einführungsgesetzen, mit Internationalem Zivilprozessrecht, EU-Verordnungen, Kostenanmerkungen, 29. Aufl., Köln, 2012 (zit.: Zöller/Bearbeiter)

Zöllner, Wolfgang/Loritz, Karl-Georg/Hergenröder, Wolfgang: Arbeitsrecht. Ein Studienbuch, München, 2008 (zit.: Zöllner/Loritz/Hergenröder, Arbeitsrecht)

Schriften zum Arbeitsrecht und Wirtschaftsrecht

Herausgegeben von Abbo Junker

Band 1 Christoph-N. Lerche: Der Europäische Betriebsrat und der deutsche Wirtschaftsausschuß. Eine vergleichende Analyse der betrieblichen Mitwirkung der Arbeitnehmer vor dem Hintergrund der Globalisierung der Märkte. 1997.

Band 2 Christian Walter Mecke: Zur rechtlichen Verbindlichkeit kollektiver Vereinbarungen in England. 1997.

Band 3 Katja Francke: Die betriebliche Mitwirkung der Arbeitnehmer in Belgien. Unter Berücksichtigung vergleichender Aspekte zum deutschen Betriebsverfassungsrecht. 1997.

Band 4 Christian Schulze: Die Zulässigkeit einstweiliger Verfügungen gegen Betriebsänderungen. 1998.

Band 5 Stefan Miersch: Die Rechtsfolgen mitbestimmungswidriger Maßnahmen für das Arbeitsverhältnis. Eine zivilrechtsdogmatische Untersuchung. 1998.

Band 6 Heike Wegner: Internationaler Verbraucherschutz beim Abschluß von Timesharingverträgen: § 8 Teilzeitwohnrechtegesetz. 1998.

Band 7 Julia Wichmann: Dienstleistungsfreiheit und grenzüberschreitende Entsendung von Arbeitnehmern. 1998.

Band 8 Johann-Volker Peter: Société par actions simplifiée (S.A.S.). Die Vereinfachte Aktiengesellschaft in Frankreich, eine Rechtsform für die Kooperation von Unternehmen. 1999.

Band 9 Sylvia Schnelle: Der Europäische Betriebsrat in Spanien. Zugleich eine Einführung in das spanische Recht der Arbeitnehmervertretung. 1999.

Band 10 Viktoria Bornhagen: Die Zumutbarkeit als Rechtsgedanke im Arbeitsrecht. 1999.

Band 11 Thorsten Schacht: Der Übereilungsschutz beim arbeitsrechtlichen Aufhebungsvertrag. Arbeitnehmerschutz bereits de lege lata? 2000.

Band 12 Marcus Hellmann: Immobilienkauf nach spanischem Recht. 1999.

Band 13 Nicolaus Johannes Ehinger: Die juristischen Personen des öffentlichen Rechts als herrschende Unternehmen. 2000.

Band 14 Alexander Lentz: Das kollektive Arbeitsrecht der Republik Südafrika. Eine Untersuchung mit Bezügen zum deutschen Recht. 2000.

Band 15 Michaela Brunssen: Der Arbeitgeberverbandswechsel. Tarifrechtliche und arbeitskampfrechtliche Konsequenzen. 2000.

Band 16 Morten Petersenn: Das Recht des Grundstückskaufs in Südafrika. 2000.

Band 17 Stefan Krüger: Die umwandlungsrechtliche Haftungsregelung bei der Betriebsaufspaltung und ihre Analogiefähigkeit. 2001.

Band 18 Jürgen Kitzinger: Der GmbH-Geschäftsführer zwischen Arbeits- und Gesellschaftsrecht. Im Blickpunkt: Zuständigkeit der Arbeitsgerichte. 2001.

Band 19 Anja Ruge: Die Lohnersatzansprüche ehemaliger Zwangsarbeiter gegen deutsche Industrieunternehmen. 2001.

Band 20 Michael Knoll: Die Sozialauswahl im Arbeitsrecht. 2001.

Band 21 Britta Albrecht: Mediation im Arbeitsrecht. Individualarbeitsrecht und Betriebsverfassungsrecht. 2001.

Band 22 Annusch Barten: Das System der Arbeitnehmervertretung in Frankreich. 2001.

Band 23 Diane Westera: Der Wiedereinstellungsanspruch nach wirksamer Kündigung. 2001.

Band 24 Kristin Doerlich: Die Tariffähigkeit der Gewerkschaft. Eine Analyse der Mächtigkeitsrechtsprechung des Bundesarbeitsgerichts im Lichte neuerer Erfahrungen. 2002.

Band 25 Tina Witten: Vertragsgestaltung und Gesetzesbindung im Recht der Zeitarbeit. 2002.

Band 26 Martin Hellfeier: Die Leistungszeit im Arbeitsverhältnis. Eine Untersuchung zum Fixschuldcharakter der Arbeitspflicht und zu den Folgen ihrer Nichterfüllung. 2003.

Band 27 Almut Maulshagen: Betriebliche Arbeitskampfregelungen. 2003.

Band 28 Maren Band: Tarifkonkurrenz, Tarifpluralität und der Grundsatz der Tarifeinheit. 2003.

Band 29 Manuela Schulz: Der Bereitschaftsdienst in öffentlich-rechtlich organisierten Krankenhäusern. Eine rechtliche Bewertung. 2003.

Band 30 Felix Benedikt: Die Kürzung von Tariflöhnen zur Sanierung. Eine verfassungskonforme Auslegung des § 3 III TVG entsprechend § 626 BGB. 2003.

Band 31 Tim Kaden: Individuelle Bündnisse für Arbeit und Günstigkeitsprinzip. 2003.

Band 32 Simone Kreiling: Die Erstreckung betrieblicher und betriebsverfassungsrechtlicher Tarifnormen auf Außenseiter. 2004.

Band 33 Carsten Beck: Betriebliche Mitbestimmung und Kündigungsschutz. Die Funktionen betrieblicher Mitbestimmung im und deren Einfluß auf den Kündigungsschutz nach dem KSchG. 2004.

Band 34 Jost Eder: Die Regelungsabrede als Alternative zur Betriebsvereinbarung bei der Gestaltung materieller Arbeitsbedingungen. 2004.

Band 35 Christian Pfab: Wirkungsweise und Reichweite tarifvertraglicher Öffnungsklauseln. 2004.

Band 36 Julia Amlang: Die unternehmerische Entscheidungsfreiheit bei „betriebsbedingten Kündigungen" im europäischen Rechtsvergleich. Kündigung aus wirtschaftlichen Gründen in Deutschland, Frankreich, Spanien, Großbritannien und Schweden. 2005.

Band 37 Alida Milthaler: Das Fragerecht des Arbeitgebers nach den Vorstrafen des Bewerbers. 2006.

Band 38 Doreen Peter: Nebentätigkeiten von Arbeitnehmern. Interessenkollisionen von Arbeitgebern und Arbeitnehmern. 2006.

Band 39 Julia V. C. Bartlog: Das Verhältnis von Gesetz und Tarifvertrag. 2006.

Band 40 Michael Fuhlrott: Der geschädigte Arbeitnehmer. Zur Verfassungsmäßigkeit des Ausschlusses von Schmerzensgeld in der Unfallversicherung sowie zur Herleitung der Haftung bei Eigenschäden im Hinblick auf das Verschuldensprinzip. 2006.

Band 41 Femke Reinecke: Leistungsbestimmung des Arbeitnehmers. 2006.

Band 42 Maria M. Bausback: Der Bestandsschutz des Arbeitsverhältnisses auf europäischer und internationaler Ebene. Entwicklungen vom Mittelalter bis zur Gegenwart. Teil 1 / Teil 2. 2007.

Band 43 Jens Günther: AGB-Kontrolle von Arbeitsverträgen. Analyse der deutschen Rechtslage nach der Schuldrechtsreform und vergleichende Betrachtung des österreichischen Kontrollsystems. 2007.

Band 44 Claudiana Triskatis: Ethikrichtlinien im Arbeitsrecht. 2008.

Band 45 Annette Bruder: Die Weitergabe von Insiderinformationen durch Arbeitnehmervertreter. 2008.

Band 46 Ute Dietrich: Nichtraucherschutz am Arbeitsplatz. 2008.

Band 47 Markus Ebert: Übertragung und Zuordnung von Versorgungsverpflichtungen gegenüber Arbeitnehmern im Rahmen einer umwandlungsrechtlichen Spaltung. 2008.

Band 48 Susanne Schneider: Broad-based Black Economic Empowerment in der Republik Südafrika. 2008.

Band 49 Mandy Reichel: Die Einbeziehung des Außenseiter-Arbeitgebers in den Verbandsarbeitskampf. 2008.

Band 50 Abbo Junker (Hrsg.): Betriebsübergang in Europa. Symposion aus Anlass des 10-jährigen Bestehens der Schriften zum Arbeitsrecht und Wirtschaftsrecht am 10.10.2008 in München. 2009.

Band 51 Till Bender: Vorschläge zur Neuordnung des Sonderkündigungsschutzes nach MuSchG und SGB IX. 2009.

Band 52 Manuela Rauch: Die geschlechtsbezogene Diskriminierung am Arbeitsplatz nach kalifornischem Recht. 2009.

Band 53 Tina Luise Allenberg: Das französische règlement intérieur d'entreprise. Die Arbeitsordnung im französischen Arbeitsrecht. 2009.

Band 54 Bernd Haas: Anwaltliches Mandatsverhältnis zum Betriebsrat. 2009.

Band 55 Martin Fröhlich: Die erweiterte Weisungsbefugnis des Arbeitgebers im spanischen Recht. 2009.

Band 56 Stefanie Lorenzen: Inhaltskontrolle beim Betriebsübergang. Die Anpassung tariflicher Arbeitnehmerpflichten nach Privatisierungen. 2009.

Band 57 Oliver E. Aldea: Das französische Kündigungsrecht im Spannungsfeld von Abfindungen und Bestandsschutz. 2010.

Band 58 Wolfgang Stock: Die Einsetzung einer Transfergesellschaft. Unter besonderer Berücksichtigung betriebsverfassungs- und arbeitsförderungsrechtlicher Vorgaben. 2010.

Band 59 Claudia Hagedorn: Zulässigkeit und Grenzen von Tarifsozialplänen. 2010.

Band 60 Daniela Quink: Inhaltskontrolle von Freiwilligkeitsvorbehalten in Arbeitsverträgen. 2010.

Band 61 Kathrin Kentner: Arbeitskampfmittel der Arbeitgeber. 2010.

Band 62 Angela Nunes Fernandes Gil Wolf: Arbeitnehmereinsatz im Ausland. Das auf doppelte Arbeitsverhältnisse anwendbare Recht am Beispiel der Vertragsgestaltung eines internationalen Konzerns. 2010.

Band 63 Annemarie Berthold: Whistleblowing in der Rechtsprechung des Bundesarbeitsgerichts. 2010.

Band 64 Malte Koch: Die Beteiligung von Arbeitnehmervertretern an Aufsichtsrats- und Verwaltungsratsausschüssen einer Europäischen Aktiengesellschaft. 2011.

Band 65 Agnes Maria Kollerbaur: Die französische Arbeitsinspektion. Eine Untersuchung unter besonderer Berücksichtigung ihrer Rolle bei Kündigungen. 2011.

Band 66 Marcus Christian Leinenweber: Landesschlichtungsgesetze? 2011.

Band 67 Frederike Cathérine Gärtner: Die gesetzliche Regulierung von Bahnstreiks in Frankreich. Arbeitskampf vs. Kontinuität öffentlicher Dienstleistungen. 2011.

Band 68 Carolin van Straelen: Der Rollenkonflikt des Arbeitnehmervertreters zwischen Betriebsratsmitglied und Gewerkschaftsfunktionär. 2012.

Band 69 Anna Maria Jordan: Entgeltdiskriminierung in Frauenberufen? 2012.

Band 70 Dominic Köstner: Compliance-Richtlinien im Unternehmen. Arbeits- und datenschutzrechtliche Implementierungsaspekte. 2012.

Band 71 Michael Kobler: Fremdeinflüsse auf die tarifliche Willensbildung. 2012.

Band 72 Anne Kraas: Zulässigkeit und Grenzen der arbeitsvertraglichen Entgeltflexibilisierung. 2012.

Band 73 Melanie Amann: Die Belegschaftsabstimmung. 2012.

Band 74 Christina Mennemeyer: „Dritter Weg" und rechtliche Grenzen der Flexibilisierung des Arbeitsrechts der katholischen Kirche. 2012.

Band 75 Joël Philipp Hofmann: Rechtsmissbrauch und Verwirkung bei Widerspruch gegen den Übergang des Arbeitsverhältnisses nach § 613a BGB. 2013.

Band 76 Jennifer Junker: Das Recht der Arbeitnehmerüberlassung in Japan. 2013.

Band 77 Gabriele Geiselhart: Tarifliche Regelungsmacht bei Haustarifverträgen und Unternehmerfreiheit. Dargestellt am Beispiel von Standortgarantien und Zeitarbeitsquoten. 2013.

Band 78 Lorenz Sylvester Mitterer: AGB-Korrektur in Dauer- und Langzeitschuldverhältnissen. 2013.

Band 79 Janina Morgenweck: Die Arbeitsgerichtsbarkeit in England. 2013.

Band 80 Christoph B. Kistler: Die Rechtmäßigkeit von Spartenstreiks. Alte Kriterien in neuem Licht. 2013.

Band 81 Julia Strasser: Die Haftung bei Lohnwucher im Arbeitsrecht der USA. 2014.

Band 82 Stephanie Amschler: Constructive dismissal. Fingierte Arbeitgeberkündigung im englischen Kündigungsschutzrecht. 2014.

Band 83 Felix Berding: Die Urabstimmung im britischen Arbeitskampfrecht im Licht der EMRK. 2014.

Band 84 Christine Kumpf: Multinationalität der SE-Mitbestimmungsordnung. 2014.

Band 85 Florian Schiffer: Der Leistungsmaßstab im Arbeitsverhältnis. 2014.

Band 86 Stefan Hoffmann: Unterrichtungspflicht und Widerspruchsrecht bei Betriebsübergang gemäß § 613a Abs. 5 und 6 BGB – Grenzen, weitere aktuelle Rechtsprobleme und Strategien zur Risikominimierung. 2015.

www.peterlang.com